中国人民大学研究报告系列

中国信息资源产业实证研究

2016

POSITIVE RESEARCH ON CHINA'S INFORMATION RESOURCE INDUSTRY

钱明辉 等 著

中国人民大学出版社

· 北京 ·

本书课题组成员名单

课 题 组 组 长： 钱明辉

课题组副组长： 杨建梁　王玉玺

课 题 撰 稿 人： 钱明辉　杨建梁　王玉玺
邓睿濛　李天明　张　颖
关美钦　钱佳婷　贾文婷
雷林斌　曹　琛　尧胜男
李静雅　陈柏睿　陈东言

数据采集与分析： 王玉玺　邓睿濛　杨建梁

课 题 组 秘 书： 李天明

总序

陈雨露

当前中国的各类研究报告层出不穷，种类繁多，写法各异，成百舸争流、各领风骚之势。中国人民大学经过精心组织、整合设计，隆重推出由人大学者协同编撰的“研究报告系列”。这一系列主要是应用对策型研究报告，集中推出的本意在于，直面重大社会现实问题，开展动态分析和评估预测，建言献策于咨政与学术。

“学术领先，内容原创，关注时事，咨政助企”是中国人民大学“研究报告系列”的基本定位与功能。研究报告是一种科研成果载体，它承载了人大学者立足创新，致力于建设学术高地和咨询智库的学术责任和社会关怀；研究报告是一种研究模式，它以相关领域指标和统计数据为基础，评估现状，预测未来，推动人文社会科学研究成果的转化应用；研究报告还是一种学术品牌，它持续聚焦经济社会发展中的热点、焦点和重大战略问题，以扎实有力的研究成果服务于党和政府以及企业的计划、决策，服务于专门领域的研究，并以其专题性、周期性和翔实性赢得读者的识别与关注。

中国人民大学推出“研究报告系列”，有自己的学术积淀和学术思考。我校素以人文社会科学见长，注重学术研究咨政育人、服务社会的作用，曾陆续推出若干有影响力的研究报告。譬如自 2002 年始，我们组织跨学科课题组研究编写的《中国经济发展研究报告》《中国社会发展研究报告》《中国人文社会科学发展研究报告》，紧密联系和真实反映我国经济、社会和人文社会科学发展领域的重大现实问题，十年不辍，近年又推出《中国法律发展报告》等，与前三种合称为“四大报告”。此外还有一些散在的不同学科的专题研究报告，也连续多年在学界和社会上形成了一定的影响。这些研究报告都是观察分析、评估预测政治经济、社会文化等领域重大问题的专题研究，其中既有客观数据和事例，又有深度分析和战略预测，兼具实证性、前瞻性和学术性。我们把这些研究报告整合起来，与人民大学出版资源相结合，再做新的策划、征集、遴选，形成了这个“研究报告系列”，以期放大规模效应，扩展社会服务功能。这个系列是开放的，未来会依情势有所增减，使其动态成长。

中国人民大学推出“研究报告系列”，还具有关注学科建设、强化育人功能、推进协同创新等多重意义。作为连续性出版物，研究报告可以成为本学科学者展示、交流学术成果的平台。编写一部好的研究报告，通常需要集结力量，精诚携手，合作者随报告之连续而成为稳定团队，亦可增益学科实力。研究报告立足于丰厚素材，常常动员学生参与，可使他们在系统研究中得到学术训练，增长才干。此外，面向社会实践的研究报告必然要与政府、企业保持密切联系，关注社会的状况与需要，从而带动高校与行业企业、政府、学界以及国外科研机构之间的深度合作，收“协同创新”之效。

为适应信息化、数字化、网络化的发展趋势，中国人民大学的“研究报告系列”在出版纸质版本的同时将开发相应的文献数据库，形成丰富的数字资源，借助知识管理工具实现信息关联和知识挖掘，方便网络查询和跨专题检索，为广大读者提供方便适用的增值服务。

中国人民大学的“研究报告系列”是我们在整合科研力量，促进成果转化方面的新探索，我们将紧扣时代脉搏，敏锐捕捉经济社会发展的重点、热点、焦点问题，力争使每一种研究报告和整个系列都成为精品，都适应读者需要，从而铸造高质量的学术品牌、形成核心学术价值，更好地担当学术服务社会的职责。

前言

随着我国工业化与信息化进程的不断发展，信息资源作为与物质、能量并举的资源要素，受到了社会各界持续关注和讨论。大数据和互联网思维的兴起，犹如山崩海啸般冲击着传统产业和经济市场，网络为企业带来前所未有的信息资源，新技术将人、信息和机器连接起来，信息资源产业出现前所未有的发展局面。2016 年 3 月，李克强总理在政府工作报告中指出要“制定实施创新驱动发展战略纲要和意见，出台推动大众创业、万众创新政策举措，落实‘互联网＋’行动计划，增强经济发展新动力”。2016 年 9 月，国务院印发《政务信息资源共享管理暂行办法》，着重强调“加快推动政务信息系统互联和公共数据共享，增强政府公信力，提高行政效率，提升服务水平，充分发挥政务信息资源共享在深化改革、转变职能、创新管理中的重要作用”。可见，信息资源的价值在政治与经济领域受到了中央政府的高度肯定。大力发展信息资源产业，构建信息资源强国，是我国经济社会发展过程中必不可少的战略路径。

近年来，信息资源产业在我国的发展势如破竹，取得了骄人的成绩。2004 年 12 月 12 日《中共中央办公厅、国务院办公厅关于加强信息资源开发利用工作的若干意见》发布，11 年间，我国信息资源产业总产值从 2004 年的 5 789.72 亿元猛增至 2015 年的 42 158.12 亿元，与 2014 年相比增加了 34.91％，占 2015 年全国 GDP 的 6.12％。虽然我国信息资源产业有了长足的发展，但处于起步期的信息资源产业还存在着总体规模偏小、产业就业贡献率偏低、地区间发展不均衡、创新动力不足等问题。

为了准确反映我国信息资源产业总体发展面貌和区域发展特征，为国家有关部门信息资源产业发展政策的制定提供数据信息支持，促进我国信息资源产业的健康发展，我们撰写了《中国信息资源产业实证研究 2016》。全书由 14 章组成。

第 1 章主要介绍了信息资源产业发展的理论基础。通过对产业经济学的相关理论进行梳理，基于 SCP（产业结构-产业行为-产业绩效）理论对信息资源产业发展的构成要素、产业发展的影响因素进行了阐述。在 SCP 理论的基础上增加了产业环境要素，提出了“E-SCP”产业发展模型，对后面各部分对产业发展状况与产业发展影响因素的解读奠定了理论基础。

第 2 章主要介绍了 2015 年中国信息资源产业发展的总体状况，针对新常态背景下中国信息资源产业的发展水平进行梳理，还原中国信息资源产业基本面貌，分析产业发展特点，对信息资源产业的发展历程和政策演进进行了阐述，对 2015 年我国信息资源产业整体发展进行宏观述评。

第 3 章主要介绍了信息资源产业发展指数测评指标与测算方法。信息资源产业发展指数旨在为我国省级行政区域信息资源产业及细分行业的发展状况提供一种科学、客观的测评工具。在这一章中，主要对评价指标体系、数据缺失情况与估算方法进行说明，对产业发展指数的影响因素测评指标进行分析，对测算方法进行详细解读，阐述了信息资源产业发展指数测评指标与测算方法的科学性。

第 4 章以信息资源产业发展指数为基础，对我国信息资源产业发展排名情况进行了分析。主要包括我国信息资源产业构成行业发展指数排名、信息资源产业分大类产业发展指数排名、信息资源产业分依赖度产业发展指数排名、信息资源产业分区域发展指数排名。通过横向（区域）和纵向（产业）两个维度，对我国 2015 年信息资源产业发展的整体状况进行了刻画。

第 5 章通过对产业发展指数分项指数的排名及比较，进一步对信息资源产业发展状况进行了分析。按构成行业比较、分大类产业比较、分依赖度产业比较和分区域比较四个维度，对信息资源产业发展指数四个分项——产业价值、产业增长、产业效率和产业贡献得分排名进行了比较分析，深入剖析了我国 2015 年信息资源产业发展的状况。

第 6 章主要对我国 2015 年信息资源产业发展指数的影响因素进行了实证分析。以 E-SCP 分析模型为基础，在明确产业发展指数与分项指标的相关性的基础上，提出产业结构、产业行为和产业环境对产业发展影响的假设，分别通过总体指数多元回归分析与分项指数多元回归分析对假设进行实验验证，以探究我国信息资源产业发展的影响因素。

第 7 章主要对我国信息资源产业地理区域集中度进行研究，以产业集中度理论和区域集中度理论，对我国信息资源产业的资本、劳动力、企业等多项构成要素的区域集中度进行计算与分析，旨在明晰我国信息资源产业区域发展状况，探究我国信息资源产业区域间发展不平衡的内在因素。

第 8～11 章主要对我国信息资源产业结构与环境对产业行为构成要素的影响程度进行分析。根据 E-SCP 模型，我国信息资源产业行为构成要素主要包括产业创新、产业代谢、产业包容和产业竞争，对产业结构与产业环境对产业行为的影响程度的分析，旨在为优化产业行为、提高信息资源产业竞争力提出政策导向的产业结构与产业环境策略。

第 12 章主要对信息资源产业典型行业——社会经济咨询业、电影和影视节目制作与发行业进行案例分析。通过解读行业内涵、探究行业发展的影响因素、明确行业发展特点、分析行业发展趋势，对社会经济咨询业、电影和影视节目制作与发行业的发展状况进行全方位的解读，从而为其他信息资源产业的发展提供参考。

第 13 章主要对具有明显发展特色区域的信息资源产业发展状况进行解读。选取北京市、天津市、安徽省和广西壮族自治区作为案例区域，通过区域信息资源产业发展概况解读、区域信息资源产业优势行业介绍、区域信息资源产业发展影响因素探究、区域信息资源产业发展特点分析和区域信息资源产业发展趋势分析，对区域信息资源产业发展状况进行全面解读，获得优势行业发展迅速的重要经验，以供其他各省级行政区域借鉴。

第 14 章主要对我国中央政府和各级地方政府出台的七个有关信息资源产业的产业政策进行解读与分析。通过深刻解读与分析产业政策动向，并对信息资源产业政策进行文本分析，从政策发布的背景、方向、反馈等角度全方位展开政策研究，力图展现近年来信息资源产业政策发布的整体情况。

现今的信息时代在一定意义上就是一个更加注重依托信息资源实现经济社会科学发展的时代。信息资源产业发展既是时代发展的需要，更是当前我国实现经济发展方式转变、产业结构调整、传统产业优化升级的迫切要求。希望这本《中国信息资源产业实证研究 2016》能对我国信息资源产业的发展贡献绵薄之力。限于水平和能力，书中可能会存在不少错漏，恳望读者批评指正。

钱明辉

2016 年 11 月 1 日

目录

第1章 研究回顾与理论基础

在经济新常态下，信息资源的战略价值逐渐凸显，以信息资源为原料进行开发利用并创造经济价值的信息资源产业，日益受到相关政府部门的关注和重视。如何评估、改善和提升信息资源产业的发展程度是学术界和企业界都十分关注的问题，而从建立信息资源产业发展指数角度出发是一个很好的切入点。建立信息资源产业发展指数是一个复杂的系统工程，这个工程需要坚实的理论基础、科学的评价和解释方法、客观的数据支持以及严谨的分析过程，其中，理论基础是这个指数体系的根基。在这一章中，主要对信息资源产业发展指数的理论基础进行阐述，对产业发展的构成要素与影响因素的理论依据进行论证，并提出基于产业发展理论的系列假设，以实证分析的研究方法探究我国信息资源产业发展的影响因素。

1.1 产业发展的基础理论

对于产业发展的问题，前人从不同的视角和方式进行过长期研究和讨论，从而逐渐形成了产业发展基础理论。一般来说，产业发展问题的研究是从特殊到一般再到特殊的过程，而产业发展的基础理论是将产业发展问题中根本性、普遍性理论原理进行提炼并作出解释。不同学者提出的产业发展基础理论往往存在视角上的差异，对现象及原因的解释也存在差异。在研究信息资源产业发展问题之前，对产业发展的基础理论进行回顾与分析，能够让研究充分吸收已有的研究成果，使研究理论基础更加扎实，更清楚地认识研究问题的发展历史，提升研究在理论层次上实现创新的可能性。

1.1.1 产业发展理论溯源

产业发展理论源起于马歇尔（Marshall，1879）提出的“马歇尔冲突”。马歇尔在其著作《产业经济学》中认为自由竞争会导致生产规模扩大进而形成规模经济，但是随着规模经济效应的形成，市场不可避免地会出现垄断现象。垄断会干扰竞争，让市场失去活力。因此“产业组织”的概念被提出，并被认为是与“劳动、资本、土地”生产三要素并举的第四大生产要素。此后，对产业发展的探索的出发点主要分为企业行为视角和产业组织视角，以企业行为视角对产业发展进行研究的学者主要有熊彼特和科斯等，以产业组织视角对产业发展进行研究的学者主要包括贝恩、施蒂格勒、钱德勒等。

从企业行为视角探究产业发展的代表人物熊彼特（Schumpeter，1926）和科斯（Coase，1985），分别对企业创新和企业组织结构与产业发展的关系进行研究。熊彼特在其著作《经济发展理论》中认为创新是企业、产业乃至经济发展的重要驱动力，创新就是建立一种新的生产函数，把一种从来没有过的关于生产要素和生产条件的“新组合”引入生产体系。企业家是实现创新的主体，也是推动经济发展的主体，创新的动力源自企业家精神。科斯等人以交易费用理论为基础，从制度角度对产业发展问题进行研究，将目光从产业组织之间的关系转移到企业内部，从企业内部的所有制结构和组织结构的变化来分析企业行为的变化，以及进一步对市场绩效的影响。

产业组织视角方面，张伯伦（Chamberlin，1933）在马歇尔的基础上对于竞争与垄断及二者关系进行了更加全面的探索。在其著作《垄断竞争理论》中提出，世界上并不存在完全垄断市场或纯粹竞争市场，真正的市场是介于这两种极端情况之间的垄断竞争市场。以贝恩（Bain，1959）为代表的哈佛学派，认为竞争决定了产业发展程度，而竞争的直接表现就是市场结构。继而提出了结构、行为和绩效的理论范式。以施蒂格勒（Stigler，1966）为代表的芝加哥学派，认为市场竞争是自由市场发挥力量的过程，不需要政府干预。施蒂格勒注重的是市场结构对市场绩效的影响，而企业行为对市场结构有影响作用。钱德勒（Chandler，1997）在其著作《企业规模经济与范围经济》中认为大企业的发展质量和在产业中的比重变化，直接决定着产业的技术进步水平，进而会影响到产业绩效的改善。

马歇尔冲突被提出后的半个世纪中，伴随着20世纪初美国大型制造业公司的大量涌现，竞争和垄断被提到了前所未有的高度，学者们普遍认为竞争和垄断背后即是产业效率，是产业发展的关键。20世纪30年代，哈佛大学学者贝恩和梅森

(Mason) 首次提出产业结构要素，通过产业结构来反映产业内部企业规模和分布情况，产业结构是竞争和垄断情况的直接表达。贝恩等人的出发点是，市场集中度变高，意味着大企业获得足够市场，会通过设置壁垒阻止其他竞争者进入市场，此时产业会因为大企业的垄断而竞争受到限制，从而发展受到限制。贝恩等人把产业结构作为影响产业绩效的最核心因素，提出解决马歇尔冲突的方法是政府干预市场，强调必须通过政府干预来调整产业结构，以防止垄断现象影响产业绩效和产业发展。此后，各个学派不断对产业发展问题进行探讨、批判与完善，最终形成了结构、行为、绩效的 SCP 理论范式，此后 SCP 理论范式对产业发展产生了深远的影响。

1.1.2　SCP 理论

SCP 理论即结构 (structure)、行为 (conduct)、绩效 (performance) 的产业组织范式。自 20 世纪 30 年代开始，在美国工业经济发展的背景下，以贝恩和梅森为主要代表的哈佛学派经过系列研究，逐步形成了产业组织理论体系，其中最主要的贡献就是建立了结构、行为、绩效的理论范式。

20 世纪 50 年代，贝恩在其书《新竞争者的壁垒》与《产业组织》中提出了市场结构、市场行为与市场绩效三要素，解释了市场结构与绩效的关系，提出了行业进入壁垒是行业绩效的决定性因素的观点，并认为市场集中度与市场占有率、利润率存在密切联系。行业进入壁垒和市场集中度代表结构，市场占有率和利润率代表绩效。该理论范式被提出后，引起各界的广泛关注，此后的几十年中不断有学者对之质疑或完善。20 世纪 70 年代，不少学者提出 SCP 理论应更加突出行为因素对绩效的影响，而不再强调结构因素对绩效的直接影响。其中谢勒 (Scherer) 在贝恩所提出的市场结构与绩效两段论的基础上发展出了现在的 SCP 三段论理论范式，即结构、行为、绩效及其因果关系，并于 1970 年撰写了《产业市场结构和经济绩效》对该理论范式进行了详细的解释与讨论。除了三要素的因果关系外，SCP 理论范式还重视公共政策对产业结构、产业行为和产业绩效的影响作用。SCP 理论范式的最初的着眼点是解答马歇尔冲突中市场的垄断、竞争与市场绩效的关系及系列相关问题。

SCP 理论自被以贝恩为代表的哈佛学派提出后，围绕这一理论的争议一直不断。20 世纪 60 年代开始，一些经济学家在 SCP 理论的基础上进行批判和补充，逐渐形成了以施蒂格勒为代表的芝加哥学派和新奥地利学派，在这个过程中 SCP 理论也在不断完善。在整个产业组织理论体系的研究中，不断有新的研究方法、新的理论、新的研究视角被纳入其中，而 SCP 理论在产业组织领域，尤其是定量研究中依然被当作范式被学者们应用。牛丽贤（2010）在对产业组织理论的研究综述中，以 SCP 理论的提出和发展作为西方产业组织理论体系阶段划分的主要依据，并把西方产业组织理论体系划分为两个阶段：SCP 范式阶段和新产业组织理论阶段。SCP 范式的形成标志着产业组织理论体系的初步成熟。新产业理论的兴起是建立在对 SCP 理论的批评、修正和补充的基础上的，其代表学派有芝加哥学派、新奥地利学派和新制度学派。由此可见，SCP 理论对整个产业组织理论体系的发展有着里程碑式的意义。刘传江（2001）在对西方产业组织理论的形成与发展进行研究后认为，SCP 理论的提出标志着以哈佛大学为主要基地的正统产业组织理论的形成。

SCP 理论是产业组织理论发展过程中形成的重要成果之一，它对产业绩效提出了一套因果解释，为定量研究产业发展与产业结构、产业行为提供了理论基础。随着 SCP 理论范式不断被完善，逐渐被学者应用在对某些具体产业的产业发展问题的研究中，产业组织对产业发展而言，就像碳元素能够以不同的分子结构组成硬度属性差异巨大的金刚石和石墨一样。产业组织方式对产业发展造成影响的过程是复杂的，SCP 理论给了我们一个基本的研究范式：根据谢勒的研究，结构、行为和绩效之间存在着因果关系，结构决定行为，行为决定绩效。对于不同类型的行业，市场结构形态存在一定的差别。SCP 理论对产业结构、行为和绩效之间的关系进行解读，让政府机构能够通过公共政策对结构和行为进行一定程度的调整和改善，以实现更好的绩效。本研究认为不仅政府公共政策会对产业发展造成影响，包括政治因素、经济因素、技术因素、社会因素在内的产业环境（environment）都会影响产业发展。本研究重视产业环境的作用，将产业环境作为重要的影响因素加入 SCP 模型中，形成 E-SCP 模型，并以 E-SCP 理论范式为基础对信息资源产业开展系列研究。

1.2 产业发展的构成要素

许多学者对产业发展的构成要素和影响因素进行过讨论。迈克尔·波特（Michael Porter，1980）提出行业中存在五种决定竞争规模和竞争强度的因素，被称为“五力模型”。五种力量分别为同行业内现有竞争者的竞争能力、潜在竞争者进入的能力、替代品的替代能力、供应商的讨价还价能力、购买者的讨价还价能力。以贝恩为代表的哈佛学派所提出的 SCP 理论范式，其中能够代表产业发展的产业绩效主要包括盈利性、价值创造、雇佣对象等要素的变化，这些要素主要以经济和规模的相关指标为主。

不同产业由于产业特性的差异，产业发展的构成要素也有差别，如对石油产业的研究中把炼油厂数量和炼油厂规模作为产业发展的构成因素，对连锁超市的研究中将连锁超市门面数和人均营业面积作为产业发展的构成因素。但是在差别中也存在着共性，学者们研究产业发展的构成要素时聚焦于产业发展的相关经济指标、相关经济指标的增长情况以及经济指标在区域的相关经济指标中所占的份额。如韩德超等（2008）在对中国生产性服务业发展的影响因素研究中，提出用地区当年的生产性服务业增加值在该地区 GDP 中的份额，代表当年生产性服务业的发展程度。钱明辉等（2015）在对中国信息资源产业发展评价的研究中提出，信息资源产业发展的评价可以分为两个维度：产业价值和产业环境，两者的关系可以通过价值链模型表达，即产业环境支撑产业价值，产业价值又影响产业环境。其中产业价值包含产业规模（相关经济指标）、产业贡献（相关经济指标所占份额）、产业发展（经济指标增长情况）和产业结构（资源结构和劳动力要素密集度）四个指标。

不少学者从产业组织的视角出发，将 SCP 范式作为理论基础对产业发展进行研究，通过将 SCP 范式中的产业绩效与具体指标进行对应以衡量产业绩效与产业发展情况。乔珍等（2011）使用 SCP 模型对中国传媒行业进行实证分析，提出产业绩效分析主要包含产业经营收入、经营收入增长率以及电视与广播和报纸人口覆盖率。方友亮等（2015）提出了基于 SCP 范式的产业竞争情报分析框架，对中国新能源汽车产业竞争情报分析进行案例研究，其中绩效部分包括：市场份额（新能源汽车占整体汽车市场份额）、技术进步（新能源技术发展情况）、商业模式创新（优秀商业模式案例）。Panagiotou（2006）提出了 SCP 理论范式在战略管理领域的应用途径，并将“管理认知”要素加入到 SCP 理论中。Ralston（2014）等从 SCP 理论范式视角出发，尝试对战略供应链整合对企业绩效的影响进行解释，并建立模型进行实证分析。

结合现有产业研究中有关产业发展构成要素的内容，本研究认为产业发展的构成要素包括产业价值、产业增长、产业效率、产业贡献等，其中，产业价值通过各个经济指标的总量规模体现，产业增长通过各个经济指标的年度增长体现，产业效率通过各个经济指标的总量均值体现，产业贡献通过各个经济指标占所在区域的相关经济指标的比重体现。

1.2.1　产业价值：总量规模

规模经济是指当生产或经销单一产品的单一经营单位因规模扩大而减少了生产或经销的单位成本而导致的经济（卢福财，2013）。一般来说产业发展的规模程度决定了产业发展程度，产业发展的一项重要表征就是所创造价值的规模程度。广义上的产业规模是指一类产业的产出规模或经营规模，产业规模可用生产总值或产出量表示。

产业的总量规模能够衡量产业发展是一个不争的事实，学者在进行产业研究时往往使用多个规模要素来反映产业价值，Ranawat（2009）在以印度汽车制造业为例研究政策对产业发展影响的过程中，以生产产品规模、市场规模等作为衡量汽车制造业发展的显示性指标，来探究政策因素对显示性指标的影响。Nguyen（2005）对越南湄公河三角洲工业发展进行可持续性研究和测评时，将产业的相关规模要素作为衡量区域工业发展情况的重要衡量指标。杨丹辉（2004）在对中国旅行社业市场结构与产业绩效的研究中，用旅行社资产总额、行业营业收入、从业人员数量等规模要素来衡量市场绩效。张卉等（2010）在基于 SCP 分析框架对中国体育旅游产业的研究中和肖岚（2013）在对全球碳纤维产业的研究中，都将企业利润要素作为衡量产业绩效的重要组成部分，除了利润率指标，他们还考虑了资源配置效率、增长率等要素。

本研究选取产业的营业收入规模、企业数量规模、从业人口和利润总额来反映产业价值，将产业价值作为衡量信息资源产业发展的表征指标，通过产业价值指标的得分将中国省级行政区域（不包括香港、澳门特别行政区和台湾）以及信息资源产业细分行业（也叫小类行业）的信息资源产业发展规模情况进行量化；此外，将产业价值作为因变量，通过统计模型，探究信息资源产业结构、产业环境与产业行为对产业价值的影响。

1.2.2 产业增长：年度增长

增长速度是反映社会经济现象增长程度的相对指标，它是报告期增长量与基期发展水平之比（张塞，1996）。产业增长即是产业营业收入规模、企业数量规模、从业人口和利润总额的年度增长幅度，通过比较产业各项指标当年与前一年之间的差距，产业增长要素能够反映产业在当年的发展空间。

学者在对产业发展进行研究时，一般将产业增长默认为一项体现产业发展、市场绩效或产业竞争力的要素（Kumar，2001；陈军，2004；成莹，2011；Vanassche，2004）。Kumar（2001）在从国内外两个视角对印度软件产业发展进行研究时，将年度利润额增长率和出口额增长率作为衡量软件产业发展的核心指标。Vanassche（2004）在对金融开放对工业的影响的研究中，直接将工业部门的产值增长率作为衡量工业增长的核心要素，并进行了实证研究。成莹（2011）在对中国电子商务产业的研究中，将电子商务交易额的同比增长率作为衡量产业绩效的一项要素。陈军等（2004）在对中国汽车产业的研究中，通过分析 2003 年 1—11 月中国汽车产业的工业增加值的同比增长率，并与同期全国工业增加值增长水平相比较，提出了对中国汽车产业发展状况的观点。

本研究选取产业营业收入规模、企业数量规模、从业人口和利润总额的年度增长幅度来反映产业整体增长情况，将产业增长作为衡量信息资源产业发展的表征指标，通过产业增长指标的得分将中国省级行政区域以及信息资源产业细分产业的信息资源产业发展增长情况进行量化；此外，本研究将产业增长作为因变量，通过统计模型，探究信息资源产业结构、产业行为与产业行为对产业增长的影响。

1.2.3　产业效率：总量均值

产业效率是产业的资源配置效率，即从消费者的效用满足程度和生产者的生产效率大小角度考察资源的利用状态（肖兴志，2007）。如产业的利润与产业内从业人口数量的比值，能够反映该产业人力资源投入的产出效益。在我国经济新常态的背景下，经济结构转型与产业升级的要求日益迫切，产业效率需要作为衡量产业发展的重要因素。

在学术界，产业效率经常被单独拿出来讨论，有时也作为衡量产业发展的指标（鲁小伟，2014；吴青龙，2014）。学者们在探讨产业效率时，一般以生产要素利用率为显示性指标，生产要素包含了土地、资本、劳动力和企业等。鲁小伟等（2014）通过主成分分析法建立了区域文化产业的 DEA 投入产出指标体系，将文化文物单位数、从业人员数量、财政收入、固定资产投入额作为投入指标，产业增加值、总产出、生产税净额、营业盈余作为产出指标，对广东等 13 省市文化产业效率进行了评价和解读。吴青龙等（2014）使用 SCP 范式对山西煤炭产业的产业组织进行研究，提出衡量山西省煤炭产业绩效，应从资本利用效率、土地利用效率和劳动利用效率来进行分析。Howells（2005）对南非各产业的产业效率提升对国家宏观经济发展的影响进行了研究，通过设计多维度、多判据的评价指标体系对产业效率如何促进国家经济发展进行了综合分析与解读，并对发展政策与发展目标提出了建议。Goncharuk（2007）对乌克兰消费品工业的产业效率进行研究，其研究视角是探索连续性的政策变化对产业的影响，通过 DEA 模型，对乌克兰消费品工业中的 336 家企业的产业效率进行分析，Goncharuk 发现政策改变的急促程度、政策引导方向等的差异，会对消费品工业产生不同的影响，同一政策对不同细分行业、不同规模的企业影响差异非常大。

本研究以利润作为产业效益产出，通过利润与营业收入的比值、产业利润与工资的比值、产业利润与从业人口的比值和产业利润与企业数量的比值来综合衡量信息资源产业的产业效率，将产业效率作为衡量信息资源产业发展的表征指标，通过产业效率指标的得分将中国省级行政区域以及信息资源产业细分行业的信息资源产业发展效率情况进行量化；此外，本研究将产业效率作为因变量，通过统计模型，探究信息资源产业结构、产业行为，以及产业行为对产业效率的影响。

1.2.4 产业贡献：全域占比

贡献率是分析经济效益的一个指标。它是指有效或有用成果数量与资源消耗及占用量之比，即产出量与投入量之比，或所得量与所费量之比。贡献率也用于分析经济增长中各因素作用大小的程度。由于衡量经济增长的核心指标为GDP，因而一般就用GDP增长的贡献率来具体反映经济增长的贡献率（国家统计局，2005）。而产业贡献是指区域产业各个经济指标占区域相应的经济指标的份额。产业贡献有两层含义：一是体现产业对当地区域的经济贡献和就业贡献等；二是产业发展脱离不了区域经济大环境，仅考量产业价值、产业增长和产业效率恐会忽略区域经济的因素。产业贡献是衡量产业发展不可忽视的一项要素。

学者们在研究产业相关问题时，将产业贡献放在了较为重要的位置。徐枫（2012）基于SCP范式对我国光伏产业困境进行分析并提出政策建议，其中把城市和农村光伏发电占区域总发电量比重及其变化情况作为关键要素，并以此对光伏产业未来发展进行讨论。刘飒等（2009）在对北京市文化创意产业发展的实证研究中，提出将北京市文化创意产业增加值占GDP的比重作为测度北京市文化创意产业发展水平的指标。Reinsdorf（2015）对产业贡献的劳动生产率测度方法进行了研究，在现有费舍尔评价指标体系的基础上提出了新的对产业贡献的测度方法。Bangsund等（2011）分析了石油产业对美国北达科他州经济的贡献情况，认为石油产业对北达科他州的直接经济影响是石油勘探和石油抽取等活动中的直接财务活动，进一步的影响是对政府财政收入、经济活跃程度以及就业方面的贡献。

本研究通过营业收入区域贡献、从业人口区域贡献、利润贡献、劳动工资贡献和税收贡献来综合衡量信息资源产业的产业贡献。将产业贡献作为衡量信息资源产业发展的表征指标，通过产业贡献指标的得分将中国省级行政区域以及信息资源产业细分产业的信息资源产业对区域经济发展的贡献情况进行量化；此外，本研究将产业贡献作为因变量，通过统计模型，探究信息资源产业结构、产业行为与产业行为对产业贡献的影响。

1.3 产业发展的影响因素

产业发展的影响因素是复杂多元的，SCP理论为学者们从产业组织角度提供了一种有效的分析方法。从SCP理论来看，产业结构、行为和绩效之间存在着因果关系，结构决定行为，行为决定绩效。在结构、行为和绩效之外，产业环境作为环境变量起到了重要的调节作用。

1.3.1 产业结构：产业进出壁垒、产业主体差异化、产业集中度

SCP理论中市场结构主要包括进入壁垒、市场集中度、产品差异化等要素。学者们基于SCP理论围绕产业问题展开研究时主要以上述要素为蓝本，结合所研究的产业进行具体分析（张鹏，2007；李忠民，2011）。张鹏（2007）基于拓展SCP框架对物流产业成长与对策开展研究，提出市场结构要素包括：市场集中度（CRn指数）、进入和退出壁垒（绝对成本优势、规模经济、资本要求和产品差异化）。李忠民等（2011）基于SCP范式对中国石油行业市场现状进行分析，通过分析市场集中度、产品差异化程度和市场进入壁垒，来反映石油行业的市场现状。Robinson（1999）通过验证多种产业结构对较高潜力的创业公司效益的测度，提出具有较高潜力的创业公司在进行上市首次公开募股时，应进入处于产业生命周期初期的产业，其产业结构特点是具有低市场集中度和多样化的产品类型。本研究通过产业进出壁垒、产业主体差异化和产业集中度三个要素对产业结构进行解释。产业进出壁垒要素主要包含经济规模壁垒、非国资进入壁垒、人力资源壁垒；产业主体差异化要素主要包含资本性质类型方差、登记注册类型方差；产业集中度要素主要包含厂商规模的离散度、产业CRn指数。

1. 产业进出壁垒

进入壁垒又称“进入障碍”，指市场内已有的企业对准备进入的新企业所具有的优势，亦即准备进入市场的新企业可能遇到的不利因素和障碍。一般来说，一个市场进入壁垒越低，越容易进入，该市场的竞争程度越高；反之，进入障碍越高，越难进入，该市场的垄断程度就越高（肖兴志，2007）。进入壁垒具有保护产业内已有企业的作用，也是潜在进入者成为现实进入者时必须首先克服的困难。SCP理论认为，进入壁垒过高会降低市场竞争，从而影响产业绩效和产业发展。

从贝恩与施蒂格勒时代开始就对进入壁垒的成因有过多次争论。贝恩（1959）

认为造成进入壁垒的是规模经济，而施蒂格勒（1969）认为进入壁垒与规模经济无关，只有法律、政策因素会造成进入壁垒。陈志广等（2005）通过设计模型和案例分析，认为规模经济与进入壁垒没有必然的联系，但规模经济可能加剧因交易费用引起的进入壁垒问题，应对高市场集中度保持警惕。夏纪军等（2015）对中国制造业的进入壁垒展开了系列研究，通过实证研究发现沉没成本和行政性进入壁垒的降低显著提高了行业生产率，同时沉没成本的降低提高了市场竞争性，降低了市场集中度，但行政性进入壁垒因素对市场结构的影响并不显著。Karakaya（2002）对进入产业的25类壁垒进行了调查，调查结果显示，成本优势与资本必要条件是最重要的进入壁垒，具体如更高级的产品线、资本强度与客户忠诚度，最不重要的进入壁垒是政府准入许可要求。Tremblay（2012）从市场结构、集中度与进入壁垒的角度，通过丰富的案例对完全竞争市场、完全垄断市场、垄断竞争市场与寡头垄断市场的形成原因和表现形态进行了说明。关于进入壁垒会对产业发展造成哪些影响的问题，学术界尚有许多争论，在本研究中，有关产业进入壁垒的探讨主要围绕经济规模壁垒而展开，即信息资源产业中筹建企业的平均成本。为了探究进入壁垒对信息资源产业发展的作用，本研究假设：进入壁垒越强，潜在进入企业越难以参与到市场竞争中来，会对信息资源产业发展起到负面作用；成本越低，说明能有更多的企业进入信息资源产业，会促进信息资源产业的发展。对于上述假设，本研究将通过采集数据和统计模型对假设进行验证。

2. 产业主体差异化

产业主体差异化，也就是所有制结构差异化，是在社会主义市场经济制度下所衍生出的具有特殊意义的指标。一般来说，所有制结构概念的内涵是：一个社会制度下（或一个地区）的所有制结构由哪些社会经济成分组成，或者说有哪些所有制形式；它们的比重、地位如何；它们的关系又是怎样的（晓亮，2002）。所有制结构差异体现的是各类资本性质和不同登记注册类型的企业规模的差异，因此又可称为产业主体差异。

对于国有企业有利于产业发展还是民营企业有利于产业发展，学术界有过很多讨论，吴敬琏（2011）提出，在20世纪80年代中国产业所有制结构所发生的变化（民营企业比重上升，国有企业比重下降），极大地改善了当时中国的产业绩效。孙早（2011）在对产业所有制结构变化对产业绩效的影响的研究中，通过假设检验和实证分析进一步证明了国有企业的利润增长会降低产业整体绩效水平。而国有资本因为其资本规模较大并且与政府关系密切，往往体量较大。钱德勒（1999）则认为大型企业的发展质量和在产业中的比重变化，直接决定着产业的技术进步水平，进而会影响到产业绩效的改善。总体来说，学术界尚未对所有制差异对产业发展的影响给出统一的结论。Iannotta 等（2007）对欧中银行业的所有制结构进行了研究，重点对不同所有制结构对银行风险与利润的影响进行了分析，在控制相关变量的情况下，发现互助银行和公立银行的利润率要低于私立银行，公立银行的贷款质量较差，违约风险较其他两类所有制银行更高，而互助银行的贷款质量和违约风险明显低于公立银行与私有银行，而且股权集中程度虽然不会对银行的利润率产生显著的影响，但是股权更加集中的企业有着更高质量的贷款和更低的资产风险。Welch（2003）对所有制结构对特定澳大利亚企业的绩效的影响进行了广义非线性模型分析，结果显示，只有有限的证据支持所有制结构与公司绩效呈现非线性关系的假设。

本研究在研究所有制差异时，重点研究不同资本性质和不同登记注册类型的企业在整个产业中的比重的均衡程度对产业发展的影响。本研究认为在中国经济转型的进程中，产业发展不能依赖单一资本性质和登记注册类型的企业，而是应该保持一种均衡的态势，这种均衡的态势能够较好地反映所有制主体和资本的活跃程度，因此假设：不同资本性质和不同登记注册类型的企业数量的方差越小，各类所有制主体活跃程度越高，越会影响产业行为，使产业发展程度越高；方差越大，所有制主体越不均衡，产业发展程度越会受到影响。对于上述假设，本研究将通过统计模型进行验证。

3. 产业集中度

产业集中度是一项反映衡量企业的数目和相对规模的差异的指标。产业集中度是指在特定产业中，若干家最大企业所具有的经济支配能力。（卢福财，2013）一般通过一定规模以上的企业的某些关键指标占整个市场的份额来反映。根据 SCP 理论，集中度越高，说明产业的垄断程度越高，竞争环境越差。

学界对产业集中度对产业绩效和市场竞争的影响有过较多讨论，戚聿东（1998）对中国 37 个工业产业的产业集中度与经济绩效的关系进行实证分析，提出产业集中度在一定范围内与经济绩效之间存在一定程度的正相关关系，而且产业集中度与经济绩效之间会受到技术进步和创新的影响。Ratnayake（1999）对新西兰 109 个制造业的产业集中度进行了分析，认为产业集中度的降低对新西兰国内制造业的竞争环境造成了有利的影响。Fedderke 等（2009）对南非的制造业 1972 年到 1995 年的市场集中度及其增长趋势进行分析，发现产业集中度的增加会降低出口增长、降低劳动生产率、提高劳动生产单价，而集中度提高对于投资的吸引力的影响则比较复杂。而 Hornych 等（2009）通过对民主德国地区 22 个制造业的产业集中度与产业创新绩效进行分析，发现产业集中度与产业创新绩效呈现倒 U 形关系，即在一定范围内，产业集中度升高会提升产业创新绩效，但是过高的产业集中度会严重降低产业创新能力。

产业集中度对于产业发展的影响比较复杂，前人研究基本给出了产业集中度与制造业发展在一定程度上存在正相关关系的结论。但是产业集中度与信息资源产业发展之间又呈现什么关系呢？本研究将信息资源产业内的股份公司作为一定规模以上的企业作为研究对象，通过股份公司的数量、营业收入等指标，结合产业集中度赫芬达尔-赫希曼指数（Herfindahl-Hirschman Index，HHI）的测算方法来测度产业集中度，假设产业集中度增加会影响产业行为，进一步影响产业发展，并通过统计模型对假设进行验证。

1.3.2 产业行为：产业创新、产业包容、产业竞争、产业代谢

受到产业结构的影响，产业内部的企业会根据自身和竞争对手的情况，制定企业战略，努力在市场竞争中取得更多的份额，进而获得更多优势。企业战略的实施过程就是企业行为。根据 SCP 理论，企业行为一般包含营销行为、兼并重组行为、创新研发行为等，在实际研究中，企业行为往往与产业特性结合紧密。如李想等（2003）对中国连锁超市行业的发展情况进行分析，将店铺扩张情况、百强连锁企业特许加盟数据、并购重组与战略联盟情况作为市场行为要素；张安民等（2007）对中国旅行社业的发展状况进行研究，将价格恶性竞争程度、广告费用投入程度、产品创新程度、旅行社企业绩效作为测度旅行社业市场行为的指标。结合 SCP 理论范式和相关研究，本研究认为产业行为包含产业创新、产业代谢、产业包容和产业竞争。产业创新主要包括产业研发成果规模、研发投入规模和研发效率；产业代谢主要包括产业生长率、产业成熟度、产业成熟度和产业活力程度；产业包容主要包括外资企业比重、女性从业比重和产业生存空间；产业竞争主要包括产业内人均工资，反映劳动力价值。

1. 产业创新

经济学对创新的一般定义是，企业家向经济中引入的能给社会和消费者带来价值追求的新东西，这种东西以前未曾在商业的意义上被引入经济之中（黄保强，2004）。产业创新包括产业内部所有企业、相关科研机构的研发成果规模、研发投入规模和研发效率。产业创新对于产业发展意义重大，当产业发展到一定程度，创新能力就成为产业发展的核心驱动力。

熊彼特（1926）在其经济理论中着重强调创新和企业家精神，认为创新是发展的核心驱动力。Utterback（1990）认为，技术革新是制造业企业能够在激烈的市

场竞争中存活的深层原因，其他因素变化均是技术革新的结果。Feller 等（2002）通过调查产学研结合的工程研究中心与相关企业的合作发现，企业从工程研究中心获得大量知识并实现技术升级，产学研结合的工程研究中心为产业创新提供了良好的基础。张来武（2013）认为，创新有两大功能：一是可以通过不断地提高单一或者综合要素的生产率来抵消因为要素投入数量的增加而导致的单一要素或者全要素报酬递减的趋势；二是创新可以通过生产要素的新组合来突破经济发展中迟早要发生的、由要素或资源的短缺所造成的瓶颈。创新之所以具有这两大功能，是因为创新“把一种从来没有过的关于生产要素的‘新组合’引入生产体系”。

综上所述，本研究认为创新对于产业发展的作用是巨大的，技术创新所带来的技术革命对产业发展有着根本性的驱动作用。然而创新是厚积薄发的过程，产业研发等创新行为，都是本研究所关注的产业行为对象。本研究中，研究产业创新时会重点研究产业研发成果规模、产业研发投入规模和研发效率，通过统计模型验证产业创新对信息资源产业发展的影响。

2. 产业包容

包容性增长寻求的是社会和经济协调发展、可持续发展。与单纯追求经济增长相对立，包容性增长倡导机会平等的增长，最基本的含义是公平合理地分享经济增长。包容性增长的概念由亚洲开发银行在 2007 年提出，世界银行于 2009 年对包容性增长概念进行了完善（World Bank，2009）。产业包容性即产业内部的企业能够获得公平发展机会，产业内部人员能够享受平等的就业机会、经济待遇和福利体系的程度。良好的产业包容性，能够一定程度地提升产业内部竞争活力，提升从业人员的创造力。

对于包容性，学者对其内涵和作用进行过探讨。Ali 和 Zhuang（2007，2009）将包容性增长定义为一种能增加机会并平等获得机会的增长。当经济增长能创造出更多的经济机会，并且能保障社会全体成员特别是穷人最大限度地公平地得到这些机会，参与到经济增长的过程中来时，这种经济增长才是包容性增长。Conceicao 等（2001）认为包容性增长关注的群体更为广泛，应该把所有国家的所有社会成员都包含在内。Chatterjee（2005）认为包容性增长是让所有社会成员都参与增长过程、进一步减少贫困程度的过程。Rauniyar 等（2010）在亚洲开发银行相关研究的基础上，将包容性增长定义为不平等减少的增长。基于这种定义的包容性增长概念与益贫式增长几乎等同，两者的细微差别在于益贫式增长集中关注穷人经济情况的改善和穷人与非穷人之间不平等程度的降低，而 Rauniyar 定义的包容性增长关注不平等的范围更普遍，更具一般性。邱耕田（2011）认为包容性发展是让全体社会成员都能公平合理地共享发展的权利、机会和成果的一种发展方式，共享性、公平性等是包容性发展的重要特征。于敏等（2012）基于包容性增长的基本内涵构建了一套由四个要素构成的指标体系，这四个要素分别是经济增长的可持续性、降低贫困与收入不平等、参与经济机会的公平性和获得基础社会保障。

综上所述，包容性体现的是产业内部的机会公平，机会公平受到产业结构的影响，对产业发展可能造成影响。本研究认为，产业包容性对信息资源产业发展有着重要作用，本项研究将重点研究外资企业比重、女性从业人员比重和产业生存空间，通过统计模型验证产业结构对产业包容性，以及产业包容性对产业发展的作用。

3. 产业竞争

作为经济范畴的竞争，也就是市场竞争，通常是在市场经济条件下，经济行为主体为了维护和实现自己的经济利益，采取各种自我保护和扩张行为的概括和抽象（孙明华，2004）。而产业竞争行为是指产业内部企业的竞争行为。自从马歇尔主义被提出，学界对竞争和垄断的讨论从未停息，其中，不少学者认为竞争是产业发展的重要推力。按 SCP 理论，产业竞争行为越活跃，产业绩效水平越高，产业发展活力越强。产业竞争的强弱能够反映产业发展的程度。

产业竞争行为是复杂而多维的，学界的讨论相对丰富。迈克尔·波特（Michael Porter，1980）在其著作《竞争战略》中提出的五力模型，通过同行业内现有竞争者的竞争能力、潜在竞争者进入的能力、替代品的替代能力、供应商的讨价还价能力、购买者的讨价还价能力来诠释竞争力。不少学者对特定产业的竞争行为提出了自己的看法，刘中华等（2005）对网络产业进行研究，提出网络产业的竞争行为分为三类：技术竞争、预期管理和价值定价。其中技术竞争包含企业对技术标准的控制权竞争，企业对技术兼容策略的选择和企业技术联盟的形成，对于处于不同市场地位的企业，其所选择的技术竞争策略有区别；预期管理是指在技术快速发展、新产品层出不穷的背景下，制定有利于自己的用户引导习惯的策略，以期保持和增加市场份额；价值定价是指结合自身产品成本对顾客感知价值进行判断，在不同环境、不同时间段设置不同的产品价值。Sirikrai 等（2006）从产业内部的视角，通过产业内部企业的竞争力来反映整个产业的竞争力，并基于战略管理和运营管理的理论设计了层次分析模型，对产业竞争力要素的权重进行排序。Fernández（2009）对欧洲移动通信产业进行研究，将产业内部的企业分为两类，分别是已经获得一定市场地位的企业（pioneers）和后来进入市场竞争的新企业（followers），通过分析这两类企业的竞争地位和竞争策略，Fernández 发现如果市场中有企业尝试实施与其他竞争者有差别的有效竞争行为，那么他的市场份额会增加，对于后来进入市场竞争的新企业，最有效的竞争行为是降价，而对于已经获得一定市场地位的企业，最有效的市场行为是研发生产差异化的产品。

综上所述，产业竞争行为是复杂而多维的，竞争策略的不同对竞争结果有着直接影响，而对产业整体来说，竞争行为激烈，或许对产业发展有正面作用，即产业结构会影响竞争程度，竞争程度会影响产业发展。本研究认为，产业竞争对信息资源产业发展有着重要的影响作用，而信息资源产业对于人才依赖程度较高，本研究将重点研究产业人力资源价值，通过统计模型验证产业竞争对产业发展的影响。

4. 产业代谢

产业代谢理论最早由艾瑞斯系统阐述，艾瑞斯认为：第一，经济系统的产业活动与生物学中的代谢过程具有类似性。对产业活动与生物有机体之间进行比较可以看出，两者都是以由能源驱动的物质过程为基础的系统，同时，两者也都是远离热力学平衡、自组织的稳态“耗散系统”。第二，经济系统本质上是一个代谢管理机制。产业代谢的本质就是在一定的稳态条件下，覆盖原料投入、能源投入、劳动投入，生产最终产品和废弃物的物理过程的集合（Ayres，1994）。根据产业代谢理论，产业活动就像生物有机体一样，不断发生着新陈代谢。如果细胞是生物体基本的结构和功能单位，那么对于产业来说，产业内的企业就是产业构成的基本单位。产业代谢的过程中，不断有新企业筹建，进入该产业成为产业的组成部分；也不断有老企业因为各种原因停业、歇业甚至破产；当然，更多的是产业内部正常运作的处在营业状态的企业。本研究将产业内部企业的筹建、营业、歇业和破产视为产业自身代谢的行为，探究产业代谢对于产业整体发展的作用机理。

对于产业代谢的相关研究，Gort 和 Klepper（1982）通过对 46 种产品的销售、产品和产量的时间序列进行分析，按照产业内部的企业数量对生命周期进行划分，提出产业生命周期可以分为引入、大量引入、稳定、淘汰和成熟五个阶段。Ning, Y 等（2009）对中国氯工业的元素代谢进行了研究，通过引入代谢网络的相关模型对氯元素的消耗率、利用率和浪费比率进行了评估，从而对中国氯工业的元素代谢情况有了一个系统的认知 。李维思等（2011）提出基于技术生命周期的产业生命周期，依据专利技术生命周期指标将产业生命周期划分为引入期、发展期、成熟期和衰退期，并以太阳能薄膜电池产业为例进行实证研究。李维思提出的技术生命周期指标，主要包括技术生长率、技术成熟系数、技术衰老系数和新技术特征系数。

本研究认为，产业自身调整对信息资源产业发展有着重要的影响作用。结合相关研究，本研究将基于产业生命周期理论重点研究产业调整行为，通过统计模型验证产业调整对产业发展的影响。

1.3.3 产业环境：经济环境、政治环境、社会环境、技术环境

产业环境是产业发展所处的环境。按SCP理论，公共政策作为看得见的手，应该积极参与调整产业结构、产业行为和产业绩效，换言之，公共政策会对产业结构、产业行为和产业绩效造成巨大的影响。但是公共政策是不是仅有的环境因素？除了公共政策外，还有哪些产业外部因素会影响产业发展？熊元斌等（2006）在对旅游产业环境的构造研究中，认为旅游产业发展环境的主要构成要素包括：政策—法律环境、经济—市场环境、技术—生态环境、社会—文化环境，这四要素相互影响，共同作用于旅游产业的发展。方维慰（2003）在对信息产业发展环境的研究中，认为产业环境的构成因素包含经济环境、政策法律环境、基础设施环境、科技人才环境和社会文化环境。结合相关研究，本研究对信息资源产业环境的分析结合了PEST分析框架[PEST分析是指宏观环境的分析。P是政治（politics），E是经济（economy），S是社会（society），T是技术（technology）]，将产业环境分为经济环境、政治环境、社会环境和技术环境。

1. 经济环境

经济环境是指产业所处区域的整体经济环境。（孙希有，2003）区域经济的发展程度对于产业发展是至关重要的，区域经济环境与潜在市场规模和消费群体规模相关。

学者们对区域经济环境与产业发展水平的问题已经有过较多探讨，刘佳刚等（2015）以我国28个省级行政区域作为研究对象，对28个区域内的428家战略性新兴产业上市公司的数据进行分析，发现区域经济规模对战略性新兴产业发展水平和发展效益影响最大。徐立等（2010）对中国陕西省苹果种植产业的产业竞争力与区域经济水平进行多元回归分析，同样得出经济实力与产业竞争力为正相关关系的结论。Kim等（2012）对城市社会经济因素对课外补习产业的影响进行了研究，通过对市场供给和市场需求建立面板数据进行分析，结果发现经济因素对课外补习市场的成长有着重大影响。

本研究认为，区域经济环境对信息资源产业发展有着重要的影响作用，结合相关研究，本研究将重点研究区域GDP、区域国民可支配收入、区域经济结构因素、区域固定资产投资总额和区域社会消费品零售总额，通过统计模型验证区域经济因素对产业发展的影响。

2. 政治环境

政治环境，即区域内政府机构通过政策和法律对产业实施优惠、扶持、监管等行为的情况（樊泳雪，2010）。在SCP理论的发展过程中，政治因素可以说是一个讨论的焦点，贝恩等学者认为政府应该使用政策工具对产业进行合理的规范，尤其是对市场垄断行为进行规范，发挥“看得见的手”的作用。而施蒂格勒等学者则认为政府不应对市场过度干预，而应充分发挥市场自我调节机制。

政府干预市场的情况并不少见，学者们对政府干预的效果也有过诸多讨论。Oxtoby（1970）指出一个典型的政策影响产业的案例，即20世纪60年代末维京群岛的手表产业受到美国关税政策、当地税收政策、贸易保护政策的重大影响，甚至可以说美国政府政策因素直接决定了该产业的兴衰。Mah（2007）对韩国政府出台的系列产业政策和韩国的整体经济情况进行分析，认为免税政策和减少干预的系列法律为企业带来实质的经济利益，并让出口产业获得金融优势。但是政府过多地强调部分战略性产业的发展也对韩国造成了不利影响，令资源和市场倾斜。张泽一等（2009）通过统计模型对政策强度与产业发展之间的关系进行了检验，认为在产业发展的扩展期，应尽量减少产业政策对产业发展的干预强度，使产业内各企业充分展开竞争，促进强势企业的发展。竞争性产业政策有助于产业竞争力的提升，能促进产业的健康发展。刘光柱等（2012）通过对2007年1月到2011年8月中国汽车制造业销售数据和政策之间的关系的研究，发现2009年后出台的系列促进汽车制造业发展政策对汽车制造业的产量和效率有明显的促进作用。

本研究认为，区域政治环境对信息资源产业发展有着重要的影响作用，结合相关研究，本研究将重点研究区域信息资源产业政策强度、决策强度等因素，通过统计模型验证区域政治因素对产业发展的影响。

3. 社会环境

社会环境，即产业所处区域社会的社会结构、人口变动趋势、受教育程度、开放程度等。社会环境对文化和理念造成影响，进而对产业发展造成影响（郭焱，2012）。

不少学者就产业、经济发展与社会环境的关系进行过讨论。周异决等（2011）对高等教育与区域经济发展的互动关系进行分析，提出可以提高人力资本的水平，推动劳动生产率和科技的进步，从而促进区域经济的发展。同时，不同等级和类型的高等教育对经济发展的影响存在差异。徐春华等（2013）对省域居民消费水平、对外开放程度与产业结构升级的关系进行研究，发现居民消费对产业结构升级的作用机制随着经济发展水平的提高而呈现出从第二产业逐渐作用到第三产业的“高级化”变动态势，由此促使产业结构升级。对外开放程度的提高在总体上能对我国各地区间产业结构升级起到积极作用。周玉龙等（2015）对产业发展和人口集聚的关系进行分析，通过 2005 到 2011 年中国地级及以上城市的面板数据的回归分析，发现人口集聚效应总体上对非农劳动生产率有显著促进作用，但对第二产业的劳动生产率的影响并不明显，甚至为负值。第三产业则享受了更多集聚经济的好处。人口集聚效应并非越强越好，人口规模超过某个水平反而会抑制劳动生产率；不同规模城市的集聚效应略有差别，中小城市对集聚的好处更加敏感。Urosevic 等（2010）提出纺织行业的重要竞争力因素是工人们的受教育程度，提高工厂中每一个工人的受教育程度是工厂实现更高商业目标的前提，尤其是在迅速发展的社会环境下，工人们和管理者需要更强的学习能力和适应能力。

本研究认为，区域社会环境对信息资源产业发展有着重要的影响作用，结合相关研究，本研究将重点研究区域开放程度、生产要素流动性指数和人口教育结构等因素，通过统计模型验证区域社会环境对产业发展的影响。

4. 技术环境

技术环境是指区域内部科研机构和科研成果情况，反映了该区域对科研创新的重视程度和区域科研活力（金占明，2004）。产业技术创新需要良好的创新环境，区域技术环境能够为产业创新提供土壤。

区域技术环境对产业创新会带来一定影响，对此已经有不少学者进行过相关研究，吴金希等（2013）就区域研究机构推动产业创新的机理进行分析，认为工业技术研究院以产业共性技术和关键技术为研究对象，推进先进技术的产业化和提升产业结构，在推动产业创新过程中能够起到杠杆作用、桥梁作用、填平“死亡之谷”的作用、完善创新体系的作用、抢抓机会窗口的作用。邢乐斌等（2015）对区域产业 R&D 环境满意度进行研究，并以我国中西部地区 IT 产业为例进行实证分析，发现区域 R&D 资源开放与共享程度、技术成果交易市场完善程度与区域 IT 产业 R&D 环境满意度显著正相关，即区域 R&D 资源开放与共享程度越高、技术成果交易市场完善程度越高，IT 企业对 R&D 环境满意度越高。Beise 等（1999）对大学中的公共研究成果对产业创新的作用进行了研究，选取了德国 2 300 家企业作为调查对象进行调查，结果显示 1993—1995 年近十分之一的产业创新成果都依赖于高校的公共研究成果，这些创新产品的销售额约占全部产品销售额的 5%，基于此调查，Beise 还对公共研究与产业创新的结合提出了相关建议。

本研究认为，区域技术环境对信息资源产业发展有着重要的影响作用。结合相关研究，本研究将重点研究区域科研机构数量、区域技术成交额和区域专利申请受理量等因素，通过统计模型验证区域技术环境对产业发展的影响。

1.4 本章小结

本章主要对产业发展基础理论、信息资源产业发展的构成要素与影响因素进行解读。通过对产业发展理论进行溯源，对产业发展的系列基础理论作了梳理，重点对SCP理论的发展历史作了阐述，将SCP理论作为本研究的理论基础。进而从产业组织的视角出发，以SCP理论范式为基础来解释信息资源产业发展的构成要素和影响因素，即产业结构决定产业行为，产业行为决定产业绩效，产业环境对产业结构、产业行为和产业绩效有着调节作用。本研究重视产业环境的作用，将产业环境作为重要的影响因素加入SCP模型中，形成E-SCP模型，以E-SCP模型对信息资源产业发展的构成要素和影响因素进行分析。

在对信息资源产业发展的构成要素进行分析时，本研究认为不同产业由于产业特性的差异，产业发展的构成要素也有差别，提出信息资源产业发展的构成要素包括产业价值、产业增长、产业效率、产业贡献等，其中，产业价值通过各个经济指标的总量规模体现，产业增长通过各个经济指标的年度增长体现，产业效率通过各个经济指标的总量均值体现，产业贡献通过各个经济指标占所在区域的相关经济指标的比重体现。本研究对上述四个要素分别进行了解读。

在对信息资源产业发展影响因素进行分析时，本研究以E-SCP为基础，分别对产业结构、产业行为和产业环境进行剖析。本研究通过产业进出壁垒、产业主体差异化和产业集中度三个要素对产业结构进行解释；通过产业创新、产业包容、产业竞争和产业代谢四个要素对产业行为进行解释；通过经济环境、政治环境、社会环境和技术环境四个因素对产业环境进行解释。在解释过程中，针对每个因素的研究都辅以比较丰富的文献研究，并提出了相应的假设。这些假设的验证过程将在后面章节中进行。

第2章　我国信息资源产业发展概况与研究综述

近年来，随着我国经济社会信息化水平的不断提升，信息资源作为国民经济发展的一种重要战略资源受到越来越多的关注和重视。我国信息资源产业呈现稳定发展状态，对我国调整经济结构、促进经济发展以及提高国民经济运行质量和效率有重要的作用。

2.1　信息资源产业的内涵与行业构成

界定信息资源产业内涵，明确信息资源产业的结构及分类，是研究信息资源产业发展问题的基础性工作，只有在此基础之上，才能对信息资源产业发展的整体状况进行相关分析，明确发展中的经验与不足，为信息资源产业未来的发展提供方向。

2.1.1　信息资源产业的内涵

目前，国际上尚未见到“信息资源产业”的提法（冯惠玲等，2011），多是以数字内容产业或文化创意产业等概念出现。数字内容产业的概念在国际上较为通用，这一提法最早由1995年“西方七国信息会议”提出。1996年，欧盟《信息社会2000计划》首次将“数字内容产业”定义为：制作、开发、包装和销售信息产品及其服务的产业（European Commission，1996）。1998年，经济合作与发展组织《作为新增长产业的内容》专题报告把内容产业界定为“主要生产内容的信息和娱乐业所提供的新型服务产业”（OECD，1998）。美国国际知识产权联盟认为美国版权产业是文化创意产业的重要组成部分，具体包括文学、音乐、电影电视、广告、软件、绘画艺术、播放工具、服装、珠宝、家具、室内设计等。

关于信息资源产业的内涵，我国相关专家学者在近年来提出一些观点：朱幼平等于 1996 年首次指出“信息资源业即开发利用信息资源的行业”，对信息资源的概念作出了初步的界定（朱幼平，1996）。董宝青认为，信息资源产业是指从事信息资源生产加工，以信息资源的内容为基础，向社会提供产品或服务的经济部门（董宝青，2005）。韩芸认为信息资源产业是高技术、高智力、高增长、高附加值产业，是以信息内容产品的生产与服务为产业主体行为的产业群体（韩芸，2006）。赖茂生等认为，信息资源产业即信息内容产业，其内涵包括：（1）产业的源头是待开发利用或已经得到开发利用的信息资源和信息内容；（2）以经营信息内容产品或信息服务为主要利润来源；（3）是信息资源开发利用的商业化模式；（4）是信息化时代国民经济发展的主导产业（韩茂生等，2008）。在信息资源产业的组成和分类认识上，1998 年，经合组织《作为新增长产业的内容》专题报告将内容产业划分为两类：一类是传统的视听和音乐内容；另一类综合了数字文本、资料、视听内容等多媒体服务，通过互联网等新媒体传送。挪威、法国、爱尔兰、美国、加拿大、日本等国家主张将信息资源相关产业正式纳入国家产业统计分类系统。

本研究鉴于前期研究成果《2014 中国信息资源产业发展报告》，将信息资源产业定义为：信息资源产业，是以信息资源为原料，从事信息形态产品和服务的生产、加工、传播、提供等活动，并以此创造经济价值的国民经济部门。信息资源产业以信息资源为主要劳动对象和生产原料；以信息形态的产品或者以提供信息为主的服务为产出成果和主要利润来源，主要在信息产品和服务的生产、加工、传播、提供各个环节“创造经济价值”；在性质上属于战略性的新兴主导产业、劳动与知识双密集型产业、高投入型产业、高增值型产业；在经济特性方面的突出表现是投入高、知识人力资本高、风险高、“沉没成本”高。当前，我国信息资源产业呈现出蓬勃发展的趋势，呈现出丰富的产业形态。

2.1.2　中国信息资源产业的行业构成

在信息资源产业的行业构成问题上，国内外相关机构和学者有着不同的理解。国家信息中心按传统产业、数字化产业和新兴产业把信息资源产业划分成三大类。赛迪顾问把内容服务业划分为核心细分行业和外围细分行业两层。2003 年《上海市政府工作报告》将内容产业的类型划分为软件、信息化、教育、动画、媒体出版、数字音像、数字电视节目、电子游戏等产业。在学术界，贺德方（2005）、赖茂生（2008）、韩国 Yong Gyu Joo（2008）等人都认为信息资源产业或信息内容产业包括新闻出版、广播电视电影、电视剧和音像制作、咨询、数据库、软件、社会调查、广告制作、互联网信息资源服务、游戏、动漫、移动内容、在线学习等小类行业（也叫细分行业）。在分析信息资源产业行业构成时，应该参照信息资源产业的基本内涵来展开工作。对信息资源产业的解释关键在于“以信息资源为原料”，并在生产、加工、传播、提供各个环节“创造经济价值”，基于这一逻辑，可以通过小类行业的基本定义与内涵来辅助判断其是否属于信息资源产业的范畴。

本章采用主题词表分析法（马费成等，2011）来对信息资源产业的主题词进行筛选。基于文献的发现理论（荣毅虹等，2002）对关键词进行提取。首先，查阅 2003 年至 2013 年涉及“信息资源产业内涵、构成或分类”的文献 26 篇，选取文献中涉及有关信息资源产业行业分类特征的主题词共计 97 个，在去掉其中重复的、内涵或外延近似的名词后，针对剩余 74 个主题词，分别计算其在选定的 12 篇相关度较高的文献中出现的频度。由于与信息资源产业构成与分类相关度高的文献数较少，主题词出现频率相对较低，因此在选取过程中，主题词至少在两篇文献中出现过即进行统计，也就是对其中频度大于 15%的主题词进行统计（张云秋，2009），并据此选定 51 个主题词作为判定信息资源产业小类行业构成的主题词，如表 2－1 所示。

表 2－1　　信息资源产业小类行业判定主题词频度表（略表）

序号	主题词	01	02	03	04	05	06	07	08	09	10	11	12	频度
1	信息评估		+	+	+		+	+	+	+		+	+	75.00%
2	咨询与调查		+	+	+		+	+		+		+	+	66.67%
3	信息服务		+		+		+		+	+	+	+		58.33%
4	数字内容		+				+	+	+	+		+	+	58.33%
5	数据处理		+				+		+	+	+	+	+	58.33%
6	存储服务		+	+			+	+		+	+			50.00%
7	调查监测		+	+	+		+			+	+			50.00%
8	测绘服务		+	+				+	+			+		41.67%
9	市场调查			+	+	+	+			+				41.67%
10	质量检测		+						+	+	+	+		41.67%
…	…	…	…	…	…	…	…	…	…	…	…	…	…	…
43	规划管理	+			+									16.67%
44	代理服务						+				+			16.67%
45	中介服务						+				+			16.67%
46	零售批发			+								+		16.67%
47	呼叫中心		+	+										16.67%
48	发行						+			+				16.67%
49	会议展览				+					+				16.67%
50	人力资源		+					+						16.67%
51	劳务派遣			+								+		16.67%

而后通过德尔菲法向来自经济学、管理学、图书情报学等领域的 19 位专家咨询意见，并按照专家小组的意见，结合信息资源产业内涵所揭示的产业过程，将 51 个信息资源产业主题词划分为采集类、加工类与提供类三大类，得到如表 2－2 所示的判定信息资源产业小类行业的主题词表。

表 2－2　信息资源产业小类行业判定主题词表

类别	关键词
采集类	调查监测、测绘服务、市场调查、质量检测、勘察勘探、质检技术、生态监测、气象、环境保护
加工类	广播电视、电影、数据处理、存储服务、设计开发、设计服务、广告、新闻、文艺创作、数字内容、录音制作、内容服务、软件开发、系统集成
提供类	动漫、出版、互联网、信息服务、代理中介、咨询与调查、推广服务、信息评估、图书馆、博物馆、档案、专业服务、管理服务、文化娱乐、教育培训、技术服务、风险管控、法律服务、公证服务、规划管理、代理服务、中介服务、零售批发、呼叫中心、发行、会议展览、人力资源、劳务派遣

在确定信息资源产业主题词的基础上，进一步针对国家统计局发布的《国民经济行业分类和代码表（GB T4754—2011)》中 1 095 个小类行业（四级代码对应的行业）展开分析。首先，根据代码表中提供的由行业名称和内涵描述所构成的行业简介，结合信息资源产业的基本内涵与特点，剔除明显与信息资源产业无关的行业，如谷物种植业、家具制造业、水产养殖业等，对剩余的 207 个小类行业进行词频分析。根据信息资源产业主题词在小类行业简介中出现的个数（出现一个主题词计数为 1，同一主题词出现多次计数为 1)，对小类行业进行一次划分，简介中出现 5 个主题词及以上的产业直接划分为信息资源产业，简介中出现 1～4 个主题词的产业划分为待判定产业，由专家小组来评分判定，简介中未出现主题词的产业划分为非信息资源产业。第一轮筛选后共确定 111 个小类行业（包含确定的信息资源产业和待定产业)，结果如表 2－3 所示。

表 2－3　信息资源产业一次划分结果

产业类型	主题词数量	行业数量
信息资源产业	大于等于 5 个	36
待定产业	1～4 个	75
非信息资源产业	0 个	96

而后，本研究采用专家小组成员背对背打分的方法，对待定的 75 个小类行业进行二次划分，根据小类行业的内涵及其涉及的劳动对象、加工方式、产出成果等进行分析，从相关性高到无相关性按照 1～0 分进行打分，将平均分大于 0.5 的小类行业划归为信息资源产业。经过这两次划分，共确定 93 个小类行业为信息资源

产业。在确定信息资源产业小类行业的基础上，按照行业简介中涉及的主题词对小类行业进行进一步的加工整理。信息资源产业主题词涉及采集类、加工类和提供类三种，根据小类行业简介中涉及三类主题词的数量，赋予小类行业在三类主题词上从 0～6 分不等的得分值。而后，本研究根据 93 个小类行业在三类主题词中的得分对小类行业进行聚类分析，同时将聚类分析结果与专家小组的意见相结合，最终得到的信息资源产业的构成行业结果，如表 2－4 所示。

表 2－4　　信息资源产业二次划分结果

信息资源产业类型	小类行业数量	小类行业
信息资源采集业	14	气象服务（7410），地震服务（7420），海洋服务（7430），水文服务（7640），生态监测（7462），环境保护监测（7461），质检技术服务（7450），市场调查（7232），能源矿产地质勘查（7471），固体矿产地质勘查（7472），水、二氧化碳等矿产地质勘查（7473），基础地质勘查（7474），地质勘查技术服务（7475），测绘服务（7440）
信息资源加工业	14	广告业（7240），新闻业（8510），广播（8610），电视（8620），电影和影视节目制作（8630），录音制作（8660），文艺创作与表演（8710），数据处理和存储服务（6540），数字内容服务（6591），软件开发（6510），信息系统集成服务（6520），集成电路设计（6550），工程勘察设计（7482），专业化设计服务（7491）
信息资源提供业	65	图书馆（8731），档案馆（8732），博物馆（8750），信息技术咨询服务（6530），其他资本市场服务（6790），风险和损失评估（6891），金融信息服务（6940），律师及相关法律服务（7221），公证服务（7222），会计、审计及税务服务（7231），社会经济咨询（7233），其他专业咨询（7239），知识产权服务（7250），信用服务（7295），金融信托与管理服务（6910），工程管理服务（7481），规划管理（7483），贸易代理（5181），其他贸易经纪与代理（5189），货物运输代理（5821），旅客票务代理（5122），其他运输代理业（5829），保险经纪与代理服务（6850），文化娱乐经纪人（8941），体育经纪人（8942），其他文化艺术经纪代理（8949），房地产中介服务（7030），公共就业服务（7261），职业中介服务（7262），劳务派遣服务（7263），其他人力资源服务（7269），会议及展览服务（7292），科技中介服务（7520），图书出版（8521），报纸出版（8522），期刊出版（8523），音像制品出版（8524），电子出版物出版（8525），其他出版业（8529），电影和影视节目发行（8640），电影放映（8650），图书批发（5143），报刊批发（5144），音像制品及电子出版物批发（5145），图书、报刊零售（5243），音像制品及电子出版物零售（5244），图书出租（7122），音像制品出租（7123），农业技术推广服务（7511），生物技术推广服务（7512），新材料技术推广服务（7513），节能技术推广服务（7514），其他技术推广服务（7519），其他科技推广和应用服务业（7590），学前教育（8210），职业技能培训（8291），体校及体育培训（8292），文化艺术培训（8293），教育辅助服务（8294），其他未列明教育（8299），其他电信服务（6319），互联网信息服务（6420），呼叫中心（6592），其他未列明信息技术服务业（6599），邮政基本服务（6010）

注：表中小类行业名称后括号内数字为《国民经济行业分类和代码表（GB T4754—2011）》中行业代码。

2.1.3　信息资源产业的分类

基于信息资源产业的基本内涵，本章识别出了属于信息资源产业的小类行业。在这些小类行业当中，有些行业把信息资源作为其生产原料的一部分，但在“生产、加工、传播、提供”创造的经济价值中只有部分属于信息资源所创造的。对于这类产业，在统计分析其经济指标时，如果将有关的指标数据完全纳入信息资源产业的范畴，则会放大信息资源产业的实际成果而使研究不准确。另外，美国经济学家马克·尤里·波拉特（1977）曾以信息产品或服务的市场化程度（是否进入市场交易）为标准，将国家信息部门划分为一级部门和二级部门。延续波拉特的产业研究思想，本章提出了“信息资源依赖度”指标来解决上述问题。信息资源依赖度用来反映某个行业实现经济价值的过程中对“信息资源原料”的依赖程度，以及在生产环节中信息资源所创造价值的比重高低。本章研究采取主题词分析与专家评价相结合的研究方法，一方面计算信息资源小类行业对信息资源产业主题词的覆盖度，另一方面组织专家小组对信息资源小类行业的信息资源依赖程度进行打分，将二者的结果进行综合分析后得出信息资源产业各个小类行业对信息资源的依赖度，进而对小类行业进行分类。

利用主题词表计算信息资源产业对信息资源小类行业的覆盖度，即根据选定的信息资源产业主题词表与划分出来的 93 个信息资源小类行业的简介内容，进行覆盖度计算。每个小类行业与三类信息资源产业均有可能存在大于零的覆盖度，但为了便于分类，将每个小类行业覆盖度最大的信息资源产业类型保留，其余覆盖度的数值删除，这样就将 93 个信息资源小类行业划分为信息资源采集业、信息资源加工业和信息资源提供业三类主要产业。

对于划分的 93 个小类行业，通过专家打分法对其信息资源依赖度进行了评分，提出了“信息资源依赖度综合评分”的指标，评分从 1 分到 3 分不等，1 分代表产业生产过程当中存在部分信息资源开发利用的活动，信息资源所创造的经济利润在产业的产出中所占比重较小；3 分代表产业所创造经济利润几乎完全依赖于开发利用信息资源，其他类型的资源所创造的经济价值所占比重很小。而后，再将专家小组对各行业的综合评分，换算成该行业在价值创造过程中对信息资源的依赖度系数。结合主题词覆盖度的数据得分与评分表的结果，由专家小组进行讨论后，将 93 个小类行业划分为信息资源完全依赖型产业、信息资源中度依赖型产业和信息资源低度依赖型产业（钱明辉等，2016）。信息资源各行业对信息资源的依赖程度见表 2－5。

表 2-5　　信息资源各行业对信息资源的依赖度

信息资源依赖度	信息资源依赖度系数	大类产业	小类行业
信息资源完全依赖型产业	1.00	信息资源采集业	市场调查、测绘服务
		信息资源加工业	新闻业、电影和影视节目制作、录音制作、数据处理和存储服务、数字内容服务
		信息资源提供业	信息技术咨询服务，金融信息服务，社会经济咨询，其他专业咨询，知识产权服务，信用服务，图书出版，期刊出版，报纸出版，音像制品出版，电子出版物出版，其他出版业，图书批发，报刊批发，音像制品及电子出版物批发，电影和影视节目发行，图书、报刊零售，图书出租，音像制品出租，其他电信服务，音像制品及电子出版物零售，互联网信息服务，呼叫中心，其他未列明信息技术服务业，电影放映
信息资源中度依赖型产业	0.50～0.70	信息资源采集业	生态监测、环境保护监测、质检技术服务
		信息资源加工业	文艺创作与表演、广播、电视
		信息资源提供业	风险和损失评估，律师及相关法律服务，公证服务，会计、审计及税务服务，金融信托与管理服务，科技中介服务，农业技术推广服务，生物技术推广服务，新材料技术推广服务，节能技术推广服务，其他技术推广服务，其他科技推广和应用服务业，其他资本市场服务
信息资源低度依赖型产业	0.20～0.30	信息资源采集业	能源矿产地质勘查，固体矿产地质勘查，水、二氧化碳等矿产地质勘查，基础地质勘查，地质勘查技术服务，气象服务，地震服务，海洋服务，水文服务
		信息资源加工业	软件开发、信息系统集成服务、集成电路设计、工程勘查设计、专业化设计服务、广告业
		信息资源提供业	工程管理服务、规划管理、保险经济与代理服务、房地产中介服务、公共就业服务、职业中介服务、劳务派遣服务、其他人力资源服务、学前教育、职业技能培训、文化艺术培训、邮政基本服务、贸易代理、其他贸易经济与代理、博物馆、图书馆、档案馆、体校及体育培训、教育辅助服务、其他未列明教育、货物运输代理、旅客票务代理、其他运输代理业、文化娱乐经纪人、体育经纪人、其他文化艺术经纪代理、会议及展览服务

最终，本章将信息资源产业划分为 3 大类产业、11 个中类产业以及 93 个小类行业。其中，根据各行业依赖信息资源的核心业务的异同和信息资源产业主题词表

的设计思路，将信息资源产业划分为信息资源采集业、信息资源加工业和信息资源提供业。信息资源采集业包括 2 个中类产业、14 个小类行业，信息资源加工业包括 2 个中类产业、14 个小类行业，信息资源提供业包括 7 个中类产业、65 个小类行业；根据某个行业实现经济价值的过程中对“信息资源原料”的依赖程度，以及在生产环节中信息资源所创造价值的比重大小，我们将信息资源产业划分为信息资源完全依赖型产业、信息资源中度依赖型产业及信息资源低度依赖型产业，其中完全依赖型包含 32 个小类行业，中度依赖型包含 19 个小类行业，低度依赖型包含 42 个小类行业。11 个中类产业包括调查监测业、勘探测绘业、数据内容制作处理业、设计开发业、博物展示业、咨询与管理服务业、代理经纪中介业、出版发行及租售业、技术推广服务业、教育培训业和通信技术服务业。

2.2　我国信息资源产业的发展水平

在信息社会，信息资源已成为世界各主要国家和地区经济社会发展所必须依托的重要战略资源。这些国家和地区对信息资源产业的发展普遍给予了高度的关注，大都将其视作战略性信息产业大力发展。目前，我国信息资源产业正处于蓬勃发展的时期，从产值、税收、从业人口以及法人单位数等多个角度都可以明显看出信息资源产业发展前景较好，对我国经济发展有重要的作用。

2.2.1　我国信息资源产业的产值

2015 年我国信息资源产业总体营业收入高达 4.22 万亿元人民币，较 2014 年增长 13.12%，总营业收入占当年全国 GDP 比重为 6.12%，产业规模不断扩大，影响力逐步增强。在信息资源产业 11 项中类产业中，营业收入最高的三项产业的营业收入占全国信息资源产业营业收入的 60%。其中，咨询与管理服务业产值规模最大，营业收入总值高达 1.15 万亿元人民币，第二和第三分别是代理经纪中介业和数据内容制作处理业。而博物展示业受产业特征和盈利模式的影响，当年营业收入仅 2.8 亿元人民币，占总营业收入的比重较小。从图 2－1 可以看到构成我国信息资源产业的各中类产业营业收入的分布情况。

2.2.2　我国信息资源产业的税收

2015 年我国信息资源产业总税收达 773.94 亿元人民币，占信息资源产业营业收入的 1.84%，在全国总税收中仅占 0.70%，整体税收规模较小，税负压力较低。

在信息资源产业 11 项中类产业中，咨询与管理服务业税收贡献较大，达 316.32 亿元人民币，占当年信息资源产业总税收近四成。从图 2-1 可以看到构成我国信息资源产业的各中类产业税收的分布情况。其中，除出版发行及租售业及设计开发业外，2015 年我国信息资源产业中类产业税收整体规模情况与营业收入情况较为相似。

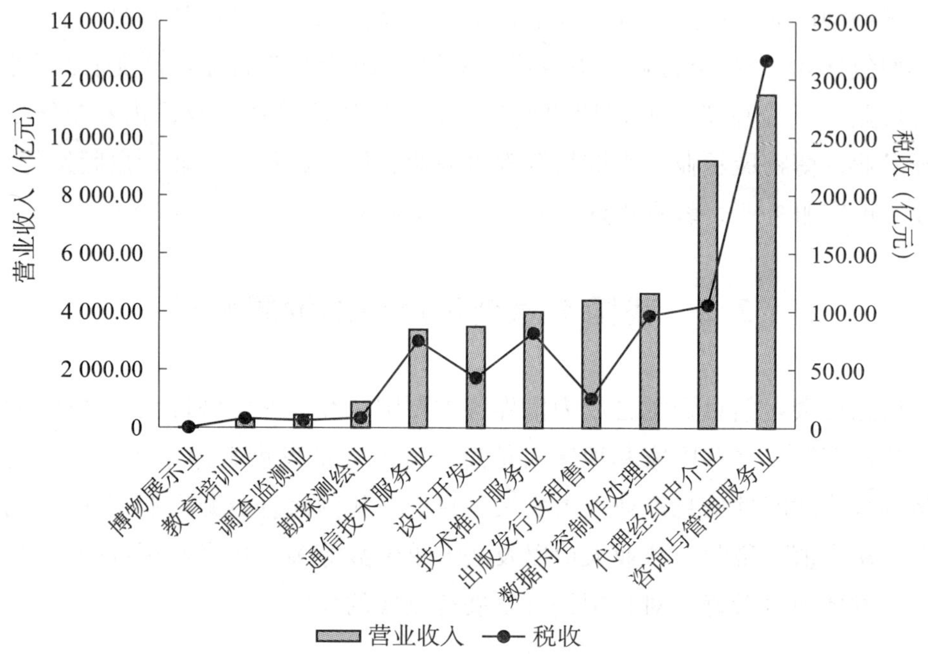

图 2-1　2015 年中国信息资源产业中类产业营业收入与税收统计图

2.2.3　我国信息资源产业的从业人口

2015 年我国信息资源产业相关从业人口数量为 2 770.85 万人，相较于 2014 年增长 273.56 万人，增幅达 10.95%，占当年我国全行业总从业人口的 3.58%。女性比重不断提升，于 2015 年达到 1 195 万人，占总从业人口比重为 43.14%。从业人口的不断增加以及女性比例的不断提升说明产业结构趋于完善，产业包容性不断增强，为信息资源产业的发展提供了更好的人口基础。

在信息资源产业 11 项中类产业中，从业人口最高的三项产业的分别为教育培训业、代理经纪中介业及咨询与管理服务业，超过 2 000 万人。而博物展示业为 1.6 万人，占总人口的比重较小。从图 2-2 可以看到构成我国信息资源产业的各中类产业从业人口及女性从业人口的分布情况。

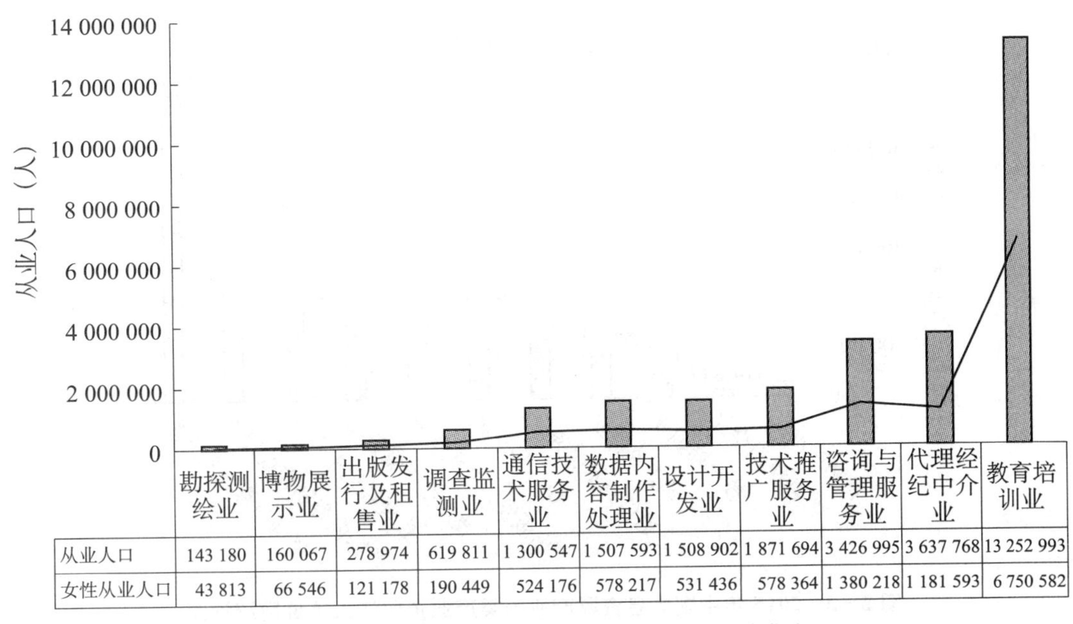

	勘探测绘业	博物展示业	出版发行及租售业	调查监测业	通信技术服务业	数据内容制作处理业	设计开发业	技术推广服务业	咨询与管理服务业	代理经纪中介业	教育培训业
从业人口	143 180	160 067	278 974	619 811	1 300 547	1 507 593	1 508 902	1 871 694	3 426 995	3 637 768	13 252 993
女性从业人口	43 813	66 546	121 178	190 449	524 176	578 217	531 436	578 364	1 380 218	1 181 593	6 750 582

图2-2　2015年中国信息资源产业中类产业从业人口统计图

2.2.4　我国信息资源产业的法人单位数

2015年我国信息资源产业的企业数量不断扩大，较2014年相比增长了15.81%，企业法人单位数量达218.55万个，占全国企业法人单位数近两成。信息资源产业规模的不断扩大使其成为带动我国经济发展的重要新兴力量。根据2015年中国信息资源产业中类产业企业法人单位统计图（图2-3），在信息资源产业11项中类产业中，咨询与管理服务业、数据内容制作处理业及代理经纪中介业位列信息资源产业中类企业法人单位数前三名，分别为61.9万、41.0万及36.7万个，合计占当年信息资源产业总企业法人单位数的64%，在信息资源产业中企业数量规模较为庞大。而博物展示业、勘探测绘业由于行业特点以及产业需求不足等原因，企业法人单位数量较少，合计仅占当年信息资源产业总企业法人单位数的0.75%。

2.3　我国信息资源产业的发展历程

信息资源产业化是当今世界发展的大势所趋，信息技术革命势头迅猛，深刻影响着经济发展方式的转变，推动生产力产生了质的飞跃，为社会经济发展带来新机遇。2004年至2015年期间，我国信息资源产业规模不断扩大，税收贡献不断提升，从业人口数量不断提高，企业数量不断增加，取得了显著的成绩。

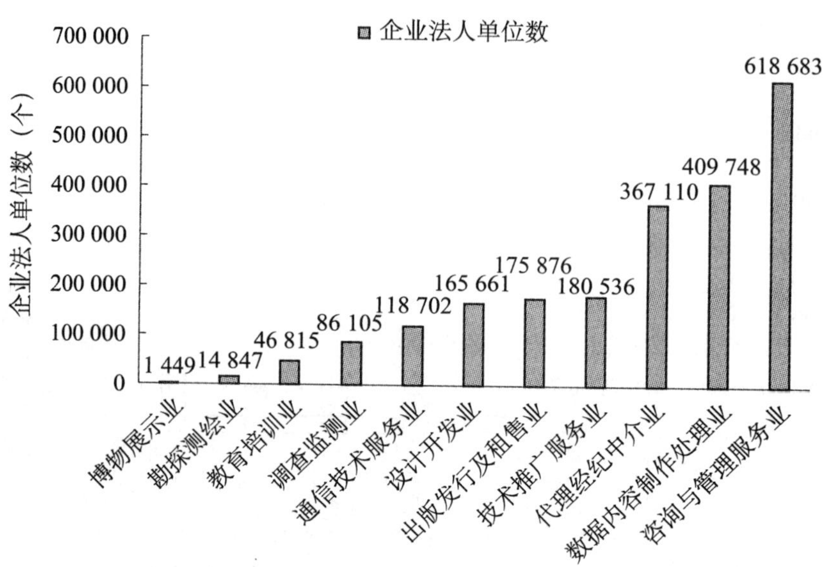

图 2－3　2015 年中国信息资源产业中类产业企业法人单位数统计图

2.3.1　我国信息资源产业产值增长情况

根据相关统计数据的折合计算，2004 年我国信息资源产业营业收入约为 0.57 万亿元人民币，而到 2015 年这一数据扩大为 4.22 万亿元人民币，产值扩大了 7.4 倍，产值总体呈现逐年增长的态势。十余年来，我国信息资源产业营业收入稳步上升，发展态势良好，自 2008 年开始营业收入增速不断加大。相比我国各年 GDP 数据，信息资源产业营业收入基本稳定占我国 GDP 总量的 5%左右，即信息资源产业的发展与整个国家经济发展趋势基本一致，呈现平稳增长的趋势。2004—2015 年间，对信息资源不同依赖程度的产业在营业收入方面均有所增加。其中，占比最大的是对信息资源依赖程度较低的产业，其次是完全依赖型的产业，中度依赖型产业较少。与信息资源依赖程度较低的产业进行对比，虽然对信息资源高度依赖的产业从业人口数较少，但其贡献的营业收入占比相对较大，说明对信息资源高度依赖的产业主要是智力密集型产业，从业人口平均创造的价值较高（见图 2－4）。

2.3.2　我国信息资源产业税收增长情况

2004 年我国信息资源产业税收总额约为 114.57 亿元人民币，而到 2015 年这一数据扩大为 773.94 亿元人民币，扩大了近六倍，税收总体呈现逐年增长的态势。相较于产值总体增长情况而言，税收压力并无明显增强，为信息资源产业的发展提供了一定帮助。相较于 2014 年，我国信息资源产业税收总额增长 12.94%，其中河南、河

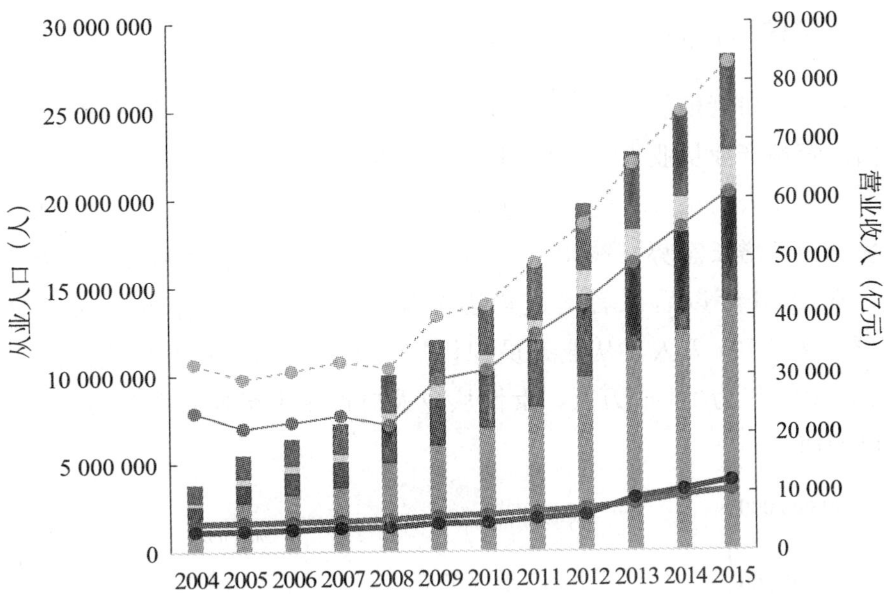

图 2-4　2004—2015 年中国信息资源产业营业收入与从业人口统计图

北、北京三地分别增长 18.59%、18.46%、18.11%，位列增速前三位。图 2-5 为 2004 年至 2015 年我国信息资源产业税收增长情况。完全依赖型信息资源产业税收贡献较大，其次是低度依赖型信息资源产业，最后是中度依赖型信息资源产业。

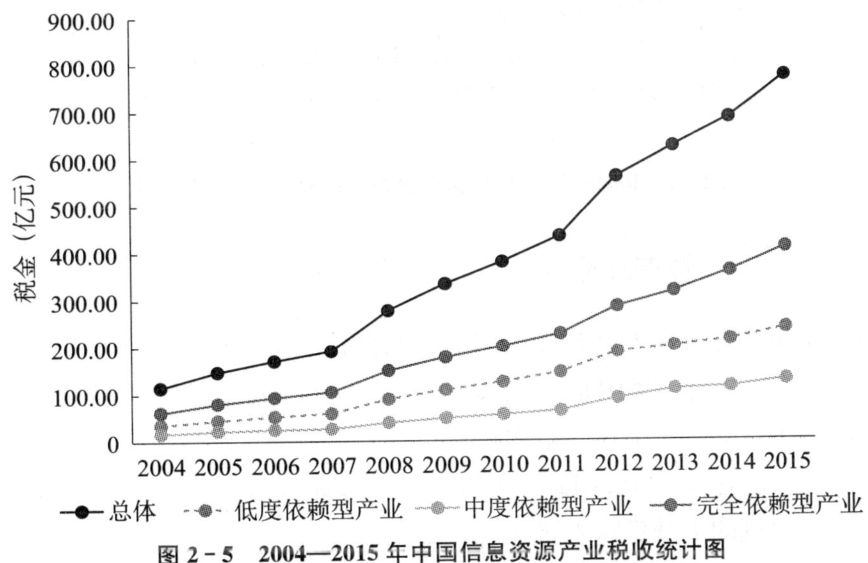

图 2-5　2004—2015 年中国信息资源产业税收统计图

2.3.3 我国信息资源产业从业人口增长情况

产业从业人口规模能从另一个角度反映信息资源产业的发展态势。2004—2015年中国信息资源产业从业人口统计图（图2-6）显示，除2005年及2008年我国信息资源产业从业人口出现小规模下降外，其他年份信息资源产业从业人口在十余年期间均呈现稳健增长态势。2008年以前，从业人口以及女性从业人口呈现平稳增长趋势，在2008年以后二者增速均逐渐加快。2004年从业人口为1 065万人，2015年增长为2 771万人，从业人员规模扩大了1.6倍；女性从业人口2004年为427万人，2015年为1 195万人，女性从业人口近年来增速有所放缓，略小于总体从业人口增速。

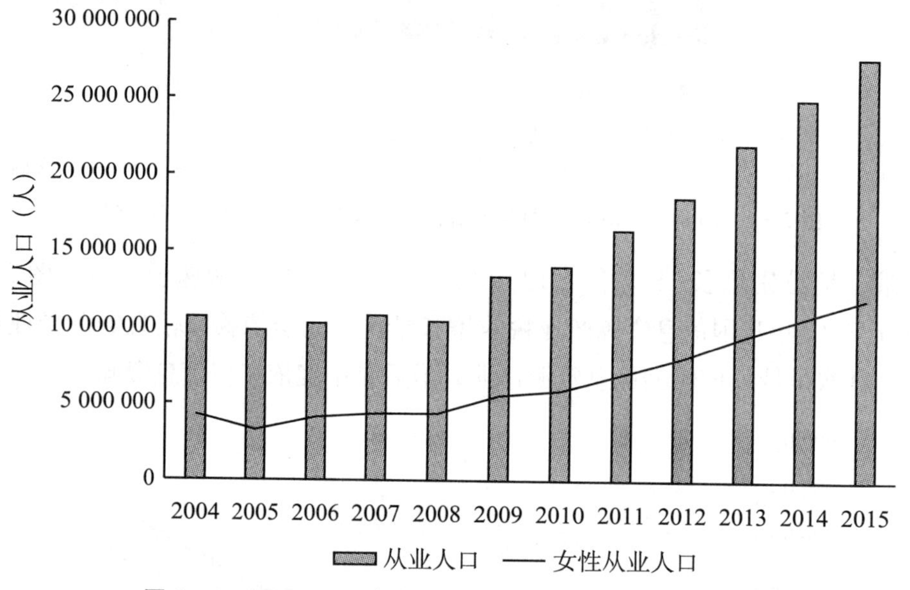

图2-6 2004—2015年中国信息资源产业从业人口统计图

2.3.4 我国信息资源产业企业法人单位增长情况

在信息资源产业规模不断扩大的同时，我国信息资源产业的企业数量也呈线性上升，截至2015年底，我国信息资源产业的企业法人单位数达到218万个，较2004年相比增加186.32万个，规模扩大了5.9倍。其中2011年以后，企业数量呈现爆发式增长，增速远大于2011年之前，2015年企业法人单位约比2010年提高了约三倍。企业数量的上升意味着行业规模的不断扩大，同时也表征着信息资源产业的蓬勃发展趋势。图2-7为2004年至2015年我国信息资源产业企业法人单位数量增长情况。2011年之前，低度依赖型产业、中度依赖型产业及完全依赖型产业均平稳增长，2011 年至 2012 年间，中度依赖型产业出现短暂下降趋势，在 2012 年之后恢复增长。相反，自 2011 年起，完全依赖型信息资源产业呈现高速增长趋势，并最终在 2015 年超越低度依赖型信息资源产业。

我国在信息资源产业化过程中已经取得了显著成绩，但从总体上说还是滞后于信息基础建设，滞后于全社会信息需求的日益增长，滞后于我国社会经济的快速发展，滞后于全球信息资源开发利用的大趋势。

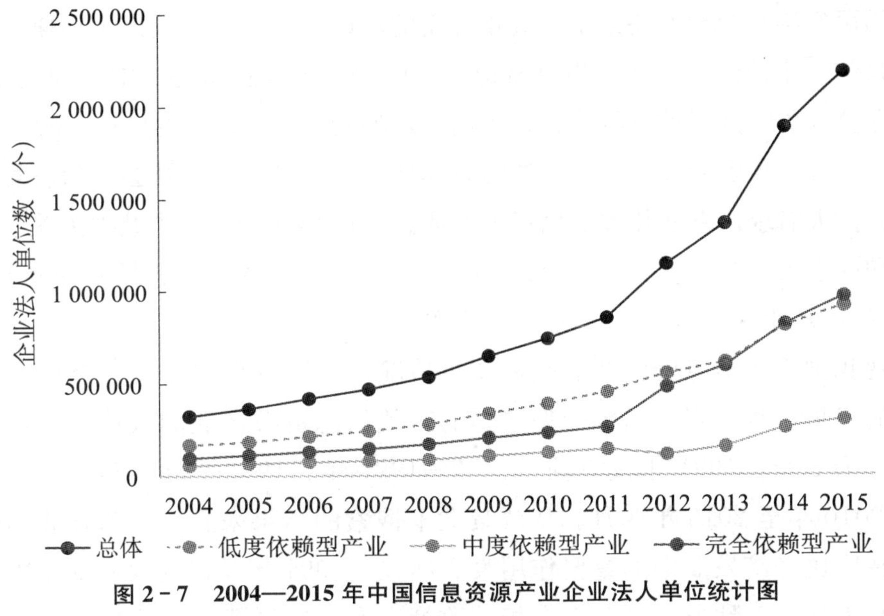

图 2－7　2004—2015 年中国信息资源产业企业法人单位统计图

2.4　我国信息资源产业相关政策的演进

通过制定促进信息资源产业发展的相关政策，提高信息资源在社会资源结构中的比重，实现经济增长方式的转型与升级，成为越来越多的国家谋求国际竞争力和全球影响力的战略选择。本节通过对我国信息资源产业政策文本的梳理与分析，对我国信息资源产业总体发展情况进行总结。本节将“信息资源”及 93 个细分行业名称等 94 个关键词纳入搜索范围，搜索到的所有政策文本均为 2016 年 8 月 1 日前公开的，包含了法律、行政法规、部门规章、国务院及其下属机构规范性文件、地方性法规、地方政府规章、省和直辖市政府及其下属机构规范性文件等不同效力级别的有关信息资源产业的政策文本。最终，共搜索到中央层面政策文本 960 个，地方层面政策文本 4 924，合计 5 884 个，并对部分相关性较差的及重复的政策文本进行剔除，最终筛选出 390 个有关推动信息资源产业发展的政策文本。在对政策文本加以遴选之后，进一步确定了文本量化分析的三个维度，从政策数量、政策发布主体、政策产业类别三个维度展开频数统计分析。

1. 政策数量

近年来，我国制定了发展信息资源产业的战略、规划，发展信息资源产业成为调整经济结构、转变经济增长方式的战略选择。《2006—2020 年国家信息化发展战略》指出：信息资源日益成为重要生产要素、无形资产和社会财富。《中共中央关于制定国民经济和社会发展第十个五年计划的建议》中也明确提出了加速发展信息产业、以信息化带动工业化的发展战略。2004 年 12 月发布的《中共中央办公厅、国务院办公厅关于加强信息资源开发利用工作的若干意见》（中办发〔2004〕34 号）也指出，加强信息资源开发利用工作的总体任务之一是强化全社会的信息意识，培育市场，扩大需求，发展壮大信息资源产业。2010 年 10 月，《中共中央关于制定国民经济和社会发展第十二个五年规划的建议》提出“培育发展战略性新兴产业”“全面提高信息化水平”，提高产业核心竞争力。

纵观我国历年信息资源产业政策文本情况，可以发现我国信息资源产业经历了较长的发展过程。根据研究中搜集到的有关信息资源产业的政策文本，将时间阶段划分为 5 个：1991 年及以前、1992—1997 年、1998—2003 年、2004—2009 年以及 2010 年至 2016 年 8 月。从政策文本搜索的结果来看，改革开放初期，信息资源在国民经济发展中的重要作用没有凸显，1991 年及以前仅有 6 个中央层面的相关政策文本，地方层面并没有相关政策出台，信息资源产业建设增长速度较慢。进入 21 世纪以来，政策文本数量呈现快速增长趋势。通过比较中央和地方政府出台的产业政策以及根据前期研究成果的总结，可以发现以下特点：一方面，中国信息资源产业经济政策的中央部门机构带动性较强，2000 年之前的大多数政策均是在中央部门层面颁布的，中央部门机构文件出台频次和地方政府文件出台频次呈现正相关关系，且从出台时间和政策内容上看，都显示出部门文件具有较强引领性；另一方面，中国地方政府在推出产业政策方面的积极性和主动性日益增强，1999 年及以前的政策以中央文件为主，但进入 21 世纪之后，地方政府在出台规模上明显超过中央。自 2006 年开始，地方层面发文速度和数量大幅增加，增速远高于中央层面（钱明辉等，2016）。2004 年至 2016 年 8 月发布的 332 个政策文本中，中央层面（主要是中央机构）颁布了 69 个，地方政府则颁布了 263 个，占据了总政策数量的 79.22%。图 2-8 为我国信息资源产业政策文本数量增长情况。

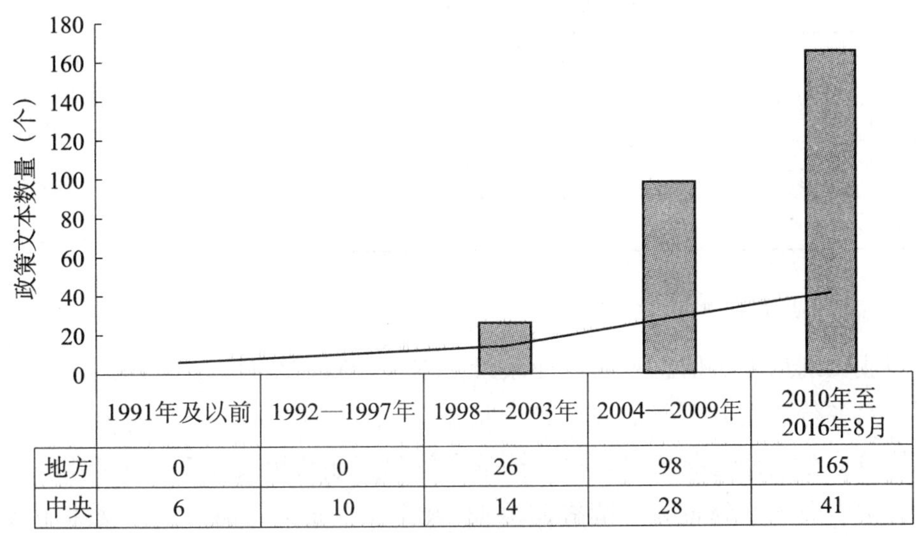

	1991年及以前	1992—1997年	1998—2003年	2004—2009年	2010年至2016年8月
地方	0	0	26	98	165
中央	6	10	14	28	41

图 2－8　中国信息资源产业政策文本数量增长统计图

2. 政策发布主体

从政策发布主体角度进行相关分析，可以通过判断政策文本的效力级别来确定信息资源产业政策强度的变化趋势。当前，信息资源产业政策的发布主体主要是国务院组成部门、国务院直属机构、省级政府部门及省级机构四者，国务院以及国务院办公厅发文相对较少，仅占总体政策文本数量的 2.82%（见表 2－6）。可见，在政策发布主体方面，部门主导的色彩比较浓重，现有的政策文本大多是不同部门基于自身职能发布的，旨在从一些具体领域来加强对产业的支持、扶植或者调控的力度。

在信息资源产业政策的发布主体中，国务院组成部门主要包括发展改革委、教育部、工业和信息化部、财政部、商务部、文化部、人民银行等机构，国务院直属机构主要涉及海关总署、税务总局、工商总局、知识产权局等部门。其中，中央政府与地方政府发文数量之比为 1∶2.86。在效力级别上属于行政法规的政策有 11 个，属于部门规章的有 90 个。相关的地方政府及其机构分布较为广泛，地方政府规章共有 45 个，地方规范性文件共有 244 个。从效力级别角度可以看出，效力级别高的政策文件虽然相对较少，但是相应的涉及具体实践和规范的部门规章与地方规范性文件数量相对较多，对实践的指导规范性较强。表 2－6 为我国信息资源产业政策发布主体情况统计表。

表 2-6　　中国信息资源产业政策发布主体统计表

	中央政府及其下属机构				地方政府及其下属机构	
效力级别	行政法规		部门规章		地方政府规章	地方政府规范性文件
发布主体	国务院	国务院办公厅	国务院组成部门	国务院直属机构	省级政府部门	省级机构
数量（个）	7	4	56	34	45	244

3. 政策产业类别

从产业类别角度对信息资源产业政策文本进行频数统计，可以根据政策文本的分布情况对各行业发展情况加以了解。根据中国信息资源产业 11 个中类产业的政策文本数量分布统计情况来看，自我国信息资源产业政策文本正式发布以来，政策文本数量按中类产业分布为：调查监测业 30 个、勘探测绘业 1 个、数据内容制作处理业 50 个、设计开发业 2 个、博物展示业 2 个、咨询与管理服务业 20 个、代理经纪中介业 33 个、出版发行及租售业 15 个、技术推广服务业 5 个、教育培训业 45 个、通信技术服务业 6 个（有些政策文本重点关注的是信息资源大类产业，没有针对某个具体中类产业，故分类时舍去这些文本。具体见表 2-7）。按产业类别统计的文本数量在行业间相差较大，其中数据内容制作处理业、教育培训业、代理经纪中介业以及调查监测业 4 个中类产业合计 158 个政策文本，约占总政策文本数量的四成多。相反，部分行业如勘探测绘业、设计开发业及博物展示业等相关信息资源产业政策文本数量十分有限。信息资源产业中类产业发展程度存在比较明显的差异。在中央和地方政府层面，信息资源产业政策的产业分类情况基本一致。诸如，数据内容制作处理业中央层面政策 12 个，地方层面 38 个，教育培训业中央层面政策 10 个，地方层面 35 个，说明中央与地方在产业上的重视程度基本保持一致。产业政策文本在不同行业间相差较大，部分产业受到较高的重视，对于产业发展有着重要的作用，相反个别产业相关政策出台较少，对于行业发展起到一定局限作用。表 2-7 为我国信息资源产业政策文本按中类产业类别分类统计情况表。

表 2-7　　中国信息资源产业政策文本按中类产业类别分类统计表

中类产业	数量（个）
调查监测业	30
勘探测绘业	1
数据内容制作处理业	50
设计开发业	2
博物展示业	2
咨询与管理服务业	20
代理经纪中介业	33

续前表

中类产业	数量（个）
出版发行及租售业	15
技术推广服务业	5
教育培训业	45
通信技术服务业	6

2.5　信息资源产业发展研究综述与问题思考

近年来，我国制定了发展信息资源产业的战略与规划，发展信息资源产业成为调整经济结构、转变经济增长方式的战略选择。本节通过梳理信息资源产业发展相关研究成果，从信息资源产业发展模型与评价方法、信息资源产业发展问题与策略以及信息资源产业发展环境与政策三个角度进行文献回顾，进一步阐述我国信息资源产业发展研究现状。

2.5.1　信息资源产业发展模型与评价方法

在有关信息资源产业发展模型的讨论中，唐守廉等（2014）通过运用系统动力学理论，建立了信息资源产业发展系统模型，将信息资源产业系统分为资源子系统、相关产业子系统、经济增长子系统及产业发展环境子系统四个子系统。通过对该模型的研究发现，一方面我国信息资源产业的发展受到文化资源丰富程度和信息通信网络水平的影响，另一方面，信息资源产业在未来几年中将保持较快的增长，为国民经济的发展提供持续稳定的带动作用。杨帆等（2015）在回顾内生增长模型和经济增长模型的基础上，通过全要素生产率（TFP）研究，提取 8 种影响我国信息资源产业全要素生产率增长的内生要素和外生要素，最终提炼出我国信息资源产业全要素生产率增长的三类决定性因素。模型揭示了我国信息资源产业 TFP 增长的人力资本、专业化和技术溢出等内部因素以及制度变迁、市场化程度和产业政策等外部因素对我国信息资源产业 TFP 增长的影响。肖英等（2008）在对传统索洛模型进行修正的基础上，建立了稳定增长状态下的信息资源开发模型，分析了与经济可持续增长相匹配的信息资源开发增长率，以及影响信息资源开发的关键因素，认为信息资源开发可持续增长的实现与劳动力增长率、技术进步率、政府效率增长率、用于信息资源开发的劳动力比例、资本比例等因素有关。侯卫真（2010）从信息资源本身和信息资源产业两个角度构建了 IR 信息资源影响力模型，通过产业转型系数和资源转型基数来衡量一个地区的信息资源开发利用情况和信息资源产业的发展水平，判定一个地区的信息资源影响力，从而为地区的发展决策和战略制定提供依据和支持。

在有关信息资源产业发展评价方法的讨论中，胡芒谷（1997）从宏观经济的角度评价信息经济的发展规模，从社会信息化角度评价信息化的发展水平，由两个角度提出我国信息产业发展水平的评价方法和指标体系，并对北京和天津两地的信息产业发展水平进行了测度和比较。钱明辉等（2015）从信息资源产业的内涵解析出发，结合产业竞争力评价方法，设计了信息资源产业发展评价指标体系，并拟合出信息资源产业发展指数（IRIDI）来对该产业展开测评，揭示了我国信息资源产业发展中所存在的区域差异大、发展水平低、政策环境有待优化等问题。《2014 中国信息资源产业发展报告》对我国信息资源产业发展的实际状况作出了客观的描述和科学合理的评价，研究开发了“信息资源产业发展指数”。该指数可用以反映不同地区、不同行业领域信息资源产业发展的情况，界定这些地区和行业信息资源产业发展的水平，既可以作为分析认识问题的基本工具，也可以成为国家有关部门的产业政策工具。

通过信息资源产业发展模型的构建以及产业发展评价方法的研究，可以有效揭示我国当前信息资源产业在不同地区的发展状况，识别不同产业间的发展特征，了解信息资源产业的影响因素，为信息资源产业发展提供政策建议。而从已有研究成果的梳理来看，一方面，我国有关信息资源产业模型与评价方法的研究数量较少。在中国期刊全文数据库检索相关文章，有关信息资源产业发展模型与信息资源产业发展评价的文章仅有数十篇，数量极其有限，这对于进一步深入研究形成了一定的阻碍。另一方面，与信息资源产业发达国家相比，我国对信息资源产业有关模型体系的建设与评价方法的研究方法较为单一，多集中于全国整体情况或信息资源全行业的研究，针对其中具体行业或具体地域的研究数量不足。总体上来看，我国信息资源产业虽然近年来发展态势较好，但与信息资源产业发达国家相比，我们在模型构建以及体系建设等定量研究方面存在着数量不足、研究不够深入等问题，这在一定程度上阻碍了我国信息化的进程以及信息资源产业的发展。我们应从国家战略层面给予重视，在社会社会层面给予关注，在企业层面给予扶持，尽快缩小同发达国家之间的差距。

2.5.2 信息资源产业发展问题与策略

在有关信息资源产业发展问题与策略的讨论中，朱幼平（1996）于 1996 年首次提出信息资源产业 10 大问题，包括：电子化、多种发展模式、信息资源开发定位、信息产品与信息服务的质量、信息机构“三个面向”、信息机构的机制与体制、信息资源共享、信息资源管理与政策、国际信息资源的开发利用以及普及全民信息意识。在此基础上，他提出了有关信息资源产业发展的建议和策略，这对于加快我国信息资源建设，推动信息资源产业发展有重要的意义。目前，信息资源产业的发展受到了越来越多的重视，通过对相关研究成果的分析与总结，可发现目前我国信息资源产业仍然面临着一些问题。

一是信息资源产业间发展不平衡。信息资源产业在不同产业间发展差异较大，在同一地区或不同地区间 93 个细分行业在产业规模、发展上均存在较大差异。本研究成果显示，在 11 个中类产业中，咨询与管理服务业、代理经纪中介业等行业，无论在产值、税收贡献还是企业数量及从业人员等方面都名列前茅，其中 2015 年咨询与管理服务业总营业收入达 1.1 万亿元，企业数量约为 62 万个，接近 350 万人从事相关工作。而由博物馆业、档案业等细分行业所构成的中类产业博物展示业由于其经营特点等因素发展情况一般，2015 年全年总营业收入仅为 2.8 亿元，接近 1 500 家企业以及 16 万从业人员，与其他中类产业相比，在产业规模上相差较大。根据前期研究结果，北京市各个信息资源产业细分行业发展得比较均衡，而广东省则只有少数几个信息资源产业的细分行业（如软件业）比较发达。同类细分行业之间的差异大多数情况下是可以理解的，因为不同地区存在不同的优势，其信息资源产业的发展可能各有侧重。但一些比较基础、受地域影响较小的信息资源产业细分行业在各地区之间仍存在巨大差异，如知识产权服务业、质检技术服务业等信息资源产业细分行业在不同地域存在较大差距。这对于缩小地区差距、平衡发展信息资源产业是不利的（钱明辉等，2015）。信息资源产业结构的合理均衡对信息资源产业的平稳发展具有重要影响。在信息资源产业发展中，产业结构是否合理，各个产业之间的比重是否均衡，直接影响到产业经济运行的稳定性和可持续性。

二是信息资源产业地区间差异较大。2015 年中国信息资源产业整体发展势头良好，地区间排名与 2014 年相比变化不大，整体规模稳步提升。经济发展较好的地区信息资源产业的整体发展水平也较高，地区间整体呈现出“东高西低”的问题，地区间发展不平衡问题较为突出。我国信息资源产业发展程度基本可划分为三大梯队，从沿海向内地呈阶梯状分布，不同区域之间的差距悬殊。从 2015 年信息资源产业全行业统计情况来看，北京信息资源产业总营业收入高达 7 657 亿元人民币，企业法人单位数约为 42 万个，从业人员超过 300 万人。相比而言，部分西部省份如青海省当年营业收入仅为 85 亿元，企业法人单位数为 4 200 个，从业人口约为 11 万，西藏自治区营业收入为 23 亿元，企业法人单位数 1 060 个，10 余万从业人口。从营业收入角度而言，北京地区信息资源产业是西藏地区的300余倍，可以很明显看出产业发达与产业落后地区间的差异。在我国的信息化进程中，信息化进度不一和信息分布的地区不均衡现象逐渐凸显，信息化过程加剧了国内各省（市、区）之间的信息分化，信息贫富差距伴随着信息化建设的深入也日渐扩大，东部地区的信息化发展程度明显高于中西部地区。在信息资源已经成为区域经济实力和经济发展的关键资源的今天，如何有效改善中西部地区在信息时代深陷“信息贫困”的窘况，已成为我国经济社会健康有序发展所面临的重要挑战（王冬放，2015）。

三是产业发展较薄弱，就业贡献率偏低。在市场导向和政策扶持的双重作用下，信息资源产业近年来发展迅速。2013年信息资源产业对我国GDP的贡献率为5.61%，产值年均增长率达到14%。但是，我国信息资源产业发展起步较晚，基础相对薄弱，与发达国家相比仍有着不小的差距。早在20世纪90年代，美国内容产业在信息产业销售额中的比重已经接近50%；英国仅数字娱乐产业年产值对该国GDP的贡献率就超过7.9%。从就业贡献的角度看，我国信息资源产业的就业贡献偏低。根据英国文化传媒与体育部发布的相关数据，2007年英国文化创意产业的就业人数近200万，已成为英国就业人数最多的产业之一，根据2010年欧盟发布的数据，欧盟文化创意产业除了创造大量产值外，还创造了700万到800万个就业岗位。我国人口众多，经济不够发达，当前就业、再就业形势严峻 。信息资源产业是知识密集型产业，同时也是劳动密集型产业，因此，大力发展信息资源产业，可在一定程度上缓解我国的就业压力，促进社会的和谐稳定发展。而且，科技信息资源的开发有利于促进我国科技发展和技术创新，促进我国的产业和产品升级，延长产业链，提高附加值，提升我国企业的国际竞争力，从而容纳更多的国内就业（宣小红，2008）。

四是信息资源产业政策研究不深入，缺乏系统性。前期研究成果显示，我国信息资源产业相关政策缺乏一定整合性，各细分行业出台政策各自为政，政策制定上缺乏整体性、系统性，这对于信息资源产业的发展有一定阻碍。近年来，韩国对信息资源产业政策给予高度重视，这对于我国信息资源产业发展有一定启示作用。一是通过制定信息资源产业战略规划，为信息资源产业的发展指明方向。韩国早在1998年就提出了“文化立国”的方针，对文化产业的发展给予高度重视，将其作为21世纪发展国家经济的战略性支柱产业，积极进行培育。二是完善法律法规 ，为信息资源产业的发展提供规范，保证信息资源产业的健康发展。早在1999年，韩国就制定了《文化产业振兴基本法》，奠定了文化产业发展的法制基石。三是出台财政税收优惠政策，为信息资源产业发展提供资金支持。信息资源产业是知识和技术含量非常高的产业，韩国在税收、资金等方面实行优惠政策，以扶持从事信息资源产业的企业，尤其是中小型企业的发展，为信息资源产业的发展提供资金支持（朱雪宁，2009）。信息资源产业政策的完善，不能停留在书面论述和先验分析上，需要在借鉴先进国家经验的基础上，梳理现有政策规章，整合地区差异，总结产业发展的成功经验，讲究从特殊到一般再到特殊的逻辑导向关系。中国理论界和实务界对现有信息资源产业的政策、法律和法规及地方政府规章认识梳理评估不足，对其他国家和地区的先进经验、先进政策还没有进行有系统性的分析介绍（钱明辉等，2012），这样一方面不能对中国信息资源产业政策现状提出清晰的见解认知，另一方面也阻碍了中国信息资源产业政策的适时改善。

基于上述对于信息资源产业发展问题的认识，一些学者提出了促进我国信息产业发展的策略。韩芸（2006）对我国信息资源产业发展提出了有关战略决策等的意见，包括：加强政策和信息引导，制定信息公开法，推进政府部门信息机构改革，引导民营信息内容企业加快发展，加大对信息资源产业的扶持力度，以及规范竞争秩序等。赵京等（2012）认为我国信息资源产业在网络基础设施运营、知识产权保护、网络信息安全及行业技术标准统一等方面都存在一定问题，并针对上述发展现状，提出了相关对策措施，以规范健全我国信息资源产业。朱雪宁（2009）从信息资源产业人才角度出发，提出我国当前信息资源产业人才短缺等问题，并分析了其成因，提出了我国解决信息资源产业人才短缺问题的对策。朝乐门等（2014）从经济、社会、政治、文化、环境五个层面为信息资源产业发展构建目标体系，并提出了信息资源产业的促进策略。

在信息化浪潮席卷全球的进程中，信息资源产业的发展对于国家经济战略转型，促进经济持续健康发展，大力推进产业结构调整有重要的影响。总体来看，我国信息资源产业所面临的问题多集中于地区间发展不平衡、产业间结构待优化、信息化基础建设不充分以及相关研究不够深入等等，这些在一定程度上阻碍了我国信息资源产业的发展。着眼未来，对于信息资源产业，我们更应该关注对信息资源产业欠发达地区给予经济扶持及政策性倾斜，同时利用信息资源产业规模经济等特点，通过发达地区的帮扶，带动欠发达地区的发展；更应该关注信息资源产业间结构优化与调整，促进产业升级；更应该关注中西部地区的基础设施建设，加大力度给予扶持，让区域间基础设施再平衡；更应该关注通过建立信息资源产业专业研究院，启动专项基金对信息资源产业研究给予扶持等，提高产业研究质量。

2.5.3　信息资源产业发展环境与政策

信息资源产业发展政策的出发点和路径是研究产业政策制定的基础。信息资源产业发展政策的制定需要对产业创造经济和社会价值、实现创新发展的路径和方式有清晰的认识，并实现产业政策结构和支持体系的持久创新（Hearn 等，2004；Potts 等，2008）。学术界认为信息资源产业发展政策出台路径至少有两种：一种是产业专家影响地区决策，涉及产权保护、物权法律、环境等各方面的政策制定。产业专家往往有深厚的专业知识和理论素养，政策取向中立，但其非选举性导致了其言论的不担责，使得政策意见上存在一些问题（Stone，2000，2008）；另一种是商业主体，尤其是大型公司在利益驱动下主导的产业政策制定，这种“权力区位”（geography of power）是“对现代社会的侮辱和对未来生活的威胁”（Richard，2000）。不过，在政策出台路径的问题上，也存在这样的观点：产业发展政策的制定不是追求同质化和“新殖民主义”统治，而是多方的参与和博弈的结果，各方均有通过不同的渠道和途径影响政策走向的可能，政府提供对话、联络、参与、创新的机制，将极大促进产业理念的成熟，但绝不能认为可以找到最终解决之道（Prince，2010）。有学者研究发现，不同国家和地区信息资源产业中的创意产业发展政策的差异可以归结为两个原因：一是政策制定结构，二是政治目标和动机。在产业发展政策制定中，决策者、活动家、议会和政府官员、文化企业家、研究人员和学者的互动能促进创意产业的迅速发展。

在有关信息资源产业发展环境与政策的讨论中，如前文所述，《2006—2020 年国家信息化发展战略》指出，信息资源日益成为重要生产要素、无形资产和社会财富。中央在“十五”规划建议中也明确提出了加速发展信息产业、以信息化带动工业化的发展战略。2004 年 12 月发布的《中共中央办公厅、国务院办公厅关于加强信息资源开发利用工作的若干意见》（中办发〔2004〕34 号）也指出，加强信息资源开发利用工作的总体任务之一是强化全社会的信息意识，培育市场，扩大需求，发展壮大信息资源产业。2010 年 10 月，《中共中央关于制定国民经济和社会发展第十二个五年规划的建议》提出“培育发展战略性新兴产业”“全面提高信息化水平”，提高产业核心竞争力。

相应地，我国学者也对中国信息资源产业发展政策展开了研究。赖茂生等人从信息的采集、公开、传播、利用以及信息市场等几个方面，对我国相关政策和法律法规进行初步的探讨，认为我国应当制定适宜的信息资源法律法规，来规范现实社会中的信息活动，并与国际信息政策法规接轨，共同处理世界性的信息问题（赖茂生等，1997）。王素芳在分析美日两国信息资源开发利用政策法规的基础上，重点回顾了中国目前信息资源开发利用政策法规的制定现状，并针对中国信息资源开发利用政策法规制定中存在的问题提出了策略建议（王素芳，2004）。马费成等进一步考察了中国信息资源政策与法律的理论研究和实践进展，指出中国信息资源政策与法律研究存在分散、政府实践与理论研究步调不一、缺乏统一协调等问题（马费成等，2007）。宣小红列举了现行信息资源管理体制存在的问题，进而提出设立综合性的信息资源管理部门、实行分类管理、加强监管、给予扶持、颁布《信息资源法》等具体的建议（宣小红，2008）。她认为中国信息资源产业在产业布局上有产业分类上尴尬、社会对信息资源产业认识含混的问题，提出产业政策应形成分级管理体系，对信息资源产业中存在着的“第一产业”“第二产业”和“第三产业”实施不同的管理政策（马费成等，2007）。另外，还有学者对国家间、地区间信息资源产业政策进行了比较研究。比如，朱雪宁从政策环境、政策目标以及政策内容等三个方面对中韩两国信息资源产业政策进行了比较研究，指出了韩国信息资源产业政策制定对中国的启示（朱雪宁，2009；朱雪宁等，2010）。赖茂生等人从人才战略及政策、市场战略及政策、技术研发战略及政策等三个方面对中国大陆和台湾地区信息资源产业政策展开了比较研究（赖茂生等，2008）。

综合学术界已有的研究成果发现，尽管对信息资源产业发展环境与政策的探讨早就开始，但已有的讨论还是局限于一般性的产业政策理论研究框架之内，缺乏针对信息资源产业政策与环境的系统性研究。有关信息资源产业政策的研究可以从以下三个方面着手：第一，对信息资源产业政策的认识、评价须建立在对现有国内外公共政策梳理评估的基础之上，更加注重对政策实施效果的实证性研究，包括对产业的扶植、鼓励、调整、保护、限制的效应及力度，以及产业政策所带来的社会效果和长期影响；第二，探讨信息资源产业政策的基本工具、决策机制、执行力机制和评估机制等方面的问题，这对展开深入的政策研究具有基础性意义；第三，产业的发展是多形态的，相应的产业政策也有发展政策、组织政策、结构政策的不同，所以，对信息资源产业政策要进行多层次、多视角、多维度的研究，将经济、政治、社会、文化、环境等方面的发展目标纳入信息资源产业发展政策的考虑范围，分析产业发展政策对产业增长、结构优化、方式转变、地区协调、产业技术进步、环境保护、收入就业等方面的影响，统筹协调信息资源产业的地区经济发展和社会全面进步、经济效益和社会效益、经济利益和公共利益等问题，促进中国信息资源产业发展实现全面性、协调性、进步性发展。

2.6　本章小结

信息资源作为与能源、材料并列的当今世界三大资源之一，越来越受到世界各国的重视。信息资源产业作为新兴产业，在推动我国社会发展和国民经济发展中也日益起到了重要的作用。近年来，我国信息资源产业发展速度较快，产业地位不断提高，在推动国民经济发展中的重要性日益凸显。

首先，本章对信息资源产业内涵作出界定，将信息资源产业定义为以信息资源为原料，从事信息形态产品和服务的生产、加工、传播、提供等活动，并以此创造经济价值的国民经济部门。信息资源产业以信息资源为主要劳动对象和生产原料；以信息形态的产品或者以提供信息为主的服务为产出成果和主要利润来源，主要在信息产品和服务的生产、加工、传播、提供各个环节“创造经济价值”；在性质上属于战略性的新兴主导产业、劳动与知识双密集型产业、高投入型产业、高增值型产业；在经济特性方面的突出表现是投入高、知识人力资本高、风险高、“沉没成本”高。在此基础之上，本章确定信息资源产业行业分类与结构，将其分为 11 个中类产业以及 93 个细分行业。

其次，本章对信息资源产业在 2004 年至 2015 年 12 年间有关营业收入、税收、从业人口以及企业法人单位数等情况进行了描述性统计。相关数据显示，2015 年信息资源产业总营业收入高达 4.22 万亿元人民币，总税收达 773.94 亿元人民币，从业人口数量为 2 770.85 万人，企业法人单位数量为 218.55 万个，分别较 2014 年增长 13.12%，12.94%，10.95%，15.81%，增长速度明显，产业发展较快。信息资源中类产业自 2004 年至 2015 年十余年以来企业数量不断增加，人员规模不断扩大，人口包容性越来越强，产值收入及税金持续增加，信息资源产业处于蓬勃发展态势。

再次，本章通过对我国信息资源产业政策文本的梳理与分析，对我国信息资源产业总体发展情况进行总结。按相关搜索条件共搜索到中央层面政策文本 960 个，地方层面政策文本 4 924 个，合计 5 884 个，并对部分相关性较差的及重复的政策文本进行剔除，最终筛选出 390 个有关推动信息资源产业发展的政策文本。在对政策文本加以遴选之后，进一步确定了文本量化分析的三个维度，从政策数量、政策发布主体、政策产业类别三个维度展开频数统计分析。

最后，本章通过梳理信息资源产业发展相关研究成果，从信息资源产业发展模型与评价方法、信息资源产业发展问题与策略以及信息资源产业发展环境与政策三个角度进行文献回顾，进一步对我国信息资源产业发展研究现状进行总结，并提出相关对策建议。

第3章　信息资源产业发展指数测评指标与测算方法

在信息资源愈发受到社会各界关注，信息资源产业日益发展的背景下，如何科学、客观地对信息资源产业的发展状况做出合理、有效的评价已经成为一项重要议题。本书编委会撰写的关于中国信息资源产业发展与政策研究的系列报告中，已经提出过基于价值链模型的信息资源产业发展指数（IRIDI）测评指标和测算方法。在本书中，编委会根据前作系列报告的评价效果反馈和产业经济学相关理论，对信息资源产业发展指数测评指标和测算方法进行了升级，以SCP理论为核心构建了信息资源产业发展显示性指标体系和解释性指标体系，通过TOPSIS法（Technique for Order Preference by Similarity to Ideal Solution，又称逼近理想解排序法、理想点法）进行指数测算。本书提出的信息资源产业发展指数评价指标体系的评价对象除了我国信息资源产业整体发展情况外，还包括信息资源产业93个细分行业的发展情况。

3.1　信息资源产业发展指数的指标体系

明确信息资源产业发展指数的指标构成与体系结构，是评价信息资源产业发展状况的核心工作。以本书第1、第2章中所阐述的产业发展基础理论和信息资源产业细分行业构成为基础，这一小节主要对信息资源产业发展指数的评价对象、样本选择和评价体系构成展开研究。

3.1.1　评价对象界定与评价样本选择

信息资源产业发展评价指标体系的评价对象是中国各省级区域（不包括香港、澳门特别行政区及台湾地区）信息资源产业及其细分行业的发展情况。信息资源产业是以信息资源为原料，从事信息形态产品和服务的生产、加工、传播、提供等活动，并以此创造经济价值的国民经济部门（冯惠玲等，2011）。信息资源产业的基本特征是：以信息资源为主要劳动对象和生产原料；以信息形态的产品或者以提供信息为主的服务为产出成果和主要利润来源，主要在信息产品和服务的生产、加工、传播、提供各个环节“创造经济价值”；在性质上属于战略性的新兴主导产业、劳动与知识双密集型产业、高投入型产业、高增值型产业；在经济特性方面的突出表现是投入高、知识人力资本高、风险高、沉没成本高（钱明辉，2011）。

根据本书第 2 章对信息资源产业构成的解读，信息资源产业分为信息资源采集业、信息资源加工业和信息资源提供业三个大类，其中，信息资源采集业包括 14 个行业，信息资源加工业包括 14 个行业，信息资源提供业由 65 个行业构成。

信息资源采集业是指其核心业务为采集和搜集信息资源的信息资源产业，其采集和搜集的信息资源具有一定的独特性。信息资源采集业所包含的行业或许也有信息资源加工和提供的环节，但是决定其产业特征的核心业务是资源采集。如测绘服务业的典型代表数字地图和导航位置服务企业，通过采集地理信息并加工，最终提供测绘服务和产品，获得经济利润。信息资源采集业根据其采集方式的差别又分为调查监测业和勘探测绘业。信息资源加工业是指其核心业务为加工和处理信息资源的行业，其加工和处理的技术具有一定的独特性。信息资源加工业根据其加工和处理内容的不同，又分为数据内容制作处理业和设计开发业。信息资源提供业是指提供信息资源产品的行业，其提供过程具有一定的独特性。信息资源提供业根据其提供内容的不同，又分为博物展示业、咨询与管理服务业、代理经纪中介业、出版发行及租售业、技术推广服务业、教育培训业和通信技术服务业。

本书的评价对象样本是全国和除港、澳、台外的 31 个省级行政区域的信息资源产业及其细分行业。由于国家统计局、各类行业统计年报的公开数据大多只到省级，故本书的评价对象粒度也选取为省级行政区域和全国层级；由于港、澳、台地区的统计口径与国内其他地区存在较大差异，故本书将港、澳、台排除在外，主要对全国和除港、澳、台外的 31 个省级行政区域的信息资源产业及其细分行业进行评价。

3.1.2 评价指标与指标体系构成

根据学界多年来对产业发展和产业竞争力的研究与实践，产业发展情况及其影响因素是多维度的，产业发展情况难以用单一指标进行说明，因此信息资源产业的发展情况需要用一个指标集合来反映。在本书的前作《2014 中国信息资源产业发展与政策研究报告》中，以价值链模型为基础，提出信息资源产业发展评价指标应由产业价值和产业环境两部分组成，产业价值反映区域信息资源产业综合价值的相对水平，产业环境反映区域信息资源产业发展环境优势的相对水平，产业环境支撑产业价值，产业价值又作用于产业环境。报告正式发表后的一年中，通过大量的读者反馈与项目组的进一步研究，项目组发现基于价值链模型的指标体系虽然能够较好地反映信息资源产业的发展程度，但是难以对产业发展的动因进行很好的解释。

本书在参考产业组织和产业经济学的相关理论的基础上，提出基于 SCP 理论的 E-SCP 模型对信息资源产业的发展情况进行评价。SCP 理论是产业组织理论发展过程中形成的重要成果之一，它对产业绩效提出了一系列因果关系的解释，为定量研究产业发展与产业结构、产业行为提供了理论基础。SCP 理论给予我们一个基本的研究范式：结构、行为和绩效之间存在着因果关系，结构决定行为，行为决定绩效。对于不同类型的行业，市场结构形态存在一定的差别。更重要的是，用 SCP 理论对产业结构、行为和绩效之间的关系进行解读，可以让政府机构通过公共政策对产业结构和行为进行一定程度的调整和改善，以实现更好的产业绩效。E-SCP 模型在 SCP 理论的产业结构、产业行为和产业绩效三个基本要素的基础上，增加了产业环境要素。在 E-SCP 模型中，产业结构主要包括产业进出壁垒、产业主体差异化和产业集中度三个要素；产业行为主要包括产业创新、产业包容、产业竞争和产业代谢四个要素；产业发展主要包括产业价值、产业增长、产业效率和产业贡献四个要素；产业环境主要包括经济环境、政治环境、社会环境和技术环境四个要素。其中产业发展是显示性指标，通过产业价值、产业增长、产业效率和产业贡献来计算信息资源产业发展指数，产业结构、产业行为和产业环境是解释性指标，用于对产业发展的影响因素进行解释。

显示性指标用于评价信息资源产业发展状况，与之对应的解释性指标用于解释显示性指标得分的成因。信息资源产业发展评价指标体系包含 1 个一级指标，4 个二级指标，17 个三级指标。其中一级指标是产业发展，二级指标包含产业价值、产业增长、产业效率和产业贡献。信息资源产业发展评价指标体系①如表 3－1 所示：

表 3－1　　信息资源产业发展评价指标体系

指标类型	一级指标	二级指标	三级指标	测算方法
显示性指标	产业发展	产业价值	营业收入	通过信息资源产业/细分行业营业收入进行测算

① 后面章节提到的不同调查和研究中，对该指标体系的措辞稍有差异。

续前表

指标类型	一级指标	二级指标	三级指标	测算方法
显示性指标	产业发展	产业价值	企业数量	通过信息资源产业/细分行业企业法人单位数进行测算
			从业人口	通过信息资源产业/细分行业的企业法人单位数进行测算
			利润总额	通过信息资源产业/细分行业利润总额进行测算
		产业增长	营业收入增长率	通过2015年信息资源产业/细分行业营业收入对2014年产业营业收入的增长率进行测算
			企业数量增长率	通过2015年信息资源产业/细分行业企业法人单位数对2014年产业企业法人单位数的增长率进行测算
			从业人口增长率	通过2015年信息资源产业/细分行业从业人口数对2014年产业从业人口数的增长率进行测算
			利润增长率	通过2015年信息资源产业/细分行业产业利润额对2014年产业利润额的增长率进行测算
		产业效率	营业收入效率	通过2015年信息资源产业/细分行业利润额与营业收入之比进行测算
			劳动力价值效率	通过2015年信息资源产业/细分行业利润额与产业从业人员工资总额之比进行测算
			劳动力密度效率	通过2015年信息资源产业/细分行业利润额与产业从业人口数量之比进行测算

续前表

指标类型	一级指标	二级指标	三级指标	测算方法
显示性指标	产业发展	产业效率	企业密度效率	通过 2015 年信息资源产业/细分行业利润额与企业法人单位数之比进行测算
		产业贡献	营业收入区域贡献	通过 2015 年信息资源产业/细分行业营业收入与区域 GDP 之比进行测算
			从业人口区域贡献	通过 2015 年信息资源产业/细分行业营业收入与区域从业人口数量之比进行测算
			利润贡献	通过 2015 年信息资源产业/细分行业利润额与区域 GDP 之比进行测算
			工资贡献	通过 2015 年信息资源产业/细分行业从业人员平均工资与区域平均工资之比进行测算
			税收贡献	通过 2015 年信息资源产业/细分行业税收额与区域税收额之比进行测算

3.2　信息资源产业发展指数的测算方法

在明确信息资源产业发展评价指标体系的基础上，这一小节对信息资源产业发展指数的测算方法进行了说明。信息资源产业发展指数采用熵权法确定指标权重，通过 TOPSIS 模型对各地、各细分行业的发展指数得分进行排序。

3.2.1　指标权重的确定

信息资源产业发展评价指标体系的数据来源于国家及地方统计局公布的统计年鉴和各类经济、科技、工商统计年鉴中的客观数据，具体采用了 TOPSIS 改进方法和熵权法确定权重和排名。显示性指标权重详见表 3－2：

表 3-2　信息资源产业发展指数显示性指标权重

产业价值	产业增长	产业效率	产业贡献
0.14	0.47	0.25	0.14

1. TOPSIS 模型及其适用性改进

TOPSIS 模型（Hwang and Yoon，1981）即“逼近理想解排序法”，为有限方案多目标决策分析的一种常用的决策技术，是一种距离综合评价法。TOPSIS 方法是通过计算各个评价单位到最优理想点及最劣理想点的距离得到该目标的综合得分，从而以此为依据对各个评价单元进行排序。TOPSIS 方法的具体步骤如下。

（1）对 n 个评价单元选择 m 个评价指标进行综合评价，原始数据矩阵如下：

$$X=\begin{bmatrix} x_{11} & x_{12} & \cdots & x_{1m} \\ x_{21} & x_{22} & \cdots & x_{2m} \\ \vdots & \vdots & \vdots & \vdots \\ x_{n1} & x_{n2} & \cdots & x_{nm} \end{bmatrix}_{n\times m}$$

（2）在目标决策中，各指标的量纲不同，而且各指标变化范围有大有小，为较好地反映指标变化的实际情况，决策之前须将决策矩阵进行规范化，得到规范化矩阵：

$$Z=\begin{bmatrix} z_{11} & z_{12} & \cdots & z_{1m} \\ z_{21} & z_{22} & \cdots & z_{2m} \\ \vdots & \vdots & \vdots & \vdots \\ z_{n1} & z_{n2} & \cdots & z_{nm} \end{bmatrix}_{n\times m}$$

其中，

$$z_{ij}=\frac{x_{ij}}{\sum_{p=1}^{n} x_{pj}} \qquad (i=1,2,\cdots,n;\ j=1,2,\cdots,m)$$

（3）由各项指标最优值和最劣值分别构成最优值向量 Z^{+} 和最劣值向量 Z^{-}：

$$Z^{+}=(z_1^{+},z_2^{+},\cdots,z_m^{+});\ Z^{-}=(z_1^{-},z_2^{-},\cdots,z_m^{-})$$

其中，

$$z_j^{+}=\max\{z_{1j},z_{2j},\cdots,z_{nj}\} \qquad (j=1,2,\cdots,m)$$

$$z_j^{-}=\min\{z_{1j},z_{2j},\cdots,z_{nj}\} \qquad (j=1,2,\cdots,m)$$

（4）计算各评价单元与正负理想点的距离：

$$d_i^{+}=\sqrt{\sum_{j=1}^{n} w_j\times(z_{ij}-z_j^{+})^2} \qquad (i=1,2,\cdots,n)$$

$$d_i^{-}=\sqrt{\sum_{j=1}^{n} w_j\times(z_{ij}-z_j^{-})^2} \qquad (i=1,2,\cdots,n)$$

其中，w_j 表示第 j 个指标的重要程度；同时，通过计算过程可知，d_i^+ 越大，d_i^- 越小，则该评价单元越优。

(5) 综合评价指标的计算，计算评价单元 i 对理想解的相对接近程度：

$$c_i = \frac{d_i^+}{d_i^+ + d_i^-} \qquad (i = 1, 2, \cdots, n)$$

其中，c_i 越大则评价单元越接近理想解，该单元越优。

(6) 按 c_i 由大到小排序，排在前的方案较优。

虽然，TOPSIS 方法由于具有考虑了最优、最劣理想点，计算简单等优点被广泛应用于多属性决策问题当中，但是，由于传统的 TOPSIS 方法存在权重确定不够严谨及忽略指标相关性的问题，本书对 TOPSIS 方法做出以下改进：

(1) 权重确定方法，现有权重确定方法基本可以分为主观权重和客观权重，本书基于 Deng 等（2000）的研究结论，在确定各指标权重的时候采用熵权法，保证权重的客观性及有效性。

(2) 距离测度方法，本书基于 Wang and Wang（2014）的研究结论，在测量目标点与最优、最劣点的距离的时候应用马氏距离。进行这一改进的目的是排除各指标之间相关性的干扰。

2. 熵权法与距离测度方法的选择

熵权法是在客观条件下，由评价指标值来确定指标权重的一种方法，具有操作性和客观性强的特点，能够反映数据隐含的信息，增强指标的分辨意义和差异性，以避免因选用指标的差异过小造成的分析困难，全面反映各类信息。其思路是评价对象在某项指标上的值相差越大越重要，权重相应也越大。根据各项指标的变异程度，可以客观地计算出各项指标的权重，为多指标综合评价提供依据。计算公式为

$$w_j = \frac{1 - e_j}{m - \sum_{j=1}^{m} e_j} \qquad (j = 1, 2, \cdots, m)$$

其中，

$$e_j = -k \sum_{i=1}^{n} z_{ij} \ln z_{ij} \qquad \left(k = \frac{1}{\ln n}\right)$$

另外，本研究应用马氏距离来测量目标点与最优、最劣点的距离。马氏距离是一种统计距离，首次由印度统计学家马哈拉诺比斯提出，表示数据的协方差距离，因此，它是一种有效的计算两个未知样本集的相似度的方法。由于马氏距离是基于变量间相关性进行测度的，因此，与欧氏距离不同的是它考虑到各种特性之间的联系并且认为这种联系是尺度无关的（scale-invariant），即独立于测量尺度。将马氏

距离应用于 TOPSIS 方法中，原本的距离计算公式改为：

$$d_i^+ = d(z_i, z^+) = \sqrt{(z_i - z^+)^T \Omega^T \sum^{-1} \Omega (z_i - z^+)} \quad (i = 1, 2, \cdots, n)$$

$$d_i^- = d(z_i, z^-) = \sqrt{(z_i - z^-)^T \Omega^T \sum^{-1} \Omega (z_i - z^-)} \quad (i = 1, 2, \cdots, n)$$

其中，z_i 表示第 i 个评价单位在各个指标下的评价向量；z^+ 、z^- 分别表示最优、最劣理想点；$\sum^{-1}$ 表示所有指标（$n \times m$）的协方差矩阵。

同时，

$$\Omega = \mathrm{diag}(\sqrt{w_1}, \sqrt{w_2}, \cdots, \sqrt{w_m})$$

值得注意的是，当协方差矩阵为对角阵时，马氏距离退化为欧氏距离，也就是说，当指标之间不存在相关性的时候，马氏距离与欧式距离是等价的，所以，欧氏距离实际上是马氏距离的特例。

3.2.2 缺失数据的估算

在对信息资源产业发展相关数据进行处理的过程中，个别地区或细分行业的指标所对应的数据可能存在缺失或失真的问题，这就需要对数据进行估算和矫正，以减少缺失或失真数据对信息资源产业发展指数的影响。从实际数据采集的情况来看，缺失数据主要集中在部分地区、部分行业的营业收入、从业人口等指标上。为了解决数据采集过程中所遇到的部分数据缺失的问题，本书针对不同的数据缺失情形，分别设计了不同的缺失数据估算方法与模型，如表 3-3 所示。通过多轮估算和微调，本书最后确定了指数计算所需的全部产业数据。

表 3-3　信息资源产业发展指数缺失数据的估算方法

情形	描述	对策	算法
1	原始数据中没有某四级行业的营业收入，只包含四级行业的法人单位数（或从业人口数）	通过该行业今年法人单位数与上一年法人单位数的比值，以及上一年该四级产业营业收入进行估算	$A_4^x = \frac{C_4^x}{C_4^{x-1}} \cdot A_4^{x-1}$
2	原始数据没有某四级行业的所有数据，但是包含其相对应行业的三级行业法人单位数（法人单位数）	通过三级产业当年与上一年的比值和上一年该四级产业的营业收入进行估算	$A_4^x = \frac{C_3^x}{C_3^{x-1}} \cdot A_3^{x-1}$
3	原始数据某项四级行业及对应父级（三级）行业数据全部缺失	通过当年现有的产业法人单位数和上一年相同产业法人单位数的比值和上一年该四级产业各个数据项进行估算	$A_4^x = \frac{A_3^{x全国}}{A_3^{x-1全国}} \cdot A_4^{x-1}$

续前表

情形	描述	对策	算法
4	原始数据缺乏行业法人单位数据的地区产业	采用布朗指数平滑的时间序列方法，通过往年数据进行估算	$S_t = aY_t + (1-a) S_{t-1}$

注：本书中所列举的一级行业、二级行业、三级行业和四级行业是对国家统计局颁布的《国民经济行业分类与代码》（GB/T 4754—2011）中行业结构的另一种表达。《国民经济行业分类与代码》中设有从 A 到 T 共 20 个行业分类目录，以 I：信息传输、软件和信息技术服务业为例：信息传输、软件和信息技术服务业即本书所指的一级行业；其下包含电信、广播电视和卫星传输服务（63），互联网和相关服务（64），软件和信息技术服务业（65）三个大类，行业代码由两位数字组成的行业，即本书所指的二级行业；在电信、广播电视和卫星传输服务下包含电信（631）、广播电视传输服务（632）、卫星传输服务（633），行业代码由三位数字组成的行业，即本书所指的三级行业；在广播电视传输服务下包含有线广播电视传输服务（6321），无线广播电视传输服务（6322），行业代码由四位数字组成的行业，即本书所指的四级行业。

3.3　信息资源产业发展指数影响因素的测评指标

信息资源产业发展指数影响因素的测评指标即解释性指标，解释性指标用于解释产业发展的影响因素和影响程度，依据 E-SCP 模型中产业行为、产业结构和产业环境因素进行构建。产业行为包括产业创新、产业包容、产业竞争和产业代谢四个二级指标；产业结构包括产业集中度、产业进出壁垒和产业主体差异化程度三个二级指标；产业环境包括经济环境、政治环境、社会环境和技术环境四个二级指标。信息资源产业发展评价指标体系的解释性指标①如表 3-4 所示：

表 3-4　信息资源产业发展评价指标体系的解释性指标构成

指标类型	一级指标	二级指标	三级指标
解释性指标	产业行为	产业创新	研发成果规模
			研发投入规模
			研发效率
		产业包容	外资企业比重
			女性从业人员比重
			产业生存空间
		产业竞争	产业人力资源价值
			品牌强度
		产业代谢	产业生长率
			产业成熟系数
			产业衰老系数
			产业活力特征系数
	产业结构	产业集中度	厂商规模的离散度
			产业 CRn 指数

① 后面章节提到的不同调查和研究中，对该指标体系的解释性指标的措辞稍有差异。

续前表

指标类型	一级指标	二级指标	三级指标
解释性指标	产业结构	产业进出壁垒	经济规模壁垒
			非国资进入壁垒
			人力资源壁垒
		产业主体差异化	资本性质类型方差
			登记注册类型方差
	产业环境	经济环境	区域 GDP 规模
			区域国民可支配收入规模
			区域经济结构因素
			固定资产投资总额
			社会消费品零售总额
		政治环境	产业政策强度要素
			产业决策强度要素
			区域宏观经济政策相关度
		社会环境	区域开放程度
			生产要素流动性
			人口教育结构因素
		技术环境	区域科研机构数量
			区域相关科研论文数量
			区域相关著作数量
			区域规模以上工业企业研发投入总额
			技术成交额
			区域国内专利申请受理量

3.3.1 产业行为的测评指标

产业内部的企业会根据自身和竞争对手的情况制定企业战略，努力在市场竞争中取得更多的份额，进而获得更多优势。根据 SCP 理论，企业行为一般包含营销行为、兼并重组行为、创新研发行为等。在实际环境中，行为往往与产业特性结合紧密，不同产业的产业行为存在差异，如连锁超市产业的产业行为以店铺扩张行为、特许加盟行为、并购重组行为为主，旅行社产业则以价格竞争行为、广告费用投入程度为主（李想等，2003；张安民等，2007）。结合 SCP 理论与信息资源产业的劳动与知识双密集特性、高投入特性、高增值特性、高知识人力资本特性、高风险特性和高“沉没成本”特性，本书提出产业行为包含产业创新、产业竞争、产业包容和产业代谢四个二级指标。

经济学对创新的一般定义，是企业家向经济中引入的能给社会和消费者带来价值追求的新东西，这种东西以前未曾从商业的意义上引入经济之中（黄保强，2004）。产业创新指标用于测评区域信息资源产业的创新能力。产业创新包含产业内企业、相关科研机构的研发成果规模、研发投入规模和研发效率三个子指标。这三个指标分别对产业创新的三个不同要素进行测评：产业内企业、相关科研机构的研发成果规模指标主要用于反映产业的研发水平，研发投入规模指标主要反映产业的研发的经济环境和对研发的重视程度，研发效率指标主要反映产业的科技成果转化率和研发投入产出效率。一般来说产业创新与产业发展是正相关的，创新能力越强，产业发展状况越好。本书假设产业创新能力越强越有利于产业发展，并通过统计模型验证产业创新对产业发展的影响。

作为经济范畴的竞争，也就是市场竞争，通常是指在市场经济条件下，经济行为主体为了维护和实现自己的经济利益而采取的各种自我保护和扩张行为的概括和抽象（孙明华，2004）。产业竞争指标用于测评区域信息资源产业的竞争程度。企业间竞争行为相对复杂，差异化的竞争策略会导致不同的竞争结果，信息资源产业对于人才高度依赖，因此产业竞争主要包含产业人力资源价值指标。此外品牌宣传也是重要的产业竞争行为，因此产业竞争还包括品牌强度指标。根据 SCP 理论，产业结构会影响竞争程度，竞争程度会影响产业发展，竞争行为越激烈，产业发展活力越强，即产业竞争对产业发展有着基本的正向作用。但是对于信息资源产业，这种影响作用可能出现一些变化。本书假设产业竞争越强越有利于产业发展，并通过统计模型验证产业竞争对产业发展的影响。

包容性增长寻求的是社会和经济协调发展、可持续发展。与单纯追求经济增长相对立，包容性增长倡导机会平等的增长，最基本的含义是公平合理地分享经济增长（World Bank，2009）。产业包容指标用于测评区域信息资源产业的包容程度，产业包容程度即产业内部的企业能够获得公平发展机会，产业内部人员能够享受平等的就业机会、经济待遇和福利体系的程度。产业包容主要包含外资企业比重、女性从业人员比重和产业生存空间三个子指标。外资企业比重指标主要用于反映区域信息资源产业对外资的包容程度，女性从业人员比重主要反映区域产业对从业人员性别的包容程度，产业生存空间主要反映区域产业对新筹建企业和在营业企业的包容程度。一般来说，良好的产业包容性，能够一定程度地提升产业内部竞争活力，提升从业人员的创造力。本书假设产业包容性越强越有利于产业的健康发展，并通过统计模型验证产业包容对产业发展的作用关系。

产业代谢指标用于测评区域信息资源产业的企业更迭速度，根据产业代谢理论，产业活动就像生物有机体一样，不断发生着新陈代谢。产业代谢的本质就是在一定的稳态条件下，覆盖原料投入、能源投入、劳动投入，生产最终产品和废弃物的物理过程的集合（Ayres，1994）。如果细胞是生物体基本的结构和功能单位，那么对于产业来说，产业内的企业就是产业构成的基本单位。产业代谢的过程中，不断有新企业筹建，进入该产业成为产业的组成部分；也不断有老企业因为各种原因停业、歇业甚至破产。产业代谢指标包含产业生长率、产业成熟系数、产业衰老系数和产业活力特征系数四个子指标。产业生长率主要通过产业内部企业营业状态反映产业内部企业新增和停业变化的情况，产业成熟系数主要通过产业内部企业营业状态反映产业的发展成熟程度；产业衰老系数主要通过产业内部企业营业状态反映产业的衰退程度；产业活力特征系数主要通过产业生长率和产业内部企业营业状态反映产业的活力程度。本书假设产业代谢程度越强，产业发展状况越好，并通过统计模型验证产业代谢对产业发展的作用关系。

3.3.2 产业结构的测评指标

SCP 理论中的市场结构主要包括进入壁垒、市场集中度、产品差异化等要素。学者们基于 SCP 理论围绕产业问题展开研究时，基本以产业集中度和进出壁垒反映产业结构要素，但是针对不同产业，产业集中度与进出壁垒的指标构成存在差异（张鹏，2007；李忠民，2011）。结合信息资源产业的特性，本书提出产业结构主要包含产业进出壁垒、产业主体差异化和产业集中度三个二级指标。进入壁垒要素主要包含经济规模壁垒、非国资进入壁垒、人力资源壁垒；产业主体差异要素主要包含资本性质类型方差、登记注册类型方差；产业集中度主要包含厂商规模的离散度、产业 CRn 指数。

进入壁垒又称“进入障碍”。市场内已有的企业对准备进入的新企业所具有的优势，亦即准备进入市场的新企业可能遇到的不利因素和障碍（肖志兴，2007）。进入壁垒指标由经济规模壁垒强度、非国资进入壁垒强度、人力资源壁垒强度三个子指标构成。经济规模壁垒强度反映的是企业进入信息资源产业所面临的资本规模障碍强度；非国资进入壁垒强度反映的是非国资类型企业进入信息资源产业所面临的障碍强度；人力资源壁垒强度反映的是企业优质人力资源的获取障碍强度。一般来说，进入壁垒对产业发展有负面作用。本书假设进入壁垒越强，产业发展状况越差，并通过统计模型验证进入壁垒对产业发展的作用关系。

产业主体差异化，也就是所有制结构差异化，是在社会主义市场经济制度下所衍生出的具有特殊意义的指标。一般来说，所有制结构概念的内涵是：一个社会制度下（或一个地区）的所有制结构由哪些社会经济成分组成，或者说有哪些所有制形式，它们的比重、地位如何，它们的关系又是怎样的（晓亮，2002）。所有制结构的差异会对产业发展造成一定的影响（孙早，2011；钱德勒，1999；Iannotta,

2007；Welch，2003）。所有制结构差异程度由资本性质类型方差和登记注册类型方差两个子指标构成。资本性质类型方差反映了信息资源产业中不同资本控股的企业在数量上的差异情况，登记注册类型方差反映了信息资源产业中不同登记注册类型的企业在数量上的差异情况。本书认为中国经济转型的进程中，产业发展不能依赖单一资本性质和登记注册类型的企业，而是应该保持一种均衡的态势，这种均衡的态势能够较好地反映所有制主体和资本的活跃程度，因此本书假设不同资本性质和不同登记注册类型的企业数量的方差越小，各类所有制主体活跃程度越高，产业发展情况越好，并通过统计模型对所有制结构差异程度与产业发展的关系进行验证。

产业集中度是反映衡量企业的数目和相对规模差异的指标。产业集中度是指在特定产业中，若干家大企业所具有的经济支配能力（卢福财，2013）。一般通过一定规模以上的企业的某些关键指标占整个市场的份额来反映。产业集中度主要通过产业内部厂商规模的离散度指标和CRn指数构成。产业内部厂商规模的离散度反映的是产业内一定规模及以上的厂商所占的比重，CRn指数反映的是产业内规模排名前n位的企业所占产业规模指标份额的比重。根据SCP理论，集中度越高意味着产业的垄断程度越高，竞争环境越差。本书假设产业集中度对产业发展有负面作用，并通过统计模型对产业集中度与产业发展的关系进行验证。

3.3.3　产业环境的测评指标

产业环境所讨论的不是产业内部的因素，而是产业发展所处的各环境要素。按SCP理论，公共政策作为“看得见的手”应该积极参与调整产业结构、产业行为和产业绩效。换言之，公共政策会对产业结构、产业行为和产业绩效造成巨大的影响。除了公共政策因素外，不少研究将产业环境解构为政治环境、经济环境、社会环境和技术环境进行分析（方维慰，2003；熊元斌等，2006）。本书采用同样的思路，将信息资源产业环境的测评指标分解为经济环境指标、政治环境指标、社会环境指标和技术环境指标。

经济环境是指产业所处区域的整体经济环境（孙希有，2003）。区域经济发展程度对于产业发展是至关重要的，区域经济环境与潜在市场规模和消费群体规模相关。经济环境指标由区域GDP规模指标、区域国民可支配收入指标、区域经济结构因素指标、固定资产投资总额和社会消费品零售总额5个子指标构成。区域GDP规模指标反映的是该地区最终生产成果的总量情况；区域国民可支配收入指标反映的是该地区居民家庭可以自由支配的收入情况，也在一定程度上反映了该地区居民的消费能力；区域经济结构因素指标通过第三产业增加值反映的是该地区经济结构转型的程度；固定资产投资总额反映的是该地区表现的建造和购置固定资产活动的工作量；社会消费品零售总额指标反映的是该地区居民和社会团体的商品需求水平，也在一定程度上反映了该地区居民的消费能力。一般来说，经济环境越好，越有利于信息资源产业的发展。本书假设经济环境对信息资源产业发展有正面作用，并通过统计模型对经济环境与产业发展的关系进行验证。

政治环境，即区域内政府机构通过政策和法律对产业实施优惠、扶持、监管等行为的情况（樊泳雪，2010）。政治环境由产业政策强度指标、产业决策强度指标和区域宏观经济政策相关度指标构成。产业政策强度指标反映的是该地区人力、税收、监管等各类政策法规对信息资源产业的关注程度，产业决策强度指标反映的是该地区领导人决策对信息资源产业的关注程度，区域宏观经济政策相关度指标反映的是该地区宏观经济政策与信息资源产业的相关度。本书假设地区公共政策和决策导向对产业发展有着正面作用，并通过统计模型对政治环境与产业发展的关系进行验证。

社会环境，即产业所处区域的社会结构、受教育程度、开放程度等。社会环境对文化和理念造成影响，进而对产业发展造成影响（郭焱，2012）。社会环境由区域开放程度指标、生产要素流动性指标和人口教育结构因素指标构成。区域开放程度指标反映的是该地区对外资的接纳程度；生产要素流动性指标反映的是该地区对生产要素流动的支持力度；人口教育结构因素指标反映的是该地区人口平均受教育程度。本书假设地区社会环境开放程度越高、人口受教育水平越高、生产要素流动性程度越高，产业发展状况越好，并通过统计模型对社会环境与产业发展的关系进行验证。

技术环境，指区域内部科研机构和科研成果情况，反映的是该区域对科研创新的重视程度和区域科研活力（金占明，2004）。技术环境由区域科研机构数量指标、区域相关科研论文数量指标、区域相关著作数量指标、区域规模以上工业企业研发投入总额指标、技术成交额指标和区域国内专利申请受理量指标构成。区域科研机构数量指标反映的是该地区对科研机构设置的重视程度；区域相关科研论文数量指标、著作数量指标和国内专利申请受理量指标，反映的是该地区的科研活力程度；区域规模以上工业企业研发投入总额指标，反映的是区域内大型企业对研发的重视程度；技术成交额指标，反映的是该地区科技成果转化力度。本书假设技术环境对信息资源产业发展的影响是正面的，并通过统计模型对技术环境与产业发展的关系进行验证。

3.4　信息资源产业发展指数影响因素的测算方法

在明确信息资源产业发展指数影响因素的基础上，通过各地方经济统计年鉴、行业统计年鉴、科技统计年鉴、工商统计年鉴、人力资源统计年鉴等年鉴的公开数据对产业发展指数的影响因素进行测算，是有效分析产业发展影响因素对产业发展的作用的重要保障。本小节主要对信息资源产业发展指数影响因素的测算方法进行说明。

3.4.1　产业行为的测算方法

产业行为包含产业创新、产业竞争、产业包容和产业代谢四个二级指标。产业创新由产业内企业、相关科研机构的研发成果规模、研发投入规模和研发效率三个子指标构成。产业内企业、相关科研机构的研发成果规模主要通过信息资源产业及细分行业的发明专利数量、实用新型专利数量、受理专利数量、授权专利数量、有效专利数量、发明专利数量占全部专利的比重，以及论文、专著数量等数据进行测算；研发投入规模主要通过信息资源产业及细分行业的研发投入、研发投入占营业收入比重、研发机构数量、研发人员数量等数据进行测算；研发效率主要通过论文、专著、各类专利与科研人员、科研机构和产业内企业的比例数据进行测算。产业创新的相关测算数据来源于全国及各地方统计局统计年鉴和各类科技统计年鉴中公布的数据。

产业竞争主要由产业人力资源价值指标和品牌强度指标两个子指标构成。产业人力资源价值指标主要通过产业从业人员的劳动力价值体现，具体通过从业人员数量、产业从业人员工资总额等数据进行测算；品牌强度指标主要依据中国人民大学发布的《中国品牌发展报告》中信息资源企业品牌的相关指标进行测算。产业竞争的相关测算数据来源于全国及各地方统计局统计年鉴、各类人力资源统计年鉴和《中国品牌发展报告》中公布的数据。

产业包容主要由外资企业比重、女性从业人员比重和产业生存空间三个子指标构成。外资企业比重主要通过产业内外资企业数量、产业内法人单位数量等数据进行测算，女性从业人员比重主要通过产业从业人员数量、产业女性从业人员数量等数据进行测算，产业生存空间主要通过产业内筹建企业数量、营业企业数量和产业企业类型法人单位数量等数据进行测算。产业包容的相关测算数据来源于全国及各地方统计局统计年鉴、各类人力资源统计年鉴和各类经济统计年鉴中公布的数据。

产业代谢主要由产业生长率、产业成熟系数、产业衰老系数和产业活力特征系数四个子指标构成。产业生长率主要通过产业内新开业企业数量、筹建中企业数量和已歇业企业数量等数据进行测算，产业成熟系数主要通过产业内新开业企业数量、筹建中企业数量和产业企业法人单位数量等数据进行测算，产业衰老系数主要通过产业内新开业企业数量、筹建中企业数量、已歇业企业数量和产业企业法人单位数量等数据进行测算，产业活力特征系数主要通过产业生长率、产业内新开业企业数量和筹建中企业数量等数据进行测算。产业代谢的相关测算数据主要来源于全国及各地方统计局统计年鉴和各类经济统计年鉴中公布的数据。

3.4.2 产业结构的测算方法

产业结构包含产业进出壁垒、产业主体差异化和产业集中度三个二级指标。进出壁垒主要由经济规模壁垒、非国资进入壁垒、人力资源壁垒三个子指标构成。经济规模壁垒主要通过产业营业收入、产业内法人单位数量等数据进行测算；非国资进入壁垒主要通过产业内民资控股企业数量、产业内外资控股企业数量和产业企业法人单位数量等数据进行测算；人力资源壁垒主要通过产业内本科及以上受教育程度从业人员数量、产业从业人员数量等数据进行测算。进入壁垒强度相关测算数据主要来源于全国及各地方统计局统计年鉴、各类工商统计年鉴和各类经济统计年鉴中公布的数据。

产业主体差异化主要由资本性质类型方差和登记注册类型方差两个子指标构成。资本性质类型方差主要通过产业内各类资本控股企业数量、产业企业法人单位数量等数据进行测算，登记注册类型方差主要通过产业内各类登记注册类型企业数量、产业企业法人单位数量等数据进行测算。产业主体差异化的有关测算数据主要来源于全国及各地方统计局统计年鉴、各类工商统计年鉴和各类经济统计年鉴中公布的数据。

产业集中度主要由过产业内部厂商规模的离散度指标和产业 CRn 指数指标构成。产业内部厂商规模的离散度指标和产业 CRn 指标主要由产业企业法人单位数量、产业内股份有限公司数量、产业营业收入规模、产业内企业平均营业收入规模等数据进行测算。产业集中度的有关测算数据主要来源于全国及各地方统计局统计年鉴、各类工商统计年鉴和各类经济统计年鉴中公布的数据。

3.4.3 产业环境的测算方法

产业环境包含经济环境指标、政治环境指标、社会环境指标和技术环境指标四个二级指标。经济环境主要由区域 GDP 指标、区域国民可支配收入规模指标、区域经济结构因素指标、固定资产投资总额和社会消费品零售总额等子指标构成。区域 GDP 指标主要通过该地区的 GDP 数据进行测算，区域国民可支配收入规模指标主要通过该地区的居民可支配收入数据进行测算，区域经济结构因素指标主要通过该地区的第三产业增加值进行测算，固定资产投资总额主要通过该地区的固定资产投资总额数据进行测算，社会消费品零售总额主要通过该地区的社会消费品零售总额数据进行测算。经济环境的有关测算数据主要来源于全国及各地方统计局统计年鉴中公布的数据。

政治环境主要由产业政策强度指标、产业决策强度指标和区域宏观经济政策与产业发展相关度构成。产业政策强度指标主要通过该地区在 2015 年实施的所有政策中与信息资源产业相关的政策进行测算，产业决策强度指标主要通过该地区领导人在 2015 年各类公开讲话中与信息资源产业相关的内容进行测算，区域宏观经济政策与产业发展相关度主要通过 2015 年该地区政府工作报告中与信息资源产业相关的内容进行测算。政治环境的有关测算数据主要来源于北大法宝法律数据库、新闻数据库与政府工作报告。

社会环境主要由区域开放程度指标、生产要素流动性指标和人口教育结构因素指标构成。区域开放程度指标主要通过该地区接受外资投资的总量、该地区的 GDP 数据进行测算，生产要素流动性指标主要通过该地区在 2015 年实施的有关促进生产要素流动性的政策情况进行测算，人口教育结构因素主要通过该地区目前人口的受教育水平数据进行测算。社会环境的有关测算数据主要来源于北大法宝法律数据库和全国及各地方统计局统计年鉴中公布的数据。

技术环境主要由区域科研机构数量指标、区域相关科研论文数量指标、区域相关著作数量指标、区域规模以上工业企业研发投入总额指标、技术成交额指标和区域国内专利申请受理量指标构成。区域科研机构数量指标主要通过该地区科研机构数量数据进行测算，区域相关科研论文数量指标主要通过科研论文作者单位属于该地区的科研论文数量数据进行测算，区域相关著作数量指标主要通过著作作者单位属于该地区的著作数量数据进行测算，区域规模以上工业企业研发投入总额指标主要通过该地区规模以上工业企业的研发投入数据进行测算，技术成交额指标主要通过该地区的技术成交额数据进行测算，区域内国内专利申请受理量指标主要通过该地区专利部门受理的专利数量进行测算。技术环境的有关测算数据主要来源于全国及各地方统计局统计年鉴、各类科技年鉴中公布的数据。

3.5 本章小结

本章主要对信息资源产业发展指数的评价对象、评价样本、指标体系构成、指标权重、缺失数据估算、影响因素构成和测算等进行了解读。重点解读了指标体系构成和产业发展指数的影响因素及其测算方法。信息资源发展指数的评价对象是中国各省级区域信息资源产业及其细分行业的发展情况，评价样本是全国及除港、澳、台外的31个省级行政区域的信息资源产业及其细分行业。在概念界定上，本书基本沿用关于中国信息资源产业发展与政策的系列报告中对信息资源产业及其细分行业构成的界定，将信息资源产业划分为信息资源采集业、信息资源加工业和信息资源提供业三个大类，其中，信息资源采集业包括14个行业，信息资源加工业包括14个行业，信息资源提供业由65个行业构成。信息资源产业发展评价指标体系分为显示性指标和解释性指标两部分。指标体系测算所用的数据全部来源于各类统计年鉴中公布的客观数据，并对小部分缺失的数据进行了估算。在权重确定上，本书采用TOPSIS改进方法和熵权法确定了显示性指标权重与排名。

信息资源产业发展指数的理论基础是E-SCP模型。产业结构、产业行为和产业环境属于产业发展的影响因素。产业结构主要包含进入壁垒、产业主体差异化和产业集中度等指标，产业行为主要包含产业创新、产业竞争、产业包容和产业代谢等指标，产业环境主要包括经济环境、政治环境、社会环境和技术环境。本书重点解读了产业行为、产业结构和产业环境的具体测评指标构成和测算方法，对指标构成、子指标含义、子指标测算及各指标数据来源进行了详细说明。在后面章节中，将依据在本章所提出的指标体系和产业发展影响因素对我国信息资源产业发展情况展开评价和研究。

第 4 章　产业发展指数排名及比较

本章将依据采集的 2015 年信息资源产业基础数据，利用第 3 章所确定的信息资源产业发展指数（IRIDI）这一工具对我国信息资源产业的发展状况进行排名和比较。本章首先对 2015 年信息资源产业 IRIDI 进行总体排名，然后分别从大类、依赖度以及区域三个角度依次进行比较和分析。

4.1　信息资源产业 IRIDI 总体排名

基于信息资源产业基础数据，根据第 3 章建立的信息资源产业发展指数（IRIDI）测评指标与测算方法，本研究对 31 个省级区域的信息资源产业与 93 个信息资源产业构成行业的发展指数分别进行了计算，得到 2016 年各地信息资源产业 IRIDI 排名与信息资源产业构成行业 IRIDI 排名情况。

4.1.1　信息资源产业 IRIDI 排名

各地信息资源产业 IRIDI 总体排名情况见表 4－1。

表 4－1　各地信息资源产业 IRIDI 排名

排名	按地区划分	得分
1	北京	91.17
2	江苏	88.79
3	浙江	88.23
4	广东	87.80
5	天津	85.90
6	山东	85.29
7	安徽	82.93

续前表

排名	按地区划分	得分
8	福建	82.54
9	重庆	82.18
10	湖北	82.10
11	河北	81.87
12	上海	81.02
13	河南	80.31
14	江西	80.07
15	辽宁	79.88
16	内蒙古	79.72
17	山西	79.65
18	云南	79.53
19	四川	79.10
20	湖南	78.97
21	宁夏	78.65
22	贵州	78.46
23	陕西	78.19
24	广西	78.18
25	甘肃	78.11
26	青海	77.97
27	吉林	76.45
28	海南	74.96
29	黑龙江	74.79
30	新疆	73.16
31	西藏	68.34

从表4-1可以看出，北京（91.17）、江苏（88.79）与浙江（88.23）的信息资源产业发展最为迅速，而黑龙江（74.79）、新疆（73.16）与西藏（68.34）的信息资源产业发展状况垫底，具有非常大的发展空间。

为了进一步了解各地的发展指数在各个得分区间的分布情况，本章将发展指数以5分为间隔，划分为[65，70）、[70，75）、[75，80）、[80，85）、[85，90）、[90，95）6个区间，每个得分区间的地区数目与所占比重见表4-2与图4-1。

表4-2　各地信息资源产业IRIDI总体分布

指数得分区间	地区数目	占比（%）	累计占比（%）
[65，70）	1	3	3
[70，75）	3	10	13
[75，80）	13	42	55
[80，85）	8	26	81

续前表

指数得分区间	地区数目	占比（%）	累计占比（%）
[85，90)	5	16	97
[90，95)	1	3	100
总计	31	100	

从表 4-2 可以看出，信息资源产业 IRIDI 在［75，80）得分区间的地区数目最多，为 13 个，占总体的 42%，接近一半。84%的地区信息资源产业发展指数分布在［75，90）区间，这说明我国大部分地区信息资源产业发展状况良好，小部分地区还具有一定的发展空间。

图 4-1 更直观地展现了各地信息资源产业 IRIDI 分布情况。

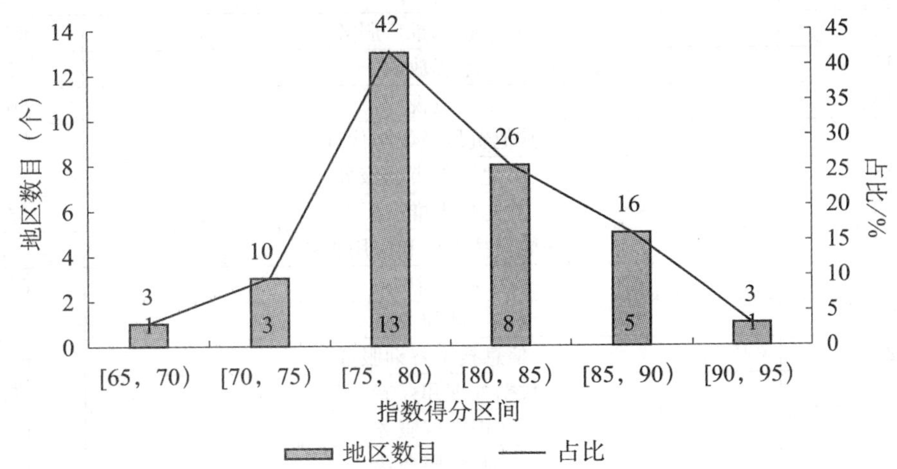

图 4-1　2016 年各地信息资源产业 IRIDI 总体分布

由图 4-1 可以看出，各地的信息资源产业发展指数分布明显右偏，且集中在［75，90）区间内，［75，80）的各地数目最多。

4.1.2　信息资源产业构成行业 IRIDI 排名

本研究一共对 93 项信息资源产业构成行业 IRIDI 得分进行了计算，并将得分从大到小降序排列，得分越高，排名越靠前，说明该项行业发展形势越好，排名越靠后则说明该项产业发展越缓慢，具有非常大的发展空间。

表 4-3 为 93 个信息资源产业构成行业 IRIDI 排名情况。

表 4-3　信息资源产业构成行业 IRIDI 排名

排名	信息资源产业构成行业	得分
1	社会经济咨询	86.29
2	其他专业咨询	86.23

续前表

排名	信息资源产业构成行业	得分
3	金融信息服务	76.16
4	电影和影视节目制作	73.45
5	报刊批发	71.68
6	报纸出版	71.37
7	电子出版物出版	71.35
8	图书出版	71.35
9	贸易代理	71.26
10	其他出版业	71.10
11	期刊出版	70.77
12	电影和影视节目发行	70.40
13	广告业	68.27
14	农业技术推广服务	67.33
15	电影放映	67.11
16	电视	66.98
17	其他贸易经纪与代理	66.64
18	其他资本市场服务	66.35
19	节能技术推广服务	66.32
20	其他科技推广和应用服务	66.18
21	呼叫中心	66.14
22	新闻业	65.72
23	信息技术咨询服务	65.38
24	数据处理和存储服务	65.27
25	知识产权服务业	65.06
26	测绘服务业	65.04
27	录音制作	64.59
28	数字内容服务	64.43
29	生物技术推广服务	63.82
30	文艺创作与表演业	63.54
31	新材料技术推广服务	62.85
32	广播	62.83
33	邮政基本服务	62.36
34	科技中介服务	62.01
35	软件开发	61.76
36	规划管理	61.61
37	基础地质勘查	61.48
38	文化娱乐经纪人	61.45
39	图书馆	61.23
40	金融信托与管理业	61.20
41	环境保护监测	61.16
42	档案馆	61.15

续前表

排名	信息资源产业构成行业	得分
43	信用服务	60.65
44	其他文化艺术经纪代理	60.56
45	固体矿产地质勘查	60.42
46	专业化设计服务	60.06
47	工程管理服务	60.03
48	质检技术服务	59.48
49	海洋服务	59.40
50	工程勘察设计	59.15
51	货物运输代理	58.42
52	音像制品及电子出版物批发	58.21
53	地震服务	57.97
54	风险和损失评估	57.82
55	气象服务	57.40
56	博物馆	57.36
57	学前教育业	57.09
58	其他技术推广服务	56.38
59	互联网信息服务	56.04
60	会议及展览服务	55.89
61	保险经纪与代理服务	55.71
62	职业技能培训	55.15
63	集成电路设计	54.64
64	劳务派遣服务	54.39
65	信息系统集成服务	53.16
66	其他人力资源服务	52.68
67	水、二氧化碳等矿产地质勘查	52.46
68	律师及相关法律服务	50.84
69	音像制品及电子出版物零售	50.51
70	能源矿产地质勘查	50.20
71	公共就业服务	49.16
72	房地产中介服务	48.90
73	其他未列明信息技术服务业	47.20
74	职业中介服务	45.02
75	公证服务	44.78
76	音像制品出租	44.21
77	教育辅助服务	44.13
78	其他未列明教育	43.99
79	旅客票务代理	42.84
80	地质勘查技术服务	40.36
81	文化艺术培训	40.16
82	其他运输代理业	39.20

续前表

排名	信息资源产业构成行业	得分
83	市场调查	38.05
84	生态监测	36.60
85	图书批发	36.57
86	图书、报刊零售	33.34
87	体校及体育培训	32.59
88	其他电信服务	29.70
89	音像制品出版	28.52
90	体育经纪人	25.18
91	图书出租	18.83
92	会计、审计及税务服务	13.83
93	水文服务	11.62

从表 4－3 可以看出，信息资源产业构成行业 IRIDI 排名最高的前三项分别是社会经济咨询（86.29）、其他专业咨询（86.23）以及金融信息服务（76.16）。为了进一步了解信息资源产业构成行业 IRIDI 分布情况，本研究将发展指数以 10 为间隔，分成［10，20）、［20，30）、［30，40）、［40，50）、［50，60）、［60，70）、［70，80）、［80，90）八个得分区间，每个得分区间的行业数目与占比见表 4－4 与图 4－2。

从表 4－4 可以看出，信息资源产业构成行业在［60，70）得分区间的行业数目最多，为 35 项，占总体的 38%。总体来看，有 49%的信息资源产业构成行业 IRIDI 得分不及格（以 60 分为及格线），且有 87%的行业 IRIDI 得分不超过 70 分。

表 4－4　信息资源产业构成行业 IRIDI 总体分布

指数得分区间	行业数目	占比（%）	累计占比（%）
［10，20）	3	3	3
［20，30）	3	3	6
［30，40）	6	6	13
［40，50）	11	12	25
［50，60）	23	25	49
［60，70）	35	38	87
［70，80）	10	11	98
［80，90）	2	2	100
总计	93	100	

图 4－2 则更直观地展现出信息资源产业构成行业 IRIDI 总体分布情况。

由图 4－2 可以看出，信息资源产业构成行业 IRIDI 分布明显右偏，且集中在［40，80）得分区间。综合表 4－3 与图 4－2 来看，我国信息资源产业还有很大的发

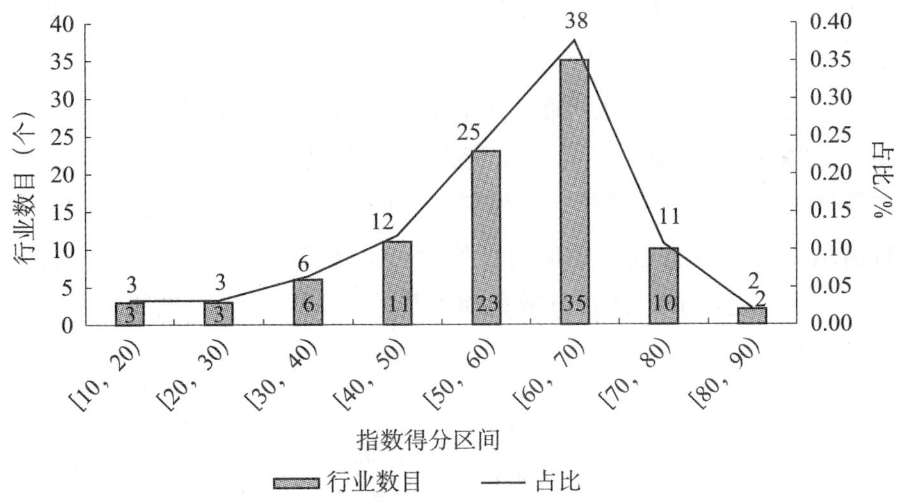

图 4-2 信息资源产业构成行业 IRIDI 总体分布

展空间。

4.2 大类信息资源产业 IRIDI 比较

由于信息资源产业形态丰富，不同产业类别的信息资源产业 IRIDI 水平可能存在差异。由于信息资源产业是在对信息资源的生产、加工、传播、提供等各个环节创造价值，基于产业链上下游的思想，本研究将信息资源产业划分为采集、加工和提供三大类，得到信息资源产业大类产业 IRIDI 总体排名与比较，同时也对各地的信息资源产业大类产业 IRIDI 的排名进行比较与分析。

4.2.1 大类信息资源产业 IRIDI 总体排名与比较

大类信息资源产业 IRIDI 总体排名情况见表 4-5。

表 4-5 大类信息资源产业 IRIDI 总体排名

大类信息资源产业	行业数目	占比（%）	均值	中位数	标准差	最小值	最大值
信息资源采集业	14	15	50.83	57.68	14.60	11.62	65.04
信息资源加工业	14	15	63.13	63.98	5.27	53.16	73.45
信息资源提供业	65	70	55.97	58.42	14.82	13.83	86.29
总体	93	100	56.27	60.03	14.09	11.62	86.29

从表 4-5 可以看出，大类信息资源产业 IRIDI 平均值从高到低排列依次为信息资源加工业（63.13）、提供业（55.97）和采集业（50.83），IRIDI 的中位数排名与均值排名一致，这说明三大类信息资源产业发展差距较小。从标准差来看，信息

资源提供业和采集业的发展情况比较分散，而加工业的发展比较集中，且处于一个较高的水平。

图 4－3 更直观地反映了大类信息资源产业 IRIDI 的差异情况。

从图 4－3 中可以看出，三类信息资源产业中只有加工业均值高于总体均值，提供业与总体均值接近，而采集业明显低于总体均值。这说明在目前的信息资源产业中，对信息资源进行直接采集的行业数目小，发展慢；提供类的行业虽然数目多，但发展水平参差不齐，比较分散；加工类的行业数目少，发展快，且相对集中在很高的发展水平上。

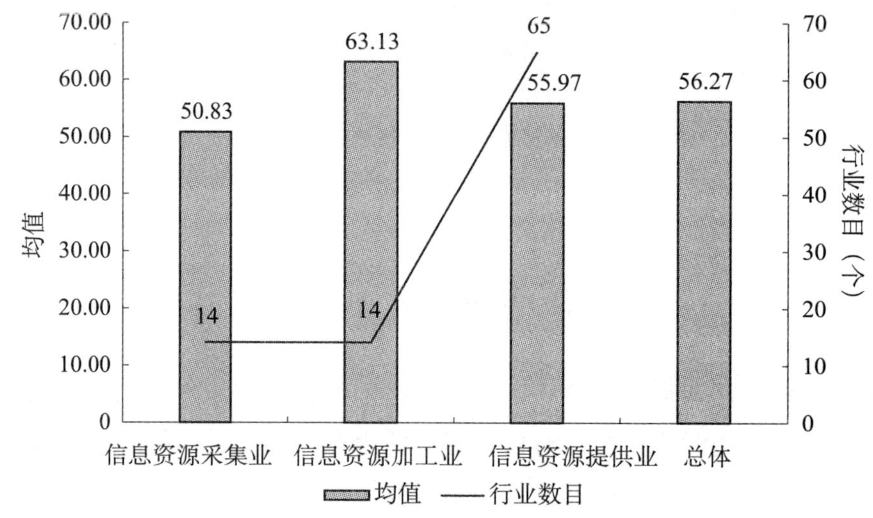

图 4－3　大类信息资源产业 IRIDI 比较

4.2.2　各地大类信息资源产业 IRIDI 排名

本研究对各地大类信息资源产业 IRIDI 进行了计算，排名情况见表 4－6。

表 4－6　　各地大类信息资源产业 IRIDI 排名

	信息资源采集业		信息资源加工业		信息资源提供业	
	得分	排名	得分	排名	得分	排名
安徽	84.52	8	87.44	3	84.95	7
北京	96.96	2	92.59	1	93.48	1
福建	83.70	9	85.41	8	83.77	9
甘肃	76.59	24	80.87	22	78.44	23
广东	85.46	7	87.34	4	90.57	2
广西	78.05	20	81.64	18	79.21	20
贵州	77.35	22	80.38	24	78.04	24
海南	74.97	26	78.33	27	74.12	29

续前表

	信息资源采集业		信息资源加工业		信息资源提供业	
	得分	排名	得分	排名	得分	排名
河北	89.06	3	84.60	11	83.22	10
河南	87.95	4	82.29	15	80.86	14
黑龙江	69.33	30	76.14	29	74.71	28
湖北	82.52	11	85.44	7	83.88	8
湖南	77.48	21	81.44	20	79.18	21
吉林	71.43	29	77.98	28	76.87	27
江苏	85.53	6	87.09	5	90.04	4
江西	79.20	17	83.28	14	80.75	16
辽宁	80.16	15	81.12	21	81.45	12
内蒙古	82.70	10	81.78	17	80.67	17
宁夏	76.58	25	80.16	25	79.05	22
青海	72.75	28	80.13	26	77.87	25
山东	99.49	1	86.44	6	89.23	5
山西	79.49	16	83.55	13	80.85	15
陕西	79.06	18	81.47	19	77.86	26
上海	78.62	19	83.56	12	80.94	13
四川	80.21	14	80.79	23	79.65	19
天津	80.72	13	85.03	10	86.43	6
西藏	61.81	31	71.65	31	69.81	31
新疆	73.02	27	73.68	30	72.96	30
云南	81.60	12	81.93	16	80.46	18
浙江	85.89	5	90.06	2	90.57	3
重庆	76.97	23	85.18	9	82.34	11

由表 4－6 可以看出，不同地区间相同大类的信息资源产业发展差距十分明显，同一地区的不同信息资源产业也存在着差距。

图 4－4 进一步显示了各地大类信息资源产业 IRIDI 的比较情况。

由图 4－4 可以看出，在信息资源采集业方面，山东、北京、河北和河南发展最快，从总体来看，各地的采集业发展水平在三大类中最不平均，最大值出现在山东（99.49），最小值出现在西藏（61.81），两者相差将近 40 分，充分体现出信息资源采集业在各地间的发展极其不均衡；在信息资源加工业方面，北京、浙江、安徽和广东发展水平较高，总体波动较为平缓，除西藏与新疆外，各地的发展水平都比较均衡，发展状况良好；在信息资源提供业方面，北京、广东、浙江和江苏的发展指数最高，不同地区的波动幅度较为明显，各地的发展较不均衡。

总体来看，北京、江苏和浙江等地的信息资源产业发展水平较高也较为全面，信息资源采集业、加工业和提供业的发展差距较小，发展水平也比较突出。而山

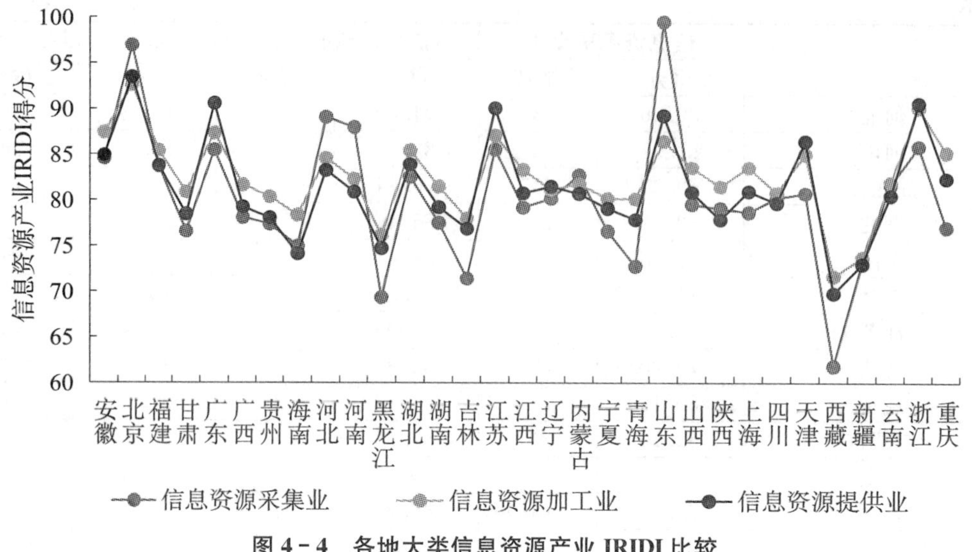

图 4-4 各地大类信息资源产业 IRIDI 比较

东、河北和河南等地的信息资源产业发展状况虽然良好，但发展不全面，采集业的发展水平大幅度领先于其他两类信息资源产业的发展。西藏的信息资源产业发展最为落后，三类信息资源产业均排最末，这说明西藏在信息资源产业发展方面有非常大的空间。

4.3 各依赖度信息资源产业 IRIDI 比较

所谓依赖度，是指该产业在价值创造过程中对信息资源的依赖程度。在构成信息资源产业的 93 个行业中，有的行业的价值创造对信息资源的依赖度高，有的行业则相对较低。因此，基于依赖度的不同，本研究将信息资源产业分为信息资源低度依赖型产业、信息资源中度依赖型产业和信息资源完全依赖型产业。区分行业依赖度的依据是依赖度系数，该系数依据产业内涵的文本描述与专家意见来确定，某个细分行业的依赖系数为 1 是完全依赖，0.5～0.7 是中度依赖，0.2～0.3 是低度依赖。

依赖度的划分体现了该地区信息资源产业的发展水平和发展阶段，高依赖度的信息资源产业在该地区越发达，表明该信息资源产业发展质量相对越好，发展程度相对越高。因此，本研究根据信息资源产业基础数据，得到信息资源产业不同依赖度产业的 IRIDI 总体排名，同时，为了进一步了解各地的信息资源产业发展情况，也得到了各地信息资源产业不同依赖度产业的排名。

4.3.1　不同依赖度信息资源产业 IRIDI 总体排名与比较

不同依赖度信息资源产业 IRIDI 总体排名情况见表 4－7。

表 4－7　　不同依赖度信息资源产业 IRIDI 总体排名

不同依赖度信息资源产业	行业数目	占比（%）	均值	中位数	标准差	最小值	最大值
信息资源低度依赖型产业	42	45	53.15	56.49	11.56	11.62	71.26
信息资源中度依赖型产业	19	20	57.38	62.01	13.24	13.83	67.33
信息资源完全依赖型产业	32	34	59.71	65.16	16.87	18.83	86.29
总体	93	100	56.27	60.03	14.09	11.62	86.29

从表 4－7 可以看出，93 个信息资源产业中信息资源低度依赖型产业占比最多，一共 42 个，占总体的 45%，其次是信息资源完全依赖型产业，占总体的 34%，最后是信息资源中度依赖型产业，占总体的 20%，这说明了目前我国的信息资源产业仍以信息资源低度依赖型产业为主。从均值来看，从高到低排列依次为信息资源完全依赖型产业（59.71）、信息资源中度依赖型产业（57.38）和信息资源低度依赖型产业（53.15），且信息资源低度依赖型产业的标准差最小，这表明信息资源低度依赖型产业发展水平相对集中而且偏低。

图 4－5 更直观地反映了不同依赖度信息资源产业的 IRIDI 差异。

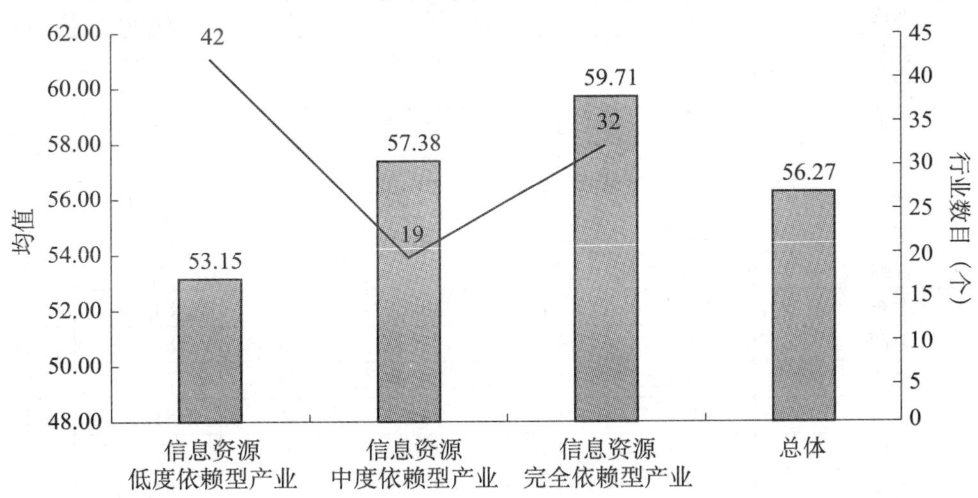

图 4－5　不同依赖度信息资源产业 IRIDI 比较

由图 4－5 可以看出，行业数目最多的信息资源低度依赖型产业 IRIDI 均值最低，与之相反的是，虽然行业数目较少，但信息资源完全依赖型产业 IRIDI 均值最高，这说明，随着对信息资源依赖程度的提高，信息资源产业的发展指数越来越高，发展水平也越来越领先。

4.3.2 各地不同依赖度信息资源产业 IRIDI 排名

各地不同依赖度信息资源产业 IRIDI 排名情况见表 4－8。

表 4－8　各地不同依赖度信息资源产业 IRIDI 排名

	信息资源低度依赖型产业		信息资源中度依赖型产业		信息资源完全依赖型产业	
	得分	排名	得分	排名	得分	排名
安徽	85.29	8	82.16	6	85.66	5
北京	87.90	5	89.77	1	91.91	1
福建	85.49	7	80.75	10	83.43	9
甘肃	80.30	21	76.70	26	78.21	22
广东	91.82	3	81.84	7	88.89	3
广西	79.45	23	77.14	24	80.54	18
贵州	80.15	22	77.37	22	77.30	26
海南	76.31	28	77.25	23	74.62	29
河北	83.74	10	81.65	9	83.21	10
河南	82.17	14	81.72	8	80.48	19
黑龙江	75.06	29	72.19	30	74.92	28
湖北	84.94	9	80.43	12	84.25	8
湖南	81.89	15	79.60	14	77.27	27
吉林	77.43	27	73.66	28	77.35	25
江苏	95.81	1	86.44	4	87.49	4
江西	81.41	17	78.32	20	82.40	12
辽宁	82.33	13	79.63	13	80.58	17
内蒙古	80.97	18	77.03	25	81.02	14
宁夏	78.78	26	79.00	15	79.51	20
青海	79.23	24	75.55	27	77.68	24
山东	91.10	4	88.86	2	84.77	7
山西	81.46	16	78.81	17	80.82	16
陕西	79.22	25	78.86	16	77.72	23
上海	82.65	12	78.71	18	81.87	13
四川	80.53	20	77.50	21	79.39	21
天津	85.62	6	86.99	3	85.03	6
西藏	68.80	31	63.72	31	69.93	31
新疆	72.53	30	72.71	29	73.47	30
云南	80.73	19	78.47	19	80.98	15
浙江	92.11	2	85.96	5	88.94	2
重庆	83.41	11	80.45	11	83.00	11

从表 4－8 可以看出，相同依赖度产业在不同地区间存在着明显的差距，同一

地区的不同依赖度产业也有着差异。

图 4－6 进一步展现了各地不同依赖度信息资源产业 IRIDI 与该地区的 IRIDI 得分差异情况。

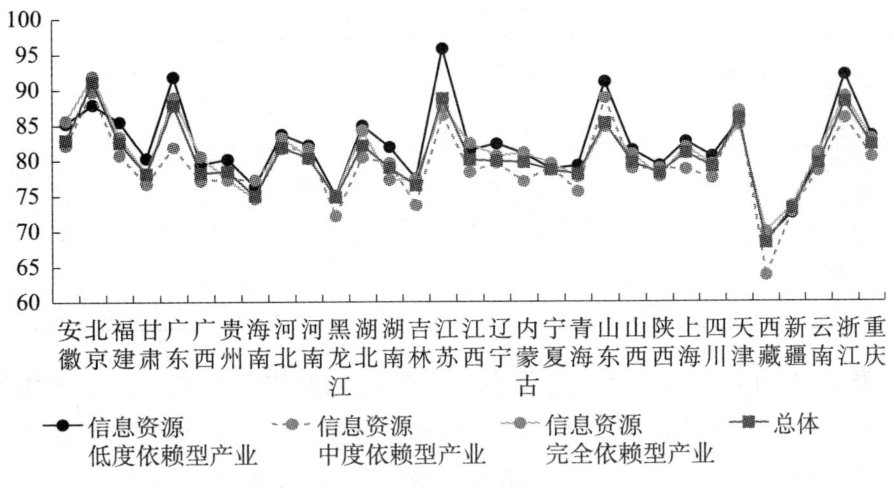

图 4－6　各地不同依赖度信息资源产业 IRIDI 比较

从图 4－6 可以看出，信息资源低度依赖型产业方面，各地的波动幅度较大，说明各地的发展水平较不均衡，最大值出现在江苏（95.81），最小值出现在西藏（68.80），相差近 30 分；而信息资源中度依赖型产业与信息资源完全依赖型产业方面，除西藏与新疆等地外，各地的发展水平比较均衡，只存在小范围的波动情况。

总体来看，各地的信息资源产业发展指数线与该地区信息资源完全依赖型产业发展指数线基本重合，这说明，信息资源产业的发展与该地区信息资源完全依赖型产业的发展息息相关，若该地区的信息资源完全依赖型产业发展水平较高，则其信息资源产业整体的发展程度也相对较高。

4.4　按区域信息资源产业 IRIDI 比较

中国幅员辽阔，不同区域的信息资源产业发展情况也会有所不同。因此，有必要对不同区域的信息资源产业 IRIDI 进行排名与比较，从而更准确地了解信息资源产业发展的地区差异。

本章按照地理区域的划分，确定了华东、华北、华中、华南、西南、西北和东北七大区域，并得到了七大区域的信息资源产业 IRIDI 总体排名以及大类产业、不同依赖度产业的排名情况。

4.4.1 七大区域信息资源产业 IRIDI 总体排名与比较

七大区域信息资源产业 IRIDI 总体情况见表 4－9。

表 4－9　　七大区域信息资源产业 IRIDI 总体情况

	行业数量	均值	中位数	标准差	最小值	最大值
东北	93	77.04	76.45	2.60	74.79	79.88
华北	93	83.66	81.87	4.91	79.65	91.17
华东	93	84.12	82.93	3.41	80.07	88.79
华南	93	80.31	78.18	6.68	74.96	87.80
华中	93	80.46	80.31	1.57	78.97	82.10
西北	93	77.22	78.11	2.28	73.16	78.65
西南	93	77.52	79.10	5.32	68.34	82.18

从表 4－9 可知，各区域信息资源产业发展状况排名从高到低依次为华东、华北、华中、华南、西南、西北和东北。从标准差结果来看，发展水平最低的西北和东北标准差较小，说明这两个区域的信息资源产业发展水平都集中在较低的区间内，需要加大对信息资源产业的发展力度；而发展水平居中的华南、西南两地，标准差最大，说明这两个区域的信息资源发展水平不均衡，比较分散；总体发展状况最好的华东、华北等地，行业的发展水平也存在一定程度的不均衡。

图 4－7 可以直观地看出七个区域信息资源产业 IRIDI 的差异情况。

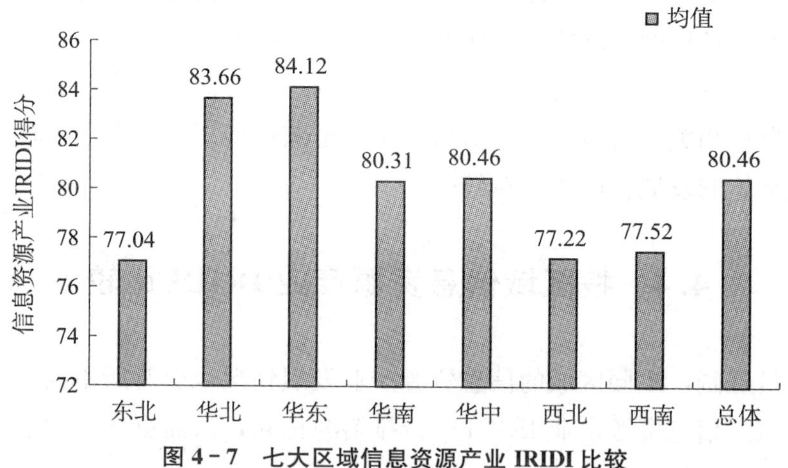

图 4－7　七大区域信息资源产业 IRIDI 比较

从图 4－7 可以看出，七大区域中，只有华北与华东的信息资源产业发展 IRIDI 均值超过总体均值，华南和华中与总体均值接近，东北、西北和西南则明显低于总体均值，说明需要进一步加强东北、西北和西南等地区的信息资源产业发展，提高信息资源产业发展的水平。

4.4.2 七大区域大类信息资源产业 IRIDI 排名

七大区域大类信息资源产业 IRIDI 排名情况见表 4-10。

表 4-10 七大区域大类信息资源产业 IRIDI 排名

	信息资源采集业			信息资源加工业			信息资源提供业		
	得分均值	得分中位数	排名	得分均值	得分中位数	排名	得分均值	得分中位数	排名
东北	73.64	71.43	7	78.41	77.98	7	77.68	76.87	6
华北	85.79	82.70	1	85.51	84.60	2	84.93	83.22	2
华东	85.28	84.52	2	86.18	86.44	1	85.75	84.95	1
华南	79.49	78.05	4	82.44	81.64	4	81.30	79.21	4
华中	82.65	82.52	3	83.06	82.29	3	81.31	80.86	3
西北	75.60	76.58	5	79.26	80.16	6	77.24	77.87	7
西南	75.59	77.35	6	79.99	80.79	5	78.06	79.65	5

从表 4-10 可以看出，同一区域内不同类别的信息资源产业发展水平没有较大差距，同一类别的信息资源产业在不同区域内有着明显差距。

图 4-8 进一步展现了七大区域大类信息资源产业 IRIDI 差距情况。

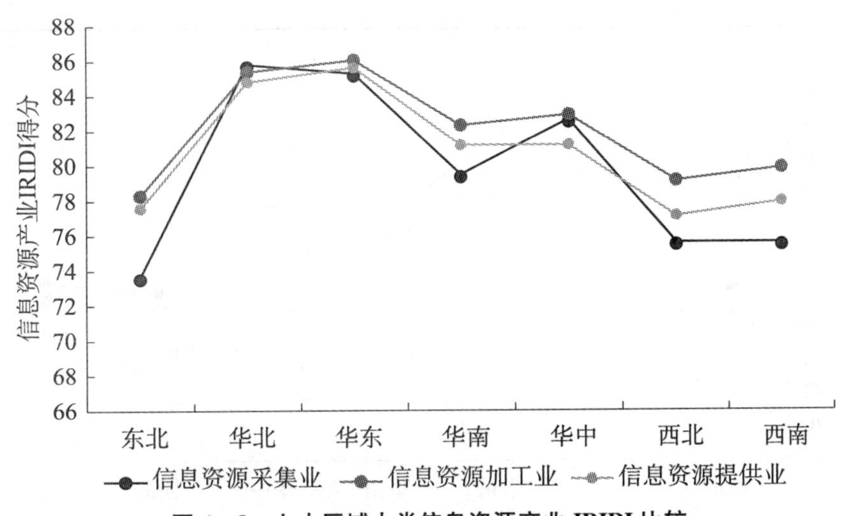

图 4-8 七大区域大类信息资源产业 IRIDI 比较

从图 4-8 可以看出，在七大区域中，信息资源加工业的发展水平明显高于另两类信息资源产业；信息资源提供业的发展则相对均衡，各省市间没有较大差距；信息资源采集业的发展水平在区域间存在着很大波动，可以看出，东北区域的发展水平明显落后于其他区域。在七大区域中，华北与华东的三类信息资源产业都发展良好，且三类信息资源产业间不存在明显的发展水平差距，而东北、西北与西南则存在着发展水平不均衡的现象，需要加大对信息资源采集业的发展力度。

4.4.3 七大区域不同依赖度信息资源产业 IRIDI 排名

七大区域不同依赖度信息资源产业 IRIDI 排名情况见表 4－11。从表4－11可以看出，相同依赖度产业在不同区域间存在明显差距，相同区域不同依赖度产业的发展也存在着一定差异。图 4－9 进一步地展现了七大区域不同依赖度信息资源产业 IRIDI 与七大区域总体发展水平的差距情况。

表 4－11　　七大区域不同依赖度信息资源产业 IRIDI 排名

	信息资源低度依赖型产业			信息资源中度依赖型产业			信息资源完全依赖型产业		
	得分均值	得分中位数	排名	得分均值	得分中位数	排名	得分均值	得分中位数	排名
东北	78.27	77.43	6	75.16	73.66	7	77.62	77.35	6
华北	83.94	83.74	2	82.85	81.65	2	84.40	83.21	2
华东	87.69	85.49	1	83.03	82.16	1	84.94	84.77	1
华南	82.53	79.45	4	78.74	77.25	4	81.35	80.54	3
华中	83.00	82.17	3	80.58	80.43	3	80.67	80.48	4
西北	78.01	79.22	7	76.56	76.70	5	77.32	77.72	7
西南	78.72	80.53	5	75.50	77.50	6	78.12	79.39	5

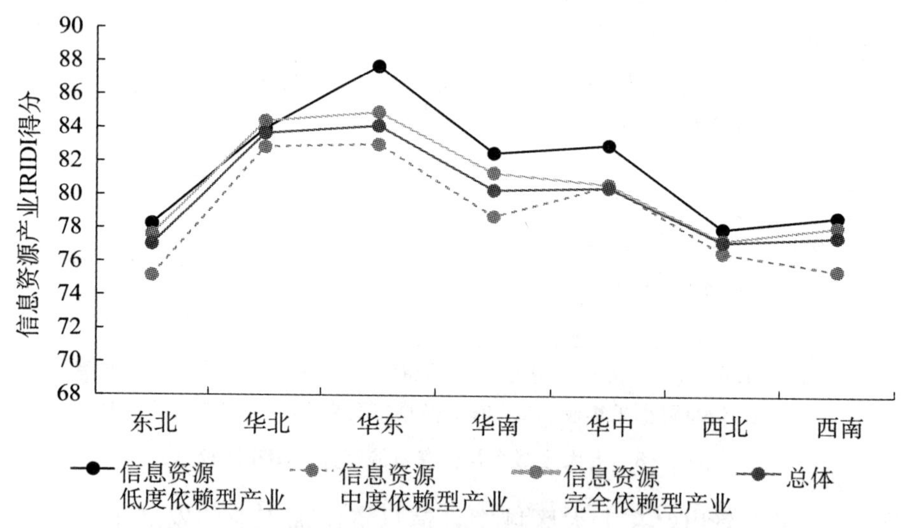

图 4－9　七大区域不同依赖度信息资源产业 IRIDI 比较

由图 4－9 可以看出，信息资源低度依赖型产业方面，区域间发展水平较不均衡，存在着明显差距，华东、华南和华中等地的信息资源低度依赖型产业明显较发达，大大领先于另两类产业；信息资源中度依赖型产业方面，各区域的发展水平都落后于其他两类产业，且区域间的差距也十分明显，东北、西北与西南等地大大落后于华北和华东等地；信息资源完全依赖型产业方面，发展水平在各区域内大都处于居中的状态。

总体来看，各区域的信息资源产业总体发展指数线与信息资源完全依赖型产业发展指数线基本重合，表明区域的信息资源产业发展基本由信息资源完全依赖型产业的发展水平来决定，东北、西北与西南等地区的发展水平落后，大部分原因也是由于信息资源完全依赖型产业的落后。同时，华东、华南和华中的信息资源产业发展处于不均衡的状态，需要进一步提高信息资源中度依赖型产业和信息资源完全依赖型产业的发展。

4.5　本章小结

本章基于第 3 章的信息资源产业发展指数（IRIDI）测评指标与测算方法，对信息资源产业 IRIDI 进行了排名与比较。

首先，给出信息资源产业 IRIDI 总体排名，并从 31 个省级行政区域与信息资源产业构成行业两个角度进行了比较与分析，其中，我国 31 个省级行政区域的信息资源产业发展水平普遍良好，但黑龙江、新疆与西藏等地需要加大发展力度，提升发展水平；信息资源产业构成行业方面，接近半数的行业发展缓慢，仍具有极大的发展空间。

其次，对信息资源产业进行分类，基于产业链的思想，将其分为采集、加工、提供三大类，并给出大类产业 IRIDI 总体排名与 31 个省级行政区域大类产业 IRIDI 排名情况。其中，信息资源加工业的发展水平大大领先于采集业和提供业，各地的发展水平也较为均衡；信息资源提供业的行业数目最多，但行业发展水平较不均衡；信息资源采集业的行业数目少，发展水平低，在各个省级行政区域间的发展水平极其不均衡。

再次，按对信息资源的依赖度的不同，将信息资源产业分为信息资源低度依赖型产业、信息资源中度依赖型产业和信息资源完全依赖型产业，并给出不同依赖度产业 IRIDI 总体排名与在各地的排名情况。通过分析发现，依赖程度越大，发展水平越高，信息资源完全依赖型产业发展高的地区，其总体发展也处在一个较高的水平上。

最后，对信息资源产业按地理区域划分，给出七大区域信息资源产业 IRIDI 总体排名情况，并按大类与依赖度对信息资源产业再次划分，进行比较与分析。通过对比发现，信息资源产业在地域发展上存在不平衡现象，华东与华北地区信息资源产业发展水平高，而东北、西北和西南等地发展较为落后，需要加大对信息资源产业的发展力度。

第 5 章　产业发展指数分项指标排名及比较

第 4 章按信息资源产业发展指数的综合得分对我国各省级行政区信息资源产业的发展状况进行了测评和排名，并从大类产业、不同信息资源依赖度产业以及七大区域的信息资源产业等方面展开了比较分析。本章将按照产业发展指数指标体系的划分，即产业发展的四个构成要素，把产业发展指数分解为产业价值指标、产业增长指标、产业效率指标以及产业贡献指标四个维度，根据产业发展指数分项指标各项数据，对得分情况进行排名和比较分析。

5.1　信息资源产业发展指数分项指标总体情况

信息资源产业发展指数（IRIDI）是信息资源产业发展实际状况的客观描述和科学分析。IRIDI 可以反映不同地区、不同行业领域信息资源产业发展的情况，界定相应的发展水平。

本节将通过介绍 2015 年不同地区和不同行业的 IRIDI 分项指标，对我国信息资源产业 IRIDI 分项指标的总体情况进行分析。

5.1.1　31 个省级行政区信息资源产业 IRIDI 分项指标排名

将 31 个省级行政区域的 IRIDI 综合情况以及各分项指标的情况进行整理，得到表 5－1。

表 5－1 反映了全国范围内 31 个省级行政区信息资源产业发展的综合情况，也体现了各地区在不同分项指标上的表现情况。从 IRIDI 综合得分情况来看，IRIDI 综合得分分布在 60～100 分之间。全国范围内排在前五名的地区分别是北京、江

苏、浙江、广东和天津。其中北京市在产业价值指标、产业增长指标以及产业贡献指标上都得到了相当高的分数。北京市在信息资源产业的发展情况上，以绝对的优势领跑全国。从全国情况来看，综合发展程度相对较高的地区在 IRIDI 上也得到了很高的分数，这些地区的信息资源产业发展水平也较高。IRIDI 综合得分较低的地区有吉林、海南、黑龙江、新疆、西藏等。

表 5－1　　各地区信息资源产业 IRIDI 及分项指标排名

按地区划分	IRIDI 综合得分	排名	产业价值指标得分	排名	产业增长指标得分	排名	产业效率指标得分	排名	产业贡献指标得分	排名
北京	91.17	1	100.00	1	96.68	1	72.72	20	100.00	1
江苏	88.79	2	86.00	3	95.68	4	90.22	2	75.32	6
浙江	88.23	3	82.49	5	95.17	5	84.65	4	79.15	4
广东	87.80	4	88.43	2	93.62	9	79.90	10	77.94	5
天津	85.90	5	68.15	12	96.59	2	85.87	3	81.77	3
山东	85.29	6	83.03	4	94.46	7	82.34	7	68.37	9
安徽	82.93	7	67.34	14	93.28	12	92.27	1	64.91	15
福建	82.54	8	68.44	11	93.44	10	82.43	6	68.63	8
重庆	82.18	9	65.82	16	94.06	8	78.79	13	71.41	7
湖北	82.10	10	68.92	10	93.39	11	82.70	5	65.22	14
河北	81.87	11	67.08	15	96.28	3	79.06	12	63.56	23
上海	81.02	12	71.04	6	82.23	29	73.25	19	92.72	2
河南	80.31	13	70.02	8	95.08	6	68.87	25	61.94	27
江西	80.07	14	64.02	19	92.63	13	76.67	15	63.90	19
辽宁	79.88	15	70.90	7	89.59	22	76.12	17	63.84	20
内蒙古	79.72	16	63.21	23	92.34	15	76.46	16	62.95	26
山西	79.65	17	63.25	22	90.69	21	81.81	8	60.69	29
云南	79.53	18	65.60	17	90.71	20	76.87	14	62.98	25
四川	79.10	19	69.28	9	88.39	24	73.94	18	65.96	11
湖南	78.97	20	67.97	13	90.76	19	70.02	24	63.93	18
宁夏	78.65	21	60.34	29	91.84	16	71.90	21	63.70	22
贵州	78.46	22	61.98	26	91.22	18	68.08	28	66.87	10
陕西	78.19	23	63.95	20	88.95	23	71.55	22	65.90	12
广西	78.18	24	63.33	21	86.56	26	81.38	9	61.62	28
甘肃	78.11	25	61.49	27	91.35	17	70.81	23	60.43	31
青海	77.97	26	60.22	30	92.36	14	65.46	30	63.17	24
吉林	76.45	27	62.68	24	88.23	25	66.37	29	60.46	30
海南	74.96	28	60.55	28	84.17	27	68.34	27	64.02	17
黑龙江	74.79	29	64.29	18	82.79	28	68.64	26	64.82	16
新疆	73.16	30	62.24	25	81.42	30	61.94	31	65.74	13
西藏	68.34	31	60.00	31	62.30	31	79.68	11	63.70	21

由于信息资源产业发展指数指标体系划分的四个分项指标的性质与赋值不同，不同分项指标之间的得分不具有可比性。但是每个分项指标都是产业发展的一个构成要素，分别代表着相应的价值情况、增长情况、效率情况和贡献情况。本章后面的部分将分别对这四个分项指标的情况按大类产业、不同信息资源依赖度产业、区域划分等进行详细解读。

5.1.2 信息资源产业构成行业 IRIDI 分项指标排名

按信息资源产业构成行业来划分，细分了 93 个具体行业，这些行业的发展情况是信息资源产业发展情况在不同类别的行业中发展状况的体现。表 5-2 总结了信息资源产业构成行业 IRIDI 以及各分项指标的排名情况。

表 5-2　　信息资源产业构成行业 IRIDI 及分项指标排名

信息资源产业构成行业	IRIDI 综合得分	排名	产业价值指标得分	排名	产业增长指标得分	排名	产业效率指标得分	排名	产业贡献指标得分	排名
社会经济咨询	86.29	1	60.57	1	84.32	32	60.64	1	58.23	1
其他专业咨询	86.23	2	59.51	2	84.32	33	60.64	1	57.49	2
金融信息服务	76.16	3	15.36	20	92.25	6	44.28	15	40.11	6
电影和影视节目制作	73.45	4	12.02	28	95.32	1	45.97	11	24.25	27
报刊批发	71.68	5	7.96	41	93.72	4	42.14	21	25.93	22
报纸出版	71.37	6	18.39	17	85.05	29	43.18	19	32.54	12
电子出版物出版	71.35	7	3.10	58	93.55	5	43.95	16	28.69	19
图书出版	71.35	8	13.98	23	87.11	21	43.26	18	31.04	13
贸易代理	71.26	9	43.78	4	76.00	61	53.87	7	36.63	9
其他出版业	71.10	10	3.22	57	92.14	7	45.26	13	28.72	18
期刊出版	70.77	11	1.19	71	91.94	8	46.82	9	28.58	20
电影和影视节目发行	70.40	12	1.67	66	94.68	2	46.67	10	21.16	39
广告业	68.27	13	56.36	3	78.99	52	26.74	43	36.33	11
农业技术推广服务	67.33	14	26.16	10	85.66	27	26.38	48	25.77	24
电影放映	67.11	15	5.47	48	85.71	26	45.63	12	21.66	36
电视	66.98	16	11.75	31	87.84	18	36.04	29	18.23	45
其他贸易经纪与代理	66.64	17	30.65	6	75.65	63	54.52	6	25.90	23
其他资本市场服务	66.35	18	0.98	76	83.43	35	36.71	28	42.29	5
节能技术推广服务	66.32	19	12.45	27	90.79	10	26.58	44	18.05	46
其他科技推广和应用服务	66.18	20	13.78	24	84.80	30	34.94	31	22.48	32
呼叫中心	66.14	21	12.46	26	78.75	55	60.04	3	23.43	28

续前表

信息资源产业构成行业	IRIDI综合得分	排名	产业价值指标得分	排名	产业增长指标得分	排名	产业效率指标得分	排名	产业贡献指标得分	排名
新闻业	65.72	22	1.85	65	87.32	20	42.56	20	16.55	51
信息技术咨询服务	65.38	23	20.47	15	76.64	56	35.85	30	45.94	3
数据处理和存储服务	65.27	24	2.46	62	80.48	44	41.46	23	39.76	7
知识产权服务业	65.06	25	4.85	51	80.46	45	55.49	4	21.97	35
测绘服务业	65.04	26	5.24	49	83.67	34	41.90	22	21.38	38
录音制作	64.59	27	1.07	73	83.20	39	38.23	27	29.32	17
数字内容服务	64.43	28	21.78	13	82.26	41	17.23	73	43.85	4
生物技术推广服务	63.82	29	7.71	43	88.19	14	26.48	46	16.00	53
文艺创作与表演业	63.54	30	5.01	50	88.51	13	31.72	37	9.96	62
新材料技术推广服务	62.85	31	8.69	39	86.13	25	26.40	47	16.26	52
广播	62.83	32	0.97	77	88.00	15	32.74	36	10.08	60
邮政基本服务	62.36	33	10.12	34	80.01	46	49.49	8	9.92	63
科技中介服务	62.01	34	6.38	46	85.60	28	27.11	42	14.58	55
软件开发	61.76	35	29.40	7	81.29	43	14.60	80	28.38	21
规划管理	61.61	36	24.48	11	83.35	37	16.07	74	20.53	41
基础地质勘查	61.48	37	1.32	70	94.64	3	14.47	81	5.80	78
文化娱乐经纪人	61.45	38	1.03	75	88.79	12	24.98	51	8.73	65
图书馆	61.23	39	0.60	78	87.93	16	33.26	34	1.45	90
金融信托与管理业	61.20	40	14.13	22	79.69	48	29.30	39	22.63	31
环境保护监测	61.16	41	1.33	69	87.64	19	25.16	50	10.07	61
档案馆	61.15	42	0.28	83	87.89	17	33.27	33	1.38	91
信用服务	60.65	43	18.65	16	75.10	66	43.53	17	19.31	43
其他文化艺术经纪代理	60.56	44	1.61	67	87.00	22	24.87	52	8.73	66
固体矿产地质勘查	60.42	45	4.02	53	91.08	9	14.34	82	6.54	74
专业化设计服务	60.06	46	9.55	36	83.31	38	23.41	56	13.73	56
工程管理服务	60.03	47	21.83	12	82.07	42	16.01	76	18.67	44
质检技术服务	59.48	48	9.07	38	83.43	36	21.89	58	12.43	57
海洋服务	59.40	49	0.21	85	88.98	11	18.67	71	4.06	84
工程勘察设计	59.15	50	16.49	19	82.74	40	16.04	75	15.10	54
货物运输代理	58.42	51	28.38	8	76.14	59	22.02	57	21.98	34
音像制品及电子出版物批发	58.21	52	13.02	25	73.19	68	39.97	25	24.58	26
地震服务	57.97	53	0.30	82	86.87	24	18.80	70	1.85	89
风险和损失评估	57.82	54	0.38	79	79.55	50	19.85	66	30.16	15
气象服务	57.40	55	1.06	74	84.64	31	21.84	60	2.14	88

续前表

信息资源产业构成行业	IRIDI综合得分	排名	产业价值指标得分	排名	产业增长指标得分	排名	产业效率指标得分	排名	产业贡献指标得分	排名
博物馆	57.36	56	0.33	80	86.97	23	15.03	79	2.23	87
学前教育业	57.09	57	34.43	5	74.68	67	13.57	87	30.04	16
其他技术推广服务	56.38	58	11.78	29	76.44	57	26.01	49	17.05	50
互联网信息服务	56.04	59	14.23	21	69.68	72	34.52	32	37.73	8
会议及展览服务	55.89	60	10.25	33	79.86	47	21.86	59	5.06	82
保险经纪与代理服务	55.71	61	2.54	61	79.55	49	14.32	83	22.22	33
职业技能培训	55.15	62	26.42	9	75.70	62	11.02	91	22.89	29
集成电路设计	54.64	63	2.11	63	78.79	54	15.62	78	17.32	49
劳务派遣服务	54.39	64	2.94	59	79.35	51	20.93	63	5.13	81
信息系统集成服务	53.16	65	8.67	40	76.17	58	14.06	84	17.72	48
其他人力资源服务	52.68	66	7.05	45	76.05	60	21.22	61	6.84	72
水、二氧化碳等矿产地质勘查	52.46	67	0.09	90	78.98	53	13.86	85	5.40	79
律师及相关法律服务	50.84	68	3.74	54	75.47	64	15.96	77	7.33	69
音像制品及电子出版物零售	50.51	69	7.16	44	68.03	76	33.11	35	22.66	30
能源矿产地质勘查	50.20	70	3.67	55	75.43	65	13.71	86	6.14	77
公共就业服务	49.16	71	6.17	47	72.29	69	20.59	65	6.30	76
房地产中介服务	48.90	72	17.43	18	70.18	70	17.72	72	12.36	58
其他未列明信息技术服务业	47.20	73	21.40	14	62.53	81	24.33	53	36.52	10
职业中介服务	45.02	74	1.18	72	68.79	73	19.65	67	4.51	83
公证服务	44.78	75	0.21	86	68.41	74	19.19	69	6.79	73
音像制品出租	44.21	76	0.25	84	63.40	80	31.56	38	19.51	42
教育辅助服务	44.13	77	3.24	56	69.89	71	7.41	92	4.00	85
其他未列明教育	43.99	78	11.31	32	68.15	75	7.31	93	9.65	64
旅客票务代理	42.84	79	0.17	87	66.40	77	21.18	62	3.59	86
地质勘查技术服务	40.36	80	1.34	68	64.95	78	13.24	89	5.21	80
文化艺术培训	40.16	81	1.92	64	64.73	79	11.08	90	7.78	68
其他运输代理业	39.20	82	7.90	42	61.73	82	20.72	64	7.10	71
市场调查	38.05	83	9.67	35	54.37	85	40.57	24	17.98	47
生态监测	36.60	84	0.15	88	59.20	83	23.54	55	8.65	67
图书批发	36.57	85	11.77	30	46.00	89	54.98	5	25.33	25
图书、报刊零售	33.34	86	2.82	60	49.99	87	39.07	26	21.45	37
体校及体育培训	32.59	87	0.02	92	56.38	84	19.39	68	7.25	70
其他电信服务	29.70	88	9.47	37	47.26	88	26.55	45	30.89	14

续前表

信息资源产业构成行业	IRIDI 综合得分	排名	产业价值指标得分	排名	产业增长指标得分	排名	产业效率指标得分	排名	产业贡献指标得分	排名
音像制品出版	28.52	89	0.31	81	41.92	90	44.81	14	20.91	40
体育经纪人	25.18	90	0.01	93	51.16	86	13.40	88	0.00	93
图书出租	18.83	91	0.12	89	40.31	91	27.64	41	11.88	59
会计、审计及税务服务	13.83	92	4.47	52	30.88	93	28.89	40	6.51	75
水文服务	11.62	93	0.04	91	34.51	92	24.06	54	0.22	92

从上表可以看出，在所有细分的行业中，不同行业在 IRIDI 综合得分上差距较大，得分最高的社会经济咨询与得分最低的水文服务的分数绝对差值为 74.67。社会经济咨询和其他专业咨询这两个行业在 IRIDI 综合得分和各个分项指标的得分上都表现出了强大的优势。发展程度较好的行业还有金融信息服务、电影和影视节目制作以及各类出版业。体育经纪人，图书出租，会计、审计及税务服务，水文服务等行业的得分排在最后。

不同行业在 IRIDI 各个分项指标得分情况上也有一定的差异，这些差异体现了各个行业在总量规模、年度增长、总量均值和全域占比上的不同情况。这些行业的发展情况也受到大类产业划分、信息资源依赖度划分以及区域差异的一定影响。

在接下来的四个小节中，本章将按照产业发展的四个构成要素以及相应指标对产业发展指数进行分析和比较。在每一小节中，将分别按大类产业、不同信息资源依赖度产业和区域对各个行业和地区进行详细介绍。

5.2　产业价值指标排名及比较

产业价值指标（Industry Value Index，IVI）主要度量产业的总量规模水平，一般来说产业发展的规模程度决定了产业的发展程度。本节将在产业所创造的价值的规模程度即产业价值指标的得分情况上，将各省级行政区域以及信息资源产业构成行业的发展规模情况进行排名、比较和分析，并从大类产业、不同信息资源依赖度产业以及七大区域的信息资源产业等方面展开，分别介绍各类产业 IVI 排名和各地区按不同标准分类后的 IVI 排名，对这些数据进行比较和分析。

5.2.1 产业价值指标（IVI）排名

1. 31个省级行政区IVI排名

31个省、自治区、直辖市的产业价值指标均值按照从高到低的顺序进行排名，具体结果参见表5-3。

表5-3 各地区IVI排名

排名	行政区域	IVI均值	排名	行政区域	IVI均值
1	北京	100.00	17	云南	65.60
2	广东	88.43	18	黑龙江	64.29
3	江苏	86.00	19	江西	64.02
4	山东	83.03	20	陕西	63.95
5	浙江	82.49	21	广西	63.33
6	上海	71.04	22	山西	63.25
7	辽宁	70.90	23	内蒙古	63.21
8	河南	70.02	24	吉林	62.68
9	四川	69.28	25	新疆	62.24
10	湖北	68.92	26	贵州	61.98
11	福建	68.44	27	甘肃	61.49
12	天津	68.15	28	海南	60.55
13	湖南	67.97	29	宁夏	60.34
14	安徽	67.34	30	青海	60.22
15	河北	67.08	31	西藏	60.00
16	重庆	65.82	总体		68.78

从表5-3可知，全国各省级行政区的产业价值指标均值为68.78。有10个省（自治区、直辖市）的产业价值指标均值高于总体均值，这10个省（自治区、直辖市）的产业价值指标均值的最大绝对差距为31.08；其他21个省（自治区、直辖市）的产业价值指标均值低于总体均值，它们的产业价值指标均值的最大绝对差距为8.44。

其中北京市的IVI达到100.00，排名第一，充分说明了北京在信息资源产业的规模上在全国遥遥领先，产业发展程度较高，信息资源产业创造了突出的价值。福建、天津、安徽、河北等地的IVI在全国范围内处于中等水平，但均值都低于全国平均水平，有极大的发展空间。西藏、青海等地区的IVI排在了全国的最后，说明这些地区在信息资源产业的发展和规模上都略有不足。

2. 信息资源产业构成行业IVI排名

本研究选取各个构成行业的营业收入规模、企业数量规模、从业人口和利润总额等反映产业价值的指标数据，得到了各个信息资源产业构成行业在产业价值指标中的得分和排名。表 5 - 4 是根据各个行业的产业价值指标得分情况得到的排名。

表 5 - 4　　构成行业 IVI 排名与比较

排名	构成行业	得分	排名	构成行业	得分	排名	构成行业	得分
1	社会经济咨询	60.57	21	互联网信息服务	14.23	41	报刊批发	7.96
2	其他专业咨询	59.51	22	金融信托与管理业	14.13	42	其他运输代理业	7.90
3	广告业	56.36	23	图书出版	13.98	43	生物技术推广服务	7.71
4	贸易代理	43.78	24	其他科技推广和应用服务	13.78	44	音像制品及电子出版物零售	7.16
5	学前教育业	34.43	25	音像制品及电子出版物批发	13.02	45	其他人力资源服务	7.05
6	其他贸易经纪与代理	30.65	26	呼叫中心	12.46	46	科技中介服务	6.38
7	软件开发	29.40	27	节能技术推广服务	12.45	47	公共就业服务	6.17
8	货物运输代理	28.38	28	电影和影视节目制作	12.02	48	电影放映	5.47
9	职业技能培训	26.42	29	其他技术推广服务	11.78	49	测绘服务业	5.24
10	农业技术推广服务	26.16	30	图书批发	11.77	50	文艺创作与表演业	5.01
11	规划管理	24.48	31	电视	11.75	51	知识产权服务业	4.85
12	工程管理服务	21.83	32	其他未列明教育	11.31	52	会计、审计及税务服务	4.47
13	数字内容服务	21.78	33	会议及展览服务	10.25	53	固体矿产地质勘查	4.02
14	其他未列明信息技术服务业	21.40	34	邮政基本服务	10.12	54	律师及相关法律服务	3.74
15	信息技术咨询服务	20.47	35	市场调查	9.67	55	能源矿产地质勘查	3.67
16	信用服务	18.65	36	专业化设计服务	9.55	56	教育辅助服务	3.24
17	报纸出版	18.39	37	其他电信服务	9.47	57	其他出版业	3.22
18	房地产中介服务	17.43	38	质检技术服务	9.07	58	电子出版物出版	3.10
19	工程勘察设计	16.49	39	新材料技术推广服务	8.69	59	劳务派遣服务	2.94
20	金融信息服务	15.36	40	信息系统集成服务	8.67	60	图书、报刊零售	2.82

续前表

排名	构成行业	得分	排名	构成行业	得分	排名	构成行业	得分
61	保险经纪与代理服务	2.54	72	职业中介服务	1.18	83	档案馆	0.28
62	数据处理和存储服务	2.46	73	录音制作	1.07	84	音像制品出租	0.25
63	集成电路设计	2.11	74	气象服务	1.06	85	海洋服务	0.21
64	文化艺术培训	1.92	75	文化娱乐经纪人	1.03	86	公证服务	0.21
65	新闻业	1.85	76	其他资本市场服务	0.98	87	旅客票务代理	0.17
66	电影和影视节目发行	1.67	77	广播	0.97	88	生态监测	0.15
67	其他文化艺术经纪代理	1.61	78	图书馆	0.60	89	图书出租	0.12
68	地质勘查技术服务	1.34	79	风险和损失评估	0.38	90	水、二氧化碳等矿产地质勘查	0.09
69	环境保护监测	1.33	80	博物馆	0.33	91	水文服务	0.04
70	基础地质勘查	1.32	81	音像制品出版	0.31	92	体校及体育培训	0.02
71	期刊出版	1.19	82	地震服务	0.30	93	体育经纪人	0.01

根据各个构成行业的产业价值指标，得到了各个构成行业的产业价值指标排名，将全部93个行业分为6个区间段，每个区间的分差为10。按照分数段的划分，得到表5-5，即构成行业产业价值指标分组情况。

表5-5　构成行业IVI分组情况

指标组别	行业数目（个）	占比（%）	累计占比（%）
[0，11)	61	65.59	65.59
[11，21)	18	19.35	84.94
[21，31)	9	9.68	94.62
[31，41)	1	1.08	95.70
[41，51)	1	1.08	96.77
[51，61)	3	3.23	100
总计	93	100	100

总体来看，产业价值指标在0～61分的分数段都有行业存在。构成行业产业价值指标从低分到高分行业数目和比例分布呈现出如图5-1的分布态势。得分组主要集中在[0，21)区间，占总体的84.94%。

根据表5-4，可以看出，在产业价值指标这一分项指标上，信息资源产业的各

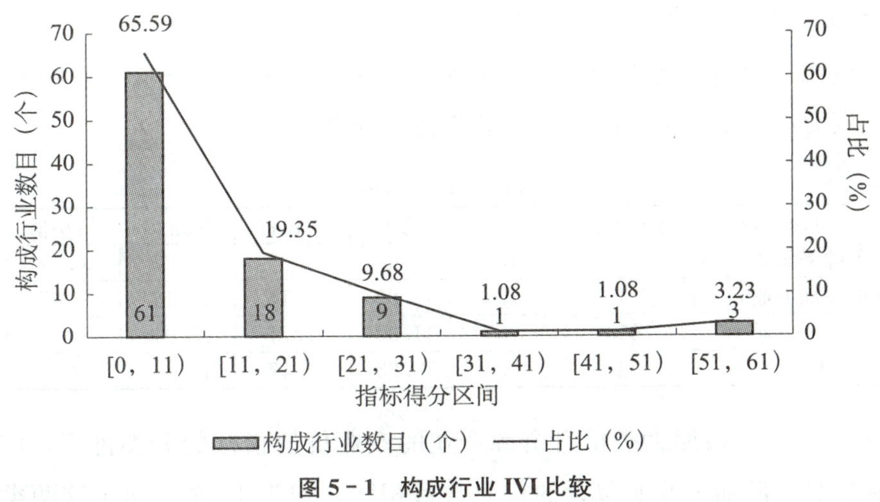

图 5－1　构成行业 IVI 比较

个构成行业的得分情况跨度较大，从社会经济咨询的 60.57 分到体育经纪人 0.01 分，这说明各个行业在总量规模上存在着较大的差异。

这样的发展状况的出现有很多原因。排在前几名的行业，比如，社会经济咨询、其他专业咨询、广告业、学前教育业等，都是与社会生活息息相关的行业，需求较大，发展规模也就相应较大。另外，最近几年发展较快的有关软件、信息技术、互联网技术等的信息服务业开始崭露头角，虽然目前的排名大多处于中上，但是可以预见，这些行业将会逐渐发展起来并占据信息资源产业更靠前的位置。传统的传媒出版业，比如报纸、图书、电视、电影等，也排在了比较靠前的位置，这些在过去作为主要的信息资源原料，在生产、加工、传播、提供等环节上都是比较重要的，现在显然受到了互联网传媒的冲击，所以排名在数字内容服务之后。有关地理、生态等的信息产业所占据的总量规模并不高，在一定程度上是由于尚未更好地与信息资源产业结合。与信息资源密切相关的图书馆、档案馆、博物馆一类的传统且最古老的信息提供部门，其 IVI 排在了第 78～83 位。这些传统的信息提供部门应该在其信息提供方式上做出转变，以适应大众和社会的新需求。同时，排名靠后的行业还有水、二氧化碳等矿产地质勘查，水文服务，体育经纪人等。这些行业之所以排在了最后，在很大程度上是由于社会的需求量较小，无法得到总量规模上的扩大。

5.2.2　大类信息资源产业 IVI 比较

按照本研究关于信息资源产业构成大类的界定，本章把信息资源产业全部构成行业分为三大类，即信息资源采集业、信息资源加工业和信息资源提供业。

1. 大类信息资源产业 IVI 排名与比较

信息资源产业划分的三大类产业体现了不同行业在整个产业链中发挥的作用，大类信息资源产业价值指标的统计结果如表 5－6 所示。

表 5－6　　大类产业 IVI 比较

大类信息资源产业	行业数目	占比（%）	均值	中位数	标准差	最小值	最大值
信息资源采集业	14	15	2.68	1.32	3.27	0.04	9.67
信息资源加工业	14	15	12.82	9.11	15.13	0.97	56.36
信息资源提供业	65	70	11.30	7.71	13.04	0.01	60.57
总体	93	100	10.23	6.17	12.76	0.01	60.57

表 5－6 显示，按照大类信息资源产业的产业价值指标的分类排序，信息资源采集业和信息资源加工业所包含的行业数目相同，均为 14 个。属于这两类的行业数目在全部的行业数目中占比为 30%，占据了较小的部分。属于信息资源提供业的细分行业最多，占全部构成行业数目的 70%，涵盖了博物展示业、咨询与管理服务业、代理经济中介业、出版发行及租售业、技术推广和教育培训等。

信息资源采集业在产业价值指标的得分均值和中位数上都明显低于信息资源加工业，说明信息资源采集业在整个行业中的总量规模是最小的。从行业细分标准来看，采集业的行业主要有气象、海洋、技术服务等，以及各类矿产地质勘查。这类的行业主要负责采集和搜集具有一定独特性的信息资源，它们的核心业务是资源采集。这类行业只能提供相关的检测、勘查服务和产品，很难有较大的体量，得分的区间基本处于［0，10）中，标准差相对较低，说明各个细分行业在价值指标上差异不大。

信息资源加工业的行业数目也不多，但在均值和中位数上的得分都是三大类行业中的最高分。从这两个参数上基本上可以看出，加工业的行业数目虽然不多，但占据了信息资源产业中的大部分总量规模。此类行业中得分最高的是价值指标为 56.36 的广告业，最低的是分值 0.97 的广播业。这两种行业都从事数据内容制作处理，在得分上却有着较大的差距。随着新媒体的发展，传统的数据加工方式受到了极大的挑战，所以在数量上相对较少。信息资源加工业的另一类中类产业是设计开发业，如软件开发、信息系统集成服务、专业化设计服务等，按照其发展态势，在未来的发展中，这些行业会发展得越来越庞大。

信息资源提供业是三大类产业中行业数目最多的一类产业，其产业价值指标得分的均值和中位数也都较高，得分最高的行业社会经济咨询就属于信息资源提供业。得分最低的体育经纪人行业也同属于这个类别。

图 5－2 更加直观地表现了大类产业 IVI 差异。

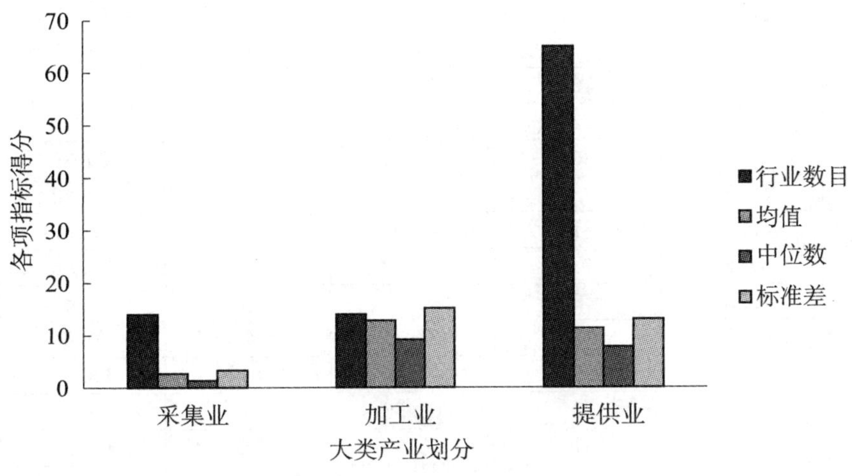

图 5－2 大类产业 IVI 比较

2. 31 个省级行政区大类信息资源产业 IVI 排名

在研究分析过程中，本章对各个地区按照不同大类行业分别进行统计计算，通过对不同地区不同行业产业价值指标的数据统计，分析各个地区在信息资源产业链中发挥的作用，得到了相应的统计结果，如表 5－7 所示。

表 5－7　各地区大类产业 IVI 比较

	信息资源采集业		信息资源加工业		信息资源提供业	
	得分	排名	得分	排名	得分	排名
安徽	72.98	11	68.89	6	66.68	14
北京	84.22	3	97.56	1	96.51	1
福建	69.41	15	67.53	9	68.26	12
甘肃	66.27	21	61.15	27	61.32	27
广东	80.09	6	83.35	2	88.25	2
广西	66.92	19	62.69	21	63.22	21
贵州	64.87	24	61.39	25	61.81	26
海南	61.06	28	60.79	28	60.54	28
河北	83.57	4	65.76	13	66.38	15
河南	83.55	5	66.37	10	69.19	8
黑龙江	66.48	20	62.01	24	64.03	18
湖北	71.53	13	67.67	8	68.66	10
湖南	69.32	16	63.59	17	67.75	13
吉林	64.48	26	62.06	22	62.37	24

续前表

	信息资源采集业		信息资源加工业		信息资源提供业	
	得分	排名	得分	排名	得分	排名
江苏	86.78	2	82.18	3	85.49	3
江西	65.88	22	63.29	18	63.87	19
辽宁	72.99	10	66.27	11	70.63	7
内蒙古	72.97	12	62.02	23	62.90	23
宁夏	60.73	30	60.34	29	60.35	29
青海	60.88	29	60.22	30	60.22	30
山东	89.45	1	70.98	5	83.37	4
山西	67.67	18	62.73	20	62.96	22
陕西	74.39	8	63.79	16	63.45	20
上海	64.53	25	67.70	7	70.84	6
四川	74.07	9	64.35	15	68.77	9
天津	65.53	23	65.66	14	68.52	11
西藏	60.02	31	60.00	31	60.04	31
新疆	67.97	17	61.22	26	62.04	25
云南	70.90	14	62.82	19	65.35	17
浙江	76.50	7	78.63	4	82.56	5
重庆	64.15	27	65.97	12	65.42	16

各省级行政区的大类产业 IVI 情况如上表所示。其中，山东省的信息资源采集业 IVI 排名第一，然后依次是江苏省、北京市、河北省和河南省，这些省市在信息资源产业的采集上发挥着重要作用，即调查监测、测绘服务、市场调查类行业的发展情况较好；在信息资源加工业上，北京市、广东省、江苏省、浙江省和山东省的 IVI 排在了全国领先的位置，属于信息资源加工业的行业，诸如广播电视、电影的创作出版、数据处理、设计开发及服务，这些行业在整个信息资源产业的核心业务为加工和处理信息资源；同时，北京市、广东省、江苏省、山东省和浙江省在信息资源提供业上分别排在全国前五名，说明这些省市的信息资源产业发展整体表现良好，整个产业链比较完善。

图 5－3 是各地区大类产业 IVI 得分折线图，更加直观地体现了各地区大类信息资源产业 IVI 情况。

5.2.3 各信息资源依赖度产业 IVI 比较

为了处理信息资源产业行业归属的模糊性，本研究使用了“信息资源依赖度”的概念，用来表示某行业在实现营业收入过程中对信息资源的实际依赖程度以及在行业各生产环节中信息资源所创造价值的比重，把信息资源产业分为三种产业，即信息资源低度依赖型产业、信息资源中度依赖型产业和信息资源完全依赖型产业。

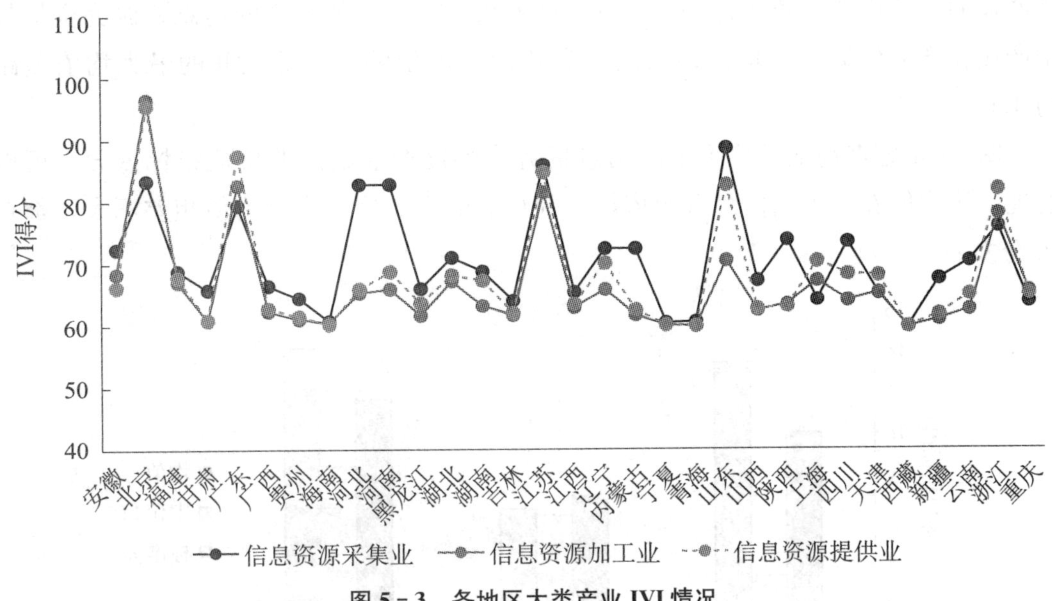

图 5－3　各地区大类产业 IVI 情况

本小节将介绍不同信息资源依赖度产业 IVI 总体情况以及各地区不同信息资源依赖度产业 IVI 的排名情况。

1. 不同信息资源依赖度产业 IVI 总体排名与比较

表 5－8 是不同信息资源依赖度产业 IVI 比较结果。

表 5－8　不同信息资源依赖度产业 IVI 比较

产业划分	行业数目	占比（%）	均值	中位数	标准差	最小值	最大值
信息资源低度依赖型产业	42	45	10.25	3.45	13.57	0.01	56.36
信息资源中度依赖型产业	19	20	7.32	6.38	6.70	0.15	26.16
信息资源完全依赖型产业	32	34	11.92	8.71	14.33	0.12	60.57
总体	93	100	10.23	6.17	12.76	0.01	60.57

表 5－8 显示，属于信息资源低度依赖型产业的行业数目最多，几乎占据了所有行业数目的一半，有代表性的属于信息资源低度依赖型产业的行业有各类矿产地质勘查行业，气象、地震、海洋、水文等服务；属于信息资源中度依赖型产业的行业数目最少，典型行业有广播、电视行业，各类科技术推广行业和一些资本市场服务；属于信息资源完全依赖型产业的行业数目有 32 个，占据全部行业数目的 34.41%，其中在产业价值指标排名中相对较高的社会经济咨询、其他专业咨询等行业都属于信息资源完全依赖型产业。

按照产业价值指标均值从大到小的顺序排列，属于信息资源完全依赖型产业的行业产业价值指标最高，其次是信息资源低度依赖型产业，属于信息资源中度依赖型产业的行业产业价值指标均值最低。产业价值指标均值最高的信息资源完全依赖型产业和产业价值指标均值最低的信息资源中度依赖型产业之间的最大均值差距为4.6。

图5-4更直观地反映了不同信息资源依赖度产业的产业价值指标差异，可以发现，从均值看，不同信息资源依赖度的行业的产业价值指标均值相差不大，都在10分左右。

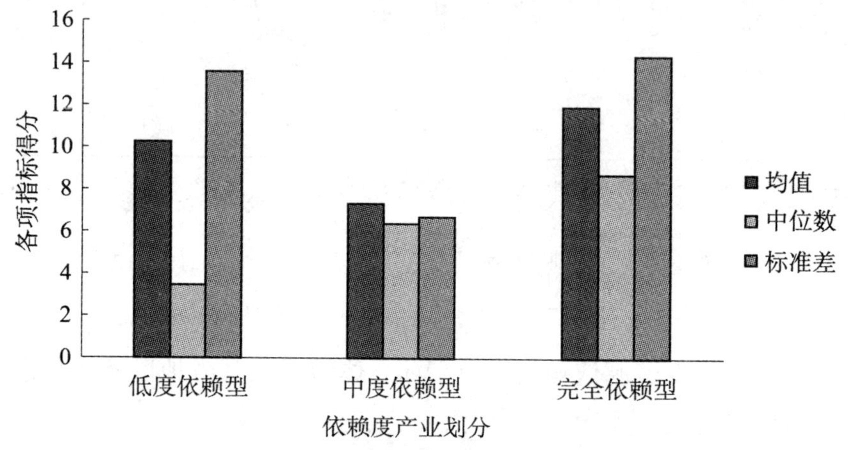

图5-4　不同信息资源依赖度产业IVI比较

2. 各地区不同信息资源依赖度产业IVI排名

不同信息资源依赖度产业的IVI能够体现该地区信息资源产业的发展水平和发展阶段。按照信息资源依赖度产业的划分，本章把各地区的产业价值指标进行排名和比较，得到了相应的统计结果。表5-9是各地区的不同信息资源依赖度产业IVI情况。

表5-9　各地区不同信息资源依赖度产业IVI情况

	信息资源低度依赖型产业		信息资源中度依赖型产业		信息资源完全依赖型产业	
	得分	排名	得分	排名	得分	排名
安徽	68.57	11	64.76	15	67.23	9
北京	87.87	3	100.00	1	100.00	1
福建	70.57	7	63.38	16	67.59	8
甘肃	61.49	27	61.89	25	61.08	27
广东	91.85	1	69.75	5	86.74	2
广西	63.90	21	63.04	17	62.73	20
贵州	61.91	26	62.00	23	61.63	25
海南	60.76	28	60.39	28	60.92	28

续前表

	信息资源 低度依赖型产业		信息资源 中度依赖型产业		信息资源 完全依赖型产业	
	得分	排名	得分	排名	得分	排名
河北	67.17	15	65.57	10	66.14	12
河南	69.69	10	67.66	7	66.49	11
黑龙江	64.01	19	62.35	20	62.25	23
湖北	69.88	9	65.72	9	67.77	7
湖南	67.63	14	64.88	14	63.79	16
吉林	62.50	24	61.91	24	61.97	24
江苏	89.20	2	73.06	3	82.40	3
江西	64.76	18	62.06	22	63.27	19
辽宁	71.24	6	65.54	11	66.69	10
内蒙古	63.27	22	61.77	26	62.62	22
宁夏	60.42	29	60.27	30	60.41	29
青海	60.35	30	60.36	29	60.18	30
山东	84.21	5	75.71	2	72.90	5
山西	63.05	23	62.26	21	62.71	21
陕西	63.93	20	65.06	12	63.51	17
上海	70.45	8	65.02	13	70.77	6
四川	68.28	12	66.63	8	65.24	14
天津	67.75	13	68.56	6	66.01	13
西藏	60.10	31	60.00	31	60.00	31
新疆	62.31	25	61.74	27	61.49	26
云南	65.41	17	62.67	19	63.44	18
浙江	84.91	4	72.84	4	79.14	4
重庆	66.43	16	62.75	18	64.86	15

北京市的信息资源完全依赖型产业和信息资源中度依赖型产业的 IVI 均以 100.00 分排名全国第一。这类对信息资源依赖度较高的行业在北京地区相对比较发达，表明这些信息资源产业发展质量好、程度高，在产业价值指标上，北京市表现突出。除北京市外，广东省、江苏省、浙江省和山东省的信息资源完全依赖型产业 IVI 也排在全国前列。信息资源低度依赖型产业中，广东省以 91.85 分排名全国第一。而宁夏、青海、西藏等地的三种信息资源依赖度产业 IVI 在全国范围内都得分较低，这些地区的信息资源产业总量规模和不同信息资源依赖度产业的产业价值指标都需要进一步的提高，需要得到更多的注意。

图 5－5 的折线图更直观地体现了各地区的不同信息资源依赖度行业 IVI 情况。

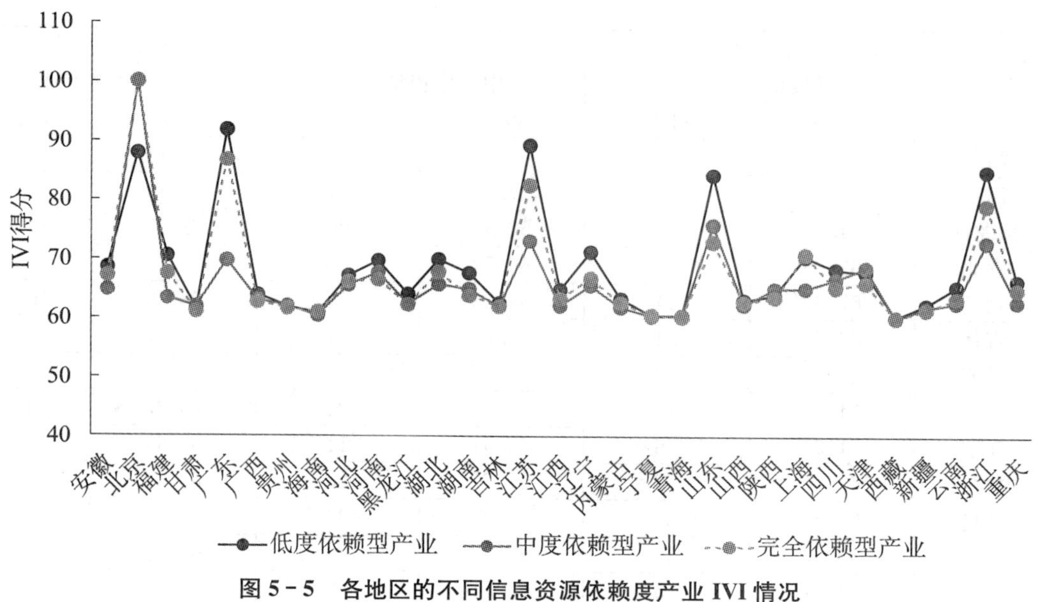

图 5-5　各地区的不同信息资源依赖度产业 IVI 情况

5.2.4　各区域信息资源产业 IVI 比较

以我国传统地理区划为依据，将我国各省级行政区划分为 7 个区域，本小节将以相关的数据反映各区域信息资源产业的发展状况。

1. 七大区域信息资源产业 IVI 总体排名与比较

表 5-10 是七大区域信息资源产业 IVI 总体排名与比较。

表 5-10　IVI 总体情况分区域比较

	行业数量	均值	中位数	标准差	最小值	最大值
东北	93	77.04	76.45	2.60	74.79	79.88
华北	93	83.66	81.87	4.91	79.65	91.17
华东	93	84.12	82.93	3.41	80.07	88.79
华南	93	80.31	78.18	6.68	74.96	87.80
华中	93	80.46	80.31	1.57	78.97	82.10
西北	93	77.22	78.11	2.28	73.16	78.65
西南	93	77.52	79.10	5.32	68.34	82.18

从表 5-10 可以看出，7 个区域中，华东地区的产业价值指标均值最高，为 84.12，东北地区的产业价值指标均值最低，为 77.04，两者绝对差距为 7.08。

图 5-6 直观地反映了 7 个区域产业价值指标均值、中位数和标准差的差异。可以看到，所有区域的产业价值指标均值都处于较平均的水平，但华东地区和华北地区略有领先，东北地区、西北地区和西南地区相对较低。在信息资源产业上，我

国各个区域的发展水平和规模总量相对平均，但依然存在差异。从标准差上看，华南地区的产业价值指标标准差最大，说明华南地区各个省（自治区、直辖市）在产业规模上的差距较大。华中地区的产业价值指标均值和中位数都排名领先，其标准差值也最低，说明该地区各个省（自治区、直辖市）在产业规模上发展得比较平均。

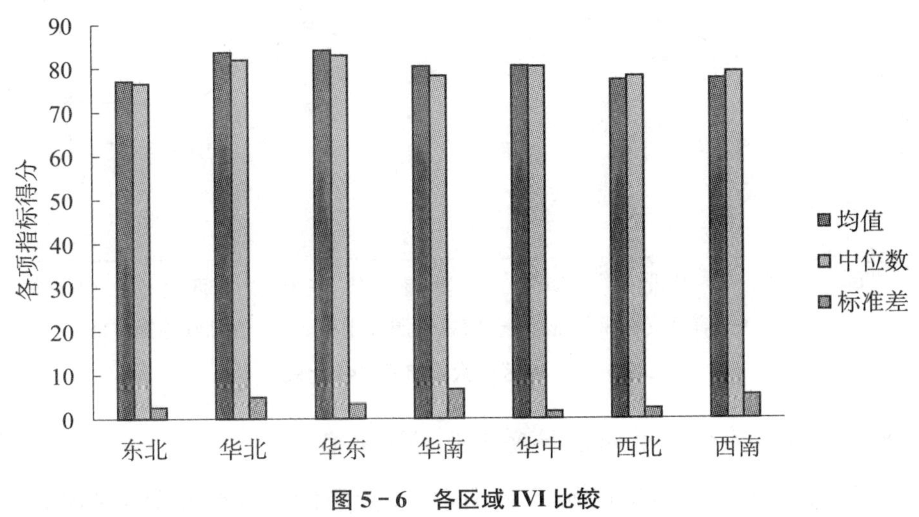

图5-6　各区域IVI比较

2. 七大区域大类信息资源产业IVI排名

除了七大区域信息资源产业IVI总体情况排名与比较外，本研究还按大类产业分类对IVI进行了比较和排名（见表5-11）。

表5-11　各区域大类产业IVI排名

	信息资源采集业			信息资源加工业			信息资源提供业		
	均值	中位数	排名	均值	中位数	排名	均值	中位数	排名
东北	67.98	66.48	5	63.45	62.06	5	65.68	64.03	5
华北	74.79	72.97	3	70.75	65.66	2	71.45	66.38	2
华东	75.08	72.98	1	71.31	68.89	1	74.44	70.84	1
华南	69.36	66.92	4	68.94	62.69	3	70.67	63.22	3
华中	74.80	71.53	2	65.88	66.37	4	68.53	68.66	4
西北	66.05	66.27	7	61.34	61.15	7	61.48	61.32	7
西南	66.80	64.87	6	62.91	62.82	6	64.28	65.35	6

表5-11显示，华东地区在大类产业的IVI各项排名均为全国第一，说明华东地区的信息资源产业整体情况最好，产业链比较完善，信息资源采集业、加工业和提供业的产业价值水平较高，在全国各地区的总量规模较大。另外，华中地区的信

息资源采集业、华北地区的信息资源加工业和信息资源提供业的IVI都表现较好。西北地区和西南地区的各大类产业IVI排名较低，发展情况不佳。

图5-7是七大区域大类信息资源产业IVI得分情况的折线图，直观地体现了不同区域大类信息资源产业IVI情况。

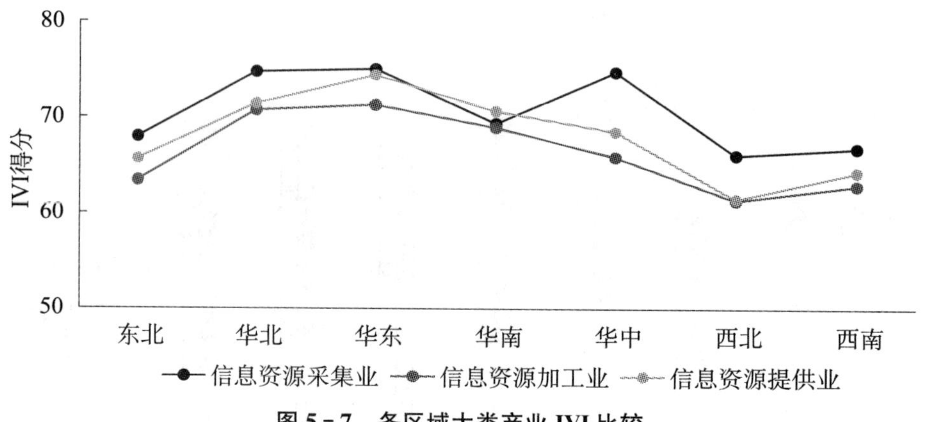

图5-7 各区域大类产业IVI比较

3. 七大区域不同信息资源依赖度产业IVI排名

表5-12是七大区域信息资源产业不同信息资源依赖度产业IVI情况。

表5-12 各区域不同信息资源依赖度产业IVI排名

	信息资源低度依赖型产业			信息资源中度依赖型产业			信息资源完全依赖型产业		
	均值	中位数	排名	均值	中位数	排名	均值	中位数	排名
东北	65.92	64.01	5	63.27	62.35	5	63.64	62.25	5
华北	69.82	67.17	3	71.63	65.57	1	71.50	66.01	2
华东	76.10	70.57	1	68.12	65.02	2	71.90	70.77	1
华南	72.17	63.90	2	64.39	63.04	4	70.13	62.73	3
华中	69.07	69.69	4	66.09	65.72	3	66.02	66.49	4
西北	61.70	61.49	7	61.86	61.74	7	61.33	61.08	7
西南	64.43	65.41	6	62.81	62.67	6	63.03	63.44	6

从信息资源完全依赖型产业的情况来看，华东地区、华北地区和华南地区的信息资源完全依赖型产业IVI均值排名全国领先，说明这些地区对信息资源依赖度较高的行业发展情况良好，信息资源产业质量好、发展程度高。西北地区和西南地区的信息资源完全依赖型产业、信息资源中度依赖型产业和信息资源低度依赖型产业IVI均值都相对较低，说明这些地区的信息资源产业对信息资源的依赖度低，发展质量不佳。

图5-8是七大区域信息资源产业不同信息资源依赖度产业IVI得分的折线图。

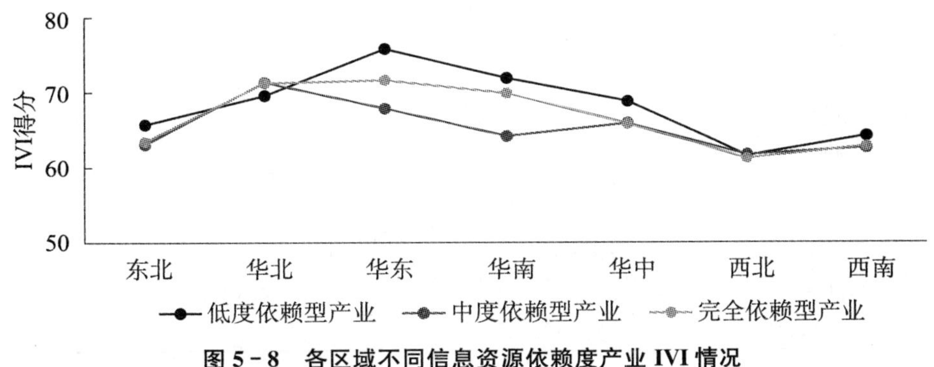

图 5-8　各区域不同信息资源依赖度产业 IVI 情况

5.3　产业增长指标排名及比较

产业增长指标（Industry Growth Index，IGI）主要度量产业的年度增长情况。产业增长即产业的规模、从业人口数、利润总额等指标的年度增长幅度，一般来说产业的增长情况表现了产业的发展势头。本节根据产业增长指标的得分情况，将 31 个省级行政区域以及信息资源产业构成行业的年度增长幅度进行排名、比较和分析，并从大类信息资源产业、不同信息资源依赖度产业以及七大区域的信息资源产业等方面展开，分别介绍各类产业 IGI 排名和各省级行政区域按不同标准分类后的 IGI 排名，并对这些数据进行比较和分析。

5.3.1　产业增长指标（IGI）排名

1. 31 个省级行政区域 IGI 排名

将全国 31 个省、自治区、直辖市的产业增长指标均值按照从高到低的顺序进行排名，得出的具体结果见表 5-13。

表 5-13　各地区 IGI 排名及比较

排名	行政区域	IGI 均值	排名	行政区域	IGI 均值
1	北京	96.68	9	广东	93.62
2	天津	96.59	10	福建	93.44
3	河北	96.28	11	湖北	93.39
4	江苏	95.68	12	安徽	93.28
5	浙江	95.17	13	江西	92.63
6	河南	95.08	14	青海	92.36
7	山东	94.46	15	内蒙古	92.34
8	重庆	94.06	16	宁夏	91.84

续前表

排名	行政区域	IGI 均值	排名	行政区域	IGI 均值
17	甘肃	91.35	25	吉林	88.23
18	贵州	91.22	26	广西	86.56
19	湖南	90.76	27	海南	84.17
20	云南	90.71	28	黑龙江	82.79
21	山西	90.69	29	上海	82.23
22	辽宁	89.59	30	新疆	81.42
23	陕西	88.95	31	西藏	62.30
24	四川	88.39	总体		90.20

从表 5－13 可知，各地区的产业增长指标均值为 90.20。有 21 个地区的产业增长指标均值高于总体均值，这 21 个地区的产业增长指标均值的最大绝对差距为 5.99，差距较小；其他 10 个地区的产业增长指标均值低于总体均值，它们的产业增长指标均值的最大绝对差距为 27.29，说明这些增长较慢的地区之间的增长速度差距较大。

其中北京市的产业增长指标达到 96.68，同产业价值指标一样，北京市的增长指标全国排名第一，充分说明了北京的信息资源产业不光在规模上遥遥领先，其增长速度也相当可观。而与产业价值指标不同的是，内蒙古、青海等地的信息资源产业自身规模虽然不大，但是产业增长指标高于全国平均水平，说明这些地区在今后的发展中将会占据更靠前的位置。西藏、新疆等地的产业增长指标排在最后，说明这些地区在信息资源产业的发展和规模上略有不足，而且增长得也较慢，需要加强产业建设。另外，上海市的产业增长指标也相对较低，为 82.23，远低于全国平均水平。

2. 信息资源产业构成行业 IGI 排名

根据产业发展指数的各项指标，本章得到各个信息资源产业构成行业在产业增长指标中的得分和排名。表 5－14 是根据各个行业的产业增长指标得分情况得到的信息资源产业构成行业 IGI 的排名及比较。

表 5－14　构成行业 IGI 排名及比较

排名	构成行业	得分	排名	构成行业	得分	排名	构成行业	得分
1	电影和影视节目制作	95.32	4	报刊批发	93.72	7	其他出版业	92.14
2	电影和影视节目发行	94.68	5	电子出版物出版	93.55	8	期刊出版	91.94
3	基础地质勘查	94.64	6	金融信息服务	92.25	9	固体矿产地质勘查	91.08

续前表

排名	构成行业	得分	排名	构成行业	得分	排名	构成行业	得分
10	节能技术推广服务	90.79	31	气象服务	84.64	52	广告业	78.99
11	海洋服务	88.98	32	社会经济咨询	84.32	53	水、二氧化碳等矿产地质勘查	78.98
12	文化娱乐经纪人	88.79	33	其他专业咨询	84.32	54	集成电路设计	78.79
13	文艺创作与表演业	88.51	34	测绘服务业	83.67	55	呼叫中心	78.75
14	生物技术推广服务	88.19	35	其他资本市场服务	83.43	56	信息技术咨询服务	76.64
15	广播	88.00	36	质检技术服务	83.43	57	其他技术推广服务	76.44
16	图书馆	87.93	37	规划管理	83.35	58	信息系统集成服务	76.17
17	档案馆	87.89	38	专业化设计服务	83.31	59	货物运输代理	76.14
18	电视	87.84	39	录音制作	83.20	60	其他人力资源服务	76.05
19	环境保护监测	87.64	40	工程勘察设计	82.74	61	贸易代理	76.00
20	新闻业	87.32	41	数字内容服务	82.26	62	职业技能培训	75.70
21	图书出版	87.11	42	工程管理服务	82.07	63	其他贸易经纪与代理	75.65
22	其他文化艺术经纪代理	87.00	43	软件开发	81.29	64	律师及相关法律服务	75.47
23	博物馆	86.97	44	数据处理和存储服务	80.48	65	能源矿产地质勘查	75.43
24	地震服务	86.87	45	知识产权服务业	80.46	66	信用服务	75.10
25	新材料技术推广服务	86.13	46	邮政基本服务	80.01	67	学前教育业	74.68
26	电影放映	85.71	47	会议及展览服务	79.86	68	音像制品及电子出版物批发	73.19
27	农业技术推广服务	85.66	48	金融信托与管理业	79.69	69	公共就业服务	72.29
28	科技中介服务	85.60	49	保险经纪与代理服务	79.55	70	房地产中介服务	70.18
29	报纸出版	85.05	50	风险和损失评估	79.55	71	教育辅助服务	69.89
30	其他科技推广和应用服务	84.80	51	劳务派遣服务	79.35	72	互联网信息服务	69.68

续前表

排名	构成行业	得分	排名	构成行业	得分	排名	构成行业	得分
73	职业中介服务	68.79	80	音像制品出租	63.40	87	图书、报刊零售	49.99
74	公证服务	68.41	81	其他未列明信息技术服务业	62.53	88	其他电信服务	47.26
75	其他未列明教育	68.15	82	其他运输代理业	61.73	89	图书批发	46.00
76	音像制品及电子出版物零售	68.03	83	生态监测	59.20	90	音像制品出版	41.92
77	旅客票务代理	66.40	84	体校及体育培训	56.38	91	图书出租	40.31
78	地质勘查技术服务	64.95	85	市场调查	54.37	92	水文服务	34.51
79	文化艺术培训	64.73	86	体育经纪人	51.16	93	会计、审计及税务服务	30.88

在上表的统计中可以看出，各个构成行业的产业增长指标得分分布在30～100分之间。将各个行业的产业增长指标划分为7组，每组以10分为间隔，得到构成行业产业增长指标分组情况，如表5－15所示。

表5－15　构成行业IGI分组比较

指标组别	行业数目（个）	占比（%）	累计占比（%）
[30，41)	2	2.15	2.15
[41，51)	5	5.38	7.53
[51，61)	4	4.30	11.83
[61，71)	13	13.98	25.81
[71，81)	26	27.96	53.77
[81，91)	34	36.56	90.33
[91，100)	9	9.68	100
总计	93	100	100

总体来看，产业增长指标在30～100分的分数段都有行业存在。构成行业产业增长指标从低分到高分行业数目和比例分布呈现出如图5－9的分布态势。得分组主要集中在[71，91)区间，占总体的64.52%。说明大多数行业的产业价值指标较高，年度增长规模较大。产业增长指标高达90分以上的行业也很多，约10%的行业增长十分迅速。产业增长指标最高的两个行业分别是电影和影视节目的制作和发行行业，说明该年度我国影视产业的发展极为迅速。一些出版行业的产业增长指标也较高，在出版发行方面的增长量十分可观。增长相对较慢的行业中也出现了一

些出版行业，如图书、报刊的出租、批发、零售，音像制品的出版等，在互联网、新媒体传媒的冲击下，这些行业出现了较慢的增长速度。

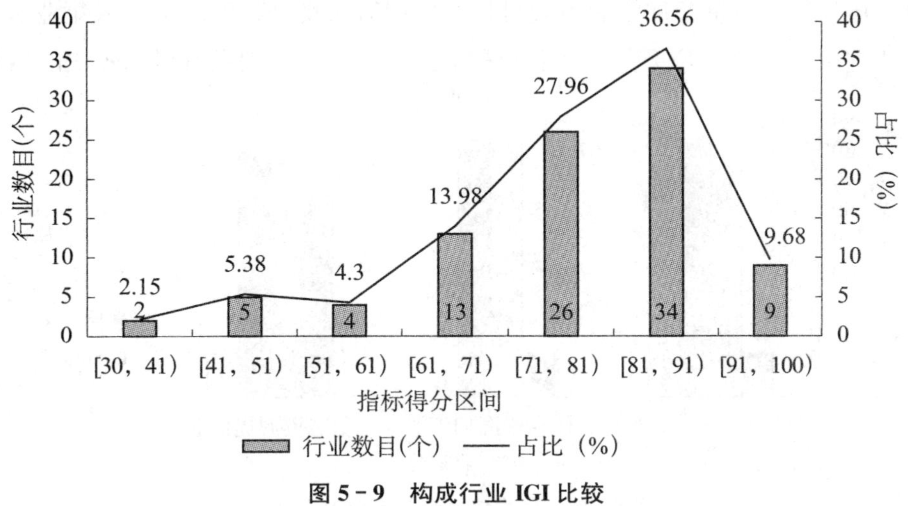

图 5－9　构成行业 IGI 比较

5.3.2　大类信息资源产业 IGI 比较

1. 大类信息资源产业 IGI 排名与比较

按照信息资源产业大类分类，本章将全部行业分为信息资源采集业、信息资源加工业和信息资源提供业。大类信息资源产业增长指标的统计结果如表 5－16 所示。

表 5－16　　大类信息资源产业 IGI 比较

大类信息资源产业	行业数目	占比（%）	均值	中位数	标准差	最小值	最大值
信息资源采集业	14	15	76.31	83.55	17.07	34.51	94.64
信息资源加工业	14	15	83.87	82.97	5.03	76.17	95.32
信息资源提供业	65	70	75.38	78.75	14.17	30.88	94.68
总体	93	100	76.80	79.86	13.91	30.88	95.32

从表 5－16 可以看出，从均值上看，信息资源加工业的产业增长指标均值为 83.87，是三大类产业中得分最高的行业，信息资源采集业和提供业分别为 76.31 和 75.38，相差不多。但是这两大类行业的中位数相差较大，信息资源采集业产业增长指标的中位数为 83.55，信息资源提供业产业增长指标的中位数为 78.75。在 14 个属于信息资源加工业的行业中，电影和影视节目制作行业是所有行业中增长指标最高的。该年度信息资源加工业在增长水平上表现较好，从中位数上看，各个行业增长指标的分散程度不大，说明发展的速度相对平均。

图 5－10 为大类信息资源产业 IGI 比较，更加直观地表现了各大类产业在产业增长指标上的差异和特点。信息资源加工业的 IGI 均值超过总体水平，说明从产业增长情况看，该年度信息资源加工业表现最佳，发展势头良好；信息资源采集业和信息资源提供业这两大类分别处于产业链上游和下游的大类产业则没有得到较快的增长。

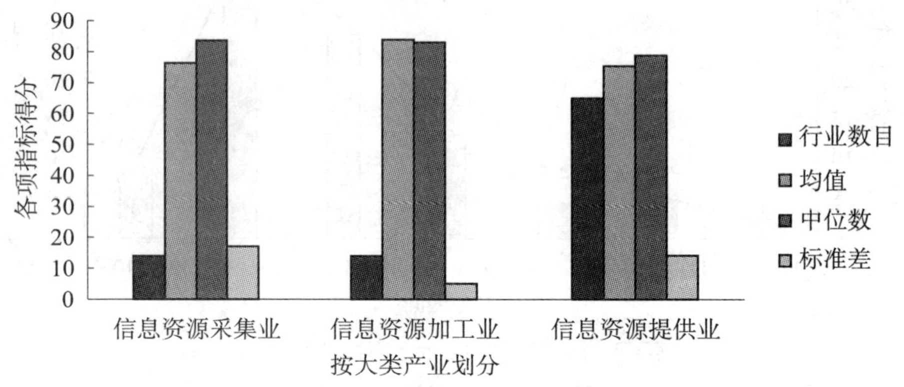

图 5－10　大类信息资源产业 IGI 比较

2. 各省级行政区大类信息资源产业 IGI 排名

在研究分析过程中，本章把各个地区的 IGI 按照不同大类产业分别进行统计计算，通过对不同地区不同产业的产业增长指标的数据统计，分析各个地区的产业增长在信息资源产业链中发挥的作用，得到了相应的统计结果，如表 5－17 所示。

表 5－17　各地区大类信息资源产业 IGI 排名及比较

	信息资源采集业		信息资源加工业		信息资源提供业	
	得分	排名	得分	排名	得分	排名
安徽	93.47	5	96.10	6	91.90	13
北京	91.63	9	96.45	5	96.30	1
福建	93.22	6	93.55	15	93.02	9
甘肃	89.81	18	93.92	12	90.31	17
广东	90.00	16	94.93	7	92.93	10
广西	86.58	25	88.97	26	85.52	26
贵州	90.16	13	93.32	17	90.30	18
海南	87.39	23	88.12	27	82.58	27
河北	96.56	3	97.13	2	95.54	3
河南	98.84	1	96.77	3	94.11	6
黑龙江	75.06	30	84.62	29	82.20	28
湖北	91.84	8	94.22	10	92.87	11
湖南	89.57	19	93.89	13	89.62	21
吉林	80.17	28	89.77	24	87.89	23

续前表

	信息资源采集业		信息资源加工业		信息资源提供业	
	得分	排名	得分	排名	得分	排名
江苏	95.49	4	96.63	4	95.04	5
江西	90.11	15	94.58	8	92.08	12
辽宁	86.92	24	89.52	25	89.10	22
内蒙古	91.10	10	92.94	18	91.58	16
宁夏	90.53	12	91.42	21	91.60	15
青海	85.30	26	93.60	14	91.73	14
山东	98.13	2	94.05	11	93.81	7
山西	90.13	14	92.21	19	89.68	20
陕西	87.47	22	91.40	22	87.68	24
上海	77.89	29	84.72	28	81.28	29
四川	88.36	21	89.95	23	87.57	25
天津	92.63	7	97.20	1	96.13	2
西藏	64.86	31	61.74	31	62.86	31
新疆	81.85	27	81.99	30	81.13	30
云南	90.62	11	92.02	20	89.76	19
浙江	88.38	20	93.37	16	95.37	4
重庆	89.95	17	94.45	9	93.36	8

各地区的大类产业 IGI 情况如上表所示。在产业增长方面，全国各地区的 IGI 得分情况与 IVI 得分情况有很大不同。其中，河南省的信息资源采集业 IGI 排名第一，然后依次是山东省、河北省、江苏省和安徽省，这些地区该年度在信息资源产业的采集业上的发展速度处于全国领先位置。在信息资源加工业上，增长最快的地区分别是天津市、河北省、河南省、江苏省和北京市。属于信息资源加工业的行业，在整个信息资源产业链中的核心业务为加工和处理信息资源，这些地区在这类行业的增速较快。北京市、天津市、河北省、浙江省和江苏省在信息资源提供业的 IGI 排名上为全国前五名。信息资源提供业是产业链上发展程度较高的大类产业，这些地区的信息资源产业发展整体增长的质量较高。

图 5－11 是各地区大类信息资源产业 IGI 得分及比较，能够直观地看出各个地区各个大类行业 IGI 情况。

5.3.3　各信息资源依赖度产业 IGI 比较

按照信息资源依赖度的概念，本研究把信息资源产业分为三种信息资源依赖度产业：信息资源低度依赖型产业、信息资源中度依赖型产业和信息资源完全依赖型产业。本小节将介绍不同信息资源依赖度产业 IGI 总体情况以及各地区不同信息资源依赖度产业 IGI 的排名情况。

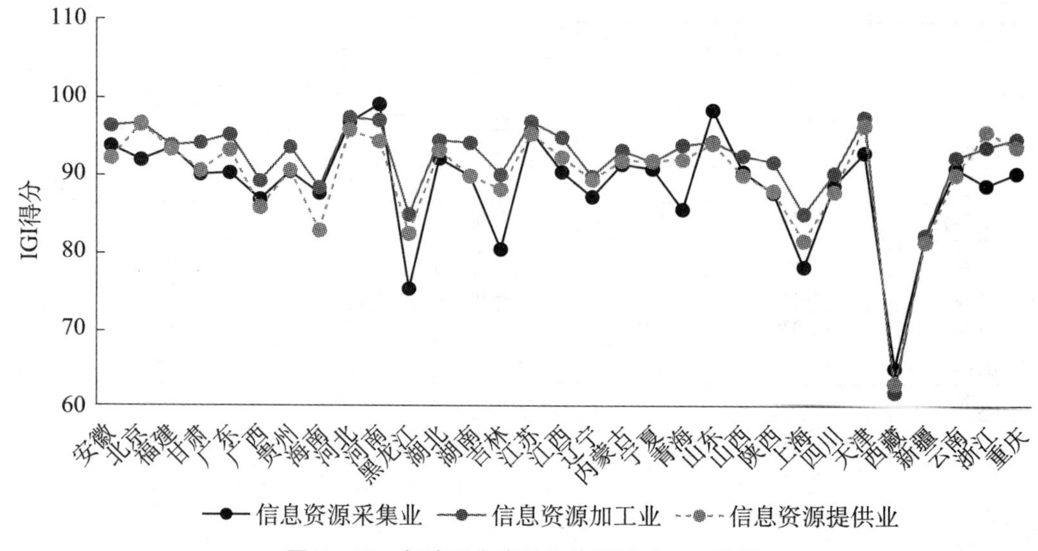

图 5－11　各地区大类信息资源产业 IGI 比较

1. 不同信息资源依赖度产业 IGI 总体排名与比较

表 5－18 是按照不同信息资源依赖度划分的产业 IGI 比较结果。

表 5－18　不同信息资源依赖度产业 IGI 比较

产业划分	行业数目	占比（%）	均值	中位数	标准差	最小值	最大值
信息资源低度依赖型产业	42	45	76.38	78.88	11.46	34.51	94.64
信息资源中度依赖型产业	19	20	79.46	84.80	14.13	30.88	90.79
信息资源完全依赖型产业	32	34	75.77	81.37	16.70	40.31	95.32
总体	93	100	76.80	79.86	13.91	30.88	95.32

表 5－18 显示，按照产业增长指标均值从大到小的顺序排列，属于信息资源中度依赖型产业的行业产业增长指标均值最高，其次是信息资源低度依赖型产业，信息资源完全依赖型产业的产业增长指标均值最低。产业增长指标均值最高的信息资源中度依赖型产业和产业增长指标均值最低的信息资源完全依赖型产业之间的最大均值差距为 3.69。这样的结果与上节讨论到的产业价值指标分不同信息资源依赖度产业比较不同，两类不同信息资源依赖度的产业在产业价值指标和产业增长指标上结果相反。信息资源完全依赖型产业在产业规模上相对较大，但由于其产业水平高，发展很难十分迅速；相反，信息资源中度依赖型产业和信息资源低度依赖型产业由于本身的发展空间较大，产业水平的要求也不高，所以增长指标较高，增长速度快。

图 5－12 更直观地反映了不同信息资源依赖度产业的产业增长指标的差异。可以发现，不同信息资源依赖度产业的产业增长指标均值和中位数都相差不大，标准

差也都不大，说明各个信息资源依赖度产业的增长指标离散程度不高，整体比较稳定。

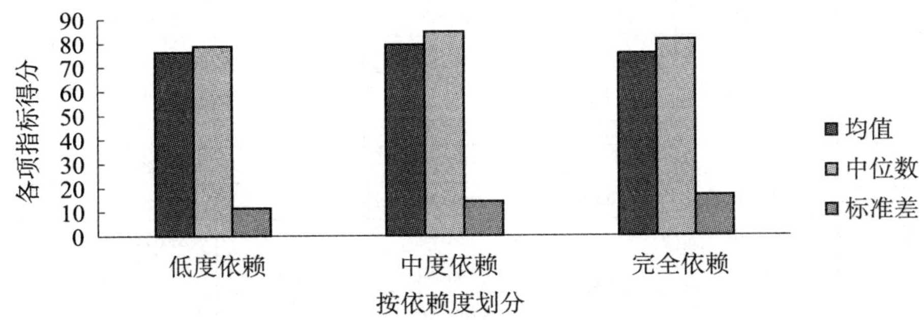

图 5-12　不同信息资源依赖度产业 IGI 比较

2. 各省级行政区不同信息资源依赖度产业 IGI 排名

按照信息资源依赖度的划分，本章把 31 个省级行政区的产业增长指标进行排名和比较，得到了相应的统计结果，表 5-19 是各地区的不同信息资源依赖度产业 IGI 情况。不同信息资源依赖度产业的 IGI 不仅能够体现该地区信息资源产业的年度增长水平，还能体现不同成熟度的信息资源产业的发展速度。

表 5-19　各地区不同信息资源依赖度产业 IGI 情况

	信息资源低度依赖型产业		信息资源中度依赖型产业		信息资源完全依赖型产业	
	得分	排名	得分	排名	得分	排名
安徽	89.99	21	93.53	7	95.51	3
北京	95.59	1	94.58	5	95.65	2
福建	93.23	12	90.52	14	92.60	12
甘肃	92.90	14	88.89	18	88.55	18
广东	92.22	15	88.46	20	94.90	6
广西	86.63	26	86.28	26	84.12	26
贵州	93.41	11	89.06	17	88.02	22
海南	84.32	27	86.53	25	83.22	27
河北	95.36	2	96.75	3	95.11	5
河南	94.68	5	98.28	1	93.55	9
黑龙江	82.36	28	78.36	29	82.54	29
湖北	92.91	13	90.80	11	93.38	10
湖南	93.66	8	92.40	9	85.57	25
吉林	88.23	23	82.02	27	88.98	17
江苏	95.13	3	94.22	6	95.13	4
江西	91.83	17	89.79	15	94.58	7
辽宁	88.99	22	87.43	23	88.12	21

续前表

	信息资源低度依赖型产业		信息资源中度依赖型产业		信息资源完全依赖型产业	
	得分	排名	得分	排名	得分	排名
内蒙古	92.22	16	87.50	22	91.96	13
宁夏	90.64	19	92.76	8	91.12	14
青海	93.61	9	87.03	24	89.29	15
山东	94.47	7	98.25	2	88.52	19
山西	90.97	18	89.49	16	88.20	20
陕西	87.88	25	90.72	13	87.59	23
上海	81.36	29	77.54	30	82.69	28
四川	87.89	24	88.28	21	87.44	24
天津	94.69	4	95.30	4	96.53	1
西藏	64.94	31	62.87	31	60.53	31
新疆	81.11	30	80.73	28	80.78	30
云南	90.60	20	88.65	19	89.06	16
浙江	94.68	6	90.77	12	94.47	8
重庆	93.59	10	91.14	10	92.95	11

信息资源低度依赖型产业 IGI 得分排在全国前列的省市有北京市、河北省、江苏省、天津市和河南省，这些省市的信息资源低度依赖型产业的增长情况最好；从信息资源中度依赖型产业 IGI 得分情况来看，河南省、山东省、河北省、天津市和北京市也表现突出，这些省市各信息资源依赖度产业的增长情况和发展空间都比较好；信息资源完全依赖型产业是最能体现信息资源行业水平的大类产业，天津市的信息资源完全依赖型产业 IGI 得分最高，北京市、安徽省、江苏省和河北省等省市也达到了 95 分以上。从整体情况来看，天津市的产业增长情况全国领先。同时，江西、宁夏等地也分别在信息资源完全依赖型产业和信息资源中度依赖型产业上 IGI 得分较高，增长情况较好。产业增长上表现略有不足的地区有新疆、黑龙江、上海、广西等，这些地区在信息资源产业上没能实现较快的发展。

图 5－13 为各地区不同信息资源依赖度产业 IGI 情况，通过折线图能够清晰地看出各地区不同信息资源依赖度行业的产业增长指标情况。

5.3.4 各区域信息资源产业 IGI 比较

1. 七大区域信息资源产业 IGI 总体排名与比较

表 5－20 统计的是按七大区域划分的各区域产业增长指标排名，反映了各区域信息资源产业 IGI 的总体情况。

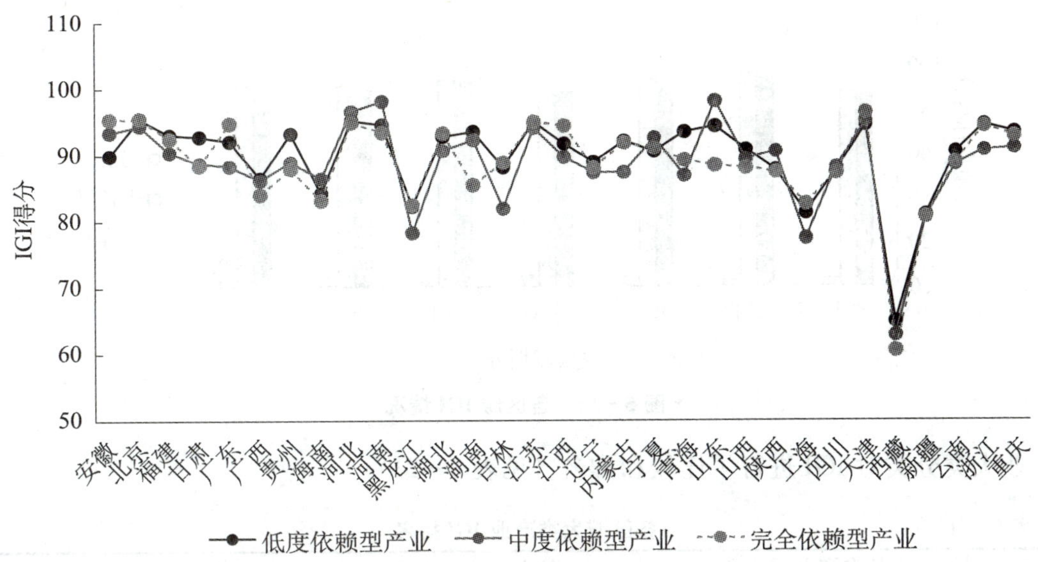

图 5－13　各地区不同信息资源依赖度产业 IGI 情况

表 5－20　**各区域 IGI 比较**

区域	行业数量	均值	中位数	标准差	最小值	最大值
东北	93	86.87	88.23	3.60	82.79	89.59
华北	93	94.51	96.28	2.80	90.69	96.68
华东	93	92.41	93.44	4.62	82.23	95.68
华南	93	88.12	86.56	4.91	84.18	93.62
华中	93	93.08	93.39	2.18	90.76	95.08
西北	93	89.19	91.35	4.53	81.42	92.36
西南	93	85.33	90.71	13.03	62.30	94.06

从表 5－20 可以看到，7 个区域中，华北的产业增长指标均值最高，为 94.51，西南的产业增长指标均值最低，为 85.33，两者绝对差距为 9.18，相差较大。

图 5－14 直观地反映了 7 个区域产业增长指标均值、中位数和标准差的差异。可以看到，华北、华中和华东的增长指标均值略有领先，西南、东北和华南相对较低。可以看出在信息资源产业上，各区域该年度的增长速度相对平均，但依然存在差异。从标准差上看，西南的各省（自治区、直辖市）在年度增长上的差距较大；而华中的标准差值最低，说明该区域各省（自治区、直辖市）在产业年度增长速度比较平均。

2. 七大区域大类信息资源产业 IGI 排名

除了七大区域信息资源产业 IGI 总体情况排名与比较外，本研究还按信息资源

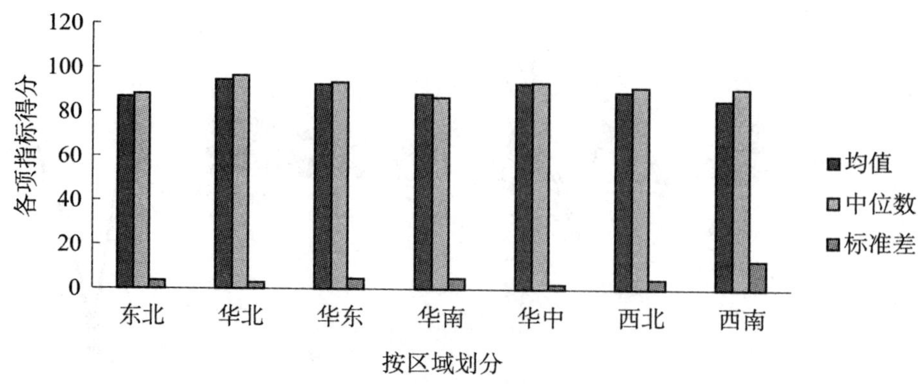

图 5－14　各区域 IGI 情况

产业大类分类对 IGI 进行了比较和排名（见表 5－21）。

表 5－21　各区域大类产业 IGI 排名

区域	信息资源采集业			信息资源加工业			信息资源提供业		
	均值	中位数	排名	均值	中位数	排名	均值	中位数	排名
东北	80.72	80.17	7	87.97	89.52	6	86.40	87.89	6
华北	92.41	91.63	2	95.19	96.45	1	93.85	95.54	1
华东	90.96	93.22	3	93.29	94.05	3	91.79	93.02	3
华南	87.99	87.39	4	90.67	88.97	4	87.01	85.52	5
华中	93.42	91.84	1	94.96	94.22	2	92.20	92.87	2
西北	86.99	87.47	5	90.47	91.42	5	88.49	90.31	4
西南	84.79	89.95	6	86.3	92.02	7	84.77	89.76	7

表 5－21 显示，华北信息资源加工业和信息资源提供业的 IGI 均值得分均为全部七大区域的最高分，这两大类行业也是信息资源产业链中发展水平较高的，说明华北该年度的产业增长水平不光速度快，质量也高；华中的信息资源采集业 IGI 均值最高，但中位数比华东中位数小 1.38，说明增长水平不够平均，但该区域信息资源加工业和信息资源提供业的 IGI 均值得分相对其他区域也有一定的优势，说明该区域整个信息资源产业的年度增长情况良好。相比之下，西南和东北的各大类产业 IGI 均值都排在全国各区域的最后，年度增长水平不高，没能充分利用信息资源产业的发展空间，实现较快的增长速度。

图 5－15 是七大区域大类信息资源产业 IGI 得分折线图，可以从中看出各个区域产业增长指标的情况和走势。此外，可以看出信息资源加工业的整体增长情况优于其他两类产业。

3. 七大区域不同信息资源依赖度产业 IGI 排名

表 5－22 是七大区域信息资源产业不同信息资源依赖度产业 IGI 情况。

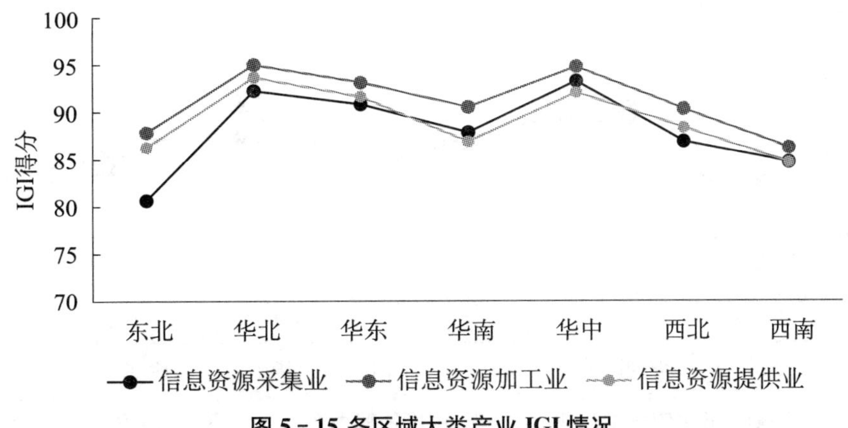

图 5-15 各区域大类产业 IGI 情况

表 5-22　　各区域不同信息资源依赖度产业 IGI 排名

区域	信息资源低度依赖型产业			信息资源中度依赖型产业			信息资源完全依赖型产业		
	均值	中位数	排名	均值	中位数	排名	均值	中位数	排名
东北	86.53	88.23	6	82.60	82.02	7	86.55	88.12	6
华北	93.77	94.69	1	92.72	94.58	2	93.49	95.11	1
华东	91.53	93.23	3	90.66	90.77	3	91.93	94.47	2
华南	87.72	86.63	5	87.09	86.53	5	87.41	84.12	5
华中	93.75	93.66	2	93.83	92.40	1	90.83	93.38	3
西北	89.23	90.64	4	88.03	88.89	4	87.47	88.55	4
西南	86.09	90.60	7	84.00	88.65	6	83.60	88.02	7

从各信息资源依赖型产业的情况来看，华北、华东和华中的信息资源完全依赖型产业、信息资源中度依赖型产业和信息资源低度依赖型产业 IGI 均值排名都居于全国领先位置，说明这些地区信息资源依赖度较高的行业发展速度较快，信息资源产业发展质量好。另外，同 IVI 均值水平一样，东北和西南的信息资源完全依赖型产业、信息资源中度依赖型产业和信息资源低度依赖型产业 IGI 均值都相对较低，这些地区的信息资源产业对信息资源的依赖度低，发展速度较慢，发展质量不佳。

图 5-16 是七大区域信息资源产业不同信息资源依赖度产业 IGI 情况。总体上来看，各个区域不同信息资源依赖度产业 IGI 差异不明显。

5.4　产业效率指标排名及比较

产业效率指标（Industry Efficiency Index，IEI）主要度量产业的总量均值。产业效率即通过对现有资源进行配置而取得的效益。一般来说，产业发展的效率反映

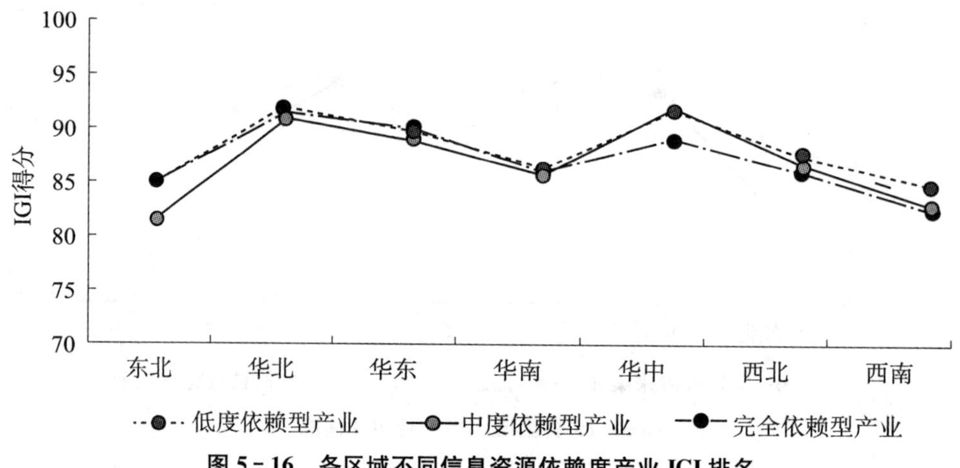

图 5-16　各区域不同信息资源依赖度产业 IGI 排名

了产业资源投入的产出效益。本节根据产业效率指标的得分情况，对 31 个省级行政区域以及信息资源产业构成行业的发展效率进行排名、比较和分析，并从大类产业、不同信息资源依赖度产业以及七大区域的信息资源产业等方面展开，分别介绍各类产业 IEI 排名和各地区按不同标准分类后 IEI 的排名，并对这些数据进行比较和分析。

5.4.1　产业效率指标（IEI）排名

1. 31 个省级行政区 IEI 排名

将全国 31 个省级行政区的产业效率指标均值按照从高到低的顺序进行排名，具体结果参见表 5-23。

表 5-23　　各地区 IEI 排名及比较

排名	行政区域	IEI 均值	排名	行政区域	IEI 均值
1	安徽	92.27	12	河北	79.06
2	江苏	90.22	13	重庆	78.79
3	天津	85.87	14	云南	76.87
4	浙江	84.65	15	江西	76.67
5	湖北	82.70	16	内蒙古	76.46
6	福建	82.43	17	辽宁	76.12
7	山东	82.34	18	四川	73.94
8	山西	81.81	19	上海	73.25
9	广西	81.38	20	北京	72.72
10	广东	79.90	21	宁夏	71.90
11	西藏	79.68	22	陕西	71.55

续前表

排名	行政区域	IEI 均值	排名	行政区域	IEI 均值
23	甘肃	70.81	28	贵州	68.08
24	湖南	70.02	29	吉林	66.37
25	河南	68.87	30	青海	65.46
26	黑龙江	68.64	31	新疆	61.94
27	海南	68.34	总体		76.10

从表 5－23 可知，各地区的产业效率指标均值为 76.10。17 个地区的产业效率指标均值高于总体均值，这 17 个地区的产业效率指标均值的最大绝对差距为 16.15；其他 14 个地区的产业效率指标均值低于总体均值，它们的产业效率指标均值的最大绝对差距为 12.00。

与之前的产业价值指标和产业增长指标的优异表现不同，北京市在产业效率指标上只有 72.72，低于全国总体均值。这样的结果说明北京信息资源产业在规模和增速上占据优势，但是产业效率指标较低，在全产业的总体表现中，信息资源产业资源配置效率低。而安徽、江苏、天津、浙江等地的产业效率指标排在了全国的领先位置，表现突出。新疆、青海、吉林、贵州等地的产业效率指标排在最后，分数也相对较低。

2. 信息资源产业构成行业 IEI 排名

信息资源产业构成行业在产业效率指标 IEI 中的得分和排名如表 5－24 所示。

表 5－24　信息资源产业构成行业 IEI 比较

排名	构成行业	得分	排名	构成行业	得分	排名	构成行业	得分
1	社会经济咨询	60.64	9	期刊出版	46.82	17	信用服务	43.53
2	其他专业咨询	60.64	10	电影和影视节目发行	46.67	18	图书出版	43.26
3	呼叫中心	60.04	11	电影和影视节目制作	45.97	19	报纸出版	43.18
4	知识产权服务业	55.49	12	电影放映	45.63	20	新闻业	42.56
5	图书批发	54.98	13	其他出版业	45.26	21	报刊批发	42.14
6	其他贸易经纪与代理	54.52	14	音像制品出版	44.81	22	测绘服务业	41.90
7	贸易代理	53.87	15	金融信息服务	44.28	23	数据处理和存储服务	41.46
8	邮政基本服务	49.49	16	电子出版物出版	43.95	24	市场调查	40.57

续前表

排名	构成行业	得分	排名	构成行业	得分	排名	构成行业	得分
25	音像制品及电子出版物批发	39.97	46	生物技术推广服务	26.48	67	职业中介服务	19.65
26	图书、报刊零售	39.07	47	新材料技术推广服务	26.40	68	体校及体育培训	19.39
27	录音制作	38.23	48	农业技术推广服务	26.38	69	公证服务	19.19
28	其他资本市场服务	36.71	49	其他技术推广服务	26.01	70	地震服务	18.80
29	电视	36.04	50	环境保护监测	25.16	71	海洋服务	18.67
30	信息技术咨询服务	35.85	51	文化娱乐经纪人	24.98	72	房地产中介服务	17.72
31	其他科技推广和应用服务	34.94	52	其他文化艺术经纪代理	24.87	73	数字内容服务	17.23
32	互联网信息服务	34.52	53	其他未列明信息技术服务业	24.33	74	规划管理	16.07
33	档案馆	33.27	54	水文服务	24.06	75	工程勘察设计	16.04
34	图书馆	33.26	55	生态监测	23.54	76	工程管理服务	16.01
35	音像制品及电子出版物零售	33.11	56	专业化设计服务	23.41	77	律师及相关法律服务	15.96
36	广播	32.74	57	货物运输代理	22.02	78	集成电路设计	15.62
37	文艺创作与表演业	31.72	58	质检技术服务	21.89	79	博物馆	15.03
38	音像制品出租	31.56	59	会议及展览服务	21.86	80	软件开发	14.60
39	金融信托与管理业	29.30	60	气象服务	21.84	81	基础地质勘查	14.47
40	会计、审计及税务服务	28.89	61	其他人力资源服务	21.22	82	固体矿产地质勘查	14.34
41	图书出租	27.64	62	旅客票务代理	21.18	83	保险经纪与代理服务	14.32
42	科技中介服务	27.11	63	劳务派遣服务	20.93	84	信息系统集成服务	14.06
43	广告业	26.74	64	其他运输代理业	20.72	85	水、二氧化碳等矿产地质勘查	13.86
44	节能技术推广服务	26.58	65	公共就业服务	20.59	86	能源矿产地质勘查	13.71
45	其他电信服务	26.55	66	风险和损失评估	19.85	87	学前教育业	13.57

续前表

排名	构成行业	得分	排名	构成行业	得分	排名	构成行业	得分
88	体育经纪人	13.40	90	文化艺术培训	11.08	92	教育辅助服务	7.41
89	地质勘查技术服务	13.24	91	职业技能培训	11.02	93	其他未列明教育	7.31

在上表的统计中可以看出，产业效率指标分数分布在 0～61 分之间。将各个行业的产业效率指标划分为 7 组，每组以 10 分为间隔，得到构成行业产业效率指标分组情况，如表 5－25 所示。

表 5－25　　构成行业 IEI 分组情况

指标组别	行业数目（个）	占比（%）	累计占比（%）
[0，11)	2	2.15	2.15
[11，21)	29	31.18	33.33
[21，31)	24	25.81	59.14
[31，41)	15	16.13	75.27
[41，51)	16	17.20	92.47
[51，61)	7	7.53	100
总计	93	100	100

构成行业产业效率指标从低分到高分行业数目和比例分布呈现出如图 5－17 的分布态势。在图中可以看出，得分位于 [11，31) 区间的行业数目达到 53 个，占全部行业数目的 56.99%；得分位于 [0，11) 和 [51，61) 区间的行业数目相对较少。以上数据表明，在信息资源产业的各个构成行业中，每个行业在总量均值上都没有非常突出的表现。从表 5－24 可知，社会经济咨询、其他专业咨询和呼叫中心

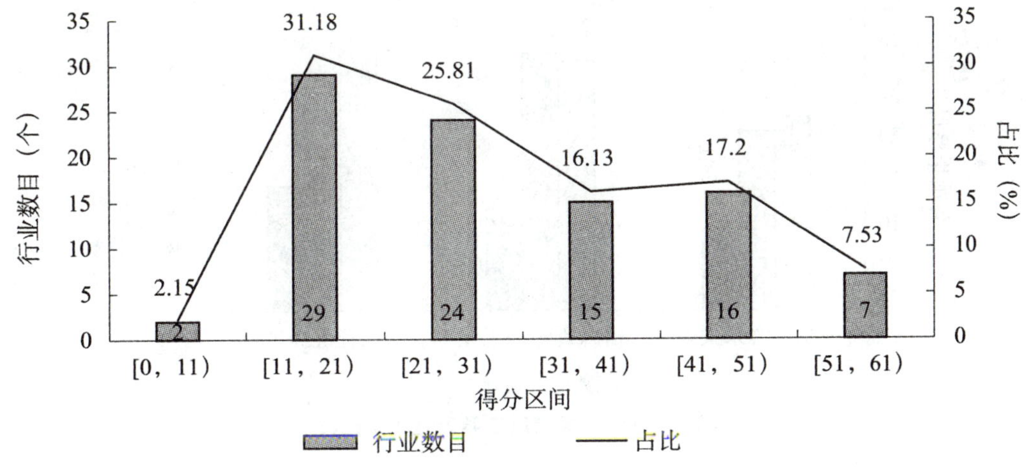

图 5－17　构成行业 IEI 分组比较

这三个行业的得分达到了60分以上，说明这些行业的产业效率相较其他行业的水平较高。文化艺术培训、职业技能培训和教育辅助服务、其他未列明教育的产业效率较低，这些行业的总量均值是信息资源产业中产业水平较低的。

5.4.2 大类信息资源产业IEI比较

1. 大类信息资源产业IEI排名与比较

信息资源产业的大类产业信息资源采集业、信息资源加工业和信息资源提供业的效率指标统计结果如表5-26所示。

表5-26　大类信息资源产业IEI比较

大类信息资源产业	行业数目	占比（%）	均值	中位数	标准差	最小值	最大值
信息资源采集业	14	15	21.86	20.32	9.22	13.24	41.90
信息资源加工业	14	15	28.32	29.23	11.53	14.06	45.97
信息资源提供业	65	70	31.12	27.11	14.17	7.31	60.64
总体	93	100	29.30	26.40	13.47	7.31	60.64

从表5-26可以看出，从均值上看，信息资源采集业的产业效率指标均值为21.86，是三大类产业中在产业效率指标上得分最低的大类行业，信息资源加工业和信息资源提供业均值分别为28.32和31.12，相差不多，它们的中位数分别是29.23和27.11，相差也不大。从表5-24可知，在65个属于信息资源提供业的行业中，社会经济咨询业是所有行业中效率指标最高的，与之类似的还有其他专业咨询，也得到了较高的产业效率指标。

图5-18更加直观地表现了各大类行业在产业效率指标上的差异和特点。

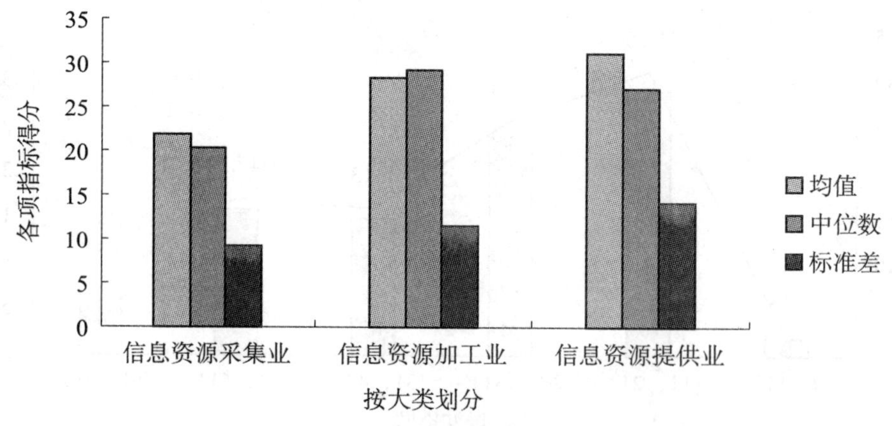

图5-18　大类信息资源产业IEI比较

2. 31个省级行政区大类信息资源产业IEI排名

在研究分析过程中，本章把各地区的IEI按照不同大类产业分别进行统计计算，通过对不同地区不同行业产业增长效率的数据统计，得到了相应的统计结果，如表5-27所示。

表5-27　各地区大类信息资源产业IEI情况

	信息资源采集业		信息资源加工业		信息资源提供业	
	得分	排名	得分	排名	得分	排名
安徽	81.47	5	93.18	1	91.27	1
北京	67.42	23	67.06	29	74.34	18
福建	87.80	3	85.61	5	80.70	7
甘肃	65.64	25	72.50	22	70.27	23
广东	75.20	13	74.52	19	80.47	8
广西	78.80	7	81.94	10	80.17	10
贵州	72.15	18	69.79	25	66.89	28
海南	72.01	19	70.06	24	67.10	27
河北	75.10	14	80.31	12	78.33	12
河南	71.31	20	70.60	23	67.83	26
黑龙江	65.32	26	67.40	28	68.57	25
湖北	78.69	8	85.06	6	81.32	5
湖南	64.88	27	72.67	21	68.99	24
吉林	66.92	24	65.03	30	66.67	29
江苏	93.12	2	90.07	2	89.55	2
江西	79.34	6	80.65	11	74.95	17
辽宁	74.18	15	75.30	16	75.63	16
内蒙古	77.63	10	76.72	15	76.49	14
宁夏	73.38	17	73.00	20	71.04	21
青海	63.32	30	69.38	26	64.54	30
山东	94.27	1	84.56	8	81.05	6
山西	77.31	11	86.20	4	80.21	9
陕西	64.63	28	75.28	17	70.65	22
上海	73.84	16	68.89	27	73.44	19
四川	68.27	22	74.91	18	73.31	20
天津	76.77	12	79.22	13	86.51	3
西藏	63.99	29	83.59	9	80.16	11
新疆	60.60	31	60.56	31	63.66	31
云南	78.65	9	78.37	14	76.07	15
浙江	84.16	4	87.63	3	83.30	4
重庆	68.74	21	84.91	7	77.34	13

各地区的大类产业IEI情况如上表所示。其中，山东省的信息资源采集业IEI

排名第一，然后依次是江苏省、福建省、浙江省和安徽省，这些省份在信息资源产业采集业上的产业效率相对较高。如调查监测、测绘服务、市场调查类等采集行业的产业效率较高，资源配置得到的效益高。在信息资源加工业上，安徽省的 IEI 排名第一，然后依次是江苏省、浙江省、山西省和福建省，这些省份信息资源加工业的产业效率较高，产业资源得到了充分的利用，创造了较好的价值。同时，安徽省信息资源提供业大类产业的 IEI 均值也居全国首位，然后依次是江苏省、天津市、浙江省和湖北省，说明这些省市的信息资源提供业的产业效率高。信息资源提供业是信息资源产业的上游产业，有相当的代表性和重要性，上述情况也说明这些省市的信息资源产业整体总量均值较高。新疆、黑龙江、青海等地的各个大类行业 IEI 均值都不高，说明资源配置效率不高。

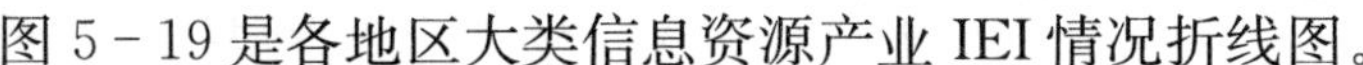
图 5-19 是各地区大类信息资源产业 IEI 情况折线图。

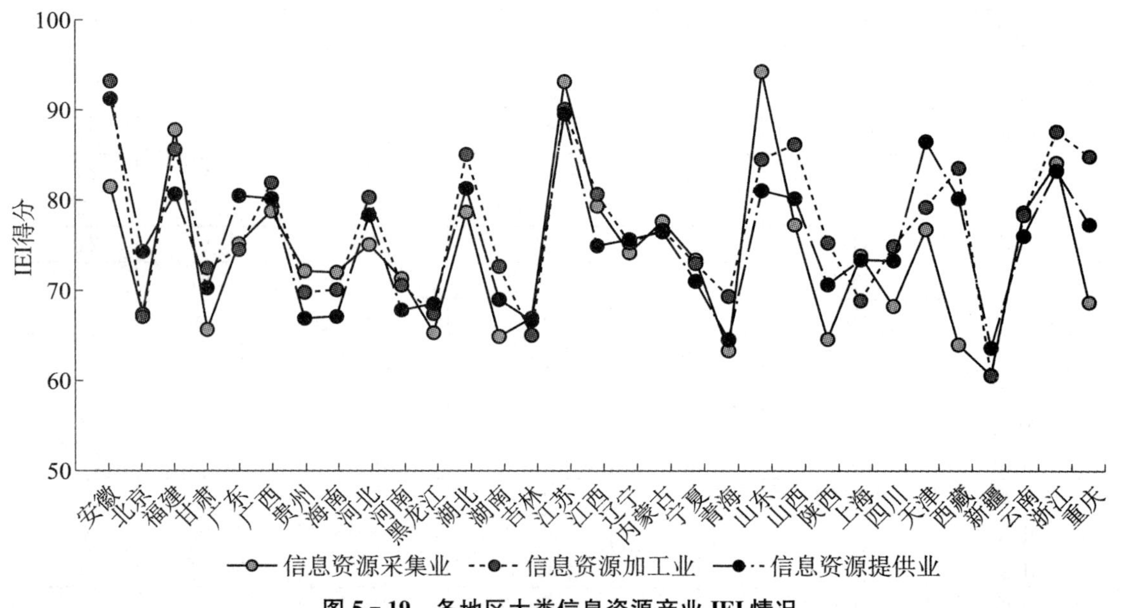

图 5-19　各地区大类信息资源产业 IEI 情况

5.4.3　各信息资源依赖度产业 IEI 比较

1. 不同信息资源依赖度产业 IEI 总体排名与比较

信息资源产业按对信息资源的依赖度可以分为三类，即信息资源低度依赖型产业、信息资源中度依赖型产业和信息资源完全依赖型产业，表 5-28 是不同信息资源依赖度产业的产业效率指标比较结果。

表 5－28　　不同信息资源依赖度产业 IEI 比较

产业划分	行业数目	占比（%）	均值	中位数	标准差	最小值	最大值
信息资源低度依赖型产业	42	45	20.67	18.73	10.62	7.31	54.52
信息资源中度依赖型产业	19	20	27.10	26.48	5.68	15.96	36.71
信息资源完全依赖型产业	32	34	41.93	42.87	10.09	17.23	60.64
总体	93	100	29.30	26.40	13.47	7.31	60.64

表 5－28 显示，按照产业效率指标均值从大到小的顺序排列，信息资源完全依赖型产业的产业效率指标最高，其次是信息资源中度依赖型产业，信息资源低度依赖型产业的产业效率指标均值最低。产业效率指标均值最高的信息资源完全依赖型产业和产业效率指标均值最低的信息资源低度依赖型产业之间的最大均值差距为 21.26，差距较大，说明不同信息资源依赖度给产业效率带来的影响很大。

图 5－20 更直观地反映了不同信息资源依赖度产业的产业效率指标的差异。可以发现，不同信息资源依赖度的产业的产业效率指标均值和中位数都相差较大；信息资源低度依赖型和信息资源完全依赖型产业效率指标的标准差浮动在 10 左右，属于信息资源中度依赖型产业的产业效率指标标准差较低，为 5.68，相对比较稳定。

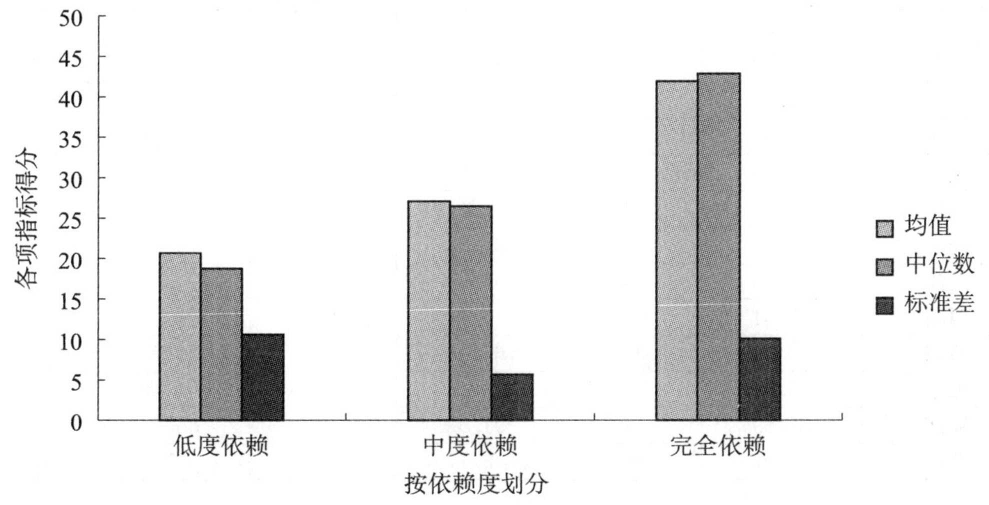

图 5－20　不同信息资源依赖度产业 IEI 比较

2. 31 个省级行政区不同信息资源依赖度产业 IEI 排名

按照信息资源依赖度产业的划分，本章把 31 个省级行政区的产业效率指标进行排名和比较，得到了相应的统计结果，表 5－29 是各地区的不同信息资源依赖度产业 IEI 情况。

表 5-29　　各地区不同信息资源依赖度产业 IEI 情况

	信息资源低度依赖型产业		信息资源中度依赖型产业		信息资源完全依赖型产业	
	得分	排名	得分	排名	得分	排名
安徽	94.65	1	81.17	5	90.56	2
北京	68.25	28	77.20	10	70.31	23
福建	83.89	3	80.06	7	81.94	11
甘肃	75.08	20	64.56	30	71.66	20
广东	79.31	12	81.16	6	80.02	13
广西	80.35	9	73.30	16	88.68	3
贵州	71.25	25	66.98	27	66.48	28
海南	73.57	21	74.59	14	64.11	30
河北	79.81	11	72.95	17	79.89	14
河南	69.15	27	69.27	24	69.33	24
黑龙江	70.03	26	69.87	22	67.42	26
湖北	83.69	4	76.59	12	84.83	6
湖南	72.17	22	70.57	19	70.99	21
吉林	68.13	29	67.55	26	65.05	29
江苏	87.31	2	88.65	4	95.52	1
江西	77.65	14	71.77	18	79.70	15
辽宁	76.47	16	80.06	8	78.18	16
内蒙古	76.80	15	70.33	20	77.71	17
宁夏	72.01	23	69.21	25	73.31	19
青海	66.68	30	63.32	31	67.14	27
山东	81.00	8	94.29	2	87.02	4
山西	82.97	6	74.98	13	82.97	8
陕西	75.29	18	69.67	23	68.80	25
上海	71.60	24	79.47	9	70.86	22
四川	75.16	19	66.28	28	75.67	18
天津	83.09	5	96.68	1	84.35	7
西藏	78.61	13	70.12	21	82.70	9
新疆	60.00	31	65.76	29	63.99	31
云南	75.54	17	74.16	15	81.40	12
浙江	81.69	7	91.52	3	86.74	5
重庆	80.07	10	76.77	11	82.21	10

信息资源低度依赖型产业 IEI 得分排在全国前列的省市有安徽省、江苏省、福建省、湖北省和天津市，这些省市的信息资源低度依赖型产业的产业效率最高。从信息资源中度依赖型产业 IEI 得分情况来看，天津市、山东省、浙江省、江苏省和安徽省表现突出。信息资源完全依赖型产业是最能体现信息资源行业水平的大类产业，江苏省的信息资源完全依赖型产业 IEI 均值得分最高，为 95.52，安徽省、广西壮族自治区、山东省和浙江省等也达到较高的水平。而新疆、青海、河南等地的

三种信息资源依赖度产业 IEI 在全国范围内得分都较低，这些地区的信息资源产业总量规模不大，发展速度不快，产业效率也很难达到较高的水平。

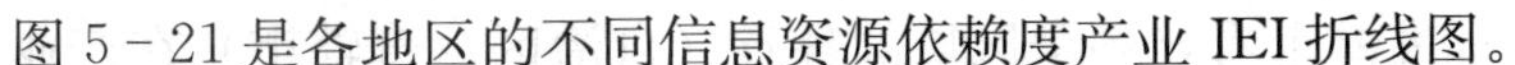

图 5－21 是各地区的不同信息资源依赖度产业 IEI 折线图。

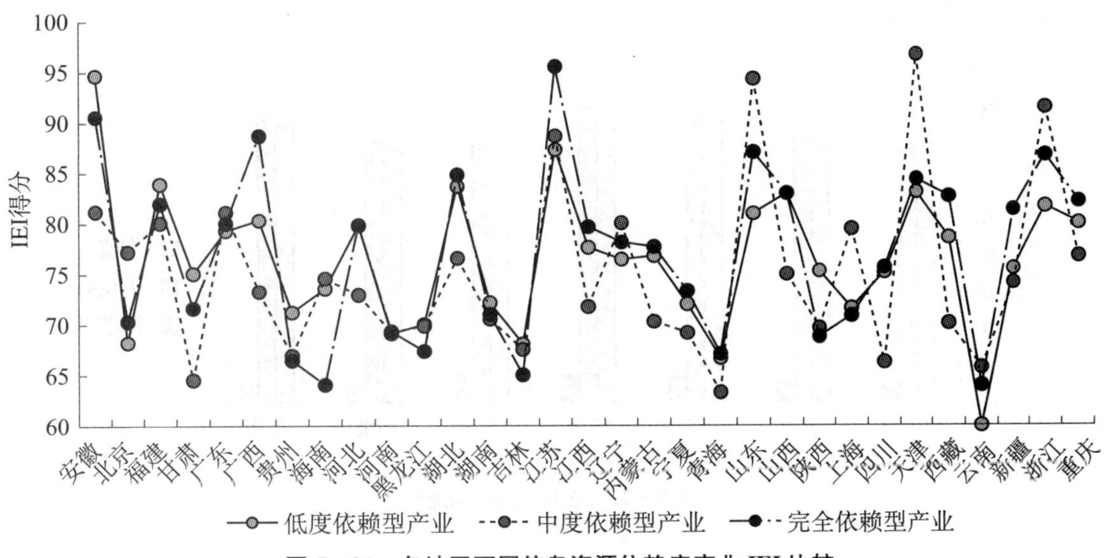

图 5－21　各地区不同信息资源依赖度产业 IEI 比较

5.4.4　各区域信息资源产业 IEI 比较

1. 七大区域信息资源产业 IEI 总体排名与比较

表 5－30 为各区域信息资源产业的产业效率指标（IEI）情况。

表 5－30　　各区域 IEI 比较

区域	行业数量	均值	中位数	标准差	最小值	最大值
东北	93	70.38	68.64	5.10	66.37	76.12
华北	93	79.18	79.06	5.02	72.72	85.87
华东	93	83.12	82.43	6.79	73.25	92.28
华南	93	76.54	79.90	7.14	68.34	81.38
华中	93	73.86	70.02	7.67	68.87	82.70
西北	93	68.33	70.81	4.43	61.94	71.90
西南	93	75.47	76.87	4.68	68.08	79.68

从表 5－30 可以看到，从均值上看，7 个区域中，华东的产业效率指标均值最高，为 83.12，西北的产业效率指标均值最低，为 68.33，两者绝对差距为 14.79，差距相对较大。

图 5－22 直观地反映了 7 个区域产业效率指标均值、中位数和标准差的差异。

可以看到，所有区域的产业效率指标均值都处于较平均的水平，但华北和华东略有领先，东北和西北相对较低。可以看出在信息资源产业上，我国各个区域的总量均值是存在差异的。从标准差上看，各个区域的各省（自治区、直辖市）在产业效率指标上的差距都不大。

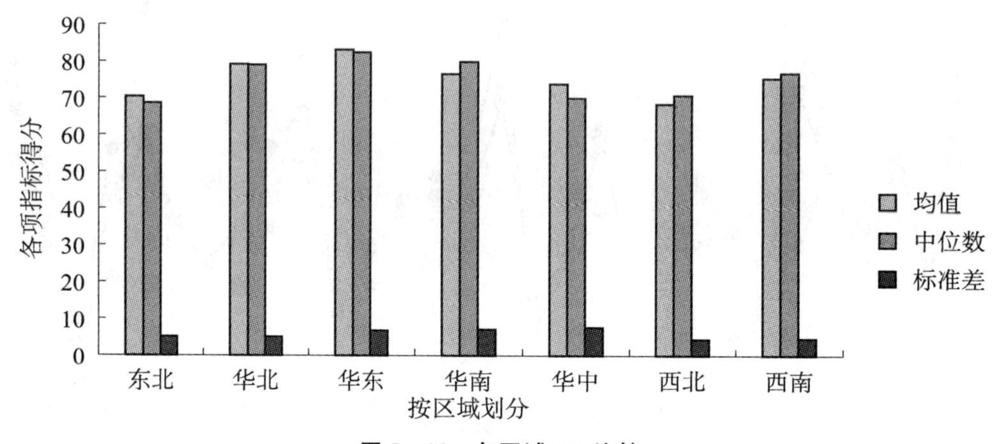

图 5-22　各区域 IEI 比较

2. 七大区域大类信息资源产业 IEI 排名

除了七大区域信息资源产业 IEI 总体情况排名与比较外，本章还按信息资源产业大类分类对 IEI 进行了比较和排名（见表 5-31）。

表 5-31　各区域大类产业 IEI 排名

	信息资源采集业			信息资源加工业			信息资源提供业		
	均值	中位数	排名	均值	中位数	排名	均值	中位数	排名
东北	68.81	66.92	6	69.24	67.40	7	70.29	68.57	6
华北	74.85	76.77	3	77.90	79.22	3	79.18	78.33	2
华东	84.86	84.16	1	84.37	85.61	1	82.04	81.05	1
华南	75.34	75.20	2	75.51	74.52	5	75.91	80.17	3
华中	71.63	71.31	4	76.11	72.67	4	72.71	68.99	5
西北	65.51	64.63	7	70.14	72.50	6	68.03	70.27	7
西南	70.36	68.74	5	78.31	78.37	2	74.75	76.07	4

表 5-31 显示，华东信息资源采集业、信息资源加工业和信息资源提供业的 IEI 均值和中位数得分均为全部七大区域的最高分，而且分数与其他区域差距较大，说明华东的产业效率高、质量好。华南和华北的信息资源采集业 IEI 均值也在全国较高水平。西南在信息资源加工业上的效率指标均值和中位数都相对较高，产业资源的配置得到了一定的效益。华北在信息资源提供业上的 IEI 均值和中位数全国领

先，以大类行业 IEI 得分的表现来看，华北的信息资源产业发展质量好、效率高。相比之下，西北和东北的各大类产业 IEI 均值都排在全国各区域的最后，这些区域的产业价值水平、年度增长水平都不高，产业效率也相对较低。

图 5－23 是七大区域大类信息资源产业 IEI 情况的折线图。

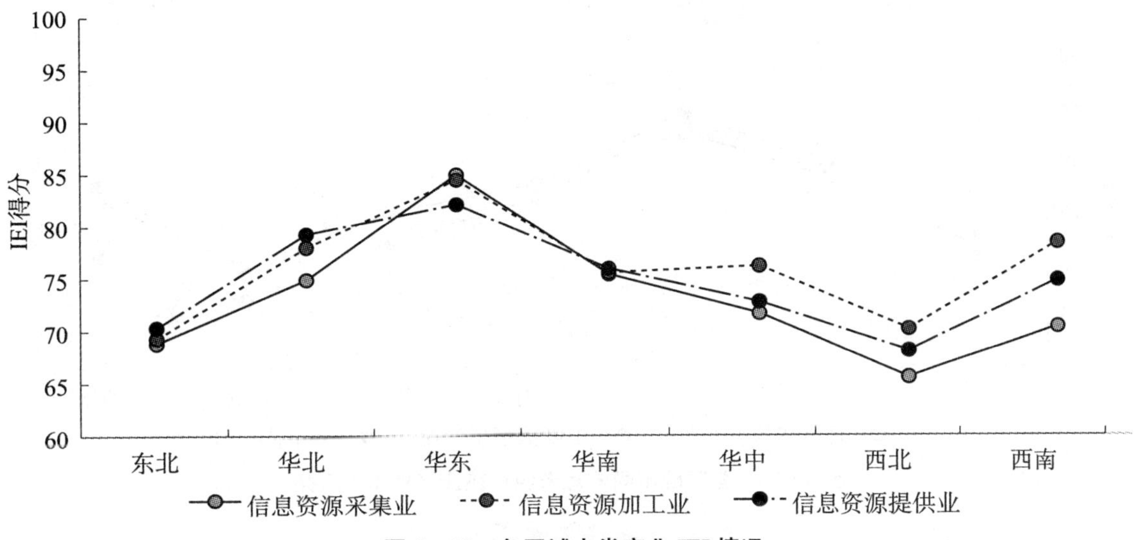

图 5－23　各区域大类产业 IEI 情况

3. 七大区域不同信息资源依赖度产业 IEI 排名

表 5－32 是七大区域信息资源产业不同信息资源依赖度产业 IEI 情况。

表 5－32　各区域不同信息资源依赖度产业 IEI 排名

区域	信息资源低度依赖型产业			信息资源中度依赖型产业			信息资源完全依赖型产业		
	均值	中位数	排名	均值	中位数	排名	均值	中位数	排名
东北	71.54	70.03	6	72.49	69.87	4	70.22	67.42	6
华北	78.18	79.81	2	78.43	74.98	2	79.05	79.89	2
华东	82.54	81.69	1	83.85	81.17	1	84.62	86.74	1
华南	77.74	79.31	3	76.35	74.59	3	77.60	80.02	4
华中	75.00	72.17	5	72.14	70.57	5	75.05	70.99	5
西北	69.81	72.01	7	66.50	65.76	7	68.98	68.80	7
西南	76.13	75.54	4	70.86	70.12	6	77.69	81.40	3

从上表可以看出，华东属于各个信息资源依赖度的信息资源产业的全部分类行业的 IEI 都保持了全国领先位置，充分说明了华东对产业资源利用的充分性和有效性。从信息资源完全依赖型产业的情况来看，华北、西南和华南的 IEI 均值排名靠

前，说明这些区域对信息资源依赖度较高的行业的产业效率也较高，信息资源产业发展质量好。另外，西北的信息资源完全依赖型产业、信息资源中度依赖型产业和信息资源低度依赖型产业 IEI 均值都低，信息资源产业对信息资源的依赖度低，发展效率低下，效益不佳。

图 5－24 是七大区域信息资源产业不同信息资源依赖度产业 IEI 情况折线图。

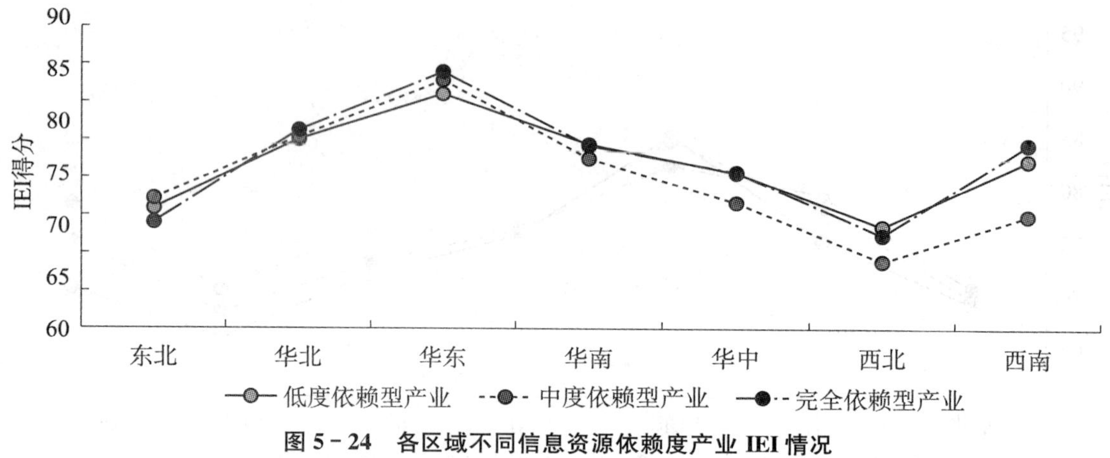

图 5－24　各区域不同信息资源依赖度产业 IEI 情况

5.5　产业贡献指标排名及比较

产业贡献指标（Industry Contribution Index，ICI）主要度量产业的全域占比水平。产业贡献是指区域产业的经济指标占区域相应的经济指标的份额，体现产业对当地区域的经济贡献和就业贡献等。本节根据产业贡献指标的得分的情况，对 31 个省级行政区域以及信息资源产业构成行业的产业贡献进行排名、比较和分析，并从大类产业、不同信息资源依赖度产业以及七大区域的信息资源产业等方面展开，分别介绍各类产业 ICI 排名和各地区按不同标准分类后 ICI 的排名，并对这些数据进行比较和分析。

5.5.1　产业贡献指标（ICI）排名

1. 31 个省级行政区 ICI 排名

将 31 个省级行政区的产业贡献指标（ICI）均值按照从高到低的顺序进行排名，具体结果见表 5－33。

表 5-33　　各地区 ICI 排名及比较

排名	行政区域	ICI 均值	排名	行政区域	ICI 均值
1	北京	100.00	17	海南	64.02
2	上海	92.72	18	湖南	63.93
3	天津	81.77	19	江西	63.90
4	浙江	79.15	20	辽宁	63.84
5	广东	77.94	21	西藏	63.70
6	江苏	75.32	22	宁夏	63.70
7	重庆	71.41	23	河北	63.56
8	福建	68.63	24	青海	63.17
9	山东	68.37	25	云南	62.98
10	贵州	66.87	26	内蒙古	62.95
11	四川	65.96	27	河南	61.94
12	陕西	65.90	28	广西	61.62
13	新疆	65.74	29	山西	60.69
14	湖北	65.22	30	吉林	60.46
15	安徽	64.91	31	甘肃	60.43
16	黑龙江	64.82	总体		68.25

从表 5-33 可以看出，全国各省（自治区、直辖市）的产业贡献指标均值为 68.25。其中有 9 个省（自治区、直辖市）的产业贡献指标均值高于总体均值，这 9 个省（自治区、直辖市）的产业贡献指标均值的最大绝对差距为 31.63，差距较大；其他 22 个省（自治区、直辖市）的产业贡献指标均值低于总体均值，它们的产业贡献指标均值的最大绝对差距为 6.44。

北京市在产业贡献指标上达到了 100.00，并以这样的高分领跑全国。结合前几节中的北京市的产业价值指标和产业增长指标，说明北京的信息资源产业不光在规模和增速上占据优势，产业贡献指标也相当高，信息资源产业在全域产业中的占比较高。除了北京外，上海、天津、浙江、广东、江苏等发展较好的省（自治区、直辖市）的贡献指标也排在全国前列。甘肃、吉林、山西等地的产业贡献指标排在最后，分数刚刚超过 60 分。

2. 信息资源产业构成行业 ICI 排名

根据数据分析统计得到的信息资源产业构成行业在产业贡献指标中的得分和排名如表 5-34 所示。

表 5-34　　构成行业 ICI 比较

排名	构成行业	得分	排名	构成行业	得分	排名	构成行业	得分
1	社会经济咨询	58.23	22	报刊批发	25.93	43	信用服务	19.31
2	其他专业咨询	57.49	23	其他贸易经纪与代理	25.90	44	工程管理服务	18.67
3	信息技术咨询服务	45.94	24	农业技术推广服务	25.77	45	电视	18.23
4	数字内容服务	43.85	25	图书批发	25.33	46	节能技术推广服务	18.05
5	其他资本市场服务	42.29	26	音像制品及电子出版物批发	24.58	47	市场调查	17.98
6	金融信息服务	40.11	27	电影和影视节目制作	24.25	48	信息系统集成服务	17.72
7	数据处理和存储服务	39.76	28	呼叫中心	23.43	49	集成电路设计	17.32
8	互联网信息服务	37.73	29	职业技能培训	22.89	50	其他技术推广服务	17.05
9	贸易代理	36.63	30	音像制品及电子出版物零售	22.66	51	新闻业	16.55
10	其他未列明信息技术服务业	36.52	31	金融信托与管理业	22.63	52	新材料技术推广服务	16.26
11	广告业	36.33	32	其他科技推广和应用服务	22.48	53	生物技术推广服务	16.00
12	报纸出版	32.54	33	保险经纪与代理服务	22.22	54	工程勘察设计	15.10
13	图书出版	31.04	34	货物运输代理	21.98	55	科技中介服务	14.58
14	其他电信服务	30.89	35	知识产权服务业	21.97	56	专业化设计服务	13.73
15	风险和损失评估	30.16	36	电影放映	21.66	57	质检技术服务	12.43
16	学前教育业	30.04	37	图书、报刊零售	21.45	58	房地产中介服务	12.36
17	录音制作	29.32	38	测绘服务业	21.38	59	图书出租	11.88
18	其他出版业	28.72	39	电影和影视节目发行	21.16	60	广播	10.08
19	电子出版物出版	28.69	40	音像制品出版	20.91	61	环境保护监测	10.07
20	期刊出版	28.58	41	规划管理	20.53	62	文艺创作与表演业	9.96
21	软件开发	28.38	42	音像制品出租	19.51	63	邮政基本服务	9.92

续前表

排名	构成行业	得分	排名	构成行业	得分	排名	构成行业	得分
64	其他未列明教育	9.65	74	固体矿产地质勘查	6.54	84	海洋服务	4.06
65	文化娱乐经纪人	8.73	75	会计、审计及税务服务	6.51	85	教育辅助服务	4.00
66	其他文化艺术经纪代理	8.73	76	公共就业服务	6.30	86	旅客票务代理	3.59
67	生态监测	8.65	77	能源矿产地质勘查	6.14	87	博物馆	2.23
68	文化艺术培训	7.78	78	基础地质勘查	5.80	88	气象服务	2.14
69	律师及相关法律服务	7.33	79	水、二氧化碳等矿产地质勘查	5.40	89	地震服务	1.85
70	体校及体育培训	7.25	80	地质勘查技术服务	5.21	90	图书馆	1.45
71	其他运输代理业	7.10	81	劳务派遣服务	5.13	91	档案馆	1.38
72	其他人力资源服务	6.84	82	会议及展览服务	5.06	92	水文服务	0.22
73	公证服务	6.79	83	职业中介服务	4.51	93	体育经纪人	0.00

在上表的统计中可以看出，产业贡献指标分数分布在 0～61 分之间。将各个行业的产业贡献指标划分为 7 组，每组以 10 分为间隔，得到构成行业产业贡献指标分组情况，如表 5－35 所示。

表 5－35　构成行业 ICI 分组

指标组别	行业数目（项）	占比（%）	累计占比（%）
[0，11)	34	36.56	36.56
[11，21)	20	21.51	58.07
[21，31)	26	27.96	86.03
[31，41)	8	8.60	94.63
[41，51)	3	3.23	97.85
[51，61)	2	2.15	100
总计	93	100	100

构成行业产业贡献指标从低分到高分行业数目和比例分布呈现出如图 5－25 的分布态势。在图中可以看出，得分位于 [0，11) 区间的行业数目为 34 个，是全部分组中数目最多的区间，占全部行业数目的 36.56%；得分位于 [41，51) 和 [51，61) 区间的行业数目较少，分别只有 3 个和 2 个。以上数据结合表 5－34 表明，在信息资源产业的各个构成行业中，产业贡献指标较高的行业数目有限，只有社会经

济咨询和其他专业咨询两个行业达到了50分以上，这两个行业在产业价值指标和产业效率指标上也都表现不俗。大多数行业的产业贡献指标都很低，尤其是一些不太热门的服务类行业，比如海洋服务、气象服务、地震服务、水文服务等，这类行业的贡献指标低，在某种程度上是由于这些行业的体量较小，在整个信息资源产业中很难占到较大的比例。

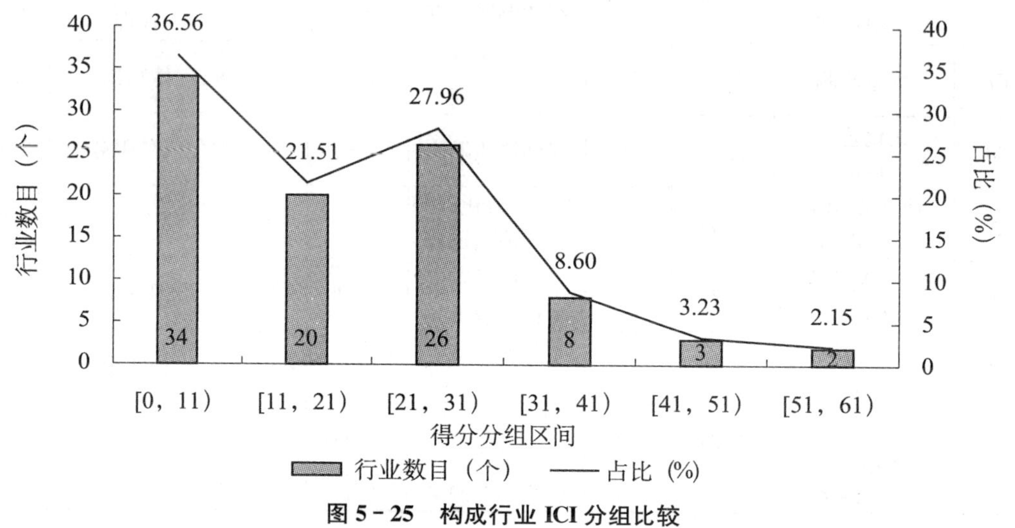

图5-25 构成行业ICI分组比较

5.5.2 大类信息资源产业ICI比较

1. 大类信息资源产业ICI排名与比较

信息资源产业的大类产业信息资源采集业、信息资源加工业和信息资源提供业的贡献指标统计结果如表5-36所示。

表5-36 大类信息资源产业ICI比较

大类信息资源产业	行业数目	占比（%）	均值	中位数	标准差	最小值	最大值
信息资源采集业	14	15	7.70	5.97	6.04	0.22	21.38
信息资源加工业	14	15	22.90	17.97	11.00	9.96	43.85
信息资源提供业	65	70	19.89	20.91	13.10	0.00	58.23
总体	93	100	18.51	17.98	12.79	0.00	58.23

从表5-36中可以看出，信息资源采集业的产业贡献指标均值为7.70，是三大类产业中在产业贡献指标上得分最低的大类行业。信息资源加工业和信息资源提供业分别获得22.90和19.89的均值，差距不太明显，它们的中位数分别是17.97和20.91，相差也不大。

属于信息资源提供业的行业中，典型代表社会经济咨询业是所有行业中贡献指标最高的，与之类似的还有其他专业咨询，也得到了较高的产业贡献指标分数。得分最低的体育经纪人行业也属于信息资源提供业。属于信息资源加工业的行业中，数字内容服务业得到了最高的分数。

图 5－26 为产业贡献指标大类信息资源产业比较，更加直观地表现了各大类行业在产业贡献指标上的差异和特点。

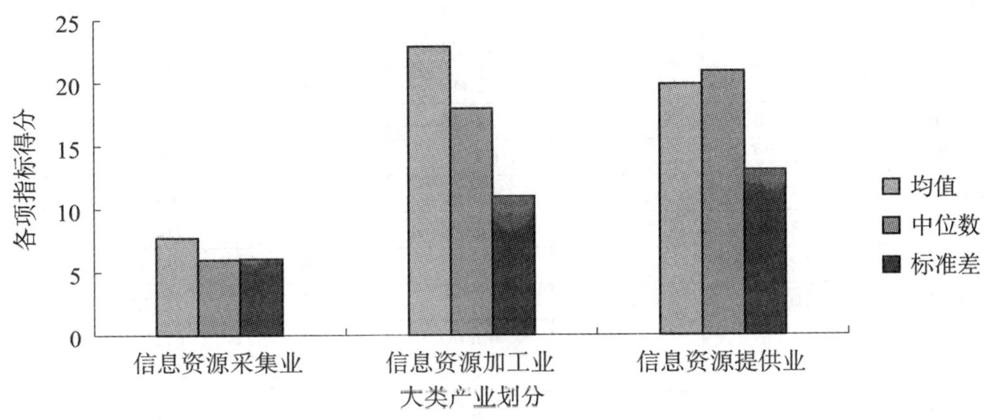

图 5－26　大类信息资源产业 ICI 比较

2. 31 个省级行政区大类信息资源产业 ICI 排名

在研究分析过程中，本章把各个地区的 ICI 按照不同大类产业分别进行统计计算，通过对不同地区不同行业 ICI 的数据统计，分析各个地区的产业贡献在信息资源产业链中发挥的作用，得到的相应的统计结果，如表 5－37 所示。

表 5－37　各地区大类信息资源产业 ICI 情况

行政区域	信息资源采集业		信息资源加工业		信息资源提供业	
	得分	排名	得分	排名	得分	排名
安徽	72.44	11	69.82	8	67.12	13
北京	81.85	3	97.23	1	96.93	1
福建	69.49	17	69.16	9	68.86	9
甘肃	65.98	24	61.59	30	61.16	31
广东	77.83	6	84.13	3	87.04	2
广西	66.42	22	63.42	24	63.11	22
贵州	64.82	26	64.04	18	63.56	21
海南	61.53	30	63.52	22	61.78	28
河北	81.19	4	66.94	13	66.04	16
河南	80.35	5	65.91	15	67.87	12
黑龙江	66.25	23	62.47	27	64.35	18
湖北	71.04	14	68.80	10	68.52	10
湖南	68.26	18	64.34	17	67.06	14

续前表

行政区域	信息资源采集业		信息资源加工业		信息资源提供业	
	得分	排名	得分	排名	得分	排名
吉林	64.00	27	62.18	29	62.05	27
江苏	85.81	2	84.59	2	86.01	3
江西	65.91	25	63.64	20	64.10	19
辽宁	71.69	13	66.96	12	69.64	8
内蒙古	71.98	12	63.57	21	62.93	23
宁夏	62.40	28	62.64	26	61.63	29
青海	61.97	29	62.40	28	61.41	30
山东	86.76	1	72.60	6	81.78	5
山西	67.12	20	63.05	25	62.79	24
陕西	73.27	10	66.39	14	63.75	20
上海	73.59	8	75.88	5	76.32	6
四川	73.57	9	65.50	16	68.15	11
天津	70.57	15	71.71	7	72.29	7
西藏	61.38	31	60.00	31	62.39	26
新疆	67.96	19	63.95	19	62.75	25
云南	70.07	16	63.52	23	65.09	17
浙江	76.82	7	81.88	4	83.39	4
重庆	66.90	21	68.54	11	66.97	15

各地区的大类产业ICI情况如上表所示。其中，北京市的信息资源加工业和信息资源提供业的ICI排名均为全国第一，在产业贡献情况上，北京市又一次遥遥领先，带来了相当重要的营业收入贡献、从业人口贡献、利润贡献、劳动工资贡献和税收贡献，而且这两大类产业在整个信息资源产业中占据十分重要的位置。同山东省的IVI水平一样，山东省的信息资源采集业ICI也排名第一，然后依次是江苏省、北京市、河北省和河南省，这些省市在信息资源的采集上发挥着重要作用，为地区产业带来了重要的贡献。在信息资源加工业上，除北京市外，江苏省、广东省、浙江省和上海市的ICI排在了全国领先的位置。属于信息资源加工业的行业，在整个信息资源产业链中的核心业务为加工和处理信息资源，为地区创造重要贡献。除北京市外，广东省、江苏省、浙江省和山东省在信息资源提供业上排名全国前五名，说明这些省市的信息资源产业发展整体表现良好，整个产业链比较完善，信息资源产业贡献突出。

图5-27是各地区的大类产业ICI情况折线图。

5.5.3 各信息资源依赖度产业ICI比较

1. 不同信息资源依赖度产业ICI总体排名与比较

按照对信息资源的依赖程度，可将信息资源产业分为信息资源低度依赖型产

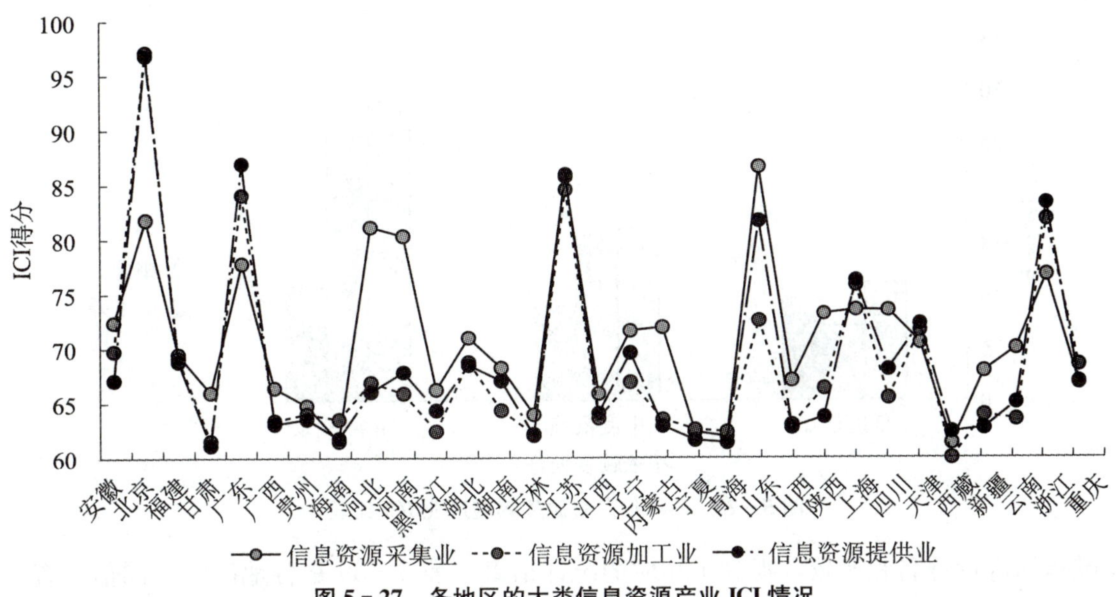

图 5－27　各地区的大类信息资源产业 ICI 情况

业、信息资源中度依赖型产业和信息资源完全依赖型产业三个信息资源依赖度产业。其产业贡献指标比较结果如表 5－38 所示。

表 5－38　　不同信息资源依赖度产业 ICI 比较

产业划分	行业数目	占比（%）	均值	中位数	标准差	最小值	最大值
信息资源低度依赖型产业	42	45	11.35	7.18	9.85	0.00	36.63
信息资源中度依赖型产业	19	20	16.60	16.00	9.14	6.51	42.29
信息资源完全依赖型产业	32	34	29.04	25.63	11.07	11.88	58.23
总体	93	100	18.51	17.98	12.79	0.00	58.23

从表 5－38 中可以看出，按照产业贡献指标均值从大到小的顺序排列，信息资源完全依赖型业的产业贡献指标最高，其次是信息资源中度依赖型产业，信息资源低度依赖型产业的产业贡献指标均值最低。产业贡献指标均值最高的信息资源完全依赖型产业和产业贡献指标均值最低的信息资源低度依赖型产业之间的最大均值差距为 17.69，说明不同信息资源依赖度给产业贡献指标带来了相对较大的影响。

图 5－28 更直观地反映了不同信息资源依赖度产业的产业贡献指标的差异。可以发现，不同信息资源依赖度下产业的贡献指标均值和中位数都相差较大；信息资源低度依赖型产业和信息资源中度依赖型产业贡献指标的均值和中位数都相对较低，信息资源完全依赖型产业的产业贡献指标远高于其他两类行业。另外，各个信息资源依赖度产业的标准差都浮动在 10 左右，相对比较稳定。

2. 31 个省级行政区不同信息资源依赖度产业 ICI 排名

按照信息资源产业信息资源依赖度的划分，本章把 31 个省级行政区的产业贡

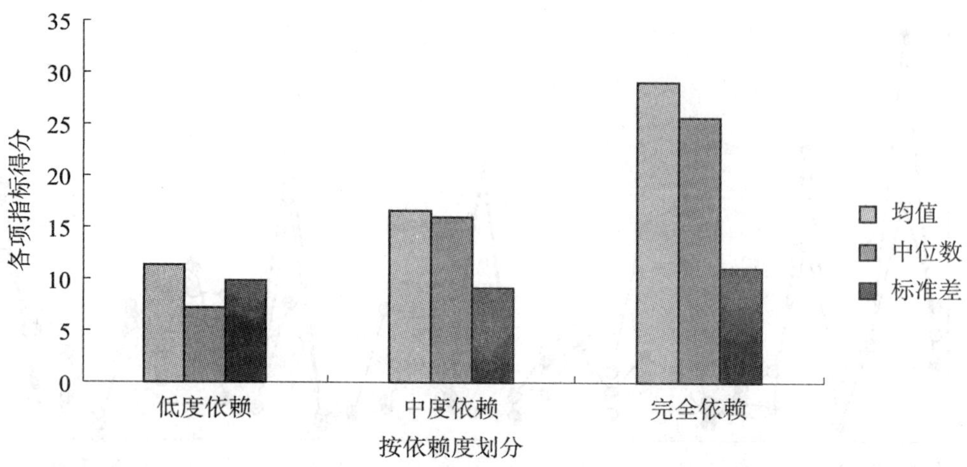

图 5-28 不同信息资源依赖度产业 ICI 比较

献指标进行排名和比较，得到了相应的统计结果，表 5-39 是各地区的不同信息资源依赖度产业 ICI 情况。

表 5-39 各地区不同信息资源依赖度产业 ICI 情况

行政区域	信息资源低度依赖型产业		信息资源中度依赖型产业		信息资源完全依赖型产业	
	得分	排名	得分	排名	得分	排名
安徽	69.01	11	65.44	16	67.73	10
北京	86.16	3	100.00	1	100.00	1
福建	70.44	8	66.04	12	68.61	8
甘肃	61.25	29	62.67	28	61.02	31
广东	88.64	1	72.96	7	86.44	2
广西	63.54	21	63.48	22	62.88	24
贵州	62.86	24	65.33	17	63.55	20
海南	62.51	26	62.93	26	62.08	27
河北	66.48	16	65.55	15	66.29	13
河南	67.84	13	66.73	10	65.79	14
黑龙江	63.71	20	65.08	18	63.04	23
湖北	69.36	10	66.48	11	68.15	9
湖南	66.70	15	64.98	19	64.06	17
吉林	62.06	28	62.24	29	61.70	30
江苏	87.31	2	74.64	5	84.54	3
江西	64.53	19	63.06	25	63.88	18
辽宁	69.97	9	65.56	14	66.68	12
内蒙古	63.46	23	63.31	23	62.86	25
宁夏	61.20	30	64.02	21	61.76	28
青海	62.15	27	61.97	30	61.72	29
山东	81.60	5	75.75	3	73.81	6

续前表

行政区域	信息资源低度依赖型产业		信息资源中度依赖型产业		信息资源完全依赖型产业	
	得分	排名	得分	排名	得分	排名
山西	62.82	25	62.82	27	62.72	26
陕西	64.77	18	65.85	13	64.13	16
上海	76.96	6	75.76	2	76.41	5
四川	67.95	12	67.65	9	65.33	15
天津	72.48	7	73.90	6	70.66	7
西藏	60.55	31	60.00	31	63.26	21
新疆	63.46	22	63.07	24	63.22	22
云南	64.99	17	64.38	20	63.67	19
浙江	84.33	4	75.71	4	81.30	4
重庆	67.72	14	67.88	8	66.76	11

由上表可见，北京市的信息资源完全依赖型产业和信息资源中度依赖型产业的 ICI 均以 100.00 分排第一名。这类对信息资源依赖度较高的行业在北京地区相对比较发达，表明这些信息资源产业发展质量好、程度高，创造的贡献和价值也高，在产业贡献指标上，北京市表现突出。除北京市外，广东省、江苏省、浙江省和上海市的信息资源完全依赖型产业 ICI 也排名全国前列。从信息资源中度依赖型产业 ICI 得分情况来看，上海市、山东省、浙江省和江苏省也表现突出，这些省市各信息资源依赖度产业的产业价值和贡献情况均为良好。信息资源低度依赖型产业中，广东省以 88.64 分排名全国第一。而西藏、吉林、甘肃等地的三种信息资源依赖度产业 ICI 得分较低，这些地区的信息资源产业总量规模和不同信息资源依赖度的产业贡献指标分数都需要进一步的提高，为整个行业做更多的贡献。

图 5－29 是各地区不同信息资源依赖度产业的 ICI 情况折线图。除了体现出各地区不同信息资源依赖度产业的 ICI 情况，还可以看出，信息资源产业 ICI 表现突出的地区，信息资源中度依赖型产业和信息资源完全依赖型产业的产业贡献有很大的相似性。

5.5.4　各区域信息资源产业 ICI 比较

1. 七大区域信息资源产业 ICI 总体排名与比较

表 5－40 是统计的不同区域产业贡献指标情况。

从表 5－40 可以看出，从均值上看，7 个区域中，华北和华东的产业贡献指标均值高于其他地区，分别为 73.79 和 73.29。东北、华中和西北的产业贡献指标均值较低，分别为 63.04、63.70 和 63.79。产业贡献指标均值最高和最低的两个地区

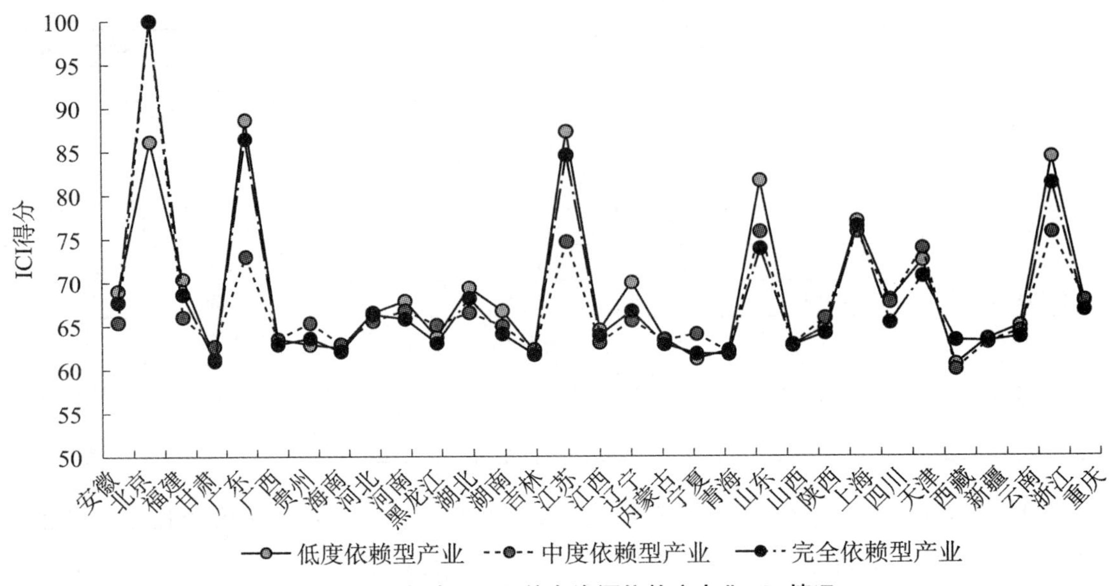

图 5-29　各地区不同信息资源依赖度产业 ICI 情况

指标的绝对差距为 10.75，差距相对较大。

表 5-40　　信息资源产业分区域 ICI 比较

	行业数量	均值	中位数	标准差	最小值	最大值
东北	93	63.04	63.84	2.29	60.46	64.82
华北	93	73.79	63.56	16.91	60.69	100.00
华东	93	73.29	68.63	10.17	63.90	92.72
华南	93	67.86	64.02	8.81	61.62	77.94
华中	93	63.70	63.93	1.65	61.94	65.22
西北	93	63.79	63.70	2.23	60.43	65.90
西南	93	66.18	65.96	3.32	62.98	71.41

图 5-30 更加直观地反映了 7 个区域产业贡献指标在均值、中位数和标准差上的差异。可以看到，所有区域的产业贡献指标均值大体上都处于较平均的水平，但华北地区和华东地区略有领先，东北地区、华中地区和西北地区相对较低。可以看出，我国各个区域在信息资源产业与整体经济产业的比重上存在着一定的差异。从标准差上看，各个地区的各个省（自治区、直辖市）在产业贡献指标上有所不同，华北地区、华东地区和华南地区的标准差较大，说明这些区域虽然在产业贡献指标的均值上较高，但区域内不同省（自治区、直辖市）的差异较大，产业贡献不平均；而东北地区、华中地区和西北地区的标准差较小，整体来看，这些地区的全域占比都不高，而且各个省（自治区、直辖市）之间的差异也不大。

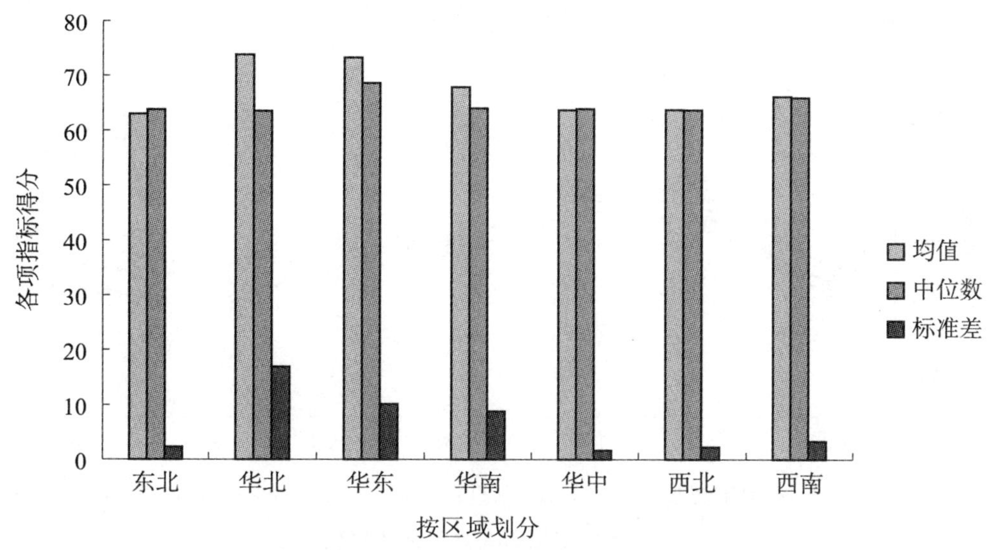

图 5－30　信息资源产业分区域 ICI 比较

2. 七大区域大类信息资源产业 ICI 排名

除了七大区域信息资源产业 ICI 总体情况排名与比较外，本章还按信息资源产业大类分类对 ICI 进行了比较和排名（见表 5－41）。

表 5－41　各区域大类产业 ICI 排名

	信息资源采集业			信息资源加工业			信息资源提供业		
	均值	中位数	排名	均值	中位数	排名	均值	中位数	排名
东北	67.31	66.25	6	63.87	62.47	6	65.35	64.35	5
华北	74.54	71.98	2	72.50	66.94	2	72.20	66.04	2
华东	75.83	73.59	1	73.94	72.60	1	75.37	76.32	1
华南	68.59	66.42	4	70.36	63.52	3	70.64	63.11	3
华中	73.22	71.04	3	66.35	65.91	4	67.82	67.87	4
西北	66.32	65.98	7	63.39	62.64	7	62.14	61.63	7
西南	67.35	66.90	5	64.32	64.04	5	65.23	65.09	6

表 5－41 显示，华东在信息资源采集业、信息资源加工业和信息资源提供业的 ICI 均值和中位数得分均为全部七大区域的最高分，说明华东在产业贡献上有着出色的表现，产业规模、产业质量和产业贡献都有相当高的水平。华北的信息资源采集业、加工业和提供业 ICI 均值较高，中位数也较高，说明该地区信息资源产业的 ICI 均值得分相对其他地区也有一定的优势，也说明该地区整个信息资源产业的发展情况良好，作出了一定的贡献。相比之下，西北和东北的各大类产业 ICI 均值都排在全国各区域的后列，发展水平不高，没能充分创造价值。

图 5－31 是七大区域大类信息资源产业 ICI 情况折线图。

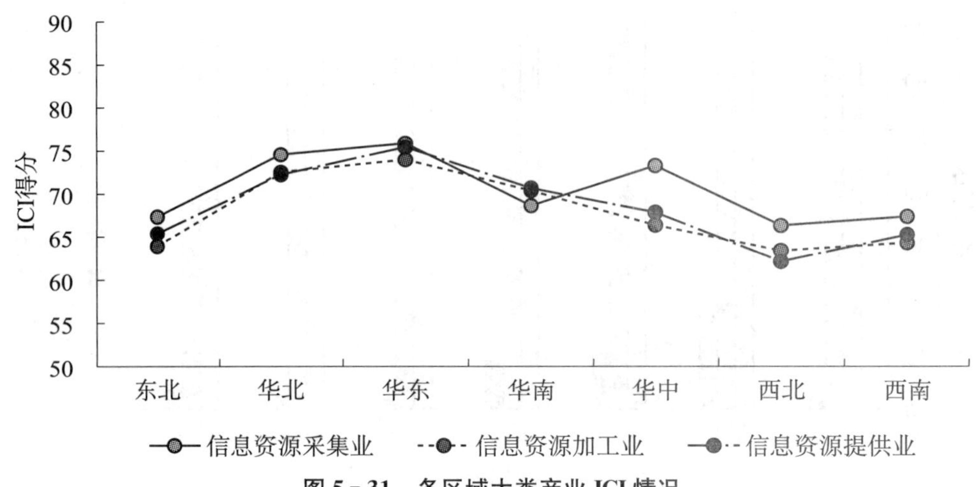

图 5－31　各区域大类产业 ICI 情况

3. 七大区域不同信息资源依赖度产业 ICI 排名

表 5－42 是七大区域信息资源产业不同信息资源依赖度产业 ICI 情况。

表 5－42　各区域不同信息资源依赖度产业 ICI 排名

	信息资源低度依赖型产业			信息资源中度依赖型产业			信息资源完全依赖型产业		
	均值	中位数	排名	均值	中位数	排名	均值	中位数	排名
东北	65.25	63.71	5	64.29	65.08	6	63.81	63.04	6
华北	70.28	66.48	3	73.12	65.55	1	72.51	66.29	2
华东	76.31	76.96	1	70.91	74.64	2	73.75	73.81	1
华南	71.56	63.54	2	66.46	63.48	3	70.47	62.88	3
华中	67.97	67.84	4	66.06	66.48	4	66.00	65.79	4
西北	62.57	62.15	7	63.52	63.07	7	62.37	61.76	7
西南	64.81	64.99	6	65.05	65.33	5	64.51	63.67	5

从不同信息资源依赖度产业的情况来看，华东、华北和华南的信息资源完全依赖型产业、信息资源中度依赖型产业和信息资源低度依赖型产业 ICI 均值都排在全国领先位置，说明这些区域不同信息资源依赖度的行业发展速度都较快，信息资源产业发展质量好。另外，西北和东北的信息资源完全依赖型产业、信息资源中度依赖型产业和信息资源低度依赖型产业 ICI 均值都相对较低，这些区域的信息资源产业对信息资源的依赖度低，发展速度较慢，发展质量不佳，产业贡献水平低。

图 5－32 是七大区域信息资源产业不同信息资源依赖度产业 ICI 情况的折线图，清晰直观地体现了七大区域不同信息资源依赖度产业的产业贡献情况。

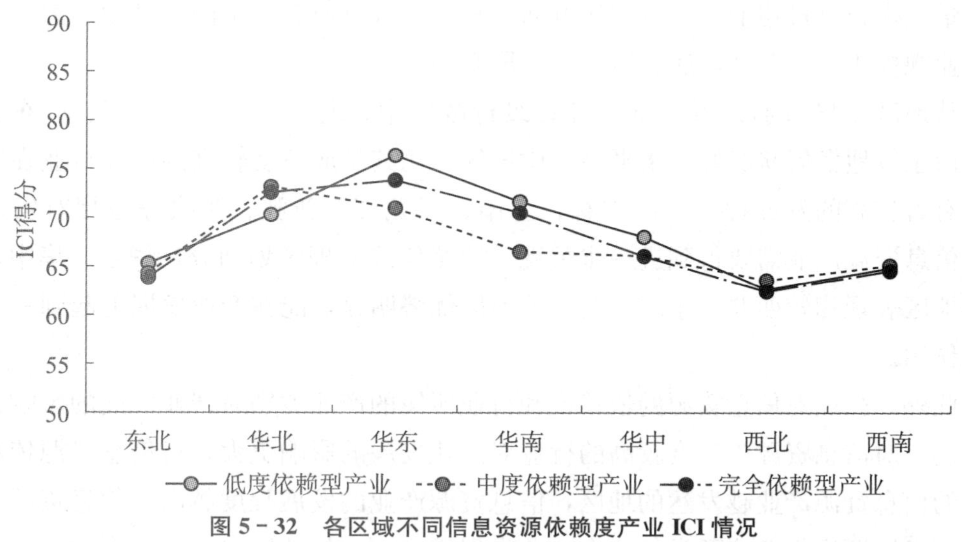

图 5－32　各区域不同信息资源依赖度产业 ICI 情况

5.6　本章小结

本章主要介绍了信息资源产业发展指数的四个分项指标及其排名与比较。产业价值、产业增长、产业效率和产业贡献，作为信息资源产业发展的四个构成要素，在产业发展状况的研究上起着重要的作用。本章在解读和分析了这四个要素在信息资源产业发展中的作用和具体表现之后，通过统计计算得到了相关的一系列统计结果。本章主要以得到的各项排名结果的数据为支撑，分别进行了产业发展指数分项指标总体情况的排名及比较、产业价值指标（IVI）排名及比较、产业增长指标（IGI）排名及比较、产业效率指标（IEI）排名及比较和产业贡献指标（ICI）排名及比较。在每一小节中，将产业发展指数的各项指标按照总体情况、大类信息资源产业、不同信息资源依赖度产业和不同区域的分类标准进行统计计算，并对统计结果进行情况汇总和分析。通过分析和整理分类汇总后的各项数据，得到了较为全面和客观的分析结果，总结了产业发展构成要素在产业发展中的发展状况和发挥的作用，总结了各项要素按不同分类体系分类后，在各个地区和各个构成行业中的发展状况。

通过对比和分析基本可以得出结论：从整体情况看，产业发展状况良好，在年度增长方面，各地区和各行业都取得了较快的发展；产业效率也得到了一定的提高；产业价值和产业贡献方面有一定的成绩，但还有足够的发展空间。从信息资源产业各个构成行业来看，大部分行业的年度增量可观，达到了一定的发展速度；但在总量规模、总量均值和全域占比方面，只有少数行业有一定的基础和实力，大多数行业规模小、效率低，还有极大的发展空间。

从地区差异方面来看，全国各省级行政区中，北京、江苏、浙江、广东、天津、山东等地发展状况好，水平高，质量优，尤其是成熟度较高的有关行业在这些地区有着较高的发展程度；而吉林、海南、黑龙江、新疆、西藏等地相对发展落后，信息资源产业需要得到进一步重视。按照传统地理区划划分，华东、华中、华北等地区表现相较西北、东北、西南等地区优势明显，能在产业发展上起到一定的示范作用。

此外，行业对信息资源的依赖度和行业所属的产业类别对产业发展的影响也有所表现，对信息资源依赖度较高的行业对产业发展的影响更大，对信息资源依赖度较高的信息资源产业越发达的地区，信息资源产业的发展程度越高；信息资源加工业和信息资源提供业这两类行业在产业发展程度更高的地区占据了较多的空间，有着较高的发展水平。

第 6 章　产业发展指数影响因素及实证分析

第 4 章、第 5 章从描述性统计的角度对我国信息资源产业的产业发展指数从地区、行业的维度做了较为全面的评价。根据 E-SCP 理论，产业结构决定产业行为，产业行为决定产业发展水平，即产业行为对产业结构与产业发展的关系有中介作用；同时，产业环境对产业结构和产业发展的关系有着调节作用。其中，产业结构（IS）包含产业集中度（ICCT）、产业进出壁垒（BIWE）和产业主体差异化（DIMB），产业行为（IC）包含产业创新（IIVT）、产业包容（IICT）、产业竞争（ICMP）和产业代谢（IMBL），产业环境（IE）包含经济环境（ECNE）、政治环境（PLTE）、社会环境（SOCE）和技术环境（TECE）四方面内容。本章将根据 2005—2015 年中国信息资源产业的面板数据，从 SCP 的产业发展理论出发，运用多元回归分析方法对影响信息资源产业发展的主要变量进行实证分析，目的是找出决定当前影响我国信息资源产业发展的主要因素。

6.1　产业发展指数分项指标的相关性

本研究的模型中，四个分项指标以及总体信息资源产业发展指数之间的皮尔逊相关矩阵如表 6－1 所示。

表 6－1　　信息资源产业发展指数与各分项指标的皮尔逊相关系数矩阵

	产业价值	产业增长	产业效率	产业贡献	产业发展
产业价值	1				
产业增长	0.032**	1			
产业效率	0.068**	0.293**	1		
产业贡献	0.310**	0.011	0.219**	1	

续前表

	产业价值	产业增长	产业效率	产业贡献	产业发展
产业发展	0.146**	0.565**	0.840**	0.369**	1

注：** 表示在 1%的显著性水平下显著。

从第 1 章中的定义可以看出，在四个分项指标中，产业价值是衡量产业发展的基础条件，产业增长是产业未来发展前景的反映，产业效率是产业发展能力的核心竞争力，产业贡献是产业发展价值的表现。四个分项指标在设计上没有独立性要求，只是产业发展状况在构成要素上的一种划分。由这四个分项指标组成的产业发展指数与每个维度的分项指标自然有较强的相关性。从相关程度上看，产业发展指数与产业价值的相关性最弱，与产业效率的相关性最强，这也反映出产业发展指数在较大程度上代表了产业的资源配置效率，产业增长和产业贡献次之，反映产业价值的程度较小，这体现出产业发展应更多地关注产业在资源配置效率方面的表现，而不应仅仅关注传统的规模指标，也展现出了本研究在指标设计方面的合理性。

从各个分项指标的内部相关程度来看，产业价值与产业贡献的相关程度较高，而与产业增长及产业效率的相关程度较低。可以看出，产业价值主要衡量的是现有产业的规模，这对于产业对当地产值的贡献有较大影响。但是，产业规模不一定会为产业带来高增长以及高效率，这也可以反映出我国在信息资源产业的发展过程中，一部分企业在发展初期盲目追求大规模，导致面临产业规模扩大后产业增长放缓、产业效率下降的问题。而产业增长与产业价值及产业贡献的相关程度较低（与产业贡献无显著相关），与产业效率的相关程度较高，这可能是因为产业增长与现有产业规模相关程度不高，主要与产业的运营效率有关，资源配置越合理、产业效率越高，产业增长越快，因此，出现一定程度的相关性是符合实际的。

6.2 产业发展指数影响因素与研究假设

本研究通过产业价值、产业增长、产业效率及产业贡献四项指标评估得到产业发展指数。为了能够进一步考察影响产业发展表现的因素，本研究依托 E-SCP 模型从产业结构、产业行为及产业环境的维度对产业发展的影响因素及影响机制进行考察。各维度的衡量指标如表 6-2：

表 6-2　　信息资源产业发展影响因素

类别	具体因素	衡量指标
产业行为	产业创新	2005—2015 年样本行业中企业受理专利数量
		2005—2015 年样本行业中企业授权专利数量
		2005—2015 年样本行业中企业有效专利数量
		2005—2015 年样本行业中企业发明专利数量占全部专利类型的比重
		2005—2015 年样本行业研发支出占企业营业收入比重
		2005—2015 年样本行业研发机构数量占该行业所有法人单位数的比重
		2005—2015 年样本行业从业人员占信息资源产业总体就业人员比重
		2005—2015 年样本行业相关论文数量占行业从业人员比重
		2005—2015 年样本行业中企业发明专利数量与行业研发机构数量的比值
	产业包容	2005—2015 年样本行业中外资企业占全部企业法人单位数量的比重
		2005—2015 年样本行业女性从业人员占全部行业从业人口的比重
		2005—2015 年样本行业在营业、筹建企业数量占全部企业法人单位数的比重
	产业竞争	2005—2015 年样本行业的人均工资
	产业代谢	2005—2015 年样本行业筹建企业数量与歇业企业数量之比（产业生长率）
		2005—2015 年样本行业筹建企业数量与全部企业数量之比（产业成熟系数）
		2005—2015 年样本行业新增企业数量与全部企业数量之比（产业衰老系数）
产业结构	产业集中度	2005—2015 年样本行业股份制企业的比例乘该行业的行业调整系数（该产业营业收入占信息资源产业整体的营业收入的比重）
	产业进出壁垒	2005—2015 年样本行业营业收入与企业法人单位数的比值
		2005—2015 年样本行业民资与外资企业数量占企业法人单位数的比重
		2005—2015 年样本行业本科及以上人才占行业从业人口的比重
	产业主体差异化	2005—2015 年样本行业中不同资本性质类型的企业数量的方差
		2005—2015 年样本行业中不同登记注册类型的企业数量的方差

续前表

类别	具体因素	衡量指标
产业环境	经济环境	2005—2015 年样本行业所在区域的 GDP
		2005—2015 年样本行业所在区域的第三产业增加值
		2005—2015 年样本行业所在区域的固定资产投资总额
		2005—2015 年样本行业所在区域的社会消费品零售总额
	政治环境	2005—2015 年样本行业所在区域发布与信息资源产业相关政策数量
		2005—2015 年样本行业所在区域政府领导人发言中涉及信息资源产业的词频数量
		2005—2015 年样本行业所在区域政府工作报告中涉及信息资源产业的词频数量
	社会环境	2005—2015 年样本行业所在区域政府工作报告中涉及信息资源产业的词频数量
		2005—2015 年样本行业所在区域政策中涉及生产要素（劳动力、土地、资本等）流动性的政策数量
		2005—2015 年样本行业所在区域人口中大专以上学历人口的数量
	技术环境	2005—2015 年样本行业所在区域科研机构数量
		2005—2015 年样本行业所在区域发表相关科研论文数量
		2005—2015 年样本行业所在区域发表相关著作数
		2005—2015 年样本行业所在区域规模以上工业企业研发投入
		2005—2015 年样本行业所在区域技术市场成交额
		2005—2015 年样本行业所在区域专利申请受理量

6.2.1 产业结构与产业发展

产业集中度是指在特定产业之内，生产要素投入和产出被少数大企业所控制的程度。这样，产业集中就不仅包括市场支配力或市场份额的集中，而且也包括劳动力、资本、技术、产量、利润等的集中。产业组织理论认为，产业结构非常重要，决定着市场行为，进而影响市场绩效。产业集中度是衡量市场结构状况的一个重要指标。因此，研究某行业的产业集中度，对该行业市场结构进行判断，进而分析这种市场结构对市场绩效的影响状况，具有重要的理论和现实意义。贝恩（1951）对产业集中度对于产业绩效的影响进行了研究，其研究结果表明随着产业集中度的提高，产业绩效表现将有所提高，此后，Mann（1966）的研究验证了贝恩的研究结论。同时，中国学者对中国产业集中度与产业绩效之间存在的明显的线性关系进行了研究。杨艳琳和李丽（2008）的研究表明，在我国房地产行业中，随着产业集中度的提高，产业绩效提升。

因此，本章将信息资源产业内的股份制公司视为一定规模以上的企业，将其作为研究对象，通过股份公司的数量、营业收入等指标，结合产业集中度 HHI 综合指数的测算方法来测度产业集中度，并验证其对产业发展的影响。基于上述对于产业集中度与产业绩效及产业发展关系的论述，本研究认为：

假设 1：在信息资源产业中，随着产业集中度的增加产业发展水平显著提升。

产业壁垒的概念最初是由贝恩（1956）提出的，其定义为"一个产业中原有企业相对于潜在进入企业的优势。这些优势体现在原有企业可以持续地使价格高于竞争水平之上而又不会吸引新的企业加入该产业上"。在一个具有垄断因素的市场定价模型中，存在着企业的市场力量，这种市场力量的存在又不会诱发进入，就表明了一个产业壁垒的存在。后来，芝加哥学派的代表人物斯蒂格勒（1996）从成本的角度进行了进一步的阐述："进入壁垒可定义为必须由一个寻求进入某产业的企业而不是由已经在该产业内的企业承担的（在一些或每个产量水平上的）生产成本。"这就将产业壁垒限定在影响潜在进入企业的需求和供给条件，从而对企业规模产生影响上。

Mann（1966）在研究产业壁垒与产业绩效之间的关系时，证明具有较高产业壁垒的产业的平均利润率要高于不具有高产业壁垒的产业的平均利润率。之后，基于对多种研究的分析，Weiss（1974）同样得出了利润、产业集中度和产业壁垒之间存在着显著正向关系的结论。而在我国学者张成君和肖丕楚（2005）的研究中，从降低产业过度竞争的角度进一步论证了产业壁垒对产业发展的正向的促进作用。

在本研究中，有关产业进入壁垒的探讨主要围绕其经济规模壁垒而展开，即信息资源产业中筹建企业的平均成本。在一般情况下，产业壁垒越强，进入壁垒越高，经济规模壁垒越强，一定程度上越能促进产业发展。本章将通过对信息资源产业中筹建企业的平均成本的衡量来验证其对产业发展的影响。具体来说，本研究认为：

假设 2：在信息资源产业中，随着产业壁垒的增强产业发展水平显著提升。

产业主体差异化是指某一产业中的企业在所有制、产业类型方面的差异化或多样化程度。从 SCP 的分析范式来看，企业的所有制结构会影响企业的治理机制，因此，多种所有制或类型的企业也就会在同一产业中形成对市场刺激的不同反应，从而提高市场的竞争性，进而影响产业的结构以及产业的行为，最终影响产业的绩效（孙早和王文，2011）。具体来看，在 20 世纪 90 年代以后，随着国有企业改革的全面展开，中国的产业所有制结构继续朝着“多元化”的方向演变。Jeferson 等人（2003）的经验研究显示，在 1949—1999 年的食品加工和纺织业中，因不同所有制类型企业的比重的变化，产业主体差异化不断增强，产业绩效不断得到改善；同时，周黎安等人（2005）的研究同样表明，产业所有制多样性的提高会对产业绩效产生显著的正向影响。

综上所述，产业主体差异化是研究产业结构与产业发展间关系必须涉及的指标之一，因此，本研究将信息资源产业中企业的差异化程度对于产业发展的影响作为本研究的研究重点之一。本章将通过对不同资本性质和不同登记注册类型的企业在整个产业中的比重的均衡程度来验证其对产业发展的影响。具体来说，本研究认为：

假设 3：在信息资源产业中，随着产业主体差异化的增强产业发展水平显著提升。

6.2.2 产业行为与产业发展

熊彼特认为，创新的本质是“产业突变”或“创造性破坏”，而“创造性破坏”是经济增长的根本动力（Schumpeter，1934）。自熊彼特创新理论诞生以来，创新的理论与实践在世界范围内取得了巨大成果，如国家创新体系、区域创新体系以及部门、产业、企业创新体系的构建越来越受到关注。熊彼特所讲的创新实际上就是现在我国舆论界流行的“产业化”概念。产业化实质上就是生产要素 的“新组合”，就是把技术创新成果转化为商品的过程，也就是产业创新的过程。因此，本研究的产业创新概念可以说与熊彼特的创新概念内涵是一致的。Freeman 等（1987，1997）指出产业创新是一个系统的概念，系统因素是产业创新成功的决定因素。因此，本研究认为产业创新是技术创新、产品创新、市场创新等的系统集成，是企业突破已结构化的产业的约束，运用技术创新、产品创新、市场创新或组合创新等来改变现有产业结构或创造全新产业的过程，正是熊彼特所说的“产业突变”或“创造性破坏”的过程（陆国庆，2002）。

大量的经验研究表明，创新与企业绩效以及企业竞争力显著正相关（Peters，2008），Peters（2008）对德国企业创新绩效进行了系统调查研究，基本结论是劳动生产率及其增长与产品创新显著正相关。我国学者陆国庆（2011）也以中小板上市公司为样本对产业创新对产业绩效的正向影响进行了验证。因此，本研究从信息资源产业专利研发情况、科研情况等 9 个方面对产业创新行为进行衡量，从而考察产业行为中产业创新行为对产业发展的影响，具体来说，本研究认为：

假设 4：在信息资源产业中，随着产业创新行为的增强产业发展水平显著提升。

产业包容度即产业内部的企业能够获得公平发展机会，产业内部人员能够享受平等的就业机会、经济待遇和福利体系的程度。良好的产业包容性，能够一定程度地提升产业内部竞争活力，提升从业人员的创造力。对于包容性，学者对其内涵和作用进行过探讨。Ali 和 Zhuang（2007）将包容性增长定义为一种能增加并平等获得机会的增长。当经济增长能创造出更多的经济机会，并且能保障社会全体成员特别是穷人能最大限度地公平地得到这些机会，参与到经济增长的过程中时，这种经济增长才是包容性增长。邱耕田（2011）认为包容性发展是指让全体社会成员都能公平合理地共享发展的权利、机会和成果的一种发展方式，共享性、公平性等是包容性发展的重要特征。因此，本研究认为，产业包容性体现的是产业内部的机会公平，机会公平受到产业结构的影响，对产业发展可能造成影响。

Barry（1999）通过对爱尔兰、西班牙、葡萄牙以及英国四个国家的产业包容性及产业结构的对比分析，指出产业包容在这些国家的经济结构趋同过程中起着重要的作用。Hunya（2002）对罗马尼亚制造业的产业包容性进行研究后发现，产业包容能够促进产业的发展。而国内的研究中，孔小文、王春明（2005）对广东省产业包容的特征进行了分析，并通过建立数量模型分析得出结论：产业包容对广东产业升级起到了积极的作用，其中，以第二产业为主，第三产业次之，第一产业最小。本研究基于上述理论基础，从外资投资比例、女性从业人员比例以及产业生存空间三个方面对产业包容性进行衡量，并且考察产业包容性对产业发展的影响，具体来说，本研究提出：

假设5：在信息资源产业中，随着产业包容行为的增强产业发展水平显著提升。

作为经济范畴的竞争，也就是市场竞争，通常是指在市场经济条件下，经济行为主体为了维护和实现自己的经济利益，采取各种自我保护和扩张行为的概括和抽象。而产业竞争行为是指产业内部企业的竞争行为。自从马歇尔主义被提出，学界对竞争和垄断的讨论从未停息，其中，不少学者认为竞争是产业发展的重要推力。产业竞争行为是复杂而多维的，学界的讨论相对丰富。波特（1980）在其著作《竞争战略》中提出的五力模型，通过同行业内现有竞争者的竞争能力、潜在竞争者进入的能力、替代品的替代能力、供应商的讨价还价能力、购买者的讨价还价能力来诠释竞争力。同时，竞争策略对竞争结果有着直接影响，而对产业整体来说，竞争行为越激烈，或许对产业发展越有正面作用，即产业结构会影响竞争程度，竞争程度会影响产业发展。

在市场经济中，没有竞争就无法实现资源的合理配置，市场调控经济运行只有在竞争前提下才是相对有效的。Vickers 和 Yarrow（1988）强调竞争不仅能促进资源配置效率，而且还作为激励机制发挥对效率的积极作用。竞争过程以及竞争结果能够以最经济的方式揭示信息，因而能够成为一种自然的和有用的激励机制。这种竞争过程提供了内部效率的激励，排除了低效率，并充当了对于配置效率有益的机制。同时，我国学者赵卓（2008）通过对网络型基础产业的研究发现产业竞争提升了产业绩效。本研究基于上述论证，从人均工资方面衡量产业的竞争水平，从而考察产业竞争行为对产业绩效的影响。具体来说，本研究提出：

假设6：在信息资源产业中，随着产业竞争行为的增强产业发展水平显著提升。

产业绩效变化既是产业集群演化的结果，也是产业集群调整行为的直观反映。产业会经历从成长到衰退的过程，产业代谢是把产业当作一个有机体，采用产业生命周期的视角对产业进行研究和分析。产业生命周期理论是在产品生命周期理论和企业生命周期理论的基础上形成的，它是指产业有从出生到成长、衰亡的过程，这一过程具有阶段性和规律性，不同产业在同一生命阶段具有相同或相似的厂商行为，同一产业在不同发展阶段厂商行为也会随之发生变化。Tichy认为考察一个产业的竞争力，需要将其置于一个相当长的发展周期中才适合，而这也是对产业生命周期规律的最直观的描述。波特（1998）认真分析了产业解体的原因之后，认为产业自萌芽后就处于一个动态演化的过程中，在这个过程中，随时可能因为外部威胁或者内部僵化而失去竞争力。

刘恒江、陈继祥（2004）认为产业竞争优势是一个产生和积累的过程：产业竞争力伴随产业集群的发展经历着一个竞争力初显、快速提升、巩固和下降的过程。鲁开根（2006）认为产业集群及其核心能力的动态发展呈现出一种生命周期的演化趋势。龚双红（2007）认为产业所具有的极强竞争力，主要来源于它的自组织能力，其自组织特性具有明显的自我形成、自我发展、自我进化的特征。张明龙等（2008）从综合竞争力的角度对产业生命周期进行分析，依据集群综合竞争力提出生命周期曲线理论。综上所述，本研究认为产业集群竞争力是一个不断发展的动态演进过程，产业集群竞争力及其生命周期相互促进、相互推动、共同发展。因此，本研究将从产业发展周期的角度考察产业代谢，并且探讨产业代谢对产业发展的影响。具体来说，本研究提出：

假设7：在信息资源产业中，随着产业代谢的增强产业发展水平显著提升。

6.2.3 产业环境与产业发展

产业环境是产业发展所处的环境。按SCP理论，公共政策作为“看得见的手”应该积极参与调整产业结构、产业行为和产业绩效。换言之，公共政策会对产业结构、产业行为和产业绩效造成巨大的影响。方维慰（2003）在对信息产业发展环境的研究中，认为产业环境的构成因素包含经济环境、政策法律环境、基础设施环境、科技人才环境和社会文化环境。结合相关研究，本研究对信息资源产业环境的分析结合了 PEST 分析框架，将产业环境分为经济环境、政治环境、社会环境和技术环境。

经济环境是指产业所处区域的整体经济环境。区域经济发展程度对于产业发展是至关重要的，区域经济环境与潜在市场规模和消费群体规模相关。Uzzi（1997）认为，嵌入产业网络会实现集群资源重新配置的帕雷托改进。如在意大利产业区，家庭和社会团体等产业组织为产业内部的中小企业提供了必要的资源，这些资源会对企业成长产生显著影响，并进一步提高产业绩效。因此，经济环境的作用不容忽视。良好的经济环境会造就软件产业的有利开端，同时也是软件产业绩效的重要决定力量。

学者们对区域经济环境与产业发展水平关系的问题已经有过较多探讨。刘佳刚等（2015）以国内 28 个省级行政区域作为研究对象，对 28 个区域内的 428 家战略性新兴产业上市公司的数据进行分析，发现区域经济规模对战略性新兴产业发展水平和发展效益影响最大。徐立等（2010）对中国陕西省苹果种植产业的产业竞争力与区域经济水平进行多元回归分析，同样得出经济实力与产业竞争力为正相关关系的结论。

综上所述，区域经济环境对信息资源产业发展有着重要的影响作用。结合相关研究，本研究将重点研究区域 GDP、区域国民可支配收入、区域经济结构因素、区域固定资产投资总额和区域社会消费品零售总额，同时考察区域经济环境对产业发展的影响。具体来说，本研究提出：

假设 8：在信息资源产业中，随着经济环境的改善产业发展水平显著提升。

政治环境，即区域内政府机构通过政策和法律对产业实施优惠、扶持、监管等行为的情况。在 SCP 理论的发展过程中，政治因素可以说是一个讨论的焦点，产业的发展必须与影响产业运行的政策、命令、公共立场和司法界限等相一致。政策和其他政治环境常常超出单个组织的控制范围，从而影响产业内部组织关系的类型，影响产业的绩效。

目前，政治环境对产业绩效的影响研究以定性分析居多，认为国家或地区政治环境是产业绩效的决定性要素，主导着产业的发展方向。某些国家的制度和法律会使产业网络变得对企业更有吸引力，为参与产业网络提供更多的机会和保障。政府干预市场的情况并不少见，学者们对政府干预的效果也有过诸多讨论。Mah（2007）对韩国政府出台的系列产业政策和韩国的整体经济情况进行分析，认为免税政策和减少干预的系列法律为企业带来了实质的经济利益，并让出口产业获得金融优势。但是政府过多强调部分战略性产业的发展也对韩国造成了不利影响，令资源和市场倾斜。张泽一等（2009）通过统计模型对政策强度与产业发展之间的关系进行了检验，认为在产业发展的扩展期，应尽量减少产业政策对产业发展的干预强度，使产业内各企业充分展开竞争，促进强势企业的发展，竞争性产业政策有助于产业竞争力的提升，促进产业的健康发展。刘光柱等（2012）通过对 2007 年 1 月到 2011 年 8 月中国汽车制造业销售数据和政策之间的关系进行研究，发现 2009 年后出台的系列促进汽车制造业发展的政策对汽车制造业的产量和效率有明显的促进作用。

综上所述，区域政治环境对信息资源产业发展有着重要的影响作用，结合相关研究，本研究将重点研究区域信息资源产业政策强度、决策强度等因素，同时考察区域政治环境对产业发展的影响。具体来说，本研究提出：

假设 9：在信息资源产业中，随着政治环境的改善产业发展水平显著提升。

社会环境是一个内涵十分丰富的概念，它不仅包括产业所在地区的各种社会和文化因素，而且包括各种相关的政治和制度因素。硅谷的成功经验表明，产业发展离不开良好的社会文化环境。蔡宁和刘志勇（2003）认为，正是这种环境推动了技术创新和制度创新的优势结合，促进了高新技术产业化，引发了新经济的诞生。因此，彭灿（2007）认为，产业集群是在社会、经济、技术和制度等因素的共同作用下形成的，它与产业集群的社会资本密切相关。

同时，也有许多学者关注社会环境对于产业发展的影响，例如：周异决等（2011）对高等教育与区域经济发展的互动关系进行分析，提出可以提高人力资本的水平，推动劳动生产率和科技的进步，从而促进区域经济的发展，且不同等级和类型的高等教育对经济发展的影响存在差异。徐春华等（2013）对省级行政区域居民消费水平、对外开放程度与产业结构升级的关系进行研究，发现居民消费对产业结构升级的作用机制随着经济发展水平的提高而呈现出从第二产业逐渐作用到第三产业的“高级化”变动态势，由此促使产业结构升级。对外开放程度的提高在总体上能对我国各地区间产业结构升级起到积极作用。周玉龙等（2015）对产业发展和人口集聚的关系进行分析，通过 2005 到 2011 年中国地级及以上城市的面板数据的回归分析，发现人口集聚效应总体上对非农劳动生产率有显著促进作用，但对第二产业的劳动生产率的影响并不明显，甚至为负值。第三产业则享受了更多集聚经济的好处。人口集聚并非越强越好，人口规模超过某个水平反而会抑制劳动生产率；不同规模城市的集聚效应略有差别，中小城市对集聚的好处更加敏感。

综上所述，区域社会环境对信息资源产业发展有着重要的影响作用，结合相关研究，本研究将重点研究区域开放程度、生产要素流动性和人口教育结构因素等，同时考察区域社会环境对产业发展的影响。具体来说，本研究提出：

假设 10：在信息资源产业中，随着社会环境的改善产业发展水平显著提升。

技术环境是指区域内部科研机构和科研成果情况，反映了该区域对科研创新的重视程度和区域科研活力。产业技术创新需要良好的创新环境，区域技术环境能够为产业创新提供土壤。

区域技术环境对产业创新会带来一定影响，对此学术界已经有不少学者进行过相关研究，Stuart（1998）认为，技术领域的竞争提高了市场的不确定性，特别是在那些技术创新非常迅速的产业中，并因此提高了产业的发展水平。Madhavan（1998）等同样发现，技术环境的变革为外围企业创造了获取产业网络中更加有利的地位的机会，这在一定程度上可以强化产业的经济绩效。吴金希等（2013）就区域研究机构推动产业创新的机理进行分析，认为工业技术研究院以产业共性技术和关键技术为研究对象，以推进先进技术的产业化和提升产业结构，在推动产业创新过程中能够起到杠杆作用、桥梁作用、填平“死亡之谷”的作用、完善创新体系的作用、抢抓机会窗口的作用。邢乐斌等（2015）对区域产业 R&D 环境满意度进行研究，并以我国中西部地区 IT 产业为例进行实证分析，经过研究发现，区域 R&D 资源开放与共享、技术成果交易市场完善程度与区域 IT 产业 R&D 环境满意度显著正相关，即区域 R&D 资源开放与共享程度越高、技术成果交易市场完善程度越高，IT 企业对 R&D 环境满意度越高。

综上所述，区域技术环境对信息资源产业发展有着重要的影响作用，结合相关研究，本研究将重点研究区域科研机构数量、区域技术成交额和区域专利申请受理量等因素，同时考察区域社会环境对产业发展的影响。具体来说，本研究提出：

假设 11：在信息资源产业中，随着技术环境的改善产业发展水平显著提升。

6.2.4　E-SCP 模型

市场结构、厂商行为及其对福利的影响一直是新古典经济学研究的核心内容之一。哈佛学派代表贝恩（Bain，1959）在《产业组织理论》一文中提出了结构决定行为和绩效的“结构、绩效两段论范式”。而后来，谢勒在贝恩所提出的市场结构与绩效两段论的基础上发展出了现在的 SCP 三段论理论范式，即结构、行为、绩效及其因果关系。具体来说，SCP 范式中心内容是，市场结构决定厂商行为，厂商行为决定经济绩效。其函数式表达为：

$$\pi_i = f(IC_i, IS_i, \cdots)$$

式中，π 代表厂商或产业的可盈利程度，i 代表产业，IC_i 为产业行为，IS_i 为产业结构。结构和行为的其他变量都可被纳入这一回归模型。早期学者根据该模型普遍认为，产业集中导致市场势力扩大时，垄断必然导致资源配置的低效和社会福利损失，因而整个产业的绩效可能不是最优的。相应地，SCP 范式在政策上明确主张，依靠政府来干预市场组织和厂商可能导致垄断行为，应保持高度竞争的市场结构，从而优化市场绩效。因此，基于 SCP 的研究范式，本研究提出：

假设 12：在信息资源产业中，产业结构对于产业发展水平有正向的影响，并且，产业行为对于这一影响起到中介作用。

同时，基于刘广生和吴启亮（2011）的研究，环境因素会对 SCP 的影响过程产生调节作用，因此，本研究认为在信息资源产业中产业环境也会对产业发展造成影响。包括政治因素、经济因素、技术因素、社会因素在内的产业环境会影响产业发展，因此，本研究将产业环境（environment）作为重要的影响因素加入 SCP 模型中，形成 E-SCP 模型，在此模型的理论背景下，本研究提出：

假设 13：在信息资源产业中，产业环境对于产业结构与产业发展水平之间的关系起到正向的调节作用。

6.3 产业发展指数影响因素与产业发展指数

本研究依据信息资源产业发展指数的得分情况，将指数在 25 分以下的产业归为低产业绩效产业，得分在 25～50 分的产业归为中等产业绩效产业，得分在 50 分以上的产业归为高产业绩效产业。以此为标准将全部有效样本进行分类，然后依次考察位于不同区间的产业在产业结构、产业行为以及产业环境方面的差异。

6.3.1 产业结构与产业发展指数

表 6-3 列出了不同产业不同产业发展指数区间上市公司在产业结构各项指标方面的平均值。

表 6-3　不同产业发展指数区间上市公司在产业结构各项指标方面的差异

	低产业绩效产业	中等产业绩效产业	高产业绩效产业
产业集中度	0.08	0.09	0.03
产业进出壁垒	0.12	0.14	0.12

续前表

	低产业绩效产业	中等产业绩效产业	高产业绩效产业
产业主体差异化	4.13	4.68	5.06
样本量	6 893	15 750	6 187

注：低产业绩效产业为产业得分 0～25 的产业，中等产业绩效产业为产业得分 25～50 的产业，高产业绩效产业为产业得分 50 以上的产业。

从表 6－3 中可以看出产业结构的三项指标与产业绩效之间具有较为明显的相关关系。其中，在产业集中度方面，可以看出随着产业发展水平不断提高，产业集中度先提升后下降，呈现倒 U 形特征。这表示在产业绩效水平较低时，产业集中度的提升可以有效整合产业资源，提升产业效率，即产业集中度与产业绩效存在正向关系；而当产业绩效水平较高时，产业发展较为成熟，此时产业集中度的提升会导致产业竞争的下降从而降低产业绩效，即产业集中度与产业绩效存在负向关系。

在产业进出壁垒方面，可以看出与产业集中度的情况类似，随着产业发展水平不断提高，产业壁垒先提升后下降，呈现倒 U 形特征。这表示在产业绩效水平较低时，产业壁垒的提升可以对产业起到保护的作用，从而提高产业效率，即产业壁垒与产业绩效存在正向关系；而当产业绩效水平较高时，产业发展较为成熟，此时产业壁垒的提升会导致产业竞争的下降从而降低产业绩效，即产业壁垒与产业绩效存在负向关系。

在产业主体差异化方面，随着产业绩效的提高，产业主体差异化不断增强，由此可以看出产业主体差异对于产业绩效的正向促进作用。可能原因就是产业主体差异化的增强使得产业细分更加成熟，产业内部恶性竞争减少，从而提高了产业效率以及产业发展水平。

6.3.2　产业行为与产业发展指数

表 6－4 列出了不同产业发展指数区间上市公司在产业行为各项指标方面的平均值。

表 6－4　　不同产业发展指数区间上市公司在产业行为各项指标方面的差异

	低产业绩效产业	中等产业绩效产业	高产业绩效产业
产业创新	6.42	6.93	7.70
产业包容	5.63	6.10	6.15
产业竞争	13.76	12.58	13.37
产业代谢	9.57	10.37	10.31
样本量	6 893	15 750	6 187

从表6-4中可以看出产业行为的四项指标与产业绩效之间具有较为明显的相关关系，其中，在产业创新方面，随着产业绩效的提高，产业创新水平不断提高，由此可以看出产业创新对于产业绩效的正向促进作用。可能原因就是产业创新的增强使得产业价值不断提升，同时，创新价值的外溢也进一步提升了产业效率，从而促进了产业发展水平。

在产业包容方面，随着产业绩效的提高，产业包容水平不断提高，由此可以看出产业包容对于产业绩效的正向促进作用。可能原因就是随着产业包容性的增强产业竞争越发公平，同时产业的多元化也提升了，这提升了产业的成熟度，促进了产业发展水平。

在产业竞争方面，随着产业绩效的提高，产业竞争水平先下降后提升，呈现U形的特征。当产业绩效表现较弱时，产业仍处于初期发展阶段，此时可能产业竞争的提升会降低产业规模扩张的速度，从而降低产业效率的增长；而当产业发展水平较高时，提高产业竞争可以推动产业不断进步，从而进一步提升产业发展水平。

在产业代谢方面，随着产业绩效的提高，产业代谢不断升级，但是在产业发展水平较高的情况下，产业代谢的作用降低。这可能是因为随着产业逐渐成熟，产业结构越来越稳定，此时产业代谢所带来的红利也会下降，因此，当产业绩效水平较高时产业代谢对产业发展的影响减弱。

6.3.3 产业环境与产业发展指数

表6-5列出了不同产业发展指数区间上市公司在产业环境各项指标方面的平均值。

表6-5 不同产业发展指数区间上市公司在产业环境各项指标方面的差异

	低产业绩效产业	中等产业绩效产业	高产业绩效产业
经济环境	20.30	18.07	19.82
政治环境	77.66	81.38	81.68
社会环境	14.23	19.95	19.46
技术环境	94.43	95.26	95.61
样本量	6 893	15 750	6 187

从表6-5可以看出，在经济环境方面，随着产业发展水平的提升，经济环境先下降后上升。这可能是由于在经济环境较好的情况下，产业需求较为旺盛，产业

增长迅速，但也有可能一味追求规模而忽视效率使得发展水平较低，而当经济环境增长较平缓的时候，产业更加有动力在效率方面进行改进，因此，形成经济环境对产业发展的 U 形的影响。在政治环境方面，随着当地政府对产业的重视与支持程度的提升，产业发展水平不断提升，这也符合我国产业发展较为依仗政府产业政策的现实情况。在社会环境方面，当产业发展水平较低时，社会环境对产业绩效有正向的影响，而当产业发展较为成熟时，社会环境对于产业发展的影响减弱。对于技术环境而言，随着技术环境不断提升，产业绩效不断增强，由此也可以看出技术环境对于信息资源产业发展的重要性。

6.4　总体指数多元回归分析（产业结构、产业行为、产业环境与产业发展指数）

本节通过多元回归分析来进一步讨论产业发展水平的影响因素。依据 6.2 节的分析框架，本研究将影响因素划分为产业行为、产业结构和产业环境三类，基本的回归分析模型如下：

$$IP=\beta_0+\beta_1 IS+\beta_2 IC+\beta_3 IE+\beta_4\sum Year+\beta_5\sum Industry+\varepsilon$$

上式中的被解释变量是信息资源产业的产业发展指数，被解释变量是包含多个指标的三类影响因素。在这里，本研究关心的是各类因素中不同指标的估计系数，采用 OLS 方法来对面板数据进行多元回归分析。回归结果见表 6-6。

表 6-6　产业发展指数影响因素回归结果

变量名称	(1)	(2)	(3)	(4)	(5)
	产业行为	产业结构	产业环境	逐步回归	全体变量
产业创新	0.068**			0.077**	0.078**
	(19.348)			(10.682)	(10.741)
产业包容	0.049**			0.059**	0.060**
	(14.310)			(13.471)	(13.500)
产业竞争	0.103**			0.136**	0.136**
	(24.694)			(23.303)	(21.979)
产业代谢	0.080**			0.107**	0.108**
	(21.987)			(22.210)	(22.319)
产业集中度		0.003		0.014**	0.014**
		(0.892)		(3.389)	(3.383)
产业进出壁垒		0.024**		0.020**	0.019**
		(7.234)		(4.533)	(4.498)

续前表

变量名称	(1)	(2)	(3)	(4)	(5)
	产业行为	产业结构	产业环境	逐步回归	全体变量
产业主体差异化		0.098**		0.020**	0.019**
		(28.947)		(3.076)	(2.999)
经济环境			0.083**	0.051**	0.052**
			(15.125)	(9.707)	(9.476)
政治环境			0.015**		0.011*
			(2.847)		(2.241)
社会环境			0.057**	0.019**	0.025**
			(10.469)	(4.016)	(4.594)
技术环境			0.039**	0.040**	0.040**
			(8.098)	(6.998)	(7.104)
年份	控制	控制	控制	控制	控制
行业	控制	控制	控制	控制	控制
样本量	28 830	28 830	28 830	28 830	28 830
R^2	0.641	0.672	0.462	0.692	0.702

注：* 表示在 5%的水平下显著；** 表示在 1%的水平下显著。

表 6-6 中列出了各种回归运算的结果。列（1）表示产业发展指数对产业行为的回归结果；列（2）表示产业发展指数对产业结构的回归结果；列（3）表示产业发展指数对产业环境的回归结果；列（4）表示在 1%显著水平下对所有变量逐步回归的结果；列（5）表示全部变量进入回归方程的计算结果。其中，列（4）采用逐步回归的方式，把所有变量放入回归方程，逐步剔除在 1%水平上不显著的变量，可以得到影响产业发展指数的重要变量。

从产业结构方面来看，产业进出壁垒和产业主体差异化均对信息资源产业的发展水平有显著的正向影响，同时，这一影响在逐步回归和全体变量的回归中同样显著，但是对于产业集中度来说，在仅有产业结构三个变量的回归中，产业集中度不显著，但是在总体的回归结果列（4）和列（5）中显著。这可能是由于产业集中度与产业发展水平相关度较弱，需要控制产业行为或产业环境的因素才能体现出其作用，因此，回归的结果验证了本研究的假设 2 和假设 3，且部分验证了假设 1。也可以看出，产业主体差异化的影响最大，产业进出壁垒的影响次之，产业集中度的影响较小。这可能是由于我国信息资源产业中产业进出壁垒和产业集中度在细分行业和地区之间差异较小，这也体现出我国信息资源产业发展相对公平。

从产业行为方面来看，产业创新、产业包容、产业竞争和产业代谢均对信息资源产业的发展水平有显著的正向影响，同时，这一影响在逐步回归和全体变量的回归中同样显著，展现出了产业行为对于产业发展的影响较为稳健，因此也证实了本研究的假设 4、5、6、7 成立。也可以看出，产业竞争行为的影响最大，产业代谢行为次之，产业创新行为和产业包容行为影响较小。由此也可以看出我国信息资源产业的发展还不太成熟，产业竞争行为对产业绩效影响较大，创新和公平性提升的效果没有明显展现出来。

从产业环境方面来看，经济环境、政治环境、社会环境和技术环境均对信息资源产业的发展水平有显著的正向影响，但是，政治环境的影响在逐步回归和全体变量的回归中不显著。因此，实证回归的结果证实了本研究的假设 8、10、11 成立，而仅能部分支持假设 9。主要原因可能是由于我国政治环境对产业的影响可能与市场因素的影响有相交部分，因此，当多变量一起回归时政治环境的影响通过其他变量展现出来了，从而使回归结果不显著。也可以看出，经济环境的影响最大，技术环境次之，社会环境影响较小。由此可以看出我国信息资源产业的发展较大程度上依赖经济发展状况。这主要是由于信息资源产业有很大部分为服务业、中介业等产业，因此产业的需求受经济影响较大，也就使得经济环境的变动对产业发展影响较大。

为了进一步验证在信息资源产业中的 E-SCP 模型，本研究首先验证产业行为对产业结构与产业发展关系的中介作用，回归步骤及方程如下：

$$IP=\beta_0+\beta_1 IS+\beta_2 \sum Year+\beta_3 \sum Industry+\varepsilon$$

$$IP=\beta_0+\beta_1 IC+\beta_2 \sum Year+\beta_3 \sum Industry+\varepsilon$$

$$IC=\beta_0+\beta_1 IS+\beta_2 \sum Year+\beta_3 \sum Industry+\varepsilon$$

$$IP=\beta_0+\beta_1 IS+\beta_2 IC+\beta_3 \sum Year+\beta_4 \sum Industry+\varepsilon$$

然后，验证产业环境对产业结构与产业发展的调节作用，回归模型如下：

$$IP=\beta_0+\beta_1 IS+\beta_2 IE+\beta_3 IE\times IS+\beta_4 \sum Year+\beta_5 \sum Industry+\varepsilon$$

最终，完成对 E-SCP 模型的验证。具体的回归结果如表 6－7。本研究通过列（1）、（2）、（4）的结果验证产业行为的中介作用，再通过列（5）的结果验证产业环境的调节作用。

表 6－7　　产业发展 E-SCP 模型回归结果

变量名称	(1)	(2)	(3)	(4)	(5)
	产业绩效	产业绩效	产业行为	产业绩效	产业绩效
产业结构	0.095**		0.303**	0.036**	0.099**
	(21.516)		(54.038)	(8.009)	(21.151)
产业行为		0.206**		0.195**	
		(47.998)		(43.357)	

续前表

变量名称	(1)	(2)	(3)	(4)	(5)
	产业绩效	产业绩效	产业行为	产业绩效	产业绩效
产业环境					0.025**
					(5.07)
产业环境的调节作用					0.099**
					(21.151)
年份	控制	控制	控制	控制	控制
行业	控制	控制	控制	控制	控制
样本量	28 830	28 830	28 830	28 830	28 830
R^2	0.455	0.487	0.121	0.488	0.455

注：** 表示在1%条件下显著。

从表6－7中列（1）、（2）的结果可以看出，产业结构和产业行为均对产业发展有显著的正向作用，从列（3）的结果中可以看出产业结构对产业行为有显著的正向影响，而从列（1）、（4）的结果中可以看出，当产业行为进入产业结构与产业发展的回归方程之后，产业结构的回归系数明显变小（0.303变为0.036），但仍然是显著的正向影响。由此可见，产业行为对于产业结构与产业发展的关系存在部分中介作用，从而验证了假设12，即在我国信息资源产业中，存在SCP模型的影响机制。其次，从列（5）中的结果可以看出，产业结构对产业发展存在显著的正向影响，且产业结构与产业环境的交叉项（即产业环境的调节作用）的系数也显著为正，说明产业环境对产业结构与产业发展的影响存在正向的调节作用，从而验证了假设13，即证明了在我国信息资源产业中，存在E-SCP模型的影响机制。

6.5 分项指标多元回归分析

为了进一步检验以上因素对于产业发展分项指标的影响，本研究建立了四个回归分析模型：

$$\mathrm{IVAL}=\beta_0+\beta_1\mathrm{IS}+\beta_2\mathrm{IC}+\beta_3\mathrm{IE}+\beta_4\sum\mathrm{Year}+\beta_5\sum\mathrm{Industry}+\varepsilon$$

$$\mathrm{IGRT}=\beta_0+\beta_1\mathrm{IS}+\beta_2\mathrm{IC}+\beta_3\mathrm{IE}+\beta_4\sum\mathrm{Year}+\beta_5\sum\mathrm{Industry}+\varepsilon$$

$$\mathrm{IEFC}=\beta_0+\beta_1\mathrm{IS}+\beta_2\mathrm{IC}+\beta_3\mathrm{IE}+\beta_4\sum\mathrm{Year}+\beta_5\sum\mathrm{Industry}+\varepsilon$$

$$\mathrm{ICTB}=\beta_0+\beta_1\mathrm{IS}+\beta_2\mathrm{IC}+\beta_3\mathrm{IE}+\beta_4\sum\mathrm{Year}+\beta_5\sum\mathrm{Industry}+\varepsilon$$

上式中，被解释变量分别为产业发展水平中的产业价值指数、产业增长指数、产业效率指数和产业贡献指数。解释变量包含产业结构、产业行为和产业环境三个方面多个指标，具体指标以之前的回归方程为基础确定。采用OLS方法对每个分项指标与相关解释变量之间进行多元回归分析，回归结果见表6－8。

表 6-8　　产业发展分项指标影响因素的多元回归结果

变量名称	(1)	(2)	(3)	(4)
	产业价值	产业增长	产业效率	产业贡献
产业创新	0.292**	−0.016**	0.079**	0.125**
	(53.062)	(−2.979)	(10.859)	(15.802)
产业包容	0.088**	0.017**	0.059**	0.018**
	(26.422)	(5.145)	(13.357)	(3.802)
产业竞争	−0.025**	0.037**	−0.007	0.679**
	(−5.273)	(8.196)	(−1.217)	(101.441)
产业代谢	0.020**	−0.019**	0.094**	0.136**
	(5.416)	(−5.448)	(19.702)	(25.931)
产业集中度	0.003	−0.001	0.037**	−0.048**
	(0.823)	(−0.457)	(8.957)	(−10.416)
产业进出壁垒	0.001	0.008**	0.025**	0.009
	(0.032)	(2.566)	(5.801)	(1.989)
产业主体差异化	0.611**	0.026**	0.003	0.003
	(126.417)	(5.52)	(0.493)	(0.385)
经济环境	0.019**	0.018**	0.063**	0.017**
	(4.479)	(4.45)	(11.415)	(2.853)
政治环境	−0.002	0.002	0.013*	0.001
	(−0.611)	(0.403)	(2.496)	(−0.055)
社会环境	0.027**	−0.019**	0.026**	0.042**
	(6.474)	(−4.737)	(4.67)	(7.031)
技术环境	0.060**	−0.006	0.064**	0.046**
	(14.027)	(−1.398)	(11.308)	(7.524)
年份	控制	控制	控制	控制
行业	控制	控制	控制	控制
样本量	28 830	28 830	28 830	28 830
R^2	0.712	0.728	0.501	0.401

注：* 表示在 5%的水平下显著，** 表示在 1%的水平下显著。

由表 6-8 可知，从拟合优度来看，各个解释变量对四项分项指标的解释水平都比较高，这也证明了自变量的选择比较准确。其中，对产业增长指数的解释力度最大，对产业贡献的解释力度最小。这说明解释变量对信息资源产业增长的解释程度最强，而对产业贡献的解释程度较弱。这可能是因为产业贡献还需要考虑整个区域经济状况的对比。同时，在解释变量中产业行为的三项指标对产业发展的四个分项指标的影响全部显著，这也说明产业行为在信息资源产业的发展水平方面起到了十分重要的作用。

产业价值方面受到产业创新能力与产业主体差异化的影响较大，这也可以看出现阶段增强整个产业的创新与多元化水平对我国信息资源产业价值提升的重大意义。而产业集中度、产业进出壁垒和政治环境对产业价值的影响均不显著。这几项指标的不显著可能是由于在对所有变量进行回归时，这些变量通过其他变量（产业行为变量）对因变量产生作用，因此，这些变量本身的回归系数不显著。

产业增长方面受到产业竞争行为和产业主体差异化的影响较大。由此可见，在信息资源产业中产业竞争可以有效激发产业的发展潜力，同时，产业主体的多元化也可以促进产业的增长。需要指出的是，在对产业增长的回归结果中，产业创新行为、产业代谢行为和社会环境的系数为负向显著，这可能是由于产业创新、产业代谢以及社会环境等因素都会消耗一定的资源，从而对当前产业的增长状况产生一定影响。但是，这几项指标对于其他几项产业发展指标都是正向显著的，由此也可以看出这几项指标的提高对于产业的长远发展仍是十分重要的。

产业效率方面受到产业创新、产业代谢行为和技术环境的影响较大。这也比较符合预期，即产业的技术创新会不断提升产业效率。而产业竞争行为与产业主体差异化对产业效率的影响不显著。这可能是因为产业中企业的竞争与主体的差异导致产业创新难以扩散，从而难以整体提高产业效率。同时，结合产业增长的影响因素来看，产业效率的影响因素与产业增长的因素刚好相反，这也说明了在产业发展过程中，可能在短期内会面临产业增长与产业效率的权衡取舍问题。

产业贡献方面受到产业竞争行为和产业代谢行为的影响较大。这也验证了坚持产业的市场化与产业的调整升级的重要性，一定程度上支持了政府在信息资源产业发展方面的思路。同时，需要注意的是产业集中度对产业贡献有显著的负向影响。这可能是由于信息资源产业的发展受产业创新、代谢、市场化竞争的影响较大，当产业集中度较高时会影响产业内部的自由竞争及产业的创新，从而影响产业对区域的贡献。

在此基础上，为了进一步考察信息资源产业中 E-SCP 模型的作用机制，本研究分别以产业价值、产业增长、产业效率以及产业贡献为因变量考察 E-SCP 模型对产业发展的分项指标的影响。回归的结果见表 6－9、6－10、6－11、6－12。

表 6－9　产业价值 E-SCP 模型回归结果

变量名称	(1)	(2)	(3)	(4)	(5)
	产业价值	产业价值	产业行为	产业价值	产业价值
产业结构	0.469**		0.303**	0.359**	0.508**
	(88.397)		(54.038)	69.811	91.172
产业行为		0.472**		0.363**	
		(89.077)		70.601	
产业环境					0.001
					−0.014

续前表

变量名称	(1)	(2)	(3)	(4)	(5)
	产业价值	产业价值	产业行为	产业价值	产业价值
产业环境的调节作用					0.121**
					21.542
年份	控制	控制	控制	控制	控制
行业	控制	控制	控制	控制	控制
样本量	28 830	28 830	28 830	28 830	28 830
R^2	0.214	0.217	0.121	0.330	0.227

注：** 表示在 1%的水平下显著。

表 6－10　　产业增长 E-SCP 模型回归结果

变量名称	(1)	(2)	(3)	(4)	(5)
	产业增长	产业增长	产业行为	产业增长	产业增长
产业结构	0.016**		0.303**	0.011**	0.013**
	(5.167)		(54.038)	3.234	3.805
产业行为		0.022**		0.018**	
		(6.884)		5.580	
产业环境					0.003
					0.991
产业环境的调节作用					−0.011**
					3.270
年份	控制	控制	控制	控制	控制
行业	控制	控制	控制	控制	控制
样本量	28 830	28 830	28 830	28 830	28 830
R^2	0.726	0.726	0.121	0.726	0.726

注：** 表示在 1%的水平下显著。

表 6－11　　产业效率 E-SCP 模型回归结果

变量名称	(1)	(2)	(3)	(4)	(5)
	产业效率	产业效率	产业行为	产业效率	产业效率
产业结构	0.085**		0.303**	0.053**	0.093**
	(19.661)		(54.038)	11.943	20.428
产业行为		0.119**		0.103**	
		(27.818)		22.950	
产业环境					0.044**
					9.282
产业环境的调节作用					0.028**
					6.106
年份	控制	控制	控制	控制	控制
行业	控制	控制	控制	控制	控制
样本量	28 830	28 830	28 830	28 830	28 830
R^2	0.483	0.489	0.121	0.492	0.485

注：** 表示在 1%的水平下显著。

表 6-12　　产业贡献 E-SCP 模型回归结果

变量名称	(1)	(2)	(3)	(4)	(5)
	产业贡献	产业贡献	产业行为	产业贡献	产业贡献
产业结构	0.115**		0.303**	−0.027**	0.114**
	(19.627)		(54.038)	(−4.927)	18.363
产业行为		0.462**		0.470**	
		(87.847)		(85.236)	
产业环境					−0.021**
					−3.216
产业环境的调节作用					0.005
					−0.733
年份	控制	控制	控制	控制	控制
行业	控制	控制	控制	控制	控制
样本量	28 830	28 830	28 830	28 830	28 830
R^2	0.034	0.228	0.121	0.229	0.034

注：** 表示在1%的水平下显著。

从上述 4 个表中可以看出，产业发展的四项分项指标的回归结果中列（1）、（2）、（3）、（4）的结果均满足中介效应的回归要求，即存在 SCP 模型的影响机制。其中，值得关注的是产业贡献的回归中，将产业行为加入产业结构的回归方程之后产业结构的回归系数由正变负。这可能是由于在对产业贡献的影响中，主要是由产业行为发生作用，而产业结构本身对产业贡献的影响较小。同时还存在对产业贡献负向影响的因素。尽管如此，正向影响的因素仍远大于负面的影响。从列（5）的结果也可以看出产业环境对产业价值、产业增长与产业效率的调节作用成立，而对于产业贡献没有调节作用。这可能是由于产业贡献除受到产业本身影响外，还受到如区域产业规模对比等外生变量的影响，因此，产业环境的效果难以展现出来。同时，在对产业增长的回归模型中，产业环境是负向的调节作用，说明产业环境会减弱产业结构对于产业增长的影响，这可以理解为对于产业增长而言，由产业集中度、产业进出壁垒等带来的红利可能会由于产业环境的改进而减少，因此，长期来看，依仗产业集中度、产业进出壁垒等带来的产业增长是难以持续的。

6.6　政策建议

本章通过构建 E-SCP 模型，探讨产业结构、产业环境与产业发展水平三者之间关系，并且通过描述性统计分析与回归分析方法对假设进行验证，最终，我们在验证了本章提出的 13 个假设的同时，对我国信息资源产业发展的现状及未来发展方向进行了分析。这对于评价我国信息资源产业发展现状以及对信息资源产业的发展建设方面，具有一定意义和价值。

第一，产业结构对产业发展具有显著影响。根据产业结构、产业环境与产业行为的回归分析结果来看，产业结构中的产业集中度、产业进出壁垒和产业主体差异化程度均可以有效改善产业行为，从而促进产业发展水平。同时，也应当特别注意描述性统计中，产业集中度与产业进出壁垒的影响机制。产业集中度（或产业进出壁垒）的提升可以有效整合产业资源，提升产业效率，即产业集中度与产业绩效存在正向关系；而当产业绩效水平较高时，产业发展较为成熟，此时产业集中度（或产业进出壁垒）的提升会导致产业竞争的下降从而降低产业绩效，即产业集中度与产业绩效存在负向关系。因此，应当升级产业结构，从而提升产业在创新、包容、竞争等方面的表现，但是，也应当注重在不同产业发展阶段制定不同的产业发展策略。具体来说，应谨慎对待产业进出壁垒的设置，依据产业发展不同阶段的特性，从产业链或者价值链角度以优化资源配置为主要目标，细分信息资源产业的产业发展阶段：在产业的发展初期适当提升产业的集中度，避免由重复建设而造成资源浪费；在产业发展较为成熟的阶段促进自由竞争，提升产业效率，放开进入规制，加强自由竞争，在企业行为上加强监管，通过分区分段实施不同的规制和监管方式来实现市场的有效竞争。

第二，产业主体差异化对于提升产业发展水平的作用尤其明显。在描述性统计中可以看出产业主体差异化与产业发展水平的相关性。随着产业绩效的提高产业主体差异不断增强，由此可以看出产业主体差异对于产业绩效的正向促进作用。而在多元回归的结果中，这一结果更加明显，产业主体差异化的回归系数明显大于产业结构中产业集中度与产业进出壁垒的回归系数，从而说明了产业主体差异化在产业发展水平提升过程中的重要作用。其原因可能在于产业主体差异性的增强使得产业细分更加成熟，产业内部恶性竞争减少，从而提高了产业效率以及产业发展水平。因此，应当进一步推进产权机制改革，引入民间资本，优化产权结构。通过分层次、分阶段推进产权改革，逐步形成多种所有制并存的产权结构。借鉴国外改革的经验，一方面，对一些行业中的国有企业进行股份制改造，以经营权和所有权形式引入非国有资本，建立利益激励机制和投资风险约束机制，形成所有者与经营者之间相互制衡、激励与监督有效结合的治理机制；另一方面，考虑到市场经济体制的建设需要注重对外资的引进，积极引导外资投入信息资源产业的建设中，提升产业的主体差异化，从而有效提升产业发展水平。

第三，不同产业行为会导致产业发展方向不同。从回归的结果中可以看出，产业行为对于产业的发展具有明显的促进作用，即产业创新、产业竞争、产业包容以及产业代谢等行为会有效地促进产业的发展。但是，从对产业增长及产业效率的回归中可以看出，产业的竞争行为可以促进产业的增长，而产业的创新行为会导致短期内产业增长放缓。相反，产业创新行为会促进产业的效率，从而实现产业长期发展，但是，产业竞争行为对产业效率没有影响。因此，当社会资源有限的时候，就应当权衡好产业增长与产业效率的关系，协调好产业短期增长与长期发展的关系，确保产业平稳、高效发展。通过对产业增长与产业效率的回归可以看到，短期内产业增长和产业效率可能存在完全不同的影响因素，因此，在短期内需要权衡是通过引进多种经营主体促进产业竞争还是提升产业创新水平。一方面，在产业发展初期，应当积极鼓励产业多元化，鼓励企业进入，促进产业的竞争，从而提升产业增长水平，实现短期内产业的快速增长，促进产业积累，增强产业规模；另一方面，在产业发展到一定规模时，应该更加注重促进产业创新，借助前期积累的产业规模效应，积极提升产业创新水平，提高产业效率，从而在长期中增强产业的发展水平。

第四，产业环境的改善有助于提高产业发展水平。通过回归结果我们可以看出，经济环境、政治环境、社会环境和技术环境均对信息资源产业的发展水平有显著的正向影响。同时，产业环境还会对产业结构、产业行为对产业发展的影响起到重要的调节作用。这也说明产业环境的表现将影响产业发展的整个作用机制，如果产业发展环境较好，则在产业结构方面进行的改革会事半功倍，但如果产业发展环境较差，则可能会导致在产业结构方面做出的调整无法真正改变产业的发展状况。因此，地方政府应当注重产业环境改善，积极扩大产业需求，大力拓展新兴领域，以创新带动产业转型升级。一方面，要加大提升区域整体的经济水平，为信息资源产业提供有效的需求，同时，在提升经济水平的基础上完善区域的社会环境，虽然这可能会一定程度上牺牲区域内产业的短期增长水平，但是可以有效提升产业效率，从而增强产业的发展潜力；另一方面，创造良好的技术创新环境，鼓励企业加快业务模式和服务模式创新，与产业链上游的企业重点行业领域进行深度合作，由传统“卖信息资源”的模式逐步向提供综合信息资源服务转型，着力提升服务“两化”融合的能力和水平，从而为信息资源产业的发展提供良好的产业环境，提升产业结构升级的效果，实现产业的持久发展。

第五，政治环境通过产业结构及产业行为的路径影响产业发展。虽然，从回归结果中可以看出，政治环境对信息资源产业的发展水平有显著的正向影响，但是，政治环境的影响在逐步回归和全体变量的回归中不显著。主要原因可能是我国政治环境对产业的影响与市场因素的影响有相交部分，因此，当多变量一起回归时政治环境的影响通过其他变量展现出来了，从而使政治环境变量本身的回归结果不显著。因此，应当丰富政治环境的作用渠道，改进政策导向的作用机制，积极探索开放公共信息资源商业模式。从回归结果中可以看出，政治环境对产业的影响基本被其他变量所代表，因此，本研究需要拓宽政府对产业作用的途径。在我国，公共部门掌握了大量公共信息资源和内容，但对社会开放利用程度不高，提供的一些公共数字内容服务也存在部门内部化现象。只有开放一些公共部门的信息和内容，才能为信息资源企业提供数字化转换和增值利用的机会，增加社会内容供应，从而丰富我国信息资源产品。在美国和欧盟国家，政府根据各国产业发展背景积极推进公共信息资源的商业再利用，我国可以借鉴它们的公共信息资源产业化模式，建立一套适合我国的公共信息资源再利用商业模式，从而推动我国信息资源产业发展，进而推动我国信息社会进程。

6.7　本章小结

根据 E-SCP 理论，本研究认为：产业结构决定产业行为，产业行为决定产业发展水平，即产业行为对产业结构与产业发展的关系有中介作用；同时，产业环境对产业结构和产业发展的关系有着调节作用。产业结构包含产业集中度、产业进出壁垒和产业主体差异化，产业行为包含产业创新、产业代谢、产业包容和产业竞争，产业环境包含经济、政治、社会和技术四方面内容。本章旨在通过回归模型的建立，对信息资源产业中的 E-SCP 模型的影响机制进行验证。

首先，本章通过对前人文献的梳理确立了研究变量的衡量指标，在此基础上得到了产业行为、产业结构以及产业环境三项影响因素的 11 个变量。其次，通过文献综述的方法提出验证 E-SCP 模型的 13 项假设，并在此基础上设计多元回归模型。再次，应用 OLS 的回归方法对得到的面板数据进行回归，回归结果验证了除第 9 条假设外的所有的假设，从而基本证实了信息资源产业中 E-SCP 模型的作用机制。同时，本研究还进一步考察了产业发展的四个分项指标的 E-SCP 模型，结果显示各分项指标的主要影响因素各不相同，这也为本研究的政策权衡提出了要求。最后，本研究根据回归结果提出了相应的政策建议。

第7章　信息资源产业地理区域集中度分析

产业集聚是指在产业的发展过程中，处在一个特定领域内的相关企业或机构，由于相互之间的共性和互补性等特征而紧密联系在一起，形成一组在地理上集中的相互联系、相互支撑的产业群的现象。这些产业基本上处在同一条产业链上，彼此之间是一种既竞争又合作的关系，呈现横向扩展或纵向延伸的专业化分工格局，通过相互之间的溢出效应，使得技术、信息、人才、政策以及相关产业要素等资源得到充分共享，集聚于该区域的企业因此而获得规模经济效益，进而大大提高整个产业群的竞争力。从经验来看，我国信息资源产业总体表现为东部沿海地区发展迅猛，而中西部地区较为落后，大量的人力、物力等资源集中在沿海地区。而信息资源产业作为新世纪国民经济发展的主要方向，这种产业布局不利于我国实现共同富裕的发展目标。本章根据前期的研究成果，将信息资源产业分为93个细分行业，通过E-G指数公式对各个细分行业的集聚情况进行计算，以此来判断行业在地理区域上的分布趋势，为行业的空间优化提供必要的借鉴。

7.1　产业集聚程度基本理论

产业集聚理论最早可追溯到英国经济学家兼社会学家韦伯（Weber，1929）于20世纪30年代提出的“经济集聚”概念，起初是用于地理概念的相关探讨，并未深入到经济学的分析。此后，Losch等（1956）对该理论进行了更加深入的研究，到马歇尔时代产业集聚理论才初具雏形。马歇尔作为产业集聚理论的奠基者，将“专业化”与“外部经济性”等概念首次引入产业集聚理论，认为“区域竞争的优势不是来自于单个企业，而是来自于企业之间的合作”（马歇尔等，1965)。英国经济学家迈克尔·波特在 20 世纪 90 年代提出了著名的“钻石理论”，该理论完美地把产业集聚理论与区域竞争力理论结合在一起，提供了解释产业集聚形成机制的新见解。波特从企业如何获得竞争优势的角度对产业集聚现象进行了研究，并提出了产业集群（Industrial Clusters）的概念。他认为，产业集聚在一起增强了企业之间的相互作用强度，从两方面影响产业整体的竞争力：一是能够形成专门的供应商和需求，促进产业的纵向和横向分工发展，有利于基础设施的建设和利用，以及专门的研究和开发机构的产业等；二是增强了企业之间的竞争强度，促成企业的发明创新活动和新技术的利用等。波特与马歇尔的不同之处在于，波特立足于个别企业的竞争力来解释产业集群的优势，与马歇尔的类似之处在于，都是用企业之间相互作用导致的动态外部经济型来解释产业集群的优势。此后以美国经济学家克鲁格曼（1990)、Fujita（1988)、Venables（1996）等为代表的新经济学地理学，为产业集聚的机制提供了新的分析视角。新经济地理学以企业层面的规模报酬递增和不完全竞争的市场结构为前提，在 Dixit 和 Stiglitz（1977）垄断竞争模型的基础上，从经济活动的内部机制来解释产业集聚现象。按照新经济地理学的观点，消费者偏好多样化的消费，希望产品的品种越多越好，而企业的生产具有规模报酬递增的特征，产品的品种越多，单个企业的生产规模优势就越难以发挥。正是在这个两难选择中，一个地方的经济规模越大，可容纳的产品品种就越多，以至每一种产品的产量得以扩大，其规模报酬递增效应得以发挥，最终形成生产同一类产品的产业在一个地方集聚的现象。另外，新经济地理学还将企业间的分工引入对于产业集聚现象的说明，将企业内部的规模经济与企业外部的规模经济相结合，指出产业集群的规模越大，中间投入品的种类越多，分工越细，产品的价格也越低，从而形成更强的地理上的集聚力。

在国外研究理论的基础上，我国学者从不同的角度对产业集聚理论进行了相关研究。苗建军（1997）从技术创新的角度分析了产业群的形成，指出了产业群的形成和发展应该符合技术创新的规律性。孙伟、黄鲁成（2002）总结了产业群的相关概念与定义，从生态学的角度分析了产业群的基本特征与数量特征，并根据不同的标准对产业群进行分类。王缉慈（2002）从全球化和本地化的二重性出发，分析了产业群的背景和理论来源，同时就产业群的概念、形成因素和发展机制等方面进行阐述。李小建、李二玲（2002）通过对马歇尔、韦伯和克鲁格曼等产业集聚机制的比较，提出各层次规模收益递增、可流动的生产要素、较低的交易成本是产业集聚的三大要素。王缉慈（2001）在《创新的空间？企业集聚与区域发展》一书中系统评价了产业群的相关理论，并把企业集群看成适合的创新空间，将其中的缘由归结为地理邻近和社会的根植性，同时讨论了产业群与区域创新体系的关系。杜强（2002）在阐述产业群理论的基础上提出了产业群是发展壮大区域经济的一种工具。宋维杰（2002）、邸树彦（2002）则认为产业群是地区经济发展与竞争力提高的一个重要因素。童昕、王缉慈（2001）在田野调查的基础上，分析了东莞 PC 相关制造业地方产业群的发展演变，指出原来“三来一补”的加工贸易服务成为地区经济发展的瓶颈，认为区域的发展越来越依赖不断的制度创新和本地已经形成的地方产业集群优势。盛世豪（2002）通过对浙江区域特色经济的考察分析，阐明了产业群在区域特色经济中的核心地位及其作用，进而提出了以产业群为基础的区域发展新思路。魏守华等（2002）从区域经济发展的角度研究了产业群，指出产业群理论是一种新型的区域经济发展理论。尹建华等（2002）以硅谷的成功为契机，认为集群化发展成为高新技术产业发展的重要特征，并运用萨克森宁和波特的著名理论就我国高新技术产业集聚化发展的协同网络进行研究，力图为我国高新技术产业区的发展提供理论指导。张威（2002）通过构建产业集聚的衡量指标体系，并依据国家统计局相关统计数据对东中西三地区装备制造业的产业集聚进行了定量分析，发现产业集聚是提高装备制造业竞争力的重要途径。葛伟民（2003）用定性和定量相结合的方法，从经济实力、投资环境、市场环境和人力资源等角度对长江三角洲和珠江三角洲的 IT 产业群的发展和市场竞争力进行了分析。仇保兴（1999）的《小企业群集研究》从理论和实践相结合的角度，以小企业之间的相互关系为中心，对小企业集群的存在形式和内部结构、运行机制和外部条件、演进过程和趋势等进行了较为系统的分析和探讨，发现集群内的企业可以获得群外企业所没有的竞争优势。郑胜利（2002）用计量的方法研究了台商在大陆投资的区域特征，发现台商在大陆的投资具有集群的特征，主要表现为投资区域的相对集中，以及由此初步形成的投资企业的网络体系。

7.2　产业集聚程度的测定方法

产业集聚是产业在空间上的高度集中，是产业空间分布上的一种状态，可以追溯到马歇尔和韦伯时期。但是新经济地理学产生以前，产业集聚的研究并没有引起主流经济学的注意，直到以克鲁格曼为代表的新经济地理学兴起，才使得经济活动的空间分布进入主流经济学家的研究范围，使得许多学者开始研究如何正确测度产业集聚的水平。新的产业集聚测度方法不断被提出，产业集聚测度方法已成为产业集聚理论研究的一个重要领域，许多文献开始从理论上解释、从实证上估计产业的区位。目前关于产业集聚测度的方法大体可分为基于总体经济活动的集聚测度法、距离空间测度法和空间自相关法三类。

7.2.1　基于总体经济活动的集聚测度法

基于总体经济活动的集聚测度法的特点是在测度产业集聚时，以总体经济活动的空间分布为参考系，根据与总体空间分布的差异程度来判断产业的集聚水平。基于总体经济活动的集聚测度法主要包括区位熵、空间基尼系数、E-G 指数和 M-S 指数。

1. 区位熵

区位熵是评价区域优势产业基本的分析方法。区位熵又称专门化率，它由 Haggett 等（1969）首先提出并运用于区位分析中，在衡量某一区域要素的空间分布情况，反映某一产业部门的优劣势，以及某一区域在高层次区域的地位和作用等时，通过计算某一区域产业的区位熵，可以找出该区域在全国具有一定地位的优势产业，并根据区位熵 LQ 值的大小来衡量其专门化率。LQ 值越大，则专门化率也越大。区位熵的计算公式为：

$$LQ_{ij}=\frac{\frac{q_{ij}}{q_j}}{\frac{q_i}{q}}$$

式中：LQ_{ij} 就是 j 地区的 i 产业在全国的区位熵。显然区位熵是以某地区的某产业占全国的比率与某地区总体经济活动占全国的比率之比，即该地区产业活动与总体经济活动的比值大小来判断该地区的产业集聚程度。q_{ij} 为 j 地区的 i 产业的相关指标；q_j 为 j 地区所有产业的相关指标；q_i 指在全国范围内 i 产业的相关指标；q 为全国所有产业的相关指标。一般说来，当 $LQ_{ij}>1$，表示该地区该产业在全国具有比较优势，一定程度上显示出该产业较强的集聚能力；当 $LQ_{ij}=1$，表明该地区该产业在全国处于均势，该产业的集聚能力并不明显；当 $LQ_{ij}<1$ 时，表明该地区该产业在全具有比较劣势，集聚能力弱。区位熵方法简便易行，可在一定程度上反映出地区层面的产业集聚水平，但是不能反映区域经济发展水平的差异性，如某产业区

位熵最大的地区不一定是该产业集聚水平最高的地区。

2. 空间基尼系数

空间基尼系数是衡量产业空间集聚程度指标的一种，由克鲁格曼在 1991 年提出，当时用于测算美国制造业行业的集聚程度，其公式如下：

$$G=\sum_{i=1}^{N}(S_i-x_i)^2$$

式中：G 为空间基尼系数，Si 是地区 i 的某产业的相关指标占全国的比重，x_i 为地区 i 的相关指标占全国的比重，N 为全国地区的数量。其中，G 的值在 0 和 1 之间，G 的值越接近于 0，则产业分布越均衡，G 的值越接近于 1，则产业集聚程度越强。

根据克鲁格曼的观点，两个区域开始为完全对称的产业分布，在某种因素的作用下，如果制造业向某一区域转移从而形成了中心-外围结构，此时制造业就会产生集聚。当两个区域存在完全对称的产业分布，根据空间基尼系数的计算公式，基尼系数为 0 时，制造业的区域分布与总体经济活动的区域分布完全一致，而当区域形成了中心-外围结构，基尼系数比较大时，制造业的区域分布与总体经济活动的区域分布不一致。这就是说，空间基尼系数将全部产业的地理分布作为比较基准，根据产业的分布与全部产业的地理分布的差异来判断产业的空间分布特征，这个比较基准也使得不同行业的计算结果具有可比性。

空间基尼系数大于 0 并不一定表明有集群现象存在，因为它没有考虑企业规模的差异。举例而言，如果一个地区存在一个规模很大的企业，有可能就会造成该地区在该产业上有较高的基尼系数，但实际上并无明显的集群现象出现。利用空间基尼系数来比较不同产业的集聚程度时，会由于各产业中企业规模或地理区域大小的差异而造成跨产业比较上的误差。空间基尼系数没有考虑到具体的产业组织状况及区域差异，因此在表示产业的集聚程度时往往含有虚假成分。

3. E-G 指数

1997 年，Dumais、Ellision 和 Glaeser 在克鲁格曼提出的空间基尼系数的基础上构造了测定产业集聚程度的 E-G 指数。Dumais、Ellision 和 Glaeser 认为在利用空间基尼系数来测度产业的集聚程度时，没能考虑内部规模经济或资源优势的市场空间集聚所引起的虚假集聚成分。因此，为了弥补空间基尼系数的不足，Dumais、Ellision 和 Glaeser 加入赫芬达尔指数来消除虚假集聚成分，建立了 E-G 指数，其计算公式为：

$$r_i^{EG}=\frac{G_i-[1-\sum_{j=1}^{N}x_j^2]H_i}{[1-\sum_{j=1}^{N}x_j^2][1-H_i]},G_i=\sum_{j=1}^{N}(S_{ij}-x_j)^2,H_i=\sum_{k=1}^{M}Z_k^2$$

式中：G_i 为空间基尼系数，N 是研究的区域个数；S_{ij} 是 j 地区的 i 产业就业人数（产值）占全国该产业总就业人数（总产值）的比重，x_j 是该地区就业人数（产值）占全国总就业人数（总产值）的比重，H_i 是产业 i 的赫芬达尔系数，反映了企业规模的分布情况，M 为产业内的企业个数，Z_k 是产业 i 中第 k 个企业的产出或就业人数占产业 i 总产出或总就业人数的比例。一般认为 r_i 大于 0.05，则产业高度集聚，r_i 小于 0.02，则产业不存在集聚现象。

E-G 指数的优点是弥补了空间基尼系数的缺陷。空间基尼系数忽略了对企业规模的要求，比如某产业只有一家企业，如果空间基尼系数很高，则会得出该产业是集聚的这样的结论，但是事实上并没有产业集聚现象的存在，因为只有一家企业。而 E-G 指数却可以给出对这种极端情况正确的判断——产业不是集聚的。同时，E-G指数不仅可以估计单一行业集聚度，还可以在不同产业间进行跨国和跨时比较，而且不受产业规模、工厂空间分布或者是数据精度的影响。E-G 指数的优越性使得它被广泛地用来测度产业集聚水平。但是 E-G 指数仅仅是对空间基尼系数的改进，它的设计是在空间基尼系数框架内增加了反映市场集中度或企业规模的赫芬达尔指数，目的是排除市场结构所导致的虚假集聚。因此，E-G 指数原理并未跳出空间基尼系数的框架，它与空间基尼系数的原理一样，即根据产业的空间分布与总体经济活动的偏离程度来衡量产业的集聚程度。

4. M-S 指数

1999 年，Maure 和 Sédillot（1999）基于 E-G 指数的框架，假设公司选址要么依据该地区的自然条件，要么依据企业之间的溢出效应。通过对任意两个企业选择在同一个区域赋值一个概率 P 对 E-G 指数进行修正，形成了一个新的公司区位选择模型，即

$$r_i^{MS}=\frac{(\sum_{j=1}^{N}S_{ij}^2-\sum_{j=1}^{N}x_j^2)-[1-\sum_{j=1}^{N}x_j^2]H_i}{[1-\sum_{j=1}^{N}x_j^2][1-H_i]}$$

式中：N 是研究的区域个数；S_{ij} 是 j 地区的产业 i 就业人数（产值）占全国该产业总就业人数（总产值）的比重，x_j 是该地区的就业人数（产值）占全国总就业人数（总产值）的比重，是产业的赫芬达尔系数。从形式上看，M-S 与 E-G 指数的区别就在于分子中的项 $\sum_{j=1}^{N}S_{ij}^2-\sum_{j=1}^{N}x_j^2$。E-G 指数是 $\sum_{j=1}^{N}S_{ij}^2(S_{ij}-x_j)^2$，用来表示产业与总体经济

的差异的程度。同E-G指数的$\sum_{j=1}^{N}(S_{ij}-x_j)^2$一样，$\sum_{j=1}^{N}S_{ij}^2-\sum_{j=1}^{N}x_j^2$也反映了产业的区位与总体经济区位的差异。而且由于二者结构相似，故二者得到的测度结果差异并不大。

7.2.2 距离空间测度法

从空间基尼系数到E-G指数、M-S指数，产业集聚测度方法有了很大进展，但这些方法一方面并不能测度一个产业在一个特殊地区的集聚程度，另一方面只能衡量单一尺度地理单元（省级、地区级、国家级等）经济活动的空间分布情况，而不能衡量可变区域单元。基于距离的产业集聚测度方法解决了这一问题。距离空间测度法是空间的连续函数，所有基于距离的产业集聚测度方法的理论框架都是计算相邻的点数，然后以一个合适的方法平均这些点数，根据平均点数与独立随机分布的平均点数的关系来判断产业的空间分布状态

1. Ripley的K函数

Ripley（1976，1977）K函数可用来反映点状要素在不同空间尺度上所表现出来的特定模式、集聚特征，计算公式如下：

$$K(r)=A\sum_{i=1}^{n}\sum_{j}^{n}\frac{\delta(r)}{n^2}$$

式中，A为研究区域的面积；n为企业个数；r是单个企业为中心的圆半径；为了保持方差的稳定，K（r）表示在平均半径为r的区域内的点个数与完全随机的平均密度之比，若K（r）比πr^2大，更多的点分布在r半径的范围内，则点过程是集聚的，否则点过程是分散的。由于K（r）并不容易计算而且πr^2也不是一个很好的参照系，因此Besag（1977）提出它的修正形式：

$$L(r)=\sqrt{K(r)/\pi}-rL(r)$$

该形式可以解释为距离，L（r）$=1$意味着在半径为r范围内实际点的个数与CSR分布时$1+r$内点个数是相等的。L（r）>0说明产业在半径为r范围内是集中的，L（r）<0说明产业在半径为r范围内是分散的。尽管K函数可以适用可变区域单元，但函数在测度产业集聚时并不满足Duranton和Overman（2005）提出的产业集聚测度指数五个标准中的第三个标准。首先，K函数意味着绝对集中，它基于企业完全随机性的假设。关于应用绝对集中和相对集中测度方法存在长期争议，但相对集中测度方法用得更广泛，将一个产业的分布与总体经济活动的分布作比较是

Duranton 和 Overman 五个评价标准之一。其次，K 函数不能识别这样的产业集中，即一个部门的生产集中在某几个企业中，因为它把每个企业都看作一个点而不管其大小。

2. D-O 指数

K 函数有很多缺点，所以一些学者开始提出新的距离函数。Duranton 和 Overman（2005，2008）假设一个区域中有 n 个企业，计算每两个企业之间的欧氏距离，双边距离数就为 $n\ (n-1)^2$，然后通过使用高斯核函数估计一个单变量的距离密度就是 D-O 指数，可表示如下：

$$K(d)=\frac{1}{n(n-1)h}\sum_{i=1}^{n-1}\sum_{j=i+1}^{n}f(\frac{d-d_{ij}}{h})$$

式中 d_{ij} 是公司 i 和 j 之间的距离，h 是带宽，f 是高斯核函数。显然上式并不能帮助我们作出产业是否集聚的判断，为了解决这个问题，D-O 指数给出产业是否集聚的严格的统计检验，即比较实际值的距离密度与基于完全随机分布的密度之差，若观测值的实际距离密度大于随机密度，则产业是集聚的，否则产业是分散的。

3. M 函数

尽管 D-O 指数满足之前提到的五个条件，但是还是存在一些数学上的问题。2010 年，Marcon 和 Puech（2009，2012）通过修正函数，对距离测度方法进行改善并提出 M 函数，计算公式如下：

$$M_s(r)=\frac{\sum_{i=1}^{N_s}\frac{e_{iSr}}{e_{ir}}}{\sum_{i}^{N_s}\frac{E_s-w_i}{E-w_i}}$$

式中，N_S 是区域内 S 行业的全部企业数；e_{iSr} 是以 S 行业的 i 企业为中心，半径 r 内属于 S 行业的邻居的就业人数；e_{ir} 是以 S 行业的 i 企业为中心，半径 r 内属于全部行业的邻居的就业人数；E_S 是区域 S 行业的全部就业人数；E 为区域内全部行业的全部就业人数。w_i 是 i 企业的就业人数，分子的含义是以 S 行业每个企业为中心，r 半径内 S 行业的就业人数与全部行业就业人数之比的平均值；分母是区内 S 行业的就业人数与全部行业就业人数的比值。M 函数的比较标准是 1，意味着产业和总体经济活动具有同样的分布形式。M 大于 1 表示半径 r 范围内 S 行业的空间分布是集聚的，M 越大，集聚度越高；M 小于 1 说明半径 r 范围内 S 行业的空间分布是分散的。

与D-O指数一样，M函数满足Duranton和Overman提出的五个标准且都是相对集中指数。与K函数相比，M函数避免了与规模和边界相关的问题，由于它是相邻点个数的累积，故同K函数一样属于累积函数。

7.2.3 空间自相关法

事物之间有两种关系，确定的函数关系和不确定的相关关系。衡量角度不同就得到不同的相关，如时间序列相关、线性相关、非线性相关。那么如何从空间角度衡量事物之间的关系？空间自相关正是从空间角度度量事物和现象的相互依赖程度的，它描述了某一位置上的属性值与相邻位置上的属性值之间的关系。正的空间自相关表明中心区域被相似值的邻域所包围，即高值与高值相邻，低值与低值相邻，这样的包围在空间上就会形成一片相似值连接的区域，即集聚；负的空间自相关表明中心区域被相异值的邻域所包围，即低值与高值相邻，高值与低值相邻，这样的包围在空间上就是交错分布的，即分散。Moran（1950）指数就是通过衡量事物和现象的相关方向和程度来判断产业是否集聚的。

Moran指数计算公式如下：

$$I=\frac{\sum_{i=1}^{n}\sum_{j\neq 1}^{n}w_{ij}(x_i-\bar{x})(x_j-\bar{x})}{S^2\sum_{i=1}^{n}\sum_{j=1}^{n}w_{ij}}$$

式中：I为Moran指数；$S^2=\frac{1}{n}\sum_{i=1}^{n}(x_i-\bar{x})^2$是属性值的方差；$\bar{x}$是属性的平均值；$x_i$表示第$i$个区域某一要素的属性值；$n$是所研究的区域数；$w_{ij}$为空间权重矩阵，如果区域$i$和区域$j$相邻，$w_{ij}=1$。

7.3 实证检验

从实际应用角度来看，上述三类方法应用最多的是基于总体经济活动的集聚测度法，国内外学者几乎均采用空间基尼系数和E-G指数来测度产业集聚。本章同样采用E-G指数来对我国信息资源产业地理区域集中度进行测定，即采用公式

$$\gamma=\frac{G-(1-\sum_i x_i^2)H}{(1-\sum_i x_i^2)(1-H)}=\frac{\sum_{i=1}^{M}(s_i-x_i)^2-(1-\sum_{i=1}^{M}x_i^2)\sum_{i=1}^{M}z_j^2}{(1-\sum_i x_i^2)(1-\sum_{j=1}^{N}z_j^2)}$$

式中：$G=\sum_{i}(S_i-x_i)^2$，G为空间基尼系数，s_i 是 i 地区某产业就业人数占全国该产业总就业人数的比重，x_i 是该地区就业人数占全国总就业人数的比重。赫芬达尔指数 $H=\sum_{j=1}^{N}z_j^2=\sum_{j=1}^{N}(X_j/X)^2$ 表示该产业中以就业人数为标准计算的企业规模分布，其中X代表市场总规模，X_j 代表企业的规模，$z_j=X_j/X$代表第j 个企业的市场占有率，N 代表该产业内部的企业数。γ 的值越大，则说明产业集聚程度越高，反之则集聚程度越低。

7.3.1　研究样本与数据来源

本章以 2016 年《中国基本单位统计年鉴》、《中国劳动统计年鉴》、《中国经济普查年鉴》、中国人民大学信息资源产业基础数据库、国家统计局、北大法宝法律数据库、政府工作报告以及百度新闻等所收录的数据为样本空间，采集了我国信息资源产业 93 个细分行业的数据。同时为了保证数据的规范性进行了必要的处理，最终得到 28 830 个样本。

7.3.2　集中度测算

根据 E-G 指数计算公式，计算出我国信息资源产业 93 个细分行业从 2004 年到 2014 年 11 年间的地理区域集中度指数，见表 7－1（因版面原因省去了部分行业）。

总体上来看，93 个细分行业中仅学前教育业的集中度指数在 2004—2014 这个区间段中大致持续降低，而其他 92 个小类行业的集中度指数均存在波动情况。这是因为随着我国经济的不断发展，人民生活水平越来越高，更多的人将精力放在孩子的教育上面，再加上国家全面推进全民义务教育，使得以往落后山村的孩子有了接受教育的机会，这样在计算时所取的产业总体数增加，拉低了集中度指数。在这 11 年中集中度指数增长幅度最大的是其他电信服务业，变化率达到了 1 968%。紧随其后的是气象服务业，达到 160%的变化率。并且二者从总体上看均呈现持续增长的现象，说明这两者呈现出了严重的地方化现象。而集中度指数降低幅度最大的是金融信息服务业和房地产中介服务业，分别达到－71%和－61%的变化率。并且二者从总体上看表现出持续降低的现象，说明这两类产业没有出现地方化现象，并且正逐步向全国各地分散开来。就房地产中介服务业而言，一种解释是：目前我国大力推行城镇化，各县级市均大力开发新楼盘，鼓励农民进城买房，催生了大量的

表 7-1　信息资源产业 93 个细分行业地理区域集中度指数

编号	行业代码	细分行业	2004	2005	2006	2007	2008	2009	2010	2011	2012	2013	2014	2004—2014 年变化率(%)
1	6850	保险经纪与代理服务	0.027 0	0.024 3	0.019 0	0.017 8	0.016 4	0.016 9	0.014 9	0.014 0	0.013 5	0.013 1	0.042 3	56.67
2	5144	报刊批发	0.055 4	0.049 3	0.038 9	0.031 9	0.023 2	0.023 9	0.021 4	0.020 7	0.019 2	0.026 2	0.028 0	−49.46
3	8522	报纸出版	0.076 8	0.118 2	0.121 8	0.119 1	0.111 2	0.111 8	0.111 1	0.099 3	0.079 0	0.095 4	0.088 7	15.49
4	8750	博物馆	0.024 8	0.042 1	0.025 1	0.026 1	0.028 9	0.028 9	0.020 9	0.018 9	0.015 8	0.016 9	0.016 1	−35.08
5	7440	测绘服务业	0.012 0	0.011 7	0.011 5	0.011 4	0.011 3	0.011 4	0.009 6	0.009 1	0.009 2	0.009 1	0.012 5	4.17
6	8732	档案馆	0.055 1	0.059 1	0.055 4	0.054 6	0.065 3	0.065 5	0.054 3	0.049 0	0.049 4	0.052 8	0.059 4	7.80
7	7420	地震服务	0.026 8	0.047 2	0.047 3	0.044 6	0.040 9	0.040 9	0.039 5	0.026 9	0.021 1	0.037 5	0.042 6	58.96
8	7122	图书出租	0.063 3	0.069 1	0.057 7	0.049 0	0.035 7	0.036 1	0.030 4	0.024 6	0.017 0	0.041 5	0.038 8	−38.70
9	8731	图书馆	0.055 1	0.059 1	0.055 4	0.054 6	0.065 3	0.065 5	0.054 3	0.049 0	0.049 4	0.052 8	0.059 4	7.80
…														
74	5143	图书批发	0.054 7	0.048 6	0.038 3	0.031 3	0.022 5	0.023 9	0.020 9	0.020 2	0.019 1	0.026 1	0.027 8	−49.18
75	8293	文化艺术培训	0.014 2	0.022 1	0.020 2	0.018 0	0.019 0	0.018 9	0.014 3	0.011 6	0.009 2	0.011 0	0.011 1	−21.83
76	8941	文化娱乐经纪人	0.250 6	0.335 4	0.343 3	0.352 4	0.272 4	0.273 1	0.215 5	0.168 3	0.140 4	0.168 5	0.148 5	−40.74
77	8710	文艺创作与表演业	0.019 8	0.038 0	0.029 9	0.027 1	0.038 7	0.038 6	0.030 6	0.022 4	0.014 2	0.019 3	0.018 2	−8.08
78	7513	新材料技术推广服务	0.067 6	0.111 4	0.124 9	0.117 8	0.141 3	0.141 9	0.124 8	0.108 9	0.092 3	0.141 7	0.137 0	102.66
79	8510	新闻业	0.010 9	0.012 0	0.010 3	0.010 8	0.011 7	0.012 3	0.007 5	0.009 7	0.010 9	0.009 2	0.010 8	−0.92
80	6530	信息技术咨询服务	0.069 4	0.066 2	0.050 8	0.045 6	0.031 1	0.032 1	0.024 2	0.018 3	0.010 6	0.013 4	0.052 1	−24.93
81	6520	信息系统集成服务	0.069 7	0.066 5	0.051 1	0.046 0	0.031 5	0.032 1	0.024 5	0.018 6	0.014 5	0.047 7	0.052 4	−24.82
82	7295	信用服务	0.052 1	0.062 8	0.052 2	0.045 6	0.041 2	0.041 5	0.030 6	0.022 7	0.016 5	0.033 5	0.030 7	−41.07
83	8210	学前教育业	0.046 8	0.057 1	0.055 4	0.056 0	0.034 9	0.035 8	0.039 3	0.032 7	0.029 3	0.026 3	0.023 9	−48.93

续前表

编号	行业代码	细分行业	2004	2005	2006	2007	2008	2009	2010	2011	2012	2013	2014	2004—2014年变化率(%)
84	8524	音像制品出版	0.077 2	0.118 7	0.122 2	0.119 5	0.111 6	0.111 8	0.111 4	0.099 5	0.082 0	0.100 4	0.089 1	15.41
85	7123	音像制品出租	0.063 3	0.069 1	0.057 7	0.049 0	0.035 7	0.036 1	0.030 4	0.024 6	0.017 0	0.041 5	0.038 8	−38.70
86	5244	音像制品及电子出版物零售	0.039 3	0.040 5	0.036 3	0.029 8	0.032 0	0.032 1	0.025 3	0.020 7	0.015 7	0.032 9	0.031 6	−19.59
87	5145	音像制品及电子出版物批发	0.055 3	0.049 1	0.038 8	0.031 8	0.023 1	0.023 9	0.021 3	0.020 6	0.019 2	0.026 1	0.028 0	−49.37
88	6010	邮政基本服务	0.029 1	0.033 5	0.031 9	0.028 3	0.021 0	0.021 1	0.051 0	0.038 5	0.026 8	0.029 8	0.025 1	−13.75
89	7250	知识产权服务业	0.044 0	0.060 6	0.053 6	0.049 4	0.063 7	0.064 4	0.056 2	0.049 1	0.043 0	0.082 5	0.081 9	86.14
90	8291	职业技能培训	0.014 1	0.022 0	0.020 2	0.018 0	0.018 9	0.018 9	0.014 2	0.011 6	0.009 2	0.010 9	0.011 0	−21.99
91	7262	职业中介服务	0.031 2	0.029 4	0.026 9	0.025 1	0.016 9	0.016 5	0.015 9	0.015 3	0.015 9	0.012 4	0.012 3	−60.58
93	7450	质检技术服务	0.007 0	0.008 2	0.007 9	0.007 7	0.005 5	0.006 0	0.004 6	0.004 5	0.004 6	0.005 0	0.007 7	10.00
93	7491	专业化设计服务	0.068 2	0.087 8	0.076 2	0.074 1	0.046 8	0.047 5	0.042 3	0.039 5	0.036 7	0.039 8	0.036 2	−46.92

房产中介服务；另外，互联网的发展催生了大量如链家网等的网络中介服务平台，这些平台并不太受地理区域的影响，这样就拉低了整个集中度指数。

从不同行业的地理区域集中度指数变化情况来分析，2004—2014 年 11 年间，93 个细分行业中有 38 个行业的地理区域集中度指数增长，55 个行业的地理区域集中度指数下降。增长幅度超过 100％的有其他电信服务业、气象服务业、海洋服务业、其他技术推广服务业、生物技术推广服务业、新材料技术推广服务业、农业技术推广服务业和节能技术推广服务业共 8 个行业。这些行业对技术的要求相对较高，存在一定的规模效益，并且新兴企业掌握技术优势很容易占据主导地位。下降幅度超过 60％的行业有职业中介服务业、劳务派遣服务业、公共就业服务业、其他人力资源服务业、房地产中介服务业、金融信息服务业共 6 个行业。这类行业受人口流动影响因素较大，与我国发展内陆经济存在着一定的关系。

7.3.3 计算结果与数据分析

E-G 指数将地理集中度指标分为［－∞，0.02)、［0.02，0.05)、［0.05，＋∞)三个区间。小于 0.02 表示某一产业没有出现地方化的现象，大于等于 0.02 小于 0.05 表示某一产业在地理区域上的分布较平均，大于等于 0.05 则说明某一产业在地理区域上聚集程度较高。按照这一标准本节将信息资源产业的 93 个细分行业 2014 年的集中度指数再次进行了分类，如表 7－2 所示：

表 7－2　　信息资源产业 93 个细分行业集中度指数分类表（2014 年）

	行业	地理集中度指数	行业	地理集中度指数	行业	地理集中度指数
$\gamma \geqslant 0.05$（28 个细分行业）	其他文化艺术经纪代理	0.148 5	数字内容服务	0.129 4	音像制品出版	0.089 1
	文化娱乐经纪人	0.148 5	集成电路设计	0.129 3	电子出版物出版	0.089 0
	生物技术推广服务	0.137 0	软件开发	0.128 9	其他出版业	0.089 0
	新材料技术推广服务	0.137 0	数据处理和存储服务	0.119 2	图书出版	0.088 8
	节能技术推广服务	0.136 9	电视	0.093 8	报纸出版	0.088 7
	其他技术推广服务	0.136 9	海洋服务	0092 9	知识产权服务业	0.081 9
	农业技术推广服务	0.136 7	期刊出版	0.089 1	气象服务	0.070 5

续前表

	行业	地理集中度指数	行业	地理集中度指数	行业	地理集中度指数
$\gamma \geqslant 0.05$（28 个细分行业）	其他科技推广和应用服务	0.068 5	信息系统集成服务	0.052 4	市场调查	0.050 4
	档案馆	0.059 4	信息技术咨询服务	0.052 1	会计、审计及税务服务	0.050 3
	图书馆	0.059 4				
$0.02 \leqslant \gamma < 0.05$（38 个细分行业）	其他专业咨询	0.049 7	地质勘查技术服务	0.032 6	图书、报刊零售	0.031 6
	社会经济咨询	0.049 7	基础地质勘查	0.032 6	音像制品及电子出版物零售	0.031 6
	体校及体育培训	0.047 5	固体矿产地质勘查	0.032 5	信用服务	0.030 7
	体育经纪人	0.047 5	能源矿产地质勘查	0.032 5	会议及展览服务	0.030 6
	互联网信息服务	0.046 2	其他资本市场服务	0.027 6	货物运输代理	0.026 6
	其他电信服务	0.045 5	旅客票务代理	0.027 1	邮政基本服务	0.025 1
	录音制作	0.042 9	其他运输代理业	0.026 9	学前教育业	0.023 9
	地震服务	0.042 6	其他贸易经纪与代理	0.035 2	水、二氧化碳等矿产地质勘查	0.032 7
	科技中介服务	0.042 6	呼叫中心	0.030 5	贸易代理	0.034 8
	风险和损失评估	0.042 4	报刊批发	0.028 0	电影和影视节目发行	0.033 3
	保险经纪与代理服务	0.042 3	音像制品及电子出版物批发	0.028 0	电影放映	0.033 2
	图书出租	0.038 8	图书批发	0.027 8	电影和影视节目制作	0.033 1
	音像制品出租	0.038 8	专业化设计服务	0.036 2		
$\gamma < 0.02$（27 个细分行业）	广播	0.018 6	测绘服务业	0.012 5	公共就业服务	0.012 2
	文艺创作与表演业	0.018 2	房地产中介服务	0.012 4	其他人力资源服务	0.012 2
	博物馆	0.016 1	劳务派遣服务	0.012 3	生态监测	0.012 0
	广告业	0.014 0	职业中介服务	0.012 3	环境保护监测	0.011 9

续前表

	行业	地理集中度指数	行业	地理集中度指数	行业	地理集中度指数
γ<0.02（27个细分行业）	其他未列明信息技术服务业	0.011 4	新闻业	0.010 8	金融信息服务	0.009 1
	教育辅助服务	0.011 1	工程勘察设计	0.010 5	金融信托与管理业	0.008 0
	其他未列明教育	0.011 1	工程管理服务	0.010 3	质检技术服务	0.007 7
	文化艺术培训	0.011 1	规划管理	0.010 2	公证服务	0.005 5
	职业技能培训	0.011 0	水文服务	0.009 5	律师及相关法律服务	0.005 5

从表7－2可以知道，在93个信息资源产业细分行业中，有28个细分行业的集中度指数高于等于0.05，38个细分行业集中度指数介于0.02到0.05之间，27个细分行业集中度指数低于0.02。集聚度从高到低实际上也就是信息资源产业从技术密集型向资本密集型，再向劳动密集型转移的过程。其他文化艺术经纪代理业、文化娱乐经纪人业、生物技术推广服务业、新材料技术推广服务业、节能技术推广服务业和其他技术推广服务业这几类行业在产业地理集中度指数方面遥遥领先，并且从表7－1信息资源产业93个细分行业地理区域集中度指数来看，这几类行业在2004年、2008年及2012到2014年的地理集中度指数也相对较高，说明这几个行业的集聚程度相对较高。特别是其他文化艺术经纪代理业和文化娱乐经纪人业在2004年、2008年及2012到2014年的地理集中度呈现下降趋势，但是到2014年其集中度指数仍然排名前一前二，并且在2008年是第三名生物技术推广服务的两倍，说明其他文化艺术经纪代理业和文化娱乐经纪人业的聚集程度异常突出。这种情况也与我们现实生活中对这两种以演艺业为主要依托的行业的认知和判断基本上是一致的，目前演艺类行业较为发达的地区集中在北京、上海、浙江这些地区。律师及相关法律服务、质检技术服务和公证服务2014年的地理区域集中度指数小于0.02，说明这些行业并没有明显的聚集现象。考虑到现实生活中法庭、质量检测机构和公证处这些机构基本上在每一个城市均有设置，在地理上分布较为均匀，与计算出的集中度指数也相匹配，也验证了我们对信息资源产业地理区域集中度指数计算的正确性。

为探寻地理区域集中度指数的整体变化趋势，本研究计算了信息资源产业93个细分行业的地理区域集中度指数的平均值和中位数，如表7－3所示：

表 7-3　　信息资源产业地理区域集中度指数的平均值和中位数

	2004	2008	2012	2013	2014
平均值	0.049 0	0.052 0	0.033 0	0.047	0.047 0
中位数	0.039 1	0.035 7	0.023 1	0.034	0.033 1

根据表 7-3 的计算结果，除开 2012 年，其他年份的平均值和中位数基本上保持一致，没有出现大的波动，这说明信息资源产业空间分布的集中程度总体变化不明显，发展较为平衡。而 2012 年的平均值比 2008 年低了大约 0.02，中位数低了大约 0.01，究其原因，可能是电子商务、移动互联网、云计算、大数据等新兴行业兴起，这些行业的发展并不受地域的限制，从而平摊了产业集聚指数。对比表 7-1 的数据还可以发现，类似科技中介等行业集聚指数降低最为明显。

根据前期的研究成果，可以将信息资源产业划分为信息资源采集业、信息资源加工业和信息资源提供业三大类。本章对这三大类的集中度指数进行了计算，如表 7-4 所示：

表 7-4　　各大类产业地理区域集中度指数

	2004	2005	2006	2007	2008	2009
信息资源采集业	0.007 3	0.011 4	0.012 1	0.011 8	0.017 6	0.019 0
信息资源加工业	0.032 6	0.042 7	0.039 0	0.036 3	0.024 7	0.030 9
信息资源提供业	0.006 5	0.018 8	0.014 5	0.009 9	0.006 0	0.020 0
	2010	2011	2012	2013	2014	
信息资源采集业	0.014 4	0.013 1	0.011 6	0.010 7	0.011 7	
信息资源加工业	0.021 4	0.017 8	0.011 0	0.037 4	0.038 4	
信息资源提供业	0.002 7	0.002 3	0.007 9	0.001 9	0.011 3	

从表中可以看出信息资源采集业在 2004 年到 2014 年这 11 年间地理区域集中度指数变化不大，并且各年份的指数值均小于 0.02，说明信息资源采集业的发展在我国地理空间上分布比较均匀，没有出现集聚现象。信息资源加工业在 2004 年到 2014 年这 11 年间地理区域集中度指数变化较为明显，2005 年集中度指数达到了 0.042 7，而 2009 年到 2012 年则逐渐降低，直到 0.011 0，这说明信息资源加工业在我国地理分布上还不太稳定，存在企业更迭现象。而对信息资源提供业而言，虽然 2004 年到 2014 年这 11 年间相对变化较大，但其指数值始终低于 0.02，不存在集聚现象，各地区发展较为平衡。

根据前期的研究成果（钱明辉等，2016），按照行业对信息资源的依赖程度可以将信息资源产业的 93 个细分行业分为信息资源低度依赖型产业、信息资源中度依赖型产业以及信息资源完全依赖型产业，各行业在 2004 年 2014 年间的集中度指数如表 7 - 5 所示：

表 7 - 5　　按依赖程度分类的行业地理区域集中度指数

	2004	2005	2006	2007	2008	2009
低度依赖	0.014 9	0.015 2	0.014 3	0.013 0	0.000 9	0.011 9
完全依赖	0.014 6	0.030 7	0.024 7	0.020 2	0.013 3	0.025 6
中度依赖	0.040 3	0.075 9	0.076 7	0.066 7	0.060 6	0.068 9
	2010	2011	2012	2013	2014	
低度依赖	0.003 7	0.005 4	0.002 9	0.005 4	0.005 4	
完全依赖	0.012 1	0.009 7	0.004 5	0.006 0	0.032 2	
中度依赖	0.051 6	0.040 3	0.028 6	0.054 2	0.062 6	

从表中可以看出，信息资源依赖度较低的行业，其地理区域集中度指数在 2004 年到 2014 年 11 年间比较低，均没有超过 0.02，并且在 2009 年之后指标数值降低得非常明显。这些低依赖度行业主要是信息资源加工业如软件开发、信息系统集成服务，信息资源提供业如档案馆、图书馆等一些劳动密集型产业。中度依赖型产业在 2004 年到 2014 年这 11 年间的地理区域集中度指数普遍较高，只有 2004 年、2011 和 2012 这三年没有超过 0.05，表现出高度的集聚趋势。相反，信息资源完全依赖型产业在这 11 年间地理区域集中度指数最高才 0.032 2，没有超过 0.05，并没有表现出集聚的趋势。

除了根据前期的研究成果，将信息资源产业划分为信息资源采集业、信息资源加工业和信息资源提供业三大类之外，本章为确保计算结果更加精细，对信息资源产业进行了粒度更细的划分，即按中类产业进行划分，计算结果如表 7 - 6 所示。

表 7 - 6 第 1～5、10、11 行的行业实际上是属于表 7 - 4 中的信息资源提供业，表格中第 7、8 行的行业实际上是属于信息资源加工业，而第 6、9 行的行业实际上就被包括在了信息资源采集业这个大类产业中。可以看出设计开发业和数据内容制作处理业的地理区域集中度指数在整个表中数值较大，与表 7 - 4 呈现的信息资源加工业指数较大的情况吻合。同样，勘探测绘业和调查监测业在这 11 年间的集中度数值与表 7 - 4 中的信息资源加工业也基本相吻合。此外表 7 - 6 中设计开发业的地理区域集中度指数较大，并且在 2013 年和 2014 年这两年超过了 0.05 的阈值，呈现出集聚的趋势。原因是这一类行业沿海地区比内陆地区起步早、发展快，国家和政府投入多，海外资本和技术引进也首先在这些地区应用，从而造成集聚现象。

表 7-6　　各中类产业地理区域集中度指数

	2004	2005	2006	2007	2008	2009
博物展示业	0.024 2	0.037 4	0.024 4	0.024 7	0.028 8	0.028 6
出版发行及租售业	0.044 9	0.055 8	0.051 6	0.045 5	0.040 2	0.042 8
代理经纪中介业	0.032 1	0.028 3	0.029 1	0.028 4	0.009 8	0.015 1
技术推广服务业	0.079 7	0.128 5	0.145 1	0.134 4	0.129 6	0.134 1
教育培训业	0.012 3	0.018 2	0.017 0	0.015 5	0.014 9	0.015 1
勘探测绘业	0.014 1	0.019 9	0.022 8	0.023 6	0.038 1	0.037 3
设计开发业	0.043 4	0.048 7	0.045 7	0.044 4	0.031 0	0.034 5
数据内容制作处理业	0.027 8	0.042 9	0.038 0	0.034 0	0.025 6	0.028 8
调查监测业	0.009 5	0.013 5	0.012 6	0.011 9	0.008 0	0.009 3
通信技术服务业	0.000 9	0.007 2	0.005 3	0.005 1	0.004 5	0.009 0
咨询与管理服务业	0.040 0	0.046 2	0.038 5	0.033 3	0.021 0	0.026 9
	2010	2011	2012	2013	2014	
博物展示业	0.022 0	0.020 9	0.016 4	0.019 6	0.020 0	
出版发行及租售业	0.036 3	0.030 5	0.007 2	0.029 7	0.048 4	
代理经纪中介业	0.012 9	0.016 6	0.017 7	0.017 8	0.017 2	
技术推广服务业	0.114 7	0.098 1	0.082 9	0.128 7	0.124 3	
教育培训业	0.011 6	0.009 6	0.007 7	0.008 5	0.008 4	
勘探测绘业	0.031 2	0.030 3	0.027 0	0.022 5	0.022 0	
设计开发业	0.029 1	0.025 6	0.021 5	0.058 0	0.060 1	
数据内容制作处理业	0.019 8	0.015 8	0.009 2	0.029 2	0.029 5	
调查监测业	0.007 1	0.006 4	0.005 9	0.006 2	0.007 4	
通信技术服务业	0.003 0	0.003 0	0.000 9	0.014 6	0.017 4	
咨询与管理服务业	0.017 3	0.013 5	0.001 8	0.003 6	0.019 8	

为分析全国各省级行政区信息资源产业 93 个细分行业对 GDP 的贡献情况，以及各地信息资源各细分行业在整体信息资源产业中的发展情况，本研究选取 2015 年各地信息资源产业 93 个细分行业中占本地 GDP 比重超过 1‰的行业进行规模排名，前五名如表 7-7 所示。以北京为例，排名前五位的依次是新闻业、数据处理和存储服务、基础地质勘查、地质勘查技术服务和保险经纪与代理服务。北京作为全国文化经济中心，其新闻业当属全国第一。各出版社、杂志社、新闻媒体等位居全国第一，同时，其在本地的信息资源产业中的规模也属第一，这和日常生活中人们对新闻业的认识也是相匹配的。第二位是数据处理和存储服务业。北京作为全国网络通信等各种技术最为发达的城市，各政府机关和企事业单位拥有全国经济发展的各种数据，同时北京市对于污染相对严重的企业正在执行迁出政策，因而信息资源产业相关行业在对 GDP 的贡献中比重有所提升，占比自然较大。从整体范围来看，上榜次数排名前五的细分行业及出现次数依次是：能源矿产地质勘查，出现了 15 次；固体矿产地质勘查，出现了 14 次；新闻业，出现了 13 次；其他电信服务，

出现了13次；数据处理和存储服务，出现了10次。这说明这五类行业在2015年信息资源产业中所占比重较大，对GDP的贡献较多。

表7-7　　2015年各省级行政区产业集中度排前五名的行业

	行业				
安徽	电影和影视节目发行	能源矿产地质勘查	测绘服务业	固体矿产地质勘查	会议及展览服务
北京	新闻业	数据处理和存储服务	基础地质勘查	地质勘查技术服务	保险经纪与代理服务
福建	能源矿产地质勘查	固体矿产地质勘查	职业技能培训	测绘服务业	电影放映
甘肃	能源矿产地质勘查	固体矿产地质勘查	电视	金融信息服务	贸易代理
广东	新闻业	数据处理和存储服务	保险经纪与代理服务	电影和影视节目发行	期刊出版
广西	新闻业	其他电信服务	能源矿产地质勘查	测绘服务业	固体矿产地质勘查
贵州	能源矿产地质勘查	固体矿产地质勘查	电视	工程勘察设计	其他人力资源服务
海南	贸易代理	工程勘察设计	工程管理服务	规划管理	电影和影视节目制作
河北	新闻业	保险经纪与代理服务	地质勘查技术服务	其他电信服务	电子出版物出版
河南	新闻业	其他电信服务	基础地质勘查	地质勘查技术服务	电影和影视节目发行
黑龙江	固体矿产地质勘查	其他电信服务	工程勘察设计	工程管理服务	金融信息服务
湖北	数据处理和存储服务	新闻业	能源矿产地质勘查	测绘服务业	固体矿产地质勘查
湖南	新闻业	能源矿产地质勘查	固体矿产地质勘查	广播	质检技术服务
吉林	电视	金融信息服务	电影和影视节目制作	金融信托与管理业	其他电信服务
江苏	新闻业	数据处理和存储服务	能源矿产地质勘查	固体矿产地质勘查	环境保护监测
江西	新闻业	能源矿产地质勘查	固体矿产地质勘查	测绘服务业	公共就业服务
辽宁	数据处理和存储服务	新闻业	能源矿产地质勘查	固体矿产地质勘查	测绘服务业
内蒙古	其他电信服务	质检技术服务	电视	地质勘查技术服务	公共就业服务
宁夏	金融信托与管理业	工程管理服务	规划管理	广告业	报纸出版

续前表

	行业				
青海	能源矿产地质勘查	电视	固体矿产地质勘查	其他贸易经纪与代理	工程勘察设计
全国	海洋服务	水、二氧化碳等矿产地质勘查	生态监测	风险和损失评估	数据处理和存储服务
山东	数据处理和存储服务	新闻业	保险经纪与代理服务	环境保护监测	基础地质勘查
山西	能源矿产地质勘查	图书批发	固体矿产地质勘查	测绘服务业	电影放映
陕西	基础地质勘查	测绘服务业	地质勘查技术服务	其他电信服务	质检技术服务
上海	数据处理和存储服务	保险经纪与代理服务	其他电信服务	金融信托与管理业	集成电路设计
四川	新闻业	能源矿产地质勘查	固体矿产地质勘查	图书批发	其他电信服务
天津	数据处理和存储服务	电视	劳务派遣服务	集成电路设计	质检技术服务
西藏	其他电信服务	能源矿产地质勘查	社会经济咨询	广告业	其他专业咨询
新疆	其他电信服务	工程管理服务	规划管理	能源矿产地质勘查	贸易代理
云南	地质勘查技术服务	基础地质勘查	其他电信服务	质检技术服务	图书批发
浙江	数据处理和存储服务	保险经纪与代理服务	其他电信服务	劳务派遣服务	测绘服务业
重庆	新闻业	质检技术服务	劳务派遣服务	职业技能培训	电影放映

表 7－8 显示了经济环境、政治环境、社会环境和技术环境作为自变量对产业集中度的影响，其中列（1）、（2）、（3）、（4）分别表示经济环境、政治环境、社会环境、技术环境各自对产业集中度影响的回归结果，列（5）表示这四种环境因素整体对产业集中度影响的回归结果。可以看出在单独考虑的条件下，经济环境、政治环境、社会环境和技术环境这四个因素与产业集中度均存在显著性关系。其中经济环境、政治环境和社会环境与产业集中度存在显著性正相关的关系，说明这些环境的改善有利于产业集中度提升。就经济环境来看，经济发展情况好的地方，各种设备设施比较完善，有利于信息资源产业的发展，从而产生集聚效应，产业集中度增高，同时产业集聚又反过来作用于经济环境，使信息资源产业发展壮大，提升地方 GDP。就政治环境而言，政策制度越宽松，越有利于产业集聚。地方政府往往会出台相关的招商引资政策来吸引投资者，或是吸引大企业在当地建立分工厂。同

样，对已经选址的企业，也会在税收、办公用地等方面给予优待，从而留住企业，使得流入流出差相对较小，提升产业集聚度，充分发挥产业的集聚效应，带动边缘行业的发展。就社会环境而言，信息资源产业属于新兴产业，相比传统产业，其特点是绿色可持续，不会对当地的生态环境产生过度影响。同时，信息资源产业属于智力型产业，能吸引高素质人才的聚集，有利于提升地方的整体素质水平。民众对信息资源产业持包容的态度，这有利于产业的发展，使得信息资源产品容易被民众接受，更多的企业愿意选择到社会环境较好的地方发展，这也有助于提升产业的集中度。在单独考虑技术环境时，技术环境与产业集中度呈现出负相关的关系，说明随着技术环境的改善，产业集中度会逐渐降低，二者呈现出反向关系。一种解释是技术环节存在溢出效应，当技术水平发展到一定程度时，地方的人才过度聚集造成机会成本减少，求职和用工成本增加，企业转而向区域外寻求发展，求职者因为生活成本问题退出，从而使得产业集中度下降。以目前北上广的互联网企业为例，越来越多的大企业正在寻求向中部地区发展，越来越多的人才不再倾向于一线城市，更多的是选择逃离北上广，这在一定程度上平均了各地区的机会水平，使得各地区产业的发展都能够得到足够的人才，吸引更多的企业进驻，平衡了各地区的产业集中度问题。

表 7-8　　产业集中度与产业环境回归结果

变量	产业集中度				
	(1)	(2)	(3)	(4)	(5)
经济环境	0.029**				0.014
	(4.909)				(2.091)
政治环境		0.019**			−0.003
		(−3.245)			(−0.523)
社会环境			0.027**		0.012
			(4.656)		(1.963)
技术环境				−0.045**	−0.036
				(−7.676)	(−5.608)
年份	控制	控制	控制	控制	控制
行业	控制	控制	控制	控制	控制
样本量	28 830	28 830	28 830	28 830	28 830
R^2	0.29	0.19	0.27	0.45	0.49

注：** 表示在1%的条件下显著。

7.4　管理启示

本章主要采用 E-G 指数实证分析了我国信息资源产业 93 个细分行业的集聚情

况，并根据各细分行业 GDP 在各地 GDP 中所占比重进行了排名，同时以经济环境、政治环境、社会环境和技术环境为自变量，以产业集中度为因变量，通过回归分析探寻了它们之间的关系。本章可以得出以下结论与启发。

（1）经济环境对产业集聚具有促进作用，同时产业集聚也能推动经济的增长，并且有可能导致地区差距的扩大。地区差异主要包括两方面的内容：一是产业集聚区域各方面配备较为完善，促使经济发展远远超过非集聚区域的经济发展，出现一种自然落差；二是产业集聚会产生集聚效应，带动相关产业的发展，从我国各地区经济发展情况来看，东部地区产业集聚程度较高，所产生的集聚效应较大，中部地区的产业集聚对经济的增长具有一定的作用，而西部地区由于政策和地理位置等原因，产业集聚对经济发展的促进作用不明显。产业集聚产生增长效应的主要原因是地理区域上的集中度会导致外部规模经济、技术外部性和金钱外部性存在差异，大量同类型企业根据一定的经济联系集中在特定的区域范围，形成产业群落，按照群落中的运行规律演变和发展。产业聚集对国家和地区的经济增长具有重要影响，它能够降低生产成本，提高劳动生产率，简化供应链来提高竞争力，形成品牌效应与优势。这种竞争力是区域内所有企业协作的结果，是其他非集聚类企业无法拥有的。从全球视角来看，产业集聚通常是在自由市场的调解下自发形成的，但是，引导集聚产业健康、合理、有序地发展，还需要地方政府的管控与调节。目前我国信息资源产业已基本上形成了以东部为主的集聚区域，特别是一线城市，因此研究产业集聚与地区经济增长的内在机制就显得尤为必要，具有强烈的现实意义。

（2）产业的过度集聚会产生负面影响，出现行业垄断，导致产品质量下降、区域竞争力下降的不利后果。引导产业转移是当下各级政府需要解决的关键问题。就目前信息资源产业来看，东部地区的产业集中度明显高于中西部地区，从而带动劳动力及各种生产要素向东部地区集聚，以获得最佳产出。集聚区域与非集聚区域的发展差距在自然条件下已经在扩大，集聚程度的差异将推动这种差异进一步扩大。也就是说，产业集聚推动经济增长，经济增长反过来进一步加剧了产业集中度，致使各种生产要素进一步集中。随着时间的推移，东部地区的产业集中度越来越高，经济发展越来越快，与中西部地区的差异也越来越大。同时也可能存在逆向效应，随着集聚程度的加剧，基础设施和环境的压力也逐渐加大，造成地区污染，破坏生态平衡，产业集聚的优势作用难以维持。目前我国政府已经出台一系列相关政策来协调这种不平衡，如西部大开发。中部经济圈的划定可在一定程度上缓解这种差距的扩大。

（3）信息资源产业作为技术和劳动双密集型产业，注定了它有别于传统产业的一点是它与生俱来的全球性。信息资源产业的竞争不仅局限于国内，更重要的是来自国际方面的竞争。经济全球化时代，产业的地方化并不是说该产业只会产生地区效应，正好相反，产业区域化能够带来的效率，要比非区域化的产业效率高，因为区域化使产业具备了规模经济、交易成本、竞争机制、信息获取等方面的有利条件。在经济全球化影响下，区域位置在产业间或产业内贸易所起的作用呈现增长趋势，成为产业比较优势中的关键要素。美国的电子和信息技术产业主要集中在硅谷，引领着世界电信产业的发展方向；意大利米兰的时装决定了每一年世界流行风格。这种产业的地区集聚现象有利于进一步强化该地区的产业水平，因为知识外溢和竞争机制促使产业内的每个企业都努力提高效率。加拿大北方电信公司作为世界级的大企业，最终也选择将总部迁往美国电信设备产业集聚度最高的地区。产业集聚往往决定了产业的比较优势，而分散的产业布局不利于产生高效率的产业。地区间的产业分工是形成优势产业的基础，也是创造国家产业比较优势的一个重要因素。这说明在经济全球化背景下，越是全球化的产业，越有可能在世界上的某一地理范围内高度集聚，生产统一标准和高质量的产品，供应全球市场的需要。对于信息资源产业来说，要以全球视角来规划产业的发展。

7.5 本章小结

本章首先回顾了产业集聚理论的发展历程。在英国经济学家波特提出著名的“钻石理论”之前，产业集聚理论发展缓慢，并未受到经济学家的重点关注。在波特完美地把产业集聚理论与区域竞争力理论结合在一起，并用于解释产业集聚形成的机制后，产业集聚理论才得到了迅速发展，并为日后的研究奠定了基础。

其次，本章从总体经济活动、距离空间和空间自相关三个方面对区位熵、空间基尼系数、E-G 指数、M-S 指数、Ripley *K* 函数、D-O 指数、*M* 函数及 Moran 指数这些与产业集聚程度相关的测度方法进行了分析，发现引入赫芬达尔系数的 E-G 指数能够排除空间基尼系数没能考虑内部规模经济或资源优势的市场空间集聚所引起的虚假成分，弥补了空间基尼系数的缺陷，是测度产业集聚比较适合的指标，最适合对信息资源产业地理区域集中度进行测算。

最后，本章根据 Ellision 和 Glaeser 建立的产业地理集中度指数公式对我国信息资源产业 93 个细分行业 2004 年到 2014 年 11 年间的集聚程度进行了精确测度。计算结果表明，我国信息资源产业 93 个细分行业中有 28 个细分行业的集中度指数高于等于 0.05，38 个细分行业集中度指数介于 0.02 到 0.05 之间，27 个细分行业集中度指数低于 0.02。其他文化艺术经纪代理业、文化娱乐经纪人业、生物技术推广服务业、新材料技术推广服务业、节能技术推广服务业和其他技术推广服务业这几类行业在产业地理集中度指数方面遥遥领先。在这 11 年中集中度指数增长幅度最大的是其他电信服务，变化率达到了 1 968%。本章还根据信息资源行业划分类型，对信息资采集业、信息资源加工业、信息资源提供业三大类行业的集中度指数进行了计算，并与 93 个细分行业的计算结果进行比对，发现计算结果基本吻合。本章的计算结果对信息资源产业相关政策的制定具有一定的指导意义。政策制定者可以根据分析结果适当增加某些特殊产业的地理集中度以获得产业的溢出效应，这样也有利于人力、财力和资源等的合理配置，有利于平衡我国信息资源产业东西部的发展，加速产业合理化。

第8章　产业结构、产业环境与产业创新

在第6章中，本研究通过多元回归的方法探究了产业发展的影响因素及其影响机制，并且验证了E-SCP模型在信息资源产业中的作用。从E-SCP理论来看，产业结构、行为和绩效之间存在着因果关系，结构决定行为，行为决定绩效，进而影响信息资源产业的发展，同时，在产业结构、行为和绩效之外，产业环境作为环境变量起到了重要的调节作用。结合E-SCP理论范式和相关研究，本章主要关注产业行为中的产业创新行为，将从产业创新的视角考察产业结构、产业环境的影响机制。具体来说，本章将通过建立多元回归模型，检验产业结构、产业环境对产业创新的影响，以及产业环境对产业结构与产业创新行为关系的调节作用。同时，为了能够更加全面地考察产业创新的影响因素，本章还将对产业类型进行划分，从而考察在不同类型产业中产业结构、产业环境与产业创新之间不同的作用机制。

8.1　理论分析与研究假设

本节首先对产业结构以及构成产业结构的三个要素产业进出壁垒、产业集中度以及产业主体差异化与产业创新之间的关系进行讨论，然后探究产业环境与产业创新之间的关系，最后考察产业环境对产业结构与产业创新之间的关系的调节作用，并最终提出研究假设。

8.1.1　产业结构与产业创新

基于E-SCP理论对于市场结构的理解，不同学者从对不同行业不同的研究角

度出发，提出了很多对行业产业有针对性的市场结构要素。张鹏（2007）基于拓展 SCP 框架对物流产业成长与对策开展研究，提出市场结构要素包括：市场集中度指数（CRn）、进入和退出壁垒（绝对成本优势、规模经济、资本要求和产品差异化）。李忠民等基于 SCP 范式对中国石油行业市场现状进行分析，通过分析市场集中度、产品差异化程度和市场进入壁垒，来反映石油行业的市场现状。黄玉玲等（2013）对原有 SCP 范式进行修正，提出加入“产权结构”维度，对非国有酒店的发展要素进行相关分析。李春英（2009）在 SCP 范式基础上，增加“需求成长幅度”，对我国零售业的市场结构进行分析。综合来看，尽管不同研究中对产业结构的要素定义有所差异，但市场壁垒、市场集中度、市场差异度这几个方面是产业结构的基本要素。本研究通过产业进出壁垒、产业主体差异化和产业集中度三个要素对产业结构进行解释。

产业创新是产业发展的重要动力，同时也是学术界关注的焦点，熊彼特认为，创新的本质是“产业突变”或“创造性破坏”，而“创造性破坏”是经济增长的根本动力。自熊彼特创新理论诞生以来，创新的理论与实践在世界范围内取得了巨大成果，如国家创新体系、区域创新体系以及部门和产业及企业创新体系的构建越来越受到关注。熊彼特所讲的创新实际上就是现在我国舆论界流行的“产业化”概念。产业化实质上就是生产要素的“新组合”，就是把技术创新成果转化为商品的过程，也就是产业创新的过程。因此，本研究的产业创新概念可以说与熊彼特的创新概念的内涵是一致的。Freeman 等人指出产业创新是一个系统的概念，系统因素是产业创新成功的决定因素。因此，本研究认为产业创新是技术创新、产品创新、市场创新等的系统集成，是企业突破已结构化的产业的约束，运用技术创新、产品创新、市场创新或组合创新等来改变现有产业结构或创造全新产业的过程，正是熊彼特所说的产业突变或创造性破坏的过程（陆国庆，2002）。本研究从信息资源产业的研发成果规模、研发投入规模、研发效率等指标来衡量产业创新。同时，依据 SCP 理论，产业结构影响产业行为，本研究认为产业结构的稳定性在一定程度上会影响产业的创新水平，具体来说，本研究提出：

假设 1：在信息资源产业中，产业结构对于产业创新水平有正向的影响。

在产业集中度与产业创新的关系问题上，国内外学者的观点并不一致。例如，马歇尔在分析企业的规模经济时就曾指出，在企业扩张导致规模经济的同时，市场中的垄断因素也不断增强，这将阻碍竞争机制发挥作用，弱化企业的创新动机。这就是所谓的“马歇尔冲突”。在熊彼特的创新理论中，垄断利润是刺激企业进行创新的动力，只有垄断企业才有能力为产品创新和工艺创新提供启动资金，并承担创新所带来的风险，因为在激烈的市场竞争中，企业由于缺乏超额垄断利润，不能为创新行为提供足够的资金支持。因此，熊彼特认为过度竞争实际上弱化了企业的创新动机。我国学者结合本国实际情况，也对产业集中度与企业创新行为之间的相关性进行了一定的探讨。柳卸林（1994）较早对该问题进行了分析，并提出垄断竞争的市场结构有利于企业创新。戚聿东（1998）探讨了产业科技进步与产业集中度的相关性，认为我国某些产业的高集中度是产业科技进步的促进因素而非阻碍因素。因此，本研究提出：

假设2：在信息资源产业中，产业集中度对于产业创新水平有正向的影响。

产业主体差异化与产业创新的关系问题是经济学讨论的热点之一，早期研究以所有制差异与生产效率的关系研究为主，在国有企业与非国有企业生产效率比较上，大部分的研究都得出“国有企业效率低”的结论。进入21世纪以来，创新成为经济发展的新主题，产业主体差异化对产业创新的影响的研究也开始出现。通常认为国有企业的技术创新效率较低、监督激励机制不完善，不利于技术创新活动的开展，从而影响了知识向成果的转化。戴西超等（2006）发现产业所有制的多元化可以有效促进产业的整体创新水平。李春涛等（2010）的实证分析表明只有当所有制结构即国有经济比重低于门限值水平的时候，经济发展水平对于产业创新效率才具有显著的促进效应。与产业主体差异化和产业创新关系的研究类似，有一些研究认为国有产权对技术创新有促进作用，其技术创新效率不一定低。吴延兵（2006）通过研究行业统计数据发现国有产权对研发有促进作用。国有企业一般具有较强的规模效应，资金和人员实力强大，比较容易进行大型的科研开发和行业共性、关键技术的攻关，也比较容易获得政府的政策支持，理应具有较强的创新效率。因此，本研究提出：

假设3：在信息资源产业中，产业主体差异化对于产业创新水平有正向的影响。

产业进出壁垒对产业结构的合理性有着重要的影响，进而对产业创新产生一定影响。创新作为产业行为的重要组成部分，熊彼特对此提出过经典假设：市场的竞争力量对创新有着正面的影响，市场内部竞争强度越大则创新强度就会越大，即产业壁垒会对产业创新产生负面的影响。但是，Lee（2005）使用韩国的数据对产业壁垒进行研究发现：在那些技术成熟、相对技术难度小、市场结构稳定的市场中，主要涉及食品、木材、家具加工等行业，创新与市场的竞争程度呈负相关，即产业壁垒越低则创新效率越高，即熊彼特假说成立；而在那些技术不成熟、相对技术难度大，比如机械设备制造、飞机配件制造、电子产品等产业中，市场的竞争力却与创新呈负相关，即产业壁垒越高创新强度越强。这样的一个研究结论为陈林等（2011）进一步提出针对中国特点的理论框架提供了一定的经验证据，即在我国大多数产业技术不够成熟的情况下，产业壁垒会对产业创新产生正向的影响。因此，本研究提出：

假设 4：在信息资源产业中，产业进出壁垒对于产业创新水平有正向的影响。

8.1.2　产业环境与产业创新

产业环境是产业发展所处的环境。根据 E-SCP 理论，本研究认为从产业发展的影响因素角度来看，产业环境对产业结构、产业行为和产业绩效有一定调节作用。根据相关理论与前期研究成果，本章对信息资源产业环境与产业创新进行相关分析，并结合 PEST 分析框架，将产业环境分为经济环境、政治环境、社会环境以及技术环境。

经济环境是指产业所处区域的整体经济环境。区域经济发展程度，对于产业发展是至关重要的，区域经济环境与潜在市场规模和消费群体规模相关。Nelson、Romer 以及 Lucas 等人提出的新经济增长理论，将科技进步定义为区域经济系统的内生变量，认为区域经济增长对其内部科技进步具有推动作用，区域经济发展为创新提供了更多的资源、人才，积累了更多知识，提升了技术水平，从而使产业创新的动力得到增强（李小胜，2007）。因此，本章将根据区域 GDP、区域国民可支配收入、区域经济结构因素、区域固定资产投资总额和区域社会消费品零售总额等衡量区域类经济的指标，对产业环境与产业创新的关系进行相关分析。

政治环境，即区域内政府机构通过政策和法律对产业实施优惠、扶持、监管等行为的情况。在 SCP 理论的发展过程中，政治因素可以说是一个讨论的焦点，产业的发展必须与影响产业运行的政策、命令、公共立场和司法界限等相一致。政策和其他环境常常超出单个组织的控制范围，从而影响产业内部组织关系的类型，影响到产业创新。由于政府可以对创新投入给予税收优惠和技术补贴，便利企业的融资渠道，促进企业创新投入的积极性。相关理论实证研究也表明：在信息对称的情况下，政府研发补贴将有助于企业扩大研发投入规模，加强技术创新环境，优化专利制度，有利于技术创新效率的提升（董雪兵等，2007）。因此，本章将根据区域信息资源产业政策强度、决策强度等指标对产业环境与产业创新的关系进行相关分析。

社会环境是一个内涵十分丰富的概念，它不仅包括产业所在地区的各种社会和文化因素，而且包括各种相关的政治和制度因素。硅谷的成功经验表明，产业创新离不开良好的社会环境。同时，区域开放程度也会对产业结构产生影响，导致产业结构升级；生产要素的流动性会对劳动生产率产生影响，进一步影响产业创新；人力资源水平给劳动生产率和科技进步程度带来影响，从而对产业创新产生一定作用。蔡宁和刘志勇（2003）认为，良好的社会环境推动了技术创新和制度创新的优势结合，促进了高新技术产业化，引发了新经济的诞生。因此，本章将根据区域开放程度、生产要素流动性和人口教育结构等指标对产业环境与产业创新的关系进行相关分析。

技术环境是指区域内部科研机构和科研成果的情况，反映了该区域对科研创新的重视程度和区域科研活力。产业技术创新需要良好的创新环境，区域技术环境能够为产业创新提供土壤。区域技术环境对产业创新会产生一定影响，对此学术界已经有不少学者进行过相关研究。Stuart 认为，技术领域的竞争提高了市场的不确定性，特别是在那些技术创新非常迅速的产业中，并因此提高了产业的创新水平。Madhavan 等（1998）同样发现，技术环境的变革为外围企业创造了获取产业网络中更加有利地位的机会，这在一定程度上可以强化产业的创新绩效。本章将根据区域科研机构数量、区域技术成交额和区域专利申请受理量等指标对产业环境与产业创新的关系进行相关分析。

基于上述从经济、政治、社会以及技术因素四个角度对产业环境与产业创新关系的分析，本研究提出：

假设 5：在信息资源产业中，产业环境对于产业创新水平有正向的影响。

8.1.3 产业结构、产业环境与产业创新

市场结构、厂商行为及其对绩效的影响一直是新古典经济学研究的核心内容之一，它对产业绩效提出了一套因果解释，为定量研究产业绩效与产业结构、产业行为提供了理论基础。它认为不仅政府公共政策会对产业发展造成影响，包括政治因素、经济因素、技术因素、社会因素在内的产业环境都会影响产业发展。本研究重视产业环境的作用，将产业环境（environment）作为重要的影响因素加入 SCP 模型中，形成 E-SCP 模型，并以 E-SCP 理论范式为基础对信息资源产业开展系列研究。同时，根据第 6 章的验证结果，本研究发现在信息资源产业中 E-SCP 模型的作用机制成立，同时，通过上述论述本研究也发现，产业结构与产业环境在一定程度上对产业创新都有影响。实际上，产业环境的调节作用不仅仅发生在产业结构对产业发展的影响中，产业环境也会对产业结构与产业创新的关系产生一定影响。刘广生和吴启亮（2011）的研究指出，环境因素会对 SCP 的影响过程产生调节作用。具体来说，良好的产业环境能提升行业规范和整体竞争力，从而增强产业集中度、产业进出壁垒等因素对产业创新创新的影响。赵息和李文亮（2016）从企业的角度，以我国 208 家高新技术企业为调研对象，探讨了知识特征（隐性知识与复杂性知识）与突破性创新的关系，同时讨论了社会因素对于创新的调节作用。

屈援（2009）则以中医药产业为研究对象，验证了 SCP 理论在中医药产业中的应用，并且考察了技术因素的调节作用。综上所述，本章认为产业结构、产业环境与产业创新的关系是相互联系的，产业环境的改善会促进产业结构对产业创新的影响效果。因此，本章基于上述对产业结构、产业环境与产业创新三者之间关系的分析，最终提出：

假设 6：在信息资源产业中，产业环境对于产业结构与产业创新的关系有正向的调节作用。

8.2　研究设计

本节在前一节对产业结构、产业环境与产业创新等变量进行的相关设定与定义的基础之上，建立信息资源产业的产业结构、产业环境与产业创新的多元回归模型，从而对假设进行验证。

8.2.1　模型设定与变量定义

在这一部分中，本研究将首先对自变量指标进行界定，并通过描述性统计方法展示各指标的分布情况。然后，将根据前文提出的假设构建回归模型，并对模型变量进行解释。最后，将对回归中应用的样本情况及数据来源进行解释。

1. 产业结构的定义及其度量

SCP 理论中市场结构主要包括进入壁垒、市场集中度、产品差异化等要素。本项研究通过产业进出壁垒、产业集中度和产业主体差异化三个要素对产业结构进行解释。产业进出壁垒要素主要包含经济规模壁垒、非国资进入壁垒、人力资源壁垒；产业集中度要素主要包含厂商规模的离散度、产业 CRn 指数；产业主体差异化要素主要包含资本性质类型方差、登记注册类型方差。本研究的产业结构指标，从产业进出壁垒、产业集中度以及产业主体化差异三个维度，构建了包括 3 个一级指标，6 个二级指标的指标体系，利用来自《中国基本单位统计年鉴》、《中国经济普查年鉴》、国家统计局、北大法宝法律数据库、政府工作报告、百度新闻以及中国人民大学信息资源产业基础数据库等相关数据，评价了我国信息资源产业的产业结构情况。

表 8－1 报告了产业结构的描述性统计结果。产业结构（IS）的平均值为 0.009，产业集中度（ICCT）的平均值为 0.001，产业进出壁垒（BIWE）的平均值为 0.001，产业主体差异化（DIMB）的平均值为 0.046。这说明样本产业的产业结构存在一定程度的差异。由此可以看出我国信息资源产业的产业集中度较弱，产业进出壁垒作用较

小，而产业主体差异化的作用较大，从而也使得产业竞争较为充分。同时，这也说明了我国信息资源产业发展还不够充分，产业中具备规模效应的企业较少。

表 8-1　　产业结构变量的描述性统计

变量名称	样本数	均值	标准差	中位数	最大值	最小值
产业结构（IS）	28 830	0.009	0.016	0.005	1	0
产业集中度（ICCT）	28 830	0.001	0.014	0.001	1	0
产业进出壁垒（BIWE）	28 830	0.001	0.009	0.001	1	0
产业主体差异化（DIMB）	28 830	0.046	0.062	0.024	1	0

2. 研究模型

为验证产业结构、产业环境与产业创新之间的关系，本研究设定如下经验模型：

$$IIVT = \beta_0 + \beta_1 IS + \beta_2 IE + \beta_3 IS^* IE + \beta_4 \sum Year + \beta_5 \sum Industry + \varepsilon$$

上述经验模型检验产业结构对产业创新的作用，以及产业环境对这种作用的调节影响。其中，产业创新（IIVT）作为因变量，产业结构（IS）与产业环境（IE）作为自变量。产业结构（IS）用产业集中度（ICCT）、产业进出壁垒（BIWE）以及产业主体差异化（DIMB）三个指标来表示。产业集中度是反映衡量企业的数目和相对规模的差异的一项指标。产业壁垒是市场内已有的企业对准备进入的新企业所具有的优势，亦即准备进入市场的新企业可能遇到的不利因素和障碍。产业主体差异化是在社会主义市场经济制度下衍生出的具有特殊意义的指标。产业主体结构是指不同的所有制经济在整个经济中所占的比重、相互关系和地位。产业环境（IE）即产业发展所处的环境，包括经济、政治、社会与技术四方面因素。本研究对信息资源产业中的 93 个细分行业（Industry）以及 2004—2015 年共 12 个年份（Year）等变量进行控制。

8.2.2　研究样本与数据来源

本章以 2004—2015 年中国信息资源产业，包括全国与 31 个省级行政区以及信息资源产业 93 个细分行业的数据为研究样本。本章所有原始数据来源为《中国基本单位统计年鉴》、《中国经济普查年鉴》、国家统计局、北大法宝法律数据库、政府工作报告、百度新闻以及中国人民大学信息资源产业基础数据库等，最终共得到 28 830个样本数据。

8.3　实证检验

本节依据前文设计的研究模型，对产业结构、产业环境与产业创新做回归分

析，并在此基础上对不同信息资源产业依赖度以及不同信息资源产业加工程度的行业进行回归分析，并用稳健性检验分别验证假设。

8.3.1　描述性统计

表 8－2 为相关变量的描述性统计。从表 8－2 可以发现：样本产业的产业结构（IS）均值为 0.008 8，最大值为 1，标准差为 0.015 9，产业集中度（ICCT）均值为 0.000 7，最大值为 1，标准差为 0.014 2，这说明我国信息资源产业的产业结构存在一定差异，产业间发展不均衡，且产业集中度对我国产业结构差异影响较大。产业创新（IIVT）均值为 0.069 8，中位数为 0.058 7，标准差为 0.048 5，相较而言，我国信息资源产业的产业创新差异较小。

表 8－2　　主要变量的描述性统计

变量名称	样本数	均值	标准差	中位数	最大值	最小值
产业结构（IS）	28 830	0.008 8	0.015 9	0.005 0	1	0
产业创新（IIVT）	28 830	0.069 8	0.048 5	0.058 7	1	0
产业集中度（ICCT）	28 830	0.000 7	0.014 2	0.000 0	1	0
产业进出壁垒（BIWE）	28 830	0.001 3	0.003 0	0.000 5	1	0
产业主体差异化（DIMB）	28 830	0.046 3	0.062 2	0.024 5	1	0
产业环境（IE）	28 830	0.565 8	0.146 2	0.562 5	1	0

8.3.2　回归分析

为验证本章假设 1，本研究首先对全部样本进行回归分析。表 8－3 报告了产业结构对产业创新的回归结果。回归结果（1）～（4）列分别以产业结构（IS），以及产业集中度（ICCT）、产业进出壁垒（BIWE）和产业主体差异化（DIMB）三个产业结构分项指标作为解释变量的回归结果。从回归结果（1）和（4）中容易发现，产业结构（IS）及产业主体差异化（DIMB）与产业创新（IIVT）显著正相关。这表明产业结构对于产业创新具有显著的促进作用，同时，产业主体差异越大，产业创新水平越高。产业进出壁垒（BIWE）和产业集中度（ICCT）未通过显著性检验，说明对产业创新总体影响较小，这可能是由于我国现阶段情况下信息资源产业发展不够成熟，大多数细分行业的产业集中度较小，产业壁垒较低，从而导致产业集中度及产业壁垒的影响难以发挥作用。

从总体上来看，产业创新对产业结构的敏感性较高，即产业结构对于产业创新具有较大影响。这一结果显示出对于产业创新来说，产业结构，尤其是产业主体的差异化程度对于产业创新起到重要的作用，产业结构的合理能够提高企业的创新意愿，同时也能为产业创新提供更好的基础，相反，产业结构的不完善对于产业创新会有一定阻碍作用。实证结果初步印证了研究假设 1 和假设 3。虽然回归结果没有支持假设 2 和假设 4，但是因为产业集中度和产业进出壁垒是产业结构的重要因素，因此，在后续的产业发展中也不能忽视这两者的作用。

在四个模型的回归结果中，产业环境（IE）的估计系数均显著为正，即产业环境状况越好，产业创新水平越高，因此，假设 5 得到初步证实。同时，产业环境（IE）与产业结构（IS）的交叉变量的估计系数显著为正，表明产业环境会促进产业结构对产业创新的影响。这个结果表明，当产业环境较差时，产业结构对产业创新的影响力是较小的；当产业环境较好时，产业结构对产业创新的影响较大。假设 6 得到初步证实。

表 8-3　　　　产业结构、产业环境与产业创新的回归结果

变量	产业创新			
	(1)	(2)	(3)	(4)
	产业结构	产业集中度	产业进出壁垒	产业主体差异化
产业结构	0.444**	−0.03	0.005	0.726**
	(79.561)	(−0.494)	(54.038)	(184.867)
产业环境	0.160**	0.148**	0.148**	0.152**
	(27.411)	(23.497)	(23.602)	(34.718)
产业环境的调节作用	0.079**	0.009	0.012	0.152**
	(11.038)	(1.440)	(1.327)	(37.697)
年份	控制	控制	控制	控制
行业	控制	控制	控制	控制
样本量	28 830	28 830	28 830	28 830
R^2	0.222	0.133	0.133	0.572

注：** 表示在 1%的水平下显著，括号内为 t 值，标准误通过 White 异方差检验。

信息资源依赖度可反映某个行业实现经济价值的过程中对“信息资源原料”的依赖程度，以及在生产环节中信息资源所创造价值的比重大小。根据前期研究，本书将信息资源产业按照信息资源依赖度，分为信息资源低度依赖型产业、信息资源中度依赖型产业以及信息资源完全依赖型产业。本章进一步检验低度依赖型产业、中度依赖型产业及完全依赖型产业的产业结构、产业环境与产业创新的关系。结果见表 8-4。

由表 8-4 可知，从总体上来看，在低度依赖、中度依赖及完全依赖型信息资源产业的回归结果中，三种不同依赖度产业的产业结构（IS）与产业创新（IIVT）均显著正相关。结果表明，低度依赖、中度依赖以及完全依赖型信息资源产业的产业结构均对产业环境有正向的影响，进一步验证假设 1。其中，中度依赖型产业中产业结构对于产业创新的影响程度最大，因此，在中度依赖型产业中的产业结构调整带来的效果也更为明显。

在产业环境（IE）与产业创新（IIVT）的关系上，低度依赖型产业、中度依赖型产业和完全依赖型的产业中的产业环境（IE）与产业创新（IIVT）均显著正相关，即产业环境的改善可以有效提升各个产业类型的产业创新。其中，完全依赖型产业中受产业环境影响最为明显，这可能是由于其受信息资源的影响较大，因此，产业环境中影响信息资源的因素都会较大程度地影响完全依赖型产业中的产业创新。在交叉变量产业环境（IE）与产业结构（IS）和产业创新（IIVT）的关系中，低度依赖型、中度依赖型以及完全依赖型信息资源产业三者均呈现显著正相关关系。结果表明，在信息资源产业中，产业环境越健康，产业结构对产业创新的影响越大，进一步验证假设 3。

表 8-4　产业结构、产业环境与产业创新的回归结果：分产业依赖度

变量	IIVT		
	低度依赖型	中度依赖型	完全依赖型
产业结构	0.435**	0.673**	0.433**
	(51.969)	(71.263)	(44.094)
产业环境	0.123**	0.141**	0.201**
	(13.848)	(14.487)	(20.494)
产业环境的调节作用	0.062**	0.161**	0.081**
	(7.29)	(16.762)	(6.723)
年份	控制	控制	控制
行业	控制	控制	控制
样本量	13 020	5 890	9 920
R^2	0.194	0.569	0.225

注：** 表示在 1%的水平下显著，括号内为 t 值，标准误通过 White 异方差检验。

根据前期研究成果，本章将信息资源产业划分为信息资源采集业、信息资源加工业以及信息资源提供业，分别检验其产业结构、产业环境与产业创新之间的关系。结果见表 8-5。由表 8-5 可知，从总体上来看，在信息资源采集业、加工业以及提供业的回归结果中，三种不同产业的产业结构（IS）与产业创新（IIVT）均显著正相关。即在三大类产业中产业结构均对产业创新有较大影响。其中，信息资源加工业中产业结构的影响最为明显，达到 0.7 以上，因此，应当重视信息资源加工业中产业结构的改善，从而有效提升产业创新水平。

在产业环境（IE）与产业创新（IIVT）的关系中，信息资源采集业、加工业以及提供业均显著正向相关。结果表明，在三种不同类型产业中，产业环境（IE）对产业创新（IIVT）均有影响，即产业环境的改善可以有效提升三类产业中产业创新的水平。其中需要注意的是，产业环境对于信息资源加工业的影响较小，同时也可以看出产业结构的影响远大于产业环境的影响，因此，在不同类型产业的产业创新提升的过程中应当注重对其主要影响因素的改进。在交叉变量产业环境（IE）与产业结构（IS）对产业创新（IIVT）的关系中，信息资源采集业、加工业及提供业三者均呈现显著正相关关系，在信息资源产业中，产业环境越健康，产业结构对产业创新的影响越大。

表 8－5　产业结构、产业环境与产业创新的回归结果：分产业加工程度

因变量	IIVT		
	信息资源采集业	信息资源加工业	信息资源提供业
产业结构（IS）	0.470**	0.768**	0.393**
	(34.495)	(80.620)	(56.114)
产业环境（IE）	0.223**	0.091**	0.169**
	(13.165)	(8.436)	(23.429)
产业环境的调节作用	0.038*	0.155**	0.017*
	(2.257)	(15.633)	(2.333)
年份	控制	控制	控制
行业	控制	控制	控制
样本量	4 340	4 340	20 150
R^2	0.260	0.625	0.18

注：*、** 分别表示在 5%、1%的水平下显著，括号内为 t 值，标准误通过 White 异方差检验。

8.3.3　稳健性检验

为保证回归结果的稳健性，OLS 回归要求在替换变量的指标之后，假设仍然成立。而在本章之中，本研究分别以产业结构及其各分项指标作为变量进行回归，这样一方面从不同角度论述了产业结构对于产业行为的影响，另一方面也验证了回归结果的稳健性，即使指标变化，仍然可以保证产业结构对于产业行为的影响机制成立。

8.4　政策建议

对产业结构、产业环境与产业创新三者之间关系的分析以及描述性统计分析结果与回归分析结果，验证了本章提出的假设。这对于评价我国信息资源产业发展现状以及信息资源产业的发展建设，具有一定意义和价值。

第一，产业发展不成熟，规模经济不足。从产业结构与产业结构的分项指标的描述性统计结果来看，产业结构及其构成因素中产业集中度较低且产业壁垒较弱。

这显示出我国信息资源产业仍旧处在发展的初级阶段，企业多，且大多数企业规模较小，产业无序竞争情况较为严重。这就需要政府积极扶持优质企业，使其带动整个产业发展成熟，增强产业的规模效应，提高产业效率。同时，样本产业的产业结构存在一定程度的差异，不同产业间产业结构存在一定区分度，产业发展不平衡。造成我国信息资源产业结构不平衡的原因，一方面在于在信息化浪潮中，部分传统行业如档案馆、博物馆等由于经营方式保守、发展理念陈旧及行业需求有限等因素，无法满足时代需求，无法迎合当前市场，从而导致其发展受限；另一方面在于部分行业由于受宏观政策等影响，产业发展多元化，产业结构越来越倾向于合理性，产生的马太效应对产业发展造成一定影响。纵观我国产业结构的演变，其实是沿着一条在波动中不断调整、改进、完善的道路前进的。因此，在这一过程中政府应发挥积极作用，降低产业内部无序竞争状态，提高产业发展质量，改善产业结构，从而促进整个产业的创新能力。

第二，产业结构与产业环境能够有效促进产业创新。从产业结构、产业环境与产业创新的回归分析结果来看，产业结构对产业创新存在一定影响，其中主体差异化程度越高，产业创新越强。因此，在我国信息资源产业的发展进程中，在调整信息资源产业间结构的合理性基础之上，应当着重促进产业主体的多元化，激励企业在不断竞争中提升创新水平。需要注意的是，虽然从回归结果中可以看到产业集中度与产业壁垒对于产业创新的影响不显著，但是，由于国内外许多研究表明产业集中度及产业壁垒对于产业创新有影响，因此，在后续的发展中，随着产业集中度及产业壁垒的增强，应当注重考察其对产业创新的影响，使其能够不断向促进产业创新的方向发展。同时，产业环境对产业创新存在一定影响，产业环境的完善程度直接影响产业的发展程度，产业环境越好，产业创新水平越高。此外，产业环境对产业结构与产业创新的关系具有正向的调节作用，即产业环境越好，产业结构对产业创新的促进作用越大。因此，为了提高信息资源产业的发展程度，应积极建设产业环境，提升区域经济发展水平，建立健全信息资源产业政策，提高社会开放与人口受教育程度，优化产业科学技术水平，为信息资源产业的发展提供良好的产业环境，促进产业创新。

第三，信息资源中度依赖型产业中，产业结构对产业创新的影响最为明显。根据前期研究，本节将信息资源产业按照信息资源依赖度分为信息资源低度依赖型产业、信息资源中度依赖型产业以及信息资源完全依赖型产业。在对不同依赖度信息资源产业的产业结构、产业环境与产业创新之间关系的回归分析中，总体上来看，低度依赖、中度依赖以及完全依赖型信息资源产业的产业结构与产业环境都会对产业创新产生一定影响。即产业结构与产业环境均对产业创新具有正向的促进作用，而且产业环境越好，产业结构对产业创新的提升作用就越大。同时，中度依赖型信息资源产业的回归结果中的 R^2（拟合优度）明显高于其他两类产业，说明中度依赖型信息资源产业的各项变量对回归方程有着较大的贡献，所以在中度依赖型产业中，产业结构、产业环境对产业创新的影响程度更高，并且，产业结构对于产业创新的影响程度明显高于其他两类产业。这可能是由于中度依赖型产业具有鲜明的信息资源产业特征但不完全依赖信息资源，因而在产业创新的过程中更易受到产业结构的影响。因此，在信息资源产业的发展建设中，应更加注重对信息资源中度依赖型产业的产业结构的调整，从而更加有效地促进其产业创新，带动整个产业的创新行为。

第四，信息资源加工业中，产业结构对于产业创新的影响最为显著。根据前期研究成果，本书根据对信息资源的加工程度，将信息资源产业划分为信息资源采集业、信息资源加工业以及信息资源提供业。在对不同加工程度信息资源产业的产业结构、产业环境与产业创新之间的关系的回归分析中，总体上来看，信息资源采集业、信息资源加工业以及信息资源提供业的产业结构与产业环境都对产业创新产生一定影响。即产业结构与产业环境均对产业创新具有正向的促进作用，而且产业环境越好，产业结构对产业创新的提升作用就越大。同时，信息资源加工业的回归结果中的 R^2 明显高于其他两类产业，说明信息资源加工业的各项变量对回归方程有着较大的贡献，所以信息资源加工业中，产业结构、产业环境对产业创新的影响程度更高，并且，产业结构对于产业创新的影响程度明显高于其他两类产业。信息资源加工业虽然产业数量较少，但如广告业、新闻业等加工业大多发展相对成熟且对信息资源产业发展的影响力较大。因此，在信息资源产业的发展建设中，应更加注重对信息资源加工业的产业结构的调整，并且注重发挥产业环境的正向作用，从而更加有效地促进其产业创新，带动整个产业的创新行为。

8.5 本章小结

基于 SCP 理论，本研究认为产业结构决定产业行为，产业行为决定产业绩效，产业环境对产业结构、产业行为和产业绩效有着调节作用。其中，产业结构包含产业进出壁垒、产业集中度、产业主体差异化。本章旨在通过回归模型的建立，对产业结构、产业环境与产业创新的关系进行分析，进而分析其对产业发展的影响。

首先，本章通过理论分析界定了本研究中产业结构、产业环境与产业创新的影响因素。通过产业进出壁垒、产业集中度和产业主体差异化等三个要素，对产业结构与产业创新的关系进行分析，认为产业壁垒越强，经济规模壁垒越强，创新能力越强。在产业环境方面，结合 PEST 分析框架，将产业环境分为经济环境、政治环境、社会环境和技术环境，并从这四个方面分析对产业创新的影响，认为产业环境越健康，产业创新水平越高。同时，参考 E-SCP 模型，进一步推出产业环境对产业结构与产业创新关系具有调节作用的假设。

其次，本章从产业进出壁垒、产业集中度和产业主体差异化三个角度为产业结构构建了包括 3 个一级指标、6 个二级指标的指标体系，通过 28 830 个样本数据对我国信息资源产业的产业结构进行分析，并设立经验模型来验证假设。

再次，本章从全部样本、以信息资源产业依赖度区分样本，以及以信息资源产业加工程度区分样本三个角度，分别对假设进行了回归分析与实证检验。同时，为保证回归结果的稳健性，基于现有的研究，将所有可能的影响因素加入模型中，回归结果仍然相同，最终验证了研究假设 1、假设 3、假设 5 以及假设 6。

最后，得到如下结论：在信息资源产业中，产业结构与产业创新呈正相关关系，产业主体差异越明显，产业创新水平越高；产业环境与产业创新呈正相关关系，产业环境的完善程度直接影响产业创新的水平；产业环境对产业结构与产业创新的关系具有调节作用，即产业环境越完善，产业结构对产业创新行为的影响越大。依据得出的结论，本章提出了政策建议。

第 9 章　产业结构、产业环境与产业代谢

产业发展的影响因素是复杂多元的，从 SCP 理论来看，产业结构、行为和绩效之间存在着因果关系，结构决定行为，行为决定绩效，进而影响信息资源产业的发展。在产业结构、行为和绩效之外，产业环境作为环境变量起到了重要的调节作用。结合 E-SCP 理论范式和相关研究，本研究认为产业行为包括产业创新、产业代谢、产业包容以及产业竞争四个维度。本章以产业代谢视角来表征产业行为。在信息资源产业发展进程中，产业结构与产业环境在一定程度上会影响产业自身代谢，进而影响产业行为，最终决定产业发展情况。本章通过建立回归模型，检验产业结构与产业代谢之间的关系，以及产业环境的调节作用。

9.1　理论分析与研究假设

本节首先对产业结构以及构成产业结构的三个要素产业进出壁垒、产业集中度以及产业主体差异化与产业代谢之间的关系进行讨论，进而对产业环境与产业代谢之间的关系进行讨论，再对产业结构、产业环境与产业代谢之间的关系进行讨论，并最终提出研究假设。

9.1.1　产业结构与产业代谢

基于 SCP 理论对于市场结构的理解，不同学者从对不同行业不同的研究角度出发，提出了很多对行业产业有针对性的市场结构要素。张鹏（2007）基于拓展 SCP 框架对物流产业成长与对策开展研究，提出市场结构要素包括市场集中度指数（CRn)、进入和退出壁垒（绝对成本优势、规模经济、资本要求和产品差异化）。

李忠民等基于 SCP 范式对中国石油行业市场现状进行分析，通过分析市场集中度、产品差异化程度和市场进入壁垒，来反映石油行业的市场现状。黄玉玲等（2013）对原有 SCP 范式进行修正，提出加入“产权结构”维度，对非国有酒店的发展要素进行相关分析。李春英（2009）在 SCP 范式基础上，增加“需求成长幅度”，对我国零售业的市场结构进行分析。综合来看，尽管不同研究中对产业结构的要素定义有所差异，但市场壁垒、市场集中度、市场差异度这几个方面都是产业结构的基本要素。因此本研究也通过产业进出壁垒、产业主体差异化和产业集中度三个要素对产业结构进行解释。

产业代谢的理论基础源于产业生态化理论。产业生态化理论是由罗伯特·艾尔斯在 20 世纪 80 年代提出的（Ayres，1989）。在 1991 年的全球首次“产业生态学”论坛中，产业生态学被定义为“各种产业活动及其产品与环境之间相互关系的跨学科研究”（Kumar，2001）。1992 年 Hardin 提出产业生态学是“产业界的环境议程”，是解决全球环境问题的有力手段。马世骏、王如松（1984）从“社会-经济-自然复合生态系统”的理论出发，认为“产业生态学是一门研究社会生产活动中自然资源从源、流到汇的全代谢过程，组织管理体制以及生产、消费、调控行为的动力学机制，控制论方法及其与生命支持系统的相互关系的系统科学”。杨建新、王如松（1998）认为产业生态学具有系统观、整体观、未来观以及全球观，是一种分析产业系统与自然系统、社会系统以及经济系统的相互关系的系统工具，又是一种发展战略与决策支持手段。艾尔斯对产业代谢进行了开拓性的研究（Ayres，1994）；国际应用系统分析研究所（IASA）开展了对莱茵河流域重金属物质代谢的早期研究（Stiglian 等，1994）；国内对砷、汞、铅、氯、氮以及一些 POPs 物质的研究有所介绍（陈跃等，2003；陈定江等，2004）；产业代谢分析也被用于对产品（诸如电子芯片）或城市物质流来源、去向的分析（朱蓓等，2015）。作为产业代谢方法的延伸，Adriaanse 等（1997）提出了面向经济系统的物质流分析，揭示了物质在特定区域内的流动特征和转化效率。关于产业代谢的相关研究，Gort 和 Klepper（1982）通过对 46 个产品的销售、产品和产量的时间序列分析，按照产业内部的企业数量对生命周期进行划分，提出产业生命周期可以分为引入、大量引入、稳定、淘汰和成熟五个阶段。Ning，Y 等（2009）对中国氯工业的元素代谢进行了研究，通过引入代谢网络的相关模型，对氯元素的消耗率、利用率和浪费比率进行了评估，从而对中国氯工业的元素代谢情况提供了一个系统的认知。李维思等（2011）提出基于技术生命周期的产业生命周期，依据专利技术生命周期指标将产业生命周期划分为引入期、发展期、成熟期和衰退期，并以太阳能薄膜电池产业为例进行实证研究。本研究认为产业代谢主要包括产业生长率、产业成熟系数、产业衰老度和产业活力特征系数等要素。产业结构的稳定性在一定程度上会影响产业代谢的周期。

一是在产业进出壁垒与产业代谢的关系中。产业壁垒对产业结构的合理性有着重要的影响，进而对产业代谢产生一定影响。根据产业生命周期理论，我们得知：在产业幼稚期，进入壁垒较低；产业成长期，进入壁垒逐渐提高；产业成熟期，进入壁垒达到最高。从贝恩与施蒂格勒时代开始，关于进入壁垒的成因就有过多次争论。贝恩认为造成进入壁垒的是规模经济，而施蒂格勒认为进入壁垒与规模经济无关，只有法律、政策因素会造成进入壁垒。对于此问题，目前学术界尚有许多争论。在本研究中，有关产业进入壁垒的探讨主要围绕其经济规模壁垒而展开，即信息资源产业中筹建企业的平均成本。一般情况下，产业壁垒越强，进入壁垒越高，经济规模壁垒越强，产业代谢速率越慢，从而影响产业发展。本章将通过对信息资源产业中筹建企业的平均成本的衡量来验证其对产业发展的影响。

二是在产业主体差异化与产业代谢中。产业主体差异化是研究产业结构与产业代谢关系间必须涉及的指标之一，体现着各类资本性质企业的差异，也可称所有制差异。所有制结构是指不同的所有制经济在整个经济中所占的比重及其相互关系和地位。不同的所有制分配情况下，不同资本性质的企业各自的产业生命周期均有所不同。如国有企业资本规模大，企业体量大，能够建立在行业内的优势，但同时产业代谢速度慢，结构单一，缺乏活力。私人企业因具有一定开放性与灵活性，在一定程度上产业代谢速度较快。因此，产业间所有制差异的程度对于产业代谢的影响是我们要研究的重点之一。本章将通过不同资本性质类型和不同登记注册类型的企业在整个产业中的比重的均衡程度来验证其对产业发展的影响。

三是在产业集中度与产业代谢中。产业集中度是反映衡量企业的数目和相对规模的差异的一项指标。产业集中度能够衡量市场被垄断的程度，如个别企业在产业的数量与规模上占据了较多的市场份额，则说明产业集中度较高。根据前期研究可知，在产业集中度与产业结构以及产业行为的关系中，国内外专家有不同的看法。然而，对于产业集中度与产业代谢之间的关系却无相关理论与研究成果。因此，本章将信息资源产业内的股份公司作为一定规模以上的企业，列为研究对象，通过股份公司的数量、营业收入等指标，结合产业集中度 HHI 综合指数的测算方法来测度产业集中度，并验证其对产业发展的影响。基于上述对产业结构以及产业进出壁垒、产业主体差异化与产业集中度三个构成产业结构的元素的分析，首先提出：

假设 1：在信息资源产业中，产业结构越合理，产业自身代谢速度越快。

9.1.2　产业环境与产业代谢

产业环境是产业发展所处的环境。根据 SCP 理论，我们认为从产业发展的影响因素角度来看，产业环境对产业结构、产业行为和产业绩效有一定调节作用。根据相关理论与前期研究成果，本章对信息资源产业环境与产业代谢进行相关分析，并结合 PEST 分析框架，将产业环境分为经济环境、政治环境、社会环境以及技术环境。

一是在经济环境与产业代谢中。经济环境，是指产业所处区域的整体经济环境（孙希有，2003）区域经济发展程度，对于产业发展是至关重要的，区域经济环境与潜在市场规模和消费群体规模相关。目前，相关研究表明，经济环境对产业发展有着重要的作用，经济实力与产业发展为正相关关系。在信息资源产业中，区域经济环境对信息资源产业发展也有着重要的影响作用。因此，本章将根据区域 GDP 规模、区域国民可支配收入、区域经济结构因素、区域固定资产投资总额和区域社会消费品零售总额等衡量区域类经济指标对产业环境与产业代谢的关系进行相关分析。

二是在政治环境与产业代谢中。即区域内政府机构通过政策和法律对产业实施优惠、扶持、监管等行为的情况。政治因素对产业发展的影响主要表现为：政府通过政策调节与倾斜对产业进行规范，协调产业间发展平衡，进而影响产业代谢周期；同时，政府对市场的干预也在一定程度上影响市场的自我调节机制，进而对产业自身生命周期产生一定影响。政治因素对产业代谢存在一定的影响。因此，本章将根据区域信息资源产业政策强度、决策强度等因素对产业环境与产业代谢的关系进行相关分析。

三是在社会环境与产业代谢中。社会环境，即产业所处区域的社会结构、人口变动趋势、受教育程度、开放程度等（郭焱，2012）。社会环境对文化和理念造成影响，进而对产业发展造成影响。具体来说，区域开放程度会对产业结构产生影响，促进产业结构升级；生产要素的流动性会对劳动生产率产生影响，进一步影响产业代谢；人力资本水平给劳动生产率和科技进步程度带来影响，从而对产业代谢产生一定作用。因此，本章将根据区域开放程度、生产要素流动性指数和人口教育结构等因素对产业环境与产业代谢的关系进行相关分析。

四是在技术环境与产业代谢中。技术环境是指区域内部科研机构和科研成果的情况，反映了该区域对科研创新的重视程度和区域科研活力。产业技术对产业发展起着至关重要的作用，地区对科研创新的重视程度决定了区域的科研活力，极大地影响着产业创新，进而对产业代谢速度产生影响，从而影响产业发展。因此，本章将根据区域科研机构数量、区域技术成交额和区域专利申请受理量等因素对产业环境与产业代谢的关系进行相关分析。本章基于上述从经济、政治、社会以及技术因素四个角度对产业环境与产业代谢关系的分析，进而提出：

假设 2：在信息资源产业中，产业环境越健康，产业自身代谢速度越快。

9.1.3 产业结构、产业环境与产业代谢

产业结构与产业环境在一定程度上分别对产业代谢有一定的影响，进而影响产业发展。在产业结构与产业环境之间，同样也存在一定的联系。一方面，从产业结构角度来看，产业结构的合理优化有助于提高区域经济发展水平，有助于加快区域政策落实与部署，有助于增强科技成果转化能力，提升区域科技水平，在一定程度上对产业环境产生影响。另一方面，从产业环境角度来看，经济环境的改善从根本上影响区域间产业结构的合理与平衡；优化政治环境，对产业在政策和法律上予以优惠、扶持及监管能够促进产业结构升级；人口规模与人口受教育程度通过影响劳动力质量、劳动生产率，进而对产业结构造成影响；技术创新促进产业发展，科学技术推动产业环境的改变，从而促进产业发展。综上所述，本章认为产业结构、产业环境与产业行为的关系是相互联系的，三者之间互相促进、互相制约。产业代谢是产业行为的构成要素之一，产业结构、产业环境与产业代谢三者之间相互联系，互相制约，综合影响产业发展情况。本章基于上述产业结构、产业环境与产业代谢三者之间关系的分析，最终提出：

假设 3：在信息资源产业中，产业环境越健康，产业结构对产业代谢行为的影响越大。

9.2 研究设计

本节在对产业结构、产业环境与产业代谢等变量进行相关设定与定义的基础之上，建立信息资源产业产业结构、产业环境与产业代谢的经验模型，从而对假设进行验证。

9.2.1 模型设定与变量定义

1. *产业结构的定义及其度量*

SCP 理论中市场结构主要包括进入壁垒、市场集中度、产品差异化等要素。本项研究通过产业进出壁垒、产业集中度和产业主体差异化三个要素对产业结构进行

解释。产业进出壁垒要素主要包含经济规模壁垒、非国资进入壁垒、人力资源壁垒；产业集中度要素主要包含厂商规模的离散度；产业主体差异化要素主要包含资本性质类型方差、登记注册类型方差。本研究从产业进出壁垒、产业集中度以及产业主体化差异等三个维度构建了包括 3 个一级指标、6 个二级指标的指标体系，利用来自《中国基本单位统计年鉴》、《中国经济普查年鉴》、国家统计局、北大法宝法律数据库、政府工作报告、百度新闻以及中国人民大学信息资源产业基础数据库等的相关数据，评价我国信息资源产业的产业结构情况。

表 9-1 报告了产业结构变量的描述性统计结果。产业结构（IS）的均值为 0.009，产业集中度（ICCT）的均值为 0.001，产业进出壁垒（BIWE）的均值为 0.001，产业主体差异化（DIMB）的平均值为 0.046，产业结构及其分项指标的变化范围很大。这说明样本产业的产业结构存在一定程度的差异。

表 9-1　产业结构变量的描述性统计

变量名称	样本数	均值	标准差	中位数	最大值	最小值
产业结构（IS）	28 830	0.009	0.016	0.005	1	0
产业集中度（ICCT）	28 830	0.001	0.014	0.000	1	0
产业进出壁垒（BIWE）	28 830	0.001	0.009	0.001	1	0
产业主体差异化（DIMB）	28 830	0.046	0.062	0.024	1	0

2. 研究模型

为验证产业结构、产业环境与产业代谢之间的关系，我们设定如下经验模型 1：

$$IMBL=\beta_0+\beta_1 IS+\beta_2 IE+\beta_3 IS*IE+\beta_4\sum Year+\beta_5\sum Industry+\varepsilon$$

上述经验模型检验产业结构对产业代谢的作用，以及产业环境对这种作用的调节影响。其中，产业代谢（IMBL）作为因变量，产业结构（IS）与产业环境（IE）作为自变量。产业结构（IS）用产业集中度（ICCT）、产业进出壁垒（BIWE）以及产业主体差异化（DIMB）三个指标来表示。产业集中度是反映衡量企业的数目和相对规模的差异的一项指标。产业壁垒是市场内已有的企业对准备进入的新企业所具有的优势，亦即准备进入市场的新企业可能遇到的不利因素和障碍。产业主体差异化，也称所有制结构差异，是在社会主义市场经济制度下，所衍生出的具有特殊意义的指标，是指不同的所有制经济在整个经济中所占的比重及其相互关系和地位。产业环境（IE）即产业发展所处的环境，包括经济、政治、社会与技术四方面因素。同时，在研究中，我们对信息资源产业中的 93 个细分行业（Industry）以及 2004—2015 年共 12 个年份（Year）等变量进行控制。

9.2.2 研究样本与数据来源

本章以 2004 年至 2015 年中国信息资源产业数据，包括全国与 31 个省级行政区以及信息资源产业 93 个细分行业数据为研究样本。本章所有原始数据，来源为《中国基本单位统计年鉴》、《中国经济普查年鉴》、国家统计局、北大法宝法律数据库、政府工作报告、百度新闻以及中国人民大学信息资源产业基础数据库等，最终共得到 28 830 个样本数据。

9.3 实证检验

本节在对产业结构、产业环境与产业代谢做回归分析的基础之上，对不同依赖度信息资源产业以及不同加工程度信息资源产业进行回归分析，并通过稳健性检验，最终分别验证假设 1、2 与 3。

9.3.1 描述性统计

表 9-2 为相关变量的描述性统计。从表 9-2 可以发现，样本产业的产业结构（IS）均值为 0.008 8，最大值为 1，标准差为 0.015 9，产业集中度（ICCT）均值为 0.000 7，最大值为 1，标准差为 0.014 2，这说明我国信息资源产业的产业结构存在一定差异，产业间发展不均衡，且产业集中度对我国产业结构差异影响较大。产业代谢（IMBL）均值为 0.101 7，中位数为 0.105 6，标准差为 0.018 6，相较而言，我国信息资源产业的产业代谢周期差异较小。

表 9-2　主要变量的描述性统计

变量名称	样本数	均值	标准差	中位数	最大值	最小值
产业结构（IS）	28 830	0.008 8	0.015 9	0.005 0	1	0
产业代谢（IMBL）	28 830	0.101 7	0.018 6	0.105 6	1	0
产业集中度（ICCT）	28 830	0.000 7	0.014 2	0.000 0	1	0
产业进出壁垒（BIWE）	28 830	0.001 3	0.009 3	0.000 5	1	0
产业主体差异化（DIMB）	28 830	0.046 3	0.062 2	0.024 5	1	0
产业环境（IE）	28 830	0.565 8	0.146 2	0.562 5	1	0

9.3.2 回归分析

为验证本章假设 1，我们首先对全部样本进行回归分析。表 9-3 报告了产业结构对产业代谢的回归结果。列（1）～列（4）分别以产业结构（IS），以及产业集

中度（ICCT）、产业进出壁垒（BIWE）和产业主体差异化（DIMB）三个产业结构分项指标作为解释变量的回归结果。从回归结果列（1）和列（4）中容易发现，产业结构（IS）及产业主体差异化（DIMB）与产业代谢（IMBL）显著正相关。这表明产业结构越合理，产业主体差异越明显，产业代谢速度越快。产业进出壁垒（BIWE）与产业代谢（IMBL）显著负相关。这表明产业壁垒越强，产业代谢周期越长。产业集中度（ICCT）未通过显著性检验，说明其对产业代谢总体影响较小。从总体上来看，产业代谢对产业结构的敏感性较高，产业结构越合理，产业代谢越快。这一结果证明对于产业代谢来说，产业结构的合理与否是很重要的影响因素，产业结构的合理能够为产业自身进行调整提供更好的基础，相反，产业结构的不完善对于产业代谢有一定阻碍作用。实证结果初步印证了研究假设 1。在列（1）中，产业环境（IE）的估计系数显著为正。结果表明产业环境越好，产业代谢速度越快。假设 2 得到初步证实。产业环境（IE）与产业结构（IS）的交叉变量的估计系数显著为正，表明产业环境越好，产业结构对产业代谢的影响作用越大。这个结果表明，当产业环境较差时，产业结构对产业代谢的影响力是较小的；当产业环境较好时，产业结构对产业代谢的影响较大。假设 3 得到初步证实。

表 9-3　　产业结构、产业环境与产业代谢的回归结果

变量	产业代谢（IMBL）			
	（1）	（2）	（3）	（4）
	产业结构	产业集中度	产业进出壁垒	产业主体差异化
产业结构	0.060**	−0.007	−0.021**	0.039**
	(10.602)	(−1.295)	(−3.719)	(7.171)
产业环境	0.012*	0.023**	0.085**	0.023**
	(2.110)	(3.986)	(10.446)	(3.893)
产业环境的调节作用	0.047**	0.001	0.113**	0.010*
	(8.163)	(0.105)	(14.024)	(1.808)
年份	控制	控制	控制	控制
行业	控制	控制	控制	控制
样本量	28 830	28 830	28 830	28 830
R^2	0.203	0.169	0.23	0.197

注：*、** 分别表示在 5%、1%的水平下显著，括号内为 t 值，标准误通过 White 异方差检验。

信息资源依赖度用来反映某个行业实现经济价值的过程中对信息资源原料的依赖程度，以及在生产环节中信息资源所创造价值的比重大小。根据前期研究，本研究将信息资源产业按照信息资源依赖度分为信息资源低度依赖型产业、信息资源中度依赖型产业以及信息资源完全依赖型产业。本章进一步检验信息资源低度依赖型产业、信息资源中度依赖型产业及信息资源完全依赖型产业的产业结构、产业环境与产业代谢的关系。结果见表 9-4。

表 9-4　　产业结构、产业环境与产业代谢的回归结果：按依赖度

变量	产业代谢（IMBL）		
	信息资源低度依赖型产业	信息资源中度依赖型产业	信息资源完全依赖型产业
产业结构（IS）	0.051**	0.049**	0.160**
	(4.867)	(2.745)	(16.049)
产业环境（IE）	0.030**	0.066**	0.003
	(3.401)	(4.496)	(0.304)
产业环境的调节作用	0.019*	0.121*	0.153**
	(2.222)	(8.426)	(15.318)
年份（year）	控制	控制	控制
行业	控制	控制	控制
样本量	13 020	5 890	9 920
R^2	0.209	0.167	0.199

注：*、** 分别表示在 5%、1%的水平下显著，括号内为 t 值，标准误通过 White 异方差检验。

由表 9-4 可知，从总体上来看，在针对低度依赖、中度依赖及完全依赖型三类信息资源产业的回归结果中，三种不同信息资源依赖度产业的产业结构（IS）与产业代谢（IMBL）均显著正相关。结果表明，低度依赖、中度依赖以及完全依赖型信息资源产业的产业结构越合理，产业代谢速度均越快，进一步验证了假设 1。在产业环境（IE）与产业代谢（IMBL）的关系中，低度依赖型产业和中度依赖型产业的产业环境（IE）与产业代谢（IMBL）显著正相关，而完全依赖型产业并没有通过显著性检验。结果表明，在低度依赖以及中度依赖型信息资源产业中，产业环境的健康程度越高，产业代谢速度越快。而在完全依赖型信息资源产业中，产业环境（IE）对产业代谢（IMBL）并无太大意义，这些行业的产业代谢行为更多地取决于产业结构等其他因素。在交叉变量产业环境（IE）与产业结构（IS）对产业代谢（IMBL）的关系中，低度依赖、中度依赖以及完全依赖型信息资源产业三者与产业代谢（IMBL）均呈现显著正相关关系。结果表明，在信息资源产业中，产业环境越健康，产业结构越合理，产业代谢速度越快，进一步验证了假设 3。

根据前期研究成果，本章将信息资源产业划分为信息资源采集业、信息资源加工业以及信息资源提供业，分别检验其产业结构、产业环境与产业代谢之间的关系。结果见表 9-5。由表 9-5 可知，从总体上来看，在信息资源采集业、加工业以及提供业的回归结果中，三种不同产业的产业结构（IS）与产业代谢（IMBL）均显著正相关。结果表明，信息资源采集业、加工业以及提供业的产业结构越合理，产业代谢速度均越快。在产业环境（IE）与产业代谢（IMBL）的关系中，信

表 9-5　　　　产业结构、产业环境与产业代谢的回归结果：按大类产业

变量	产业代谢（IMBL）		
	信息资源采集业	信息资源加工业	信息资源提供业
产业结构	0.126**	0.146**	0.048**
	(8.542)	(14.561)	(7.091)
产业环境	0.006	0.013	0.005
	(0.338)	(1.183)	(0.643)
产业环境的调节作用	0.042*	0.100**	0.073*
	(2.353)	(7.424)	(10.461)
年份	控制	控制	控制
行业	控制	控制	控制
样本量	4 340	4 340	20 150
R^2	0.137	0.587	0.22

注：*、** 分别表示在 5%、1%的水平下显著，括号内为 t 值，标准误通过 White 异方差检验。

息资源采集业、加工业以及提供业均无显著性。结果表明，在三种不同类型产业中，产业环境（IE）对产业代谢（IMBL）并无太大意义，这些行业的产业代谢行为更多地取决于产业结构等其他因素。在交叉变量产业环境与产业结构（IE * IS）对产业代谢（IMBL）的关系中，信息资源采集业、加工业及提供业三者均呈现显著正相关关系。结果表明，在信息资源产业中，产业环境越健康，产业结构越合理，产业代谢速度越快。

9.3.3　稳健性检验

为保证回归结果的稳健性，OLS 回归要求每个解释变量与误差项不相关，本章基于现有研究，将可能的影响因素加入模型中，尽可能排除控制变量遗漏的因素，结果仍是相同的。

9.4　研究启示

本章通过对产业结构、产业环境与产业代谢三者之间关系的分析以及描述性统计分析结果与回归分析结果，验证了三个假设：

假设 1：在信息资源产业中，产业结构越合理，产业自身代谢速度越快。

假设 2：在信息资源产业中，产业环境越健康，产业自身代谢速度越快。

假设 3：在信息资源产业中，产业环境越健康，产业结构对产业代谢行为的影响越大。

这对于评价我国信息资源产业发展现状，对信息资源产业的发展提出建设具有一定意义和价值。

第一，产业结构差异性大易导致产业发展不平衡。根据产业结构与产业结构的分项指标的描述性统计结果来看，产业结构及其构成因素产业集中度、产业进出壁垒与产业主体差异化的指标变化范围较大。样本产业的产业结构存在一定程度的差异，不同产业间产业结构存在一定区分度，产业发展不平衡。造成我国信息资源产业结构不平衡的原因，一方面在于在信息化浪潮中，部分传统行业如档案馆、博物馆等由于经营方式保守、发展理念陈旧及行业需求有限等，无法满足时代需求，无法迎合当前市场，从而发展受限；另一方面，部分行业由于受宏观政策等影响，产业发展多元化，产业结构愈来愈倾向于合理性，产生的马太效应对其产业发展造成了一定影响。纵观我国产业结构的演变，其实是沿着一条在波动中不断调整、改进、完善的道路行进的。产业内部结构由单一化走向多元化，产业结构由追求总量平衡转向结构优化与升级。而在信息资源产业的发展中，信息资源产业能否推动我国经济持续增长、实现经济发展方式的转型，产业结构的调整和升级将是其中的决定性因素。我们应积极调整产业间结构的平衡性，增强产业结构的合理度。

第二，产业结构与产业环境等因素对产业发展的影响尤为关键。根据产业结构、产业环境与产业代谢的回归分析结果来看：一是产业结构对产业代谢存在一定影响，其中主体差异化程度越高，产业代谢越快；产业壁垒越强，产业代谢越慢。因此，在我国信息资源产业的发展进程中，在调整信息资源产业间结构的合理性基础之上，一方面应鼓励产业间多元化发展，在市场经济中，发挥国有企业的主导作用，以及私有企业的补充作用，提高产业主体差异程度，从而迎合产业发展；另一方面还应降低产业壁垒，调整部分行业的市场准入程度，使各类产业在信息资源产业的整体发展中更加均衡，从而提高产业发展水平。二是产业环境对产业代谢存在一定影响，产业环境的完善程度直接影响产业的发展程度，产业环境越好，产业代谢速度越快。因此，为了提高信息资源产业的发展程度，应积极建设产业环境，提升区域经济发展水平，建立健全信息资源产业政策，提高社会开放与人口受教育程度，优化产业间科学技术水平，为信息资源产业的发展提供良好的产业环境，促进产业发展。三是产业环境、产业结构与产业代谢三者之间存在一定联系，产业环境与产业结构的相互关系对产业代谢存在一定的影响。产业环境越好，产业结构对产业代谢的促进作用越大。应积极协调产业环境与产业结构之间的关系，通过优化产业环境为产业结构平衡提供健康的平台，通过产业结构的合理性促进产业环境的再次发展。总体来看，当前我国信息资源产业的发展中，产业环境与产业结构对产业发展的影响尤为关键。

第三，根据信息资源产业依赖程度划分，完全依赖型信息资源产业对产业代谢影响最大。根据前期研究，本书将信息资源产业按照信息资源依赖度分为信息资源低度依赖型产业、信息资源中度依赖型产业以及信息资源完全依赖型产业。在对不同依赖度信息资源产业产业结构、产业环境与产业代谢之间的关系的回归分析中，总体上来看，低度依赖、中度依赖以及完全依赖型信息资源产业的产业结构与产业环境都对产业代谢产生一定影响。结果显示，产业结构越合理，产业代谢周期越短；产业环境的健康程度越高，产业代谢越快；产业环境越好，产业结构对产业代谢的提升作用越大。同时，完全依赖型信息资源产业的 t 值和 R^2 在各项指标中都较高，说明完全依赖型信息资源产业的各项变量对回归方程有着较大的贡献，所以在完全依赖产业中，产业结构、产业环境对产业代谢的影响程度更大。完全依赖型信息资源产业主要是智力密集型产业，发展相对成熟，对信息资源产业的整体带动作用性较强，影响力较大。同时，完全依赖型信息资源产业对产业环境的敏感度较高，环境因素的变化易造成其对产业发展的一定波动。因此，在信息资源产业的发展建设中，我们在对三种不同依赖度产业的发展中应有所侧重，发挥完全依赖型信息资源产业的带动作用，为信息资源产业的发展作出一定贡献。

第四，根据信息资源产业加工程度划分，信息资源加工业对产业代谢影响最大。根据前期研究成果，本书根据对信息资源产业的加工程度，将信息资源产业划分为信息资源采集业、信息资源加工业以及信息资源提供业。在对不同加工程度信息资源产业产业结构、产业环境与产业代谢之间的关系的回归分析中，总体上来看，信息资源采集业、信息资源加工业以及信息资源提供业的产业结构与产业环境都对产业代谢产生一定影响。结果显示，产业结构越合理，产业环境越健康，产业代谢越快；产业环境越好，产业结构对产业代谢的提升作用越明显。同时，信息资源加工业的 t 值和 R^2 在各项指标中都最高，说明信息资源加工业的各项变量对回归方程有着最大的贡献，所以在信息资源加工业中，产业结构、产业环境对产业代谢的影响程度更大。信息资源加工业虽然产业数量较少，但如广告业、新闻业等加工行业多发展相对成熟且对信息资源产业发展的影响力较大。同时，信息资源加工业对产业环境的敏感度较高，环境因素的变化易对产业发展造成一定影响。因此，在信息资源产业的发展建设中，我们在对三种不同加工程度产业的发展应有所区别，发挥信息资源加工业对信息资源产业的影响作用，为信息资源产业的发展作出一定贡献。

9.5 本章小结

基于E-SCP理论，本研究认为产业结构决定产业行为，产业行为决定产业绩效，产业环境对产业结构、产业行为和产业绩效有着调节作用。其中，产业行为包含产业创新、产业代谢、产业包容和产业竞争。本章旨在通过回归模型的建立，对产业结构、产业环境与产业代谢的关系进行分析，进而分析其对产业发展的影响。

首先，本章通过理论分析界定了产业结构、产业环境与产业代谢的影响因素。并通过产业进出壁垒、产业集中度和产业主体差异化等三个要素，对产业结构与产业代谢的关系进行分析，认为：产业壁垒越强，经济规模壁垒越强，产业代谢速度越慢，影响产业发展；产业集中度越高，市场被垄断程度越高，产业代谢速度越慢；产业主体差异化越大，产业代谢速度越快。在产业环境方面，结合PEST分析框架，将产业环境分为经济环境、政治环境、社会环境和技术环境，并分别从这四个方面分析对产业代谢的影响，认为产业环境越健康，产业代谢速度越快。同时，产业结构、产业环境与产业代谢三者之间相互联系、互相制约，综合影响产业发展情况。综合理论分析，本章对产业结构、产业环境和产业代谢之间的关系提出了三点假设：

假设1：在信息资源产业中，产业结构越合理，产业自身代谢速度越快。

假设2：在信息资源产业中，产业环境越健康，产业自身代谢速度越快。

假设3：在信息资源产业中，产业环境越健康，产业结构对产业代谢行为的影响越大。

其次，为验证以上三个假设，本章从产业进出壁垒、产业集中度和产业主体差异化三个角度对产业结构构建了包括3个一级指标、6个二级指标的指标体系，通过28 830个样本数据对我国信息资源产业的产业结构展开研究，并设立经验模型来验证假设。因变量为产业代谢，自变量为产业结构与产业环境，年份与产业为控制变量，经验模型如下：

$$\text{IMBL} = \beta_0 + \beta_1 \text{IS} + \beta_2 \text{IE} + \beta_3 \text{IS} \times \text{IE} + \beta_4 \sum \text{Year} + \beta_5 \sum \text{Industry} + \varepsilon$$

再次，本章从全部样本、以信息资源产业依赖度区分的样本以及以信息资源产业加工程度区分的样本三个角度分别对三个假设进行了回归分析与实证检验。同时，为保证回归结果的稳健性，基于现有的研究，将所有可能的影响因素加入模型中，回归结果仍然相同，最终验证了研究假设1、2和3。

最终通过假设，得到如下结论：在信息资源产业中，产业结构与产业代谢呈正相关关系，产业结构的合理性直接影响产业代谢速度的快慢。其中产业壁垒越大，产业代谢周期越长，产业主体差异越明显，产业代谢速度越快；产业环境与产业代谢呈正相关关系，产业环境的完善程度直接影响产业代谢速度的快慢；产业结构、产业环境与产业代谢三者间存在相关关系，即产业环境越完善，产业结构对产业代谢行为的影响越大。本章还得到如下研究启示：产业结构差异性大易导致产业发展不平衡；产业结构与产业环境对产业发展的影响尤为关键；根据信息资源产业依赖程度以及信息资源产业加工程度的不同划分，完全依赖型信息资源产业以及信息资源加工业对产业代谢影响最大。

第10章　产业结构、产业环境与产业包容

随着十七大以来我国经济发展方式的转变，想要又快又好地发展经济，离不开包容性产业发展的支撑。2016年9月召开的G20峰会以“构建创新、活力、联动、包容的世界经济”为主题，同时这一主题也与我国“创新、协调、绿色、开放、共享”的发展理念相呼应。习总书记指出：“消除贫困和饥饿，推动包容和可持续发展，不仅是国际社会的道义责任，也能释放出不可估量的有效需求。”同时峰会通过的《二十国集团领导人杭州峰会公报》强调，要实现强劲、可持续、平衡增长，必须坚持包容性增长。可见包容性课题在世界范围内已经达成共识，为全球经济的复苏注入了一支强心剂。于产业包容而言就是既要在企业文化上相互了解、发展认识上相互统一、合作上相互促进，也要严格控制产业进入壁垒、把控产业集中度、调整经济政策等产业环境来增强产业包容能力。本章将通过实证分析的方法，对我国信息资源产业结构、产业环境与产业包容之间的相互作用关系进行检验。

10.1　理论分析与研究假设

产业在经济增长中具有支撑作用，转变经济发展方式，促进经济又快又好发展，需要让产业成为经济持续增长的新动力。包容性发展作为新时期我国经济增长的转型性战略，首先需要保证的是底层社会成员不受排斥，在强调机会平等的同时不忘强调结果平等，既强调经济的增长速度又保证劳动人民的充分就业，既强调社会物质产品的供给又强调公共产品及服务的完善，实现发展成果惠及全体人民，特别是对贫困阶层和弱势群体的扶持（罗尔斯，1988）。

10.1.1　产业结构与产业包容

从包容性增长的含义来说，既需要可持续的高增长，又需要保证机会分配的均等。要达到这样的双重目标，产业结构的优化是关键。首先，产业结构优化决定了机会在社会各个阶层中的分配。产业结构合理化的过程中将重新确定要素在各部门间的配置，把握机会的供给水平以及机会在各阶层间的分配。合理的产业结构应该能够满足各阶层的不同需求，尤其能够满足收入最低阶层群众的需要。其次，产业结构能够提高劳动者从经济增长中共享收入的能力。通过运用新技术提高劳动生产率、实现集约型生产方式，可增强劳动者在收入分配中的话语权，提高人力资本在生产中的贡献度，平衡投资需求和消费需求。新技术的运用能够抑制和减少高污染、高消耗产业的比重，平衡人与自然的关系。

产业结构优化问题在国内外均有许多专家学者进行研究。对产业结构优化升级过程研究的观点演进主要代表阶段观点有如下三种：罗斯托（1962）在《经济成长的阶段》中提出，经济成长从低级向高级演进的过程中，主导产业群也依次发生相应的更替，从而推动产业结构的转换，通过选择正确的主导产业，促进其快速发展，可以带动区域经济的整体增长。筱原三代平在罗斯托的基础上提出了两个优化产业结构的基准：一个是需求收入弹性基准。需求弹性大的产业，其产品的增加能够带来更大的收入，便于利用规模经济效益快速提升利润水平。另一个是生产率上升基准。一般生产率增长较快的产业，其技术进步的速度都比较快，产品生产费用低，容易吸引资源向该产业流动，进而促进该产业的快速发展。艾伯特等（1991）则依据投入产出原理，提出了产业关联度标准。产业关联度高的产业会对其他产业产生较强的作用力，进而促进整体经济结构的优化升级，因此应该重点发展这些产业。

随着我国经济的不断发展，产业结构也在不断调整，经济发展重点从第一产业向第二产业和第三产业转移，在这一过程中，信息资源产业作为第三产业的重要组成部分，是产业结构优化升级的重点领域。我们应该选择信息资源产业中整体生产率较高、需求量较大的具体行业作为突破口，加以重点扶持与促进，通过发展重点行业来带动整体产业的快速发展，同时，对行业关联度较高的具体行业应该进一步优化其生态环境，带动相关行业的共同繁荣。

综上所述，产业结构的合理性对产业包容具有一定的促进作用，根据第 1 章相关内容可以知道，产业结构主要包括产业进出壁垒、市场集中度和产业主体差异化等要素。这些元素是否对产业包容均具有积极影响还不得而知。因此本章提出：

假设 1：产业结构越合理，产业包容能力越强。

根据该假设，后文将针对各个元素进行回归分析，讨论其与产业包容之间的关系。

10.1.2　产业环境与产业包容

产业环境是指对处于同一产业内的组织都会发生影响的环境因素。西方学者从产业环境方面研究产业竞争力，始于 20 世纪 80 年代初。波特教授认为，产业竞争力主要取决于两个方面：一是该企业所处产业的长期盈利潜力，二是企业在该产业中所处的市场地位。王缉慈（2001）指出，在经济全球化背景下，产业环境分为不同层次，按地域来划分可以分为全球环境、国家环境和区域环境三类，对应国际、区际和地方的企业和产业之间的竞争与合作，并且国际、区际和地方的企业和产业之间相互影响、相互作用。要在全球化背景下取得竞争优势，就必须优化地方产业的发展环境。方维慰（2003）指出外部发展环境是信息资源产业得以健康、高效发展的保障，并对信息资源产业发展环境构成因素和影响程度进行分析，同时构建信息资源产业发展环境的评估指标体系，以市场、政策、法规、投资为突破口，试图优化中国信息资源产业发展环境，使信息产业走上规范、有序的发展轨道。结合 PEST 分析框架，本研究将产业环境分为经济、政治、社会及技术四个影响因素。

1. 经济环境

经济环境是影响信息产业发展的最直接因素，可分为如下三个层次：一是信息资源产业发展的宏观经济环境，它既涉及国家现阶段的经济发展水平，也涉及现行的宏观经济战略、政策带来的新局面。自改革开放以来，我国经济增长速度始终保持在较高的水准上，这为信息资源产业的发展壮大提供了必要的经济基础。二是中观经济环境，涉及产业之间的关联。随着经济的增长，产业结构也发生了巨大变化，截至 2015 年，第三产业所占 GDP 比重首次超过 50%，这意味着附属于第三产业的信息资源产业，无论是产值还是就业人数增长的绝对量都非常快，意味着未来信息资源产业将对全球经济发展起到导向性作用。三是微观环境，涉及信息产品的供给与需求。从供给角度来看，信息资源产业在我国全面发展，涉及工作生活的方方面面，在线教育平台、移动购物、物联网、各类数据库的全面建成表明信息资源的供给已经具有相当规模。从需求角度来看，目前手机用户已超越 PC 用户跃居第一位，人们随时随地可用手机进行网络搜索、购物、办公。强大的需求引导催生出了一批又一批的新兴创业公司。

2. 政治环境

信息资源产业的发展离不开政策的指导，也离不开法律的保护。就产业政策而言，它上关国家在特定时期经济发展目标的实现，下联某一产业和行业的兴衰。而政策性的法律，作为调整社会关系的规范，由于其具有强制性、规范性及相对稳定性，无疑对政策的实施是一种监督保证。我国政府于 1986 年推出了包括发展信息技术和信息产业在内的 863 计划。1992 年 6 月中国政府已做出了关于发展第三产业的决定，而高知识、高附加值的信息产业是第三产业的核心内容。“九五”期间的 863 计划中新增了通信主题。近年来中央政府和各级地方政府为保障信息产业的持续稳定健康发展，又颁布了一系列保障政策，如济宁市人民政府制定的《关于加快推进信息产业发展的意见》。可见，我国决策者很早就意识到信息产业的重要性，并为其制定相关政策，保证其顺利发展。

3. 社会环境

信息产品属于精神型消费品，与一个地区人口的文化背景、教育程度、年龄结构、偏爱喜好都有着千丝万缕的关系：一地传统的出版业、影视业、传媒业及文教卫生等行业较为发达，则会产生庞大而高层次的信息产品需求；一地人口的文化素质高，青年层居多，善于接受新鲜事物，则会增强政府、企业和个人利用信息的自觉性，扩大信息技术咨询的需求；一地居民的道德水准高，诚实讲信用，则会为电子商务、网上交易提供可靠诚信的发展空间。

4. 技术环境

信息资源产业的发展建立在信息技术的基础之上，因而信息产品也就具备了信息技术所特有的一些特性。首先，它具有强大的渗透力，可以渗透到各行各业。信息化大大提高了劳动生产率，降低了劳动成本，提高了产品的服务和质量。通过对传统产业的技术改造和创新，可推动产业升级，进而改变产业结构乃至经济结构。目前我国信息资源产业发展迅速，一些领域逐渐赶超全球顶尖国家，如互联网三巨头之一的阿里巴巴，其研发的购物平台利用分布式技术实现了无延迟的用户购物体验，移动支付的普及带动了传统支付产业机构的变革。技术的发展进步推动了产业的成熟与稳定。

根据 SCP 理论，公共政策作为“看得见的手”应该积极参与调整产业结构、产业行为和产业绩效，换言之，公共政策会对产业结构、产业行为和产业绩效造成巨大的影响。但是公共政策是不是仅有的环境因素？除了公共政策外，还有哪些产业外部因素会影响产业发展，进而影响到产业的包容能力？本章提出：

假设2：产业环境越规范，产业包容能力越强。

10.1.3 产业结构、产业环境与产业包容

学界普遍认为，包容性增长的概念由亚洲开发银行（简称亚行）在2007年首次提出追求的是社会和经济的协调发展和可持续发展。与以往单纯地追求经济增长不同，它倡导的是一种提供公平机会的增长，最基本的含义是公平合理地分享经济增长带来的利益。胡锦涛同志先后两次在重大会议上论述了包容式发展的重大意义。2009年11月15日，胡锦涛首次在亚太经济合作组织第十七次领导人非正式会议上发表题为《合力应对挑战 推动持续发展》的重要讲话，强调"统筹兼顾，倡导包容性增长"。2010年9月16日，在第五届亚太经合组织人力资源开发部长级会议上，胡锦涛发表题为《深化交流合作 实现包容性增长》的致辞，指出中国是包容性增长的积极倡导者，更是包容性增长的积极实践者。可见包容性增长已经上升到国家发展规划的重要战略位置，得到党中央领导人的高度重视。

自亚行2007年提出包容性增长的概念后，世界各国学者针对这一概念进行了多方面的探讨。Ifzal等（2007）认为包容性增长是能促进机会增加和机会平等获得的增长，这种增长忽略个人背景、环境的影响，让所有社会成员平等地参与到经济增长过程中。他们认为不受环境影响，仅通过自身努力能够获得公平的结果时，机会均等就产生了，即为包容性增长。世界银行在定义包容性增长时把生产性就业作为重要的考虑元素，认为包容性增长是可持续的广泛基础的增长，惠及大部分人，增长速度与增长模式并重。这一定义将穷人视为经济增长的参与者和贡献者，并明确排除了将穷人只看作受益者的观点。世界银行强调的包容性增长和Ifzal等强调的过程导向概念有一定联系，但是要通过一系列的指标来实现对经济运行情况的监测仍旧是十分困难的。除此之外Rauniyar等（2010）通过整合亚行的研究成果，将包容性增长定义为不平等减少的增长，Son等（2007）则将包容性增长定义为一种在社会机会上的益贫式增长。联合国开发计划署（UNDP）将包容性增长看作一种伴随着低不均等、不均等减少以及穷人在增长过程中进行经济政治参与且从中实现利益共享的增长。

产业结构的调整能够增加产业的包容能力，而产业环境的不断改善也对产业的包容能力起到推动作用。对于信息资源产业而言，其发展受经济环境、政治环境、社会环境和技术环境的影响非常大。纵观我国目前信息资源产业区域发展状况可知，沿海和一线城市发展远超中西部地区，同时中央政府和各地政府的相关政策措施往往能够引导产业公平竞争和合理化发展。好的技术环境往往带来创新，带来技

术上的革命，能够加速产业发展提升容错性。好的环境往往能够推动产业结构的合理布局，创造公平的竞争环境，降低企业进入壁垒，增强产业包容能力。产业包容能力对产业结构的改善、产业环境的调节均具有推动作用，也就是说产业结构、产业环境与产业包容三者之间相互促进，相互制约，共同影响产业发展。基于对产业结构、产业环境与产业包容的分析，本章提出：

假设3：产业环境越规范，产业结构对产业包容能力的作用越大。

10.2　研究设计

本节通过建立产业结构、产业环境与产业包容的经验模型，以实证检验的方式检验上文所提假设的真实性。

10.2.1　模型设定

产业包容程度即产业内部的企业能够获得公平发展机会，产业内部人员能够享受平等的就业机会、经济待遇和福利体系的程度。良好的产业包容性，能够一定程度地提升产业内部竞争活力，提升从业人员的创造力。当经济增长能创造出更多的经济机会，并且能保障社会全体成员特别是穷人能最大限度公平地得到这些机会，参与到经济增长的过程来时，这种经济增长才是包容性增长。包容性体现的是产业内部的机会公平，机会公平受到产业结构的影响，对产业发展可能造成影响。产业环境会影响到产业结构的调整与优化，而产业结构的合理配置会对产业包容能力产生影响，也就是说产业环境在产业结构与产业包容之间可能会产生中介效应。为了检验这种中介效应以及三者之间的关系，本章构建了产业结构、产业环境与产业包容的经验模型。具体如下：

$$\mathrm{IICT} = \beta_0 + \beta_1 \mathrm{IS} + \beta_2 \mathrm{IE} + \beta_3 \mathrm{IS} \times \mathrm{IE} + \beta_4 \sum \mathrm{Year} + \beta_5 \sum \mathrm{Industry} + \varepsilon$$

10.2.2　变量定义

上述经验模型检验产业结构对产业竞争的作用，以及产业环境对这种作用的影响。自变量“产业结构（IS）”用信息资源产业的产业集中度（ICCT）、产业进出壁垒（BIWE）和产业主体差异化（DIMB）三个分项指标表示。自变量“产业环境（IE）”用经济环境（ECNE）、政治环境（PLTE）、社会环境（SOCE）和技术环境（TECE）表示。其中，经济环境定义为区域GDP规模、区域国民可支配收入、区域经济结构因素、区域固定资产投资总额和区域社会消费品零售总额，政治环境定义为信息资源产业政策强度、决策强度等，社会环境定义为区域开放程度、生产要素流动性和人口教育结构，技术环境定义为区域科研机构数量、区域技术成交额和区域专利申请受理量等。同时，在研究中，我们对信息资源产业中的 93 个细分行业（Industry）以及 2004—2015 年共 12 个年份（Year）等变量进行控制。

10.2.3 研究样本与数据来源

本章以 2016 年《中国基本单位统计年鉴》、《中国劳动统计年鉴》、《中国经济普查年鉴》、《中国人民大学信息资源产业基础数据库》、国家统计局、北大法宝法律数据库、政府工作报告以及百度新闻等所收录的数据为样本来源，采集了我国信息资源产业 93 个细分行业的数据。同时为保证数据的规范性进行了必要的处理，最终得到 28 830 个样本。

10.3 实证检验

本节在对产业结构、产业环境与产业代谢做回归分析的基础之上，对不同信息资源产业依赖度以及不同信息资源产业大类类别进行回归分析，检验上文提出的三个假设。

10.3.1 描述性统计

表 10 - 1 为相关变量的描述性统计。从中可以发现，样本产业集中度均值为 0.000 7，最大值为 1，标准差为 0.014 2，这说明产业地区分布不均存在集聚现象。产业结构的均值是 0.008 8，标准差 0.015 9，最大值 1，最小值 0，说明产业结构离散程度较大。产业环境的均值是 0.565 8，标准差 0.146 2，最大值 1，最小值 0，说明产业环境整体影响比较均匀。

表 10 - 1　主要变量描述性统计

变量名称	样本数	均值	标准差	中位数	最大值	最小值
产业包容（IICT）	28 830	0.060 0	0.028 8	0.058 7	1	0
产业结构（IS）	28 830	0.008 8	0.015 9	0.005 0	1	0
产业集中度（ICCT）	28 830	0.000 7	0.014 2	0.000 0	1	0
产业进出壁垒（BIWE）	28 830	0.001 3	0.009 3	0.000 5	1	0
产业主体差异化（DIMB）	28 830	0.046 3	0.062 2	0.024 5	1	0
产业环境（IE）	28 830	0.565 8	0.146 2	0.562 5	1	0
产业行为（IC）	28 830	0.113 0	0.031 9	0.109 8	1	0

10.3.2　回归分析

为了检验本章假设 1，本研究首先对全部样本进行回归分析。表 10－2 报告了产业结构与产业包容的回归结果。回归结构列（1）～（4）分别以产业结构，以及产业集中度、产业进出壁垒和产业主体差异化三个产业结构分项指标作为解释变量的回归结果。

表 10－2　　产业结构、产业环境与产业包容的回归结果

变量	产业包容			
	(1)	(2)	(3)	(4)
	产业结构	产业集中度	产业进出壁垒	产业主体差异化
产业结构	0.082**	−0.054**	−0.047**	0.162**
	(12.979)	(−6.767)	(−5.093)	(27.474)
产业环境	0.025**	0.022**	0.024**	0.025**
	(3.873)	(3.463)	(3.709)	(3.853)
产业环境的调节作用	0.050**	0.042	0.025**	0.027**
	(6.256)	(5.267)	(2.775)	(4.403)
年份	控制	控制	控制	控制
行业	控制	控制	控制	控制
样本量	28 830	28 830	28 830	28 830
R^2	0.109	0.075	0.082	0.179

注：** 表示在 1%的水平下显著，括号中为 t 值，标准误通过 White 异方差检验。

从回归结果列（1）和（4）中容易发现，产业结构和产业主体差异化与产业包容正相关，这表明产业主体的多样性属性对产业包容起到了促进作用。列（2）的回归结果显示，产业集中度与产业包容显著负相关，这说明产业集中度越高越不利于产业的包容性。列（3）的回归结果显示，产业进出壁垒与产业包容显著负相关，这说明产业进入的壁垒要求越高越不利于产业的包容性发展。从总体上看，产业包容对产业结构的敏感性较高，产业结构越合理，产业包容性越强。这一结果显示出对于信息资源产业包容来说，产业结构是很重要的影响因素。进入壁垒越强，潜在进入企业越难以参与到市场竞争中来，对信息资源产业发展起到负面作用；成本越低，越能有更多的企业进入信息资源产业，会促进信息资源产业的发展。不同资本性质类型和不同登记注册类型的企业数量的方差小，各类所有制主体活跃程度则高，会影响产业行为，使产业发展程度提高；方差大，所有制主体不均衡，产业发展程度会受到影响。实证结果初步印证了研究假设 1。在列（1）中，变量产业环境的估计系数为显著正相关，表明产业环境能够促进产业包容性的发展。产业环境与产业结构的交叉变量的估计系数显著正相关，表明产业环境越好，产业结构对产业包容的促进作用越大，假设2得到初步证实。这个结果表明，产业环境越规范，产业结构对产业包容能力的推动作用越明显。

产业的包容能力受产业集中度、产业进出壁垒、产业主体差异化这些因素影响，而各小类行业对信息资源这一要素也有依赖。因此，根据信息资源产业细分行业对信息资源的依赖度，可以将93个信息资源细分行业划分为三大类，分别是信息资源完全依赖型产业（共35个）、信息资源中度依赖型产业（共21个）和信息资源低度依赖型产业（共37个）。根据该划分标准，分别检验低度依赖、中度依赖、完全依赖条件下产业结构、产业环境与产业包容的关系，结果如表10－3。

表10－3　产业结构、产业环境与产业包容的回归结果：分依赖度

变量	产业包容		
	低度依赖型	中度依赖型	完全依赖型
产业结构	0.094**	0.049**	0.060**
	(10.168)	(2.745)	(5.448)
产业环境	0.003	0.066**	0.062**
	(0.300)	(4.496)	(5.629)
产业环境的调节作用	0.035**	0.121*	0.033*
	(2.941)	(8.426)	(2.393)
年份	控制	控制	控制
行业	控制	控制	控制
样本量	13 020	5 890	9 920
R^2	0.122	0.16 7	0.10 2

注：*、** 表示在5%、1%的水平下显著，括号中为t值，标准误通过White异方差检验。

由表10－3可知，在信息资源低度依赖型、中度依赖型和完全依赖的回归结果中，产业结构均与产业包容显著正相关。这个结果说明不论是在何种依赖条件下，产业结构对产业包容均具有积极作用。在中度依赖和完全依赖条件下产业环境与产业包容显著正相关；在低度依赖条件下产业环境与产业包容正相关，但未通过显著性检验，这表明在低度依赖条件下产业环境对产业包容的影响不大。交叉变量在三种依赖条件下均显著正相关，表明不论企业对信息资源的依赖程度如何，产业环境越是规范，产业结构对产业包容的促进作用都越大。

确定信息资源产业的结构及分类，是研究信息资源产业发展问题的基础性工作，只有确定了构成信息资源产业的各个细分行业，才能够根据具体行业的数据分析信息资源产业发展的整体状况，明确发展中的经验与不足，为信息资源产业未来的发展提供方向。根据信息资源产业细分行业的内涵，本研究将信息资源产业范畴内的93个细分行业划分为三大类，分别是信息资源采集业（共14个）、信息资源加工业（共14个）和信息资源提供业（共65个）。表10－4检验了不同细分行业中产业结构、产业环境与产业包容的回归结果。

表 10－4　　产业结构、产业环境与产业包容的回归结果：分类别

变量	产业包容		
	信息资源采集业	信息资源加工业	信息资源提供业
产业结构	0.077**	0.098**	0.048**
	(4.916)	(6.395)	(6.290)
产业环境	0.083**	0.036**	0.014*
	(4.272)	(2.091)	(1.745)
产业环境的调节作用	0.046*	0.110**	0.038*
	(2.230)	(6.927)	(3.945)
年份	控制	控制	控制
行业	控制	控制	控制
样本量	4 340	4 340	20 150
R^2	0.123	0.186	0.095

注：*、** 表示在 5%、1%的水平下显著，括号中为 t 值，标准误通过 White 异方差检验。

由表 10－4 可知，在信息资源采集业、信息资源加工业和信息资源提供业细分行业中，产业结构与产业包容显著正相关。这表明不论在哪一类细分行业中，产业结构对产业包容的影响都是至关重要的。同样的产业环境在这三大类细分行业中与产业包容也显著正相关，说明产业环境对于产业包容能力的影响也非常重要。产业环境与产业结构的交叉影响在三大类细分行业中与产业包容同样呈现出显著正相关关系。表明不论何种细分行业，良好的产业环境条件下产业结构都能够促进产业的包容能力。

根据上文的回归分析结果可知，从总体上看，产业结构与产业包容呈现显著正相关关系，说明产业结构越合理，产业的包容性越强。但是从产业结构的分项指标来看，仅仅只有产业主体差异化与产业包容呈现显著正相关关系，说明产业主体差异化越大，产业的包容能力越强，这可能是因为在一个产业中存在越多不同的所有制主体，就越能够产生多样化效果，相互抑制与促进，最终实现平衡发展。产业进出壁垒、产业集中度与产业包容显著负相关，说明产业进入壁垒越高或者产业集中度越高，产业包容能力就越弱。进入壁垒高限制了新的进入者，容易造成垄断，导致失衡；产业集中度高说明垄断程度高，市场的交易额被少数的企业掌控。同时产业环境越好，产业结构对产业包容能力的驱动作用越明显。这是因为良好的产业环境给企业提供了政策、市场等方面的有利条件，推动企业发展，提升竞争力，增强包容能力。

10.3.3　稳健性检验

为保证回归结果的稳健性，OLS 回归要求每个解释变量与误差项不相关。本章在现有研究的基础上将可能的影响因素加入模型中，尽可能排除控制变量遗漏的因素，经计算所得结果仍是相同的。

10.4 管理启示

信息资源产业是一个新兴的产业，以提供信息产品和服务来创造经济价值。随着网络化和全球经济一体化进程的不断深入，信息资源产业必然会成为经济增长的支柱产业。发达国家已经开始将信息资源产业当作战略性产业来发展，而我国的信息资源产业还处在起步阶段，规模还很小，无论是产业本身对GDP增长的贡献，还是对促进其他产业扩大生产规模进而增加新创造价值的能力都很小，没有体现出其促进人力资本存量提高的优势，也说明我国信息资源产业拥有巨大的发展空间。信息资源产业能使人们更好地获取信息，促进学习效率和沟通能力的提升，能有效地扩大现有的人力资本存量，对我国经济发展方式转变、传统产业优化升级及扩大就业具有重大的意义。

信息资源产业化是当今世界发展的大势所趋，信息技术革命势头迅猛，深刻影响着经济发展方式的转变，推动了生产力产生质的飞跃，为社会经济发展带来新机遇。信息资源产业作为一个关联度、感应度和带动性极强的产业，不仅能催生一批新兴产业，而且能通过改造、提升传统产业，拓展自己的发展空间。随着信息技术的改进和电子信息产品的广泛应用，信息资源产业必将成为推动社会生产转型及经济结构调整的重要力量。信息技术不断取得新的进展，经济全球化和信息网络化趋势日益明显，信息技术发展和应用水平已成为衡量一个国家综合实力与国际竞争力的重要标志。正确把握信息资源产业发展中的问题与困难，提出相应对策，改善信息资源产业发展现状，正确引导其未来发展方向，具有重大的现实价值和政策指导意义。

本章重点研究了产业结构、产业环境与产业包容之间的相互作用，提出并验证了三个假设，即

假设1：产业结构越合理，产业包容能力越强。

假设2：产业环境越规范，产业包容能力越强。

假设3：产业环境越规范，产业结构对产业包容能力的作用越大。

所得结论对我国信息资源产业未来的发展具有一定的指导和启发作用。

第一，降低产业集中度，促进产业均衡发展。我们知道，产业集中度越高，集中在少数的企业手中的生产要素就越多，这些企业掌控着市场的话语权，可以利用

价格优势打压新兴企业，从而造成一定的垄断，给产业的发展带来不利的影响。本研究的分析结果表明，产业集中度与产业包容呈现显著负相关关系，说明较高的产业集中度是不利于产业包容发展的，因而有必要降低产业集中度，促进信息资源产业均衡发展。首先，政府要制定相关的反垄断政策措施，保障中小企业的利益，通过财政补贴、减免税赋的方法降低中小企业经营成本，对大企业的垄断行为实施相应的处罚。可以制定具有行业特色的《反垄断法》，减少企业的垄断行为。《反垄断法》是促进产业健康发展的最重要的法律武器，对遏制垄断行为、促进企业创新、确保市场竞争环境的公平性、保障消费者的合法权益具有重要意义。其次，要避免中小企业与大企业的正面冲突，引导中小企业向中西部发展，充分发挥中西部地区新兴市场的潜力。目前我国信息资源发展水平东部较高西部过低，中西部地区还存在巨大的发展空间，应鼓励中小企业乃至创业新企业向西部发展，以此来降低运营成本，提升产品竞争力，抢占新兴市场。最后，要加强对产业集中度变化的监控和研究，为政府和企业决策提供依据。产业集中度问题在经济生活中扮演着越来越重要的角色，对于反垄断和产业政策的制定有越来越重要的参考价值。要定期公布有关行业的产业集中度变化情况，为政府部门和企业界的科学决策提供强有力的数据和咨询支持。要加强对收购行为的监控，严防一些以操纵市场为目的的恶意收购行为。

第二，降低产业进入壁垒，实现主体多样性。进入壁垒是影响市场结构的重要因素，是指产业内既存企业对于潜在进入企业和刚刚进入这个产业的新企业所具有的某种优势。换言之，是指潜在进入企业和新企业若与既存企业竞争可能遇到的种种不利因素。进入壁垒具有保护产业内已有企业的作用，也是潜在进入者成为现实进入者时必须首先克服的困难。根据进入壁垒与退出壁垒的关系矩阵，从行业利润的角度来看，最好的情况是进入壁垒高而退出壁垒低，在这种情况下，新进入者将受到抵制，而在本行业经营不成功的企业会离开本行业。反之，进入壁垒低而退出壁垒高是最不利的情况，在这种情况下，当某行业的吸引力较大时，众多企业纷纷进入该行业，当该行业不景气时，过剩的生产能力仍然留在该行业内，企业之间竞争激烈，相当多的企业会因竞争不利而陷入困境。对于信息资源产业这一资本密集型行业而言，进入壁垒高，寡头企业统治整个产业环境，会造成新兴公司还未进入市场就被寡头遏制，给自由市场的发展带来严重的阻碍。同时较高的进入壁垒也不利于产业包容性的发展，违背了我国“创新、协调、绿色、开放、共享”的发展理念。要保证信息资源产业所有制主体的多样化，应鼓励民间资本进入信息资源产业，防止国有资本导致的垄断现象，鼓励公私结合办企业，培养合理的竞争意识，调动各方的创新能力，发展一大批具有国际先进技术和管理水平的企业，引导世界信息资源产业的发展。要深化国有企业改革，顺应市场经济规律要求，调整产权结构，使国有企业符合现代企业制度的要求。在向市场经济转型的过程中，要打破相关行业的垄断局面。

第三，改善产业环境，增强包容能力。产业环境指产业在发展过程中所面临的各种外部因素、条件及背景状况。这些因素和条件在一定程度上是不可控的。产业的产生、成长、壮大和衰退都是在一定的产业环境中发生的。产业环境的变化，可能对产业的发展道路造成影响，并且可能改变整个产业的发展方向，决定一个产业的兴衰成败，进而影响国民经济的发展。影响产业发展环境的因素包括经济环境、政治环境、社会环境和技术环境四个方面。改善经济环境就是要提高我国经济的发展水平，推进“互联网＋”理念的贯彻落实，鼓励传统产业利用信息资源提高自身的经营能力，建立良好的信息资源需求水平。政治层面，中央政府要制定有利于信息资源发展的规划，各级地方政府要有针对性地出台符合地方特色产业发展的政策。社会层面要建立良好的社会营销导向，应提升全民信息资源素养，扩大对信息资源的需求，从需求侧和供给侧同时对信息资源产业链进行优化，建立全民信息消费环境。应提升信息资源产业发展过程中的技术环境，加强信息资源产业企业与高校、科研院所间的合作，鼓励高素质人才向信息资源产业流入，提高信息资源产业成果的转化，提升产业核心竞争力。应规范对生产、流通、金融、人口流动以及生态环境等领域的信息采集和标准制定，加强对信息资产的严格管理；加快人口、法人单位、地理空间等国家基础信息库的建设，拓展相关应用服务；引导和规范政务信息资源的社会化增值开发利用；鼓励企业、个人和其他社会组织参与信息资源的公益性开发利用；实现信息资源的深度开发、及时处理、安全保存、快速流动和有效利用。应加大对信息资源产业从业人员的教育投资，鼓励教育机构和企业合作办学，与国际接轨，加强国际交流。

10.5 本章小结

根据第1章理论基础研究可知，产业行为包含产业创新、产业代谢、产业包容和产业竞争四大方面。本章主要通过建立回归模型，对产业结构、产业环境与产业包容的关系进行分析，进而探讨其对产业发展的影响。

首先，本章通过理论分析探寻了产业包容性概念的产生及发展过程，并通过产业结构和产业环境两个一级指标分析了其对产业包容的影响，认为：产业结构优化决定了机会在社会各个阶层中的分配，产业结构合理化的过程中将重新确定要素在各部门间的配置，对产业包容性的发展具有促进作用。但是细分到二级指标，产业进出壁垒、产业集中度和产业主体差异化三个方面如何影响产业包容，却不得而知，从而提出本研究的**假设 1：产业结构越合理，产业包容能力越强。**在产业环境方面，良好的产业环境能够促进产业的包容性增长，而同样具有良好包容性的产业具有反向调节产业环境和产业结构的功能，三者之间表现出相互联系、相互制约，共同影响产业发展的特性。据此本研究提出另外两点假设：

假设 2：产业环境越规范，产业包容能力越强。

假设 3：产业环境越规范，产业结构对产业包容能力的作用越大。

其次，为了检验上述假设的真实性，本章建立了有关产业包容的经验模型，并通过采集到的 28 830 个数据样本，以产业结构和产业环境为自变量，产业包容为因变量，年份与产业为控制变量进行实证检验。具体的经验模型如下：

$$\mathrm{IICT} = \beta_0 + \beta_1 \mathrm{IS} + \beta_2 \mathrm{IE} + \beta_3 \mathrm{IS} \times \mathrm{IE} + \beta_4 \sum \mathrm{Year} + \beta_5 \sum \mathrm{Industry} + \varepsilon$$

再次，本章从全样本、信息资源产业对信息资源的依赖度和信息资源产业加工程度三个角度对三个假设进行了回归分析与实证检验。同时，为保证回归结果的稳健性，基于现有的研究，将所有可能的影响因素加入模型中，经计算所得结果仍然相同，从而验证了本研究提出的三个假设。

最后，本研究得到如下结论：产业集中度和产业进出壁垒与产业包容存在显著性负相关，说明了产业集中度越高、产业进入壁垒越强，越不利于产业包容性的发展。分项指标产业主体差异化与产业包容呈现显著正相关关系，说明了产业结构多样化越高，越有利于产业包容的发展。同时，根据产业对信息资源的依赖度将产业分为低度依赖、中度依赖和完全依赖三个类型，检验其与产业包容之间的相关关系。根据细分行业的内涵检验了信息资源采集业、信息资源加工业和信息资源提供业与产业包容的关系。通过上述实证检验的方法验证了本章提出的三个假设。总之，包容性体现的是产业内部的机会公平，机会公平受到产业结构的影响，对产业发展可能造成影响，建立良好的产业包容生态对于提升产业竞争力具有重要作用。

第 11 章　产业结构、产业环境与产业竞争

研究产业发展情况所需考虑的产业发展影响因素包括产业结构、产业行为、产业绩效和产业环境。本研究以 SCP 理论作为理论基础，首先认为产业结构决定产业行为，产业行为决定产业绩效，产业环境对产业结构、产业行为和产业绩效有着调节作用。除此之外，结合 SCP 理论范式和相关研究，本研究认为产业行为包含产业创新、产业代谢、产业包容和产业竞争。本章将对产业竞争行为对信息资源产业发展的影响进行研究，认为产业竞争的强弱反映产业发展的程度，产业结构影响竞争程度，产业环境作为环境变量影响产业竞争，产业结构与产业环境交叉变量也对产业竞争有所影响，竞争程度影响产业发展。本章将做出假设，通过统计模型，验证产业竞争对产业发展的影响。

11.1　理论分析与研究假设

从 SCP 理论来看，结构决定行为，行为决定绩效。结构、行为和绩效三要素之间是双向互动关系：一方面产业结构决定产业行为，产业结构和产业行为共同决定产业绩效；另一方面，产业行为对产业结构具有反作用，产业绩效将对产业行为进而对产业结构产生影响。本节首先对产业结构与产业竞争之间的关系进行讨论，其中产业结构由产业进出壁垒、产业主体差异化和产业集中度三个要素构成，本节将对之分别讨论；接着研究产业环境与产业竞争之间的关系，并分别从经济因素、社会因素、政治因素和技术因素进行分析；最后讨论产业结构、产业环境的综合作用对产业竞争带来的影响，以及这三者之间的作用关系。

11.1.1　产业结构与产业竞争

SCP 理论中对于市场结构的定义主要包括进入壁垒、市场集中度、产品差异化等要素，不同学者由于对不同行业的研究角度不同，提出了很多对行业产业有针对性的市场结构要素，也以此反映各行业的发展状况。江勇在对 SCP 范式下我国银行业市场结构的研究中认为，市场份额和市场集中度是形成市场结构的基础性和决定性的因素，规模经济、产品差异化、行业壁垒、空间分布是影响市场结构的重要因素。张红在基于 SCP 范式的我国众创空间市场结构分析中认为，影响市场结构的因素主要包括市场集中度、产品差异化程度、市场进退障碍、市场需求的增长率、市场需求的价格弹性、短期的固定费用和可变费用的比例等，其中，前三项是影响市场结构的三个主要因素。在对中国电视产业市场结构、行为与绩效的 SCP 范式研究中，陈杰认为，市场结构主要决定因素为市场集中度、产品差别化程度以及市场进入退出壁垒，据此可将市场结构分为完全竞争、垄断竞争、寡头垄断以及完全垄断四种类型。尽管不同研究中对产业结构的要素定义有所差异，但市场壁垒、市场集中度、市场差异度这几个方面是产业结构的基本要素。本研究通过产业进出壁垒、产业主体差异化和产业集中度三个要素对产业结构、产业竞争进行解释。

一是产业进出壁垒与产业竞争的关系。产业进出壁垒对产业竞争的程度有着重要的影响。早在 2002 年，姚秦、向镭等在对我国证券业的市场壁垒与市场绩效的研究中就认为，市场结构是产业组织研究的起点和重点，而市场壁垒是决定市场结构最重要的因素之一，对行业中企业的竞争关系和行为，进而对市场的运行绩效都有重要影响。荀少春在对我国代表性行业进入壁垒的研究中认为，进入壁垒作为市场结构的一个基本因素，产业的竞争程度和市场绩效都会受到它的影响。贝恩把进入壁垒作为 SCP 范式的中心，认为进入壁垒是指在一个产业中在位企业拥有的相对进入企业的优势。耿建明在对中国房地产业市场结构、竞争机制及企业竞争策略的研究中对产业壁垒的定义是：“使进入者难以成功地进入一个产业，而使在位者能够持续地获得超额利润，并能使整个产业保持高集中度的市场因素。”在中国电影产业中，杨蕾提出了对产业壁垒的研究，认为进入和退出壁垒在市场结构中起到关键作用，决定了厂商规模和产业集中度，具有理论和现实意义。

产业壁垒包含的要素有经济规模壁垒、非国资进入壁垒、人力资源壁垒。经济规模壁垒是信息资源产业中筹建企业的平均成本，人力资源壁垒是市场中人力资本的流动。进入壁垒是市场与产业间的相互作用。一般来说，产业壁垒越强，进入壁垒越高，经济规模壁垒越强，越不利于产业竞争，从而影响产业发展。

二是产业主体差异化（即所有制差异）与产业竞争的关系。在社会主义市场经济制度下，所有制差异是研究产业结构必须涉及的重要指标，体现着各类资本性质企业的差异。什么样的所有制分配情况对产业竞争更有利，不同学者在不同时期有差异较大的研究和看法。孙早、王文等人研究了不同时期产业所有制结构变化对产业绩效的影响，得到结论：20世纪90年代中期之前，中国的产业所有制结构变化的主要特征是“民营企业、外资企业的比重持续上升，国有企业的份额则呈现出持续下降的趋势”，提出了产业所有制结构的变化改善了产业绩效，提升了产业竞争力的结论；进入20世纪90年代中期后，特别是21世纪以来，随着国家产业发展战略的重大调整，许多关键性的战略产业中的国有企业的控制力和地位不断得到加强，利润额持续增长，与此同时，民营企业的产业发展空间则受到不同程度的压力，孙早、王文等人认为这种产业所有制结构发生的逆转，一定程度上恶化了产业绩效，削弱了中国产业可持续发展的基础。郝书辰、马恩涛等人在对产业集中度、企业所有制性质与企业绩效的研究中，得出了国有企业的绩效水平还是相对较低，而集体企业、内资企业中的其他企业和私营企业绩效水平较高的结论。

国有企业资本规模大，企业体量大，能在产业竞争中占据一定优势，有利于产业竞争，但限制了其他企业的发展规模，致使行业结构单一，缺乏活力，抑制了产业竞争。如何在不同所有制对产业行为的影响中找到最有利于产业竞争的分配方式，要求学者们更加细致深入地研究。

三是产业集中度与产业竞争的关系。产业集中度能够衡量市场被垄断的程度，如果市场产业在数目和规模上被个别企业占据了较多的份额，说明产业集中度较高。苏艳林在对中国烟草业产业集中度与市场绩效关系的研究中认为，一般而言，某市场中企业越多，单个企业所占比重越低，该市场的竞争程度越高。集中度越高，市场支配势力越大，竞争程度越低。郝书辰、马恩涛等人在对产业集中度、企业所有制性质与企业绩效的研究中，也提出了产业集中度对企业绩效具有正面的影响，某种程度上来说，我国当前企业绩效水平较低缘于我国产业集中度的相对低下的看法。国外学者Clarke认为产业集中度与企业绩效之间存在着正相关关系。

但实际上，产业集中度对市场竞争的影响很复杂，影响因素多，影响结果复杂。很多有关产业集中度对产业竞争的影响的研究显示，它们之间并不是简单的正相关关系，甚至有的产业被证实产业集中度与产业绩效呈现倒U形关系。

基于上述对产业结构以及产业进出壁垒、产业主体差异化与产业集中度三个构成产业结构的元素的分析，首先提出：

假设 1：产业结构越合理，产业竞争越强。

11.1.2　产业环境与产业竞争

信息资源产业发展水平的测评体系中，产业环境是重要的一项指标。SCP 理论认为，公共政策会对产业结构、产业行为和产业绩效造成巨大的影响。孙早与薛小刚在研究产业环境、企业战略与企业的绩效表现时，围绕产业环境、企业战略、组织结构与企业绩效之间关系的经验研究中所取得的进展，探讨了其对转型期的中国企业成长所具有的深刻含义。他们认为面对持续变化的产业环境，企业家的战略设计（实施）和组织结构创新在很大程度上决定着企业的绩效表现。刘广生、吴启亮等人在基于 E-SCP 范式的中国电信业基础运营市场分析中提出，产业环境与产业结构、企业行为和市场绩效一样也应成为分析行业发展的重要方面，产业环境变迁不仅影响到企业的生存和发展，也会牵动政府政策的调整。国外文献中有关产业的评估研究，多从某个产业中的生产环节、最终产品的环境影响等较为具体的环节展开。如 Edgar G. Hertwich 在较早的研究中，就对产品及生产环节的环境影响的六种评估方法进行了比较分析。Elim. Noam 在论证视频媒体竞争时，从法规、经济以及技术三方面阐述了环境要素对媒体的影响。Elizabeth Mahan 在研究拉丁美洲的传媒产业时，对产业环境也做出了阐述，并分析了媒体、政治、社会三者之间的相互影响。

产业环境衡量区域信息资源产业政策环境对产业发展的包容性程度的相对水平，以及地区产业发展环境优化程度的相对水平。从产业发展的影响因素方面来看，产业环境对产业结构、产业行为和产业绩效有调节作用。PEST 方法用于分析企业或者某一行业所处宏观环境对于战略的影响。本研究对信息资源产业环境的分析结合 PEST 分析框架，将产业环境分为经济环境、政治环境、社会环境和技术环境四个因素。

一是经济环境因素与产业竞争的关系。经济环境是指产业所处区域的整体经济环境。区域经济环境与潜在市场规模和消费群体规模相关。目前，有很多研究表明，经济环境对产业发展有着重要的作用，经济实力与产业竞争为正相关关系。早在 1992 年，刘军在《论我国情报产业发展的经济基础》中就指出，情报产业的发展，有赖于其社会基础的改善。我国情报产业的技术、经济基础还很不完善，一方面需要大力发展现代情报技术和数据库产业，另一方面，在政策上，要向一些部门、地区倾斜，在税收、财政方面给予一定的优惠，同时加强法治管理，促进我国情报产业的发展。向志强等人在基于分位数回归模型的经济因素影响传媒产业发展研究中证实，市场化程度与中国传媒产业发展的关联度最大，在中国传媒产业发展水平不断提升的过程中，市场化程度贡献率呈U形态势，GDP的增加与传媒产业发展水平的增长呈负相关关系。

在信息资源产业中，区域经济环境对信息资源产业发展也有着重要的影响作用。衡量区域经济环境的指标有区域GDP、区域国民可支配收入、区域经济结构因素、区域固定资产投资总额和区域社会消费品零售总额。

二是政治环境因素与产业竞争的关系。政治环境是区域内政府机构通过政策和法律对产业实施优惠、扶持、监管等行为的情况。政治因素对产业发展的影响主要表现在政府通过政策调节对产业进行规范，保证产业竞争更加公平合理；但同时，政府对市场的干预也在一定程度上影响了市场的自我调节机制，使得资源和市场有不平衡的趋势。金雪涛、覃红梅、戴娜等人在基于SCP理论的美国电影产业竞争优势研究中，提出了一些有关政策因素对电影产业发展的相关影响，认为健全的公共政策是电影产业的健康发展的前提和基础，美国对电影产业的公共政策主要包含两个层面，一是针对国内的扶持政策，二是针对国际市场的保护政策。刘广生等在对中国电信业基础运营市场的分析中认为：政府政策有助于营造良好产业环境，提升行业规范和整体竞争力；规制则有利于规范企业行为，形成良性竞争氛围，促进市场健康持续发展；市场绩效则是对环境、结构、行为、政策的综合评价和适时反馈，反过来影响着产业环境、企业行为和政府政策。

因此，政治因素对产业竞争有着重要的影响作用，但政策、决策的合理度和执行度，需要通过研究分析以达到使产业竞争最优的程度。

三是社会环境因素与产业竞争的关系。社会环境是产业所处区域社会的社会结构、人口变动趋势、受教育程度、开放程度等。社会环境对产业竞争造成影响，是由于社会环境对文化理念、劳动生产率、产业结构等有着重要的影响，这些因素对产业发展也造成影响。李景元与张金霞认为，事业发展必然要依托区域经济与社会的环境。公用事业发展的自然生态、人文地理、政治经济、社会文化环境，在都市区公共事业的发展中又具有重要的基础性作用。万建军在我国信息服务产业链的构建研究中认为，信息内容开发与信息内容产业发展比信息技术研发与信息技术产业发展更需要健全的、严格的法律法规和政策环境，以及良好的、完备的道德教育和政府规制环境。

因此，社会环境因素的复杂性导致社会因素对产业竞争影响的差异性。对社会环境因素的研究，将重点关注区域开放程度、生产要素流动性指数和人口教育结构等因素。区域开放程度对产业结构的影响导致产业结构升级，从而对产业竞争起到积极作用；生产要素的流动性会对劳动生产率产生影响，从而影响产业竞争；人口教育结构对社会的文化理念方面有着重要的影响，人力资本水平给劳动生产率和科技进步程度带来影响，从而影响产业竞争。

四是技术环境因素与产业竞争的关系。技术环境是区域内部科研机构和科研成果情况，产业技术环境信息反映着产业整体的技术水平。可以通过开展技术竞争情报工作，监测产业所处的技术环境，及时地提供与企业所处环境中的技术事实和趋势相关的信息，支持企业在技术与管理领域相关的决策活动。产业技术对产业发展起着至关重要的作用，地区对科研创新的重视程度决定了区域的科研活力，极大地影响着产业创新，从而影响产业发展。区域科研机构数量、区域技术成交额和区域专利申请受理量等因素，是衡量区域技术环境的主要指标。科研机构数量、技术成交额、专利受理量越大，产业环境越好，市场完善程度越高，产业竞争水平越高。

在《营造企业创新的社会环境》一文中，纳晓英认为：技术创新是高新技术产业发展的源泉，只有全面营造企业技术创新的社会环境，高新技术产业才可持续发展。蔡国良与胡赛全在对产业环境影响企业技术创新的机制和路径的研究中提出：企业所处的产业环境由企业所采取的行为与外部技术和市场要素相互作用而形成；技术环境是企业技术创新产生的基础，市场环境是企业技术创新活动的出发点和落脚点。也有学者提出，技术创新是一个多维的、动态的和复杂的非线性系统，创新行为受制于企业内外部的多种环境因素。

基于上述对产业环境及其包括的经济、政治、社会和技术因素四个角度对产业环境与产业竞争关系的分析，进而提出：

假设 2：产业环境越健康，产业竞争越强。

11.1.3　产业结构、产业环境与产业竞争

产业结构和产业环境均是影响产业竞争的重要因素，产业竞争程度影响产业发展，那么，产业结构和产业环境对产业竞争的作用是否存在一定的内在联系？

从产业结构来看，产业结构的发展使得区域经济发展水平和发展阶段高级化，产业结构的发展直接影响了产业环境的各项因素，地区重视产业结构的优化升级，调整政策部署，能增强技术方面的发展程度，增强科技成果转换能力。产业结构的变动直接迫使劳动力流动，引起行业从业人员和岗位的膨胀或空缺，使知识产业环境发生改变。

同时，产业环境的各项因素给产业结构带来了重要的影响。经济环境和需求结构直接影响产业结构；政策因素的调整、经济体制的发展模式，直接影响了产业结

构的发展模式；人口规模与结构影响了劳动力质量、劳动生产率，对产业结构造成影响；技术创新促进产业发展，科学技术推动产业环境的改变，促进了产业发展，比如，高新技术的涌现和高新技术产业的崛起，对产业结构升级产生了重大影响。

陈杰、贺正楚与陈亮等人，在基于 E-SCP 范式下的我国新能源储能产业发展战略研究中，认为产业环境、市场结构、市场行为和市场绩效之间存在着必然的因果关系，是一个既有环节又有系统逻辑体系的分析模型。蔡国良与胡赛全等人在产业环境影响企业技术创新的机制和路径的研究中认为：产业环境通过改变组织文化而对企业技术创新产生影响，同时通过影响组织文化影响组织结构，进而影响技术创新，这两条路径对于企业技术创新的成功具有重要意义。

总之，上述种种决定和影响产业结构和产业环境的因素都不是孤立存在的。这些因素可能互相促进、互相制约，综合地影响和决定着产业结构和产业环境，以及它们的变化。综上，我们认为产业结构和产业环境的相互影响，也对产业竞争产生了一定的作用。

基于上述对产业结构、产业环境与产业竞争三者之间关系的分析，最终提出：

假设 3：产业环境越健康，产业结构对产业竞争的影响越大。

11.2 研究设计

本节在对产业结构、产业环境与产业竞争等变量进行相关设定与定义的基础上，建立信息资源产业的产业结构、产业环境与产业竞争的经验模型，从而对假设进行检验。

11.2.1 模型设定与变量定义

1. 产业结构的定义及其度量

基于 SCP 理论，本章通过产业进出壁垒、产业集中度和产业主体差异化三个要素对产业结构进行解释。其中，产业进出壁垒包含经济规模壁垒、非国资进入壁垒和人力资源壁垒三个要素，产业集中度包含厂商规模的离散度、产业 CRn 指数，产业主体差异化包含资本性质类型方差和登记注册类型方差等要素。

综合上述要素，本研究从产业进出壁垒、产业集中度和产业主体差异化三个维度构建了包括 3 个一级指标、6 个二级指标的指标体系，利用《中国劳动统计年鉴》、《中国经济普查年鉴》、国家统计局、北大法宝法律数据库、政府工作报告、百度新闻以及中国人民大学信息资源产业基础数据库等相关数据，评价了我国信息资源产业的产业结构的基本情况。

表 11-1 报告了信息资源产业的产业结构的描述性统计结果。产业结构（IS）的平均值为 0.008 8，产业集中度（ICCT）的平均值为 0.000 7，产业进出壁垒（BIWE）的平均值为 0.001 3，产业主体差异化（DIMB）的平均值为 0.046 3，产业结构及其分项指标变化范围很大，这说明样本产业的产业结构存在很大差异。

表 11-1　　产业结构变量的描述性统计

变量名称	样本数	均值	标准差	中位数	最大值	最小值
产业结构（IS）	28 830	0.008 8	0.015 9	0.005 0	1	0
产业集中度（ICCT）	28 830	0.000 7	0.014 2	0.000 0	1	0
产业进出壁垒（BIWE）	28 830	0.001 3	0.009 3	0.000 5	1	0
产业主体差异化（DIMB）	28 830	0.046 3	0.062 2	0.024 5	1	0

2. 研究模型

由于产业结构决定产业行为，产业行为决定产业绩效，产业环境又对产业结构、产业行为和产业绩效有着调节作用，为检验产业结构、产业环境与产业行为之间的关系，本章用产业竞争表征产业行为，构建如下经验模型：

$$ICMP = \beta_0 + \beta_1 IS + \beta_2 IE + \beta_3 IS \times IE + \beta_4 \sum Year + \beta_5 \sum Industry + \varepsilon$$

其中，因变量为产业竞争（ICMP），自变量为产业结构（IS）和产业环境（IE）。产业结构（IS）用产业集中度（ICCT）、产业进出壁垒（BIWE）和产业主体差异化（DIMB）三个分项指标表示，产业环境（IE）包括经济、政治、社会和技术四方面要素。同时，我们对信息资源产业中的 93 个细分行业（Industry）以及 2004—2015 年共 12 个年份（Year）等变量进行控制。

11.2.2　研究样本与数据来源

本章以 2004—2015 年中国信息资源产业，包括全国与 31 个省级行政区以及信息资源产业 93 个细分行业数据为研究样本，最终得到 28 830 个样本的数据。数据来自《中国劳动统计年鉴》、《中国经济普查年鉴》、国家统计局、北大法宝法律数据库、政府工作报告、百度新闻以及中国人民大学信息资源产业基础数据库等。

11.3　实证检验

本章在对产业结构、产业环境和产业竞争做出的回归分析基础上，对不同信息资源产业依赖度以及不同信息资源产业加工程度行业进行了回归分析，并通过稳健性检验，最终验证了假设1、2和3。

11.3.1 描述性统计

表11－2为主要变量的描述性统计。

从表11－2中可以发现，样本产业的产业竞争（ICMP）平均得分为0.130 3，中位数在0.116 1左右，说明样本产业的产业竞争较弱，同时，产业与产业间存在很大差异。样本产业的产业结构（IS）均值为0.008 8，标准差为0.015 9，最大值为1，其中，产业集中度（ICCT）的均值为0.000 7，标准差为0.014 2，最大值为1，这说明样本产业的产业结构存在差异，且产业间发展明显不均衡，相对而言，产业集中度对产业结构差异的影响较大。

表11－2　　主要变量的描述性统计

变量名称	样本数	均值	标准差	中位数	最大值	最小值
产业竞争（ICMP）	28 830	0.130 3	0.079 7	0.116 1	1	0
产业结构（IS）	28 830	0.008 8	0.015 9	0.005 0	1	0
产业集中度（ICCT）	28 830	0.000 7	0.014 2	0.000 0	1	0
产业进出壁垒（BIWE）	28 830	0.001 3	0.009 3	0.000 5	1	0
产业主体差异化（DIMB）	28 830	0.046 3	0.062 2	0.024 5	1	0
产业环境（IE）	28 830	0.565 8	0.146 2	0.562 5	1	0

11.3.2 回归分析

为检验本章假设1，首先对全部样本进行回归分析。表11－3报告了产业结构与产业竞争的回归结果。回归结果列（1）～（4）分别以产业结构（IS），以及产业集中度（ICCT）、产业进出壁垒（BIWE）和产业主体差异化（DIMB）三个产业结构分项指标作为解释变量的回归结果。

从回归结果来看，产业结构对产业竞争存在影响。列（2）和（3）的回归结果显示，产业集中度（ICCT）与产业进出壁垒（BIWE）的估计系数显著为负，表明产业集中度越高，产业垄断程度越高，产业竞争就越弱；产业进出壁垒越高，产业竞争就越弱。列（1）和（4）的回归结果显示，产业结构（IS）和产业主体差异化（DIMB）与产业竞争（ICMP）显著正相关，这表明：产业结构越合理，产业竞争越激烈；产业主体差异化越大，各类所有制活跃程度越高，产业竞争越激烈。实证结果初步印证了假设1。

在列（1）中，产业环境（IE）的估计系数显著为正，表明产业环境越好，产业竞争就越激烈。产业环境（IE）与产业结构（IS）的交叉变量的估计系数显著为正，表明产业环境越好，产业结构对产业竞争的提升作用越大，假设 2 和 3 得到初步证实。结果说明，当产业环境达到理想状态时，产业结构对于产业竞争的提升作用是非常明显的。

表 11-3　　产业结构、产业环境与产业竞争的回归结果

变量	(1)	(2)	(3)	(4)
	产业结构	产业集中度	产业进出壁垒	产业主体差异化
产业结构	0.093**	−0.075**	−0.047**	0.169**
	(17.946)	(−11.466)	(11.102)	(34.851)
产业环境	0.054**	0.058**	0.011	0.050**
	(9.912)	(10.931)	(1.421)	(9.369)
产业环境的调节作用	0.029**	0.018	0.010	0.066**
	(5.506)	(3.514)	(1.291)	(13.266)
年份	控制	控制	控制	控制
行业	控制	控制	控制	控制
样本量	28 830	28 830	28 830	28 830
R^2	0.326	0.316	0.316	0.348

注：** 表示在 1%的水平下显著，括号中为 t 值，标准误通过 White 异方差检验。

在信息资源产业中，基于对信息资源依赖度的不同，本章将信息资源产业划分为信息资源低度依赖型产业、信息资源中度依赖型产业和信息资源完全依赖型产业三类产业。由于依赖度的不同，产业所在的产业环境与产业结构也会存在差异。本章进一步检验了信息资源低度依赖型产业、信息资源中度依赖型产业和信息资源完全依赖型产业的产业结构、产业环境与产业竞争之间的关系，表 11-4 报告了不同信息资源依赖度产业的产业结构、产业环境与产业竞争的回归结果。

由表 11-4 可知，在低度依赖、中度依赖和完全依赖型产业中，产业结构（IS）与产业竞争（ICMP）显著正相关，这表明不论对信息资源是哪类依赖度，产业结构都对产业竞争起着至关重要的作用，产业结构越合理，产业竞争越激烈，进一步验证了假设 1。同时，产业环境（IE）的估计系数也是显著为正，这表明产业环境同样对三类信息资源产业的产业竞争起着重要作用，产业环境的健康程度越高，产业竞争就越激烈，进一步验证了假设 2。另外，交叉项的系数在三类信息资源产业中均显著为正，这表明，在三类产业中，产业环境越好，产业结构对产业竞争的提升作用就越大，进一步验证了假设 3。总体来看，产业结构、产业环境对产业竞争的作用不受信息资源依赖度的影响。

表 11-4　　产业结构、产业环境与产业竞争的回归结果：按不同依赖度

变量	ICMP		
	信息资源低度依赖型产业	信息资源中度依赖型产业	信息资源完全依赖型产业
产业结构	0.098**	0.075**	0.136**
	(12.862)	(6.162)	(15.587)
产业环境	0.040**	0.037**	0.083**
	(4.890)	(2.971)	(9.492)
产业环境的调节作用	0.032**	0.070**	0.096**
	(4.117)	(5.676)	(9.131)
年份	控制	控制	控制
行业	控制	控制	控制
样本量	13 020	5 890	9 920
R^2	0.328	0.287	0.391

注：** 表示在 1%的水平下显著，括号中为 t 值，标准误通过 White 异方差检验。

信息资源产业不仅可以根据依赖度的不同进行划分，还可以基于产业链上下游的不同，划分成采集、加工和提供三大类。不同类别的信息资源产业有着不同的产业结构和产业环境，表 11-5 分别检验了三类产业的产业结构、产业环境与产业竞争的回归结果，以判断不同类别的差异是否会影响这三者之间的关系。

由表 11-5 可知，在三类信息资源产业中，产业结构（IS）、产业环境（IE）与交叉项的系数都显著为正。这表明：行业类别的不同不会影响产业结构、产业环境与产业竞争之间的关系。产业结构越合理，产业环境越健康，产业竞争就越激烈，并且产业环境越好，产业结构对产业竞争的提升作用就越明显。

表 11-5　　产业结构、产业环境与产业竞争的回归结果：按大类产业

变量	产业竞争		
	信息资源采集业	信息资源加工业	信息资源提供业
产业结构	0.262**	0.210**	0.059**
	(21.701)	(16.757)	(9.302)
产业环境	0.069**	0.033*	0.055*
	(4.628)	(2.363)	(8.333)
产业环境的调节作用	0.130**	0.088**	0.034**
	(8.347)	(6.737)	(5.199)
年份	控制	控制	控制
行业	控制	控制	控制
样本量	4 340	4 340	20 150
R^2	0.421	0.35	0.326

注：*、** 分别表示在 5%、1%的水平下显著，括号中为 t 值，标准误通过 White 异方差检验。

11.3.3　稳健性检验

为保证回归结果的稳健性，OLS 回归要求每个解释变量与误差项不相关。本章基于现有研究，将可能的影响因素加入模型中，尽可能排除控制变量遗漏的因素，结果仍是相同的。

11.4　研究启示

经过上述的理论分析、研究假设、研究设计和实证检验，本章分析了产业结构、产业环境与产业竞争之间的影响关系。提出并验证了三个假设：产业结构越合理，产业竞争越强；产业环境越健康，产业竞争越强；产业环境越健康，产业结构对产业竞争的影响越大。通过对这些假设的实证检验，进行了回归分析、稳健性检验等，得到了一系列的分析结果。除了对回归分析的量化研究外，实证检验的各项分析结果也对产业的管理和发展有着实际的启示作用，在研究信息资源产业发展上有着一定的价值和意义。

第一，产业结构差异性大易导致产业发展不平衡。产业结构及其分项指标变量的描述性统计显示，我国信息资源产业的产业结构从整体上看存在着很大的差异，产业集中度、产业进出壁垒和产业主体差异化这三项分项指标的变化范围也很大，样本产业的产业结构不够平均，各项产业的产业结构合理程度相差较大，产业发展不平衡。信息资源产业的发展过程中，应该对产业结构更加重视，增强产业结构的合理度。

第二，产业结构和产业竞争整体水平低，产业环境相对较好。在对产业竞争、产业结构、产业环境等主要变量的描述性统计中可以发现，样本产业的产业竞争和产业结构水平较低，而且产业与产业之间存在很大差异。主要变量中，只有产业环境这项指标的均值、中位值较大，说明我国信息资源产业环境相对较好，为产业发展提供了较好的环境，但也有着巨大的发展空间，有潜力为信息资源产业提供更好的环境。

第三，产业结构、产业环境等因素对产业竞争存在影响，并进而影响产业发展。产业结构、产业环境与产业竞争的回归分析结果显示：首先，产业结构对产业竞争存在影响，其中产业进出壁垒和产业集中度越高，产业竞争越弱，产业结构整体和产业主体化差异越大，产业竞争就越激烈。因此，在产业发展过程中，重视产业结构对产业竞争的影响，除了使产业结构向合理化的方向发展外，还应该预防产业垄断，降低产业进出壁垒，增强产业的主体差异，使各类产业在整体产业中的比重更加均衡，从而提高产业发展水平。其次，产业环境对产业竞争的估计系数为正，产业环境对产业竞争也存在影响，产业环境越好，产业竞争越激烈。因此，为了使信息资源产业更好地发展，努力提升产业环境使之更加健康是一项重要举措。应重视区域经济环境的发展，采取相应的扶持政策，并且使这些政策有足够的决策强度，发展技术，提高技术水平，改善区域的社会环境。这些措施都将创造更好的产业环境来增强产业竞争，实现产业更好的发展。再次，产业环境与产业结构的交叉变量的估计系数显示，产业环境与产业结构的相互关系也对产业竞争有着一定的影响。这表明产业环境越好，产业结构对产业竞争的提升作用越大，如果产业环境状态良好，产业结构对产业竞争的提升作用就非常明显。因此，努力提升产业环境是增强产业竞争的重要一环。

第四，根据对信息资源依赖程度划分，信息资源完全依赖型产业的产业结构和产业环境对产业竞争的影响最大。按照本研究前面章节的介绍，信息资源产业可以按照对信息资源的依赖度划分大类。在对不同依赖度信息资源产业产业结构、产业环境与产业竞争之间的关系的回归分析中，得到了以下结论：不论对信息资源是哪类依赖度，产业结构都对产业竞争起着至关重要的作用。产业结构越合理，产业竞争越激烈。产业环境同样对三类信息资源产业的产业竞争起着重要作用，产业环境的健康程度越高，产业竞争就越激烈，同时，产业环境越好，产业结构对产业竞争的提升作用就越大。因此，产业结构、产业环境对产业竞争的作用不受产业依赖度的影响。总体来看，信息资源完全依赖型产业的 t 值和 R^2 在各项指标中都最高，说明信息资源完全依赖型产业的各项变量对回归方程有着最大的贡献，所以在信息资源完全依赖型产业中，产业结构、产业环境对产业竞争的影响程度更强。此外，信息资源低度依赖型产业的影响程度也较大。信息资源完全依赖类产业是产业中发展较成熟的行业，也是信息资源产业中重要的产业，所以其产业结构、产业环境对产业竞争的影响十分重要。

第五，根据信息资源产业加工程度划分，信息资源采集业对产业竞争影响最大。按照本研究前面章节的介绍，信息资源产业可以根据信息资源产业加工程度，即基于产业链上下游的思想划分大类。在对不同加工程度信息资源产业产业结构、产业环境与产业竞争之间的关系的回归分析中，得到了以下结论：在三类信息资源产业中，行业类别的不同不会影响产业结构、产业环境与产业竞争之间的关系，产业结构越合理，产业环境越健康，产业竞争就越激烈，并且，产业环境越好，产业结构对产业竞争的提升作用就越明显。此外，信息资源采集业的 t 值和 R^2 在各项指标中都最高，说明信息资源采集业的各项变量对回归方程有着最大的贡献，所以在采集业中，产业结构、产业环境对产业竞争的影响程度更强。信息资源提供业的 t 值和 R^2 在各项指标中都比较平均。所以，各类行业中，产业结构、产业环境与产业竞争都存在着一定的影响关系：产业结构越合理，产业竞争越强；产业环境越健康，产业竞争越强；产业环境越健康，产业结构对产业竞争的影响越大。

在各类型行业的发展中，保持合理的产业结构，创造健康的产业环境，才能保证更好的产业竞争，从而实现产业的健康和快速发展。

11.5　本章小结

基于 SCP 理论，本研究认为产业结构决定产业行为，产业行为决定产业绩效，产业环境对产业结构、产业行为和产业绩效有着调节作用。同时，本研究认为产业行为包含产业创新、产业代谢、产业包容和产业竞争，而产业竞争的强弱反映了产业发展的程度。基于这种思想，本章重点研究了产业结构、产业环境对产业竞争的影响。

本章首先通过理论分析探讨了产业结构、产业环境与产业竞争之间的关系。通过产业进出壁垒、产业集中度和产业主体差异化三个要素分析了产业结构对产业竞争产生的影响，认为：产业壁垒越强，经济规模壁垒就越强，越不利于产业竞争，影响产业发展；产业集中度越高，市场被垄断程度越高，产业竞争就越弱；产业主体差异化越活跃，产业竞争就越激烈。在产业环境方面，本章结合 PEST 分析框架，将产业环境分为经济环境、政治环境、社会环境和技术环境，分别从这四个方面分析对产业竞争的影响，认为产业环境越健康，产业竞争就越激烈。同时，本章认为产业结构和产业环境对产业竞争的作用存在一定的内在联系，产业结构和产业环境的相互影响，也对产业竞争起到了一定的作用。

综合理论分析，本章对产业结构、产业环境和产业竞争之间的关系提出了三个假设：

假设 1：产业结构越合理，产业竞争越强。

假设 2：产业环境越健康，产业竞争越强。

假设 3：产业环境越健康，产业结构对产业竞争的影响越大。

为了验证以上三个假设，本章首先从产业进出壁垒、产业集中度和产业主体差异化三个维度对产业结构构建了包括 3 个一级指标、6 个二级指标的指标体系，并通过信息资源产业基础数据对我国信息资源产业的产业结构基本情况做出了评价，认为我国信息资源产业产业结构及其分项指标变化范围很大，说明样本产业的产业结构存在巨大差异。

其次，本章构建了产业结构、产业环境和产业竞争的经验模型来验证假设，因变量为产业竞争，自变量为产业结构和产业环境，并采集了 28 830 个样本数据来验证假设，经验模型如下：

$$\mathrm{ICMP} = \beta_0 + \beta_1 \mathrm{IS} + \beta_2 \mathrm{IE} + \beta_3 \mathrm{IS} \times \mathrm{IE} + \beta_4 \sum \mathrm{Year} + \beta_5 \sum \mathrm{Industry} + \varepsilon$$

再次，本章对三个假设进行了实证检验。通过主要变量的描述性统计，发现样本产业的产业竞争较弱，且产业与产业间存在很大差异，同时样本产业的产业结构存在差异，相较而言，产业集中度对产业结构差异的影响较大。随后本章对全部样本进行回归分析，以产业结构，以及产业集中度、产业进出壁垒和产业主体差异化三个产业结构分项指标作为解释变量进行回归分析，回归结果初步印证了研究假设 1、2 和 3。本章还对不同信息资源产业依赖度以及不同信息资源产业加工程度行业进行了回归分析，回归结果进一步验证了研究假设 1、2 和 3。为保证回归结果的稳健性，本章基于现有的研究，将所有可能的影响因素加入模型中，回归结果仍然相同，最终验证了研究假设 1、2 和 3。

最终，本章根据理论分析、研究设计与实证检验，对得到的研究结果的实际意义做出了分析。综合实证检验结果，本章认为信息资源产业应更加注重产业结构的合理度，缩小各产业间的发展差距，创造更好的产业环境，增强产业竞争，实现产业的健康和快速发展。

第 12 章　产业发展指数行业案例分析

信息资源产业发展指数（IRIDI）是对现实世界中行业发展情况的抽象描述。为了更加准确地反映我国信息资源产业发展的行业特点和规律，本研究选取了 2015 年在 93 个信息资源产业细分行业中 IRIDI 排名靠前的社会经济咨询业（排名第 1），电影和影视节目制作业（排名第 4）与电影和影视节目发行业（排名第 12）这样三个整体呈现爆发式增长趋势的典型行业来展开行业案例的深入分析。

信息资源发展指数表明社会经济咨询业、电影和影视节目制作与电影和影视节目发行业在 2015 年有了长足的发展。但是，在产业快速发展、文化日益繁荣的背后，我们要保持警惕：这些行业的发展是否健康？哪些因素在推动行业的发展？又有哪些因素阻碍了行业的发展？未来这些行业可能面临哪些机遇、哪些挑战？政府部门应该如何科学地制定政策对产业进行引导和监管？对于充满活力与竞争力的行业，无论从理论角度还是现实角度，上述问题都值得我们深究。在这一章中，将以信息资源产业发展指数为切入点，对社会经济咨询业与电影和影视节目制作和发行业进行系统分析，尝试对上述问题进行解答。

12.1　社会经济咨询业

社会经济咨询业是指通过咨询机构为政府和企业提供智力服务，协助政府或企业制订最佳方案，以取得最佳效益的行业。从新闻传播学角度来看，通常社会经济咨询业对经济活动的反映及时、快速，且能直接指导人们的经济行为。它给广大用户提供有价值的信息，在生产社会实践中转化为巨额资本，在全局或局部都引起生产力的变革，最终增加社会财富的总量。

作为以知识为基础的专业化服务行业，社会经济咨询业在促进经济增长转型和企业的健康发展方面发挥着越来越重要的作用。目前，全世界咨询与信息服务业年营业额已达数千亿美元，咨询服务业的年增长率超过20%，成为发展最快的产业之一。随着中国经济的不断发展和市场竞争的日益激烈，国内企业对社会经济咨询研究的需求将快速增长，未来国内咨询研究业的发展空间十分广阔。社会经济咨询业是适应产业发展的必然选择。它不但为其他企事业单位提供有力的支撑和保障，其本身也是一个人才知识密集型产业，从事的是智力活动，无须投入很多物质资源，不产生污染，属于高端生产性服务业和环境友好型产业，是第三产业的重要组成部分，是世界各国争相发展的重要产业，而且，社会经济咨询业已经成为衡量一个国家经济发达程度和经济实力的重要标准。发展社会经济咨询业符合当前国家转变经济增长方式、提高经济增长质量的发展要求。

12.1.1 社会经济咨询业行业发展总体状况

作为知识、技术和智能高度密集的现代化咨询业，是在第二次世界大战后随科学技术的革命和社会经济迅猛的发展而发展起来的。到了60年代后，在数量和规模上都得到了突飞猛进的发展。我国的社会经济咨询业是改革开放之后产生和发展起来的。经过几十年的发展，初步形成了决策咨询、工程咨询、企业管理咨询、技术咨询、涉外经济咨询等多个门类。社会经济咨询业已在宏观决策、资源开发、制定区域或行业规划、推广科技成果、开发新技术和新产品、引进技术设备、工程建设和项目投资等方面发挥了日益显著的作用，取得了明显的经济效益和社会效益。

本部分拟从行业IRIDI得分情况、行业营业收入与市场主体结构和典型行业区域前三名重要指标数据三大方面来介绍社会经济咨询业的发展总体状况。

1. 行业IRIDI得分情况

根据信息资源产业发展指数，社会经济咨询业以86.29分的产业发展总体得分位列93个信息资源产业细分行业的第1位。社会经济咨询业在产业价值、产业效率和产业贡献这三个维度上的得分分别为60.57、60.64和58.32，在全部细分行业中均排名第一。从指数数据来看，社会经济咨询业已经成为信息资源产业细分行业中的支柱性行业。但同时，产业增长的得分为84.32，位列第32名。可以看出，社会经济咨询业营业收入规模、企业数量规模、从业人口数量和利润总额的年度增长幅度较其他行业相比优势不大，增速放缓（见表12-1）。

表 12-1　　社会经济咨询业 IRIDI 各项指标得分排名统计表

IRIDI 得分情况	得分	排名
总分	86.29	1
产业价值	60.57	1
产业增长	84.32	32
产业效率	60.64	1
产业贡献	58.32	1

2. 行业营业收入与市场主体结构

伴随科技水平与经济水平的飞速发展，社会经济咨询业在营业收入、经营利润、社会贡献等方面都有着可观的贡献。本部分拟从行业营业收入与市场主体结构方面来介绍社会经济咨询业的发展情况。

社会经济咨询业的营业收入从 2004 年的 239.03 亿元人民币增长到 2015 年的 2 610.52 亿元人民币，增长了 9.92 倍，实现了飞速增长。尤其自 2012 年开始，增长速度较之前有了大幅度的上升，得到迅猛发展（见图 12-1）。

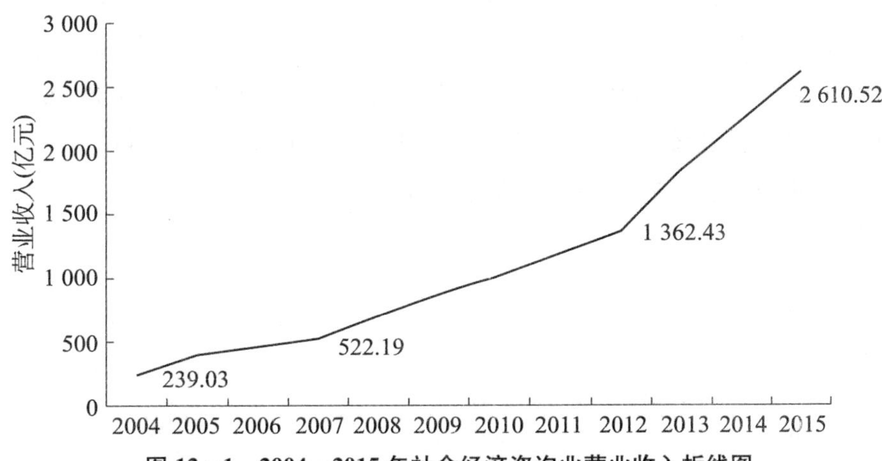

图 12-1　2004—2015 年社会经济咨询业营业收入折线图

企业的企业法人单位数与从业人口数在一定维度上反映了某一个企业的市场主体结构即市场规模。从图 12-2 中可以看出，社会经济咨询业的企业法人单位数从 2004 年的 22 843 个增长到 2015 年的 168 393 个，增长了 7.37 倍。虽然在 2012 年至 2013 年，社会经济咨询业的企业法人单位数呈现了下降趋势，减少了 9 813 个，但从 2013 年开始，社会经济咨询业的企业法人单位数迅速上升，仅在 2013 年至 2014 年，就增加了 74 947 个，增长了 1.11 倍。与营业收入呈相同的增长趋势。

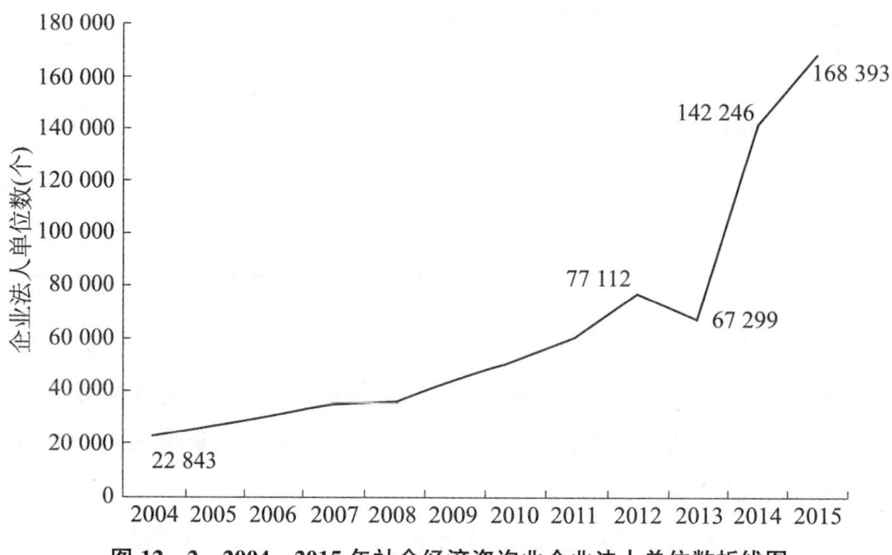

图 12-2　2004—2015 年社会经济咨询业企业法人单位数折线图

图 12-3 反映了社会经济咨询业从业人口数量的变化。自 2004 年的 118 270 人，增长到 2015 年的 572 347 人，增长了 3.84 倍。2004 年至 2011 年的增长速度较缓，七年间共计增长了 108 957 人，增长了 0.92 倍。而增长速度最快的是 2013 年，从 2012 年的 246 477 人增加到了 377 640 人，增长了 131 163 人，比 2004 年到 2012 年八年间增加的总数还多。可见随着社会经济咨询业的发展，从事该行业的工作者越来越多，一定程度上为社会减轻了就业压力。

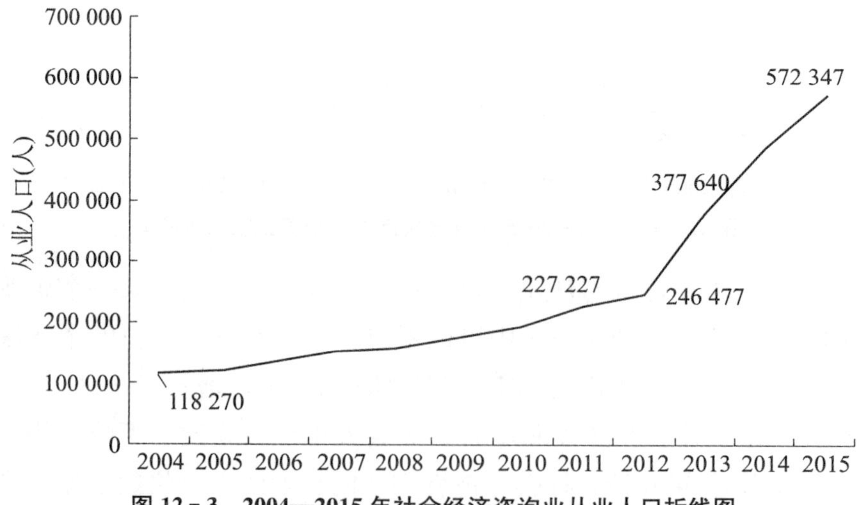

图 12-3　2004—2015 年社会经济咨询业从业人口折线图

3. 典型行业区域前三名重要指标数据

基于信息资源产业基础数据，根据第 3 章建立的信息资源产业发展指数（IRIDI）测评指标与测算方法，本部分对 31 个省级行政区关于社会经济咨询业的发展指数分别进行了计算，得到 2015 年各地区社会经济咨询业 IRIDI 排名情况，如表 12-2。

表 12-2　　2015 年 31 个省级行政区社会经济咨询业 IRIDI 排名

排名	按地区划分	得分
1	江苏	90.23
2	广东	88.20
3	北京	87.97
4	浙江	87.39
5	山东	84.33
6	安徽	83.90
7	河北	83.69
8	山西	83.68
9	湖北	82.68
10	广西	82.43
11	内蒙古	82.38
12	江西	82.34
13	福建	81.90
14	重庆	81.76
15	天津	81.12
16	云南	80.98
17	河南	80.89
18	甘肃	80.76
19	辽宁	80.68
20	湖南	80.40
21	青海	80.27
22	四川	80.05
23	贵州	79.92
24	陕西	79.41
25	上海	79.24
26	吉林	78.75
27	宁夏	78.68
28	黑龙江	76.99
29	新疆	76.04
30	海南	75.48
31	西藏	73.60

本部分将以社会经济咨询业的数据为单元，以综合得分最高的江苏、广东、北京三个典型区域为代表，选取 2013—2015 年三个区域有关社会经济咨询业的营业

收入、企业法人单位数、从业人口、固定资产投资数、全部专利数量、研发投入、女性从业人口等重要指标数据进行对比分析，以反映全国范围内社会经济咨询业的发展情况。

由表12－3可以看出，2013至2015年社会经济咨询业的营业收入有较大的增长，呈现良好的上升趋势。另外，虽然这三个区域的综合分数均位列前三名，但是在营业收入上存在着较大的差距，例如2015年北京的社会经济咨询业营业收入是江苏省的近3倍，体现出区域发展不均衡的情况。

表12－3　2013—2015年社会经济咨询业区域前三名营业收入统计表　单位：亿元

	江苏	广东	北京
2013	146.01	278.07	421.80
2014	182.48	340.24	510.06
2015	210.29	404.15	613.18
年均涨幅	20.11%	20.57%	20.57%

由表12－4可以看出，三年中社会经济咨询业的企业法人单位数逐年递增且增幅较大，以综合排名前三位的地区为例，年均涨幅均超过65%，发展势头迅猛。

表12－4　2013—2015年社会经济咨询业区域前三名企业法人单位数统计表　单位：个

	江苏	广东	北京
2013	5 299	10 092	15 309
2014	11 510	21 460	32 172
2015	13 509	25 804	39 050
年均涨幅	67.29%	66.44%	65.77%

由表12－5可以看出，三年中社会经济咨询业的从业人口同样呈上升趋势，2015年北京社会经济咨询业的从业人口达到了109 146人，名列第一，且年均涨幅同样位列第一，达到30.13%。由此可见，作为知识密集型产业，社会经济咨询业吸收了大量的人才，为社会带来了大量的就业岗位。其显现出的巨大涨幅趋势也表明，由于工作环境、福利待遇良好，从业人口对社会经济咨询业的认可度和从业意愿强。咨询业越来越成为大学生等高学历人群竞相争取的热门行业。

表12－5　2013—2015年社会经济咨询业区域前三名从业人口统计表　单位：人

	江苏	广东	北京
2013	19 036	53 843	65 377
2014	21 992	74 942	95 190
2015	27 129	89 171	109 146
年均涨幅	19.44%	29.09%	30.13%

表12－6反映的是社会经济咨询业的固定资产投资情况，三个典型区域的固定

资产投资年均涨幅均在 35%以上，江苏 2014 年固定资产投资额约为 2013 年的 1.75 倍，可见社会经济咨询业发展之快。但江苏在 2015 年的固定资产投资额较 2014 年出现了小幅度的下降，这与 2014 年江苏的社会经济咨询业历经迅速增长后发展速度减缓有着直接的关系。

表 12-6　　2013—2015 年社会经济咨询业区域前三名固定资产投资统计表　　单位：万元

	江苏	广东	北京
2013	37 899.41	73 343.74	11 7842.88
2014	66 239.96	124 435.74	197 872.77
2015	65 577.61	126 013.19	202 666.53
年均涨幅	36.89%	35.46%	35.17%

由表 12-7 可以看出，社会经济咨询业的全部专利数量在近三年呈现增长趋势，且年均涨幅在 20%左右。增长最快速的是在 2014 年，江苏、广东、北京的涨幅为 56.31%、56.06%、56.11%。但三个区域在 2015 年均出现专利数量减少的情况，其中北京的增长率为－16.68%，全部专利数量在三年中首次小于广东。

表 12-7　　2013—2015 年社会经济咨询业区域前三名全部专利数量统计表　　单位：件

	江苏	广东	北京
2013	7 484	11 988	12 215
2014	11 698	18 708	19 069
2015	9 898	16 209	15 889
年均涨幅	20.46%	21.35%	19.72%

表 12-8 反映出三年中社会经济咨询业的研发投入情况，年均涨幅在 18%以上，广东达到了 25.09%。其中增长最快速的是 2014 年，江苏、广东、北京的涨幅为 50.55%、60.47%、52.52%。三个区域在 2015 年都出现了研发投入减少的情况，其中北京的增长率为－11.19%，这一趋势与全部专利数量呈正相关。同时，通过表 12-9 可以看出，区域间研发投入的差异较大。2015 年北京社会经济咨询业的研发投入为 289 259.04 万元，而同年广东社会经济咨询业的研发投入为 8 336.29 万元。但联系表 12-8 可以发现，尽管北京在 2015 年对该行业的研发投入是广东的 34.70 倍，全部专利数量却小于广东。

表 12-8　　2013—2015 年社会经济咨询业区域前三名研发投入统计表　　单位：万元

	江苏	广东	北京
2013	6 955.89	5 790.51	213 539.01
2014	10 471.93	9 291.74	325 694.04
2015	9 111.16	8 336.29	289 259.04
年均涨幅	18.78%	25.09%	20.67%

由表 12-9 可以看出，2013 年至 2015 年社会经济咨询业的女性从业人口和女性从业人口比重基本呈上升趋势，与行业从业人口数增加呈相同趋势。尽管如此，该行业的女性从业比重仍明显小于男性，2015 年社会经济咨询业区域前三名的女性从业人口比重平均为 37%。

表 12-9　　2013—2015 年社会经济咨询业区域前三名女性从业情况统计表

	江苏		广东		北京	
	人数（人）	比例（%）	人数（人）	比例（%）	人数（人）	比例（%）
2013	6 735	35	17 297	32	25 336	39
2014	7 781	35	24 075	32	36 889	39
2015	9 661	36	30 156	34	45 200	41
年均涨幅	19.85%	1.43	32.22%	3.13	34.06%	2.56

通过从以上 8 个角度对社会经济咨询业 IRIDI 得分前三名的区域进行的分析可知，该行业在近三年得到了迅速的发展，行业规模逐渐扩大，但增速放缓。

12.1.2　社会经济咨询业发展影响因素

一个行业的发展会受环境因素、科技变迁、社会与政治变化等多个因素的影响，而其中的一些因素对行业的发展起着至关重要的作用。为了研究影响社会经济咨询业发展的因素，本部分选用了传统的 SCP（结构—行为—绩效）模型，并且添加 E（环境）作为调节变量，从而形成产业分析框架 E-SCP。被解释变量分别是产业绩效、产业行为，解释变量是产业结构、产业行为、产业环境三部分，进行多元回归分析，回归结果见表 12-10。

本小节数据来源为《中国科技统计年鉴》、《中国基本单位统计年鉴》、《中国劳动统计年鉴》、《中国经济普查年鉴》、国家统计局、北大法宝法律数据库、政府工作报告以及中国人民大学信息资源产业基础数据库等。

表 12-10　　社会经济咨询业发展影响因素的多元回归结果

变量名称	(1)	(2)	(3)	(4)	(5)
	产业绩效（IP-sec）	产业绩效（IP-sec）	产业行为（IC-sec）	产业绩效（IC-sec）	产业绩效（IC-sec）
IS-sec	0.176**		0.522**	0.155**	0.212**
	(5.665)		(8.927)	(4.450)	(6.267)
IC-sec		0.101**		0.75*	
		(3.641)		(2.386)	
IE-sec					0.003
					(0.115)

续前表

变量名称	(1) 产业绩效 (IP-sec)	(2) 产业绩效 (IP-sec)	(3) 产业行为 (IC-sec)	(4) 产业绩效 (IC-sec)	(5) 产业绩效 (IC-sec)
IE-sec×IS-sec					0.076*
					(2.465)
年份	控制	控制	控制	控制	控制
行业	控制	控制	控制	控制	控制
样本量	310	310	310	310	310
R^2	0.794	0.782	0.267	0.796	0.799

注：双尾概率 p 值是基于异方差稳健标准误的结果。* 表示在 5%的水平下显著，** 表示在 1%水平下显著；括号内值为 t 值；“年份”与“行业”为控制变量，表明每一样本皆是在同一年同一行业中选取。IS-sec 为社会经济咨询业产业结构（Industry Structure）的英文缩写，IC-sec 为社会经济咨询业产业行为（Industry Conduct）的英文缩写，IE-sec 为社会经济咨询业产业环境（Industry Environment）的英文缩写，IP-sec 为社会经济咨询业产业绩效（Industry Performance）的英文缩写。

表 12－10 列出了社会经济咨询业各种回归计算的结果。列（1）表示产业结构对产业绩效的回归结果；列（2）表示产业行为对产业绩效的回归结果；列（3）表示产业结构对产业行为的回归结果；列（4）表示去除产业结构对产业行为的影响后，两自变量共同对产业绩效的回归结果；列（5）表示加入产业环境这个调节变量后，产业结构、产业环境与二者交叉部分共同对产业绩效的回归结果。

表 12－10 表明，产业结构单独作为自变量时，在 1%水平下与产业绩效呈正相关，产业行为在 1%水平下与产业绩效呈正相关。列（3）表明产业结构对产业行为有影响，这与 E－SCP 模型中市场结构影响市场行为符合。除去二者相互影响后，产业结构与产业行为都与产业绩效呈正相关，但产业结构的影响程度较小。列（5）表明，产业环境与产业结构交叉部分对产业绩效的影响系数为 0.076，并且在 5%水平下显著，与产业结构影响系数 0.176 同向。因此说明产业环境是正向调节变量。由最后一行 R^2 的数据可知，该回归模型拟合度较好。

通过表 12－10 的数据可以得知，产业结构、产业行为都是社会经济咨询业的影响因素，且呈正相关。产业环境是社会经济咨询业发展的正向调节变量。可见，促进和把握社会经济咨询业的发展，需要考虑产业结构和产业行为，应该及时对政府职能进行调整，适当地进行一系列制度调整，如健全资本市场、金融市场、土地市场，改善城市管理，加大创新激励，加快人力资本积累，进行有效的法治建设、反腐败等等，从而对调整产业结构、加快产业升级起到更好的促进作用。另外，应注意从行业整体的角度出发，研究产业中竞争的性质和产业所能获得的潜在利润，以及产业内部企业之间在经营上的差异、这些差异与它们的战略地位的关系，从而发挥正向调节的作用。

12.1.3　社会经济咨询业发展政策分析

社会经济咨询业的发展离不开相关政策文件的支持与推动，但由于地区间经济发展水平和人才数量等因素的差异，各地区政府对于该行业的关注和扶持力度也不尽相同。本部分选取北大法宝法律数据库收录的与社会经济咨询业相关的政策文本作为分析对象，借助关键词出现的频率来衡量各地政府对于社会经济咨询业发展的关注程度，并根据其发展的实际情况，衡量政策文本的有效性。

1. 政策文本的选择和分析维度确定

本部分所搜集的社会经济咨询业政策文本均来源于 2016 年 9 月 1 日前公开的数据资料，政策文本包含了法律、行政法规、部门规章、国务院及其下属机构规范性文件、地方性法规、地方政府规章、省级政府及其下属机构规范性文件、较大的市［《中华人民共和国立法法》规定较大的市包括：（1）省（自治区）人民政府所在地的市；（2）经济特区所在地的市；（3）经国务院批准的较大的市］及其下属机构规范性文件等不同效力级别的文件类型。在对相关政策文本进行遴选之后，再选择一定分析维度进行分析。

检索前按照八种政策文本类型确定检索数据库，检索时，先将“经济咨询”作为检索项精确检索，得到 393 件检索结果，作为初步检索结果。

鉴于在检索过程中搜索条件较为宽泛，并且搜索结果有些与社会经济咨询业本身关联性较差，有些仍存在重复的情况，还有一些不符合政策文本本身范围要求，因此为了提高分析的准确性和科学性，本研究对初步搜集的 393 件政策文本按照以下四条标准进行了进一步的整理筛选。一是剔除不符合八种政策文本范围要求的文本。比如说，在搜索中，在“中央法规司法解释”数据库中包含“司法解释”类政策，这一类文本不包括在我们的范围之中，所以应当予以剔除。二是剔除与社会经济咨询业不具备较强关联度的政策文本。以相关的“部门规章”部分来说，很多公司名称带有“经济咨询”字样，但实际该政策规章与本身行业并不相关，所以筛选时应当剔除。三是政策文本不重复。凡是抄送文件、转发上级政策文件，以及不同级别政府或不同部门发布非本政府或部门文件的通知，均属于重复，在筛选时予以剔除。四是政策文本中须有直接关于社会经济咨询业政策的具体措施和内容，仅体现政府对社会经济咨询业的态度和取向的政策不纳入研究范围。据此，经筛选后，共搜集与社会经济咨询业相关的政策文本 63 件，最早的为 1994 年发布的《山西省建筑市场管理条例》。

本研究拟从政策年度发布数量、政策主题分布、政策发布主体三个维度进行政策文本的统计分析，以期对社会经济咨询业的政策获得比较全面的了解。

（1）政策文本的年度发布数量分析。鉴于 1994 年之前中国没有此类政策出台，这方面的分析从 1994 年开始，分为三组，相应的分析单元为 1994—2000、2001—2009、2010—2016，以期获得有关中国中央和地方政府关于社会经济咨询业相关政策的出台频次、年度分布的直观了解（见图 12 - 4）。

（2）政策文本的主题分布分析。根据中国中央和地方政府关于社会经济咨询业相关政策出台的状况，本研究将“政策主题分布”维度的分析单元设定为经济、政策支持、行业发展规划、行业管理规范、行业统计与经营范围四类。通过对各部分的分析，可以对社会经济咨询业的相关政策主题获得更加深入的认识，识别现有政策的内容取向，为完善相关政策提供参考。

（3）政策文本的发布主体分析。根据政策文本发布机关的不同，本研究将“政策发布主体”维度的分析单元设定为国务院、国务院办公厅、国务院组成部门、国务院直属机构、国务院其他下属机构、省级人大及其常委会、省级政府、省级机构、较大的市、较大的市级机构［由于中国目前尚没有社会经济咨询业的法律出台，故主体分析不再单列全国人大及其常委会；“国务院其他下属机构”包括了国务院直属特设机构（国资委）、国务院直属事业单位、办事机构、部委管理的国家局；“较大的市”项下统计了包含了省（自治区）人民政府所在地的市、经济特区所在地的市、经国务院批准的较大的市三类市的人大及其常委会、人民政府颁布的地方性法规、地方政府规章和规范性文件］。

2. 政策文本的定量分析

通过对社会经济咨询业政策文本的筛选整理，为了研究的便利和科学，本研究针对具体的社会经济咨询业政策主题设置了不同的分析单元编码表。编码表包含编号、文件名、文号、发布单位、是否联合发文、效力级别、发布时间、实施时间等。而后，本研究对 63 件社会经济咨询业政策文本从政策年度发布数量、政策主题分布、政策发布主体等三个维度展开频数统计分析。

（1）政策文本的年度发布数量。

社会经济咨询业作为第三产业的一部分，主要发展于改革开放之后，伴随着市场经济的发展而愈加壮大。所以中央和地方对于社会经济咨询业的相关政策出台始于 90 年代。尤其进入 20 世纪之后，由于科技水平的不断提高和经济的不断发展，社会经济咨询业的重要性日益凸显，其价值也越来越被社会认可。一个正在寻求发展的行业必然会产生许多的问题，例如发展初期力量过于弱小、行业发展方向不明确等等，此时便催生了较多的政策文件来辅助社会经济咨询业健康发展。从图12-4中可以看到，政策文件数由1994—2000年的3件上升至2010—2016年的37件，且这一数字还在不断上升。从中央与地方的对比上来看，地方的政策文件数为51件，而中央的政策文件数为12件，可见地方政策对于社会经济咨询业的关注明显多于中央，地方对社会经济咨询业的发展更为敏感。在现阶段，中央还没有出台针对社会经济咨询业发展的专门性政策和文件。但可以预见，伴随着社会经济咨询业的蓬勃发展，中央和地方必将推出更多的政策文件来辅助其正规化和成熟化发展。

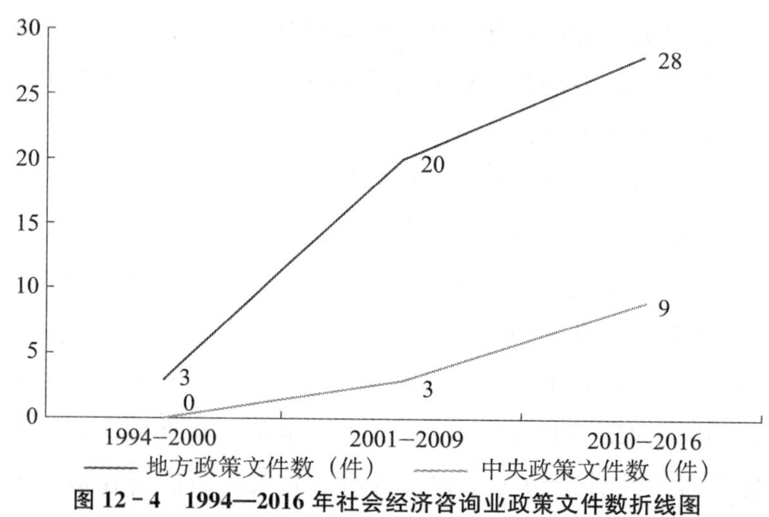

图12-4　1994—2016年社会经济咨询业政策文件数折线图

鉴于1994年之前中国没有关于社会经济咨询业的相关政策出台，所以对其政策的分析从1994年开始。1994—2000年为初步发展阶段；2001年开始，进入21世纪之后的社会经济咨询业开始加速发展，由浙江省人民政府办公厅发布的《浙江省人民政府办公厅关于进一步加强经济形势分析工作的通知》首先拉开序幕，各地省政府和相关部门纷纷出台政策以支持和鼓励社会经济咨询业在地方的发展；至2010年，国家发展和改革委员会作为工程咨询业的管理部门，制定并颁布了《工程咨询业2010—2015年发展规划纲要》，这是我国咨询业首个发展规划纲要，标志着社会经济咨询业有关政策的颁布进入了一个新阶段；此后指导和规范性文件纷纷出台，国家对于社会经济咨询业的重视愈发增强。所以，相应的分析单元为：1994—2000、2001—2009、2010—2016。

（2）政策文本的主题分布。

本部分对社会经济咨询业按照经济、政策支持，行业发展规划，行业管理规范，行业统计与经营范围四类政策主题颁布年度情况进行了统计（见表12-11）：

表 12－11　　社会经济咨询业相关政策主题年度分布统计　　单位：件

		行业发展规划	行业管理规范	行业统计与经营范围	经济、政策支持	总计
文本数量合计		10	11	15	27	63
中央政策	1994—2000	0	0	0	0	0
	2001—2009	0	2	1	0	3
	2010—2016	1	2	4	2	9
中央政策合计		1	4	5	2	12
地方政策	1994—2000	0	1	1	1	3
	2001—2009	2	4	5	9	20
	2010—2016	7	2	4	15	28
地方政策合计		9	7	10	25	51

从政策的主题和年度统计可以看出，随着社会经济咨询业不断发展，中央和地方出台的关于社会经济咨询业的政策越来越多，但不同主题的数量不尽相同。在这些政策文件中以经济、政策支持为主题的占 42.86%，行业统计与经营范围占 23.81%，行业管理规范占 17.46%，行业发展规划占 15.87%。由此可见，对于现阶段的社会经济咨询业来说，中央和地方出台的政策文件更多倾向于经济、政策支持，以扶持和鼓励社会经济咨询业的发展。排名第二位的主题是行业统计与经营范围，这一部分政策文件数量多的原因是目前社会经济咨询业的经营范围还没有完全清晰地界定，所以中央和地方都在对涉及社会经济咨询业具体的业务制作目录和分类，并进行行业统计和清点。从中央和地方对比的角度来看，中央更侧重于行业统计和经营范围的划分以及行业管理规范的设置，而地方政府更倾向于对社会经济咨询业进行鼓励和帮助，以促进第三产业的发展。

(3) 政策文本的发布主体。

在社会经济咨询业政策的发布主体中，相关的国务院组成部门主要包括发展改革委、工业和信息化部、财政部、商务部、文化部、人民银行等机构，国务院直属机构主要涉及海关总署、税务总局、工商总局、国家新闻出版广电总局等部门，在效力级别上属于行业规定、部门规章的政策有 2 件，属于部门规范性文件的有 10 件。目前，社会经济咨询业政策的发布主体是以地方政府及其下属机构为主的。在效力级别上，地方政府规章有 3 件，地方规范性文件有 48 件。从效力级别角度可以看出，效力级别高的政策文件相对较少，但相应的涉及具体实践和规范的规章与地方规范性文件数量相对较多，对实践中的指导规范性较强（见表 12－12）。

表 12－12　　社会经济咨询业政策文件发布主体统计

<table>
<tr><td></td><td colspan="5">中央政府及其下属机构</td><td colspan="3">地方政府及其下属机构</td></tr>
<tr><td>效力级别</td><td>行业规定</td><td>部门规章</td><td colspan="3">部门规范性文件</td><td>地方政府规章</td><td colspan="2">地方规范性文件</td></tr>
<tr><td>发布主体</td><td colspan="2">国务院直属机构</td><td>国务院</td><td>国务院直属机构</td><td>国务院组成部门</td><td>省级政府</td><td>省市级政府</td><td>较大的市级下属机构</td></tr>
<tr><td>数量（件）</td><td>1</td><td>1</td><td colspan="3">10</td><td>3</td><td>15</td><td>33</td></tr>
</table>

12.1.4　社会经济咨询业发展特点分析

我国咨询业和改革开放几乎同时起步，从 1980 年开始，由中国企业联合会（当时为中国企业管理协会）开创了这项工作。目前，我国咨询业发展时间非常短，发展水平和西方咨询研究业有较大的差距。西方咨询业已发展到以客户为中心提供个性化扎实的服务，而国内咨询业的人才结构、知识结构还不能承担国际化复杂的业务，零散资源亟待整合。结合上文的分析，社会经济咨询业的具体发展特点如下。

（1）社会经济咨询业起步晚，与发达国家有较大差距。我国社会经济咨询业主要伴随着我国改革开放发展起来，起源于政府创办的咨询企业，业务主要集中于投资、科技和财务咨询等领域，市场化程度较低。与从 20 世纪 70 年代起便开始快速发展的美国咨询业相比，起步较晚。据统计，1982 年美国咨询机构已达 8 700 余家，专业咨询人员逾 26 万人，年营业收入 300 亿美元以上。1991 年，美国咨询业产值高达 2 030 亿美元，占国内生产总值的 20%，并以每年 10%的速度递增，且咨询业已从第三产业中分化出来，成为第四产业。德国咨询业的发展始于 20 世纪 50 年代，1989 年以来，德国咨询业增长率年均超过 10%，1991 年则超过 20%。1996 年德国咨询业营业额达到 153 亿马克，从业人员达到 46 900 人，人均营业额高达 32.6 万马克。除了产业规模，在市场运作规范和服务质量上，美国、德国等对咨询市场的管理也更加规范，不仅有着严格的咨询程序规范，还有对咨询顾问实行资格注册及资格认证的制度，以保证高质量的咨询服务水平和市场化规范化运作。相较于更为成熟的外国咨询业，中国的咨询业还相当“年轻”，我国的咨询业市场还十分不完善，相当多的咨询公司收集信息手段落后。另外，目前我国咨询业人才匮乏，缺乏专门的培训机构和熟悉企业运作的复合型人才。同时，咨询公司对企业的知识产权不能很好地予以保护，有时咨询计划被超范围使用，甚至被其他企业窃取。这几点都显现出我国的社会经济咨询业与美德等国的较大差距。

(2) 行业发展总体情况位列第一，近几年得到迅猛发展，但增速减缓。从前文的行业发展总体状况可以看出，社会经济咨询业的总体 IRIDI 得分在 93 个信息资源产业细分行业中位列第一，且在产业价值、产业效率和产业贡献这三个维度上均在全部细分行业中排名第一。由此可见，随着我国市场经济体制的不断完善，资产市场需求旺盛，社会经济咨询业在市场竞争中迅速崛起。我国内地出现了一批著名的咨询机构，如国务院发展研究中心、北京大学管理科学中心等。从指数数据来看，社会经济咨询业已经成为信息资源产业细分行业中的支柱性行业。由于咨询公司在信息系统、专业人才和技术分析等方面具有独特优势，越来越多的企业已经离不开咨询业。咨询业的需求在不断增长，咨询业成为发展前景看好的产业。但同时，社会经济咨询业的产业增长仅位列第 32 名。其营业收入规模、企业数量规模、从业人口数量和利润总额的年度增长幅度与其他行业相比优势不大，增速放缓。可见，现阶段社会经济咨询业的发展遇到了一定的瓶颈。社会经济咨询业的发展制度还不完善，管理体系不健全、不规范，人才匮乏，服务质量有待提高，这些因素都在一定程度上制约了社会经济咨询业的快速发展。但可以看到的是，社会对经济咨询业的需求是客观存在的，我国的社会经济咨询业虽然在现阶段还存在一些问题，但终将不断改善，会在国民经济中发挥更重要的作用。

(3) 产业结构、产业行为与产业环境皆对社会经济咨询业的产业绩效发挥正向影响作用。根据前文多元回归分析结果，本研究发现产业结构与产业行为都显著地与产业绩效呈正相关关系。这就要求社会经济咨询业向着专业化、全球化不断发展。面向电子商务的大环境，社会经济咨询业可为企业提供系统和整体最优管理、网络营销、数据库营销等，积极开展企业诊断服务，采用新技术，使咨询形式多样化，并且积极开辟涉外咨询，以适应国际化大背景。社会经济咨询企业要构建管理的持续改善机制，包括实现业务流程重组等。另外，面向 IT 市场调研与分析以及互联网信息服务，社会经济咨询业要能够准确把握时机，掌握企业对信息技术的应用需求等等。同样，产业环境也对社会经济咨询业的产业绩效起着正向调节作用。例如：改革开放的推动直接加速了社会经济咨询业的快速发展；而我国全社会咨询意识的淡薄，造成企业和个人的咨询需求较弱，咨询总量少，市场疲软，影响了社会经济咨询业发展的增速。所以，发展社会经济咨询业应该注重培养公众的咨询意识，拉动咨询需求，为咨询业提供市场需求保障。同时，还要积极利用国家和地方有关部门出台的各项扶持和鼓励政策。根据前文的统计数据可以看出，伴随社会经济咨询业的发展，各种支持性政策和管理规范性政策也相继出台。虽然有关社会经济咨询业的政策文件处在初期阶段，这些政策文件的级别还不够高，统一性还不够强，整体制度还不是很健全，但是可以看到的是，其数量已经在不断增加，中央和地方政府正在逐渐对政策进行丰富，使社会经济咨询业能够更好地发展。无论是行业层面还是国家层面，都应该加强咨询业的规划工作，完善法律制度建设、监管机构建设，为社会经济咨询业创造良好的发展环境。

12.1.5 社会经济咨询业发展趋势分析

结合前文可知，我国的社会经济咨询业起步较晚、规模较小，但发展速度较快、发展潜力巨大。那么，随着科技的进步和时代的发展，社会经济咨询业将来的发展又会如何呢？本部分根据前文计算得出的数据，对社会经济咨询业未来的发展趋势作出以下分析。

（1）社会经济咨询业的产业规模将继续扩大，并进入平稳发展阶段。

社会经济咨询业以 86.29 分的产业发展总体得分位列 93 个信息资源产业细分行业的第 1 位。营业收入达到 2 610.52 亿元人民币，企业法人单位数达到 168 393 个，从业人口达到 572 347 人，且各项指标均呈现上升趋势。随着经济社会的发展，人们对社会经济咨询的需求会增加，将使社会经济咨询业继续发展，体量不断增长，产业规模将持续扩大，并继续平稳发展。

（2）社会经济咨询业的科技水平和科技含量将不断提高。

随着对社会经济咨询业的科研投入不断提高，社会经济咨询业的专利数量也呈现出上升趋势。另外，由于产业环境对社会经济咨询业发挥着正向调节作用，收入颇丰、工作前景良好的社会经济咨询业也将得到更多人才的青睐，促进社会经济咨询业的科技水平的提高。

（3）社会经济咨询业发展更加规范和成熟。

随着各项针对社会经济咨询业的法规政策的出台，社会经济咨询业的发展日趋规范化。中央和地方对社会经济咨询业的关注越来越多，至 2020 年，社会经济咨询业的发展经验将更加丰富，实践与理论都将愈加成熟，社会经济咨询业的发展将更加稳健。

根据 2004 年到 2015 年社会经济咨询业的营业收入情况，利用简单线性回归可拟社会经济咨询业营业收入曲线的方程为 $y=719.62x+1\ 460.6$，$R^2=0.948\ 5$。社会经济咨询业的营业收入将会逐年上升，至 2020 年将达到 6 128.43 亿元人民币，在国民经济中将会占据更大的比重，并带动相关服务业的发展（见图 12－5）。

根据指数函数拟合曲线的结果，分析 2004 年至 2015 年社会经济咨询业企业法人单位数得到的线性函数为 $y=21\ 289x+112\ 340$，$R^2=0.750\ 47$。按此趋势，其数量将会继续上涨。预测值中出现了 2016 年预测数值低于 2015 年数值的情况，这是因为社会经济咨询业在度过了快速发展期之后，行业发展不规范、人才匮乏

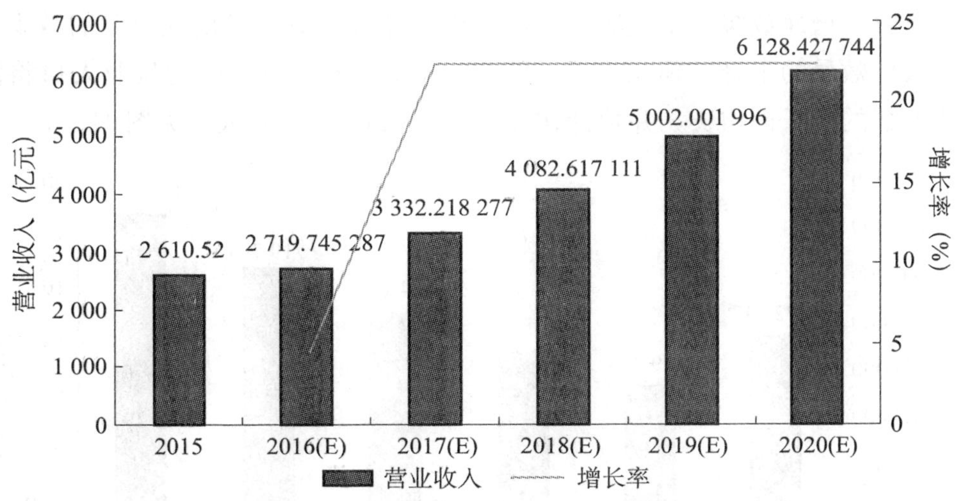

图 12－5　2015—2020 年社会经济咨询业营业收入

等问题凸显，行业内吞并重组现象凸显，营业收入和整体发展增速变缓，以上各种原因导致社会经济咨询业企业法人单位数的减少。但社会经济咨询业的社会需求是客观存在的，经过短暂的发展停滞之后，从 2017 年开始，社会经济咨询业将会在行业更加规范、制度更加健全的基础上蓬勃发展。预计到 2020 年，达到 259 474个（见图 12－6）。

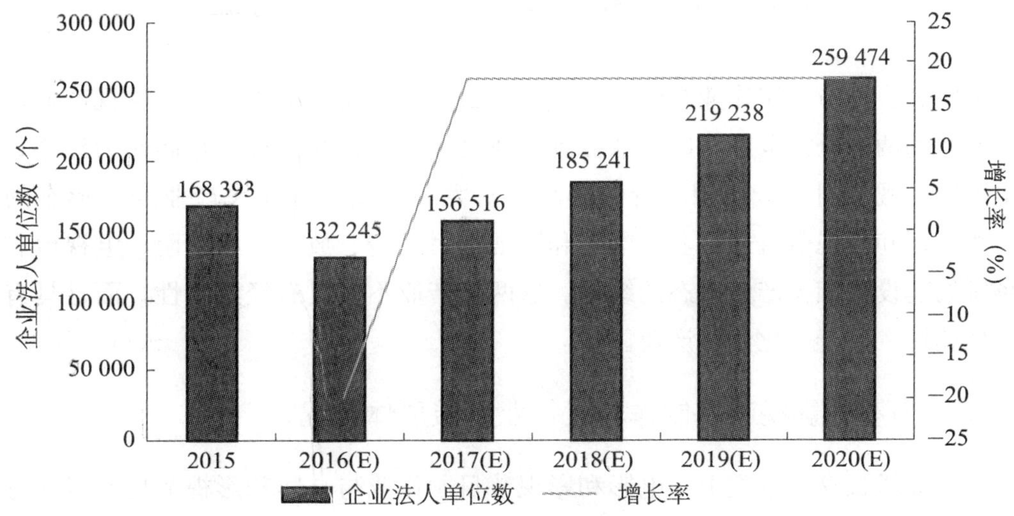

图 12－6　2015—2020 年社会经济咨询业企业法人单位数

根据指数函数拟合曲线的结果，分析 2004 年至 2015 年社会经济咨询业从业人口得到的指数函数为 $y=60\ 668x+413\ 802$，$R^2=0.756\ 9$。按此趋势，其数量将会继续上涨。预测值中出现了 2016 年预测数值低于 2015 年数值的情况，这是因为营业收入增速放缓、企业法人数量减少，导致行业规模出现短时的减少，造成从业人口数量的下降。但从 2017 年开始，社会经济咨询业的从业人口将随着企业法人数的增长而增长，并预计在 2020 年达到 830 116 人（见图 12－7）。

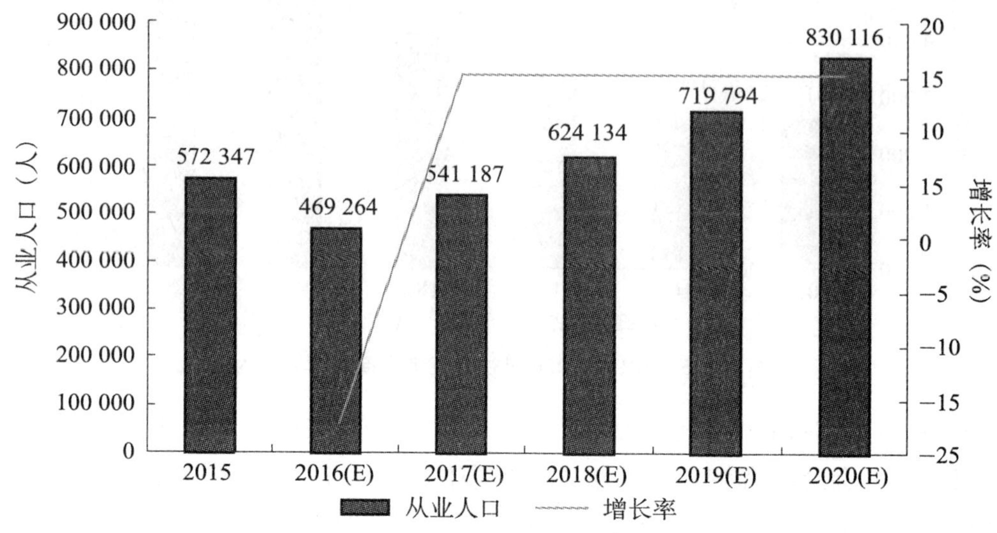

图 12－7　2015—2020 年社会经济咨询业从业人口

12.2　电影和影视节目制作与发行业

电影和影视节目制作业与电影和影视节目发行业属于电影产业与影视产业，是相关产业的两部分。电影和影视节目制作业是指以电影和影视节目制作为核心，进行电影和影视节目生产，相关音像产品、衍生品的制作等相关产业经济形态的统称。而电影和影视节目发行业是电影和影视节目发行、放映，电影院、电视台和放映场所的建设等相关产业形态的统称。这两个产业不仅具有经济属性，而且具有社会文化属性，属于文化创意产业。

12.2.1　电影和影视节目制作与发行业发展总体状况

在产业增长这一维度上，电影和影视节目制作业与电影和影视节目发行业分别以 95.32 分与 94.68 分获得第 1 名和第 2 名。从指数数据来看，两者正处于高速发展的阶段。本部分拟从行业 IRIDI 得分情况、行业营业收入与市场主体结构和典型行业区域前三名重要指标数据三大方面来介绍电影和影视节目制作业与发行业的发展总体状况。

1. 行业 IRIDI 得分情况

在行业 IRIDI 得分情况中，电影和影视节目制作业与发行业得分情况总体良好。在总分中分别位于第 4 名与第 12 名，表明发展程度较高。而在产业增长维度上，分别位于第 1 名与第 2 名，表明这两个行业呈现出极好的发展空间。其他维度上的得分也呈现出良好的发展状况（见表 12 - 13）。

表 12 - 13　　电影和影视节目制作业与发行业 IRIDI 各项指标得分排名统计表

	电影和影视节目制作业（得分/排名）	电影和影视节目发行业（得分/排名）
总分	74.45/4	70.40/12
产业价值	12.02/28	1.67/66
产业增长	95.32/1	94.68/2
产业效率	45.97/11	46.67/10
产业贡献	24.25/27	21.16/39

2. 行业营业收入与市场主体结构

在这一板块，本研究选取了 2004—2015 年两个行业总体的营业收入、企业法人单位数与从业人口数进行比较，从而反映两个行业营业收入与市场主体结构的变化。

从图 12 - 8 可以看出，电影与影视节目制作业与发行业在近年来有了很大的发展，尤其是从 2012 年开始，营业收入持续快速增长。电影与影视节目制作业从 2004 年的 23.19 亿元发展到 2015 年的 665.66 亿元，增长了 27 倍还多。同时电影

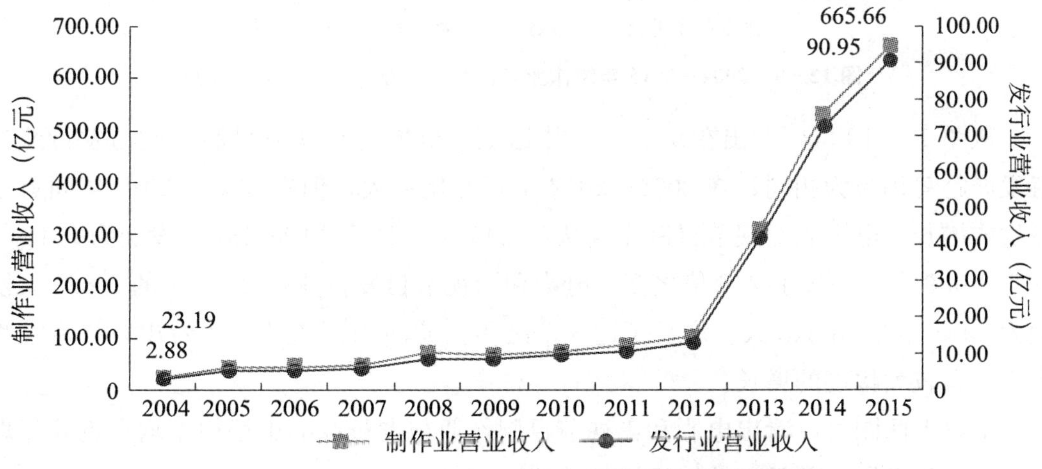

图 12 - 8　2004—2015 年制作业与发行业营业收入折线图

与影视节目发行业从2004年2.88亿元发展到2015年的90.95亿元，增长了30倍还多。并且总体营业收入仍有继续持续快速增长的趋势。

企业法人单位数与从业人口数在一定程度上反映了某一个行业的市场主体结构即市场规模。下面将分别以企业法人单位数与从业人口数反映电影和影视节目制作业与发行业的变化。

从图12－9可以看出，电影与影视节目制作业与发行业二者的发展趋势基本相同，企业法人单位数在2004—2011年基本维持不变，仅有小幅度变化，但在2011—2013年有一个爆发式增长，电影与影视节目制作业企业法人单位数由2011年的1 584个发展为2013年的19 086个，增长了11倍之多，而电影与影视节目发行业企业法人单位数由2011年的196个发展为2013年的6 675个，增长了33倍之多。但二者皆在2014年有大幅度减少，在2015年有小幅度回升，由图的趋势看，近年来二者仍将会有小幅度的持续提升。

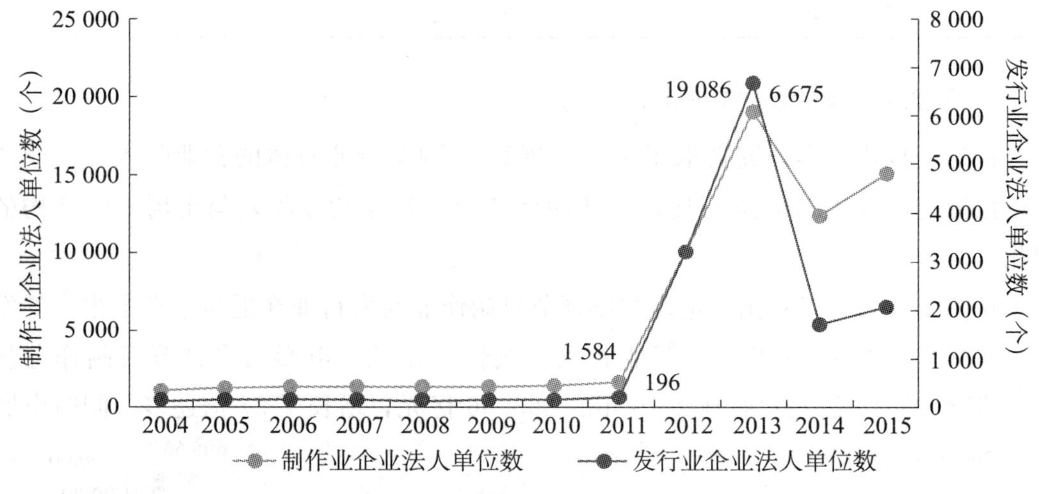

图12－9　2004—2015年制作业与发行业企业法人单位数折线图

从图12－10可以看出在从业人口数据上，电影与影视节目制作业与发行业二者发展趋势仍极为相同，在2004—2012年间变化不大，但在2012—2015年间有了爆发式增长。电影和影视节目制作业从业人口从2012年的47 481人发展为2015年的170 059人，增长了2.6倍之多，电影和影视节目发行业从2012年的5 888人发展为2015年的23 348人，增长了近3倍之多。同时由图趋势可以看出，二者在将来仍会有较大幅度的增长。

由以上两图可以看出电影和影视节目制作业与发行业的市场规模均在近几年取得了长足的发展，并且有持续发展的趋势。

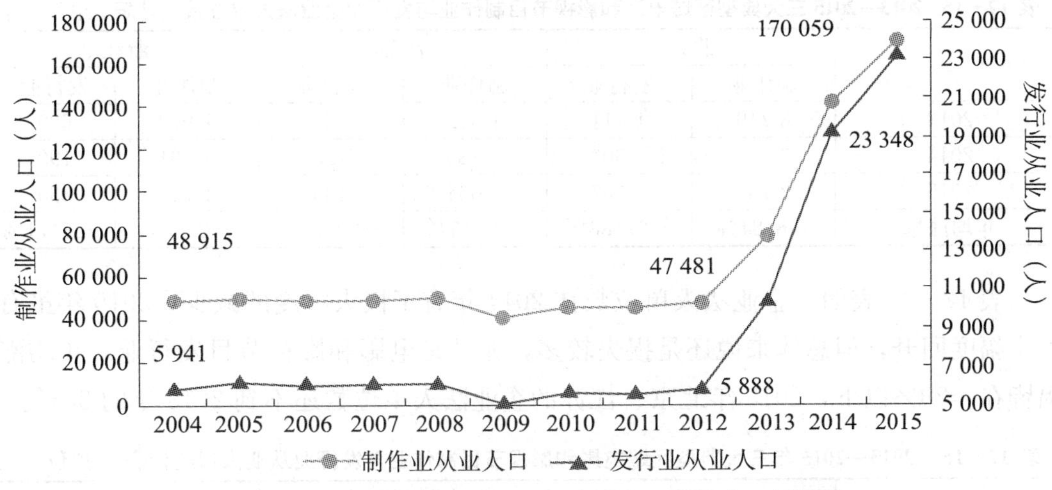

图12-10 2004—2015年制作业与发行业从业人口折线图

3. 典型行业区域前三名重要指标数据

在这部分，本研究分别以电影和影视节目制作业与发行业的数据为单元，对21个地区的IRIDI总指标与四个分项指标得分进行排名，从而得出两个行业总排名前三的三个地区，作为典型行业区域前三名进行分析。经过前期数据处理，本研究在电影和影视节目制作业与发行业中均得到了北京、江苏与浙江为前三名的结果。下面由这三个典型区域的发展来表示全国区域的发展。

本研究选取了2013—2015年北京、江苏与浙江三个地区有关两个行业的营业收入、企业法人单位数、从业人口、女性从业人口、研发投入、专利数量、固定资产投资数等重要指标数据进行对比分析（见表12-14～12-20）。

表12-14 2013—2015年三大典型区域电影和影视节目制作业与发行业营业收入统计表 单位：亿元

	北京		江苏		浙江	
	制作业	发行业	制作业	发行业	制作业	发行业
2013	61.94	8.20	22.17	2.94	32.61	4.32
2014	97.21	13.25	38.46	5.24	60.78	8.28
2015	121.56	16.61	48.08	6.57	76.44	10.44
年均涨幅	41.00%	43.47%	49.25%	51.81%	56.07%	58.88%

由上表可以看出，电影和影视节目制作业与发行业产业总营业收入在三年中都有一个极大的增长，年均涨幅基本上在50%左右，有着很好的发展势头。

表 12-15　2013—2015 三大典型区域电影和影视节目制作业与发行业企业法人单位数统计表　单位：个

	北京		江苏		浙江	
	制作业	发行业	制作业	发行业	制作业	发行业
2013	3 749	1 311	1 342	469	1 973	690
2014	2 225	303	880	120	1 391	190
2015	2 736	367	1 064	138	1 722	230
年均涨幅	−8.84%	−27.88%	−6.76%	−29.71%	−2.85%	−25.71%

表 12-15 表明，企业法人单位数在 2014 年有了极大幅度的减少，2015 年虽有了小幅度回升，但总体来说还是损失较多，尤其是电影和影视节目发行业，年均涨幅皆在−20%以下，2015 年北京、江苏的企业法人单位数还不到 2013 年的 30%。

表 12-16　2013—2015 年三大典型区域电影和影视节目制作业与发行业从业人口统计表　单位：人

	北京		江苏		浙江	
	制作业	发行业	制作业	发行业	制作业	发行业
2013	8 150	1 079	4 171	552	3 326	440
2014	14 646	1 996	7 276	991	6 181	842
2015	17 671	2 426	8 872	1 217	7 479	1 026
年均涨幅	50.18%	53.26%	48.19%	51.17%	53.42%	56.61%

作为显示市场规模的一大元素，从业人口在三年中的表现也是极好的，年均涨幅几乎都在 50%以上，具有极好的发展势头。将其与企业法人单位数相结合来看，弥补了企业法人单位数的损失，在这一角度上电影和影视节目制作业与发行业近三年市场规模还是有所提升的。

表 12-17　2013—2015 年三大典型区域电影和影视节目制作业与发行业固定资产投资统计表

单位：万元

	北京		江苏		浙江	
	制作业	发行业	制作业	发行业	制作业	发行业
2013	151 542.18	23 161.90	104 591.47	15 985.89	85 739.55	13 104.54
2014	228 799.19	35 811.70	171 620.51	26 862.08	151 211.49	23 667.66
2015	287 366.04	45 331.46	214 848.55	33 895.32	191 054.37	30 087.32
年均涨幅	38.29%	40.60%	44.64%	47.11%	51.36%	53.87%

上表展现了两个行业固定资产投资十分不错的发展，年均涨幅基本都在 40%以上，浙江省甚至达到了 50%以上。固定资产投资体现了某一个行业的稳定性，2015 年的固定资产投资基本上都达到了 2013 年的 2 倍左右，由此可见两个行业三年中的稳固快速发展。

表 12－18　2013—2015 年三大典型区域电影和影视节目制作业与发行业专利数量统计表　　单位：件

	北京		江苏		浙江	
	制作业	发行业	制作业	发行业	制作业	发行业
2013	664	88	874	116	681	90
2014	812	108	1 081	143	847	112
2015	925	123	1 318	176	1 052	140
年均涨幅	18.10%	18.31%	22.80%	23.18%	24.29%	24.72%

由上表可知，三年中制作业与发行业都在加大相关专利数，以期在科技上得到更大的提升，近三年的年均涨幅皆在 20%左右，这说明接下来两行业在科技方面将会有较大的提升。

表 12－19　2013—2015 年三大典型区域电影和影视节目制作业与发行业研发投入统计表　单位：万元

	北京		江苏		浙江	
	制作业	发行业	制作业	发行业	制作业	发行业
2013	11 615.47	1 538.11	811.98	107.52	171.84	22.75
2014	14 058.31	1 869.08	991.38	131.73	211.36	28.07
2015	17 373.83	2 320.69	1 238.80	165.24	265.40	35.36
年均涨幅	22.31%	22.84%	23.53%	23.98%	24.28%	24.68%

结合以上两表可以看出，三年中两行业都在较大地加大研发投入，年均涨幅皆在 20%以上，这与专利数量提升幅度相吻合，说明研发投入有了相应的回报。

表 12－20　2013—2015 年三典型区域电影和影视节目制作业与发行业女性从业人口比重统计表　单位：%

	北京		江苏		浙江	
	制作业	发行业	制作业	发行业	制作业	发行业
2013	47	47	43	43	46	46
2014	47	47	43	44	46	46
2015	52	52	48	48	50	50
年均涨幅	5.32	5.32	5.81	5.71	4.35	4.35

由于表 12－16 展现了两行业从业人口数的变化，在此便不重复展示女性从业人口的变化，仅对女性从业人口比重进行比较。可以看到近三年女性从业人口比重都处于一个较高水平上，随着近三年约 5%的小幅度增长，在 2015 年基本上达到了 50%。

总之，上述表由三个典型区域展现了三年中电影和影视节目制作业与发行业良好的发展趋势，往后的一段时期相信我们也能看见持续的发展。

12.2.2　电影和影视节目制作与发行业发展影响因素

任何行业在发展过程中都会被或多或少的因素影响，重要的是明确到底是哪些因素在推动电影和影视节目制作业与发行业的发展，哪些因素在阻碍它们发展。

为了解决这些问题，本研究选用了传统的SCP（结构-行为-绩效）模型，并且添加E（环境）作为调节变量，来形成本研究的产业分析框架。本研究将产业绩效的影响因素分为产业结构、产业行为、产业环境三部分，运用从《中国基本单位统计年鉴》、《中国科技统计年鉴》、《中国劳动统计年鉴》、《中国经济普查年鉴》、国家统计局、北大法宝法律数据库、政府工作报告以及百度新闻中所得数据进行多元回归分析。回归结果见表12-21、12-22：

表12-21　电影和影视节目制作业影响因素的多元回归结果

变量名称	(1)	(2)	(3)	(4)	(5)
	产业绩效（IP-fvdp）	产业绩效（IP-fvdp）	产业行为（IC-fvdp）	产业绩效（IP-fvdp）	产业绩效（IP-fvdp）
IS-fvdp	0.364**		0.335**	0.391**	0.368**
	(15.174)		(7.225)	(15.212)	(14.658)
IC-fvdp		0.091*		0.080**	
		(2.529)		(2.733)	
IE-fvdp					0.011
					(0.400)
IE-fvdp×IS-fvdp					0.117**
					(4.146)
年份	控制	控制	控制	控制	控制
行业	控制	控制	控制	控制	控制
样本量	310	310	310	310	310
R^2	0.843	0.73	0.402	0.847	0.843

注：产业结构为IS、产业行为为IC、产业环境为IE、产业绩效为IP，-fvdp后缀表示电影和影视节目制作业。* 表示在5%的水平下显著，** 表示在1%的水平下显著。

表12-22　电影和影视节目发行业影响因素的多元回归结果

变量名称	(1)	(2)	(3)	(4)	(5)
	产业绩效（IP-fvdd）	产业绩效（IP-fvdd）	产业行为（IC-fvdd）	产业绩效（IP-fvdd）	产业绩效（IP-fvdd）
IS-fvdd	0.118**		0.598**	0.061	0.129**
	(3.853)		(13.891)	(1.563)	(4.077)
IC-fvdd		0.135**		0.095*	
		(4.255)		(2.358)	
IE-fvdd					0.019
					(0.564)
IE-fvdd×IC-fvdd					0.080*
					(2.105)
年份	控制	控制	控制	控制	控制

续前表

变量名称	(1) 产业绩效 (IP-fvdd)	(2) 产业绩效 (IP-fvdd)	(3) 产业行为 (IC-fvdd)	(4) 产业绩效 (IP-fvdd)	(5) 产业绩效 (IP-fvdd)
行业	控制	控制	控制	控制	控制
样本量	310	310	310	310	310
R^2	0.772	0.775	0.548	0.776	0.774

注：产业结构为 IS、产业行为为 IC、产业环境为 IE、产业绩效为 IP，-fvdd 后缀表示电影和影视节目发行业。双尾概率 p 值是基于异方差稳健标准误的结果。括号内值为 t 值；“年份”与“行业”为控制变量，表明每一样本皆是在同一年同一行业中选取。R^2 表示拟合优度，越接近 1 表示模型拟合得越好。

表 12－21、12－22 列出了两个行业各种回归计算的结果。列（1）表示产业结构对产业绩效的回归结果；列（2）表示产业行为对产业绩效的回归结果；列（3）表示产业结构对产业行为的回归结果；列（4）表示除去产业结构对产业行为的影响后，两个自变量共同对产业绩效的回归结果；列（5）表示加入产业环境这个调节变量后，产业结构、产业环境与二者交叉部分共同对产业绩效的回归结果。

首先在电影和影视节目制作业中，表 12－21 中 R^2 水平多是 0.8 左右，说明该模型拟合得较好。各列显示，产业结构单独作为自变量在 1%水平下与产业绩效呈正相关，产业行为在 5%水平下与产业绩效呈正相关。列（3）表明产业结构确实影响着产业行为，这也与 SCP 模型中市场结构影响市场行为符合。除去二者相互影响后，表明在 1%水平下，产业结构与产业行为都与产业绩效呈正相关，但产业行为影响程度较小。在列（5）中我们可以看到，产业环境与产业结构交叉部分对产业绩效的影响系数为 0.117，并且在 1%水平下显著，与产业结构影响系数 0.364 同向，说明产业环境是正向调节变量。

再看电影和影视节目发行业，表 12－22 中 R^2 水平多是 0.7 左右，说明该模型拟合得较好。各列显示，产业结构单独作为自变量是在 1%水平下与产业绩效呈正相关，产业行为在 1%水平下与产业绩效呈正相关，列（3）也表明在 1%水平下产业结构与产业行为呈正相关。除去二者相互影响后，产业结构相关系数未通过显著性检验，同时产业行为系数也仅在 5%水平下显著，这说明在对产业绩效的影响中，二者之间的相互作用是十分有用的。在列（5）中我们可以看到，产业环境与产业结构交叉部分的系数为 0.080，与产业结构的相关系数 0.118 同向，说明产业环境在这里是正向调节变量。

从两个表的数据可以看出，对于电影和影视节目制作业与发行业两个行业，产业结构、产业行为都是影响因素，并且都是呈正相关的，同时产业环境都是正向调节变量。不同的是，对于电影和影视节目制作业，产业结构和产业行为间的相互影响并未起到太大作用，但是对于电影和影视节目发行业的影响较大。

所以要想提高电影和影视节目制作业和发行业的产业绩效，应当提高产业结构与产业行为的有效性，并且适当提升产业环境水平。对于电影和影视节目制作业，还应当多关注产业结构与产业行为间的相互影响。

12.2.3 电影和影视节目制作与发行业发展政策分析

电影和影视节目制作业与发行业作为文化娱乐类产业，除却人们所贡献的消费外，国家层面出台的相关政策也是推动力的一大部分。为了研究电影和影视节目制作业与发行业的发展状况，研究相关政策文本也是必不可少的。以下便是本章政策分析部分的详细阐述。

1. 政策文本的选择和分析维度确定

本研究所搜集的电影和影视节目制作与发行业政策文本均来源于2016年9月1日前公开的数据资料，政策文本包含了法律、行政法规、部门规章、国务院及其下属机构规范性文件、地方性法规、地方政府规章、省级政府及其下属机构规范性文件、较大的市［《中华人民共和国立法法》规定较大的市包括：（1）省（自治区）人民政府所在地的市；（2）经济特区所在地的市；（3）经国务院批准的较大的市］及其下属机构规范性文件等不同效力级别的文件类型。在对相关政策文本进行遴选之后，再选择一定分析维度进行分析。

（1）政策文本的选择及其分布。

电影和影视节目制作业与电影和影视节目发行业二者皆与电影、影视产业相关，并且二者在根本上并无太大差别，在前期准备过程中发现并未有明确的政策文本对二者进行明确的区分，因此在本章政策文本选择上，二者合二为一进行分析。本研究将北大法宝法律数据库作为政策文本来源。

检索前按照八种政策文本类型确定检索数据库，检索时，先将标题作为检索项精确检索，分别输入“影视”“电影”，发现分别得到470件、1 415件结果，于是将“电影”作为检索项，在1 415件结果中再进行检索，将全文作为检索项，输入“影视”，分别进行精确、模糊检索，得到87件、660件结果。将后者660件结果作为初步检索结果。

鉴于在检索过程中搜索条件较为宽泛，并且搜索结果有些与电影和影视节目制作业与发行业本身关联性较差，有些存在重复的情况，还有一些不符合政策文本本身范围要求，为了提高分析的准确性和科学性，本研究对初步搜集的660件政策文本按照以下四条标准进行了进一步的整理筛选。一是剔除不符合八种政策文本范围要求的文本。比如说，在搜索中，在“中央法规司法解释”数据库中包含“司法解释”类政策，但这一类文本不包括在我们的范围之中，所以应当予以剔除。二是剔除与电影和影视节目制作业与发行业二者不具备较强关联度的政策文本。以相关的“部门规章”部分来说，很多与电影、影视相关的文献仅仅是该部门发布的文件，与本身行业并无相关，所以筛选时应当剔除。三是政策文本不重复。凡是抄送文件、转发上级政策文件，以及不同级别政府或不同部门对发布非本政府或部门文件的通知，均属于重复，在筛选时予以剔除。四是政策文本中须有直接表示电影和影视节目制作业与发行业政策的具体措施和内容，仅体现政府对电影和影视节目制作业与发行业的态度和取向的政策不纳入研究范围。

据此，经筛选后，本研究共搜集与两个行业相关的政策文本 153 件，最早的为中国人民解放军总参谋部、总政治部等 1988 年发布的《总参谋部、总政治部、总后勤部、广播电影电视部关于军队协助拍摄电影片、电视片动用兵力、装备的规定》。

(2) 分析维度的确定。

本研究拟从政策年度发布数量、政策主题分布、政策发布主体三个维度进行政策文本的统计分析，以期对电影和影视节目制作业与发行业政策获得比较全面的了解。

1) 政策文本的年度发布数量分析。鉴于 1988 年之前中国没有此类政策出台，这方面的分析从 1988 年开始，分为四组，相应的分析单元为：1988—1991、1992—1998、1999—2005、2006—2016，以期获得有关中国中央和地方政府电影和影视节目制作业与发行业相关政策出台频次、年度分布的直观了解。

2) 政策文本的主题分布分析。根据中国中央和地方政府电影和影视节目制作业与发行业相关政策出台状况，本研究将“政策主题分布”维度的分析单元设定为经济支持、作品质量管理、设施管理、播放管制、其他五类。通过各部分的分析，可以对电影和影视节目制作业与发行业相关政策主题获得更加深入的认识，识别现有政策的内容取向，为完善相关政策提供参考。

3) 政策文本的发布主体分析。根据政策文本发布机关的不同，本研究将“政策发布主体”维度的分析单元设定为：国务院、国务院办公厅、国务院组成部门、国务院直属机构、国务院其他下属机构、省级人大及其常委会、省级政府、省级机构、较大的市、较大的市级机构［由于中国目前尚没有信息资源产业经济方面的法律出台，故主体分析不再单列全国人大及其常委会；国务院其他下属机构包括国务院直属特设机构（国资委）、国务院直属事业单位、办事机构、部委管理的国家局；较大的市项下包含省（自治区）人民政府所在地的市、经济特区所在地的市、经国务院批准的较大的市三类市的人大及其常委会、人民政府颁布的地方性法规、地方政府规章和规范性文件]。

2. 政策文本的定量分析

通过对电影和影视节目制作业与发行业相关政策文本的筛选整理，本研究最终得到了153件相关政策，下面将从政策文本的年度发布数量、政策文本的主题分布和政策文本的发布主体三个维度展开统计分析。

(1) 政策文本的年度发布数量。

可以说电影和影视节目制作业与发行业都是发展历史较长但却随着科技发展而呈现爆发式增长的行业。作为一种娱乐产业，电影和影视节目相关产业在改革开放初期是十分惨淡的，也可以看到1988年前中国甚至没有出台任何一项相关政策。在步入21世纪前，随着人们生活水平升高，越来越多的人观看电影与影视节目，相关政策增多。步入21世纪后，随着电影拍摄技术的成熟、电影、影视娱乐等行业的极速发展，电影和影视作品制作业与发行业便如雨后春笋般增长，甚至出现了滥竽充数、大量劣质作品充斥于市面的情形，并且掺杂着各类版权问题，因此在这一期间可以看到大量政策发布，并且数量仍在逐渐上升（见图12－11）。

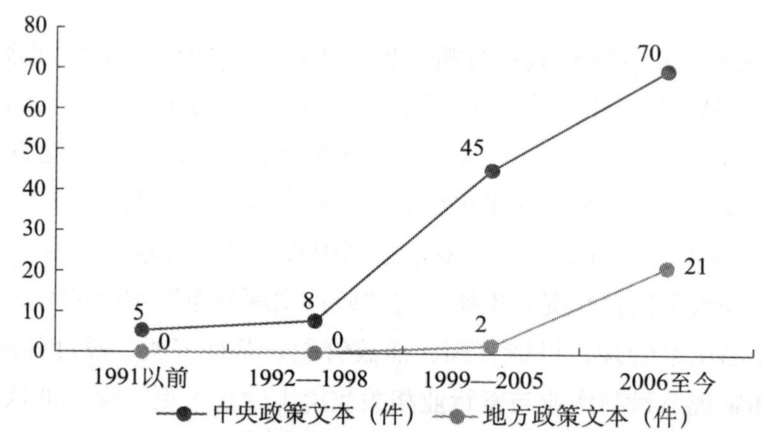

图12－11　中国中央与地方现行电影和影视节目制作业与发行业政策年度分布折线图

比较中央与地方发布的政策可以发现，地方几乎没有自行制定过相关政策，并且地方发布的政策大多是根据中央下达文件进行转发实施，这与我国影视行业由国家新闻出版广播电影电视总局集权管理是有关的。但目前市面上影视作品水平参差不齐，管理数量巨大，也许也提醒了人们该好好思考如何协调中央与地方之间的关系。

(2) 政策文本的主题分布。

本研究对电影和影视节目制作业与发行业对经济支持、作品质量管理、设施管

理、播放管制、其他五类政策主题颁布年度情况进行了统计（见表 12－23）：

表 12－23　　电影和影视节目制作业与发行业相关政策主题年度分布统计　　单位：件

		经济支持	作品质量管理	设施管理	播放管制	其他	总计
政策文本数量合计		26	47	29	29	22	153
中央政策	1988—1991	0	2	0	2	1	5
	1992—1998	0	2	0	5	1	8
	1999—2005	3	18	5	11	8	45
	2006—2016	7	24	23	4	12	70
中央政策总计		10	46	28	22	22	128
地方政策	1988—1991	0	0	0	0	0	0
	1992—1998	0	0	0	2	0	2
	1999—2005	0	0	1	1	0	2
	2006—2016	16	1	0	4	0	21
地方政策总计		16	1	1	7	0	25

此前本研究明确了由于国家新闻出版广播电影电视总局的集权管理，政策集中于中央。1992 年前出台的 5 件政策文本全部为中央政策。由于那时处于改革开放初期，重点在重工业上，人们对于电影和影视节目这类娱乐类产业并无关注，只是引进外来的影片或制作粗糙的影片，因此在这个时期出台的政策便与作品质量管理与外来作品播放管理等相关。1992—1998 年也基本上是这样的情况，此时地方上也响应中央出台了一些相关外来作品播放管制等政策。

从 1999 年开始，随着科技发展，电影拍摄技术日渐成熟，人们的消费水平提高，促进电影、影视娱乐等行业的极速发展。在此期间，相关影视作品数量爆炸式增长，相关产业如雨后春笋般出现，但此时地区影片多从外国或我国港澳台地区进口，这就牵扯到走私、盗版等问题，同时相应的播放管制、作品质量管理、管理制度章程等问题需要明确，因此出台了一系列相关政策。我们可以看到，在 1999—2005 年出台的“作品质量管理”主题政策为 18 件，是 21 世纪前相应政策的 4.5 倍。

2005 年之后，随着影视产业发展，影视明星的走红、真人秀等影视节目的出现、电影质量的鱼龙混杂、版权纠纷等等一系列纷繁冗杂的问题爆发，整个电影和影视市场变得一片混乱，因此相应的作品质量管理、播放管制等政策纷纷出台。并且由于数量急剧增加，对相应的设施质量也提出了要求，这一期间有关设施管理的政策出台了 23 件，是此前相关政策的近 4 倍。由此产生的经济要求也引出相关“经济支持”政策的出台，并且此项政策覆盖各个地方，基本上地方出台的政策皆是对该政策的呼应。同时也引发了一系列与规章制度、人员管理相关的政策出台。

这一期间重点反而不在于对外来作品的管制之上。

可以看到，政策主题的分布是完全由电影、影视产业的发展来主导的。在如今电影、影视相关产业爆发式增长的情况下，各种相关政策应该进一步完善。在这一角度上，国外的完善制度、高度法制意识以及从源头上把控的系列政策也许是我们可以学习的地方。

（3）政策文本的发布主体。

当前，电影和影视节目制作业与发行业相关政策的发布主体是以国家新闻出版广播电影电视总局为主，国务院发文、国务院办公厅发文以及省级政府发文相对较少。可见，在政策发布主体方面，部门主导的色彩比较浓重，现有的政策文本基本上是由国家新闻出版广播电影电视总局主导发布，财政部、地方政府作出呼应，这类集中管理的方式对于电影和影视节目行业这类较为复杂的行业的确有一定的可取之处。

在电影和影视节目制作业与发行业相关政策（见表 12－24）中，除却国务院与国务院办公厅发布的相应行政法规外，绝大多数是由国家新闻出版广播电影电视总局发布的部门规章，相应的地方政府发布的政策也绝大多数是呼应新闻出版广电总局政策的。当然，涉及经济支持政策时，是由财政部进行发布。地方政府几乎没有针对自身的相关管理等政策出台。尤其是，在 5 件地方政府规章中，4 件都是由上海市发布的电影发行条例，其他省、市、自治区政府的态度的确有些消极。

表 12－24　中国电影和影视节目制作业与发行业发布主体统计

	中央政府及其下属机构				地方政府及其下属机构			
效力级别	行政法规		部门规章		地方政府规章		地方规范性文件	
发布主体	国务院	国务院办公厅	国家广播电影电视总局	财政部	省级政府	较大的市级下属机构	省级政府	较大的市级下属机构
数量（件）	3	1	121	3	4	1	17	3

12.2.4　电影和影视节目制作与发行业发展特点分析

根据上述阐述，可以发现电影和影视节目制作业与发行业的发展特点是极为相似的，因此在这里将二者的发展特点归结在一起阐述。

（1）整体趋势未拔尖，但除去一定偏颇后均呈现爆炸式增长。

电影和影视节目制作业与发行业两行业的总体得分并不高，以 74.45 与 70.40 的得分分别排在第 4 名、第 12 名，并未位列前茅。但在“产业增长”这一项指标上得到 95.32 分与 94.68 分，位于第 1 名与第 2 名。在行业相应总体营业收入、从业人口与固定资产投资的年均涨幅上，两行业近年的爆发性增长可见一斑。同时也可以看到两行业在研发投入、女性从业人口比重上皆有不错的小幅度稳步提升。唯独在企业法人单位数上，2014 年有了一次极大幅度的降低，电影和影视节目制作业 2014 年的降低幅度达到 40%以上，而电影和影视节目发行业的降低幅度甚至达到 70%以上。同时也可以观察到，2014 年并未有相关的政策文件出台来进行补救 。虽然后续在 2015 年有了小幅度回升，但发行业 2013—2015 年的年均涨幅仍达到－20%以下，明显看到有极大的损失。究竟 2014 年的市场发生了什么变故，应当从相关的影响因素上好好寻找原因，避免情况再一次出现。

但可以肯定的是，除去企业法人单位数这一具有明显降幅的指标后，电影和影视节目制作业与发行业两行业在“产业增长”这一指标上的各项指数皆有十分好的表现，呈现出“爆炸式增长”的情况，蒸蒸日上。

(2) 产业结构、行为、环境相辅相成，正向决定产业绩效。

本研究选用了传统的 SCP（结构-行为-绩效）模型，并且添加 E（环境）作为调节变量，来形成产业分析框架。研究中将产业绩效的影响因素分为产业结构、产业行为、产业环境三部分，根据从国家统计局等官方机构所得数据，运用多元回归分析。在 R^2 水平多是 0.7、0.8 的显著情况下，在电影和影视节目制作业与发行业两行业上发现相似的影响情况。在两行业中，产业结构单独作为自变量，都在 1%水平下与产业绩效显著呈正相关关系。除去产业结构与产业行为二者间的相互影响后，产业行为在 5%水平下与产业绩效显著呈正相关关系，相较产业结构影响弱一些。由于产业环境仅为调节变量，故在回归分析中，采用对比比较产业环境与产业结构交叉部分对产业绩效的影响系数与产业结构的影响系数是否同向，来判断产业环境的属性。最终发现所有指数皆为同向，因此表明产业环境也对产业绩效起着正向调节作用。

综上，可以看出，在电影和影视节目制作业与发行业中，一定条件下，增加产业结构有效性、改善产业行为及改善产业环境都能提高产业绩效。由于产业结构影响程度较大，在后续处理中应当将重点相对置于调整产业结构有效性上，才能更好地提高产业绩效，实现两个行业更好的持续发展。

(3) 国家新闻出版广电总局牵头发布相关经济支持政策，相应政策纷至沓来。

国家新闻出版广播电影电视总局作为电影和影视节目发行业与制作业的集权管理者，理所应当在近年电影行业急需支持时出台相关政策。同时，现今的电影、影视市场也是一个因人民消费水平提高而获利的娱乐市场，并且人们对于该市场的质量要求其实并不高，这些造成了如今参差不齐、鱼龙混杂的局面。于是各种相应的设施管理、作品管理、播放管制以及规章制度等政策纷纷出台。这是局势所迫，也是智能时代的要求。可以将眼光移向国外成熟的影视市场来进行借鉴，比如版权问题，国外在源头进行控制，并且全民对版税、版权等问题皆有十分强的法制意识。而我国，也应当在市场的急迫要求下尽快制定出令人民满意的政策系统。当然，最好是走在市场前面，掌握主动权。

对于现今的混乱市场，国家新闻出版广电总局的集权管理制度无疑是有效的。权力不分散，自然更好管理。但是如今的地方政府基本没有自身的相应政策，无法立刻从源头上进行把控，并且不具有可形成呼应的处理。为了更好地发展电影和影视节目制作业与发行业，地方政府应当采取相应措施，将一些问题尽快解决，促进两行业的发展。

12.2.5 电影和影视节目制作与发行业发展趋势分析

在有利的政策支持与稳固的产业结构形式下，电影和影视节目制作业与发行业在未来一定会有持续的上升：(1) 产业结构日渐稳固，产业绩效随之上升。两个行业的固定资产投资在以40%左右的年均涨幅增长着，2015年的投资数达到了2013年的两倍左右，意味着行业产业结构在向稳固化迈进，进而促进产业绩效的上升。(2) 产业行为日渐有效，高科技研发上更进一步。近年从业人口基本以50%以上的年均涨幅势不可挡地在扩张两行业的市场规模，女性从业人口上升至50%左右的比重也使整个员工结构趋于平衡。这些良好趋势使得未来电影和影视节目制作业与发行业的产业行为会愈加有效。同时两行业的研发投入与专利数正在以平均每年约20%的增长幅度增长着，这使得两行业在高科技领域上也会有进一步提升。

日渐良好的产业环境，营造着蒸蒸日上的氛围。从政策文本分析中可以看见，近年对于电影和影视节目制作业与发行业，国家已经发布了一些经济支持的政策，这对于两行业的经济发展是十分直接的帮助。同时随着市场的爆发式增长，相关的系列政策文本纷纷出台。复杂的市场驱动着日趋完善的政策系统的产生，日趋完善的政策系统也反过来帮助营造出更好的产业环境。电影和影视节目制作业与发行业将迎来更好的产业环境。

为了更好地显示未来几年电影和影视节目制作业与发行业的发展趋势，本研究结合这几年两行业的总营业收入、企业法人单位数与从业人口数据，进行了简单的线性回归分析，预测数据如图12-12、12-13、12-14、12-15、12-16、12-17。

根据回归结果，在接下来的几年，电影和影视节目制作业整体营业收入会呈上

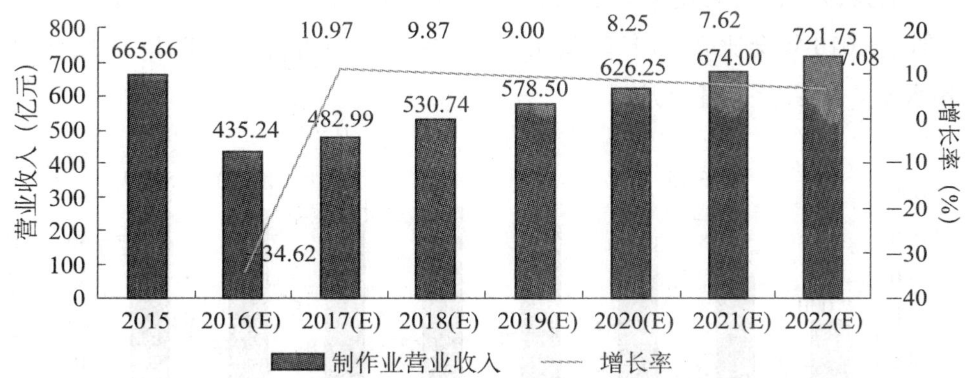

图 12－12　电影和影视节目制作业营业收入趋势预测图

注：带（E）的年份数据皆为预测数据，下同。

升趋势，但是前期数据并不会比 2015 年的高，预测 2016 年的营业收入会从 435.24 亿元开始，比 2015 年降低 200 亿元左右。

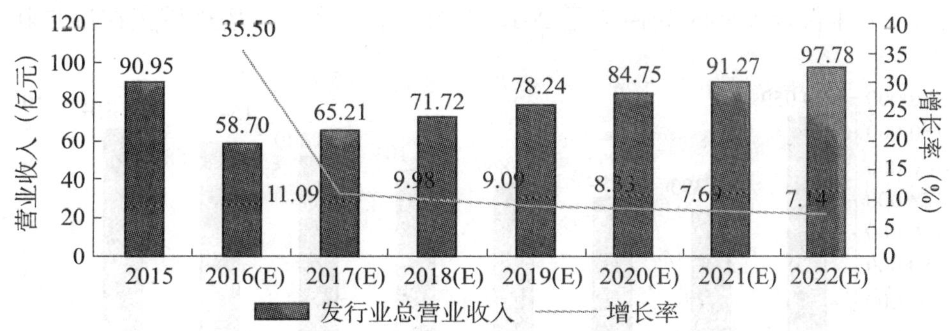

图 12－13　电影和影视节目发行业营业收入趋势预测图

根据回归结果，电影和影视节目发行业营业收入未来几年的情况将与制作业相似，呈现整体上升趋势，但是在 2016 年要先降低至 58.7 亿元，比 2015 年降低 30 亿元左右，直至 2021 年才会回复至 2015 年水平。

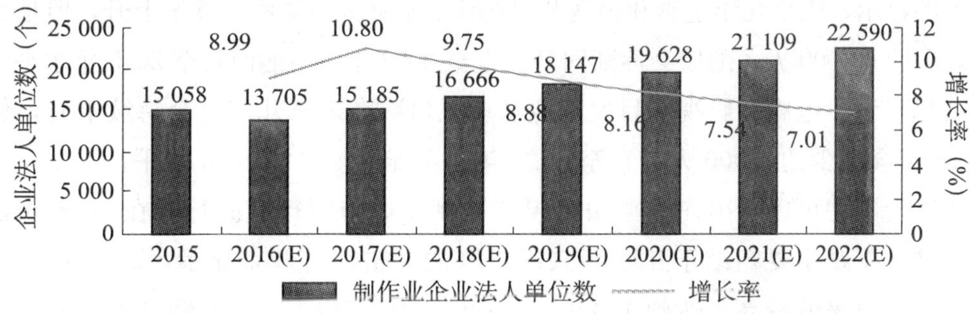

图 12－14　电影和影视节目制作业企业法人单位数趋势预测图

回归结果显示，未来几年电影和影视节目制作业企业法人单位数呈现持续上升趋势，但是 2016 年会比 2015 年降低 1 000 个左右，但可喜的是 2017 年便会回复至 2015 年水平，随后会一直上升。

图 12－15　电影和影视节目发行业企业法人单位数趋势预测图

上图表明，未来几年电影和影视节目发行业形势大好，企业法人单位数持续上涨，至 2019 年仅仅 4 年时间便会是 2015 年的 2 倍之多。市场规模正在逐步壮大。

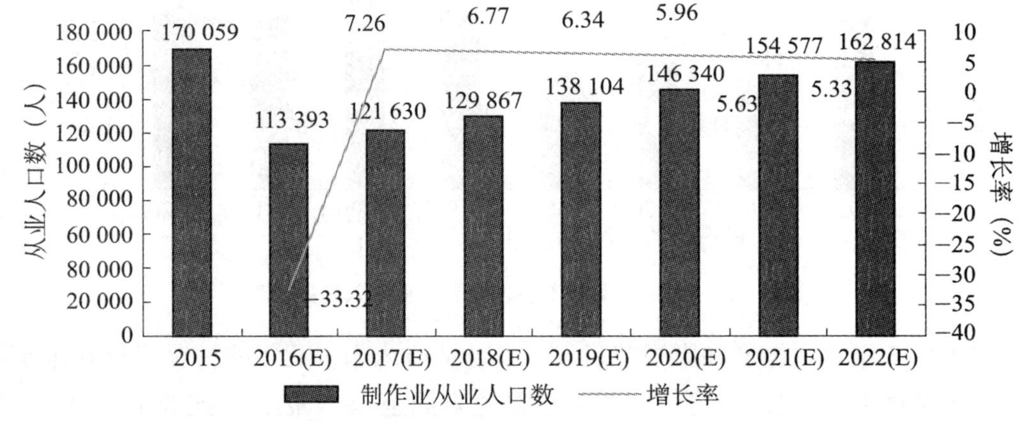

图 12－16　电影和影视节目制作业从业人口数趋势预测图

上图显示，未来几年电影和影视节目制作业从业人口数将会逐渐上升，但是 2016 年会减少约 60 000 人，随后会逐渐回升，直至 2022 年尚不能回复至 2015 年水平。

结果显示，电影和影视节目发行业从业人口数在未来几年将会持续上升，但是在 2016 年会减少约 8 000 人，直至 2022 年也不能回复至 2015 年水平。

从以上图中可以看出，电影和影视节目制作业与发行业两行业在 2016 年都会遭遇下跌。下跌主要归结于互联网兴起带来的冲击。有调查显示，2015 年的全国票房创有史以来的最高，达到了 440.69 亿元，但是其中 70％的购票来自线上。到 2016 年上半年，该比例达到将近 80％。根据国家电影事业发展专项资金管理委员

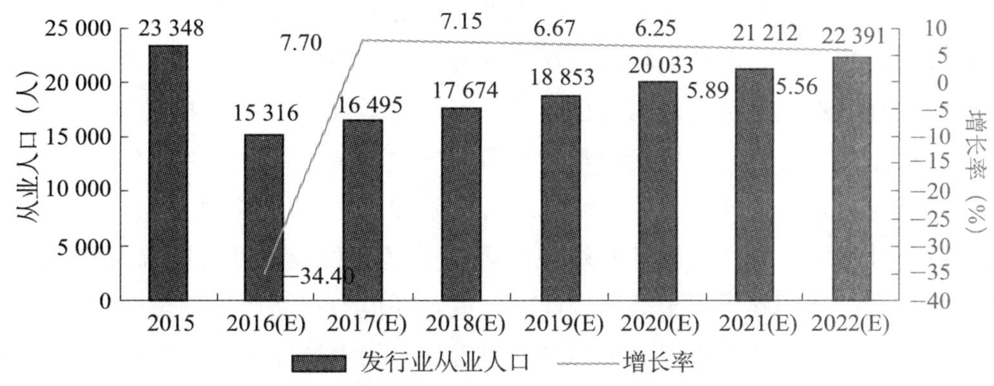

图 12－17　电影和影视节目发行业从业人口数趋势预测图

会办公室公布的《2016 年全国电影票房半年报》，截至 6 月 30 日，2016 年上半年中国内地院线累计票房达到 245.82 亿元，同比增长 21.41%。但是与近五年同期数据相比，2016 年上半年票房增长明显变缓。2012 年至 2015 年，每年上半年电影票房增幅最低也达 25%。2015 年全国电影总票房为 440.69 亿元，比 2014 年增长 48.7%，增速远超北美等地区，创下 2011 年以来最高年度增幅。而 2016 年上半年 21.41%的涨幅远低于上年同期的 48%和 2016 年一季度同比增长的 50%。2016 年上半年电影票房增长幅度的缓慢一定程度上折射出电影行业的变化，同时也体现出电影和影视节目制作业与发行业二者的低迷走向。

同时，在市场大趋势下，观众们已经享受到了低价观影福利，相应投资也急于在这个领域分一杯羹。市场变化跌宕起伏，电影产业遭遇着前所未有的挑战，由此波及电影和影视节目制作业与发行业两个行业。具体来说，这种影响主要体现在以下四个方面。

（1）网络售票比重上升，影院传统经营思维带来困境。

2015 年里，各大影院的会员们以 39%的人数占比贡献了 78%的观影人次，为影院提供了很大的支持。但现今，电商网络售票所占比重已达 80%左右，影院自身的电商营业平台份额不断下跌，不能与网络售票平台售票占比相提并论。目前，影院绝大部分的出票量都依赖于支付宝、美团等第三方互联网渠道。同时，人们对于电商营业渠道的依赖性也在逐日上涨，由此在影院与客户之间造成了一层坚实的隔阂，使影院渐渐失去了与客户的接触，无法准确得到观影人数等数据，会员人群也在价格打击下减少。长此以往，影院可能会成为线下的放映场所。

而当前各大影院仍然以传统的经营思维进行经营，无法适应这个网络便利时代，因而逐渐失去市场，为整个电影行业带来经营困境。长此以往行业便会逐渐走向低迷。

（2）影院吸引客户的附加价值无法体现，低价成为决定因素。

在吸引客户方面，电商们将功夫花在提升客户购票体验上，提供在线选座、在线支付等功能，提供便利性的同时也提高全行业的运行效率。由于线上渠道只能通过降低价格来吸引客户群，价格因素就被渐渐放大，潜移默化中，客户们将价格作为选择的决定因素。这样就导致了影院本身的附加价值无法体现。原先，影院能通过IMAX、杜比厅、VIP座位等高端视听设备等基础设施，以及影院便利的交通、相关商圈配套的休闲娱乐设施等综合业态、良好环境与卖品质量等影院服务，向客户展现其综合价值，从而吸引更多客户。但现如今的市场导致客户将价格作为选择的决定因素，上述附加价值无法体现。影院失去了这些提升自身经营水平的途径，只能通过低价来实现自身价值、吸引客户，渐渐走入了困境。

（3）并购为影院带来新一轮的挑战。

数据显示，目前国内前十大院线市场占有率在66%左右，前四大院线市场占有率40%左右。相比北美前四占比60%，韩国前三占比96%，澳大利亚前二占比50%的成熟市场，我国的电影行业集中度较低，相对留有较大的整合空间。而事实上，市场已经开始了影院端的并购。同时，现今各大影院的管控模式是以单影院相对自主管理为主，没有一个团结一致的管理模式，这使得影院的管理还只是停留在“小我”，并没有一个“大局”的观念，十分不成熟。

于是，并购来临后，没有较多管理经验的行业总部在管理职能上遇到很多问题。同时，行业也将面临影院数量增加、业务流程变化、职能人员扩充与管理范围扩大等一系列增加管理成本和难度的变化，为行业的发展带来阻力。此外，并购后的新影院必将进行管理变革与人员变更，这些变动都将在一定程度上影响影院的经营效率。如果处理不好，极有可能造成不好的局面。方方面面的因素都在表明，并购会为影院以及电影行业带来新一轮的挑战。

（4）收入减少但成本上升，利润空间逐年下降。

在影院经营成本支出中，场地租金占据最大份额。某些大型影投公司与地产商结盟来降低成本。但从整体来看，地产商对影院行业的影响逐年上升，房价逐年增长，各大影院的租金成本也随之增长。据调查，有些影院租金占成本的比例已高达25%。

而在收入方面，除却票房收入，影院的非票房业务也遇到了“困境”。原本国内的卖品收入便已不足15%，没有北美近30%的占比可观。随着网络售票占比的提高，观众们在大堂、柜台候场停留的时间缩短，观众消费卖品的机会减少，从而导致影院收入的逐年下滑。由此，影院面临着成本上升但收入降低的尴尬局面，只能眼睁睁看着利润空间逐年缩小。

因此，在外部冲击下，2016 年的下跌成为了一种大概率事件。但随着后续相关行业数字化变革等应对措施，电影和影视节目制作业与发行业应会有上升的机会。

12.3　本章小结

本章从行业发展总体状况、行业发展影响因素、行业发展政策分析、行业发展特点分析和行业发展趋势分析五个角度，对信息资源产业中的代表行业——社会经济咨询业、电影和影视节目制作与发行业进行了分析。

从行业发展总体状况来看，社会经济咨询业在近年得到了迅速的发展，根据信息资源产业发展指数，2015 年社会经济咨询业以 86.29 分的产业发展总体得分位列 93 个信息资源产业细分行业的第 1 位。社会经济咨询业在产业价值、产业效率和产业贡献这三个维度上，在全部细分行业中均排名第一。从指数数据来看，社会经济咨询业已经成为信息资源产业细分行业中的支柱性行业。但同时，社会经济咨询业的营业收入规模、企业数量规模、从业人口数量和利润总额的年度增长幅度与其他行业相比优势不大，增速放缓。依据信息资源产业发展指数，2015 年电影和影视节目制作业与发行业分别以 74.45 分和 70.40 分的产业发展总体得分位列 93 个信息资源产业细分行业的第 4 名与第 12 名，虽然整体排名并不靠前，但二者在产业增长这一维度上位列第 1 名与第 2 名，呈现出爆发性的发展趋势，是近年信息资源产业细分行业中具有代表性的行业。同时在行业营业收入、市场主体结构、典型行业区域这些重要指标数据上都可以看到两行业极好的发展情况，其增速指标维持在一个较高的水平，近年的发展前景良好。

从行业发展影响因素来看，产业结构、产业行为都是社会经济咨询业、电影和影视节目制作业与发行业的影响因素，且呈正相关。产业环境是正向调节变量。从本章的分析可以看出，目前我国的社会经济咨询业市场还十分不完善，相当多的咨询公司收集信息手段落后，咨询业人才匮乏，缺乏专门的培训机构和熟悉企业运作的复合型人才。另外，社会经济咨询业还缺乏准确的市场定位，整个行业管理薄弱，咨询公司小而散，形不成规模，国家出台的相应政策也略显滞后。这些因素都导致社会经济咨询业在快速发展的过程中也出现了一定的回落。在本章的分析中，可以看到电影和影视节目制作业与发行业两行业近年的发展状况良好。但由于互联网市场的打击，两行业所处的产业环境日渐困难，现今的传统架构也已不能满足产业要求，两行业面临衰弱的险境。在这个时候愈加需要两行业实施应对有效的产业行为，及时调整产业结构，以适应互联网的需要。同时，应采取相应措施来改善产业环境，化危机为动力，只有这样，电影和影视节目制作业与发行业才能持续良好的发展。

从行业发展政策角度可以得知，目前社会经济咨询业的政策文件总数数量较少，主要以经济政策支持性文件为主，规章制度性文件较少。政策文件发布主体以地方政府和下属机构为主，中央出台的文件较少。因此，现阶段已经出台的有关社会经济咨询业的政策文件的实践指导性更强，而法律类、规范制度类文件有待丰富和补充。在对电影和影视节目制作业与发行业的发展政策分析中，在北大法宝法律数据库中选取一定的关键词检索筛选后，得到两个行业相关的153件政策文本。随后制定三种分析维度，分别从年度数量分布、主题分布与发布主体对中央与地方政府发布的政策文本进行分析。最终发现，电影和影视节目制作业与发行业出台的相关政策文本多由国家新闻出版广播电影电视总局牵头发布，呈现集中的特点。未来应当加大地方的权力，使之在中央集中指导下有一定权力自行解决问题，这样才能够双管齐下，加快解决行业存在问题。

在行业发展特点分析方面，可以发现我国的社会经济咨询业的发展充满了机遇和挑战。机遇在于，社会经济咨询业已经成为一个发展迅速的知识型产业部门，被列为高层次知识产权中的重要领域，行业内成立了很多具有高水平和威望的咨询公司。由于咨询公司在信息系统、专业人才和技术分析等方面具有独特优势，越来越多的企业已经离不开咨询业。社会经济咨询业的需求在迅速增长，成为发展前景看好的产业。目前我国正处在经济转轨期，工业化进入第二阶段，又面临全球化、信息化的滚滚浪潮。作为知识密集型产业的咨询业，在经济生活中的作用会越来越突出，但是挑战也随之而来。伴随着企业数量的增加、从业人口的增多，行业内企业间的竞争也会愈发凸显，从而造成行业洗牌，行业整合度提高。电影和影视节目制作业与发行业发展特点相似，两行业近年来发展状况良好，各项指数都有一个稳步增长的走向。唯独企业法人单位数在2014年有较为严重的下跌。究其原因，也许是市场结构的整改。但可以看到的是此指标的变化并未影响整个行业的蓬勃发展。两行业虽然整体排名不高，但是在产业增长这一维度上还是具有行业代表性的。同时，近年来也有经济支持政策发布，为两行业带来推动力。随着电影市场的发展，作品的水平参差不一，相关的作品质量管理等政策也相继出台，为两行业的规范化提供依据。但可以看到的是，行业相关政策的发布主体多是国家新闻出版广播电影电视总局，地方自行管理权力较小，这在很大程度上会造成无法及时解决地方问题的弊端。未来应当在这一方面进行相应的改进。在产业环境上，电影市场遇到互联网时代带来的挑战，波及电影和影视节目制作业与发行业两行业的发展。同时，产业结构和产业行为与产业绩效显著性呈正相关关系，产业环境起正向调节作用，在这种情况下，两行业应当及时调整自身的产业结构，摒弃传统落后的思维框架，挖掘更多对策性产业行为，来抵抗产业环境带来的影响，从而避免行业的衰弱，保证行业持续良好的发展。

最后，在行业发展趋势方面，目前社会经济咨询业正在处于快速发展和上升阶段，将会在各项经济政策的支持、扶持下继续发展。而增速减缓的问题需要通过优化产业结构、调整产业行为、随时关注产业环境的变化并做出适时调整来解决。面对时代发展，我国社会经济咨询业的咨询机构和咨询人员要培育自己的核心产品，迅速提高咨询技术的价值和实用性。面对我国产业经济快速发展及转型升级、全球化经济发展，以及“互联网＋”时代，为了使本土咨询业得到更快的发展，不同的咨询公司应根据自己的专长找准市场定位，还要不断地扩展业务，扩大咨询服务范围，提高与外国咨询公司的竞争力。同时，还要积极推动有关部门制定相关行业法规和政策，以规范、扶持社会经济咨询业继续发展。在电影和影视节目制作业与发行业的发展趋势方面，两行业在 2016 年将有一个下跌，但后续将持续增长的趋势。下跌的原因，与 2016 年互联网给电影市场带来的挑战有关。另外，市场上的并购风波给各大影院带来了新的挑战，市场发生动荡，随之波及电影和影视节目制作业与发行业两行业。不过，电影和影视节目制作业与发行业作为不仅具有经济属性，同时还拥有社会文化属性的文化创意行业，近年的行业环境与行业自身条件都有着很好的发展趋势，相信两行业仍会保持很好的增长趋势。

第 13 章　产业发展指数地区案例分析

在信息资源产业发展指数（2016）的评价过程中，从另一个更加细致具体的角度入手，本研究不仅考虑了产业在发展现状方面的表现，还对产业增长及产业效率等体现区域产业发展潜力的指标进行了考察。而从区域评价结果中也可以看出，我国各地区在信息资源产业发展方面呈现出不同的特征。为进一步分析其中形势，本研究选取了在综合评价中表现相对优异的北京市、天津市、安徽省与广西壮族自治区。这四个地区凭借它们在产业发展潜力方面的突出而在信息资源产业综合评价中跻身前列。

北京作为我国首都，是我国的政治、文化、科教和国际交往中心，在产业发展上具有人才、科技和制度等多重优势；天津素有首都门户之誉，坐落于环渤海地区中心，拥有中国北方第一个自由贸易试验区；安徽则是地跨长江、淮河南北，中国史前文明重要的发源地之一，自 2015 年正式迈入中等偏上收入的快速发展阶段；广西壮族自治区是我国唯一一个沿海自治区，毗邻经济发达的广东省，是西南地区最为便捷的出海通道，交通条件颇为优越。因此，为了能够进一步剖析四者优势的来源，本章将针对北京市、天津市、安徽省与广西壮族自治区在信息资源产业方面的表现，结合数据进行翔实的情况描述与深入的分析。

13.1　北京市

北京市信息资源产业发展指数以 91.17 分在全国排名第一名。北京作为我国首都，是我国的政治、文化、科教和国际交往中心，我国经济、金融的决策和管理中心，其在信息资源产业发展上一直起着重要的引领和带头作用。虽然在产业效率上

（排名二十）表现一般，但在产业价值（排名第一）、产业增长（排名第一）以及信息资源的区域产业贡献（排名第一）方面都表现优异，因此，最后在综合得分上稳稳占住了第一的位置。

13. 1. 1　北京市信息资源产业发展总体状况

13. 1. 1. 1　北京市 IRIDI 得分情况

北京市拥有丰富的信息资源，依托于首都地位的优势和经济的整体发展，在信息资源产业的发展上也获得了突出的成绩。其在产业价值、产业增长及区域产业贡献上都领先于其他地区（排名第一），虽然在产业效率上表现一般，但这并不影响北京最后在综合得分上获得了排名第一的好成绩（见图 13－1）。

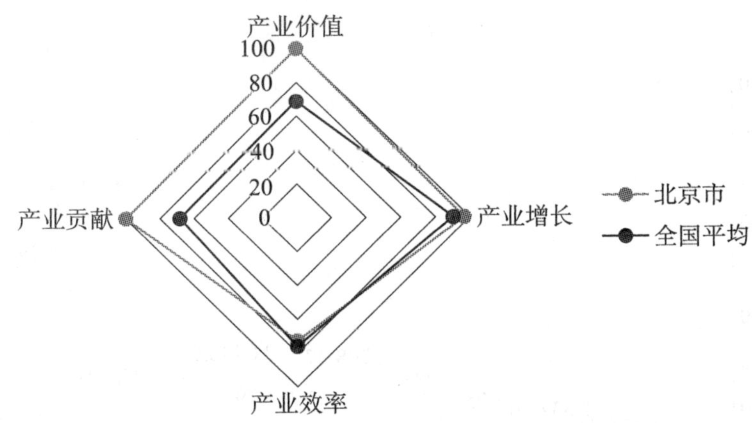

图 13－1　北京市信息资源产业 IRIDI 得分雷达图

各项指标的具体得分及排名情况可参见表 13－1。由表可知，产业效率方面略落后于全国平均水平，而其余方面表现出强劲优势。

表 13－1　北京市信息资源产业 IRIDI 得分及全国排名

指标	得分	排名
产业价值	100.00	1
产业增长	96.68	1
产业效率	72.72	20
产业贡献	100.00	1

13. 1. 1. 2　北京市信息资源产业发展概况

北京市信息资源产业发展概况主要由近 12 年来该市信息资源产业营业收入、企业法人单位数、从业人口等三项指标的数据来体现。

2015 年，北京市信息资源产业在营业收入上达到了 7 656.26 亿元，企业法人单位数则达到了 418 489 个，而从业人口也增长到了 3 044 716 人，该产业发展势头和价值显著领先于全国水平。

由图 13－2 可知，在营业收入指标上，北京市整体状况显著高于全国平均水平，从 12 年的时间序列数据来看，当全国平均水平以平稳的速度增长时，北京市信息资源产业营业收入增长速度在早期较为缓慢，而在 2012 年到 2013 年时呈现出了陡坡式增长，随后几年增长速度也领先于全国平均水平。同时，从截面数据来看，2004 年北京市营业收入为全国平均水平的四倍多，而到 2015 年已经达到了六倍左右。这表明北京市在营业收入水平上显著领跑全国其他省级行政区，且与全国平均水平差距日益增大。北京市信息资源产业今后的发展从现在来看也较为可观。

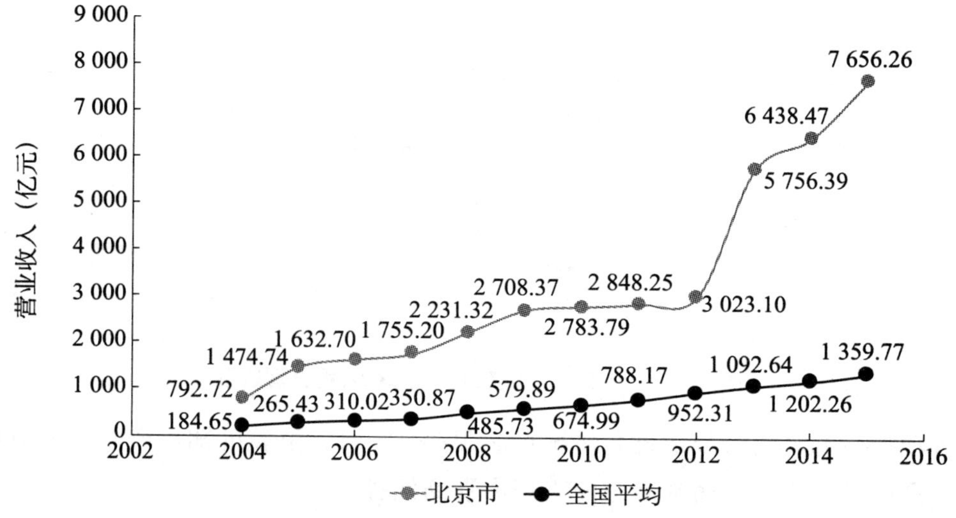

图 13－2　2004—2015 年北京市信息资源产业营业收入

由图 13－3 可知，在企业法人单位数指标上，从 12 年的时间序列数据角度看，北京市信息资源产业企业法人单位数增长率一度稍低于全国平均增长率，2011 年后增长率开始高于全国平均水平，甚至在 2012 年后连续实现三个陡坡式增长，使得北京市企业法人单位数遥遥领先于全国平均水平。而从截面数据来看，北京市企业法人单位数一直保持着全国平均水平 4～6 倍的成绩，且近年来差距逐渐增大。

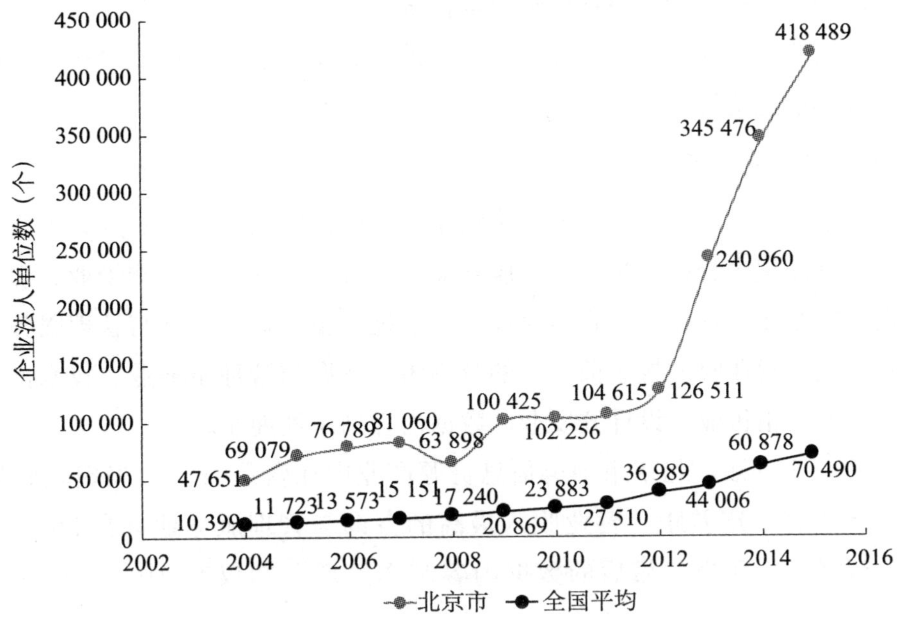

图 13－3　2004—2015 年北京市信息资源产业企业法人单位数

由图 13－4 可知，在从业人口指标上，从 12 年的时间序列数据角度来看，2013 年前北京市信息资源产业从业人口数增速与全国平均水平较为相近，但在近两年（尤其是 2013—2014 年间）其增速明显加快，与全国平均水平差距逐渐增大。从截面数据角度来看，北京市信息资源产业从业人口一直超出全国水平 2 倍左右，且由于近年来增速的显著提升，差距还在不断拉大，这在一定程度上揭示了北京市在信息资源产业上的领跑者地位，也充分表明首都人才济济、产业发展劲头足。

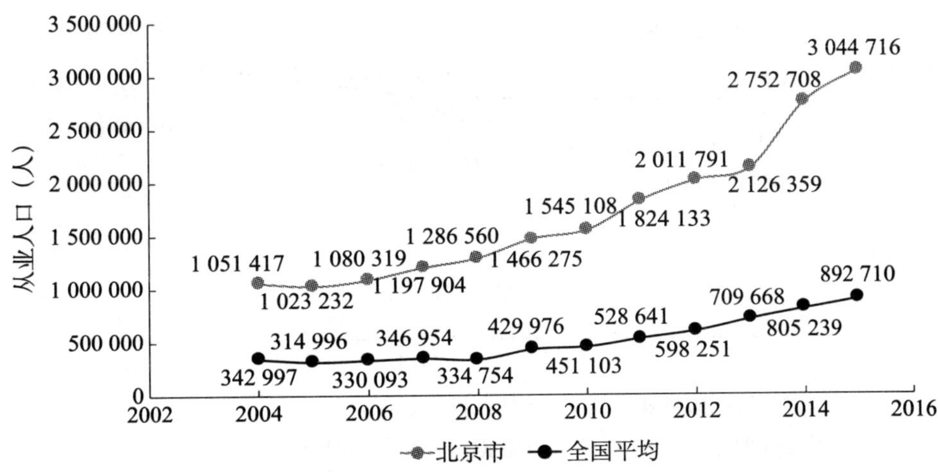

图 13－4　2004—2015 年北京市信息资源产业从业人口

13.1.1.3 北京市信息资源产业分类概况

本部分对北京市信息资源产业分类概况的描述将信息资源产业根据中类信息资源产业、大类信息资源产业、依赖度三个维度来展开。

1. 中类信息资源产业

从中类信息资源产业来看，北京市信息资源产业包括博物展示业、出版发行及租售业、代理经纪中介业、技术推广服务业、教育培训业、勘探测绘业、设计开发业、数据内容制作处理业、调查监测业、通信技术服务业、咨询与管理服务业等十一个类别。其中营业收入排名前五名的分别为：咨询与管理服务业、技术推广服务业、出版发行及租售业、设计开发业、数据内容制作处理业。

由图 13－5 可知，北京市中类信息资源产业中在营业收入上表现较好的五个产业彼此水平有一定差距，营业收入最高的咨询与管理服务业，在 2015 年达到了2 022.87亿元，而排名靠后的数据内容制作处理业却仅有 910.11 亿元，该差距显著。

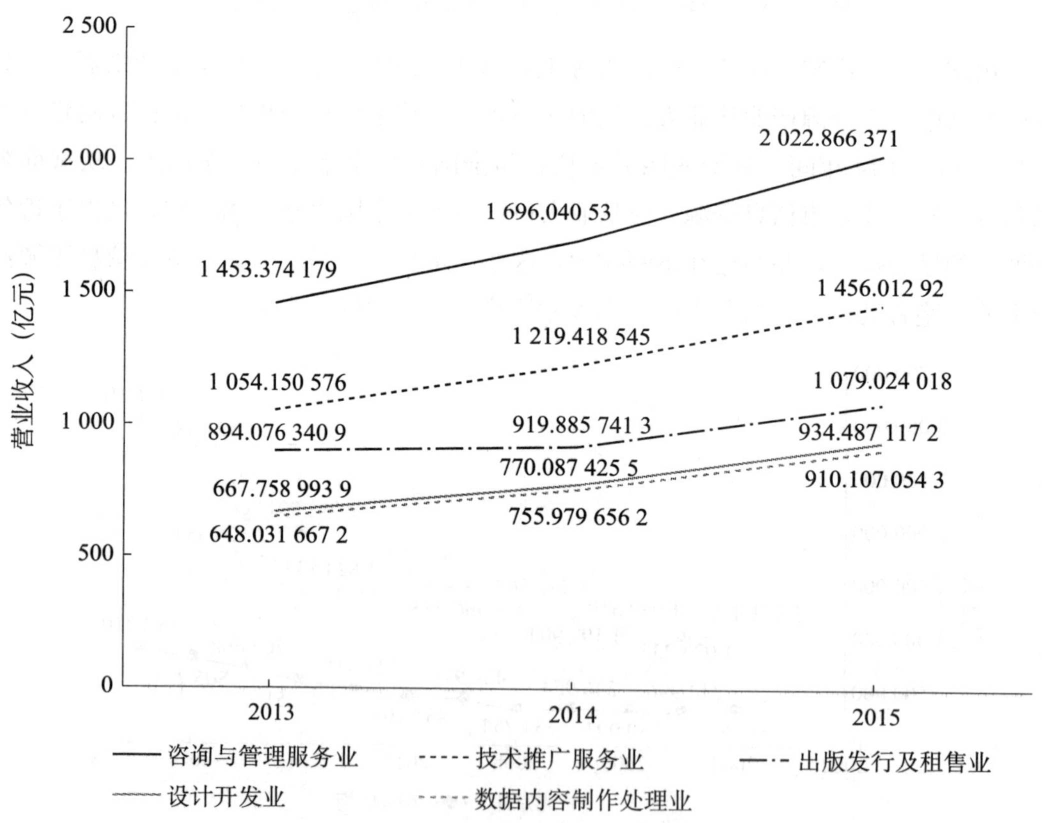

图 13－5 北京市 2013—2015 年中类信息资源产业前五名营业收入

同时，从三年来的营业收入增长状况来看，排名前两位的咨询与管理服务业和技术推广服务业表现较好，保持着良好平稳的增长，在三年里分别增长了 569 亿元和 402 亿元。而排名中间的出版发行及租售业 2013 年时增长数据表现欠佳，但在 2014 年增速较快。营业收入相对落后的设计开发业和数据内容制作处理业增长势头也不错，两个产业不仅在数量上保持相近，在增速上也不相上下，期待它们日后在营业收入上会有更加优秀的表现。

由图 13 - 6 可得，北京市信息资源产业中在企业法人单位数上表现较好的五个产业水平参差不齐。单就 2015 年来看，表现最好的咨询与管理服务业企业法人单位数为 123 054 个，而表现靠后的出版发行及租售业数量仅为 28 030 个，也就是说最高的咨询与管理服务业的企业法人单位数几乎是排名第五的出版发行及租售业的企业法人单位数的四倍多；排名中间的三个产业间差距较为均匀。

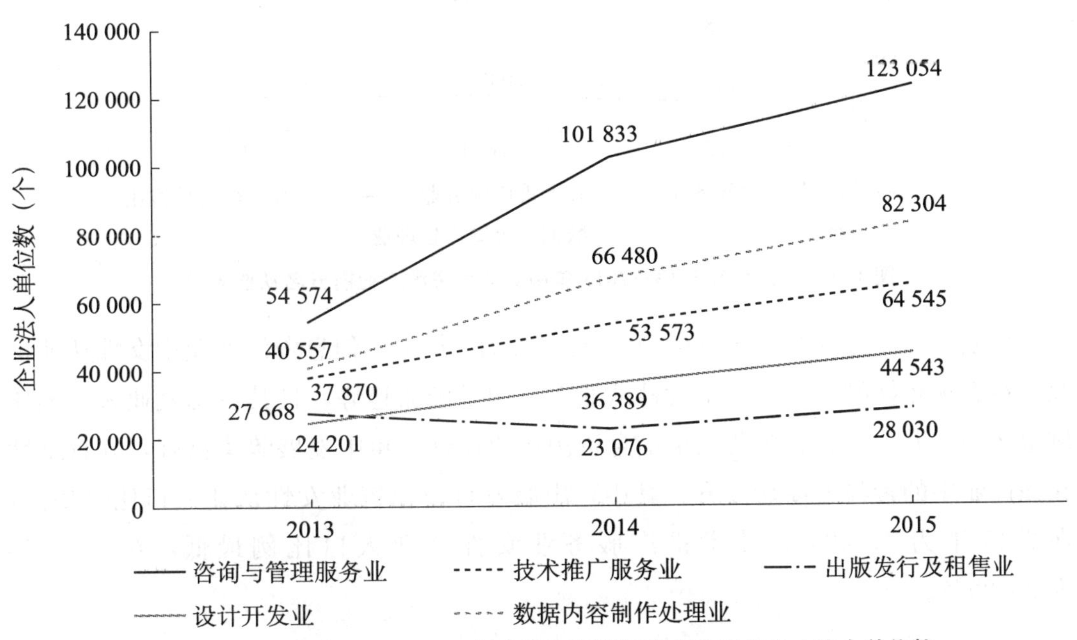

图 13 - 6　北京市 2013—2015 年中类信息资源产业前五名企业法人单位数

从三年整体情况来看，排名第一的咨询与管理服务业在企业法人单位数上保持着良好可观的增速，且增速明显大于其余产业，尤其在 2013—2014 年的迅猛增长使得该产业显著拉大了与后面产业的差距，使得其三年来一直稳居第一，这也反映了这个产业当下优异的实力和值得期待的发展潜力。与其相反的是出版发行及租售业在 2013—2014 年不增反减，在 2015 年又回到了原来的水平，这在一定程度上表明了该产业发展动力不足。其他三个产业增长较好，增速较为接近，表现良好。

由图 13－7 可知，北京市在中类信息资源产业中从业人口数据上表现较好的五个产业也存在一定的差距。排名前三的咨询服务与管理业、技术推广服务业、设计开发业的从业人口数差距较小，且由于排名第三的设计开发业增速较快，在近两年的从业人口数量上与第二名技术推广服务业几近相同。排名靠后的两个产业与前三个产业差距较为明显，并且由于数据内容制作处理业和出版发行及租售业发展速度较为缓慢，与前三个产业差距有逐渐拉大的趋势。

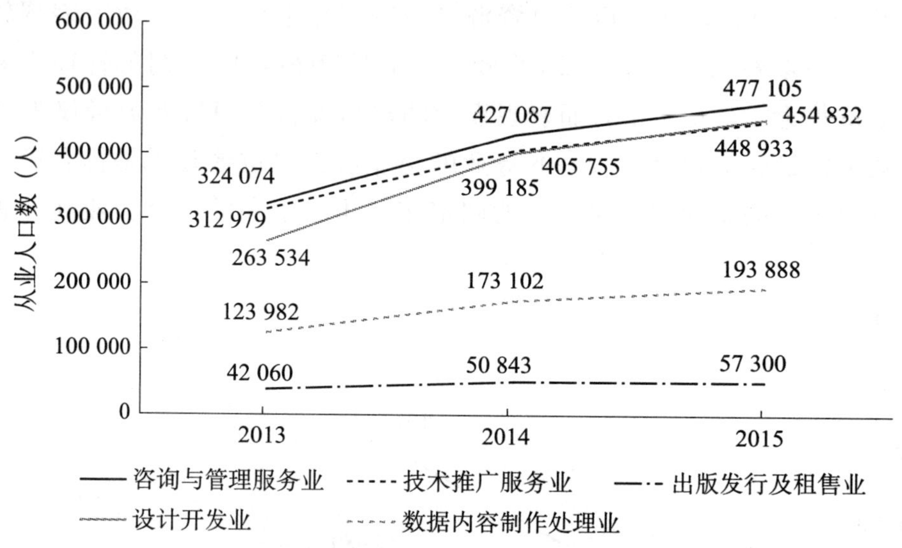

图 13－7　北京市 2013—2015 年中类信息资源产业前五名从业人口

由表 13－2 可以看出北京市 2013 年到 2015 年中类信息资源产业中女性从业情况。在表现较好的五个产业中女性从业人口均呈增加趋势，且其占总就业人口的比例也缓慢上升。由此表明北京市信息资源产业在近三年中发展势头良好，并且女性在该产业中的参与度逐渐提升。其中，出版发行及租售业女性从业人口比例最高，在 2015 年为 47.49%，技术推广服务业女性从业人口比例最低，在 2015 年为 35.29%。

表 13－2　　北京市 2013—2015 年中类信息资源产业前五名女性从业人口

	2013			2014			2015		
	从业人口（人）	女性从业人口（人）	比例（%）	从业人口（人）	女性从业人口（人）	比例（%）	从业人口（人）	女性从业人口（人）	比例（%）
出版发行及租售业	42 060	19 138	45.50	50 843	23 214	45.66	53 700	25 502	47.49
技术推广服务业	312 979	105 334	33.66	405 755	136 557	33.66	448 933	158 425	35.29

续前表

	2013			2014			2015		
	从业人口（人）	女性从业人口（人）	比例（%）	从业人口（人）	女性从业人口（人）	比例（%）	从业人口（人）	女性从业人口（人）	比例（%）
设计开发业	263 534	90 036	34.16	399 185	135 451	33.93	454 832	165 204	36.32
数据内容制作处理业	123 982	48 473	39.10	173 102	67 418	38.95	193 888	80 223	41.38
咨询与管理服务业	324 074	131 562	40.60	427 087	173 242	40.56	477 105	203 115	42.57

表 13－3 是北京市 2013—2015 年中类信息资源产业研发投入及专利数量情况。产业研发投入越多，相应的专利数量产出也会增多。因此，我们可以看出北京市各个中类产业 2013—2015 年在研发投入显著上升的同时，产出的研究成果和专利数量等也明显增加。研发投入和专利数量最多的产业是咨询与管理服务业，而第五名设计开发业几乎只有其三分之一，这也反映了不同行业间研发投入及专利数量的巨大差距。

表 13－3　　北京市 2013—2015 年中类信息资源产业前五名研发投入及专利数量

	2013		2014		2015	
	研发投入（万元）	专利数量（件）	研发投入（万元）	专利数量（件）	研发投入（万元）	专利数量（件）
咨询与管理服务业	644 493.44	36 869	785 431.96	45 858	845 659.66	46 944
技术推广服务业	352 551.16	20 167	407 086.03	23 679	473 284.39	25 801
数据内容制作处理业	277 492.24	15 873	318 241.66	18 535	367 860.81	20 355
代理经纪中介业	251 862.31	14 407	283 322.69	16 552	320 215.98	17 914
设计开发业	239 524.58	13 701	282 321.14	16 377	336 529.74	18 223

表 13－4 是北京市 2013—2015 年中类信息资源产业固定资产投资情况。整体来看，各个信息资源中类产业固定投资在 2013—2015 年间有显著的上升，这反映出了近年来信息资源产业的茁壮成长，也可以由此预见产业的美好未来。同时，固定资产投资前三名产业一直较为接近，一同保持平稳增长；且与第四、第五名差距较明显，该差距随时间推进亦有增大的趋势。

表 13－4　　北京市 2013—2015 年中类信息资源产业前五名固定资产投资　　单位：万元

	2013	2014	2015
技术推广服务业	989 777.47	1 321 308.23	1 630 456.59
数据内容制作处理业	968 341.98	1 260 867.31	1 569 236.48
设计开发业	880 500.51	1 232 397.04	1 562 732.88
咨询与管理服务业	668 461.83	963 592.79	1 174 589.86
通信技术服务业	668 461.83	775 907.49	919 413.82

2. 大类信息资源产业

从大类信息资源产业来看，将北京市信息资源产业分为信息资源采集业、信息资源加工业、信息资源提供业，其中尤以信息资源提供业发展最好，其在营业收入、企业法人单位数、从业人口、女性从业人口、研发投入、专利数量、固定资产投资这所有指标中均占有绝对优势，而信息资源采集业在各项数据上均落后甚远，发展水平较低。

由图 13-8 可得，大类信息资源产业中三个产业在三年来的营业收入水平上的增长状况相差明显，信息资源提供业占据绝对的统治地位，其在数量和增长速度上保持着绝对优势，这表明信息资源提供业比采集和加工业发展好，对于信息资源产业的贡献显著。我们看到信息资源采集业的营业收入三年来都不及提供业的五十分之一，且增长缓慢，这也在一定程度上提醒我们信息资源采集业亟待调整优化。而信息资源加工业表现一般，虽其状况稍好于采集业，但与信息资源提供业的显著差距也是不能忽视的。

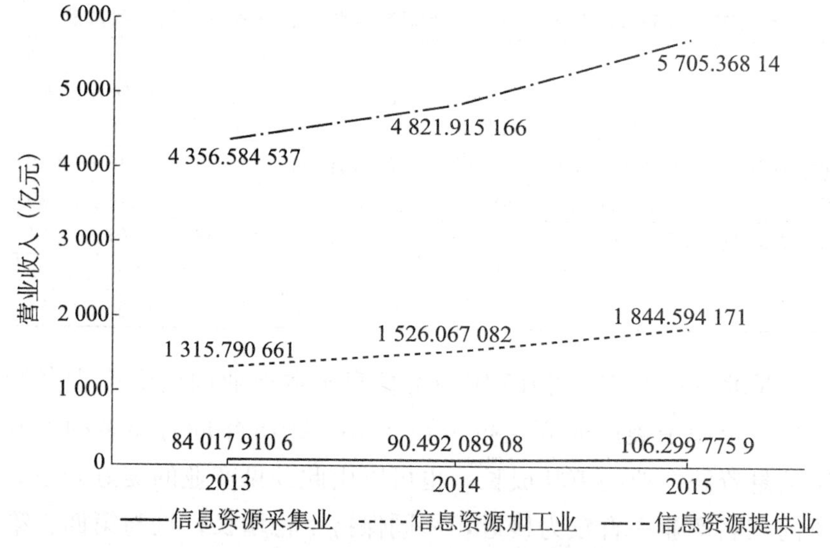

图 13-8　北京市 2013—2015 年大类信息资源产业营业收入

由图 13-9 可知，在企业法人单位数上，三个大类产业的差距依然十分显著，信息资源提供业依旧占据极大的优势地位，且由于该产业企业法人单位数的增长上也体现出了绝对的优势，我们可以预见未来其领先地位会不断得到巩固和强化。而排名靠后的信息资源采集业不仅数量上表现欠佳，而且增速也垫底，这也说明了采集业发展水平仍然较低。处于中间地位的信息资源加工业表现较好，在 2015 年其企业法人单位数几乎达到了提供业的二分之一，其良好的发展势头使我们可以期待其日后更出色的表现。

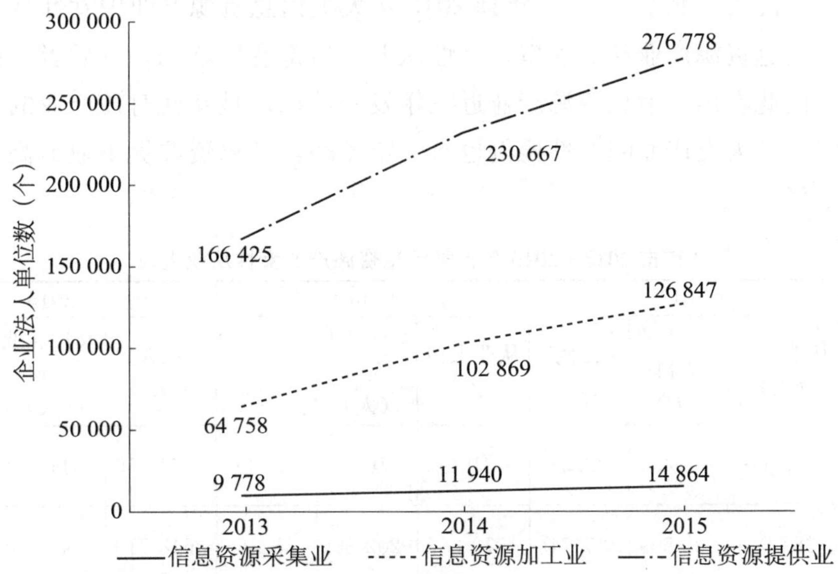

图 13－9　北京市 2013—2015 年大类信息资源产业企业法人单位数

由图 13－10 可知，三个大类产业在从业人口上的差距更为显著，到 2015 年，信息资源提供业的从业人口几乎为信息资源加工业的 4 倍，采集业的 70 倍。从业人口上信息资源提供业巨大的优势和统治地位是显而易见的。同时，在从业人口增速上，信息资源提供业也处于领先地位，信息资源加工业次之，信息资源采集业发展十分缓慢，未来产业间从业人口的差距将进一步拉大。

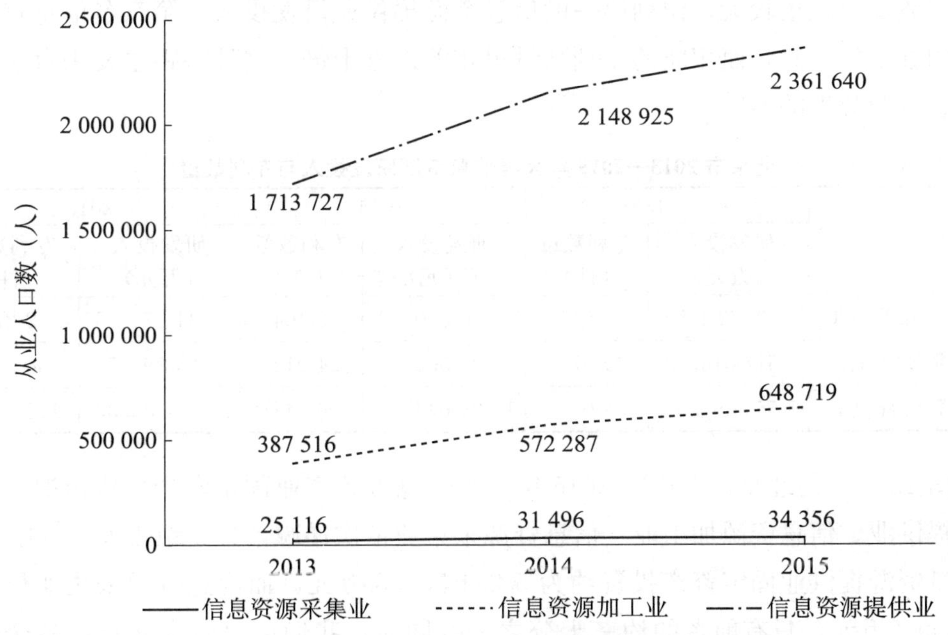

图 13－10　北京市 2013—2015 年大类信息资源产业从业人口

表 13－5 说明了北京市 2013 年到 2015 年大类信息资源产业中女性从业人口情况。各大类信息资源产业从业人口、女性从业人口都有所增加，且后者占前者比例逐渐增长。由此看出，信息资源产业近三年发展蓬勃，且女性对该产业的贡献度也呈增长趋势。各大类产业间女性比例也有一定差距，信息资源提供业最高，信息资源采集业最低。

表 13－5　　北京市 2013—2015 年大类信息资源产业女性从业人口

	2013			2014			2015		
	从业人口（人）	女性从业人口（人）	比例（%）	从业人口（人）	女性从业人口（人）	比例（%）	从业人口（人）	女性从业人口（人）	比例（%）
信息资源采集业	25 116	8 431	33.57	31 496	10 516	33.39	34 356	11 921	34.70
信息资源加工业	387 516	138 509	35.74	572 287	202 869	35.45	648 719	245 428	37.83
信息资源提供业	1 713 727	743 787	43.40	2 148 925	923 942	43.00	2 361 640	1 048 648	44.40

表 13－6 是北京市 2013—2015 年大类信息资源产业研发投入及专利数量情况，专利数量与研发投入正向相关，研发投入越多，专利数量越多。总体来说，三年间各大类产业研发投入和专利数量均呈较明显的增长趋势，表明了各产业对研发投入的关注和重视程度，同时信息资源产业创新产出也日益增多。但各行业间研发投入与专利数量差距也较大，位列第一的信息资源提供业研发投入是第三名信息资源采集业的五十倍左右，而相应的专利数量也相差近五十倍。这种差距主要来自于产业结构、产业分工的不同。

表 13－6　　北京市 2013—2015 年大类信息资源研发投入与专利数量

	2013		2014		2015	
	研发投入（万元）	专利数量（件）	研发投入（万元）	专利数量（件）	研发投入（万元）	专利数量（件）
信息资源采集业	31 723.89	1 815	36 080.42	2 104	41 171.55	2 277
信息资源加工业	517 016.82	29 575	600 562.80	34 912	704 390.56	38 578
信息资源提供业	1 556 064.01	89 013	1 824 647.85	106 442	2 032 985.36	112 665

图 13－11 是北京市 2013—2015 年大类信息资源产业固定资产投资情况。信息资源提供业、信息资源加工业、信息资源采集业依次递减，且差距较大，其中 2015 年信息资源提供业固定资产投资约为 5 294 509.3 万元，而信息资源采集业仅约为 177 899.2万元，只有前者的约三十分之一。同时，我们可以看出北京市各个信息

资源大类产业固定资产投资 2013—2015 年都有明显上升，其中信息资源提供业和加工业增速较快且相近，信息资源采集业增速比较缓慢。

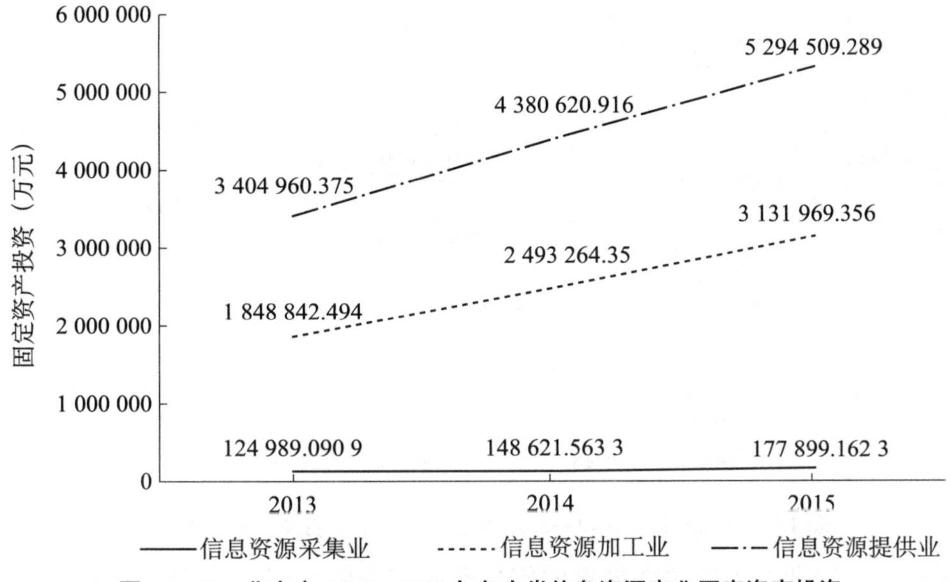

图 13 - 11　北京市 2013—2015 年各大类信息资源产业固定资产投资

3. 依赖度

根据信息资源依赖度，可以将北京市信息资源产业分为信息资源低度依赖型产业、信息资源中度依赖型产业、信息资源完全依赖型产业等三个类别。其中北京市信息资源完全依赖型产业发展水平较高，其营业收入、企业法人单位数、固定资产投资指标具有非常明显的优势；信息资源低度依赖型产业次之，但其在从业人口、女性从业人口、研发投入、专利数量指标上表现优秀，超过了信息资源中度依赖型产业；信息资源中度依赖型产业则在各个指标上水平均处于中低水平。

图 13 - 12 是北京市 2013—2015 年各依赖度信息资源产业营业收入情况。可以看出，信息资源完全依赖型产业占有较大优势，其不仅在营业收入上表现最为出色，且其增速也略领先于信息资源中度和低度依赖型产业，这说明信息资源完全依赖型产业发展势头较好，对整个信息资源产业贡献也较大。同时，信息资源中度依赖型产业的增长速度与信息资源低度依赖型产业在增速上相近，只是数量上稍小，图中可以明显看到两者同步增长的趋势。但是两者与信息资源完全依赖型产业的差距也是显而易见的，就 2015 年的数据来看，信息资源中度依赖型产业数量上只有完全依赖型产业的二分之一。

由图 13 - 13 可知，不同依赖度的信息资源产业在企业法人单位数上均呈明显

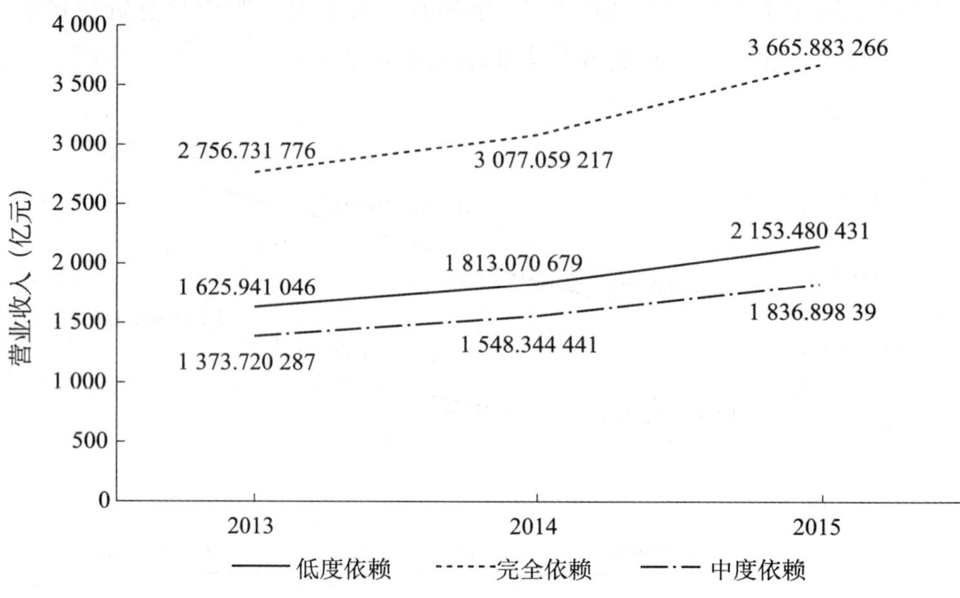

图 13－12　北京市 2013—2015 年各依赖度信息资源产业营业收入

增长的趋势，企业法人单位数最多的信息资源完全依赖型产业增速上也保持领先，三年几乎翻了一番，进一步拉开了与后两者的差距。信息资源低度和中度依赖型产业增速较为接近，还需要进一步关注。同时，三大产业间在企业法人单位数上的差距也是较突出的，单就 2015 年的数据来看，信息资源中度和低度依赖型产业企业法人单位数仅约为完全依赖型产业的三分之一和二分之一。

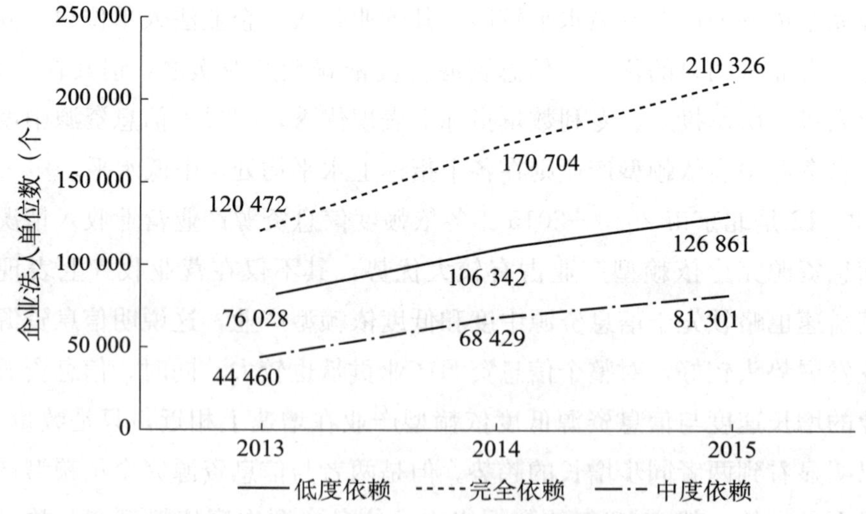

图 13－13　北京市 2013—2015 年各依赖度信息资源产业企业法人单位数

图 13－14 是北京市 2013—2015 年各依赖度信息资源产业从业人口情况。在从

业人口增速上，信息资源低度依赖型产业从业人口显著领先于其他两大产业，且其数量在 2013—2014 年间实现较快速增长，后保持平稳提升。信息资源完全依赖型产业从业人口虽然在 2013 年略不及信息资源中度依赖型产业，但其在 2013—2014 年的加速上涨使其超越后者，现保持第二。这说明从业人口在两者中更多地流入了信息资源完全依赖型产业。在从业人口数量上，信息资源低度依赖型产业远超过其他两个产业，且差距逐渐扩大，以 2015 年为例，其从业人口数量达到了 1 783 741 人，几乎是信息资源中度依赖型产业的三倍。信息资源中度和完全依赖型产业在从业人口上的弱势地位也提醒我们需要进一步调整产业结构。

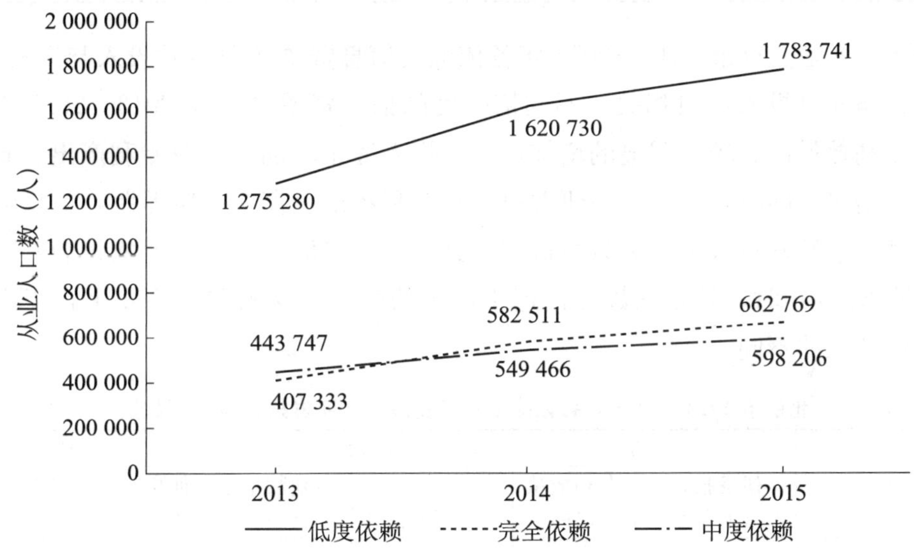

图 13－14　北京市 2013—2015 年各依赖度信息资源产业从业人口

表 13－7 可知北京市 2013 年到 2015 年各依赖度信息资源产业中女性从业情况。三年间不同依赖度的信息资源产业在产业从业人口和女性从业人口上均呈较显著的增加趋势，但其占总从业人口的比例均无明显变化。这表明信息资源产业近年发展势头较好，但由于产业特点和阶段不同，其女性从业人口的比例没有明显变化。信息资源低度依赖型产业从业人口最多，其女性从业人口比例也最高，信息资源完全依赖型产业次之。

表 13－7　　北京市 2013—2015 年各依赖度信息资源产业女性从业人口

	2013			2014			2015		
	从业人口（人）	女性从业人口（人）	比例（%）	从业人口（人）	女性从业人口（人）	比例（%）	从业人口（人）	女性从业人口（人）	比例（%）
信息资源低度依赖型产业	1 275 280	567 859	44.53	1 620 730	707 987	43.68	1 783 741	802 565	44.99

续前表

	2013			2014			2015		
	从业人口（人）	女性从业人口（人）	比例（%）	从业人口（人）	女性从业人口（人）	比例（%）	从业人口（人）	女性从业人口（人）	比例（%）
信息资源中度依赖型产业	443 747	159 336	35.91	549 466	196 013	35.67	598 206	220 992	36.94
信息资源完全依赖型产业	407 333	163 532	40.15	582 511	233 327	40.06	662 769	282 439	42.62

表 13－8 是北京市 2013—2015 年各依赖度信息资源产业研发投入与专利数量，专利数量与研发投入正向相关。不同依赖度的信息资源产业在 2013—2015 年研发投入与专利数量都有较为明显的增加，研发投入逐年增加，产业专利产出、研究成果也逐年增多。同时，产业间在研发投入及专利数量上存在一定差距，信息资源低度依赖型产业研发投入和专利数量最多，其与第三名信息资源中度依赖型差距逐年增加，到 2015 年时，其专利数量接近于后者的两倍，这种差距主要来自于产业结构、产业分工的不同。

表 13－8　北京市 2013—2015 年各依赖度信息资源产业研发投入与专利数量

	2013		2014		2015	
	研发投入（万元）	专利数量（件）	研发投入（万元）	专利数量（件）	研发投入（万元）	专利数量（件）
信息资源低度依赖型产业	861 555.65	49 283	986 063.21	57 455	1 131 301.53	62 727
信息资源中度依赖型产业	536 966.41	30 718	610 638.14	35 614	696 521.03	38 539
信息资源完全依赖型产业	706 282.66	40 401	864 589.72	50 390	950 724.91	52 255

由图 13－15 可以看出，2013—2015 年，各依赖度信息资源产业固定资产投资都呈较快的增长趋势，其中数量上靠后的信息资源中度依赖型产业增速也略小于前两者，信息资源完全和低度依赖型产业增速接近。在固定资产投资数量上，信息资源完全依赖型产业表现最好，各依赖度产业间差距不是很大，例如在 2015 年，信息资源完全依赖型产业的固定资产投入约为 3 636 486.4 万元，信息资源低度依赖型产业固定资产投入约为 2 846 517.6 万元，信息资源中度依赖型产业约为 2 121 373.8 万元。

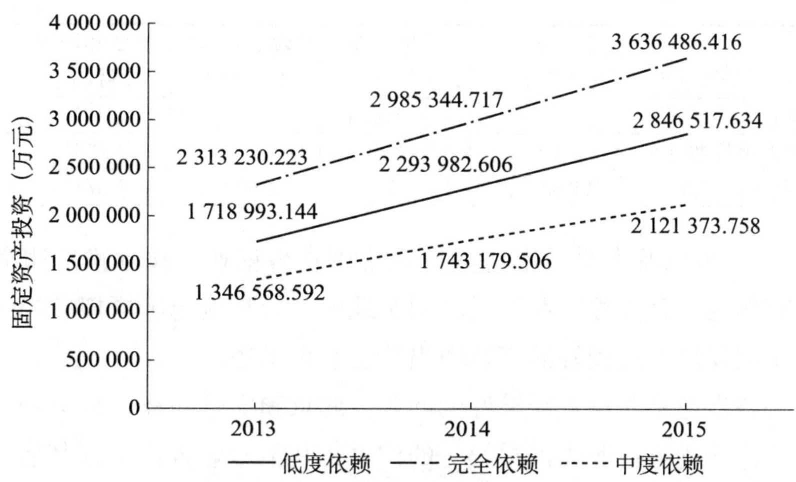

图 13－15　北京市 2013—2015 年各依赖度信息资源产业固定资产投资

13.1.2　区域信息资源产业优势行业介绍

基于产业价值、产业增长、产业效率、产业贡献等四个指标，本研究给出北京市信息资源产业优势行业综合得分指标的排名，各项指标的具体得分及排名情况可参见表 13－9。根据排名结果，2014—2015 年北京市信息资源优势行业分别为：社会经济咨询（综合得分 92.47，排名第一）、其他专业咨询（综合得分 92.45，排名第二）、农业技术推广服务（综合得分 88.82，排名第三）、电影和影视节目制作（综合得分 86.92，排名第四）、报纸出版（综合得分 86.05，排名第五）。

表 13－9　　北京市信息资源产业优势行业 IRIDI 得分

行业	产业价值	产业增长	产业效率	产业贡献	综合得分	综合排名
社会经济咨询	89.15	94.24	81.85	87.26	92.47	1
其他专业咨询	88.81	94.24	81.85	86.85	92.45	2
农业技术推广服务	82.89	94.26	71.60	81.41	88.82	3
电影和影视节目制作	65.09	97.68	80.92	65.35	86.92	4
报纸出版	71.77	93.21	74.75	71.16	86.05	5

为了进一步说明北京市优势行业的产业价值，根据 2014 年和 2015 年的数据，整理得到表 13－10。

表 13－10　　北京市信息资源产业优势行业重要指标

年份	指标	社会经济咨询	其他专业咨询	农业技术推广服务	电影和影视节目制作	报纸出版
2014	营业收入（亿元）	510.06	496.17	431.58	97.21	323.20
	企业法人单位数（个）	32 172	31 296	17 982	2 225	1 430
	从业人口（人）	95 190	92 598	127 481	14 646	15 003

续前表

年份	指标	社会经济咨询	其他专业咨询	农业技术推广服务	电影和影视节目制作	报纸出版
2015	营业收入（亿元）	613.18	596.49	516.41	121.56	384.20
	企业法人单位数（个）	39 050	37 986	21 718	2 736	1 736
	从业人口（人）	109 146	106 174	141 972	17 671	15 965

由表 13－10 可以看出北京市优势行业集中在咨询业、技术推广服务业和出版发行业。北京作为信息资源产业发展的领头地区，较其他地区更拥有先天的发展优势，在这些全国发展普遍较好的产业中当然也表现不俗。

社会经济咨询业是北京发展最好的产业。北京和安徽一样，社会经济咨询业在地区信息资源产业优势行业中占据第一的位置，其他专业咨询位列其后。而且，北京地区也只有这两个产业的综合得分超过 90。北京作为我国首都，是我国政治、经济、文化和信息中心，是各类重要企业总部的首选地，是我国各重大社会经济活动开展的中心地区，其对社会经济咨询服务业的市场需求是巨大的，这在一定程度上使得社会经济咨询服务业在北京这片信息资源肥沃的土壤中得到了快速的发展。由此我们也可以看出社会经济咨询服务业对整个信息资源产业重要的产业贡献能力。

作为社会经济咨询的补充，其他专业咨询主要是处理不属于社会经济咨询业范围内的咨询业务。其他专业咨询在北京信息资源产业中排名领先，一方面和咨询本身在政治、文化等各活动中有着重要的辅助决策作用紧密相关，另一方面也印证了现代社会中各类咨询业务需求剧增，咨询服务业在我国经济社会中地位日益提升。

关于农业技术推广，在我国《农业技术推广法》中有如下定义：农业技术推广，是指通过试验、示范、培训、指导以及咨询服务等，把农业技术普及应用于农业产前、产中、产后全过程的活动。农业技术是农业创新的重要力量，是农业发展的第一推动力。推广农业技术带来的社会效益、经济效益、生态效益不可小视，在当今社会具有重大战略意义。农业技术推广服务业在北京市信息资源产业中挤进前三甲也说明了其在现代社会发展中扮演着越来越重要的角色。

关于电影和影视节目制作业，一方面，随着中国居民收入的不断提高，对娱乐的需求增强，电影和影视节目消费需求不断释放；另一方面，电影电视媒体逐渐成为受众面最广的媒体形式，类型丰富的影视节目可以满足不同观众的口味。娱乐需求上升和市场供给增加的双重作用使得电影和影视节目制作业能够跻身北京市信息资源产业前五。

在如今的电子信息时代，各种新媒介对以报纸为代表的纸质媒体形成了巨大的冲击，报纸等传统出版业的发展面临着尴尬的形势。但北京报纸出版业在信息资源产业中处于领先地位，这一方面是首都北京拥有较多中央级大报，且这些刊物都较具权威性和影响力，受众群体面广，发行量大，另一方面，受益于国家文化大发展的方针政策，中央级全国性大报无论是印数、印张还是定价总金额都有一定幅度的增长。

13.1.3　区域信息资源产业发展影响因素

在 13.1.1 中对北京市信息资源产业发展总体情况进行了一定阐述，现在针对信息资源产业发展影响因素作进一步的了解。本研究把产业价值、产业增长、产业效率和产业贡献综合称为产业绩效，为显示性指标，要了解信息资源产业发展的影响因素需要分析解释性指标（产业结构、产业行为、产业环境）与显示性指标之间的关系。本研究选用了传统的 SCP（结构-行为-绩效）模型，并且添加 E（环境）作为调节变量，来形成本研究的产业分析框架。被解释变量分别是产业绩效、产业行为，解释变量是产业结构、产业行为、产业环境三部分，进行多元回归分析，回归结果见表 13－11。

本小节数据来源为《中国科技统计年鉴》、《中国基本单位统计年鉴》、《中国劳动统计年鉴》、《中国经济普查年鉴》、国家统计局、北大法宝法律数据库、政府工作报告以及中国人民大学信息资源产业基础数据库等。

表 13－11 列出了北京市信息资源产业发展因素的各种回归计算的结果。列（1）表示产业结构对产业绩效的回归结果；列（2）表示产业行为对产业绩效的回归结果；列（3）表示产业结构对产业行为的回归结果；列（4）表示去除产业结构对产业行为的影响后，两自变量共同对产业绩效的回归结果；列（5）表示加入产业环境这个调节变量后，产业结构、产业环境与二者交叉部分共同对产业绩效的回归结果。

表 13－11　北京市信息资源产业发展因素的多元回归结果

变量名称	(1)	(2)	(3)	(4)	(5)
	产业绩效	产业绩效	产业行为	产业绩效	产业绩效
产业结构	0.126**		0.281*	0.078*	0.152*
产业行为		0.167**		0.196**	
产业环境					0.096*
产业环境的调节作用					0.154*
年份	控制	控制	控制	控制	控制
行业	控制	控制	控制	控制	控制
样本量	930	930	930	930	930
R^2	0.156	0.204	0.372	0.382	0.456

注：* 表示在 5%的水平下显著，** 表示在 1%的水平下显著；“年份”与“行业”为控制变量，表明每一样本皆是在同一年同一行业中选取。

表 13－11 表明，产业结构单独作为自变量时，在 1%水平下与产业绩效呈正相关，产业行为在 1%水平下与产业绩效呈正相关。列（3）表明产业结构对产业行为有影响，这与 E-SCP 模型中市场结构影响市场行为相符合。除去二者相互影响后，产业结构与产业行为都与产业绩效呈正相关，但产业结构的影响程度较小。列（5）表明，产业环境与产业结构交叉部分对产业绩效的影响在 5%水平下显著，与产业结构影响系数 0.126 同向。因此说明产业环境是正向调节变量。由最后一行 R^2 的数据可知，该回归模型拟合度较好。

通过表 13－11 的数据可以得知，产业结构、产业行为都是北京市信息资源产业发展的影响因素，且呈正相关。产业环境是北京市信息资源产业发展的正向调节变量。可见，促进和把握北京市信息资源产业的发展需要考虑产业结构和产业行为，应该及时对政府职能进行调整，适当地进行一系列制度设计，如健全资本市场、金融市场、土地市场，改善城市管理，加大创新激励，加快人力资本积累，有效进行法治建设、反腐败等等，从而对调整地区产业结构、促进地区产业升级起到明显的促进作用。

综上可知，北京市信息资源产业发展的影响因素主要为产业结构、产业行为、产业环境，其中产业行为起到部分中介作用，产业环境起到调节作用。

13.1.4 区域信息资源产业发展特点分析

从上述分析结果来看，北京市信息资源产业近年来的发展主要呈现出以下几个方面的特点。

1. 北京市信息资源产业发展条件优渥，为产业发展提供坚实基础

北京作为首都，是政治、文化、科技、信息中心和对外交往的中心。对于信息资源产业来说，一方面北京人才、教育、科技优势明显，丰富的发展机会和资源对于高人才的进入极具吸引力；作为全国最大的教育基地，其科技人才的教育培养能力也是毋庸置疑的；同时作为拥有众多科研机构的地区，其对新技术新研究的开发和实践能力也是其他地区所无法比拟的。信息资源产业是一个知识、技术密集型产业，北京的人才和科技资源非常有利于信息资源产业的成长和发展。另一方面，国家经济的宏观决策和调控部门等均在北京。在国家大力发展相关产业的大背景下，北京的政策支持力度也是巨大的。围绕发展信息技术产业，北京市贯彻落实《国务院关于促进云计算创新发展培育信息产业新业态的意见》等文件，发布了《北京市大数据和云计算发展行动计划（2016—2020 年）》，全面推进北京大数据和云计算发展。这些都为信息资源产业的发展创造了优渥的条件。

这也使得北京在产业各个指标上都显著领先于全国平均水平，且增速十分可观，发展势头强劲而迅猛。

2. 应通过优化产业结构、提升产业效率，扩大其信息资源产业优势

从回归结果来看，产业结构、产业行为都是北京市信息资源产业发展的重要影响因素，且呈正相关。在具备优越的产业环境和产业资源的情况下，虽然北京市在产业价值、产业增长和产业贡献上均领跑全国，但产业效率却落后于全国平均水平。因此，应通过不断优化产业结构，深化产业创新，在提升产业效率的同时不断扩大其产业优势，相信未来北京在信息资源产业发展上会有更好的表现。

3. 北京市信息资源产业强大且发展迅猛，产业优势地位不可撼动

根据前几小节的数据表现及分析可以看出，北京市信息资源产业的 IRIDI 得分综合排名位于全国第一，各项指标遥遥领先于全国平均水平，而从中类信息资源产业、大类信息资源产业、各依赖度信息资源产业三个平行维度进一步来看，北京市的信息资源产业之强大、发展之迅猛更加明显。优势行业也充分利用了北京信息资源丰富等的优质条件，为整体信息资源产业做出了不俗的贡献。北京在信息资源产业上表现优异且发展后劲强劲，其未来在该产业的优势地位将不可撼动。

13.1.5　区域信息资源产业发展趋势分析

伴随着国内要素成本结构、国际竞争环境和信息资源产业技术范式的深刻变革，“十三五”时期中国信息资源产业发展的动力机制、产业组织形态和参与全球竞争的方式都将呈现新的面貌，而实实在在地落到每个省级行政区，则是产业结构全面优化升级、产业环境深层次净化、产业行为合理化、产业绩效全面提升。下面据此展望未来北京市信息资源产业发展情况。

由图 13－16 可知，利用简单线性回归可拟合全国信息资源产业平均营业收入曲线和北京市营业收入曲线，方程分别为 $y=550.01x-1\ 101\ 995.93$（$R^2=0.837\ 33$）和 $y=107.85x-216\ 042.31$（$R^2=0.978\ 13$），可以看出北京市无论在营业收入数量还是增速上均远远领先于全国平均水平，其信息资源产业领跑者地位不断加强。

根据模拟回归方程分别预测出北京和全国平均水平 2020 年、2025 年、2030 年的营业收入值，据图 13－17 易知，在今后发展过程中，北京市营业收入将不断扩大与全国平均水平间的差距，其在全国范围内的领先地位将达到一个新高度。

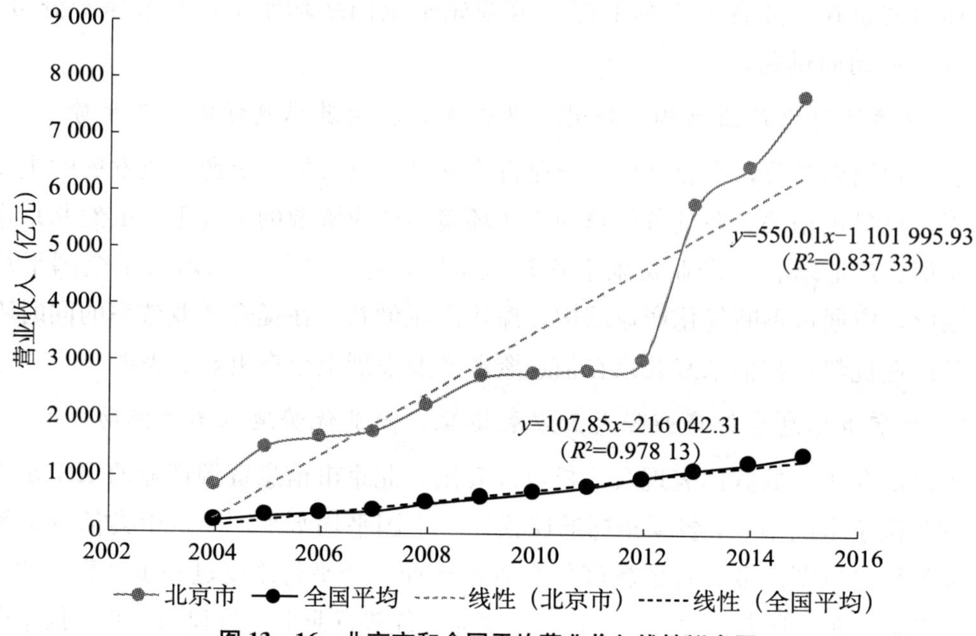

图 13-16　北京市和全国平均营业收入线性拟合图

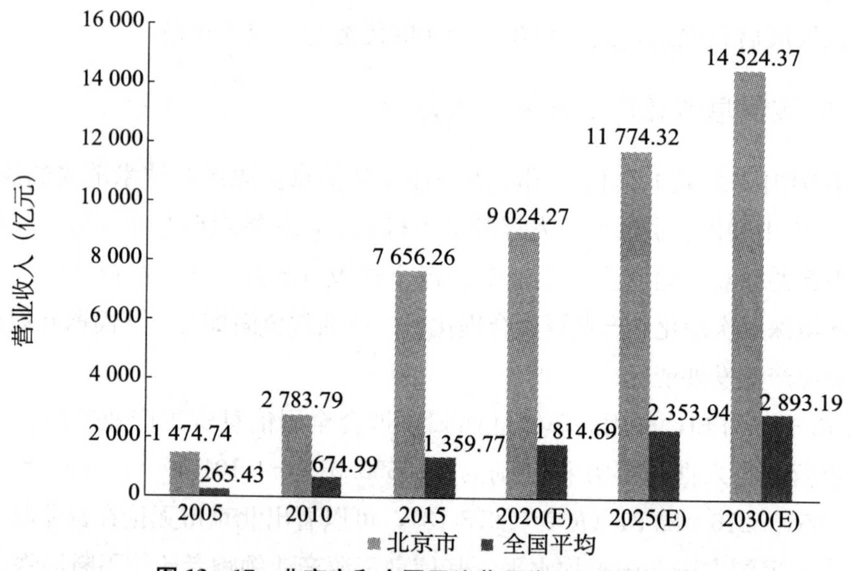

图 13-17　北京市和全国平均营业收入预测直方图

由图 13-18 可知，利用简单线性回归可拟合全国平均企业法人单位数曲线和北京市企业法人单位数曲线，方程分别为 $y=28\ 207.06x-56\ 533\ 990.92$（$R^2=0.709\ 21$）和 $y=5\ 103.78x-10\ 226\ 665.71$（$R^2=0.859\ 68$），容易看到，北京市在企业法人单位数上一直显著高于全国平均水平，虽然在 2008 年有所回落，但随后的快速增长，尤其是 2012 年后的陡坡式增长奠定了北京市在企业法人单位数上领

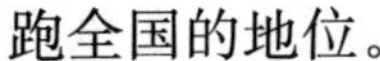

跑全国的地位。

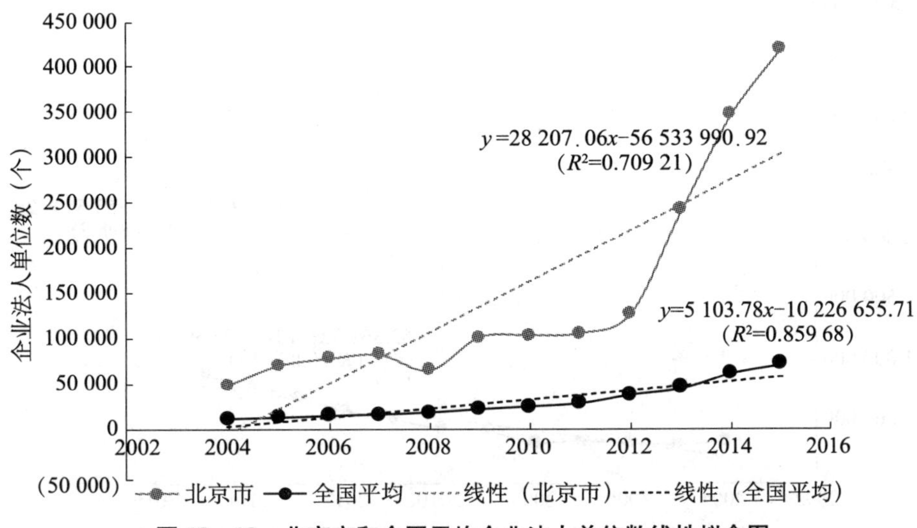

图 13－18　北京市和全国平均企业法人单位数线性拟合图

模拟回归方程分别预测出北京和全国平均水平 2020 年、2025 年、2030 年的企业法人单位数值，由图 13－19 可以看出在企业法人单位数量及增长上，相比全国平均水平，北京市展现出了极大的优势，且在 2025 和 2030 年间差距进一步显著扩大，这也让我们不禁期待北京日后更加出色的表现。

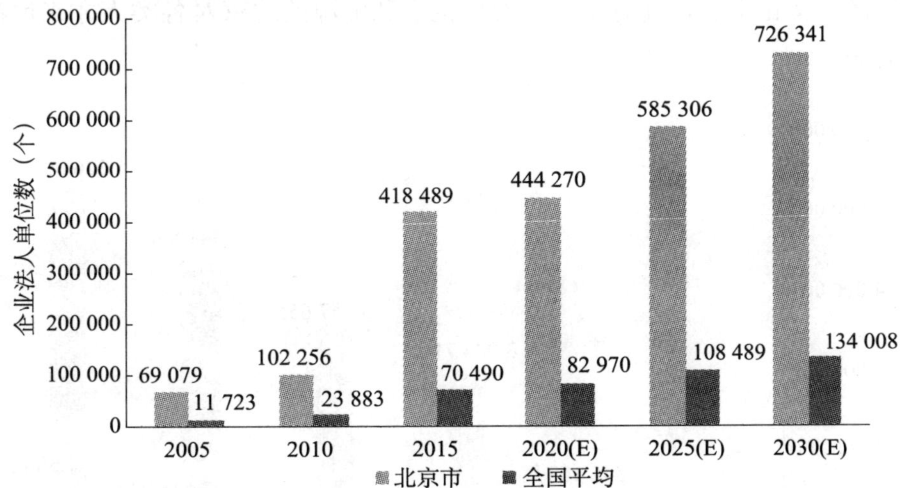

图 13－19　北京市和全国平均企业法人单位数预测直方图

由图 13－20 可知，利用简单线性回归可拟合全国平均从业人口曲线和北京市从业人口曲线，方程分别为 $y=176\ 835.14x-353\ 649\ 328.24$（$R^2=0.898\ 8$）和 $y=52\ 361.32x-104\ 712\ 959.41$（$R^2=0.877\ 13$）。北京市在从业人口上的优势地位是显而易见的，值得注意的是 2013 年后北京市信息资源产业从业人口数加速增长，进一步扩大与全国水平间的差距，相信在今后的发展中北京仍会保持其在该产业中的统治地位。

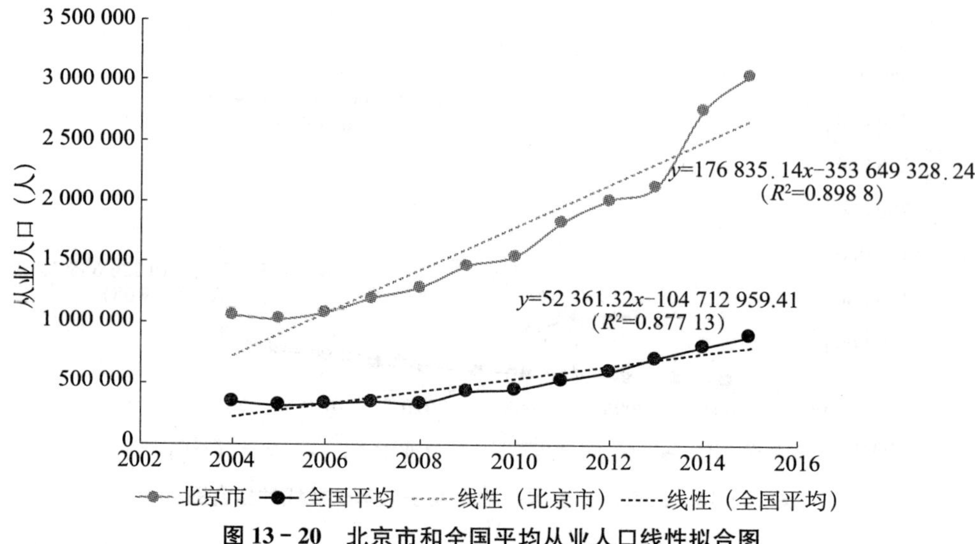

图 13－20　北京市和全国平均从业人口线性拟合图

模拟回归方程分别预测出北京和全国平均水平 2020 年、2025 年、2030 年的从业人口值，由图 13－21 可以看出在未来的十多年间，北京信息资源产业从业人口数量较全国平均水平依旧会有极大的优势，且优势会进一步扩大和加强，毕竟作为政治、经济、文化中心，拥有丰富的发展机会和资源的北京对各类人才来说都是极具吸引力的。

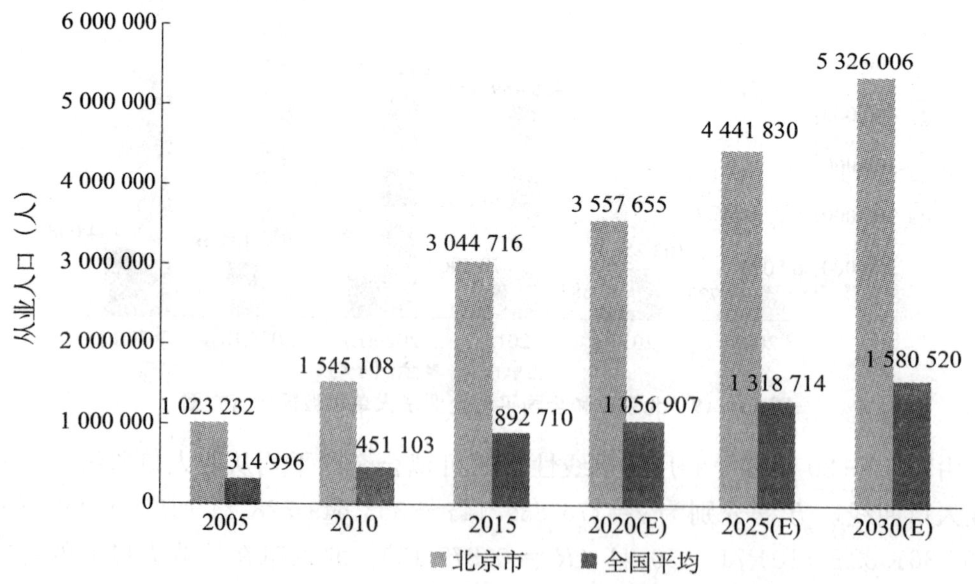

图 13－21　北京市和全国平均从业人口预测直方图

13.2　天津市

天津市信息资源产业发展指数以 85.90 分在全国排名第五名。虽然天津在产业价值方面表现平平，但是由于处于京津冀一体化的区域内，在高科技产业及生产性服务业等信息资源相关产业方面有着很大的发展潜力，因此，在产业增长（排名第二）、产业效率（排名第二）以及信息资源的区域产业贡献（排名第三）方面都有很好表现，从而也使得天津在综合排名方面表现突出。

13.2.1　天津市信息资源产业发展总体状况

13.2.1.1　天津市 IRIDI 得分情况

天津市地处京津冀一体化区域内，在信息资源产业的发展中占有一定的先天优势，虽然在产业价值上只是和全国平均分接近，但在产业增长、产业效率、产业贡献方面分别排在全国第二、第二和第三的位置，在国内处于领先位置，这也使得天津在综合得分排名在全国第五的位置（见图 13－22）。

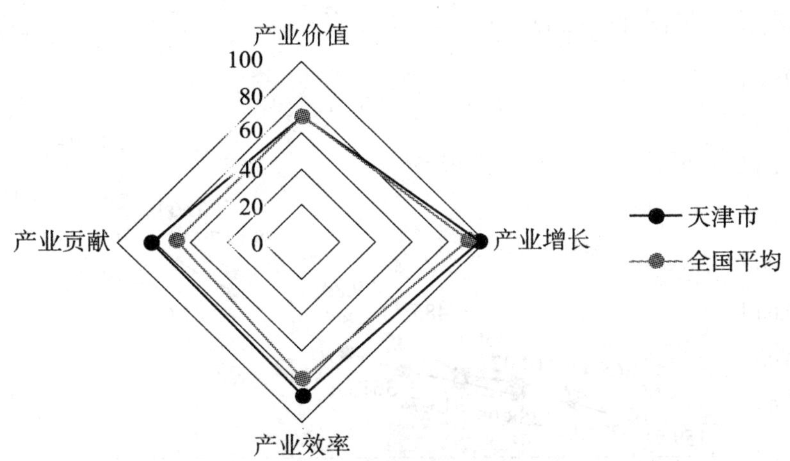

图 13－22　天津市信息资源产业 IRIDI 得分雷达图

各项指标的具体得分及排名情况可参见表 13－12。由表可知，产业价值方面与全国平均水平还是差距不小，而其他方面则是全国领先。

表 13－12　　天津市信息资源产业 IRIDI 得分及排名

指标	得分	排名
产业价值	68.15	12
产业增长	96.59	2

续前表

指标	得分	排名
产业效率	85.87	2
产业贡献	81.77	3

13.2.1.2 天津市信息资源产业发展概况

天津市信息资源产业发展概况主要由近 12 年来该市信息资源产业营业收入、企业法人单位数、从业人口等三项指标的数据来体现。

2015 年天津市信息资源产业在营业收入上达到了 1 427.56 亿元，企业法人单位数则达到了 71 164 个，而从业人口也增长到了 557 713 人，其价值与潜力越来越不容小觑。

在营业收入指标上，天津市整体状况稍低于全国平均水平，但从 12 年的时间序列数据展示来看，可以发现天津市营业收入水平一直与全国平均水平相近，曲线上表示则是稳步增长，宏观上来看，两条曲线起点与变化趋势大同小异。而另一方面，从截面数据来看，天津市 2015 年在营业收入指标上首次超过了全国平均水平，这也在一定程度上说明了其在营业收入水平上所具有的潜力，其今后的发展值得进一步观察和期待（见图 13－23）。

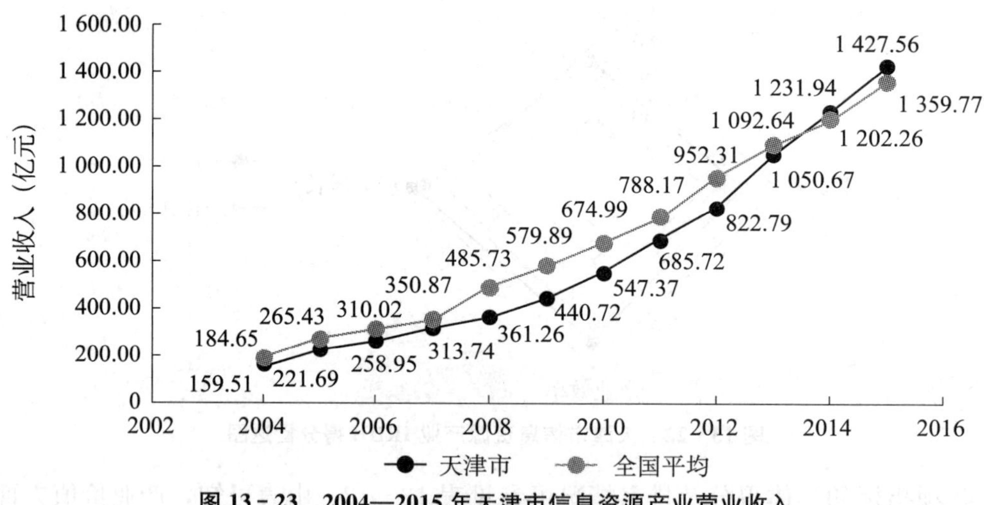

图 13－23 2004—2015 年天津市信息资源产业营业收入

由图 13－24 可知，在企业法人单位数指标上，从 12 年的时间序列数据角度看，天津的信息资源产业企业法人单位数是以稍低于全国平均增长率及数量的水平保持了与全国平均水平非常接近的稳步增长趋势，图上看则是，除 2009 和 2010 两年的差距稍大之外，天津市与全国平均水平的两条线变化几近相同；而单从 2015 年的截面数据来看，天津市与全国平均水平也是基本一致，无太大差距。

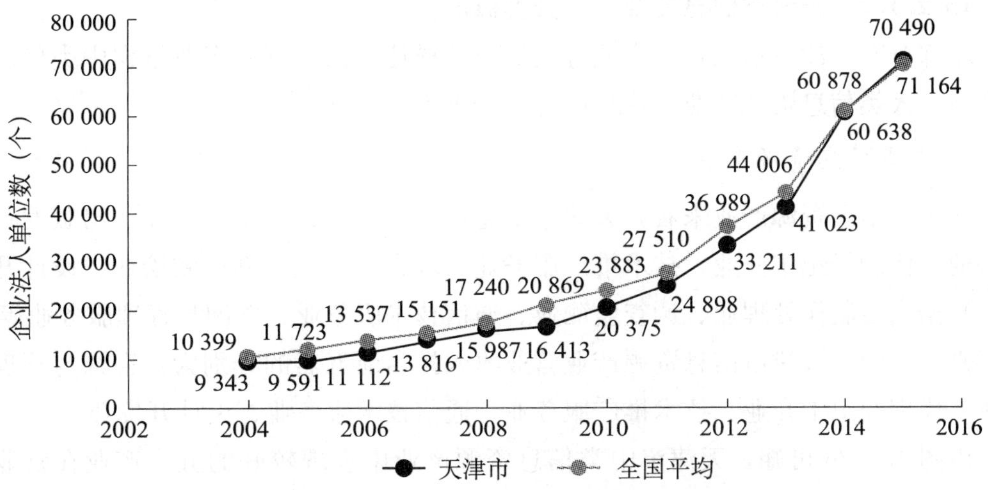

图 13-24 2004—2015 年天津市信息资源产业企业法人单位数

由图 13-25 可知，在从业人口指标上，从 12 年的时间序列数据角度来看，在 2004 年时，天津市信息资源从业人口数与全国平均水平相差并不太大，但其而后的增长表现十分疲软，使得其数量逐渐落后于全国平均水平，特别是经过 2013—2014 期间的停滞之后，已经拉开了巨大的差距。天津市 2014—2015 年度开始恢复增长，但其增长速率也还是远低于全国平均水平，数量水平上已经不足全国平均信息资源产业从业人口数量的三分之二。这在一定程度上揭示了天津信息资源产业发展的一个要点，就是人才不足。

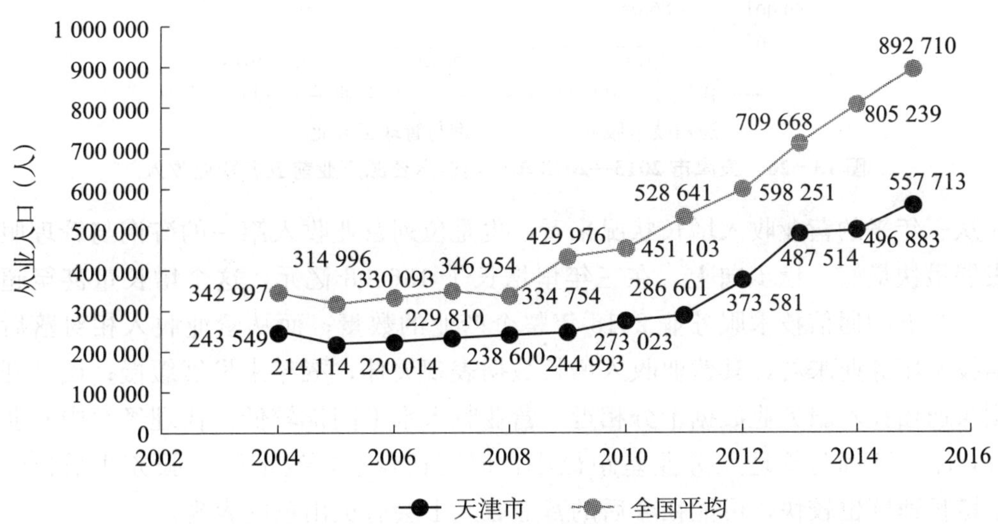

图 13-25 2004—2015 年天津市信息资源产业从业人口

13.2.1.3 天津市信息资源产业分类概况

本部分对天津市信息资源产业分类概况的描述将信息资源产业根据中类信息资源产业、大类信息资源产业、依赖度等三个维度来展开。

1. 中类信息资源产业

从中类信息资源产业来看，天津市信息资源产业包括博物展示业、出版发行及租售业、代理经纪中介业、技术推广服务业、教育培训业、勘探测绘业、设计开发业、数据内容制作处理业、调查监测业、通信技术服务业、咨询与管理服务业等11个类别。其中，天津市信息资源产业营业收入排名前五名的分别为：咨询与管理服务业、代理经纪中介业、技术推广服务业、通信技术服务业、设计开发业。

由图13-26可知，天津市中类信息资源产业中表现较好的五个产业在营业收入上水平参差不齐，营业收入最高的咨询与管理服务业在2015年度达到了410.20亿元，而相对最低的通信技术服务业却只有125.78亿元，即营业收入第一的产业是营业收入第五的产业的三倍多，营业收入差距之悬殊，可见一斑。

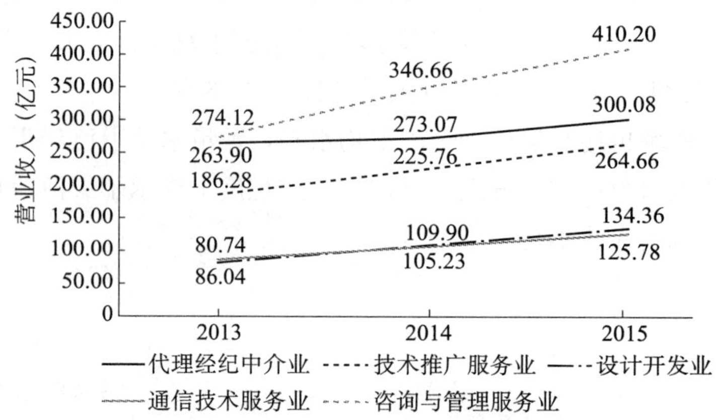

图13-26 天津市2013—2015年中类信息资源产业前五名营业收入

从三年来的营业收入增长状况来看，也是位列营业收入第一的咨询与管理服务业发展最快最好，稳步向上，在三年里增长了136.08亿元，这个增长量甚至超过了排名第五的通信技术服务业2015年整个产业的数量；而从营业收入相对落后的通信技术服务业来看，其营业收入增长数据表现欠佳，三年来发展缓慢；设计开发业则与通信技术服务业数据十分相近，营业收入水平同样较低；代理经纪中介业则较好，距离咨询与管理服务业差距最小，但增长较缓；技术推广服务业增长较稳定，增长速度也较快，可能在今后的营业收入上会有更出色的表现。

由图13-27可知，天津市信息资源产业中表现较好的五个产业在企业法人单位数方面的数据体现出了一定的差距。就2015年而言，咨询与管理服务业的企业法人单位数达到了 16 989 个；而较少的通信技术服务业的企业法人单位数则为 4 734个，也就是说最高的咨询与管理服务业的企业法人单位数几乎是排名第五的通信技术服务业的企业法人单位数的近四倍；其他三个信息资源产业则表现一般，其间差距比较均匀。

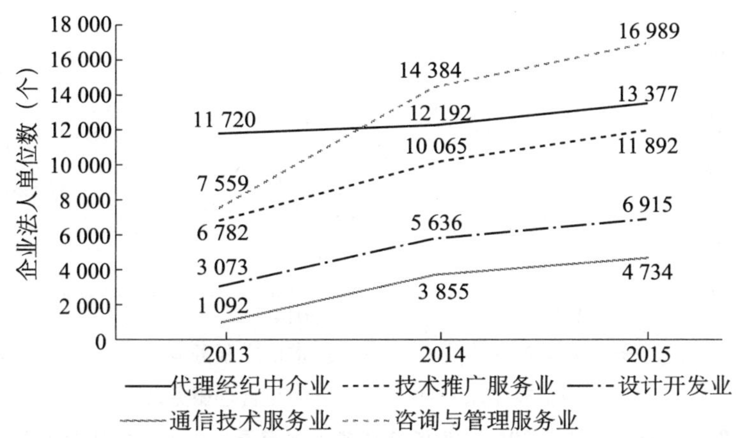

图 13－27　天津市 2013—2015 年中类信息资源产业前五名企业法人单位数

就三年整体状况来讲，咨询与管理服务业的企业法人单位数在 2013 年只有7 559 个，排名第二，而三年后增长到了比原来的两倍还多的数量，稳居第一，可见其发展之迅猛；其他产业除了技术推广与服务业增长较好之外均表现一般。企业法人单位数的数量水平和变化趋势在一定程度上反映了这个行业当下的群体实力以及未来发展的生命力，就此而言，咨询与管理服务业在企业法人单位数和营业收入的强大生命力上是一脉相承的，其扩张性增长背后是有强大的地基的；相反，其他行业表现欠佳也一定程度上说明了天津地区各中类信息资源产业发展水平的参差不齐。

由图 13－28 可知，天津市在中类信息资源产业中表现较好的五个产业的从业人口数据各有特点。其中，有着较好的发展的代理经纪中介业的从业人口数量三年增长相对迟缓，但是其数量巨大，就 2015 年度数据已经达到 107 153 人，几乎是从业人口第二的技术推广与服务业和第三的咨询与管理服务业的总和。而另一方面，相对发展较慢的技术推广服务业、咨询与管理服务业、设计开发业、通信技术服务业则从业人口增长相对平缓，从业人口水平也远低于代理经纪中介业。其中，通信技术服务业在从业人口上水平最低，三年来增长最慢。

由表 13－13 可以看出天津市 2013 年到 2015 年各中类信息资源产业中女性从业情况。各中类信息资源产业女性从业人口均呈增加趋势，但其占总从业人口的比例均无明显变化，说明大津市信息资源产业在这三年中发展较为蓬勃，势头较好，各个中类产业有自身特点，其女性从业人口的比例没有明显变化。其中，通信技术服务业女性从业人口比例最高，在 2015 年为 44.15%，代理经纪中介业女性从业人口比例最低，在 2015 年为 24.72%。

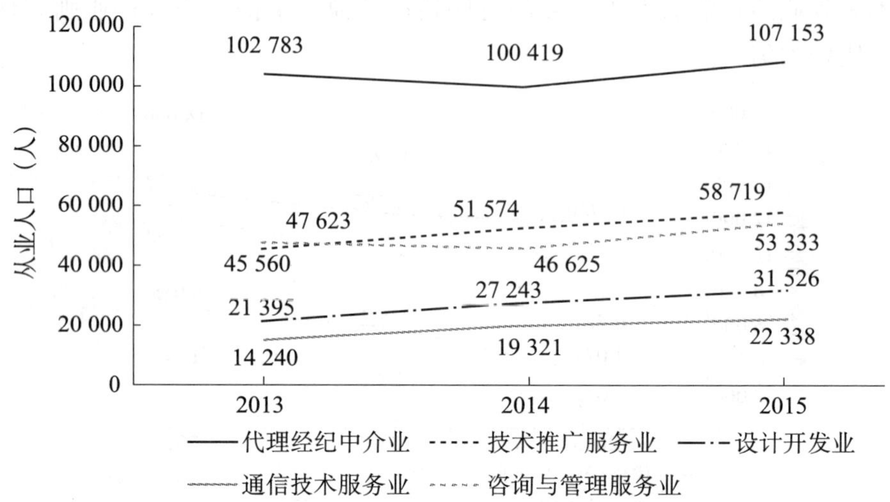

图 13-28　天津市 2013—2015 年中类信息资源产业前五名从业人口

表 13-13　　天津市 2013—2015 年中类信息资源产业前五名女性从业人口

	2013			2014			2015		
	从业人口（人）	女性从业人口（人）	比例（%）	从业人口（人）	女性从业人口（人）	比例（%）	从业人口（人）	女性从业人口（人）	比例（%）
代理经纪中介业	102 783	26 623	25.90	100 419	25 658	25.55	107 153	26 483	24.72
技术推广服务业	45 560	11 785	25.87	51 574	13 340	25.87	58 719	15 187	25.86
咨询与管理服务业	47 623	16 933	35.56	46 625	17 347	37.20	53 333	19 928	37.37
设计开发业	21 395	6 901	32.26	27 243	8 988	32.99	31 526	10 722	34.01
通信技术服务业	14 240	5 848	41.07	19 321	8 112	41.99	22 338	9 862	44.15

表 13-14 是天津市 2013—2015 年中类信息资源产业研发投入及专利数量情况，专利数量与研发投入正向相关，研发投入越多，专利数量越多。各个中类产业自 2013 年到 2015 年研发投入与专利数量均呈明显上升趋势，说明各个中类产业在研发上的投入逐年增多，得到的研究成果、专利数量也逐年增多。各个行业间研发投入及专利数量的差距很大，第五名教育培训业约为第一名代理经纪中介业的一半，这种差距主要来自于产业结构、产业分工的不同。

表 13－14　天津市 2013—2015 年中类信息资源产业前五名研发投入及专利数量

	2013		2014		2015	
	研发投入（万元）	专利数量（件）	研发投入（万元）	专利数量（件）	研发投入（万元）	专利数量（件）
代理经纪中介业	20 497.63	5 824	23 478.70	6 661	27 129.80	7 486
咨询与管理服务业	18 800.24	5 342	23 461.01	6 650	26 122.69	7 157
技术推广服务业	11 903.46	3 382	14 098.13	3 998	16 913.55	4 604
数据内容制作处理业	9 595.56	2 726	11 236.42	3 185	13 229.21	3 629
教育培训业	8 328.34	2 366	9 941.22	2 822	11 947.64	3 269

表 13－15 是天津市 2013—2015 年中类信息资源产业固定资产投资情况。可以看出天津市各个信息资源中类产业固定资产投资 2013—2015 年有较为明显的上升，说明信息资源产业的蓬勃发展，同时，各个中类产业间差距较大，其中第五名设计开发业在 2013 年约为第一名代理经纪中介业的一半，但发展较快，在 2014 年超过第一名的一半。

表 13－15　天津市 2013—2015 年中类信息资源产业前五名固定资产投资　单位：万元

	2013	2014	2015
代理经纪中介业	236 088.69	308 736.01	370 585.73
技术推广服务业	172 362.43	240 783.97	290 324.33
通信技术服务业	147 423.96	219 175.12	268 422.33
咨询与管理服务业	116 043.09	179 623.58	218 826.63
设计开发业	103 575.41	172 874.52	218 499.70

2. 大类信息资源产业

从大类信息资源产业来看，天津市信息资源产业可分为信息资源采集业、信息资源加工业、信息资源提供业等三大类产业，其中尤以信息资源提供业发展最好，其在营业收入、企业法人单位数、从业人口、女性从业人口、研发投入、专利数量、固定资产投资这所有指标中均占有绝对优势，而信息资源采集业在各项数据上均落后甚远，发展水平较低。

由图 13－29 可知，大类信息资源产业中三个产业在三年来的营业收入水平上的增长状况相差甚远，信息资源提供业占据绝对的霸主地位，数量和增长速度上占据着统治级优势，其发展速度、水平远高于信息资源采集业和信息资源加工业，信息资源采集业 2015 年度营业收入额不及信息资源提供业的五十分之一。而信息资源加工业较之信息资源采集业稍好，但其数量、增长速度均远低于信息资源提供业。至于信息资源采集业，则一方面数量最小，另一方面，可以说是增长停滞，亟待调整。

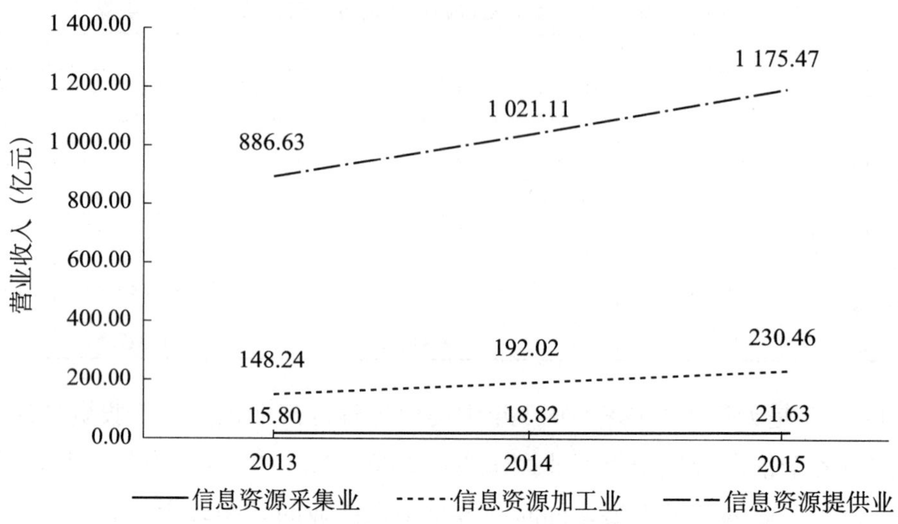

图 13－29　天津市 2013—2015 年大类信息资源产业营业收入

由图 13－30 可知，在企业法人单位数上，三个产业与营业收入上的水平和趋势都很相似，依然是信息资源提供业占据企业法人单位数数量和增长上的绝对优势，有可能会有扩张性的发展。信息资源采集业垫底，虽然 2015 年约增长到了 2013 年企业法人单位数的 1.56 倍，不过确实数量太小，发展水平仍然较低。信息资源加工业则处于中流水平，到 2015 年，企业法人单位数已经达到了几近信息资源提供业的三分之一。

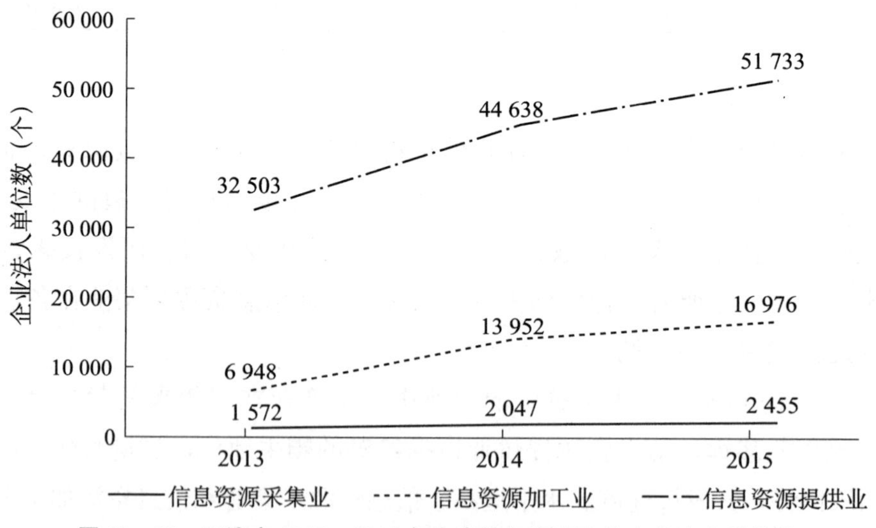

图 13－30　天津市 2013—2015 年大类信息资源产业企业法人单位数

由图 13－31 可知，在从业人口数量上，三个产业之间的差距更大。从业人口数最多的自然还是信息资源提供业，其数量在 2015 年已达到 493 430 人，是其他两个产业之和的近八倍，根本不处于同一个数量级。而反观信息资源采集业，就 2015 年来说，其数量为 12 102 人，只有信息资源加工业的四分之一。信息资源加工业则数量稍高于信息资源采集业，但水平远低于信息资源提供业。信息资源采集业和信息资源加工业的增长均十分缓慢。

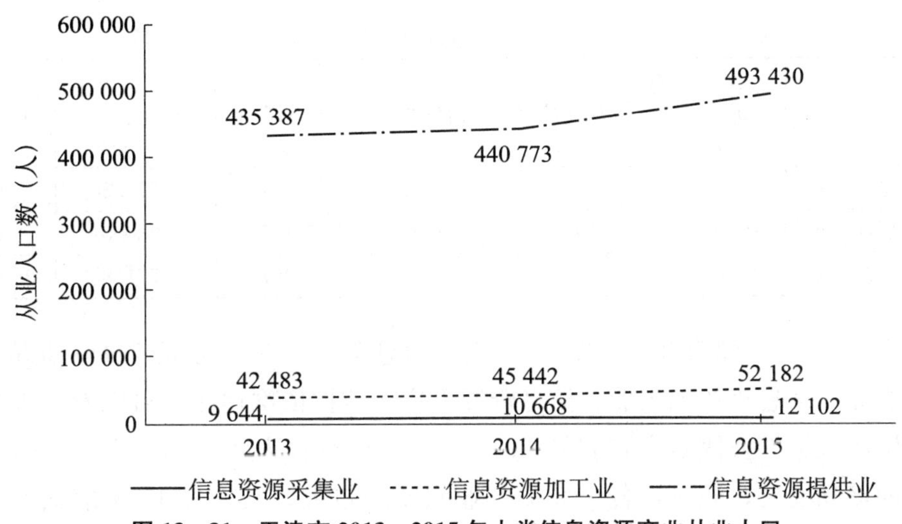

图 13-31　天津市 2013—2015 年大类信息资源产业从业人口

由表 13-16 可以看出天津市 2013 年到 2015 年大类信息资源产业中女性从业人口情况。各大类信息资源产业从业人口、女性从业人口均呈增加趋势，但其占总从业人口的比例均无明显变化，说明信息资源产业在这三年中发展较为蓬勃，势头较好，各个大类产业有自身特点，其女性从业人口的比例没有明显变化。信息资源提供业、信息资源加工业、信息资源采集业数据依次递减。

表 13-16　　天津市 2013—2015 年大类信息资源产业女性从业人口

	2013			2014			2015		
	从业人口（人）	女性从业人口（人）	比例（%）	从业人口（人）	女性从业人口（人）	比例（%）	从业人口（人）	女性从业人口（人）	比例（%）
信息资源采集业	9 644	2 520	26.13	10 668	2 772	25.98	12 102	3 114	25.73
信息资源加工业	42 483	13 936	32.80	45 442	15 091	33.21	52 182	17 114	32.80
信息资源提供业	435 387	187 105	42.97	440 773	189 070	42.90	493 430	207 331	42.02

表 13-17 是天津市 2013—2015 年大类信息资源产业研发投入及专利数量情况，专利数量与研发投入正向相关，研发投入越多，专利数量越多。信息资源提供业、信息资源加工业、信息资源采集业数据依次递减。各个大类产业自 2013 年到

2015 年研发投入与专利数量均呈明显上升趋势，说明各个大类产业在研发上的投入逐年增多，得到的研究成果、专利数量也逐年增多。各个行业间研发投入及专利数量的差距很大，例如 2015 年信息资源提供业专利数量为 25 694 件，而信息资源采集业仅为 984 件，这种差距主要来自于产业结构、产业分工的不同。

表 13-17　　天津市 2013—2015 年大类信息资源产业研发投入与专利数量

	2013		2014		2015	
	研发投入（万元）	专利数量（件）	研发投入（万元）	专利数量（件）	研发投入（万元）	专利数量（件）
信息资源采集业	2 562.05	728	3 024.50	857	3 610.50	984
信息资源加工业	16 893.02	4 800	20 148.81	5 717	24 230.09	6 619
信息资源提供业	67 566.23	19 197	80 581.52	22 857	93 771.80	25 694

图 13-32 是天津市 2013—2015 年大类信息资源产业固定资产投资情况。信息资源提供业、信息资源加工业、信息资源采集业数据依次递减。可以看出天津市各个信息资源大类产业固定资产投资 2013—2015 年有较为明显的上升，说明信息资源产业的蓬勃发展，同时，各个大类产业间差距较大，其中 2015 年信息资源提供业固定资产投资为 1 298 997.07 万元，而信息资源采集业仅为 71 912.67 万元。

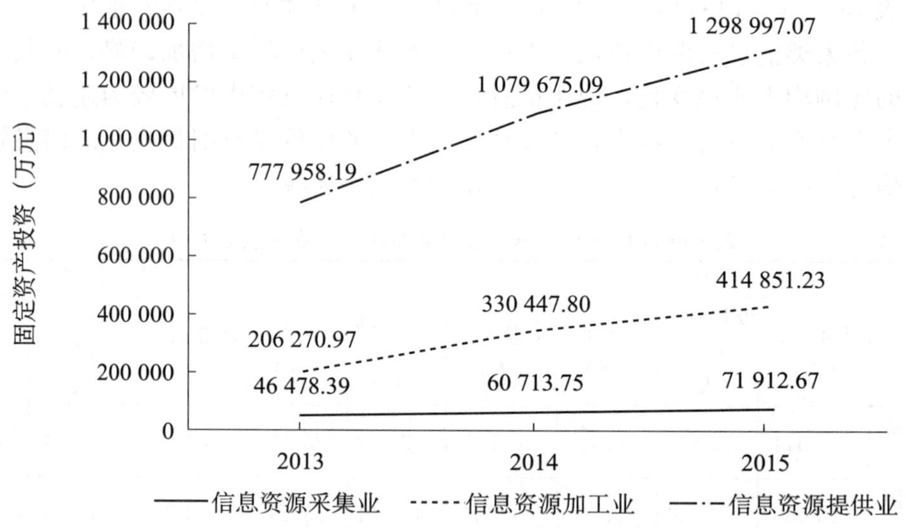

图 13-32　天津市 2013—2015 年大类信息资源产业固定资产投资

3. 依赖度

根据信息资源依赖度，可以将天津市信息资源产业分为信息资源低度依赖型产业、信息资源中度依赖型产业、信息资源完全依赖型产业三个类别。其中天津市信息资源低度依赖型产业发展水平较高，其营业收入、企业法人单位数、从业人口、女性从业人口、研发投入、专利数量指标表现优秀，特别是在从业人口、研发投入、专利数量上具有非常明显的优势；信息资源完全依赖型产业次之；信息资源中度依赖型产业则在各个指标上水平均处于中低水平。

由图 13－33 可以看出，在营业收入水平上，天津市信息资源低度依赖型产业占据全面优势，不仅营业收入水平表现最好，其增长速度也是非常可观；信息资源完全依赖型产业则稍次于信息资源低度依赖型产业，从三年的数据表现来看，信息资源完全依赖型产业的增长速度与信息资源低度依赖型产业相近，只是数量上稍小，在图中可以明显看出两产业营业收入曲线几近平行增长；至于信息资源中度依赖型产业，其营业收入水平还是相对较低，就 2015 年数据来看，数量上比信息资源低度依赖型产业少了约三分之一，三年来的营业收入年均增长趋势跟信息资源低度依赖型产业保持了一定的平行，值得进一步观察。

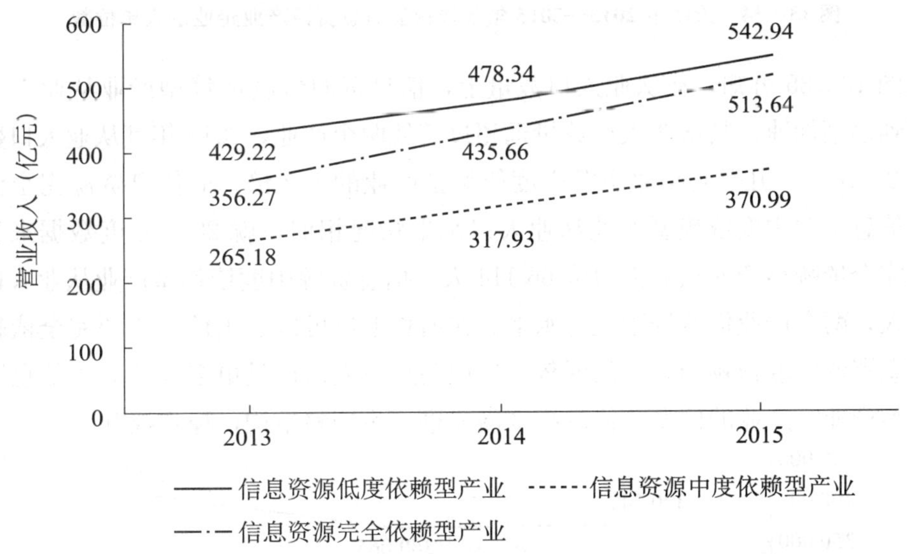

图 13－33　天津市 2013—2015 年各依赖度信息资源产业营业收入

由图 13－34 可知，就 2013—2015 三年来的企业法人单位数而言，信息资源完全依赖型产业扩张速度最快，三年几近翻了一番，并且在 2015 年超过信息资源低度依赖型产业，跃居榜首。就 2015 年来讲，信息资源中度依赖型产业在数量上只有信息资源低度依赖型产业的一半左右，但其三年来的增长速度亦是非常可观，由于数量上的差距，还需要进一步关注。这些改变一定程度上充分说明了天津市可能更多依赖于信息资源产业来创造财富的企业数量在快速增长，并且天津市的信息资源产业对信息资源依赖程度正在以可观的速度增加。

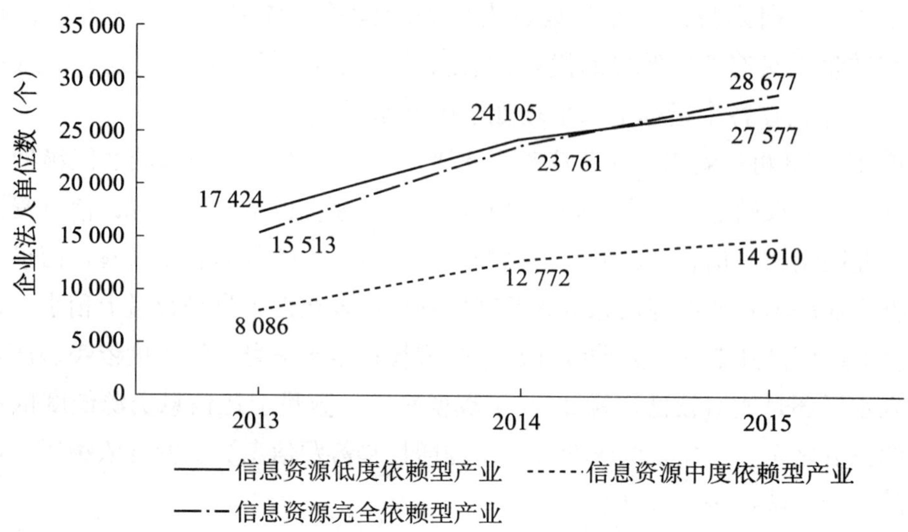

图 13－34　天津市 2013—2015 年各依赖度信息资源产业企业法人单位数

由图 13－35 可知，在从业人口数量上，信息资源低度依赖型产业从业人口变化由平缓到逐渐加速，其从业人口数量远超过其他两个产业，2015 年其从业人口数量达到了 412 127 人，几乎是信息资源中度依赖型产业的 5.2 倍。而信息资源完全依赖型产业和信息资源中度依赖型产业从业人口水平状况相似，就 2015 年度数据来看，信息资源完全依赖型产业从业人口为 66 114 人，信息资源中度依赖型产业从业人口则为 79 472 人，两个产业仍然处于较低水平。在增长上也可以看出信息资源完全依赖型产业和信息资源中度依赖型产业的弱势。这说明从业人口还是更多地流向了信息资源低度依赖型产业，产业的信息化依赖程度需要进一步调整结构，稳步提升。

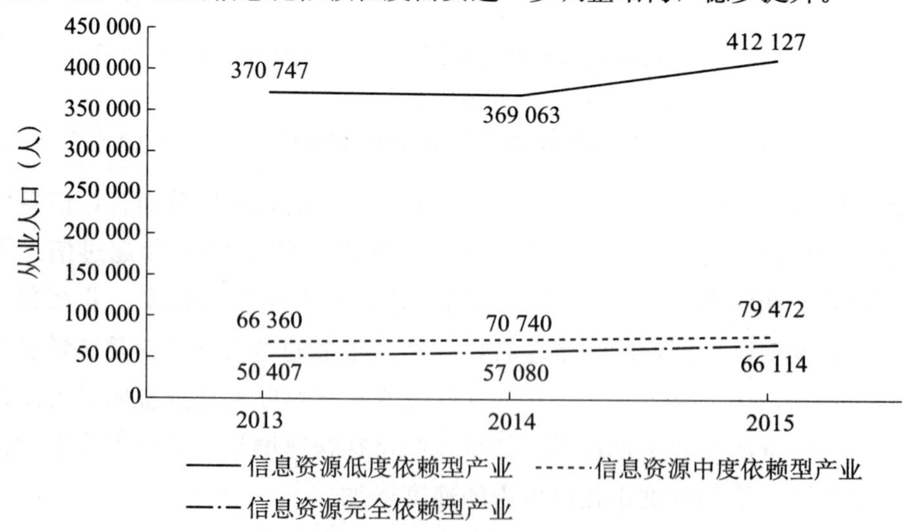

图 13－35　天津市 2013—2015 年各依赖度信息资源产业从业人口

由表 13 - 18 可以看出天津市 2013 年到 2015 年各依赖度信息资源产业中女性从业情况。各阶段信息资源产业从业人口、女性从业人口均呈增加趋势，但其占总从业人口的比例均无明显变化，说明信息资源产业在这三年中发展较为蓬勃，势头较好，但各个产业有自身特点，其女性从业人口的比例没有明显变化。女性从业人口的比例按照信息资源低度依赖型产业、信息资源完全依赖型产业、信息资源中度依赖型产业顺序依次递减。

表 13 - 18　　天津市 2013—2015 年各依赖度信息资源产业女性从业人口

	2013			2014			2015		
	从业人口（人）	女性从业人口（人）	比例（%）	从业人口（人）	女性从业人口（人）	比例（%）	从业人口（人）	女性从业人口（人）	比例（%）
信息资源低度依赖型产业	370 747	165 886	44.74	369 063	164 728	44.63	412 127	178 895	43.41
信息资源中度依赖型产业	66 360	18 599	28.03	70 740	19 659	27.79	79 472	22 160	27.88
信息资源完全依赖型产业	50 407	19 077	37.84	57 080	22 546	39.50	66 114	26 504	40.09

表 13 - 19 是天津市 2013—2015 年各依赖度信息资源产业研发投入及专利数量情况，专利数量与研发投入正向相关，研发投入越多，专利数量越多。2013—2015 年信息资源产业研发投入与专利数量按照信息资源低度依赖型产业、信息资源完全依赖型产业、信息资源中度依赖型产业依次递减。各产业自 2013 年到 2015 年研发投入与专利数量均呈明显上升趋势，说明各产业在研发上的投入逐年增多，得到的研究成果、专利数量也逐年增多。各产业间研发投入及专利数量的差距很大，例如 2015 年信息资源低度依赖型产业专利数量为17 920件，而信息资源中度依赖型产业仅为 6 926 件，这种差距主要来自于产业结构、产业分工的不同。

表 13 - 19　　天津市 2013—2015 年各依赖度信息资源产业研发投入与专利数量

	2013		2014		2015	
	研发投入（万元）	专利数量（件）	研发投入（万元）	专利数量（件）	研发投入（万元）	专利数量（件）
信息资源低度依赖型产业	47 194.94	13 409	55 283.62	15 685	65 307.80	17 920
信息资源中度依赖型产业	18 308.62	5 202	21 459.41	6 085	25 373.60	6 926
信息资源完全依赖型产业	21 517.74	6 113	27 011.81	7 661	30 931.00	8 452

图 13－37 是天津市 2013—2015 年各依赖度信息资源产业固定资产投资情况，自 2013 至 2015 年明显呈增加趋势。其数额按信息资源低度依赖型产业、信息资源完全依赖型产业、信息资源中度依赖型产业顺序依次递减。各依赖度之间的差距不算太大，例如在 2015 年，信息资源低度依赖型产业的固定资产投资为753 718.29万元，信息资源中度依赖型产业固定资产投资为 383 408.83 万元，信息资源完全依赖型产业为 648 633.86 万元。

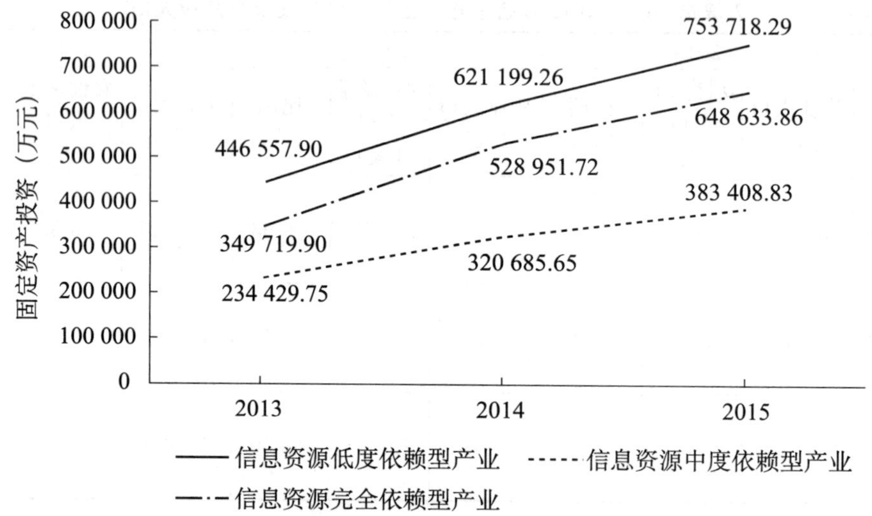

图 13－37　天津市 2013—2015 年各依赖度信息资源产业固定资产投资

13.2.2　区域信息资源产业优势行业介绍

基于产业价值、产业增长、产业效率、产业贡献等四个指标，本研究给出天津市信息资源产业优势行业综合得分指标的排名，各项指标的具体得分及排名情况可参见表 13－20。根据排名结果，2014—2015 年天津市信息资源产业优势行业分别为：农业技术推广服务（综合得分 94.69，排名第一）、社会经济咨询（综合得分 94.12，排名第二）、其他专业咨询（综合得分 93.96，排名第三）、货物运输代理（综合得分 91.93，排名第四）、节能技术推广服务（综合得分 90.33，排名第五）。

表 13－20　　天津市信息资源产业优势行业 IRIDI 得分

行业	产业价值	产业增长	产业效率	产业贡献	综合得分	综合排名
农业技术推广服务	84.84	95.77	79.66	84.22	94.69	1
社会经济咨询	83.99	94.45	82.08	82.66	94.12	2
其他专业咨询	83.54	94.45	82.08	82.27	93.96	3

续前表

行业	产业价值	产业增长	产业效率	产业贡献	综合得分	综合排名
货物运输代理	91.97	93.00	76.95	87.77	91.93	4
节能技术推广服务	72.87	97.40	79.33	73.24	90.33	5

为了进一步说明天津市优势行业的产业价值，根据 2014 年和 2015 年的数据，整理得到表 13－21。

表 13－21　　天津市信息资源产业优势行业重要指标

年份	指标	农业技术推广服务	社会经济咨询	其他专业咨询	货物运输代理	节能技术推广服务
2014	营业收入（亿元）	77.25	61.66	59.98	118.62	35.09
	企业法人单位数（个）	3 218	3 889	3 783	4 811	1 462
	从业人口（人）	14 902	9 299	9 046	52 366	6 769
2015	营业收入（亿元）	90.79	71.54	69.59	133.34	42.37
	企业法人单位数（个）	3 812	4 589	4 464	5 446	1 780
	从业人口（人）	17 032	10 913	10 616	56 430	8 047

由表 13－21，可以看出天津市优势行业集中在咨询业和技术推广服务业，还涉及运输业，这些行业在全国普遍发展较好，而在天津又由于其得天独厚的资源环境，可以有更加广阔的发展空间，相关数据证明了这一点。

其中农业技术推广服务业是发展最好的产业。关于农业技术推广，在我国《农业技术推广法》中有如下定义：农业技术推广，是指通过试验、示范、培训、指导以及咨询服务等，把农业技术普及应用于农业产前、产中、产后全过程的活动。而农业技术在夯实国家根本基础上的作用不容小觑，同时农业技术也是支撑农业、解决三农问题的有效力量。因此，容易理解，农业技术推广服务业即是借助了信息技术的飞快发展，并结合自身的重要战略地位，而领衔天津市信息资源产业。

社会经济咨询业，涉及市场战略分析、系统化交易，洞察市场动向，捕捉市场机会，综合评估和控制好风险，提供优质、专业的咨询服务，其目的是使客户实现公司的利润最大化。社会经济咨询在高速发展的现代经济社会大有作为。而天津作为环渤海地区最重要的门户之一，又拥有北方第一个自由贸易试验区，社会经济咨询业自然是非常发达。社会经济咨询业排名仅次于农业技术推广服务业，也在一定程度上说明了社会经济咨询服务业背后的巨大经济效用与影响力。

其他专业咨询，则正好与社会经济咨询共同构成了咨询服务业的主体，主要是处理不处于社会经济咨询业范围内的咨询业务。而咨询作为一项具有参谋、服务性的社会活动，在军事、政治、经济各大领域中逐渐发展起来，已成为社会、经济、政治活动中辅助决策的重要手段。这也是其他专业咨询业能够挤进前三甲的重大原因，同时，前三甲中两个都是咨询服务业也说明了咨询服务业在天津乃至现代经济社会的重要地位。

国际货运代理协会联合会对货物运输代理的定义是：根据客户的指示，为客户的利益而揽取货物的人，其本人并非承运人。也可以这些条件，从事与运送合同有关的活动，如储货、报关、验收、收款。天津作为环渤海地区的核心门户，又素来发挥着首都门户和北方重大港口的作用，而且随着全球经济一体化进程的加快，其集散货物的来往贸易更是涉及世界各地，而这一切都难以离开货物运输代理业的强大支撑。

节能技术推广服务业越来越重要。如今环境问题越来越受到国家重视，不再以牺牲环境来换取 GDP 的快速增长，而是要以资源节约型、环境友好型社会为导向，努力提高可持续发展能力，实现经济的绿色增长、可持续增长。随着社会导向的改变，节能技术推广力度进一步加大，国家对于节能技术的扶持力度也是前所未有，天津作为老一代京津冀工业区的重要区域，自然是紧跟时代产业链改革的步伐，积极发展节能技术，加强节能技术的推广，努力缔造绿色环保的产业体系。

13.2.3 区域信息资源产业发展影响因素

一个区域的信息资源产业发展影响因素是复杂的，囊括了政治、经济、科技、基础设施、区域文化等，而其中的部分因素对此起着至关重要的作用。在本章开篇的总述中对天津市信息资源产业发展总体情况已经有了一定阐述，现针对区域信息资源产业发展影响因素进行更加深入而细致的分析。在深入分析之前，先简要交代本研究将要用到的指标。产业价值、产业增长、产业效率和产业贡献综合称为产业绩效，属于显示性指标；产业结构、产业行为和产业环境则属于解释性指标，若要深入了解这些指标，请参见本研究专门阐述指标的章节。为了研究影响社会经济咨询业发展的因素，本部分选用了传统的 SCP（结构-行为-绩效）模型，并且添加 E（环境）作为调节变量，从而形成产业分析框架。被解释变量分别是产业绩效、产业行为，解释变量是产业结构、产业行为、产业环境三部分，进行多元回归分析，回归结果见表 13－22。

本小节数据来源为《中国科技统计年鉴》、《中国基本单位统计年鉴》、《中国劳动统计年鉴》、《中国经济普查年鉴》、国家统计局、北大法宝法律数据库、政府工作报告以及中国人民大学信息资源产业基础数据库等。

表 13－22　　天津市信息资源产业发展因素的多元回归结果

变量名称	(1) 产业绩效	(2) 产业绩效	(3) 产业行为	(4) 产业绩效	(5) 产业绩效
产业结构	0.154**		0.088*	0.029	0.082*
产业行为		0.141**		0.142**	
产业环境					0.069*
产业环境的调节作用					0.054*
年份	控制	控制	控制	控制	控制
行业	控制	控制	控制	控制	控制
样本量	930	930	930	930	930
R^2	0.395	0.412	0.141	0.412	0.397

注：双尾概率 p 值是基于异方差稳健标准误的结果。* 表示在 5%的水平下显著，** 表示在 1%的水平下显著；"年份"与"行业"为控制变量，表明每一样本皆在同一年同一行业中选取。

表 13－22 列出了各种回归计算的结果。列（1）表示产业结构对产业绩效的回归结果；列（2）表示产业行为对产业绩效的回归结果；列（3）表示产业结构对产业行为的回归结果；列（4）表示去除产业结构对产业行为的影响后，两自变量共同对产业绩效的回归结果；列（5）表示加入产业环境这个调节变量后，产业结构、产业环境与二者交叉部分共同对产业绩效的回归结果。

同时，表 13－22 表明，产业结构单独作为自变量时，在 1%水平下与产业绩效呈正相关，产业行为在 1%水平下与产业绩效呈正相关。列（3）表明产业结构对产业行为有影响，这与 E-SCP 模型中市场结构影响市场行为相符合。除去二者相互影响后，产业结构与产业行为都与产业绩效呈正相关，但产业结构的影响程度较小。列（5）表明，产业环境与产业结构交叉部分对产业绩效的影响系数为 0.054，并且在 5%水平下显著，与产业结构影响系数 0.154 同向。因此说明产业环境是正向调节变量。由最后一行 R^2 的数据可知，该回归模型拟合度较好。

由表 13－22 的数据可以得知，产业结构、产业行为都是天津市信息资源产业发展的影响因素，且呈正相关。产业环境是天津市信息资源产业发展的正向调节变量。可见，促进和把握天津市信息资源产业的发展需要考虑产业结构和产业行为，并及时对政府职能进行调整，适当地进行一系列制度设计，如健全资本市场、金融市场、土地市场，改善城市管理，加大创新激励，加快人力资本积累，进行有效的法治建设、反腐败等等，从而对调整地区产业结构、促进地区产业升级起到明显的促进作用。

综上可知，天津市信息资源产业发展的影响因素主要为产业结构、产业行为、产业环境，其中产业行为起到中介作用，产业环境起到调节作用。

13.2.4 区域信息资源产业发展特点分析

从上述分析结果来看，天津市信息资源产业近年来的发展主要呈现出以下几个方面的特点。

1. 天津市宏观经济发展良好，信息资源产业发展条件优越

近年来，天津市迎来京津冀协同发展、国家自主创新示范区获批、自贸区建设等重大历史性机遇。在天津，三大电信运营商均建有研发基地；在大数据领域，天津聚集了海量信息（海量信息技术有限公司）、搜狐视频、58同城、百合网、科大讯飞、腾讯、天融信等一大批知名企业或其下属机构；在数据存储领域，则拥有中科蓝鲸、超算中心、曙光、书生电子等著名机构或其下属机构；在数据库研发应用领域，则汇集了南大通用、神舟通用等龙头企业；在信息安全等领域，拥有国家计算机病毒应急处理中心等多家机构。这些都为信息资源产业的发展创造了优渥的条件。

2. 天津市信息资源产业发展迅猛，呈现出持续增长的态势

根据前几小节的数据表现及简要分析可以看出，天津市信息资源产业的IRIDI得分综合排名位于全国第五，优势明显；而从中类信息资源产业、大类信息资源产业、依赖度三个平行维度进一步来看，天津市的信息资源产业优势更加具体可感，其各项指标的综合表现也是非常强劲；据在优势行业上的深入分析更加可以了解到天津市信息资源产业优势行业充分发挥以点带面的作用，贡献突出。总而言之，天津市近年来信息资源产业发展迅猛，具有强劲的发展引擎。

3. 天津市信息资源产业结构合理，发展基础良好

从回归分析结果来看，产业结构、产业行为与产业环境对产业绩效均具有正向促进作用，产业结构、产业行为与产业环境着实为产业绩效夯实了牢固的结构基础。当然，现行各项制度还不尽完善，自贸区、产业园建设等重头项目还处于进行时态，待下一步的深化改革和深度优化升级，将会有更佳的产业表现。

4. 天津市政府对信息资源产业发展的支持力度较大，政策供给较为充分

围绕发展信息资源产业，国家制定了“宽带中国”战略实施方案，出台了“互联网+”行动计划，发布了《促进大数据发展行动纲要》等一系列方针、政策方案和计划，天津市更是具有相当的洞察力，在这个方向上也相继提出了智慧城市、“五个一工程”等行动计划，对本市未来信息资源产业的发展勾画了蓝图。可以说，天津市的信息资源产业能够在全国具有相当的竞争力，是有坚实政策基础的。在这一点上而言，信息资源产业作为新的经济发展引擎，也是需要一个合适的发展环境

的，而天津则算得上是这一点上的范例了。

13.2.5　区域信息资源产业发展趋势分析

伴随着国内要素成本结构、国际竞争环境和信息资源产业技术范式的深刻变革，“十三五”时期中国信息资源产业发展的动力机制、产业组织形态和参与全球竞争的方式都将呈现新的面貌，而实实在在地落到每个省级行政区，则是产业结构全面优化升级、产业环境深层次净化、产业行为合理化、产业绩效全面提升。下面据此展望未来天津信息资源产业发展情况。

由图 13－37 可知，利用简单线性回归可拟合全国平均营业收入曲线和天津市营业收入曲线，方程分别为 $y=107.85x-216\ 042$（$R^2=0.978\ 1$）和 $y=112.62x-225\ 675$（$R^2=0.927\ 1$），容易知道天津市 2004—2013 年营业收入一直低于全国平均水平，但从营业收入增长率上来看，天津高于全国平均水平，并在 2015 年度实现超越。

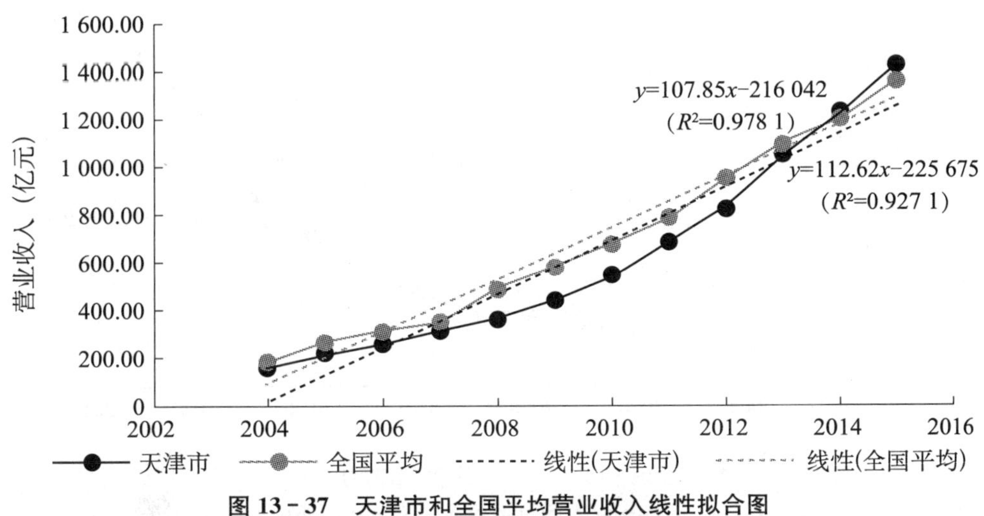

图 13－37　天津市和全国平均营业收入线性拟合图

根据模拟回归方程分别预测出天津和全国平均水平 2020 年、2025 年、2030 年的营业收入值，据图 13－38 易知，在今后发展过程中，天津市营业收入水平将逐渐超过全国平均水平，向上达到一个更高的层次。

由图 13－39 可知，利用简单线性回归可拟合全国平均企业法人单位数曲线和天津市企业法人单位数曲线，方程分别为 $y=5\ 103.8x-10\ 000\ 000$（$R^2=0.859\ 7$）和 $y=5\ 162.6x-10\ 000\ 000$（$R^2=0.821\ 6$），容易知道，从 12 年的数据来看，天津市与全国平均水平一直非常贴近，在 2004—2013 年一直处于紧跟状态，稍低些许，而在 2014—2015 年便非常接近，但从增长率来看，大津市高于全国平均水平，意味着其法人单位数增长潜力非常大。

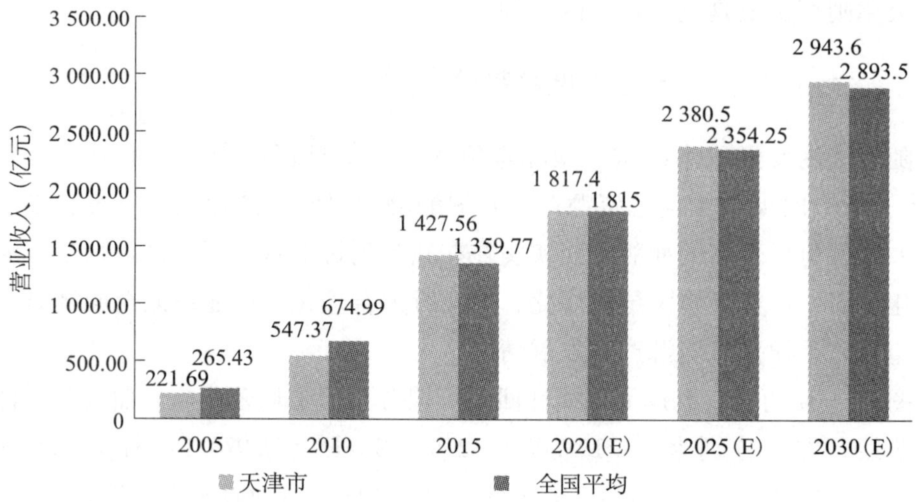

图 13-38　天津市和全国平均营业收入预测直方图

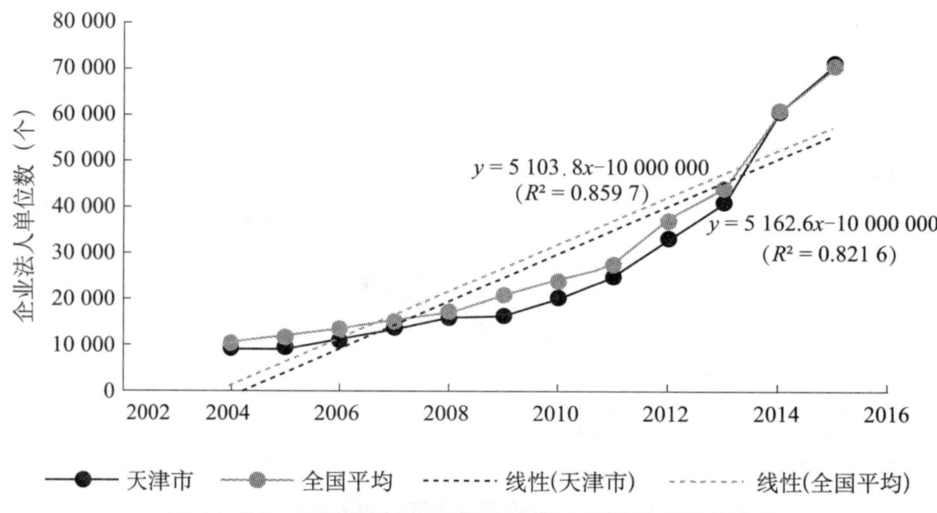

图 13-39　天津市和全国平均企业法人单位数线性拟合图

模拟回归方程分别预测出天津和全国平均水平 2020 年、2025 年、2030 年的企业法人单位数值，由图 13-40 可以看出其企业法人单位数量的飞跃增长，相比全国平均水平，在 2020 年已经可以看到非常大的数量优势，如此发展，天津市企业法人单位数量将快速增长，由此需要更好的配套产业环境。

由图 13-41 可知，利用简单线性回归可拟合全国平均从业人口曲线和天津市从业人口曲线，方程分别为 $y=52\ 361x-100\ 000\ 000$（$R^2=0.877\ 1$）和 $y=30\ 644x-60\ 000\ 000$（$R^2=0.792\ 5$），再综合 12 年以来的数据，易知在从业人口上，天津市一直远低于全国平均水平，而且在增长率上也有非常大的差距，这就意味着天津市从业人口数量较小，且从业人口增长较慢，在今后的发展中仍会与全国平均水平有不小的差距。

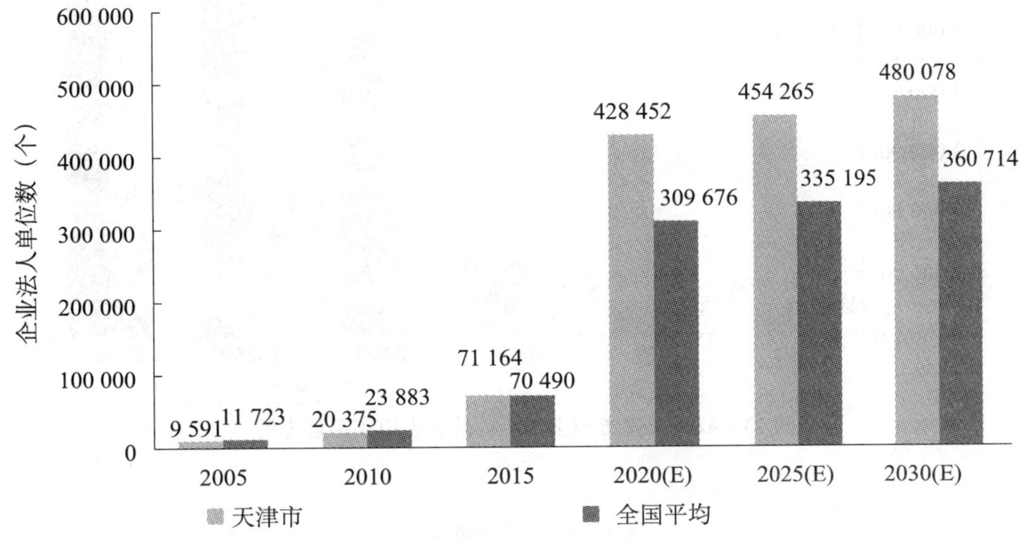

图 13－40　天津市和全国平均企业法人单位数预测直方图

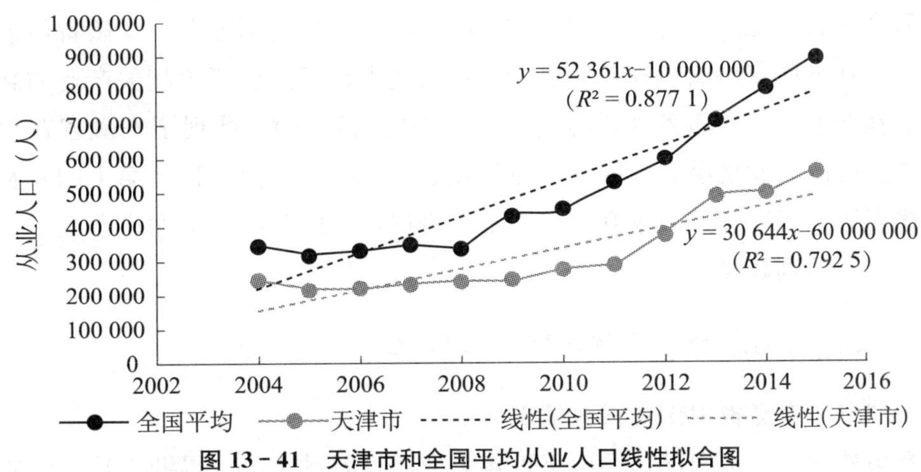

图 13－41　天津市和全国平均从业人口线性拟合图

模拟回归方程分别预测出天津和全国平均 2020 年、2025 年、2030 年的从业人口值，由图 13－42 可以看到非常明显的差距，天津本就是直辖市，地域较小，人口相比全国平均水平也并不占优势，如此增长，天津市从业人口上将落后全国平均水平甚远，需保持关注。

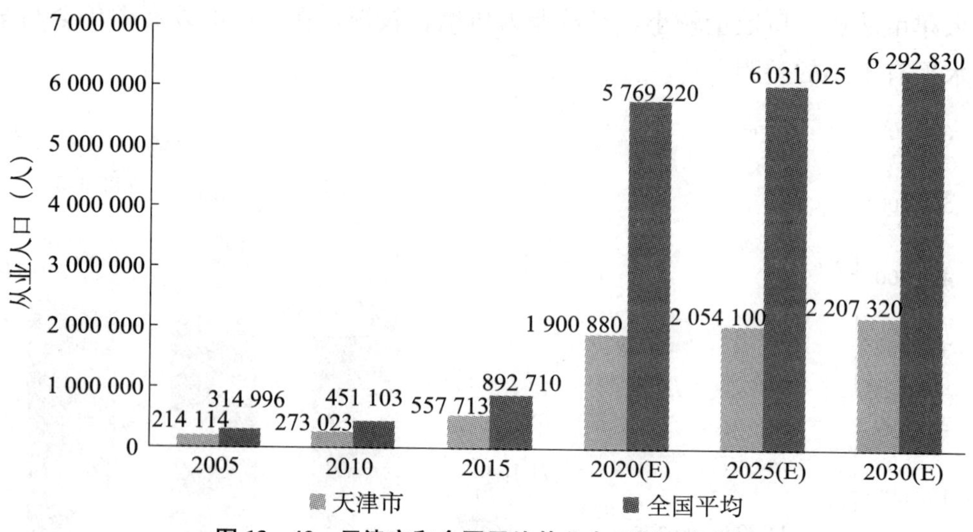

图 13－42　天津市和全国平均从业人口预测直方图

13.3　安徽省

安徽省信息资源产业发展指数以 82.93 分在全国排名第七名。安徽省借助其在战略新兴产业方面突出的表现，通过先进的科技带动了信息资源相关产业的高效发展，使其在产业效率方面表现优异（产业效率排名第一），展现了安徽省在信息资源产业方面的巨大发展潜力。因此，虽然安徽省在产业价值（排名第十四）及产业贡献（排名第十五）等方面仅有中等水平的表现，借助其高水平的产业效率，综合排名仍旧能够达到较高的水平。

13.3.1　安徽省信息资源产业发展总体状况

13.3.1.1　安徽省 IRIDI 得分情况

安徽虽然地处我国中部，但由于近年来交通发展迅速，且得助于其天然的资源优势以及逐步的产业结构优化，安徽省在产业效率指标上位列全国榜首，充分说明其产业效率的领先地位（见图 13－43）。

但另一方面，在产业价值、产业增长、产业贡献等指标上，安徽则表现疲软，处于全国中游水平；综合各指标而言，位列全国第七。各项指标的具体得分及排名情况可参见表 13－23。

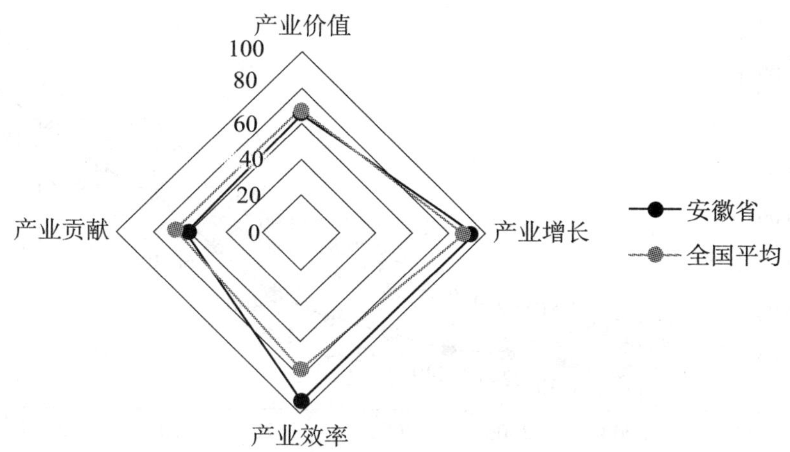

图 13-43　安徽省信息资源产业 IRIDI 得分雷达图

表 13-23　安徽省信息资源产业 IRIDI 得分及全国排名

指标	得分	排名
产业价值	67.34	14
产业增长	93.28	12
产业效率	92.27	1
产业贡献	64.91	15

13.3.1.2　安徽省信息资源产业发展情况

安徽省信息资源产业发展概况主要由近 12 年来该市信息资源产业营业收入、企业法人单位数、从业人口等三项指标的数据来体现。

截至 2015 年，安徽省信息资源产业在营业收入上达到了1 371.52亿元，企业法人单位数则达到了 66 941 个，而从业人口也增长到了 340 318 人，正在经历一个稳步增长的阶段。

由图 13-44 可知，在营业收入指标上，安徽省整体水平稍低于全国平均水平。从 12 年的时间序列数据展示来看，可以发现安徽省营业收入水平在 2004 年与全国平均水平相差较小，在图中容易看出两条线起点非常贴近，但是而后差距逐渐扩大，由图可以直观看出 2008 年度、2009 年度、2010 年度是差距最大的三年，其后差距又开始缩小，进入追赶阶段。从截面数据来看，在 2015 年度安徽省实现了首次超越，这或许在一定程度上表明了安徽省信息资源产业发展的过程并不一帆风顺，但是可以看到，安徽的信息资源产业的发展速度在加快，总体趋势是值得期待的，需要进一步的调整升级。

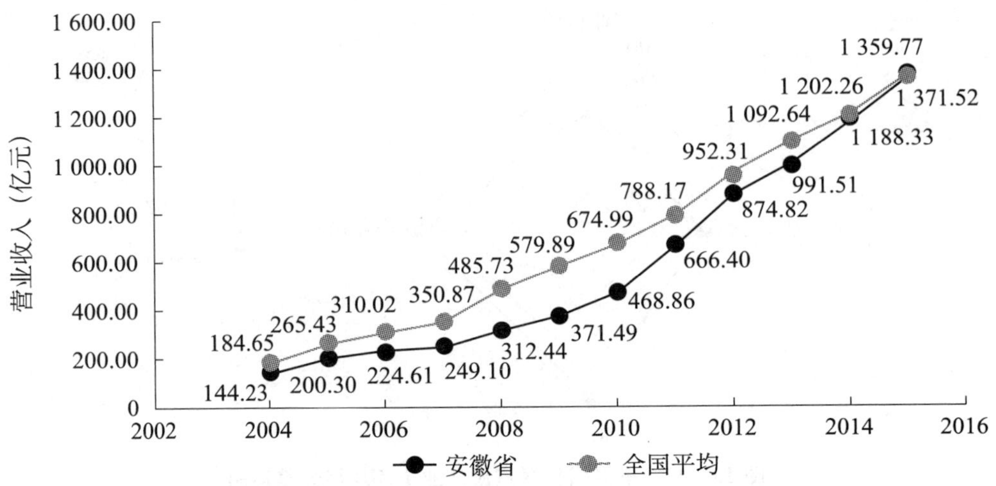

图 13-44　2004—2015 年安徽省信息资源产业营业收入

由图 13-45 可知，在企业法人单位数指标上，总体上安徽是一直低于全国平均水平的。从 12 年时间序列数据来看，安徽省在 2004—2010 年期间与全国平均水平差距是非常明显的，2011 年是有一个跳跃性的增长，缩小了差距，而 2012 年和 2013 年的差距又回到了原先的水平，不过经历如此长时间的大差距后，在 2015 年安徽省随全国性的迅猛增长，一举发力，短期将差距缩小到 12 年来的最低水平，可以看到安徽省的企业法人单位数的发展历程，也一定程度上说明了安徽省的信息资源产业的状况确实趋势良好。

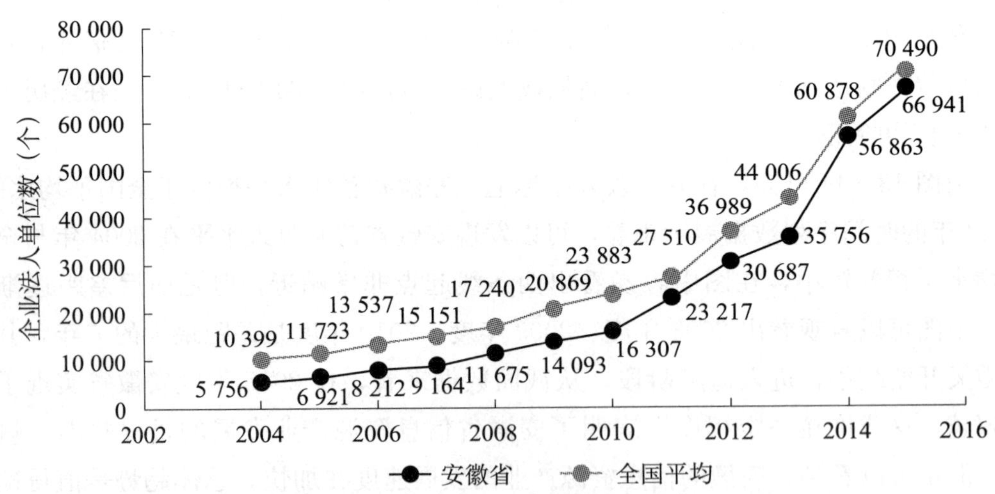

图 13-45　2004—2015 年安徽省信息资源产业企业法人单位数

由图 13-46 易知，12 年来，在从业人口指标上，安徽增长相对平缓，除了在 2009 年有一个突然的跃升，但在 2010 年又回落到比 2008 年的水平稍高的水平，继续平缓地增长。安徽省信息资源产业从业人口的数量水平远不及全国平均水平。在2004年时，安徽省的信息资源产业从业人口数量就只有全国平均水平的一半左右，而截至2015年时，其差距已经非常大，安徽省的信息资源产业从业人口数量已经低至全国平均水平的三分之一左右。就此而言，安徽省的信息资源产业的进一步发展，人才或许是一个关键的突破口。

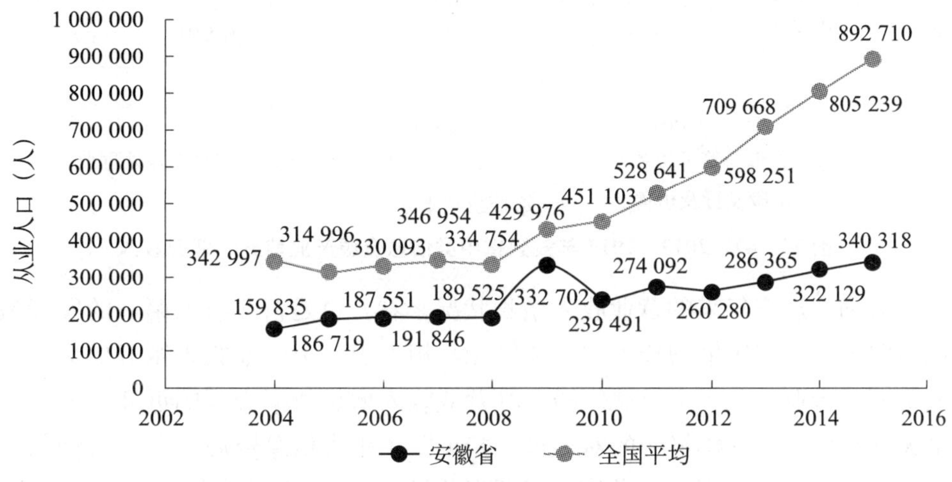

图 13－46　2004—2015 年安徽省信息资源产业从业人口

13. 3. 1. 3　安徽省信息资源产业分类概述

同样，进一步拓深开来，从中类信息资源产业、大类信息资源产业、依赖度三个平行维度来阐述安徽省信息资源产业发展概况。

1. 中类信息资源产业

从中类信息资源产业来看，安徽省信息资源产业可分为博物展示业、出版发行及租售业、代理经纪中介业、技术推广服务业、教育培训业、勘探测绘业、设计开发业、数据内容制作处理业、调查监测业、通信技术服务业、咨询与管理服务业等十一个类。

安徽省的信息资源产业中类信息资源产业在营业收入上表现较好的前五名分别为：咨询与管理服务业、代理经纪中介业、数据内容制作处理业、出版发行及租售业、通信技术服务业。下面主要考量营业收入、企业法人单位数和从业人口三项指标，再综合其他指标给出深入分析。

由图 13－47 可以了解到，在营业收入上表现较好的五个产业存在不小的差距，营业收入最高的咨询与管理服务业在2015年度达到了377.90亿元，而最低的通信技术服务业却只有105.91亿元，意味着第一名是第五名的近4倍，这样悬殊的营业收入差距，再比较其他指标可想其差距之大。

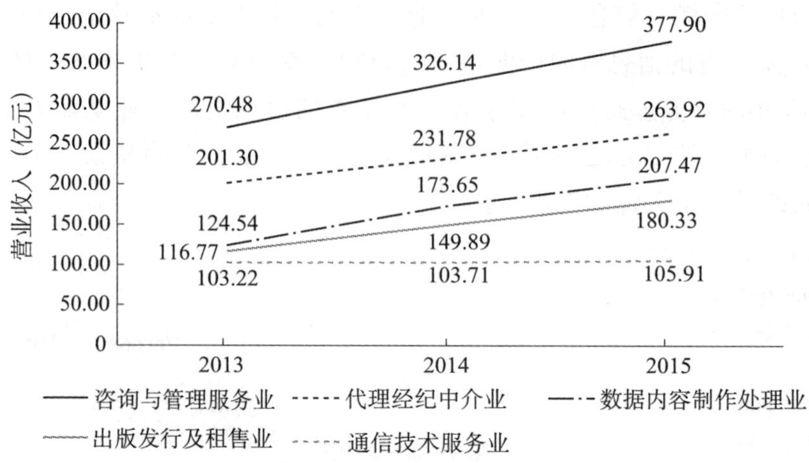

图 13-47　2013—2015 年安徽省中类信息资源产业前五名营业收入

另一方面，从三年来的营业收入增长状况来看，也是营业收入第一的发展最快最好，稳步向上，在三年里增长了 107 余亿元，相当于一个营业收入第五的数量；而营业收入第五的产业，三年来发展停滞，其营业收入增长数据表现的近 3 亿元根本可以说几乎无增长可言，这样鲜明的对比进一步说明了中类信息资源产业中咨询与管理服务业的龙头地位，也说明了中类信息资源产业发展不均，产业结构存在一定的问题。

由图 13-48 可以了解到，在企业法人单位数方面表现较好的五个产业的数据体现了非常对称的差距，就 2015 年来讲，咨询与管理服务业和数据内容制作处理业的企业法人单位数都接近 18 000 个，两者数据分别为 17 803 和 17 719，非常接近；而较少的出版发行及租售业和通信技术服务业的企业法人单位数则分别为 4 784和 3 934 个；处于中间位置的代理经纪中介业的企业法人单位数数据则基本处于中位数的水平，为 11 019 个。

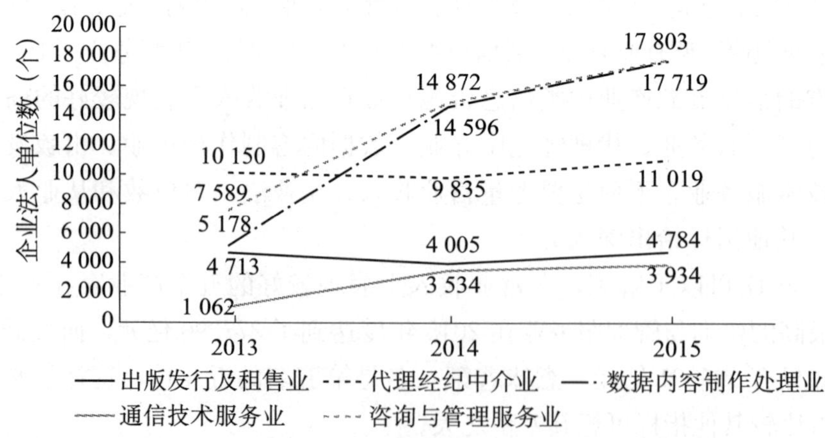

图 13-48　2013—2015 年安徽省中类信息资源产业前五名企业法人单位数

企业法人单位数在一定程度上反映了这个行业当下的群体实力以及未来发展的生命力。所以就此而言，具有同等较高水平企业法人单位数的情况，反映了咨询与管理服务业在企业法人单位数数量相当情况下比数据内容制作处理业营业收入更多，焕发了强大生命力；而具有同等较低水平企业法人单位数的情况，说明了出版发行及租售业在企业法人单位数数量相当情况下比通信技术服务业营业收入更多，发展空间更大。综合三年来的时间序列表现，可以发现咨询与管理服务业扩张速度快，行业吸金能力强；相反，弱者相对更弱，并无起色。

由图13-49可以了解到，从业人口数据表现较好的五个产业各有特点。咨询与管理服务业的从业人口持续快速增长，截至2015年已经达到了88 855人，第五的出版发行及租售业则只有6 840人。而相对发展较慢的代理经纪中介业、数据内容制作处理业、通信技术服务业则从业人口增长相对平缓，从业人口数据相对集中，水平也远低于咨询与管理服务业。出版发行及租售业在从业人口上水平最低，增长最慢，三年来几乎停滞，也说明了其行业人口流动率较低，在一定程度上不具备快速发展的潜力了。

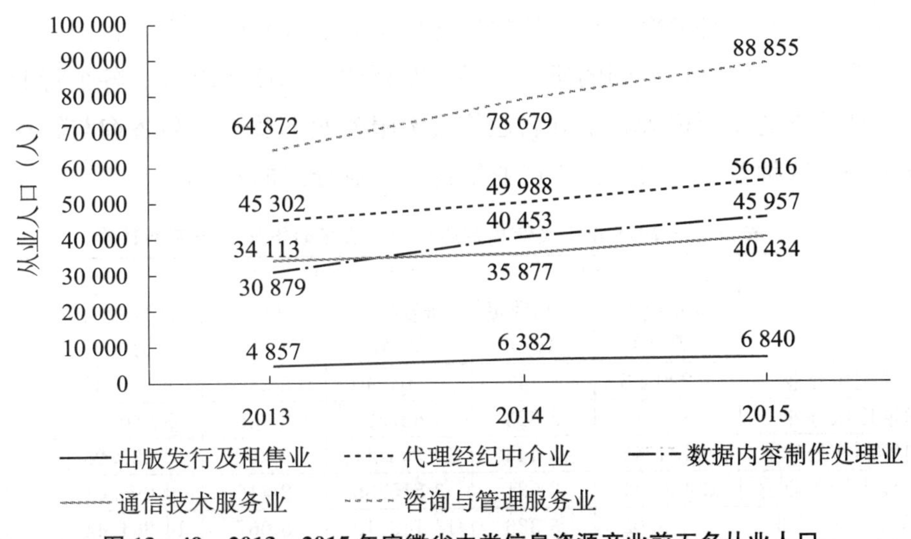

图13-49　2013—2015年安徽省中类信息资源产业前五名从业人口

由表13-24可以看出安徽省2013年到2015年各中类信息资源产业中女性从业情况。各中类信息资源产业女性从业人口均呈增加趋势，但其占总从业人口的比例均无明显变化，说明信息资源产业在这三年中发展较为蓬勃，势头较好，各个中类产业有自身特点，其女性从业人口的比例没有明显变化。其中通信技术服务业最高，在2015年女性从业人口比例为41.84%，技术推广服务业比例最低，在2015年女性从业人口比例为27.08%。

表 13－24　　安徽省 2013—2015 年中类信息资源产业前五名女性从业人口

	2013			2014			2015		
	从业人口（人）	女性从业人口（人）	比例（%）	从业人口（人）	女性从业人口（人）	比例（%）	从业人口（人）	女性从业人口（人）	比例（%）
代理经纪中介业	45 302	15 885	35.06	49 988	17 525	35.06	56 016	19 732	35.23
技术推广服务业	25 212	6 476	25.69	33 773	8 675	25.68	37 060	10 035	27.08
咨询与管理服务业	64 872	25 395	39.15	78 679	30 396	38.63	88 855	35 120	39.53
数据内容制作处理业	30 879	11 411	36.95	40 453	15 035	37.17	45 957	17 896	38.94
通信技术服务业	34 113	14 367	42.12	35 877	15 116	42.13	40 434	16 919	41.84

表 13－25 是安徽省 2013—2015 年中类信息资源产业研发投入及专利数量情况，专利数量与研发投入正向相关，研发投入越多，专利数量越多。各个中类产业自 2013 年到 2015 年研发投入与专利数量均呈明显上升趋势，说明各个中类产业在研发上的投入逐年增多，得到的研究成果、专利数量也逐年增多。各个行业间研发投入及专利数量的差距很大，第五名通信技术服务业不及第一名咨询与管理服务业的三分之一，这种差距主要来自于产业结构、产业分工的不同。

表 13－25　　安徽省 2013—2015 年中类信息资源产业前五名研发投入与专利数量

	2013		2014		2015	
	研发投入（万元）	专利数量（件）	研发投入（万元）	专利数量（件）	研发投入（万元）	专利数量（件）
代理经纪中介业	7 290.98	4 347	8 504.40	5 240	9 865.37	6 019
技术推广服务业	3 896.14	2 323	4 627.27	2 835	5 540.59	3 324
数据内容制作处理业	9 134.46	5 446	10 965.11	6 695	13 183.08	7 906
通信技术服务业	3 490.41	2 081	3 815.38	2 416	4 096.61	2 610
咨询与管理服务业	10 609.02	6 326	13 143.19	8 067	14 864.44	8 954

表 13－26 是安徽省 2013—2015 年中类信息资源产业固定资产投资情况。可以看出安徽省各个信息资源中类产业固定资产投资 2013—2015 年有较为明显的上升，说明信息资源产业的蓬勃发展。同时，各个中类产业间差距较大，其中第五名技术推广服务业不及第一名数据内容制作处理业的一半，例如 2015 年技术推广服务业的固定资产投资为 156 328.97 万元，而数据内容制作处理业为 347 478.22 万元。

表 13-26　　安徽省 2013—2015 年中类信息资源产业固定资产投资　　单位：万元

	2013	2014	2015
咨询与管理服务业	105 792.10	146 127.73	171 652.99
代理经纪中介业	100 734.51	135 563.03	163 740.57
技术推广服务业	88 858.14	126 836.37	156 328.97
咨询与管理服务业	105 792.10	146 127.73	171 652.99
数据内容制作处理业	176 094.19	281 559.20	347 478.22

2. 大类信息资源产业

从大类信息资源产业来看，安徽省信息资源产业可分为信息资源采集业、信息资源加工业、信息资源提供业三大产业，其中尤以信息资源提供业发展最好，其在营业收入、企业法人单位数、从业人口、女性从业人口、研发投入、专利数量、固定资产投资这所有指标中均居领先地位，而信息资源采集业则相反，全面落后。

由图 13-50 可以了解到，三个产业在三年来的营业收入水平上的增长状况大相径庭，信息资源提供业占据龙头地位，不仅数量最大，增长也是最快，其发展速度、水平远高于信息资源采集业和信息资源加工业，信息资源加工业 2015 年度营业收入才及信息资源提供业的约四分之一。

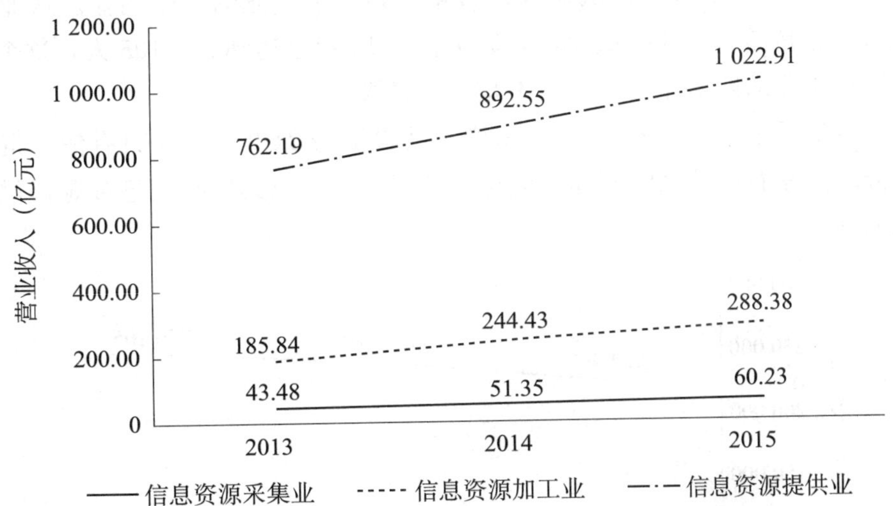

图 13-50　2013—2015 年安徽省大类信息资源产业营业收入

而信息资源加工业较之信息资源采集业，则稍微具有优势，但其数量、增长速度均远低于信息资源提供业；至于信息资源采集业，则一方面数量最小，另一方面，可以说是增长相对缓慢。

由图 13-51 可以知道，在企业法人单位数上，三个产业的状况与营业收入上的趋势很相似，同样是信息资源提供业全面领先，且有可能会继续扩张性地发展。

而信息资源采集业垫底，虽然 2015 年增长到了 2013 年企业法人单位数的 1.7 倍，但是数量太小，发展仍然需要持续关注；信息资源加工业则处于中流水平，到 2015 年度企业法人单位数已经达到了信息资源提供业的一半，不得不说是一种数量增长上的“胜利”。

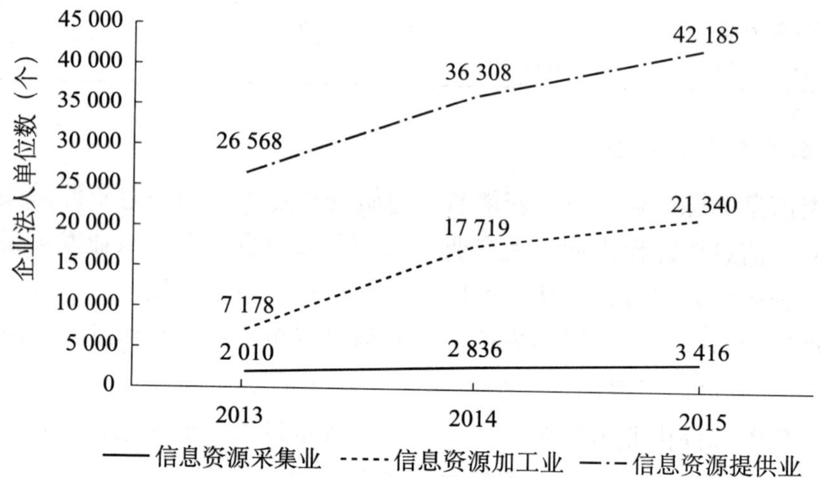

图 13-51　2013—2015 年安徽省大类信息资源产业企业法人单位数

由图 13-52 易发现，在从业人口数量上，三个产业的差距明显。从业人口数最多的自然还是信息资源提供业，其数量在 2015 年已达到 250 105 人，这个数量是信息资源加工业的四倍左右，根本不是一个量级。

而信息资源采集业，就 2015 年来说，其数量为 24 001 人，只有信息资源加工业的三分之一左右；信息资源加工业也在持续增长，但其比起信息资源提供业则是小巫见大巫了。

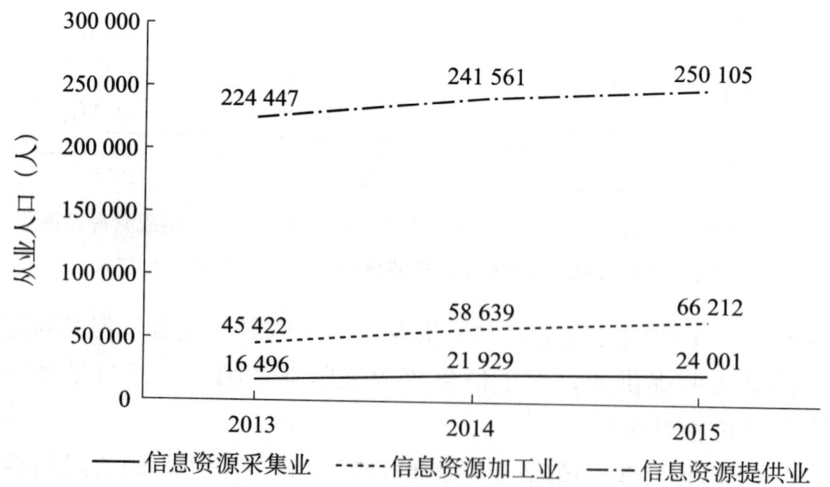

图 13-52　2013—2015 年安徽省大类信息资源产业从业人口

由表 13 - 27 可以看出安徽省 2013 年到 2015 年各大类信息资源产业中女性从业情况。各大类信息资源产业从业人口、女性从业人口均呈增加趋势，但其占总从业人口的比例均无明显变化，说明信息资源产业在这三年中发展较为蓬勃，势头较好，各个大类产业有自身特点，其女性从业人口的比例没有明显变化。2013—2015 年大类信息资源产业女性从业人口的比例按照信息资源提供业、信息资源加工业、信息资源采集业顺序依次递减。

表 13 - 27　　安徽省 2013—2015 年大类信息资源产业女性从业人口

	2013			2014			2015		
	从业人口（人）	女性从业人口（人）	比例（%）	从业人口（人）	女性从业人口（人）	比例（%）	从业人口（人）	女性从业人口（人）	比例（%）
信息资源采集业	16 496	4 168	25.26	21 929	5 515	25.15	24 001	6 339	26.41
信息资源加工业	45 422	16 060	35.36	58 639	20 803	35.48	66 212	24 544	37.07
信息资源提供业	224 447	84 149	37.49	241 561	88 977	36.83	250 105	93 480	37.38

表 13 - 28 是安徽省 2013—2015 年大类信息资源产业研发投入及专利数量情况，专利数量与研发投入正向相关，研发投入越多，专利数量越多。信息资源提供业、信息资源加工业、信息资源采集业数据依次递减。各个大类产业自 2013 年到 2015 年研发投入与专利数量均呈明显上升趋势，说明各个大类产业在研发上的投入逐年增多，得到的研究成果、专利数量也逐年增多。各个行业间研发投入及专利数量的差距很大，例如 2015 年信息资源提供业专利数量为 23 483 件，而信息资源采集业仅为 2 121 件，这种差距主要来自于产业结构、产业分工的不同。

表 13 - 28　　安徽省 2013—2015 年大类信息资源产业研发投入与专利数量

	2013		2014		2015	
	研发投入（万元）	专利数量（件）	研发投入（万元）	专利数量（件）	研发投入（万元）	专利数量（件）
信息资源采集业	2 493.45	1 487	2 956.21	1 812	3 529.87	2 121
信息资源加工业	11 154.79	6 651	13 321.99	8 150	15 936.54	9 581
信息资源提供业	28 568.22	17 033	33 549.27	20 788	38 230.54	23 483

图 13 - 53 是安徽省 2013—2015 年大类信息资源产业固定资产投资情况。各大类信息资源产业 2013—2015 年在该项指标上逐年增加。信息资源提供业、信息资源加工业、信息资源采集业数据依次递减。可以看出安徽省各个信息资源大类产业固定资产投资 2013—2015 年有较为明显的上升，说明信息资源产业的蓬勃发展，

同时，各个大类产业间差距较大，其中 2015 年信息资源提供业固定资产投资为 921 382.10万元，而信息资源采集业仅为 136 190.47 万元。

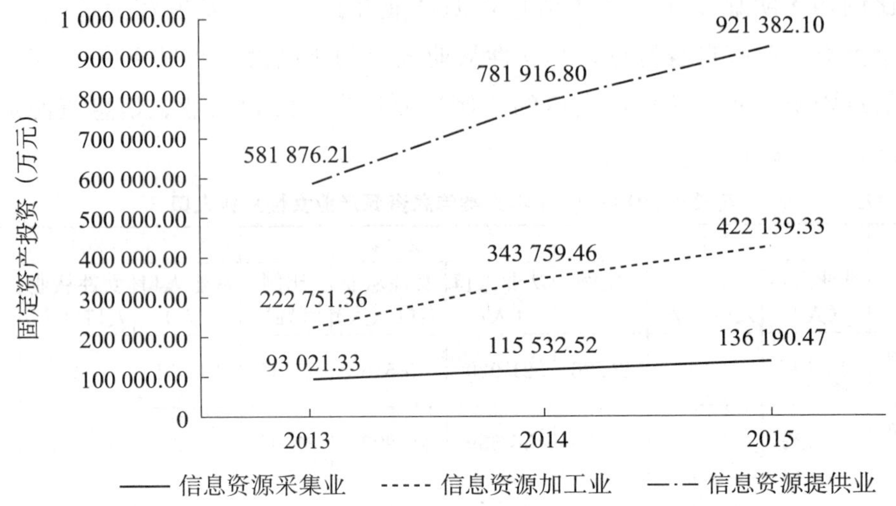

图 13－53　安徽省 2013—2015 年大类信息资源产业固定资产投资

3. 依赖度

按信息资源依赖度，安徽省信息资源产业可分为信息资源低度依赖型产业、信息资源完全依赖型产业、信息资源中度依赖型产业三个类别。其中，信息资源低度依赖型产业发展领先，其营业收入、企业法人单位数、从业人口、女性从业人口、研发投入、专利数量为领先地位；信息资源完全依赖型产业次之，其固定资产投资数量最大；信息资源中度依赖型产业是全面落后。

由图 13－54，可看出在营业收入水平上，安徽各依赖度信息资源产业中还是信息资源低度依赖型产业占据全面的优势，不仅营业收入水平表现最好，其增长速度也是非常可观，达到了年均约 80 亿元的增长；对信息资源完全依赖型产业来说，则稍次于信息资源低度依赖型产业，从三年数据表现来看，信息资源完全依赖型产业的增长速度与信息资源低度依赖型产业相近，只是数量稍小，在图中可以明显看出两产业营业收入几近平行增长。

至于信息资源中度依赖型产业，其营业收入水平还是相对最低，就 2015 年数据来看，不仅数量上是信息资源低度依赖型产业的三分之一左右，三年来的营业收入年均增长也是信息资源低度依赖型产业的四分之一左右，可见其营业收入差距巨大。

由图 13－55 可知，根据各依赖度信息资源产业标准，结合数据，可以在企业法人单位数上了解到各产业的发展情况。在 2013—2015 年的企业法人单位数上，信息资源低度依赖型产业扩张最快，其数量水平也一直领先于其他两个产业，就 2015 年来看，其数量甚至达到了信息资源中度依赖型产业的四倍左右。

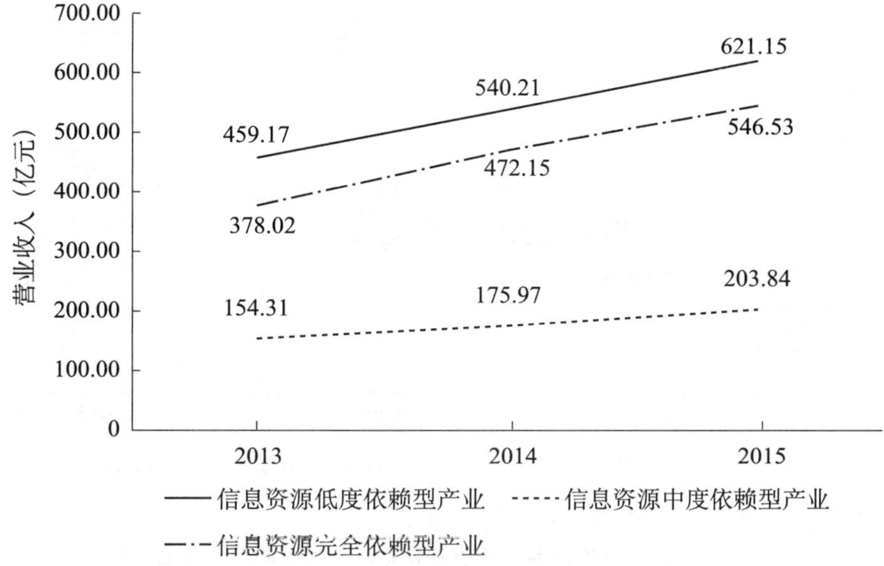

图 13－54　2013—2015 年安徽省各依赖度信息资源产业营业收入

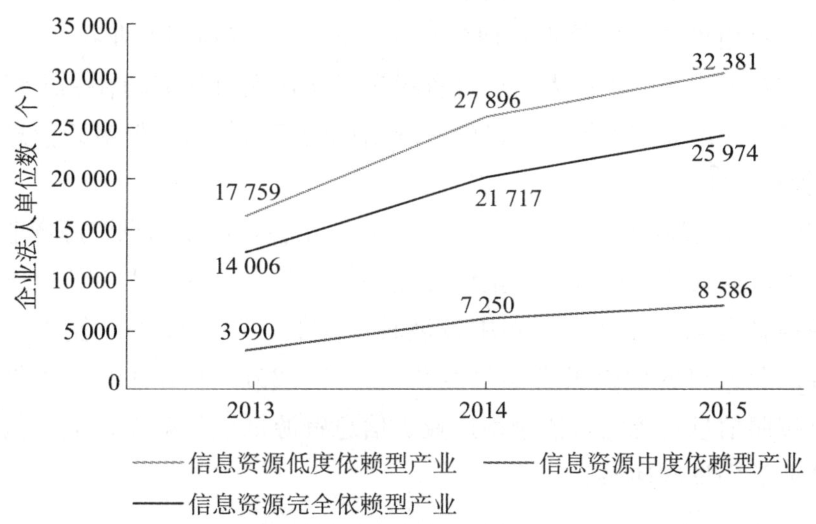

图 13－55　2013—2015 年安徽省各依赖度信息资源产业企业法人单位数

信息资源完全依赖型产业还是以稍小的数量、接近的增长扩张速度紧跟信息资源低度依赖型产业的脚步；信息资源中度依赖型产业则在企业法人单位数上同样数量最小，增长最慢。

由图 13－56，同样根据各依赖度信息资源产业标准及安徽地区数据，可以知道在从业人口数量上，信息资源低度依赖型产业增长相对平缓，但是其从业人口数量远超过其他两个产业，2013 年其从业人口数量是信息资源中度依赖型产业的 2.5 倍左右，2015 年其从业人口数量是信息资源中度依赖型产业的两倍左右。

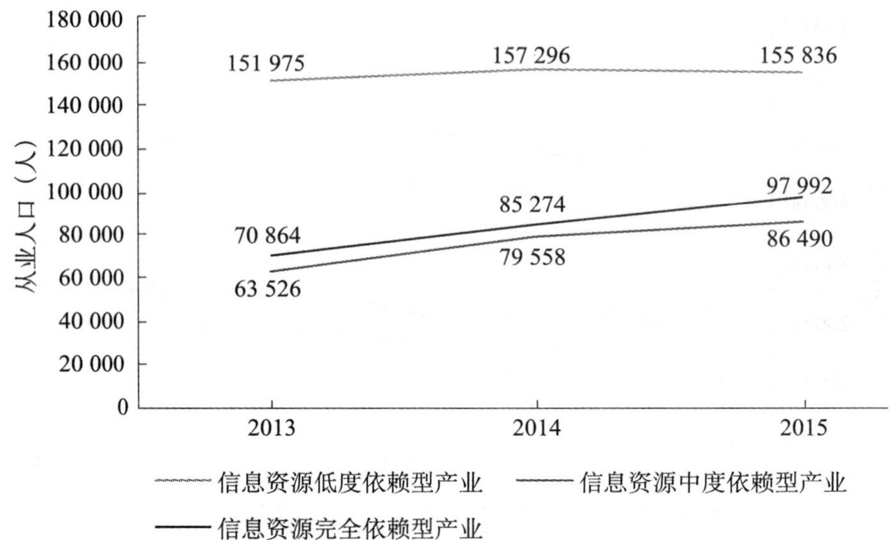

图 13－56　2013—2015 年安徽省各依赖度信息资源产业从业人口

而信息资源完全依赖型产业和信息资源中度依赖型产业状况相似，水平十分接近，增长速度及趋势亦非常接近，但是信息资源中度依赖型产业在 2014—2015 年的增长表现相对迟缓，差距扩大。信息资源产业从业人口的流动在一定程度上说明了安徽省信息资源产业的发展虽然已经呈现出比较好的势头，但对于信息的依赖程度还未达到非常高的程度。

由表 13－29 可以看出安徽省 2013 年到 2015 年各依赖度信息资源产业中女性从业情况。各阶段业女性从业人口均呈增加趋势，但其占总从业人口的比例均无明显变化，说明信息资源产业在这三年中发展较为蓬勃，势头较好，各产业有自身特点，其女性从业人口的比例没有明显变化。2013—2015 年信息资源产业的女性从业人口比例按照信息资源完全依赖型产业、信息资源低度依赖型产业、信息资源中度依赖型产业顺序依次递减。

表 13－29　安徽省 2013—2015 年各依赖度信息资源产业女性从业人口

	2013			2014			2015		
	从业人口（人）	女性从业人口（人）	比例（%）	从业人口（人）	女性从业人口（人）	比例（%）	从业人口（人）	女性从业人口（人）	比例（%）
信息资源低度依赖型产业	151 975	53 739	34.68	157 296	54 261	35.36	155 836	54 049	34.50

续前表

	2013			2014			2015		
	从业人口（人）	女性从业人口（人）	比例（%）	从业人口（人）	女性从业人口（人）	比例（%）	从业人口（人）	女性从业人口（人）	比例（%）
信息资源中度依赖型产业	63 526	20 472	32.40	79 558	25 001	32.23	86 490	28 024	31.43
信息资源完全依赖型产业	70 864	30 166	43.16	85 274	36 033	42.57	97 992	42 289	42.26

表 13－30 是安徽省 2013—2015 年各依赖度信息资源产业研发投入及专利数量情况，专利数量与研发投入正向相关，研发投入越多，专利数量越多。2013—2015 年信息资源产业研发投入与专利数量按照信息资源低度依赖型产业、信息资源中度依赖型产业、信息资源完全依赖型产业顺序依次递减。各产业自 2013 年到 2015 年研发投入与专利数量均呈明显上升趋势，说明各产业在研发上的投入逐年增多，得到的研究成果、专利数量也逐年增多。各产业间研发投入及专利数量的差距很大，例如 2015 年信息资源低度依赖型产业专利数量为 17 004 件，而信息资源中度依赖型产业仅为 8 957 件，这种差距主要来自于产业结构、产业分工的不同。

表 13－30　　安徽省 2013—2015 年各依赖度信息资源产业研发投入与专利数量

	2013		2014		2015	
	研发投入（万元）	专利数量（件）	研发投入（万元）	专利数量（件）	研发投入（万元）	专利数量（件）
信息资源低度依赖型产业	20 609.95	12 288	23 828.27	14 752	27 672.75	17 004
信息资源中度依赖型产业	10 793.57	6 436	12 839.28	7 865	15 341.36	9 223
信息资源完全依赖型产业	10 812.94	6 447	13 159.91	8 133	14 682.85	8 957

图 13－57 是安徽省 2013—2015 年各依赖度信息资源产业固定资产投资情况。各个产业自 2013 至 2015 年明显呈增加趋势。同年对比按信息资源完全依赖型产业、信息资源低度依赖型产业、信息资源中度依赖型产业顺序依次递减。各个产业之间的差距不算太大，例如在 2015 年，信息资源低度依赖型产业的固定资产投资为 431 227.18 万元，信息资源中度依赖型产业固定资产投资为 387 894.53 万元，信息资源完全依赖型产业为 660 590.19 万元。

13.3.2　区域信息资源产业优势行业介绍

基于产业价值、产业增长、产业效率、产业贡献等四个指标，本研究给出安徽省信息资源产业优势行业综合得分指标的排名，各项指标的具体得分及排名情况可

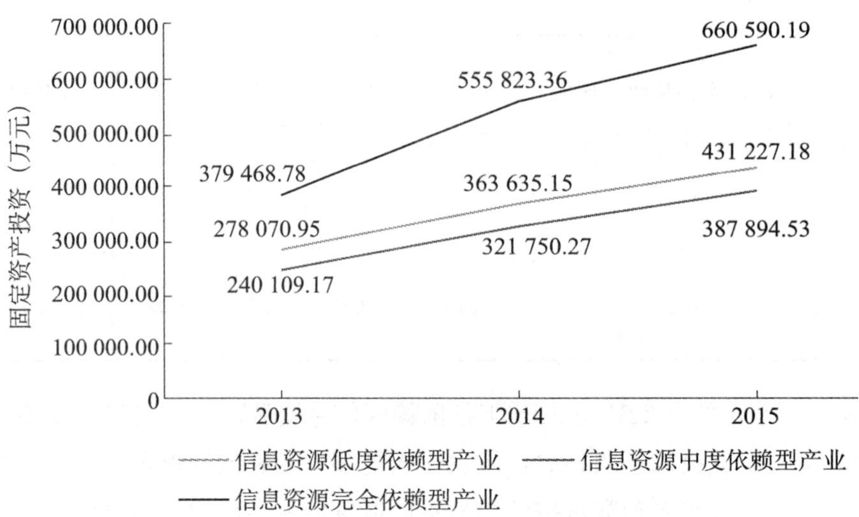

图 13－57　安徽省 2013—2015 年各依赖度信息资源产业固定资产投资

参见表 13－31。根据排名结果，2014—2015 年安徽省信息资源产业优势行业分别为：社会经济咨询（综合得分 92.83，排名第一）、其他专业咨询（综合得分 92.68，排名第二）、金融信息服务（综合得分 91.25，排名第三）、电影和影视节目制作（综合得分 88.23，排名第四）、广告业（综合得分 87.75，排名第五）。

表 13－31　安徽省信息资源产业优势行业 IRIDI 得分

行业	产业价值	产业增长	产业效率	产业贡献	综合得分	综合排名
社会经济咨询	81.85	95.27	78.06	84.00	92.83	1
其他专业咨询	81.37	95.27	78.06	83.52	92.68	2
金融信息服务	75.14	95.73	78.73	78.45	91.25	3
电影和影视节目制作	68.02	98.68	76.04	68.12	88.23	4
广告业	99.98	93.98	69.06	90.21	87.75	5

为了进一步说明安徽省优势行业的行业价值，根据 2014 年和 2015 年度数据，整理得到表 13－32。

表 13－32　安徽省信息资源产业优势行业重要指标

年份	指标	社会经济咨询	其他专业咨询	金融信息服务	电影和影视节目制作	广告业
2014	营业收入（亿元）	58.06	56.48	30.68	28.29	104.65
	企业法人单位数（个）	3 662	3 563	487	647	11 240
	从业人口（人）	9 018	8 773	16 914	3 967	24 406
2015	营业收入（亿元）	69.34	67.45	36.65	35.91	122.00
	企业法人单位数（个）	4 439	4 318	587	823	13 563
	从业人口（人）	10 667	10 376	20 067	4 764	28 047

由表 13－32，可以看出安徽省优势行业主要集中于咨询、金融服务以及娱乐影视行业，这一情况与天津不完全相同，从数据来看，可能是地区行业政策不同、优势资源有异等原因导致的。

社会经济咨询业的定义在天津市相关章节已经做了介绍，不再赘述。但可以看到，社会经济咨询业在安徽省的信息资源优势行业中是排名第一，可见其在安徽省的发展潜力与产业价值是不同一般的。而第二又是其他专业咨询业，也就是说，安徽省的信息资源优势行业前两名都是咨询服务业，这个排名，在一定程度上说明，安徽省的咨询服务需求及市场潜力是占有绝对优势地位的，由于安徽省不同于天津的地理位置与市场环境，这一点可能比天津更典型，更能说明咨询服务业的产业价值与地区贡献能力。

金融信息服务业是金融行业的核心成分与新生力量，其由三个大板块组合而成：金融资讯、第三方支付、网络信贷。其中网络信贷是继第三方支付之后，在金融信息服务产业中快速成长起来的新兴热门领域。金融信息服务业是安徽省信息资源优势行业的第三名。近年来，金融产业的几何式扩张在全国范围内都有目共睹，由于金融的强大资源配置与吸金能力，其不仅能对经济产生重大的影响力，更是对社会、政治、文化等方面产生了不可估量的深远效力。安徽省地处南北交界，金融行业的发达程度并不差，而金融信息服务在排名和数据上有很好的表现也就不足为奇了。

在数字化程度不断上升的当今世界，电影电视媒体已经成为最为大众化、最具影响力的媒体形式之一。如今，数字技术全面进入影视制作过程，计算机逐步取代了许多原有的影视设备，在影视制作的各个环节发挥了重大的作用，进一步推动了电影和影视节目制作业的发展。与此同时，影视制作的应用也从专业的电影电视领域扩大到计算机游戏、多媒体、网络、家庭娱乐等更为广阔的领域。

广告业是现代服务业和文化产业的重要组成部分，在塑造品牌、展示形象，推动创新、促进发展，引导消费、拉动内需，传播先进文化、构建和谐社会等方面发挥着积极作用，同时它也是国民经济发展状况的"晴雨表"，因此世界上最发达的广告业大多存在于发达国家。安徽省广告业的发展迅猛，也在一定程度上说明了其发达程度。

13.3.3　区域信息资源产业发展影响因素

在 13.3.1 中对安徽省信息资源产业发展总体情况进行了一定阐述，现在针对信息资源产业发展影响因素作进一步的了解。本研究把产业价值、产业增长、产业效率和产业贡献综合称为产业绩效，为显示性指标，要了解信息资源产业发展的影响因素需要分析解释性指标（产业结构、产业行为、产业环境）与显示性指标之间的关系。本研究选用了传统的 SCP（结构-行为-绩效）模型，并且添加 E（环境）作为调节变量，来形成本研究的产业分析框架。被解释变量分别是产业绩效、产业行为，解释变量是产业结构、产业行为、产业环境三部分，进行多元回归分析，回归结果见表 13－33。

本小节数据来源为《中国科技统计年鉴》、《中国基本单位统计年鉴》、《中国劳动统计年鉴》、《中国经济普查年鉴》、国家统计局、北大法宝法律数据库、政府工作报告以及中国人民大学信息资源产业基础数据库等。

表 13－33　　安徽省信息资源产业发展影响因素的回归结果

变量名称	(1)	(2)	(3)	(4)	(5)
	产业绩效	产业绩效	产业行为	产业绩效	产业绩效
产业结构	0.066**		0.273**	−0.001	0.134**
产业行为		0.242**		0.243**	
产业环境					0.021
产业环境的调节作用					0.072**
年份	控制	控制	控制	控制	控制
行业	控制	控制	控制	控制	控制
样本量	930	930	930	930	930
R^2	0.495	0.543	0.187	0.543	0.495

注：双尾概率 p 值是基于异方差稳健标准误的结果。** 表示在 1%水平下显著；“年份”与“行业”为控制变量，表明每一样本皆在同一年同一行业中选取。

表 13－33 列出了安徽省信息资源产业各种回归计算的结果。列（1）表示产业结构对产业绩效的回归结果；列（2）表示产业行为对产业绩效的回归结果；列（3）表示产业结构对产业行为的回归结果；列（4）表示去除产业结构对产业行为的影响后，两变量共同对产业绩效的回归结果；列（5）表示加入产业环境这个调节变量后，产业结构、产业环境与二者交叉部分共同对产业绩效的回归结果。

同时，表 13－33 表明，产业结构单独作为自变量时，在 1%水平下与产业绩效呈正相关，产业行为在 1%水平下与产业绩效呈正相关。列（3）表明产业结构对产业行为有影响，这与 E-SCP 模型中市场结构影响市场行为相符合。除去二者相互影响后，在 1%水平下，产业行为与产业绩效呈正相关。列（5）表明，产业环境与产业结构交叉部分对产业绩效的影响系数为 0.072，并且在 1%水平下显著，与产业结构影响系数 0.066 同向。因此说明产业环境是正向调节变量。由最后一行 R^2

的数据可知，该回归模型拟合度较好。

可以得知，产业结构、产业行为都是安徽省信息资源产业发展的影响因素，且呈正相关。产业环境是安徽省信息资源产业发展的正向调节变量。可见，促进和把握安徽省信息资源产业的发展需要考虑好产业结构和产业行为，应该及时对政府职能进行调整，适当地进行一系列制度设计，如健全资本市场、金融市场、土地市场，改善城市管理，加大创新激励，加快人力资本积累，进行有效的法治建设、反腐败等等，从而对调整地区产业结构、促进地区产业升级起到明显的促进作用。

综上可知，安徽省信息资源产业发展的影响因素主要为产业结构、产业行为、产业环境，其中产业行为起到中介作用，产业环境起到调节作用。

13.3.4　区域信息资源产业发展特点分析

从上述分析结果来看，安徽省信息资源产业近年来的发展主要呈现出以下几个方面的特点。

1. 安徽信息资源产业总体架构基本良好，进一步优化升级的空间依然存在

安徽省抢抓新一代信息技术革命和产业变革机遇，积极应对新常态下的增速换挡，坚持创新驱动的发展理念，转思维，促转型，谋发展，相继出台促进信息消费、云计算发展的实施意见，聚焦新模式、新业态，多措并举、多箭齐发，全力引导产业结构转型升级。同时，其一批投资额大、带动性强、市场潜力大的光电、集成电路龙头项目进展顺利，促进了信息产业发展提质增效；科大讯飞、科大国创、四创电子、华米科技等一批软件互联网企业跨越发展，提升了信息产业发展的内生动力。可以说，在信息资源产业发展道路上，安徽具备了厚积薄发的条件，潜力巨大，值得进一步挖掘。另一方面，其产业结构部分失衡，人才内聚不足，资金支持力度尚需进一步加强。欲立塔，先聚沙。夯实产业发展的基础，调整结构，加速升级，是安徽的当务之急。

2. 安徽省区域产业结构的改善，将为其信息资源产业发展提供积极效用

从回归分析结果来看，产业结构、产业行为都是安徽省信息资源产业发展的重要影响因素，且呈正相关；产业环境则是安徽省信息资源产业发展的正向调节变量。而当下安徽也正是处于这种配套设施建设当中，处于经济下行的巨大压力的背景下，这也就意味着，调整地区产业结构、促进地区产业升级应该能够对安徽信息资源产业起到非常可观的促进发展作用，这也许也是今后工作的重点和难点。另外，从中类信息资源产业、依赖度、大类信息资源产业三个平行维度可以看出安徽

省发展失衡的具体表现，而对其信息资源产业优势行业的剖析更显问题，因此，坚持问题导向，落实解决办法，是其持续增长的肯綮所在。

3. 通过优化产业发展环境，安徽省信息资源产业发展后劲充足

安徽省利用国家启动西部大开发和加入世贸组织的机遇，努力跟踪国内外市场发展趋势，合理布局，突出重点，在充分发挥现有优势的同时，大力引进国内外先进技术、资金和人才，在发展中打基础，在创新中上规模，努力创建具有安徽特色的信息产业技术创新体系、规模化生产基本构架和信息服务网络，因此可以看到，安徽省在全国的信息资源产业竞争力上还是相当强势的（IRIDI 得分综合排名为第七），挤进上游水平也确实名副其实。从这一点上来说，若稳步坚持升级优化和创新导向，进一步攻坚，则安徽省的信息资源产业发展态势还是相当可观的。

13.3.5 区域信息资源产业发展趋势分析

结合国内要素成本结构与宏观经济态势的变化，以及安徽省产业结构、产业环境等相关因素的动态调整，本研究进一步对安徽省信息资源产业的发展趋势展开分析和探讨。

由图 13－58 可知，利用简单线性回归可拟合全国平均营业收入曲线和安徽省营业收入曲线，方程分别为 $y=107.85x-216\ 042$（$R^2=0.978\ 1$）和 $y=112.06x-224\ 592$（$R^2=0.917\ 7$），综合 12 年的具体数据可知，安徽省的营业收入水平一直处于紧跟全国平均水平的状态，稍低于平均水平，而在 2011 年后增长加快。从 12 年的增长趋势来看，安徽省在今后的发展中依然会与全国平均水平保持同等水平。

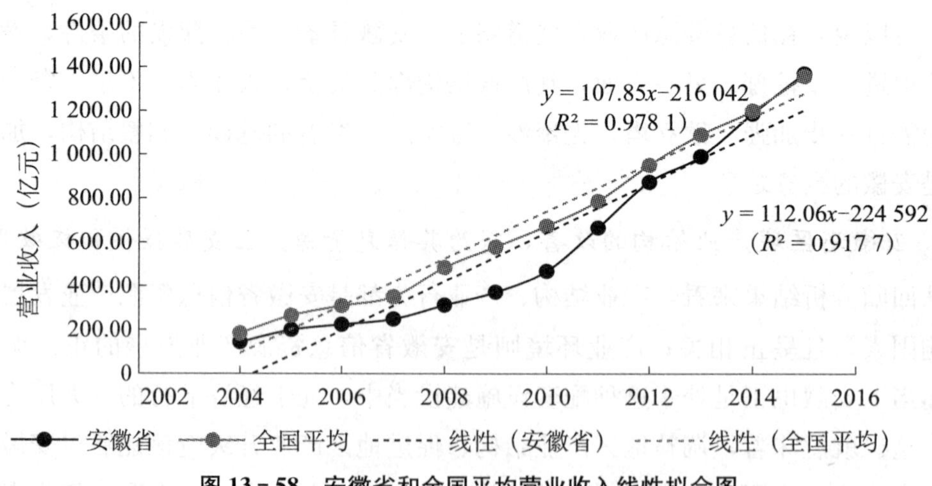

图 13－58 安徽省和全国平均营业收入线性拟合图

营业收入根据模拟回归方程分别预测出安徽和全国平均水平 2020 年、2025 年、2030 年的营业收入值，由图 13－59，可以看出，今后一段时期，安徽信息资源产业的营业收入水平将与全国平均水平长期保持在同一水平上，稳步发展。

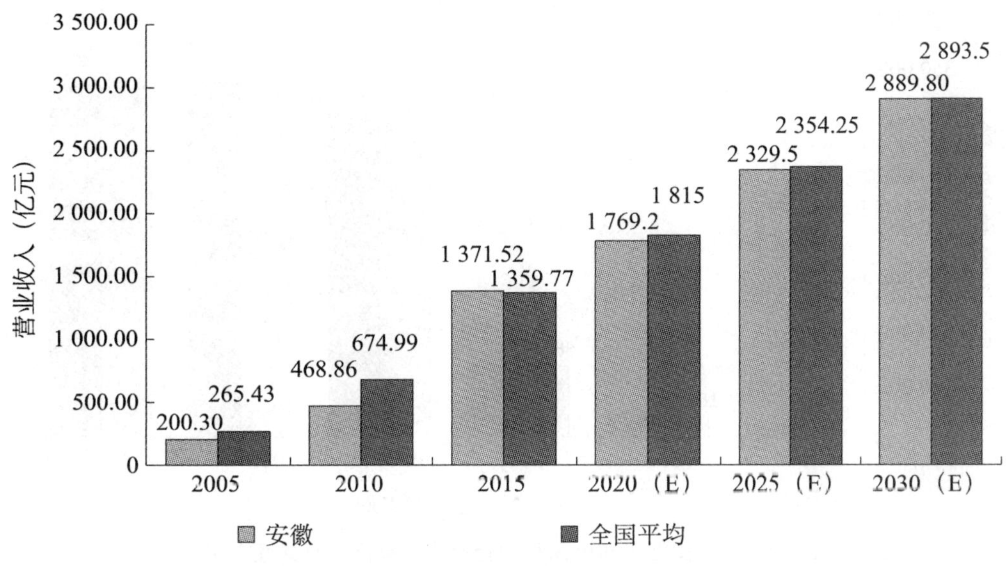

图 13－59　安徽省和全国平均营业收入预测直方图

由图 13－60 可知，利用简单线性回归可拟合全国平均企业法人单位数曲线和安徽省企业法人单位数曲线，方程分别为 $y=5\ 103.8x-10\ 226\ 665.71$（$R^2=0.859\ 7$）和 $y=5\ 104.1x-10\ 232\ 944.52$（$R^2=0.826$）。从 12 年的数据来看，安徽此项数据表现稍低于全国平均水平，近两年更是十分接近，而且增长率也十分接近，在今后一段时间内估计还会与全国平均水平相接近。

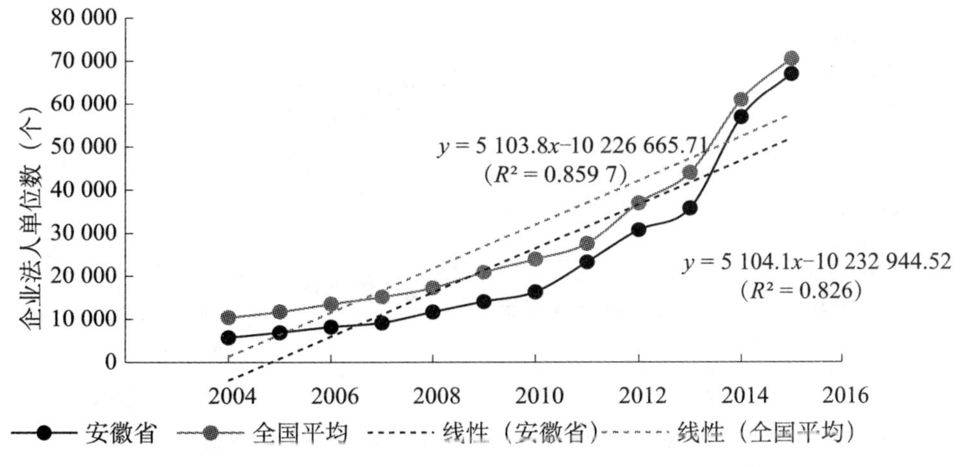

图 13－60　安徽省和全国平均企业法人单位数线性拟合图

根据模拟回归方程分别预测出安徽和全国平均水平2020年、2025年、2030年的企业法人单位数，由图13－61可以知道，在今后一段时期内，安徽将一直紧跟全国平均水平，维持一个相对稳定的增长。

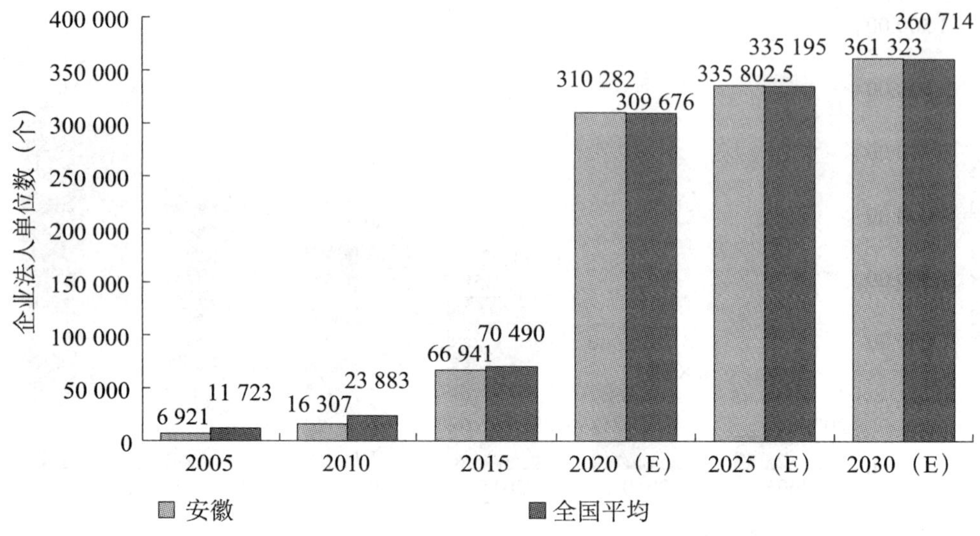

图13－61　安徽省和全国平均企业法人单位数预测直方图

由图13－62可知，利用简单线性回归可拟合全国平均从业人口曲线和安徽省从业人口曲线的方程分别为 $y=52\ 361x-104\ 712\ 959.41$（$R^2=0.877\ 1$）和 $y=15\ 379x-30\ 656\ 276.49$（$R^2=0.746\ 3$），再综合12年以来的数据，易知，在从业人口水平上，安徽省远低于全国平均水平，而从拟合直线的斜率即平均年增长率来看，安徽也落后甚远，也就是说，安徽在今后短期内不会在从业人口上赶上全国平均水平。

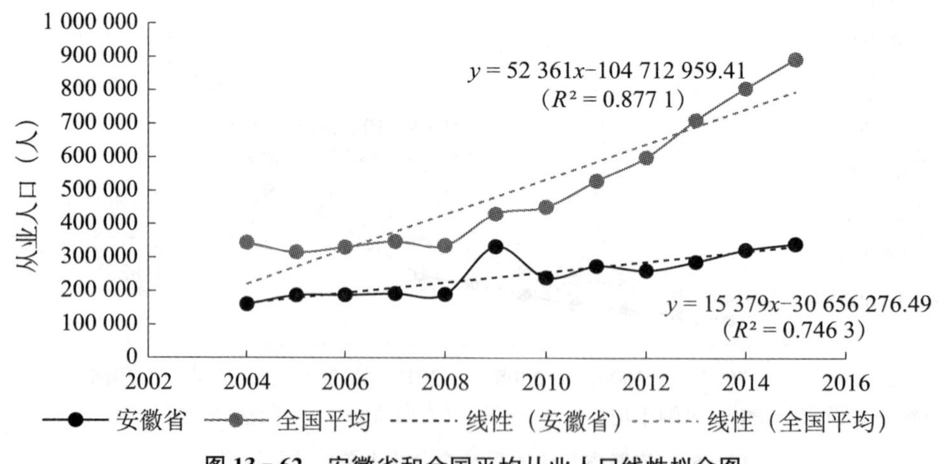

图13－62　安徽省和全国平均从业人口线性拟合图

根据模拟回归方程分别预测出安徽和全国平均水平 2020 年、2025 年、2030 年的企业法人单位数值，由图 13－63，可以发现，截至 2030 年，安徽在从业人口上还会与全国平均水平有一个很大的差距，如果不加调整，差距会进一步扩大，引起地区间的从业人口不平衡，继而引起相关其他问题。因此，产业结构亟待优化升级，产业环境亟须净化扩容，配套的一系列政策规定需要贯彻落实。

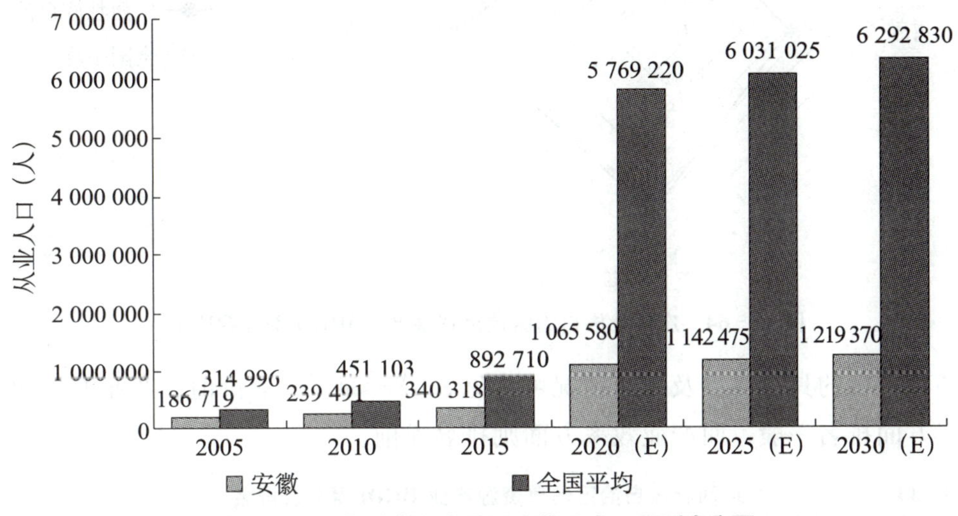

图 13－63　安徽省和全国平均从业人口预测直方图

13.4　广西壮族自治区

广西壮族自治区信息资源产业发展指数以 78.18 分在全国排名第二十四名。虽然广西壮族自治区在产业价值（排名第二十一）、产业增长（排名第二十六）、产业贡献（排名第二十八）三方面的表现均落后于全国平均水平，但是值得注意的是，其在产业效率（排名第九）方面的表现可圈可点，不仅优于该自治区在其他方面的表现，且优于全国平均水平，是其在信息资源产业发展方面的亮点和优势。

13.4.1　广西壮族自治区信息资源产业发展总体状况

13.4.1.1　广西壮族自治区 IRIDI 得分情况

广西壮族自治区地处南方沿海，在信息资源产业的发展中虽整体表现一般，但有其独特的亮点（见图 13－64）。广西壮族自治区在产业效率方面表现不俗，排名第九，远远优于其在产业价值、产业贡献和产业增长方面的表现，而且是四个方面中唯一一个超过了全国平均水平的指标，值得关注。

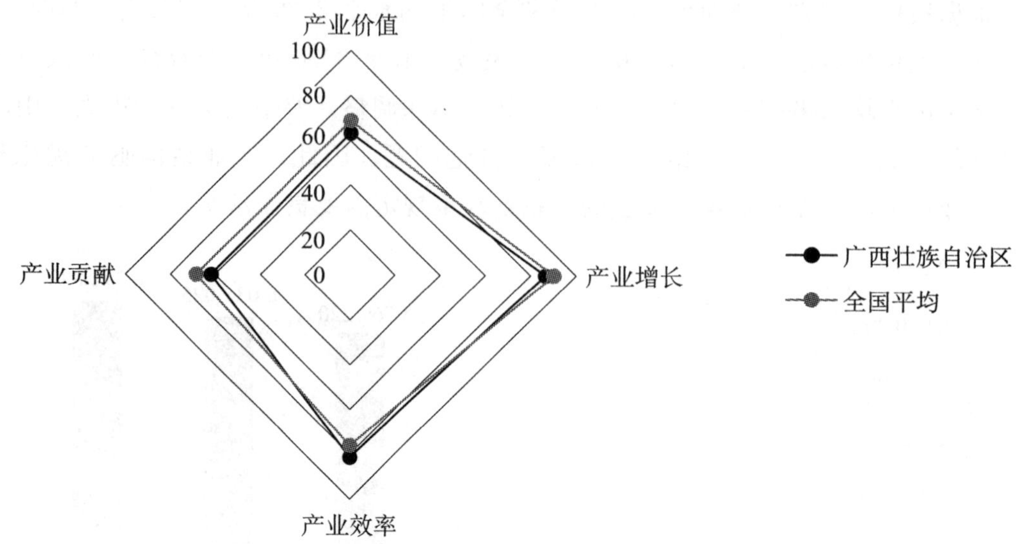

图 13-64　广西壮族自治区信息资源产业 IRIDI 得分雷达图

各项指标的具体得分及排名情况可参见表 13-34。产业价值、产业增长和产业贡献三方面排名一般，而产业效率方面则排名靠前。

表 13-34　广西壮族自治区信息资源产业 IRIDI 得分及排名

指标	得分	排名
产业价值	63.33	21
产业增长	86.56	26
产业效率	81.38	9
产业贡献	61.62	28

13.4.1.2　广西壮族自治区信息资源产业发展概况

广西壮族自治区信息资源产业发展概况主要由近 12 年来该自治区信息资源产业营业收入、企业法人单位数、从业人口等三项指标的数据来体现。

截至 2015 年，广西壮族自治区信息资源产业在营业收入上达到了 582.29 亿元，企业法人单位数则达到了 27 849 个，而从业人口也增长到了363 681人，正处于一个增速较缓的发展阶段。

由图 13-65 可知，在营业收入指标上，广西壮族自治区整体状况稍落后于全国平均水平。从 12 年的时间序列数据展示来看，广西壮族自治区的营业收入水平整体保持增长状态，曲线上表示则是从 2004 年开始到 2011 年先稳步增长且增速较快，随后几年小幅度下降，2015 年开始重现增长势头。宏观上来看，该自治区从 2011 年开始与全国平均水平的差距逐渐拉大，两条曲线之间的差距越来越大。而另一方面，从截面数据来看，广西壮族自治区 2015 年在营业收入指标上开始摆脱逐年下降的趋势，呈现增长状态，不过之后是否能够保持稳步增长状态并逐步赶上全国平均水平还需要进一步观察。

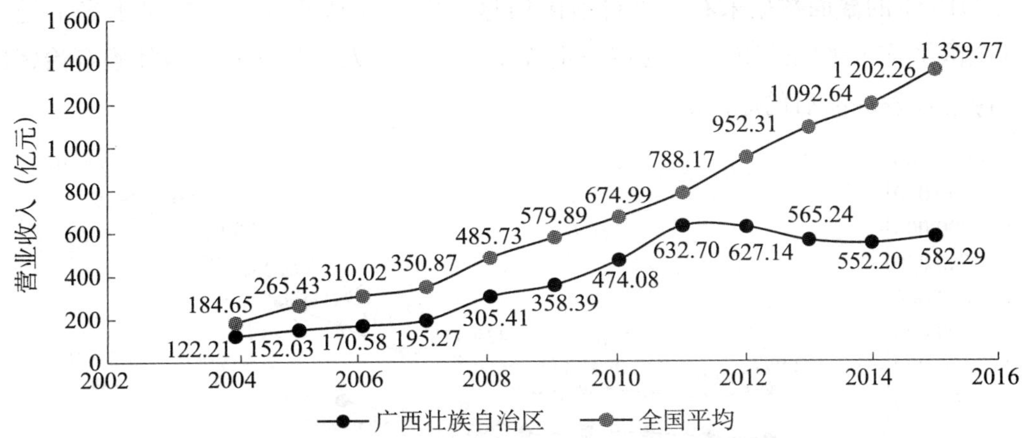

图 13-65　2004—2015 年广西壮族自治区信资源产业营业收入

由图 13-66 可知，在企业法人单位数指标上，从 12 年的时间序列数据角度看，广西壮族自治区的信息资源产业企业法人单位数在 2004—2011 年期间保持稳步增长状态，且增速接近全国平均水平，随后几年增速明显远低于全国平均水平。从 2011 年开始，广西壮族自治区与全国平均水平两条曲线渐行渐远，差距越来越大。而单从 2015 年的截面数据来看，广西壮族自治区与全国平均水平之间的差距达到 12 年来最大值。

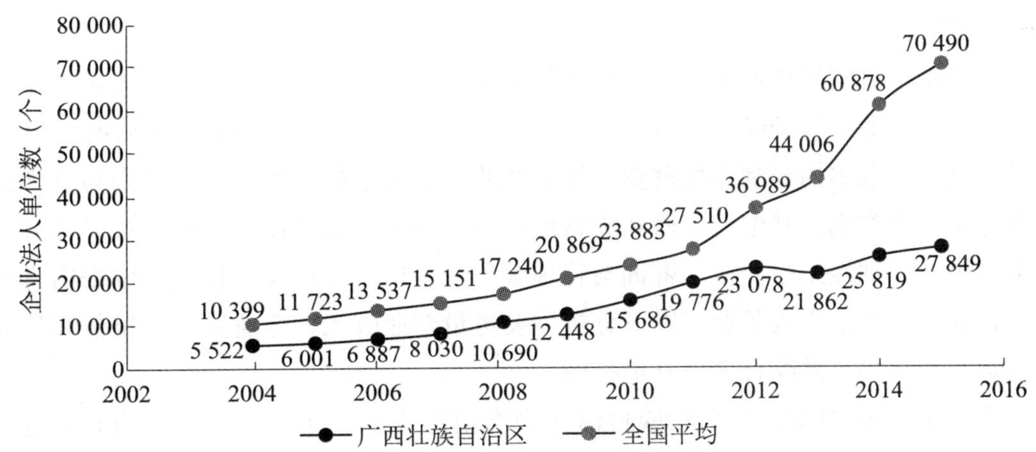

图 13-66　2004—2015 年广西壮族自治区信息资源产业企业法人单位数

由图 13-67 可知，在从业人口指标上，从 12 年的时间序列数据角度来看，在 2004—2009 年期间，广西壮族自治区信息资源产业从业人口数与全国平均水平基本保持同步增长，但其随后的增长表现十分疲软，呈现缓慢的波动增长状态，整体增速也远远落后于全国平均水平，使得其数量与全国平均水平的差距逐年拉大。而单从 2015 年的截面数据来看，该自治区信息资源产业从业人口在数量水平上勉强达到全国平均水平的近 40%。这在一定程度上揭示了人才匮乏是广西壮族自治区信息资源产业发展滞后的原因之一。

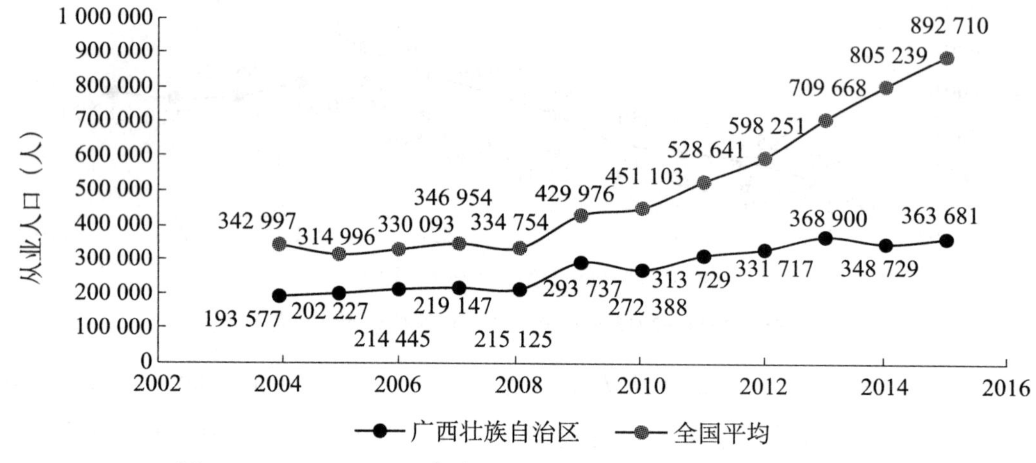

图 13－67　2004—2015 年广西壮族自治区信息资源产业从业人口

13.4.1.3　广西壮族自治区信息资源产业分类概况

本部分对广西壮族自治区信息资源产业分类概况的描述将从中类信息资源产业、大类信息资源产业、依赖度三个维度来展开。

1. 中类信息资源产业

从中类信息资源产业来看，广西壮族自治区信息资源产业包括博物展示业、出版发行及租售业、代理经纪中介业、技术推广服务业、教育培训业、勘探测绘业、设计开发业、数据内容制作处理业、调查监测业、通信技术服务业、咨询与管理服务业等十一个类别。其中，广西壮族自治区中类信息资源产业营业收入排名前五名的分别为：代理经纪中介业、咨询与管理服务业、出版发行及租售业、数据内容制作处理业、技术推广服务业。以下分析主要考量营业收入、企业法人单位数和从业人口数三项指标，并综合考虑其他指标。

由图 13－68 可知，广西壮族自治区中类信息资源产业中表现较好的五个行业在营业收入上水平参差不齐，营业收入最高的代理经纪中介业在 2015 年度达到了 200.34 亿元，而相对最低的技术推广服务业却只有 37 亿元，即其营业收入第一的产业是营业收入第五的产业的五倍有余，营业收入差距可谓悬殊。

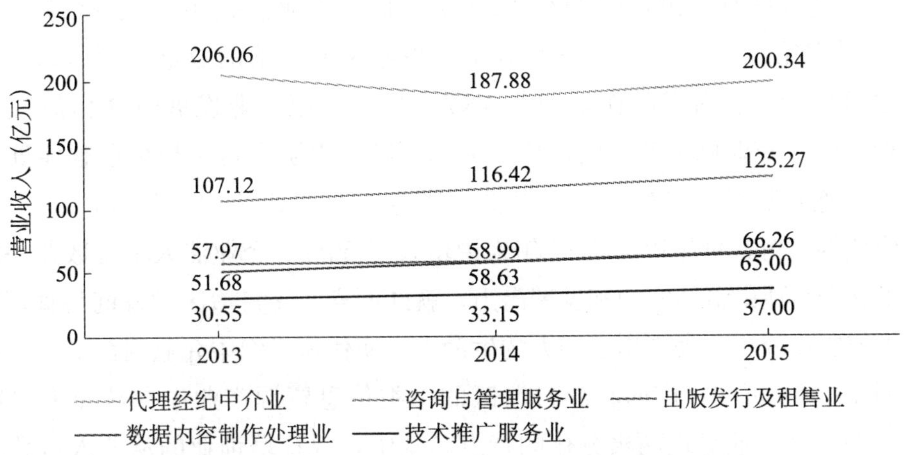

图 13-68　广西壮族自治区 2013—2015 年中类信息资源产业前五名营业收入

另一方面，从三年来的营业收入增长状况来看，位列营业收入第一的代理经纪中介业在 2013—2015 年期间整体下降，其他四个产业均呈现缓慢增长趋势。而从营业收入相对落后的咨询与管理服务业来看，三年来其营业收入增速最快但仍然增长缓慢。出版发行及租售业则与数据内容制作处理业数据十分相近，营业收入水平同样较低且增速较慢；技术推广服务业在绝对数量和相对增长方面的表现均无亮点可言。

由图 13-69 可知，广西壮族自治区信息资源产业中在企业法人单位数方面表现较好的五个产业的数据体现出了一定的差距。就 2015 年而言，咨询与管理服务业的企业法人单位数达到了 7 253 个；而较少的技术推广服务业的企业法人单位数则为 1 730 个，也就是说最高的咨询与管理服务业的企业法人单位数几乎是排名第五的技术推广服务业的企业法人单位数的四倍还多，从这一维度来讲，该自治区不同信息资源产业之间存在着不小的差距。

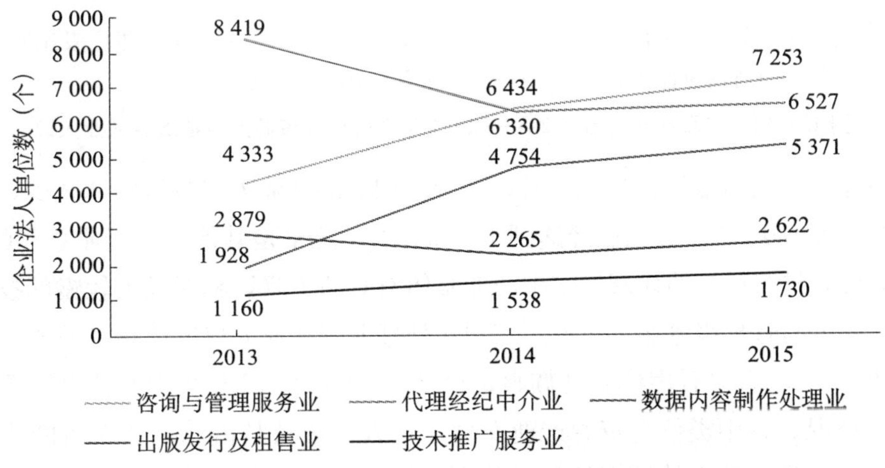

图 13-69　广西壮族自治区 2013—2015 年中类信息资源产业前五名企业法人单位数

就三年整体状况来讲，咨询与管理服务业的企业法人单位数在 2013 年只有 4 333个，排名第二，而 2015 年增长到了几乎原来的两倍的数量，稳居第一，可见其发展之迅猛；数据内容制作处理业与咨询与管理服务业发展轨迹相似且增幅更大；代理经纪中介业则在此期间经历了大幅下跌；出版发行及租售业整体处于缓慢下降状态；绝对数量排名第五的技术推广服务业呈现稳步增长趋势，2015 年企业法人单位数的绝对数量相较于 2013 年来说增长了 50%。企业法人单位数在一定程度上反映了这个行业的群体实力和发展潜力，就此而言，该自治区的咨询与管理服务业和数据内容制作处理业表现出了强大的生命力，而代理经纪中介业则在走下坡路。

由图 13－70 可知，广西壮族自治区的中类信息资源产业中在从业人口数据上表现较好的五个产业呈现两极分化的特点。其中，教育培训业的从业人口数最高且相较于其他行业遥遥领先，2013—2015 年期间整体从业人数虽有下降但变化幅度不大；代理经纪中介业、技术推广服务业、咨询与管理服务业、数据内容制作处理业的从业人口数均远远少于教育培训业。

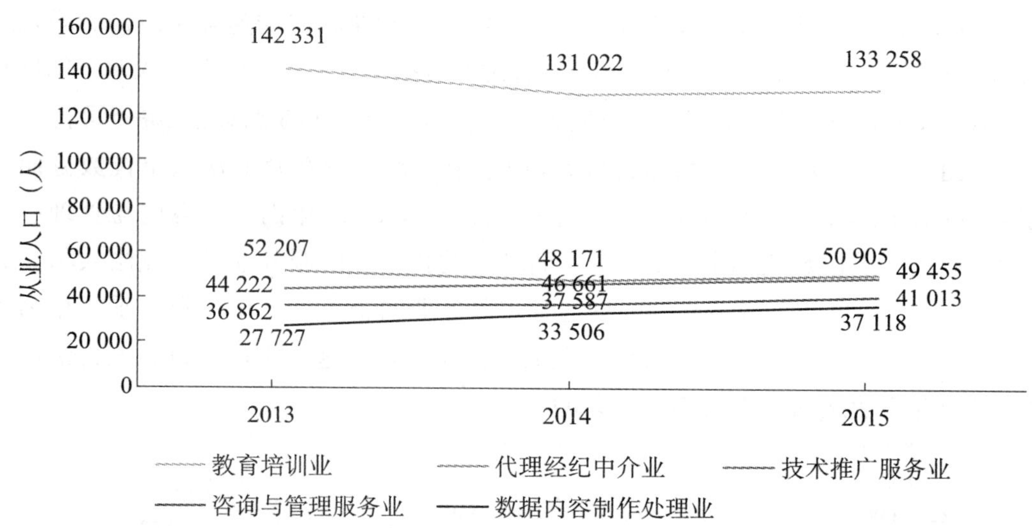

图 13－70　广西壮族自治区 2013—2015 年中类信息资源产业前五名从业人口

从三年从业人口数增长状况来看，教育培训业的从业人口数量整体减少，但是其数量巨大，就 2015 年度数据已经达到 133 258 人，几乎是其他四大行业总和的 75%。而另一方面，排名第二的代理经纪中介业整体有轻微下降，相对发展较慢的技术推广服务业、咨询与管理服务业、数据内容制作处理业则从业人口增长相对平缓。

由表 13－35 可以看出广西壮族自治区 2013 年到 2015 年各中类信息资源产业中女性从业情况。各中类信息资源产业女性从业人口数及其占总从业人口的比例均无明显变化，增长或减少的幅度较小。其中，教育培训业女性从业人口比例最高，在

2015 年为 47.80%，技术推广服务业女性从业人口比例最低，在 2015 年为 29.79%。值得注意的是，各行业的女性从业人口所占比例均未超过 50%。

表 13-35　广西壮族自治区 2013—2015 年中类信息资源产业前五名女性从业人口

	2013			2014			2015		
	从业人口（人）	女性从业人口（人）	比例（%）	从业人口（人）	女性从业人口（人）	比例（%）	从业人口（人）	女性从业人口（人）	比例（%）
教育培训业	142 331	70 450	49.50	131 022	64 860	49.50	133 258	63 700	47.80
代理经纪中介业	52 207	17 953	34.39	48 171	16 583	34.43	50 905	16 765	32.93
技术推广服务业	44 222	13 264	29.99	46 661	13 995	29.99	49 455	14 735	29.79
咨询与管理服务业	36 862	14 165	38.43	37 587	14 564	38.75	41 013	15 703	38.29
数据内容制作处理业	27 727	10 106	36.45	33 506	12 224	36.48	37 118	13 998	37.71

表 13-36 是广西壮族自治区 2013—2015 年中类信息资源产业研发投入及专利数量情况，整体来说专利数量与研发投入正向相关，研发投入越多，专利数量越多。各个中类产业自 2013 年到 2015 年研发投入与专利数量均呈明显上升趋势，说明各个中类产业在研发上的投入逐年增多，得到的研究成果、专利数量也逐年增多。各个行业间研发投入及专利数量的差距较大，第五名教育培训业几乎是第一名代理经纪中介业的一半，这种差距主要是由产业结构、产业分工的不同造成的。

表 13-36　广西壮族自治区 2013—2015 年中类信息资源产业前五名研发投入及专利数量

	2013		2014		2015	
	研发投入（万元）	专利数量（件）	研发投入（万元）	专利数量（件）	研发投入（万元）	专利数量（件）
代理经纪中介业	4 493.65	1 311	5 199.76	1 534	5 778.66	1 707
数据内容制作处理业	3 254.50	949	3 841.29	1 129	4 466.71	1 303
技术推广服务业	2 619.87	764	3 007.82	886	3 392.34	990
咨询与管理服务业	2 628.24	767	3 123.11	921	3 298.49	985
教育培训业	2 263.45	660	2 569.54	757	2 884.70	854

表 13-37 是广西壮族自治区 2013—2015 年中类信息资源产业固定资产投资情况。可以看出广西壮族自治区各个信息资源中类产业固定资产投资 2013—2015 年均有较为明显的上升，由此可见该自治区信息资源产业发展势头良好，同时，各个中类产业间差距很大，其中第五名教育培训业在 2013 年不及第一名的三分之一，2015 年时已降至接近四分之一。

表 13-37　广西壮族自治区 2013—2015 年中类信息资源产业前五名固定资产投资　单位：万元

	2013	2014	2015
数据内容制作处理业	189 205.39	238 298.00	274 328.52
代理经纪中介业	155 050.23	194 609.32	230 064.70
技术推广服务业	112 785.30	139 892.66	165 296.69
出版发行及租售业	89 244.46	115 360.26	136 042.81
教育培训业	56 130.83	60 948.20	68 283.95

2. 大类信息资源产业

从大类信息资源产业来看，广西壮族自治区信息资源产业可分为信息资源采集业、信息资源加工业、信息资源提供业等三大类产业，其中尤以信息资源提供业发展最好，其在营业收入、企业法人单位数、从业人口、女性从业人口、研发投入、专利数量、固定资产投资这所有指标中均占有绝对优势，而信息资源采集业在各项数据上均落后甚远，发展水平较低。

由图 13-71 可知，大类信息资源产业中三个产业在三年来的营业收入水平上的增长状况相差甚远，信息资源提供业在营业收入绝对数量上占据绝对的霸主地位，发展水平远高于信息资源采集业和信息资源加工业，信息资源采集业 2015 年度营业收入额才及信息资源提供业的 6%，而信息资源加工业较之信息资源采集业稍好。从三年间的增长速度来看，信息资源加工业和信息资源采集业均呈缓慢增长趋势，而信息资源提供业则没有太大变化。

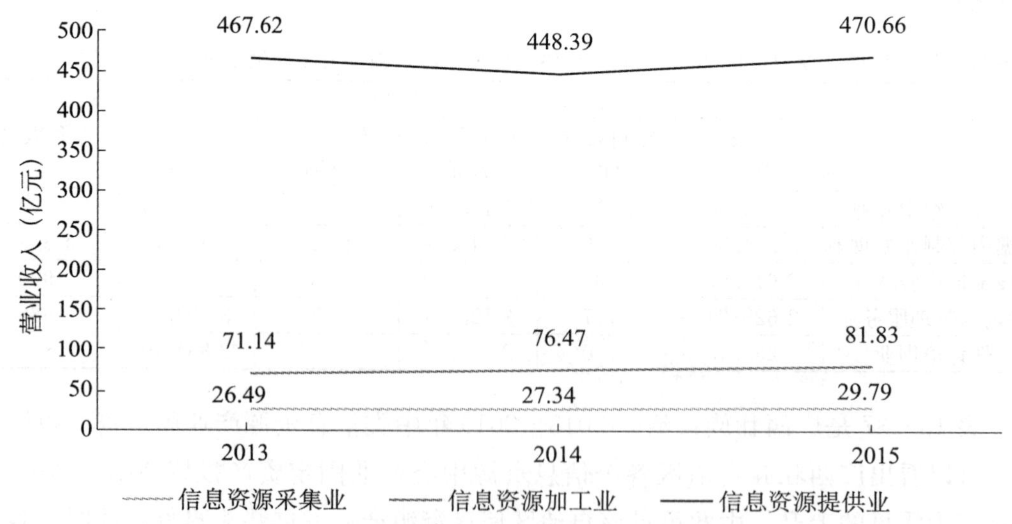

图 13-71　广西壮族自治区 2013—2015 年大类信息资源产业营业收入

由图 13-72 可知，在企业法人单位数上，三个产业的状况与营业收入上的水平和趋势相似，依然是信息资源提供业占据企业法人单位数数量上的绝对优势，统治级领先。信息资源采集业在绝对数量和相对增长方面都处于垫底状态，发展水平较低。信息资源加工业则处于中流水平，企业法人单位数远远落后于信息资源提供业但增速较之其他两个产业较快，到 2015 年度企业法人单位数已经达到了几近信息资源提供业的三分之一，发展潜力不容小觑。

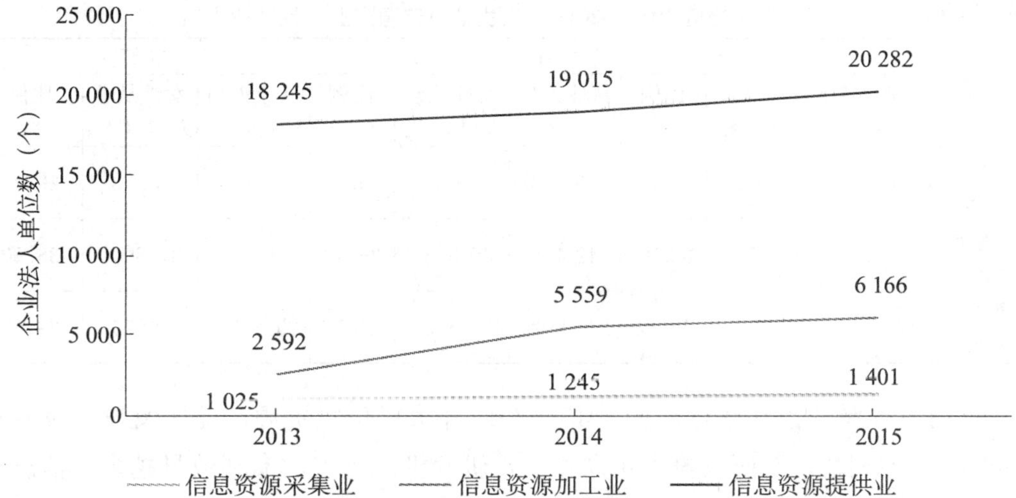

图 13－72　广西壮族自治区 2013—2015 年大类信息资源产业企业法人单位数

由图 13－73 可知，在从业人口数量上，依然是信息资源提供业占绝对优势，其数量在 2015 年已达到 299 553 人，将近其他两个产业之和的五倍，差距之大可见一斑，即使整体数量下降也依然不影响其主导地位；信息资源加工业在数量和增速上均稍高于信息资源采集业，但两大产业的增长十分缓慢。

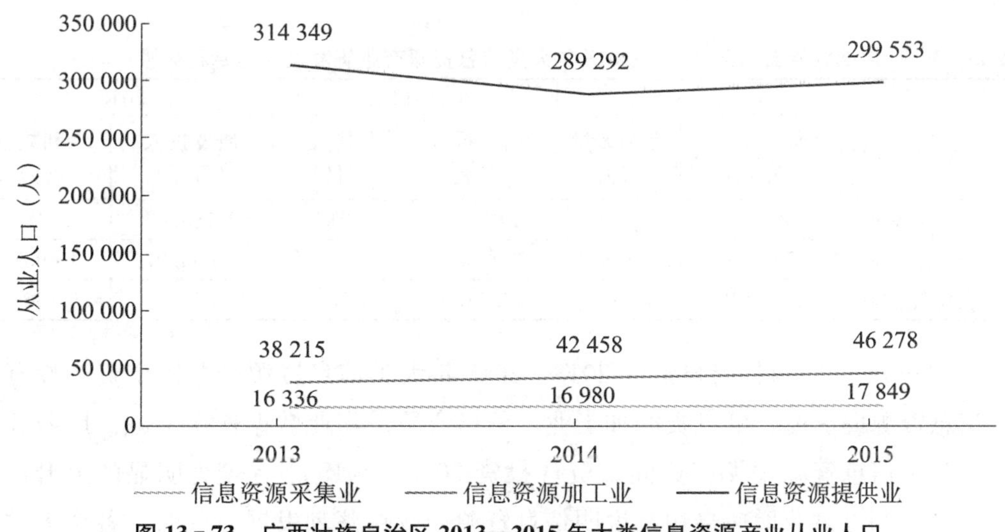

图 13－73　广西壮族自治区 2013—2015 年大类信息资源产业从业人口

由表13－38可以看出，广西壮族自治区2013年到2015年大类信息资源产业中女性从业人口情况。信息资源采集业和加工业的女性从业人口均呈增加趋势，但其占总从业人口的比例均无明显变化，而占据绝对优势地位的信息资源提供业，其女性从业人口数量和所占比例均呈现下降趋势。从2015年的截面数据来看，三大产业的女性从业人口所占比例均低于40%。

表13－38　广西壮族自治区2013—2015年大类信息资源产业女性从业人口

	2013			2014			2015		
	从业人口（人）	女性从业人口（人）	比例（%）	从业人口（人）	女性从业人口（人）	比例（%）	从业人口（人）	女性从业人口（人）	比例（%）
信息资源采集业	16 336	4 902	30.01	16 980	5 052	29.75	17 849	5 223	29.26
信息资源加工业	38 215	13 877	36.31	42 458	15 343	36.14	46 278	16 890	36.50
信息资源提供业	314 349	133 072	42.33	289 292	120 690	41.72	299 553	118 870	39.68

表13－39是广西壮族自治区2013—2015年大类信息资源产业研发投入及专利数量情况，专利数量与研发投入正向相关，研发投入越多，专利数量越多。信息资源提供业、信息资源加工业、信息资源采集业数据依次递减。各个大类产业自2013年到2015年研发投入与专利数量均呈上升趋势，说明各个大类产业在研发上的投入逐年增多，得到的研究成果、专利数量也相应增加。各个产业间研发投入及专利数量的差距很大，例如2015年信息资源提供业专利数量为5 166件，而信息资源采集业仅为348件，不及前者的7%。这种差距主要是由产业结构、产业分工不同所导致的。

表13－39　广西壮族自治区2013—2015年大类信息资源产业研发投入与专利数量

	2013		2014		2015	
	研发投入（万元）	专利数量（件）	研发投入（万元）	专利数量（件）	研发投入（万元）	专利数量（件）
信息资源采集业	924.75	270	1 059.00	312	1 188.42	348
信息资源加工业	3 786.08	1 105	4 433.48	1 303	5 095.07	1 493
信息资源提供业	13 913.38	4 059	15 934.07	4 701	17 355.34	5 166

图13－74是广西壮族自治区2013—2015年大类信息资源产业固定资产投资情况。信息资源提供业、信息资源加工业、信息资源采集业数据依次递减。广西壮族自治区各个信息资源大类产业固定资产投资2013—2015年有较为明显的上升，尤其是信息资源提供业增速最快，说明信息资源产业在蓬勃发展。同时，各个大类产

业间差距较大，其中 2015 年信息资源提供业固定资产投资为 731 749.95 万元，而信息资源采集业仅为 70 445.39 万元。

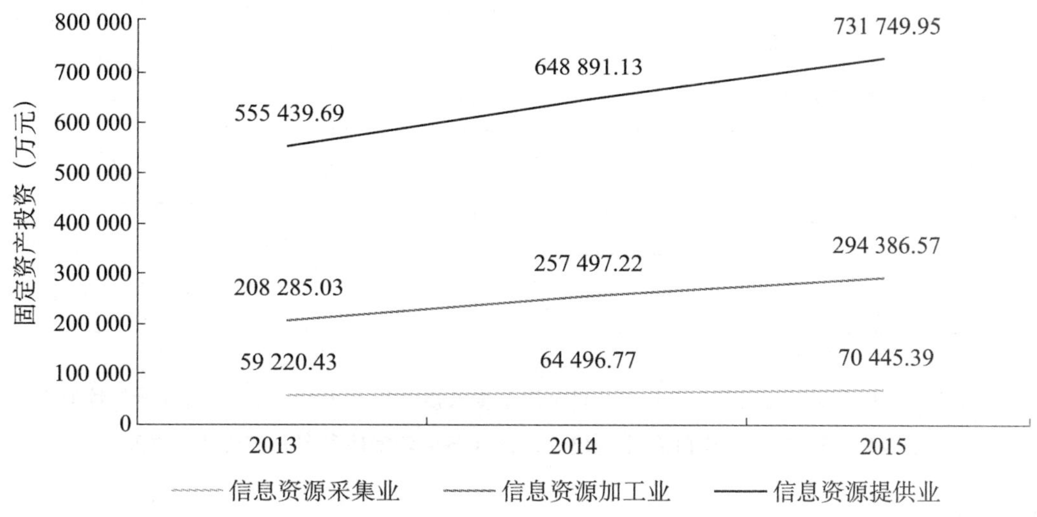

图 13－74　广西壮族自治区 2013—2015 年大类信息资源产业固定资产投资

3. 依赖度

按信息资源依赖度，可以将广西壮族自治区信息资源产业分为信息资源低度依赖型产业、信息资源中度依赖型产业、信息资源完全依赖型产业等三个类别，其中广西壮族自治区信息资源低度依赖型产业发展水平较高，其在营业收入、企业法人单位数、从业人口、女性从业人口、研发投入、专利数量指标上表现优秀，特别是营业收入、企业法人单位数、从业人口、研发投入、专利数量上具有非常明显的优势；信息资源完全依赖型产业次之；信息资源中度依赖型产业则在各个指标上均处于中低水平。

由图 13－75 可以看出，在营业收入水平上，广西壮族自治区信息资源低度依赖型产业占绝对优势地位，但其增长速度几乎为零。从三年的数据表现来看，信息资源中度依赖型产业的增长速度略高于信息资源低度依赖型产业，但是数量上约为其四分之一，存在着不小的差距。

由图 13－76 可知，就 2013—2015 三年来的企业法人单位数而言，信息资源低度依赖型产业数量最大，信息资源完全依赖产业、信息资源中度依赖产业依次减少。就 2015 年来讲，信息资源中度依赖型产业在数量上不及信息资源低度依赖型产业的四分之一。从三年的数据表现来看，三条曲线几乎平行，增速差别不大，在一定程度上说明广西壮族自治区各依赖度信息资源产业发展均较为缓慢。

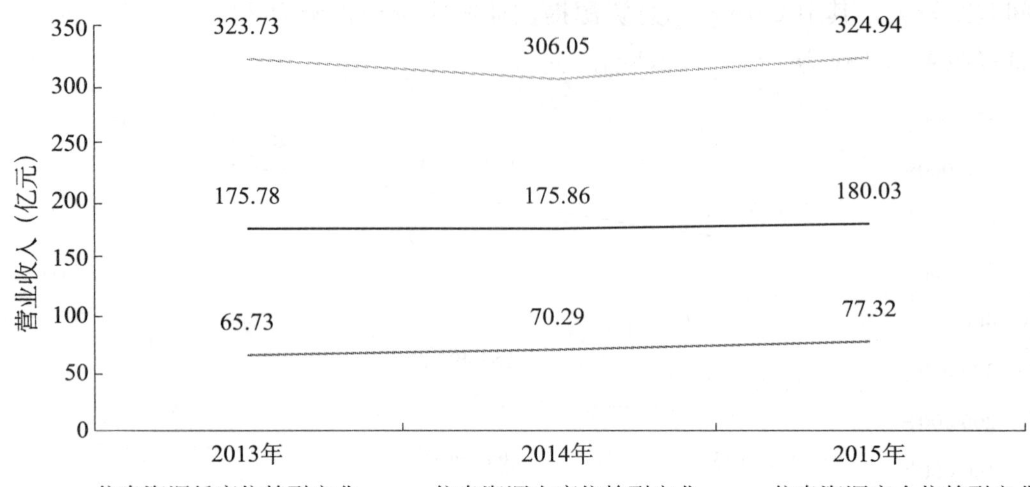

图 13－75　广西壮族自治区 2013—2015 年各依赖度信息资源产业营业收入

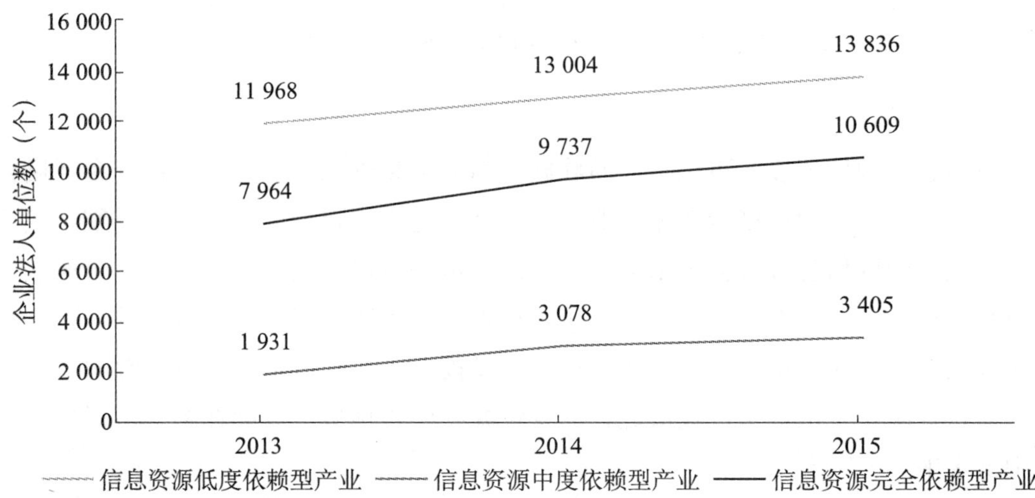

图 13－76　广西壮族自治区 2013—2015 年各依赖度信息资源产业企业法人单位数

图 13－77 可知，在从业人口数量上，信息资源低度依赖型产业从业人口数量有轻微减少，但其从业人口数量仍然远超其他两个产业，2015 年其从业人口数量达到了 230 448 人，几乎是信息资源完全依赖型产业的五倍，而信息资源完全依赖型产业在增长状态上与之类似，数量上排名垫底。信息资源中度依赖型产业虽然在从业人员数量上排名第二且与信息资源低度依赖型产业差距很大，但其是三大产业中唯一保持上升趋势的产业。

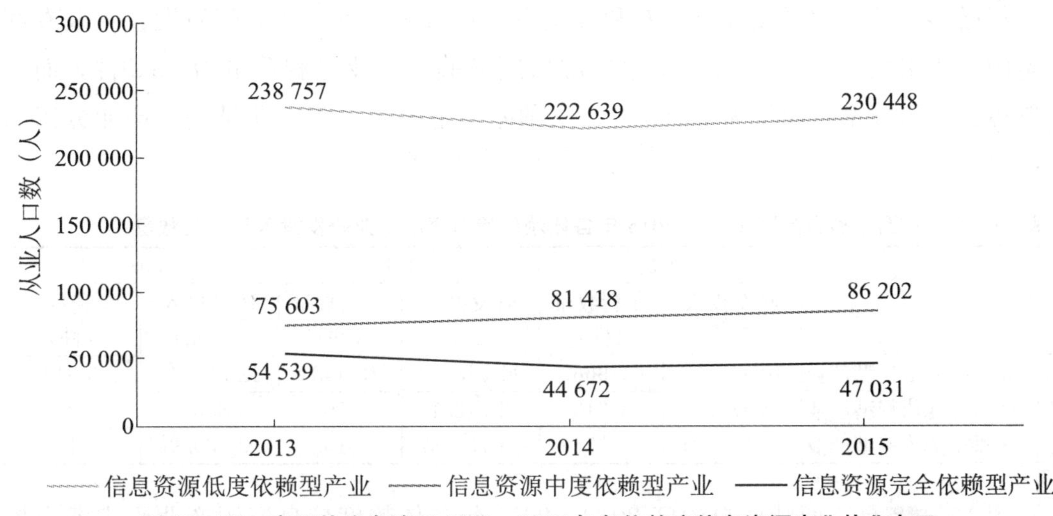

图 13－77　广西壮族自治区 2013—2015 年各依赖度信息资源产业从业人口

由表 13－40 可以看出广西壮族自治区 2013 年到 2015 年各依赖度信息资源产业中女性从业情况。除信息资源中度依赖型产业女性从业人口占比呈微弱增长外，其他两大产业女性从业人口占比均呈现下降趋势，其中信息资源完全依赖型产业下降幅度最为明显。从绝对数量来看，2015 年信息资源低度依赖型产业在女性从业人口数量和占比方面都排名第一，且数量远高于其他两大产业。

表 13－40　　广西壮族自治区 2013—2015 年各依赖度信息资源产业女性从业人口

	2013			2014			2015		
	从业人口（人）	女性从业人口（人）	比例（%）	从业人口（人）	女性从业人口（人）	比例（%）	从业人口（人）	女性从业人口（人）	比例（%）
信息资源低度依赖型产业	238 757	103 387	43.30	222 639	96 005	43.12	230 448	95 499	41.44
信息资源中度依赖型产业	75 603	24 509	32.42	81 418	26 450	32.49	86 202	28 077	32.57
信息资源完全依赖型产业	54 539	23 955	43.92	44 672	18 630	41.70	47 031	17 407	37.01

表 13－41 是广西壮族自治区 2013—2015 年各依赖度信息资源产业研发投入及专利数量情况，专利数量与研发投入正向相关，研发投入越多，专利数量越多。2013—2015 年信息资源产业研发投入与专利数量按照信息资源低度依赖型产业、信息资源中度依赖型产业、信息资源完全依赖型产业顺序依次递减。各个产业自 2013 年到 2015 年研发投入与专利数量均呈上升趋势，说明各个产业在研发上的投

入逐年增多，得到的研究成果、专利数量也逐年增多。各个产业间研发投入及专利数量的差距很大，例如2015年信息资源低度依赖型产业专利数量为3 849件，而信息资源完全依赖型产业仅为1 158件，这种差距主要来自于产业结构、产业分工的不同。

表13－41　广西壮族自治区2013—2015年各依赖度信息资源产业研发投入与专利数量

	2013		2014		2015	
	研发投入（万元）	专利数量（件）	研发投入（万元）	专利数量（件）	研发投入（万元）	专利数量（件）
信息资源低度依赖型产业	10 167.76	2 966	11 678.03	3 443	12 992.47	3 849
信息资源中度依赖型产业	5 187.24	1 513	6 012.15	1 769	6 856.43	2 000
信息资源完全依赖型产业	3 269.21	954	3 736.37	1 105	3 789.94	1 158

图13－78是广西壮族自治区2013—2015年各依赖度信息资源产业固定资产投资情况。各个产业自2013年至2015年明显呈明显增长趋势。其中信息资源完全依赖型产业和信息资源低度依赖型产业固定资产投资金额极为接近，信息资源中度依赖型产业则明显落后。各个产业之间虽有差距但不算太大，从2015年的截面数据来看，信息资源完全依赖型产业的固定资产投入为402 066.01万元，信息资源低度依赖型产业固定资产投入为397 476.19万元，信息资源中度依赖型产业为297 039.72万元。

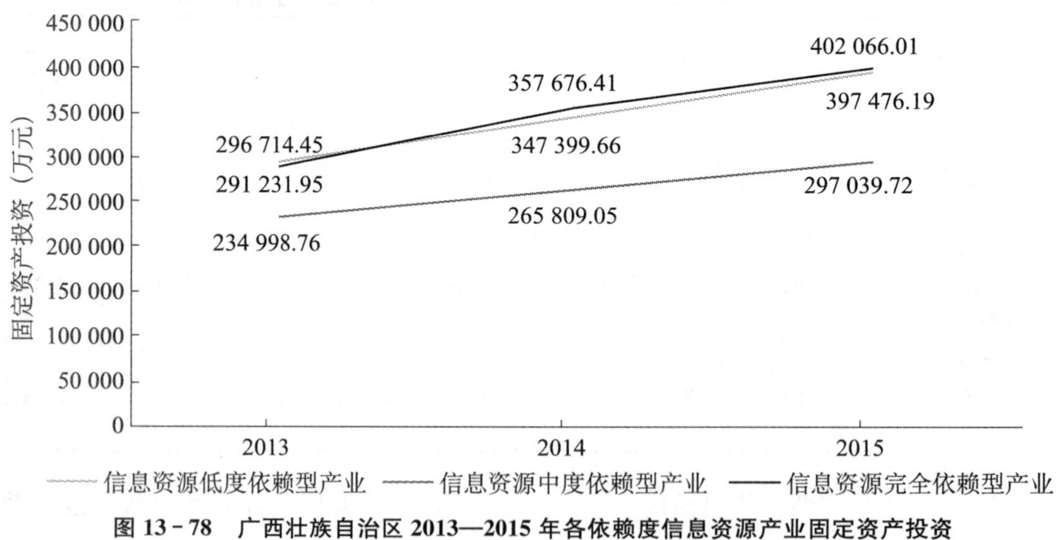

图13－78　广西壮族自治区2013—2015年各依赖度信息资源产业固定资产投资

13.4.2　区域信息资源产业优势行业介绍

基于产业价值、产业增长、产业效率、产业贡献等四个指标，本研究给出广西壮族自治区信息资源产业优势行业综合得分指标的排名，各项指标的具体得分及排名情况可参见表 13－42。根据排名结果，2014—2015 年广西壮族自治区信息资源产业优势行业分别为：社会经济咨询（综合得分 95.85，排名第一）、其他专业咨询（综合得分 95.72，排名第二）、广告业（综合得分 91.04，排名第三）、金融信息服务（综合得分 87.88，排名第四）、呼叫中心（综合得分 87.03，排名第五）。

表 13－42　　广西壮族自治区信息资源产业优势行业 IRIDI 得分

行业	产业价值	产业增长	产业效率	产业贡献	综合得分	综合排名
社会经济咨询	78.65	92.91	87.51	80.58	95.85	1
其他专业咨询	78.30	92.91	87.51	80.25	95.72	2
广告业	83.05	91.06	76.82	79.72	91.04	3
金融信息服务	65.65	95.66	76.98	70.65	87.88	4
呼叫中心	66.41	90.79	85.01	67.31	87.03	5

为了进一步说明广西壮族自治区优势产业的产业价值，根据 2014 和 2015 年度数据，整理得到表 13－43。

表 13－43　　广西壮族自治区信息资源产业优势行业重要指标

年份	指标	社会经济咨询	其他专业咨询	广告业	金融信息服务	呼叫中心
2014	营业收入（亿元）	22.71	22.09	36.29	13.10	9.94
	企业法人单位数（个）	1 433	1 394	3 897	208	444
	从业人口（人）	4 027	3 917	11 272	6 065	1 308
2015	营业收入（亿元）	25.36	24.67	38.38	15.80	10.50
	企业法人单位数（个）	1 637	1 592	4 382	253	484
	从业人口（人）	4 654	4 527	12 559	7 199	1 453

由表 13－43，可以看出广西壮族自治区优势行业集中在咨询业和广告业，还涉及金融信息服务业和呼叫中心。从数据来看，可能是不同地区行业政策不同、优势资源有异等原因导致各地情况不尽相同。

社会经济咨询业和其他专业咨询的定义前面已经做了介绍，不再赘述。由表 13－42可以看到，社会经济咨询业在广西壮族自治区的信息资源产业优势行业中排名第一，其他专业咨询业排名第二，且综合得分差别不大。换句话说，该自治区的信息资源优势产业前两名都是咨询服务业，这个排名在一定程度上说明广西壮族自治区的咨询服务需求及市场潜力在比例上占有绝对优势地位，政府应该积极采取措施进一步挖掘潜在需求，发展优势产业。

广告业和金融信息服务业的定义则在安徽省部分已经做了介绍。由表 13－42可知，广西壮族自治区的广告业综合排名第三且与排名第四的金融信息服务业和第五的呼叫中心有着较大的差距。该自治区广告业的蓬勃发展在一定程度上反映了其经济发展的健康状态。

呼叫中心是充分利用现代通信与计算机技术，如 IVR（交互式语音应答系统）、ACD（自动呼机分配系统）等等，可以自动地处理大量各种不同的电话呼入、呼出业务的服务及其运营操作场所。目前，呼叫中心已经广泛地应用在市政、公安、交管、邮政、电信、银行、保险、证券、电力、IT 和市场行销等行业，以及所有需要利用电话进行产品行销、服务与支持的大型企业，极大地提高了相应行业的服务水平和运营效率。由以上数据可以看出，广西壮族自治区的呼叫中心和金融信息服务行业综合得分相近，发展程度较为相似。

13.4.3 区域信息资源产业发展影响因素

前文阐述了广西壮族自治区信息资源产业发展的总体情况，下面针对其信息资源产业发展影响因素进行深入分析。本研究将产业价值、产业增长、产业效率和产业贡献四大指标综合称为产业绩效，属于显示性指标；产业结构、产业行为和产业环境则属于解释性指标，若要深入了解这些指标，请参见本研究专门阐述指标的章节。为了研究影响该自治区信息资源产业发展的因素，本部分选用了传统的 SCP（结构-行为-绩效）模型，并且添加 E（环境）作为调节变量，从而形成产业分析框架。被解释变量分别是产业绩效、产业行为，解释变量是产业结构、产业行为、产业环境三部分，进行多元回归分析，回归结果见表 13－44。

本小节数据来源为《中国科技统计年鉴》、《中国基本单位统计年鉴》、《中国劳动统计年鉴》、《中国经济普查年鉴》、国家统计局、北大法宝法律数据库、政府工作报告以及中国人民大学信息资源产业基础数据库等。

表 13－44 列出了社会经济咨询业各种回归计算的结果。列（1）表示产业结构对产业绩效的回归结果；列（2）表示产业行为对产业绩效的回归结果；列（3）表示产业结构对产业行为的回归结果；列（4）表示去除产业结构对产业行为的影响后，两自变量共同对产业绩效的回归结果；列（5）表示加入产业环境这个调节变量后，产业结构、产业环境与二者交叉部分共同对产业绩效的回归结果。

表 13－44　　广西壮族自治区信息资源产业发展因素的多元回归结果

变量名称	(1)	(2)	(3)	(4)	(5)
	产业绩效	产业绩效	产业行为	产业绩效	产业绩效
产业结构	0.146*		0.191**	0.055	0.134*
产业行为		0.238**		0.343**	
产业环境					0.055
产业环境的调节作用					0.202**
年份	控制	控制	控制	控制	控制
行业	控制	控制	控制	控制	控制
样本量	930	930	930	930	930
R^2	0.331	0.383	0.356	0.443	0.425

注：* 表示在 5%的水平下显著，** 表示在 1%水平下显著；“年份”与“行业”为控制变量，表明每一样本皆在同一年同一行业中选取。

同时，表 13－44 表明，产业结构单独作为自变量时，在 5%水平下与产业绩效呈正相关，产业行为在 1%水平下与产业绩效呈正相关。列（3）表明产业结构对产业行为有影响，这与 E-SCP 模型中市场结构影响市场行为相符合。除去二者的相互影响后，在 1%水平下，产业结构与产业行为都与产业绩效呈正相关，但产业结构的影响程度较小。列（5）表明，产业环境与产业结构交叉部分对产业绩效的影响系数为 0.202，并且在 1%水平下显著，与产业结构影响系数 0.146 同向。因此说明产业环境是正向调节变量。由最后一行 R^2 的数据可知，该回归模型拟合度较好。

通过表 13－44 的数据可以得知，产业结构、产业行为都是广西壮族自治区信息资源产业发展的影响因素，且呈正相关。产业环境是广西壮族自治区信息资源产业发展的正向调节变量。可见，促进和把握广西壮族自治区信息资源产业的发展需要考虑好产业结构和产业行为，应该及时对政府职能进行调整，适当地进行一系列制度设计，如健全资本市场、金融市场、土地市场，改善城市管理，加大创新激励，加快人力资本积累，有效进行法治建设、反腐败等等，从而对调整地区产业结构、促进地区产业升级起到明显的促进作用。

综上可知，广西壮族自治区信息资源产业发展的影响因素主要为产业结构、产业行为、产业环境，其中产业行为起到中介作用，产业环境起到调节作用。

13.4.4　区域信息资源产业发展特点分析

从上述分析结果来看，广西壮族自治区信息资源产业近年来的发展主要呈现出以下几个方面的特点。

1. 广西壮族自治区近年来信息资源产业增长缓慢，与全国平均水平存在差距

信息资源产业是广西的新兴产业，发展历史短，经济基础薄弱，整体水平仍然比较低，而且近年来增速逐渐落后于全国平均水平，导致该自治区在信息资源产业营业收入、企业法人单位数、从业人口数等方面与其他地区的差距越来越大，发展前景堪忧。从 2011 年开始，广西壮族自治区的信息资源产业在各项指标中开始出现疲软态势，数据上表现为增速缓慢，与全国平均水平的差距越来越大，且没有好转的迹象。广西壮族自治区是我国唯一一个沿海自治区，坐拥桂林电子科技大学、桂林理工大学、广西大学等高等教学资源，但其经济基础薄弱，其从业环境与待遇等，与紧邻的广东省相差甚远，严重制约了人才的发展，造成大量人才外流。此外，研发水平不足，技术落后，法律法规不健全等也是制约广西信息资源产业发展的因素。

2. 广西壮族自治区产业结构的改善，将有利于其信息资源产业的发展

从回归分析结果来看，产业结构是广西壮族自治区信息资源产业发展的重要影响因素，且呈正相关。毫无疑问，广西仍然处于这种配套设施建设当中，面对经济下行的巨大压力，调整地区产业结构、促进地区产业升级应该能够对该自治区的信息资源产业起到非常可观的促进发展作用。而另一方面，从中类信息资源产业、大类信息资源产业、依赖度三个平行维度可以看出广西产业发展失衡；而对其信息资源产业优势行业的剖析则说明其对于优势行业的重视不够。广西壮族自治区信息资源产业的健康发展需要政府采取有效措施维持优势行业的持续增长，并拉动相对弱势行业的兴起和发展。

3. 通过优化产业发展环境，广西壮族自治区信息资源产业仍有较大的上升空间

发展环境对于一个产业的兴盛起着不容小觑的作用，广西壮族自治区信息资源产业的增长需要该自治区提供配套的发展环境，而目前该自治区整体经济基础一般，人才流失严重，研发投入和技术水平与全国平均水平还存在着较大的差距，政府对该产业的发展重视程度和支持力度不够等因素都是制约该自治区信息资源产业发展的因素。未来广西壮族自治区想要发展信息资源产业，赶上全国平均水平，需从多个方面入手改善现状，为信息资源产业的蓬勃发展奠定坚实的环境基础。2015 年该自治区的信息资源产业发展指数排名第二十四位，落后于全国平均水平，但其在产业效率方面排名第九，不仅优于该自治区在其他方面的表现，且优于全国平均水平，是其在信息资源产业发展方面的亮点和优势。进一步挖掘发展潜力和优势资源，将为广西壮族自治区的信息资源产业发展提供有利条件。

13.4.5 区域信息资源产业发展趋势分析

综合考虑国内要素成本结构、国际竞争环境和信息资源产业技术范式的深刻变

革，以及广西壮族自治区自身的产业结构、行为与环境，本研究分析了未来广西壮族自治区信息资源产业的发展趋势。

由图 13－79 可知，利用简单线性回归可拟合全国平均营业收入曲线和广西壮族自治区营业收入曲线，方程分别为 $y=107.85x-216\ 042.31$（$R^2=0.98$）和 $y=51.34x-102\ 763.85$（$R^2=0.86$），容易知道广西壮族自治区 2004—2015 年营业收入一直低于全国平均水平，且增速较缓。

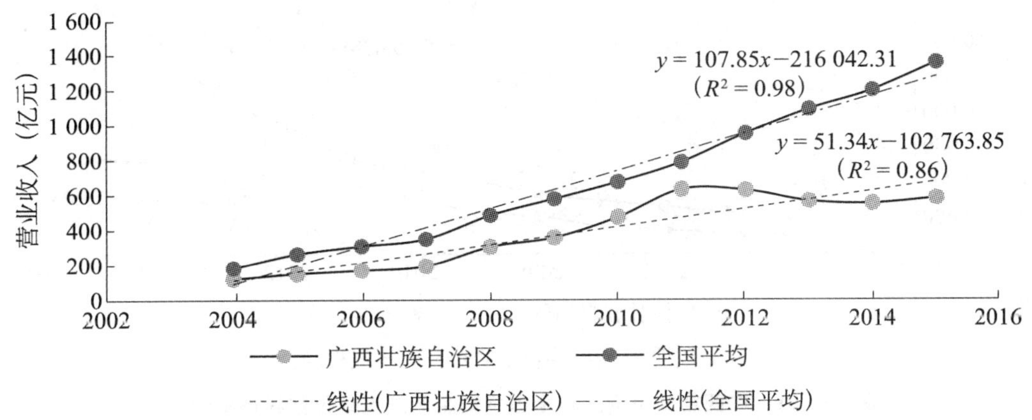

图 13－79　广西壮族自治区和全国平均营业收入线性拟合图

根据模拟回归方程分别预测出广西壮族自治区和全国平均水平 2020 年、2025 年、2030 年的营业收入值，据图 13－80 易知，在今后发展过程中，广西壮族自治区营业收入水平将逐渐稳定为全国平均水平的二分之一左右，该自治区要想促进信息资源产业的发展，早日赶上全国平均水平，还需做出更多努力。

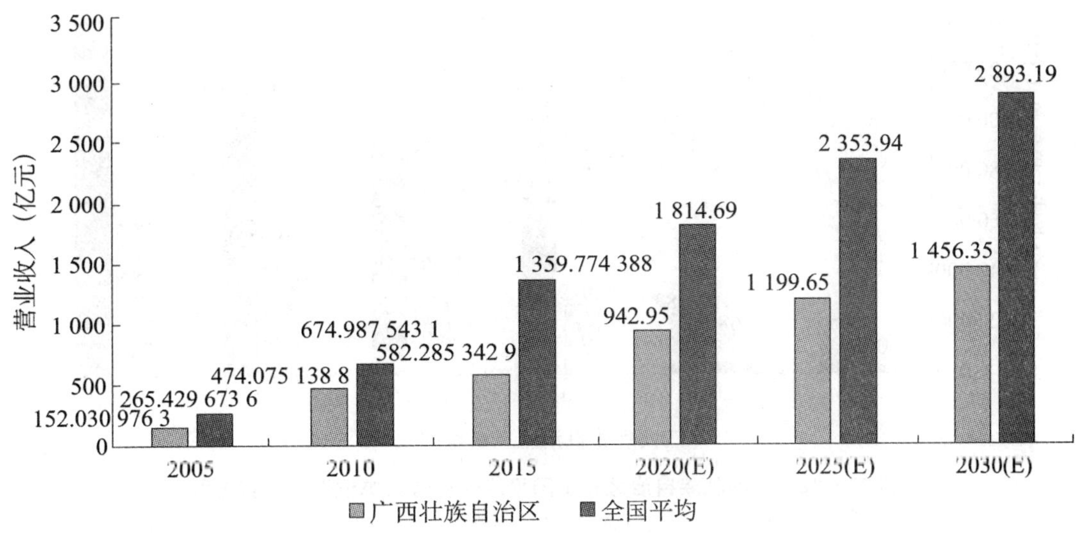

图 13－80　广西壮族自治区和全国平均营业收入预测直方图

由图 13－81 可知，利用简单线性回归可拟合全国平均企业法人单位数曲线和广西壮族自治区企业法人单位数曲线，方程分别为 $y=5\ 103.78x-10\ 226\ 665.71$ ($R^2=0.86$) 和 $y=2\ 218.60x-4\ 442\ 975.03$ ($R^2=0.97$)，从 12 年的数据来看，广西壮族自治区与全国平均水平在 2004—2011 年虽然存在差距但一直处于同步发展状态，而此后二者之间的差距逐步拉大。

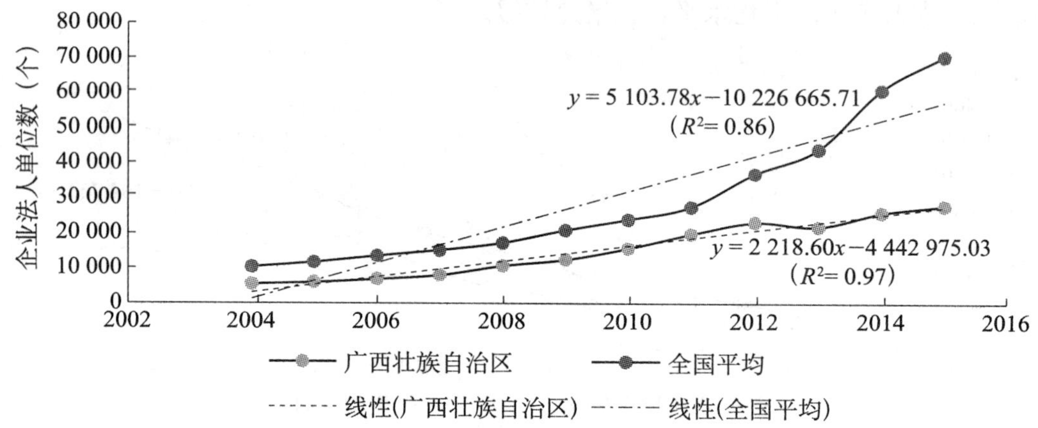

图 13－81　广西壮族自治区和全国平均企业法人单位数线性拟合图

模拟回归方程分别预测出广西壮族自治区和全国平均水平 2020 年、2025 年、2030 年的企业法人单位数值，由图 13－82 可以看出其企业法人单位数量增长缓慢，与全国平均水平的差距不断扩大，发展前景堪忧，该自治区信息资源产业的发展需要政府采取相应措施来提高企业法人单位数的增长幅度。

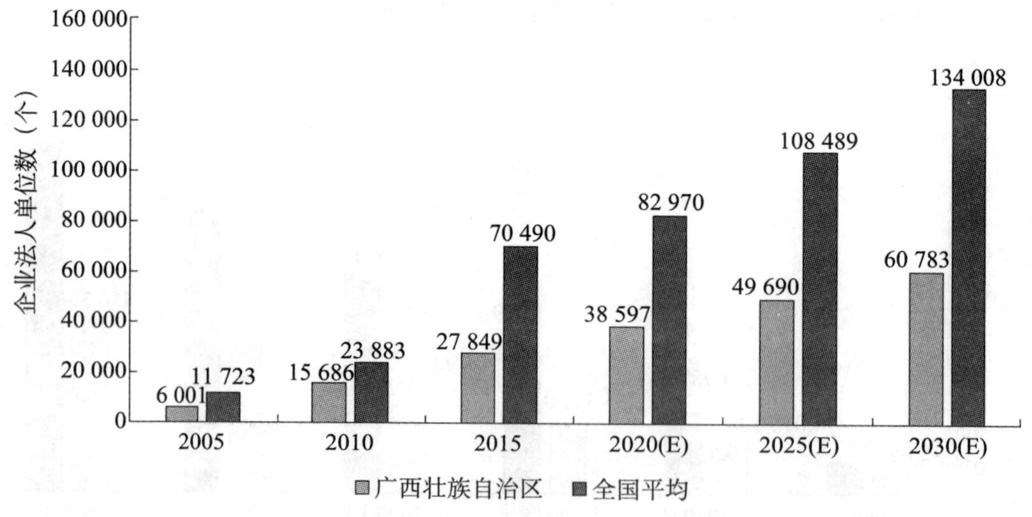

图 13－82　广西壮族自治区和全国平均企业法人单位数预测直方图

由图 13－83 可知，利用简单线性回归可拟合全国平均从业人口曲线和广西壮族自治区从业人口曲线，方程分别为 $y=52\ 361.32x-104\ 712\ 959.41$ （$R^2=0.88$）和 $y=17\ 860.69x-35\ 612\ 943.76$ （$R^2=0.92$），综合考虑 12 年以来的数据可得，在从业人口上，广西壮族自治区一直低于全国平均水平，而且在增长率上也存在较大差距，这就意味着广西壮族自治区从事信息资源产业的人口数量较少，且增幅缓慢，该产业的发展需要更多人才资源的投入。

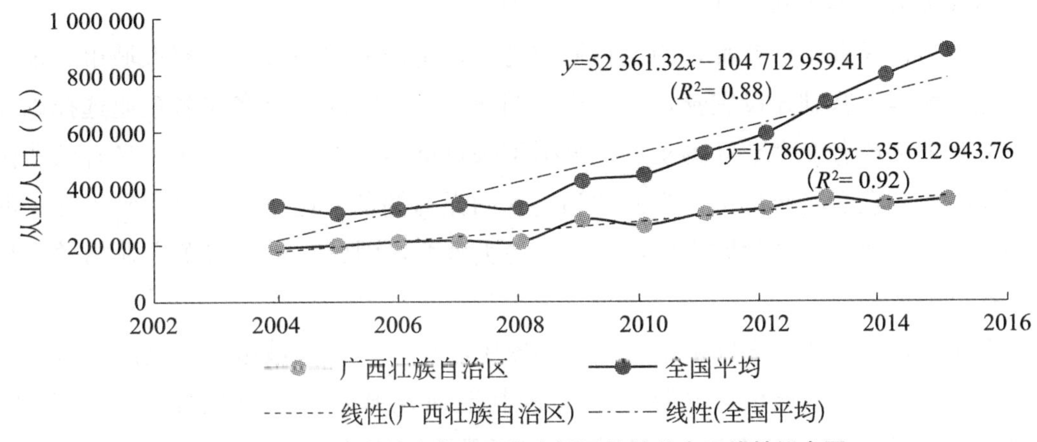

图 13－83　广西壮族自治区和全国平均从业人口线性拟合图

模拟回归方程分别预测出广西壮族自治区和全国平均水平 2020 年、2025 年、2030 年的从业人口值，由图 13－84 可以看到非常明显的差距且差距逐年扩大，如此以往，广西壮族自治区在信息资源产业从业人口上将远远落后于全国平均水平，为了促进该产业的发展，需要有更多的劳动者投身到信息资源产业的发展中去，这就意味着相应的职业教育和培训机制要配套发展。

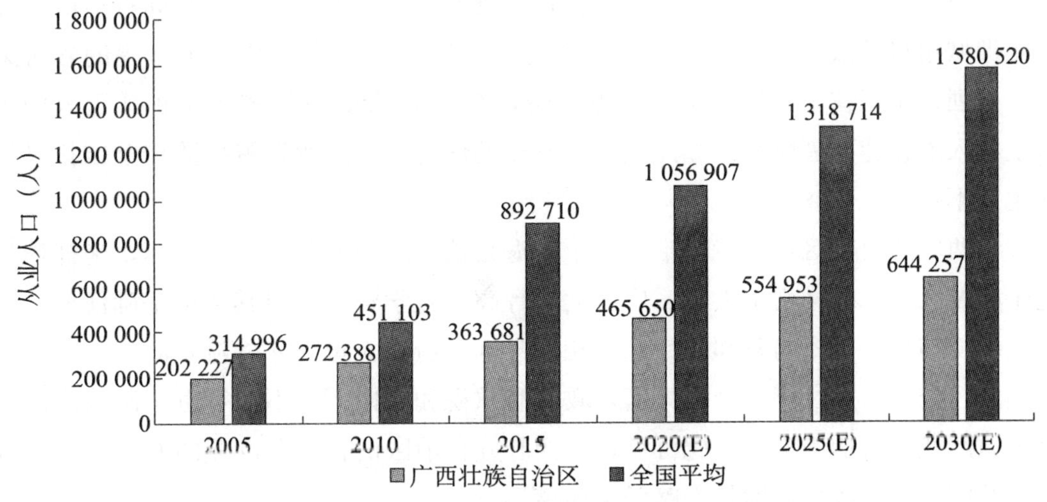

图 13－84　广西壮族自治区和全国平均从业人口预测直方图

13.5 本章小结

对北京、天津、安徽和广西四个地区案例，本研究从发展总体状况全局概览，以及优势行业、发展影响因素、发展特点及发展趋势分析等不同角度结合翔实的数据深入剖析，可以从整体和局部两个方面大体把握这四个地区的发展状况，如此呈现的结果令人不得不深思其中的深层次原因。

北京市，是我国的首都，四大直辖市之一，是国家中心城市、超大城市，地处华北地区腹地，基础建设完善，交通线路四通八达。国内外众多知名企业选择以北京作为其总部或者亚太地区的支点，吸引了来自世界各地的人才，同时又有数所国内顶尖高校和众多科研机构作为人才和技术的强力储备。近年来，北京和天津、河北共同打造京津冀一体化城市群，拓展了各类资源，因此其信息资源产业指数表现可以在全国名列前茅。

天津市，我国四大直辖市之一，是国家中心城市、超大城市、环渤海地区经济中心、首批沿海开放城市，又是全国先进制造研发基地、北方国际航运核心区、金融创新运营示范区、改革开放先行区，还是中国中医药研发中心、亚太区域海洋仪器检测评价中心，千般荣誉集于一身，光芒四射。天津地处环渤海中心区，京津冀一体化中心，是首都的东大门，又是渤海的门户，集聚南开大学、天津大学等著名高校，优势资源丰富，因此其信息资源产业指数表现可以在全国名列前茅。

安徽省，属于中国东部的内陆地区，地跨长江、淮河南北，交通发达，又有中国科学技术大学为支撑点，大力发展科技，其与江苏、上海、浙江共同打造的长江三角洲城市群已成为6大世界级城市群之一，在2014年获得中国最幸福的省份荣誉，被列入中国首个新型城镇化试点省份，在2015年，安徽省更是正式迈入中等偏上收入的快速发展阶段。如此细数，安徽的信息资源产业发展指数在全国排名靠前也就不足为奇了。

广西壮族自治区，是我国唯一一个沿海自治区，交通环境颇为便捷，坐拥桂林电子科技大学、桂林理工大学、广西大学等高等教学资源，但其经济基础薄弱，其从业环境与待遇等，与紧邻的广东省相差甚远，造成大量人才外流。此外，研发水平不足，技术落后，产业结构失衡，政府和重视和支持力度不够等也是制约广西信息资源产业发展的因素。由此可见，广西壮族自治区信息资源产业的发展需要多方面的共同努力和改善，增长之路任重而道远。

分析四个典型地区案例，可知基础设施、教育资源、地理位置、政府政策、地区福利水平等因素综合影响一个地区的信息资源产业的发展，要想提高信息资源产业发展水平，必须全面深化改革，推进信息资源产业及其相关产业建设，为信息资源产业建设提供良好的发展环境和条件，夯实信息资源产业飞速发展的根基。更重要的是，如今改革进入深水区，提高各产业增长质量，助力国民经济稳步较好较快发展，是当下发展的重点难点。2004 年，中共中央办公厅、国务院办公厅发布《关于加强信息资源开发利用工作的若干意见》（中办发〔2004〕34 号）中，采用了“信息资源产业”的提法，且提出：“促进信息资源产业健康快速发展。研究制定促进信息资源产业发展的政策和规划。鼓励文化、出版、广播影视等行业发展数字化产品，提供网络化服务。促进信息咨询、市场调查等行业发展，繁荣和规范互联网信息服务业。开展信息资源产业统计分析工作，完善信息资产评估制度。”信息资源产业作为一类重点促增长的产业以全新的面貌展现在全国的经济舞台上。结合地区案例，可以为国民经济的增长挖掘更多新的动力之源，也可以为信息资源产业本身提供一些发展的基本思路，并有助于稳步提高信息资源开发与利用的能力，将各种潜在优势转化为现实生产力，继而推动经济发展。希望在未来的发展道路上，信息资源产业可以对地区发展和区域平衡有更出色的贡献。

第 14 章　中国信息资源产业发展政策解读

本章主要选取了与我国信息资源产业高度相关的，由国家政府机关所发布的 7 份政策文件，在机遇、市场、科技、创新、人才、体制、监管等多层面进行详细的解读。通过多方位、多维度的观察、分析，力求全面解读现如今政策的引领作用，发现我国信息资源产业中仍存在的不足，并提出有效的指导意见；也力求能为我国信息资源产业未来的发展提供有效的帮助，为我国信息资源产业的政策制定提供有效的参考和帮助。

14.1 《国务院关于大力发展电子商务加快培育经济新动力的意见》解读

1997 年 12 月，中国化工网英文版上线，成为国内第一家垂直 B2B 电子商务商业网站。1999 年 8 月，邰亦波创办国内首家 C2C 电子商务平台“易趣网”。1999 年 5 月，王峻涛创办“8848”并融资 260 万美元，标志着国内第一家 B2C 电子商务网站诞生。2003 年 5 月，阿里巴巴集团成立淘宝网，投资 1 亿元人民币，进军 C2C。在网络快速普及和信用卡逐渐被人接受的基础上，电子商务开始慢慢成形并有了很好的发展环境。当时，没人会想到淘宝会取得今天的成就，没人会想到电子商务会如此深入人们的生活，影响人们的消费习惯和购物理念。

2015 年 5 月 7 日，国务院发布《国务院关于大力发展电子商务加快培育经济新动力的意见》（以下简称《意见》）。《意见》肯定了电子商务的巨大作用：创造了新的消费需求，引发了新的投资热潮，开辟了就业增收新渠道，为大众创业、万众创新提供了新空间，推动服务业转型升级，催生新兴业务，成为经济发展的原动力。但同时，《意见》认为仍有很多问题阻碍着电子商务发挥更大的效力，比如管理方式的不适应、诚信体系的不健全等等。《意见》通过政策层面的规定和鼓励以期解决这些问题，减少束缚电子商务发展的机制体制障碍，进一步发挥电子商务在培育经济新动力方面的作用，以使得我国的电子商务发展更有活力。

14.1.1　放开信息资源产业的发展束缚

在电子商务快速发展的背景下，中央及地方都出台了一系列政策规范并鼓励电商的发展。电商物流一直被认为是电子商务的重要支撑，而电子商务同时也给物流业提供了巨大市场和发展动力，全国快递业务中有80%来自于电子商务业务。物流发展受到限制，会大大影响整个信息资源产业的发展速度，物流的优化是放开信息资源产业发展束缚的重要条件之一。根据国家邮政局统计数据，近年来我国快递业务量增幅一直保持在50%以上。在电子商务高速增长下，快递业务发展迅猛。虽然电商物流发展速度很快，但物流业发展仍然滞后于电子商务的发展。价格战依旧是电商物流面临的巨大问题。国家邮政局统计数据显示，包括顺丰、“三通一达”在内，国内各类快递企业已超过8 000家，竞争激烈。物流行业不够规范，“最后一公里”难题、矛盾纠纷、信息泄露等问题很严重，限制了物流业的发展，从而对电子商务造成影响，成为电子商务发展的巨大束缚。

《意见》指出：要清理电子商务领域现有前置审批事项，无法律法规依据的一律取消，严禁违法设定行政许可、增加行政许可条件和程序。进一步简化注册资本登记，深入推进电子商务领域由“先证后照”改为“先照后证”改革。从事电子商务活动的企业，经认定为高新技术企业的，依法享受高新技术企业相关优惠政策，小微企业依法享受税收优惠政策。加快推进“营改增”，逐步将旅游电子商务、生活服务类电子商务等相关行业纳入“营改增”范围。建立健全适应电子商务发展的多元化、多渠道投融资机制。研究鼓励符合条件的互联网企业在境内上市等相关政策。支持商业银行、担保存货管理机构及电子商务企业开展无形资产、动产质押等多种形式的融资服务。鼓励商业银行、商业保理机构、电子商务企业开展供应链金融、商业保理服务，进一步拓展电子商务企业融资渠道。引导和推动创业投资基金，加大对电子商务初创企业的支持。规范电子商务市场竞争行为，促进建立开放、公平、健康的电子商务市场竞争秩序。进一步加大政府利用电子商务平台进行采购的力度。各级政府部门不得通过行政命令指定为电子商务提供公共服务的供应商，不得滥用行政权力排除、限制电子商务的竞争。

作为电子商务发展的支撑，《意见》指出要完善物流基础设施，推动跨地区跨行业的智慧物流信息平台建设，鼓励在法律规定范围内发展共同配送等物流配送组织新模式。完善仓储建设标准体系，鼓励现代化仓储设施建设，加强偏远地区仓储设施建设。鼓励物流（快递）企业发展“仓配一体化”服务。在跨境电商方面，要积极推进跨境电子商务通关、检验检疫、结汇、缴进口税等关键环节“单一窗口”综合服务体系建设，简化与完善跨境电子商务货物返修与退运通关流程，提高通关效率。

《意见》通过政策方面的优待减轻了电子商务的税务负担，并通过政策规定拓展电子商务企业的融资渠道，大大优化了整个信息资源产业发展的政策环境，并提供了很大的资金支持。《意见》还通过规范和简化审批流程，完善并规范物流基础设施的建设等电子商务发展的支撑性体系提高了电子商务的效率，优化了整个信息资源产业发展的支撑体系。

14.1.2 推动信息资源产业的产业升级

2009 年 11 月 11 日的“双十一”拉开了电商大战的序幕。电商从无到有，从小到大，对我国的产业转型和消费升级都起了很重要的作用。根据艾瑞咨询年度数据电商 O2O 报告，2015 年中国电子商务市场规模达 16.2 万亿元，增长 21.2%。其中网络购物市场交易规模 3.8 万亿元，较去年增长 37.2%。艾瑞咨询预测：至 2018 年为止，中国网络购物市场交易规模仍可以保持 20%以上的增长率。值得注意的是，2015 年中国移动端购物交易规模达 1.1 万亿元，在整体网络购物交易规模中占比达到 55%，增长 21.3%，预计到 2018 年，移动端的网购交易额占比将达到 73%左右。移动端正逐渐取代 PC 端成为网购的主要手段。根据中国互联网络信息中心（CNNIC）发布的第 37 次《中国互联网络发展状况统计报告》，截至 2015 年 12 月，我国网民中农村网民占比 28.4%，规模达到 1.95 亿人，较 2014 年底增加1 694 万人，增幅为 9.5%，城镇网民占比 71.6%，规模为 4.93 亿人，较 2014 年底增加 2 257 万人，增幅为 4.8%。互联网在农村的普及扩展了农村电商的市场，针对农村电商，阿里巴巴在 2014 年 10 月推出了“千县万村”计划，截至 2015 年 12 月底已经在 200 个县建设了 1 万个农村淘宝服务站，京东在 2014 年 11 月也推出了类似的农村电商计划，到 2015 年 11 月份已开了 600 个县级服务中心，1 100 个京东帮服务店，苏宁、中国邮政、电信也涉足农村电商，扩展市场。农村电子商务市场潜力巨大，阿里研究院的数据显示：2015 年“双十一”开始仅 8 分钟，“村淘”销售额就突破千万，最大的一笔是浙江省温州市平阳县万全镇中镇村的村民通过淘宝购买了一辆价值 50 多万元的保时捷。农村网民的快速增加以及更简易更便捷的移动网络的普及，使得农村电商发展势头强劲，成为电子商务发展的重要推动力。

《意见》指出：要积极拓展信息消费新渠道，创新移动电子商务应用，支持面向城乡居民社区提供日常消费、家政服务、远程缴费、健康医疗等商业和综合服务的电子商务平台发展。加快推动传统媒体与新兴媒体深度融合，提升文化企业网络服务能力，支持文化产品电子商务平台发展，规范网络文化市场。支持教育、会展、咨询、广告、餐饮、娱乐等服务企业深化电子商务应用。要加快建立全国 12315 互联网平台，完善网上交易在线投诉及售后维权机制，研究制定 7 天无理由退货实施细则，促进网络购物消费健康快速发展。要鼓励有条件的大型零售企业开办网上商城，积极利用移动互联网、地理位置服务、大数据等信息技术提升流通效率和服务质量。支持中小零售企业与电子商务平台优势互补，加强服务资源整合，促进线上交易与线下交易融合互动。推动各类专业市场建设网上市场，通过线上线下融合，加速向网络化市场转型，研究完善能源、化工、钢铁、林业等行业电子商务平台规范发展的相关措施。加强互联网与农业农村融合发展，引入产业链、价值链、供应链等现代管理理念和方式，研究制定促进农村电子商务发展的意见，出台支持政策措施。

《意见》通过鼓励建设服务民生的电子商务平台、鼓励传统商贸流通企业向电子商务方向改变、大力扶持农村电子商务发展等措施，将传统的电子商务发展放到了一个更加多元、更加广阔的背景下，鼓励电子商务以不同的方式和形式渗透进不同的行业和地区，从而达成双赢的结果。在与不同的元素融合碰撞的过程中，电子商务同时进行着转型和产业升级，从而给整个信息资源产业的转型和升级提供了源源不断的动力。

14.1.3　优化信息资源产业的人才培养

人才资源一直都是非常重要的资源。而信息资源产业的发展离不开源源不断的人才支撑，离不开一代一代人付出的巨大努力和贡献。在 2015 年 8 月 26 日商务部就关于加快推进电子商务人才培训工作专门提出了意见，成为电子商务人才培养的重要参考。由于互联网的发展迅速，预计我国在未来 10 年大约需要 200 万名电子商务专业人才，但实际上近年来电子商务专业应届毕业生从事专业相关工作的人数较少，可见电子商务人才培养需要改进教育和培养的方式。电子商务的快速发展和电子商务人才短缺之间的矛盾使得人才的重要性越来越突出。为此，福建省在 2015 年 6 月 24 日出台的《福建省人民政府关于加快电子商务发展九条措施的通知》（以下简称《通知》）中提到：对与该省电子商务企业签订三年（含）以上劳动合同的电子商务高级人才，经省商务厅认定，每人发放一次性安家补助10万元；对企业成功引进高级人才产生的猎聘费用，按30%予以补助。《通知》提到认定一批电子商务实训基地（人才继续教育基地），予以每家最高不超过100万元的补助。对2015年以来，根据新颁《福建省职业技能鉴定电子商务师考试（评）大纲》开展电子商务专才培训且通过国家电子商务师职业技能鉴定考试（评）人数在1 000人以上的培训机构，择优给予最高不超过50万元奖励；鼓励电商企业组织员工参加根据新颁《福建省职业技能鉴定电子商务师考试（评）大纲》开展的考核，对企业学员通过社会化考试取得国家电子商务师职业资格的，依相应等级给予每人500元至2 000元的培训补贴。

《意见》指出，把发展电子商务促进就业纳入各地就业发展规划和电子商务发展整体规划。建立电子商务就业和社会保障指标统计制度。经工商登记注册的网络商户从业人员，同等享受各项就业创业扶持政策。未进行工商登记注册的网络商户从业人员，可认定为灵活就业人员，享受灵活就业人员扶持政策，其中在网络平台实名注册、稳定经营且信誉良好的网络商户创业者，可按规定享受小额担保贷款及贴息政策。加强电子商务企业用工服务，完善电子商务人才供求信息对接机制。支持学校、企业及社会组织合作办学，探索实训式电子商务人才培养与培训机制。推进国家电子商务专业技术人才知识更新工程，指导各类培训机构增加电子商务技能培训，支持电子商务企业开展岗前培训、技能提升培训和高技能人才培训，加快培养电子商务领域的高素质专门人才和技术技能人才。参加职业培训和职业技能鉴定的人员，以及组织职工培训的电子商务企业，可按规定享受职业培训补贴和职业技能鉴定补贴政策。鼓励有条件的职业院校、社会培训机构和电子商务企业开展网络创业培训。《意见》通过鼓励制定富有吸引力的政策引进人才，通过资助和奖励的方式鼓励电子商务人才培养基地的发展，通过完善和改进电子商务专业的培养方式和体系提升人才培养质量。《意见》全方位、多角度地对信息资源产业人才进行了布局和谋划。

14.1.4 提升信息资源产业的对外开放水平

在电子商务快速发展的背景下，中央及地方都出台了一系列政策规范并鼓励电商的发展，国家外汇管理局2015年1月29日发布了《关于开展支付机构跨境外汇支付业务试点的通知》，允许支付机构为跨境电子商务交易双方提供外汇资金收付及结算汇服务，网络购物的单笔交易限额提升至5万美金。不久之后，在2015年3

月 7 日发布的国务院国函〔2015〕44 号批复中同意设立中国（杭州）跨境电子商务综合试验区。该试验区着力探求一套适应和引领全球跨境电子商务发展的管理制度和规则，在跨境电商所涉及的交易、支付、物流、通关、退税、结汇等环节先行先试。这意味着将从政策层面对跨境电商发展做进一步“松绑”，并逐步解决跨境电商实操中面临的种种阻碍。浙江出入境检验检疫局最新数据显示，截至 2016 年 2 月 28 日，杭州跨境电子商务综合试验区内的三个园区共监管进口邮包 221.67 万件，成交金额 3.29 亿元，出口邮包 115 万个，货值 1 400 万美元。进口产品主要为奶粉、化妆品、保健品、尿不湿、一次性卫生用品等，其中奶粉占 26%、化妆品占 16%、保健品占 10%、尿不湿占 12%、一次性卫生用品占 15%，食品化妆品的比重大概占 55%。综合试验区共有通过检验检疫备案的电商平台 15 家，包括天猫、网易、顺丰、中外运、银泰等；共有运营的海外电商企业 317 家，其中 90%是入驻阿里巴巴天猫国际的电商企业；涉及的电商产品 2 000 余种，已完成产品备案 912 个。这些为推动全国跨境电子商务健康发展提供了可复制、可推广的经验。

《意见》指出要加强电子商务的国际合作，积极发起或参与多双边或区域关于电子商务规则的谈判和交流合作，研究建立我国与国际认可组织的互认机制，依托我国认证认可制度和体系，完善电子商务企业和商品的合格评定机制，提升国际组织和机构对我国电子商务企业和商品认证结果的认可程度，力争国际电子商务规制制定的主动权和跨境电子商务发展的话语权。积极推进跨境电子商务通关、检验检疫、结汇、缴进口税等关键环节“单一窗口”综合服务体系建设，简化与完善跨境电子商务货物返修与退运通关流程，提高通关效率。探索建立跨境电子商务货物负面清单、风险监测制度，完善跨境电子商务货物通关与检验检疫监管模式，建立跨境电子商务及相关物流企业诚信分类管理制度，防止疫病疫情传入、外来有害生物入侵和物种资源流失。抓紧研究制定促进跨境电子商务发展的指导意见。鼓励国家政策性银行在业务范围内加大对电子商务企业境外投资并购的贷款支持，研究制定针对电子商务企业境外上市的规范管理政策。简化电子商务企业境外直接投资外汇登记手续，拓宽其境外直接投资外汇登记及变更登记业务办理渠道。扩大跨境电子商务综合试点，建立政府、企业、专家等各个层面的对话机制，发起和主导电子商务多边合作。《意见》通过要求提升跨境电子商务通关效率、加强电子商务国际合作、制定电子商务发展的指导意见，辅以一定的资金支持和政策倾斜，以中国（杭州）跨境电子商务综合试验区等试验区为排头兵，不断改革创新，规范并引导跨境电商，以提高我国跨境电子商务在国际上的竞争力，从而为整个信息资源产业的国际接轨和国际引领起到了很好的推动作用。

14.1.5 构筑信息资源产业的安全防线

互联网的快速普及使越来越多的信息在网上堆积，已呈现出信息爆炸的状态。而作为本就依赖互联网、依赖信息的电子商务，信息安全就是一个不得不考虑的问题。只有解决了信息安全问题，电子商务的发展才能无后顾之忧。根据中国互联网络信息中心（CNNIC）发布的第35次《中国互联网络发展状况统计报告》，有近一半的网民都遭遇过网络安全问题，在网上遭遇消费诈骗的网民占到了13%。2016年7月13日至14日，以“聚力、赋能”为主题的阿里安全峰会在京举行。会议聚集了国内信息安全领域最强阵容。阿里巴巴还发起“电子商务生态安全联盟”，旨在汇聚安全圈力量，开放安全能力，助力中小企业和用户，提升行业安全水平。

《意见》指出电子商务企业要按照国家信息安全等级保护管理规范和技术标准相关要求，采用安全可控的信息设备和网络安全产品，建设完善网络安全防护体系、数据资源安全管理体系和网络安全应急处置体系，鼓励电子商务企业获得信息安全管理体系认证，提高自身信息安全管理水平。鼓励电子商务企业加强与网络安全专业服务机构、相关管理部门的合作，共享网络安全威胁预警信息，消除网络安全隐患，共同防范网络攻击破坏、窃取公民个人信息等违法犯罪活动。《意见》指出，要研究制定电子商务交易安全管理制度，明确电子商务交易各方的安全责任和义务。建立电子认证信任体系，促进电子认证机构数字证书交叉互认和数字证书应用的互联互通，推广数字证书在电子商务交易领域的应用。建立电子合同等电子交易凭证的规范管理机制。电子商务企业要切实履行违禁品信息巡查清理、交易记录及日志留存、违法犯罪线索报告等责任和义务，加强对销售管制商品网络商户的资格审查和对异常交易、非法交易的监控，防范电子商务在线支付给违法犯罪活动提供洗钱等便利，并为打击网络违法犯罪提供技术支持。加强电子商务企业与相关管理部门的协作配合，建立跨机构合作机制，加大对制售假冒伪劣商品、网络盗窃、网络诈骗、网上非法交易等违法犯罪活动的打击力度。加快推进电子商务法立法进程，研究制定或适时修订相关法规，明确电子票据、电子合同、电子检验检疫报告和证书、各类电子交易凭证等的法律效力，作为处理相关业务的合法凭证。制定适合电子商务特点的投诉管理制度。建立健全电子商务信用信息管理制度，推动电子商务企业信用信息公开。推进人口、法人、商标和产品质量等信息资源向电子商务企业和信用服务机构开放，逐步降低查询及利用成本。《意见》通过要求建立相应法规及体系以保证网络安全、交易安全、隐私信息安全和信用安全。在互联网发展如此迅速的今天，相应的保障体系急需建立起来，这样才能使信息资源产业的发展处在一个可控的范围内，不会因为失控而造成各种会成为毁灭性打击的事故发生。《意见》充分考虑并加快构建安全防线，对我国信息资源产业长期、快速、稳定的发展有重要意义。

总体来看，《意见》在全面贯彻党的十八大和十八届二中、三中、四中全会精神，按照党中央、国务院决策部署的基础上，依靠改革推动科学发展，大力推进政策创新、管理创新和服务创新。《意见》将积极推动、逐步规范和加强引导作为三个着力点来协调解决电子商务发展过程中的各种矛盾与问题，以期到 2020 年，统一开放、竞争有序、诚信守法、安全可靠的电子商务大市场基本建成，电子商务与其他产业深度融合，成为促进创业、稳定就业、改善民生服务的重要平台，对工业化、信息化、城镇化、农业现代化同步发展起到关键性作用。《意见》也为信息资源产业的发展提供了优质的平台和足够的保障，为我国整体经济的发展提供了动力。

14.2 《国务院办公厅关于促进跨境电子商务健康快速发展的指导意见》解读

21 世纪是开放的世纪，随着互联网应用的广泛普及、计算机技术的高速发展以及社会经济全球化的整体趋势，电子商务在全球各地呈现出巨大的发展活力，电子商务活动也带来了多种多样的信息资源数字化内容。其中，跨境电子商务是电子商务领域的一部分，是一种新型的并已在全球范围内蓬勃发展的贸易资源产业。跨境电子商务面对的是全球 200 多个国家和地区的商家和消费者，市场潜力巨大，带来的信息资源内容也丰富多样。而在中国政府大力扶持和企业转型的共同需求下，已经围绕整个跨境电子商务形成了一套清晰、完整的电商信息资源产业收集、分析、整合体系，为日后通过信息资源对跨境电子商务领域进行分析和研究打下坚实基础。2015 年，跨境进口零售电子商务行业交易规模达到 1 184.3 亿元，较 2014 年同比增长 111.9%，在进口电子商务中的占比达 13.2%。未来几年，在政策保持利好的情况下，跨境进口零售电子商务市场仍将保持平稳增长。

2015 年 6 月发布的《国务院办公厅关于促进跨境电子商务健康快速发展的指导意见》（以下简称《意见》）指出，“支持跨境电子商务发展，有利于用‘互联网+外贸’实现优进优出，发挥我国制造业大国优势，扩大海外营销渠道，合理增加进口，扩大国内消费，促进企业和外贸转型升级；有利于增加就业，推进大众创业、万众创新，打造新的经济增长点；有利于加快实施共建‘一带一路’等国家战略，推动开放型经济发展升级”。在全球经济萎靡，我国电子商务发展停滞的大环境下，《意见》的发布及时体现了“在发展中规范，在规范中发展”的总体原则，确定了跨境电子商务数字化的整体思路，明确了跨境电子商务的主要发展目标，强化了增强改革服务意识、鼓励企业探索创新、有效防控风险等总体要求。在实现跨境电子商务数字化，跨境电商的信息资源内容规范化的同时，为促进我国电子商务新发展，世界经济复苏等，提供了必要的帮助。

14.2.1 信息资源引领跨境电商发展新契机

在经济全球化趋势下，伴随着世界经济的发展，“互联网+”和“一带一路”概念的提出，跨境电子商务产生了大量数字化信息资源内容。同时，互联网普及率提升，国际人均购买力不断增强，物流水平进步，网络支付环境也得到了长足的改善，这些因素都将有力促进跨境电子商务交易的发展。2012 年跨境电子商务的消费总额高达 1.2 万亿美元，比上一年提高了 21%；欧洲是世界上最大的电子商务市场，其交易额达 4 126 亿美元，占全球总额的 35.1%；北美洲的交易额约为 3 895 亿美元，占 33.1%；亚太市场约为 3 016 亿美元，占 25.7%。从中不难看出，全球范围内跨境电子商务发展十分迅速，但亦十分集中。拉丁美洲和非洲仅占世界电子商务市场份额的 5%，其还有很大的发展空间。中国自 2007 年起，跨境电子商务的年均增长率为 30%，这个数字在个位数的出口增长率的衬托下显得尤为突出。2013 年，中国的跨境电子商务的交易额达到了 3.1 万亿元人民币（约 5 000 亿美元），这相当于进出口总额的 12%。2014 年，又新增约 2 万家贸易公司通过各类电子商务交易平台进行贸易。预计到 2020 年，中国跨境电子商务交易规模将达 12 万亿元，占中国进出口总额的约 37.6%；中国跨境电子商务零售交易额将超过 3.6 万亿元，年均增幅约 37%，预计 2020 年跨境电子商务零售占比将超过 30%。

尽管跨境电子商务市场规模逐渐增加，已围绕整个跨境贸易形成了一条从营销到支付、物流和金融服务的清晰、完整的产业链，但依然还有许多不和谐的因素，阻碍和制约着跨境电子商务的发展。具体表现在通关效率、物流与电子支付问题以及退税问题三个方面。面对这三个方面的问题，《意见》也针对性提出“优化配套的海关监管措施、完善电子商务支付结算管理、提供积极财政金融支持”等相应意见，通过对跨境电子商务活动中产生的大量信息资源内容进行收集和分析，找出跨境电子商务活动中的主要问题点，通过数字化信息资源制定一系列高效、有用的具体措施，为我国跨境电子商务活动在未来的发展排除种种困难。

14.2.2　信息资源促进跨境电商构建服务体系

随着跨境电子商务产业的不断发展，已由最初的独立个体慢慢发展成为一套集约式的服务体系，由最初的零碎信息资源慢慢发展成为现如今的大数据信息资源池。应利用跨境电子商务活动自身产生的信息资源内容，构建具有针对性的综合服务体系，引导本地跨境电子商务产业向规模化、标准化、集群化、数字化方向发展。鼓励外贸综合服务企业为跨境电子商务企业提供通关、物流、仓储、融资等全方位服务。支持企业建立全球物流供应链和境外物流服务体系。充分收集整合跨境电子商务系列活动产生的多样化信息资源。充分发挥各驻外经商机构作用，为企业开展跨境电子商务提供信息服务和必要的协助。例如 21 世纪海上丝绸之路这种行业联盟式的跨境电子商务公众服务平台体系的推出，能帮助从事跨境电子商务企业解决很多实际问题，让跨境电子商务企业形成联盟，不再单打独斗地面对国际市场，同时也能整合单一的信息资源内容，为今后跨境电子商务行业的生产活动提供更加宏观的指导意见。2013 年 9 月，广州获批为国家跨境贸易电子商务服务体系试点城市。2014 年 1 至 10 月，广州跨境电子商务零售（B2C）出口 4.8 亿元人民币，网购保税（B2B2C）进口货值 1.8 亿元，规模居全国第一。

2015 年，我国跨境电子商务中出口占比达到 80%以上，预计出口电子商务占比仍将保持在 80%以上，2017 年将达到 6.64 万亿元的规模。我国作为世界工厂的地位在未来一段时间内不会动摇，随着跨境电子商务规模的不断增大，产生的信息资源也会成倍增长，需要一套相适应的跨境电子商务服务体系的平台支持。《意见》提出要建设综合服务体系，支持国内企业更好地利用电子商务平台体系开展对外贸易。通过规范的“海外仓”、体验店和配送网店等模式，融入境外零售体系，逐步实现经营规范化、管理专业化、物流生产集约化、信息资源内容数字化和监管科学化。通过跨境电子商务平台信息化建设由单一的信息提供平台转向涵盖海外推广、交易支持、在线物流、在线支付、售后服务、信用体系和纠纷处理等整合信息资源服务的综合性交易平台，通过对信息资源内容的分析和研究，及时、准确把握海外市场环境，满足消费者偏好及对货物的需求，提升跨境电子商务平台产品的丰富性和供应商的多元化，以满足市场需求。

14.2.3　信息资源促进跨境电商加强中外交流

近几年，跨境电子商务正处于高速发展时期，再加上当前我国政府的大力扶持，跨境电子商务产业既有机遇也有挑战。我国的跨境电子商务行业是近几年才兴起的新兴产业，与国外电子商务企业相比，我国跨境电子商务行业起步较晚。目前，我国正从出口导向型经济转为内需拉动型经济，电子商务在这种转变中扮演了重要的角色。作为世界经济领域中最有力的国际组织之一，欧盟在电子商务领域的发展一直处于世界领先水平，跨境电子商务活动中产生的信息资源内容的方向和数量与我国存在着不小的差异，我国快速增长的电子商务市场可以借鉴欧盟各国电子商务发展的成功经验，通过和欧盟各国产生的信息资源内容进行分析和比较，取其优秀的内容，弥补我国跨境电子商务领域的不足。同时，我国的二三线城市前景十分广阔，新农村的消费能力不断增强，这些地方日益增长的消费能力是不容忽视的，欧盟各国也需要中国这个庞大的新兴市场，也在积极寻求进入中国的有效途径，如果中外能开放地进行合作，找到共赢的合作方式，互相补充，那么将非常有利于我国未来跨境电子商务的繁荣发展。

2015 年 9 月，中国贸促会与东盟中七国的国家工商会就启动共建中国-东盟跨境电子商务平台达成了共识。2016 年 8 月下旬，中国-东盟跨境电子商务平台正式搭建完成并上线试运营，上线产品覆盖了前期协议中合作的东盟七国所有国家。由此可见，我国跨境电子商务的中外合作已步入实战化阶段。《意见》指出，抓住“一带一路”的契机，加强与“一带一路”沿线国家和地区的电子商务合作，提升合作水平，共同打造若干畅通安全高效的电子商务大通道。通过多双边对话，与各经济体建立互利共赢的合作机制，及时化解跨境电子商务进出口引发的贸易摩擦和纠纷。通过“一带一路”概念的提出可以看出，国家有意宏观调控中外合作，建设一系列中外合作平台，吸引国外先进的思想理念、科学技术以及电子商务发展模式，因此，重视并引导企业和消费者积极参与跨境电子商务市场开拓尤为必要。

14.2.4　信息资源推动跨境电商落实市场应用

1999 年，阿里巴巴实现用互联网连接中国供应商与海外买家后，中国对外出口贸易就实现了互联网化。在此之后，经历从信息服务，到在线交易、全产业链服务的跨境电子商务产业转型。跨境电子商务占进出口总额的比重进入上升通道，不仅如此，跨境电子商务在电子商务中的占比也逐年提升，2014 年跨境电子商务占电子商务的比重达 30%。但在跨境电子商务高速发展的过程中，实际的应用，像物流、支付、税款等方面，也凸显出了一系列的问题，例如在配送范围、物流效率、信息收集加工方面还满足不了跨境电子商务的发展，甚至阻碍了其发展。跨境物流的速度和成本二者很难达到一种合适的水平。价格低的物流，时效性较差；速度快的，国际快递价格较高，商家最终将物流费用转嫁到消费者所购买的商品价格上，商品价格居高不下。二者均影响消费者的购买意愿。另一方面，跨境物流如果不能很好地收集跟踪物流信息，就导致买卖双方之间的信息不对称，最终降低消费者的满意度。

跨境电子商务是电子商务在跨境贸易上的成功应用，和传统跨境贸易相比，它有着明显的优势和顽强的生命力。跨境贸易的快速发展离不开国内外电子商务平台应用的推动。目前，在我国，为企业提供跨境电子商务服务的平台包括 eBay、阿里巴巴旗下的速卖通、敦煌网等。2013 年 4 月，跨国电子商务巨头 eBay 旗下支付工具 PayPal 宣布成立 50 人的商务经理团队，来帮助中国的中小企业利用 PayPal 遍布 190 个国家超过 1.23 亿的活跃用户资源。《意见》中提到，要全力推动中国（杭州）跨境电子商务综合试验区和海峡两岸电子商务经济合作实验区建设，及时总结经验，适时扩大试点。因此，在跨境电子商务理念发展的同时，应着眼于实际应用，解决实际应用中存在的各种问题，致力于将理论、概念投入到实际应用中去，真正通过产业应用来推动跨境电子商务的进步和发展，真正实现有利于人民、服务于人民。

14.2.5　信息资源推动跨境电商完善政策监管

美国是最早发展电子商务的国家之一，同时也是全球电子商务发展最为成熟的国家之一。美国在电子商务方面制定了《统一商法典》《统一计算机信息交易法》和《电子签名法》等多部法律，其中，《统一计算机信息交易法》为美国网上计算机信息交易提供了基本的法律规范。这说明跨境电子商务这一新兴产业的发展，离不开政策的扶持和市场的有效监管。规范跨境电子商务经营行为，有效保护消费者和商家个人信息不被非法获取和使用，明确规范进出口税收政策，优化配套的海关监管措施，完善检验检疫监管政策措施等都是我们需要大力研究和发展的监管内容。目前，国家对跨境电子商务关注度高，政策密集出台，这说明：一方面国家在扶持该新模式发展，前景可期；另一方面尚有很多不确定性，故很多企业尚不敢大展拳脚，大家还是在试探阶段。

《意见》强调，国务院有关部门要制定和完善配套措施，做好指导、服务，加强部门间沟通协作和相关政策衔接，各级地方政府要结合实际情况制订完善工作方案，履行服务、督查和监管责任，加大对重点企业的支持力度。政策支持有利于跨境电子商务，尤其是进出口跨境电子商务的规范化、规模化发展。如《海关总署关于跨境贸易电子商务进出境货物、物品有关监管事宜的公告》《关于进一步促进电子商务健康快速发展有关工作的通知》《关于促进电子商务健康快速发展有关工作的通知》《关于开展国家电子商务示范城市创建工作的指导意见》等多项与跨境电子商务相关政策的出台，在规范跨境电子商务行业市场的同时，也让跨境电子商务企业开展相关活动得到了保障。此外，跨境电子商务零售进口税收政策由财政部按照有利于拉动国内消费、公平竞争、促进发展和加强进口税收管理的原则，会同海关总署、税务总局另行制订，通过落实现行跨境电子商务零售出口货物增值税、消费税退税或免税政策，保证跨境电子商务的透明度和有序性，助力我国跨境电子商务产业蓬勃发展。

具体来说，通过对跨境电子商务活动中产生的信息资源内容进行有效的收集、整理、分析、归纳，制订完善发展跨境电子商务的工作方案，切实履行指导、督查和监管责任。组建高效、便利、统一的公共服务体系，构建可追溯、可比对的数据链条，既符合监管要求，又简化企业申报办理流程。加大对重点企业的支持力度，不断完善和制定相关的税收、物流、海关等政策制度，提高政府对跨境电子商务产业市场的监管力度，注重对跨境电子商务活动中的信息资源保护，形成一个健康、有序的市场环境，为今后跨境电子商务产业高速、积极的发展创造良好的市场环境。加深国内企业间、政府间，国内和国外优秀资源间的沟通与合作，及时协调解决组织实施工作中遇到的困难和问题，优势互补，实现跨境电子商务产业共同进步。

14.3 《三网融合推广方案》解读

随着互联网的不断发展，三网的融合逐渐被提上了日程。三网融合不仅仅是技术融合，还有业务融合和企业融合，在不断融合的进程中，信息网络基础设施互联互通的程度越来越高、网络承载力越来越大、技术创新能力越来越强，就像发动机一样，三网融合给信息资源产业提供了强大的发展动力。三网融合对信息资源产业的快速发展和产业优化有重要意义。2001 年，英国的电信运营商就可以在全国范围内经营电视播放业务。而美国、法国、日本等一些发达国家，都已经基本完成有线电视和电信的双向进入了。在大多数的产业都在谋求信息化转型的今天，中国的广电和电信也难以脱离这历史的必然。

2010 年 1 月，国务院决定加快推进电信网、广播电视网和互联网三网融合，并明确提出了推进三网融合的阶段性目标：2010 年至 2012 年重点开展广电和电信业务双向进入试点；2013 年至 2015 年，总结推广试点经验，全面实现三网融合发展，普及应用融合业务，基本形成适度竞争的网络产业格局。同年 7 月，国务院公布了第一批 12 个三网融合试点地区，由此拉开了三网融合的序幕。2015 年，广电网络、湖北有线等广电企业先后获准开展互联网接入、互联网数据传送等业务。2015 年 9 月 4 日，《国务院办公厅关于印发三网融合推广方案的通知》发布，提到“试点阶段各项任务已基本完成。在总结试点经验的基础上，加快在全国全面推进三网融合，推动信息网络基础设施互联互通和资源共享”，意味着已经部署多年的三网融合计划迈入了一个崭新的阶段。

14.3.1　把握信息资源产业的发展方向

互联网的诞生和快速发展使人们逐渐进入了信息时代，人们的消费选择和生活方式都因此发生了巨大改变。而互联网对于传统经济而言，既是机遇，又是挑战。大量的传统产业在谋求企业转型的过程中都无法忽视信息化的重要作用，能成功转型的企业往往都能通过业务创新获得企业发展的新刺激点。信息化甚至已经成为评价国家实力的重要指标。《2015 年中国信息化发展水平评估报告》指出：2015 年全国信息化发展指数为 72.45，比 2014 年增长了 7.69。其中网络就绪度指数为 73.31，增长了 12.25；信息通信技术应用指数为 70.86，增长了 6.1；应用效益指数为 73.93，增长了 1.78。信息化增速依然迅猛。而《2016 年（上）中国网络零售市场数据监测报告》显示，2016 年上半年中国网络零售市场交易规模达 23 141.94 亿元，相比 2015 年上半年的 16 140 亿元，同比增长 43.4%，该报告预计 2016 年全年中国网络零售市场交易规模有望达到 52 218 亿元。由此可见，我国信息资源产业发展市场广阔，发展潜力巨大。

《三网融合推广方案》（以下简称《方案》）提出要全面推进三网融合，进一步提升网络承载和技术创新能力，加快融合业务和网络产业发展，基本建立科学有效的监管体制机制，大大提升安全保障能力以及保障信息消费快速增长。这表明我国正确认识到信息化对于国家实力提升的重要意义，并着手发展，以使我国在世界信息化浪潮中牢牢掌控发展方向，提升发展速度和质量，通过一系列鼓励和保障性质的政策和改革，使我国在建设信息强国、网络强国的道路上走得更加稳健。

14.3.2　扩大信息资源产业的发展规模

自 20 世纪 90 年代开始，信息资源产业的发展速度就超前于国民经济发展。新兴产业和新兴业务的不断涌现使信息资源产业的规模不断扩大，影响不断加强。而传统行业的不断信息化也使得信息资源产业开始进入很多之前与之隔绝的行业，从而衍生出新的产业形态，促进信息资源产业规模的进一步扩大。三网本身就拥有庞大的用户群体，在三网融合的基础上各自的市场都获得很大的扩展。截至2016年6月，我国拥有4亿左右的电视家庭用户，手机网民规模达6.56亿，网民总规模达7.10亿。研究报告显示，2015年中国三大电信运营商电话通话时长、短信数量都有所下降，而流量部分获得增长。作为三网融合背景下诞生的电信运营商增值业务IPTV，在2015年发展迅速，成为电信业的成功扩展业务。工信部（中华人民共和国工业和信息化部）发布2015年通信业经济运行情况，数据显示，截至12月末IPTV的用户已经达到了4 589.5万户。而美兰德2015年11月30日公布的数据显示，2015年中国IPTV用户对IPTV的整体满意率为84.1%，与2014年基本持平，仍有很大发展空间。

《方案》指出要切实推动相关产业发展，进一步探索把握新型业务的发展方向。鼓励广电、电信企业及其他内容服务、增值服务企业充分利用三网融合的有利条件，以宽带网络建设、内容业务创新推广、用户普及应用为重点，通过发展移动多媒体广播电视、IPTV、手机电视、有线电视网宽带服务以及其他融合性业务，带动关键设备、软件、系统的产业化，推动三网融合与相关行业应用相结合，催生新的经济增长点。要大力发展数字出版、互动新媒体、移动多媒体等新兴文化产业，促进动漫游戏、数字音乐、网络艺术品等数字文化内容的消费。加强数字文化内容产品和服务开发。加快更高速光纤接入、超高速大容量光传输和组网、新一代万维网等关键技术的研发创新。三网的融合给广电、电信企业提供了很好的用以开发增值业务的基础和市场。《方案》中有关新兴文化产业的部分，表现出对新兴文化产业发展前景和发展潜力的看好。新兴文化产业虽然只是在发展的初期，但依靠其时效性强、便捷程度高、适应现代生活的文化需求的特点，它逐渐被人们接受，成为文化产业中的重要改革推动力量。

14.3.3 优化信息资源产业的发展环境

对于信息资源产业而言，网络质量是决定产业上限的重要因素。世界上信息资源产业发展最好的国家美国，其互联网普及度、网络接入速度、服务器数量质量等都遥遥领先，可见网络基础设施的建设和完善对于整个信息资源产业发展环境的优化有很大的促进和推动作用。2015年，中国互联网宽带接入端口数量达到4.7亿个，比上年净增7 320.1万个，同比增长18.3%。其中光纤接入（FTTH/0）端口比上年净增1.06亿个，达到2.69亿个，占比由上年的40.6%提升至56.7%。新增移动通信基站127.1万个，是上年净增数的1.3倍，总数达466.8万个。其中4G

基站新增 92.2 万个，总数达到 177.1 万个。新建光缆线路 441.3 万公里，光缆线路总长度达到 2 487.3 万公里，同比增长 21.6%，比上年同期提高 4.4 个百分点。截至 2015 年 12 月，中国国际出口带宽为 5 392 116Mbps，年增长 30.9%。以光纤行业为例，单单中国移动，2016 年光纤总数量就高达 9 452 万芯公里，光缆总数量高达9 821万芯公里，打破 2015 年创下的 6 000 万芯公里采购记录。中国联通和中国电信 2016 年在这部分的投资也是有增无减。为了优化网络体验，降低网络费用，从而对整个信息资源产业发展环境进行优化，我国实行了“提速降费”的措施。2016 年初工信部在总结 2015 年工作时表示，三大运营商在提速降费上成果斐然，已完成 2015 年既定目标，固定宽带、移动流量平均资费水平降幅分别超过了 50% 和 39%，为用户节省了 400 亿元。除了在基础设施上进行优化提升，相关的扶持政策也逐渐出台落实。2015 年 10 月 14 日召开的国务院常务会议明确“改革创新电信普遍服务补偿机制”，提出对偏远和农村地区宽带投资的多元化资金来源和市场化运作机制。之前政府每年对村通工程的运维补贴仅 4 亿元，另外的资金主要由三家运营商承担。出台的新补偿机制扩展了资金来源，更加市场化，能带动相关行业协同发展。在得到多方资金支持之后，农村和中西部宽带网络的铺设难度降低了不少。

《方案》指出要在全国范围推动广电、电信业务双向进入，加快推动 IPTV 集成播控平台与 IPTV 传输系统对接，在确保播出安全的前提下，广播电视播出机构与电信企业可探索多种合资合作经营模式。要建立基础电信运营企业与广电企业、互联网企业、信息内容供应商等的合作竞争机制，规范企业经营行为和价格收费行为，加强资费监管，维护公平健康的市场环境。鼓励电信、广电企业及其他内容服务和增值服务企业加强协作配合，创新产业形态和市场推广模式，鼓励创建三网融合相关产业联盟，凝聚相关产业及上下游资源共同推动产业链成熟与发展，促进创新成果快速实现产业化。加快下一代广播电视网、电信宽带网络建设，引导有线电视网络走规模化、集约化、专业化发展道路，全面提升有线电视网络的服务品质和终端用户体验。在电信宽带网络建设方面，要加快光纤网络建设，全面提高网络技术水平和业务承载能力，扩大农村地区宽带网络覆盖范围，提高行政村通宽带、通光纤比例，加快互联网骨干节点升级，提升网络流量疏通能力，骨干网全面支持 IPv6。加快业务应用平台建设，提高支持三网融合业务的能力。《方案》通过鼓励广播电视播出机构与电信企业间的多种合资合作经营模式，通过建立有互联网公司、信息内容供应商参与的公平竞争的市场环境，解放各信息行业的发展潜力。对于很多互联网公司来说，三网融合意味着其业务范围有扩展的可能性，可通过更优质、更有吸引力的服务与电信、广电合作。而对于很多信息内容加工产业来说，一个健康公平的市场同样有利于其扩宽自己的市场。

14.3.4 鼓励信息资源产业的发展创新

创新已经成为一个产业获得强大生命力的重要渠道。网络技术的不断更新，迫使以此为基础的信息资源产业必须提高其创新能力。而保障企业的不断创新成为保证信息产业高速发展的重要前提。首先是在电信和广电的业务模式方面的创新。随着数字技术的发展，电话、数据、广播和电视信号可以通过统一的编码进行传输。这就给电信的 IPTV 的诞生提供了很好的条件。除此以外，广电发展了交互式电视服务，改善了用户的电视使用体验，使之成为很有发展前景的新兴增值业务。除了业务模式的创新，还有技术、信息加工内容产品等创新。作为国家 863 项目“三网融合”课题组牵头单位，中兴通讯率先提出了拥有“超高带宽、全业务融合、平滑演进”三大特点的宽带接入网创新架构，并研制出了 10GPON 成套核心芯片。我国在刚进入新世纪时就十分重视科学创新的巨大生产力，移动多媒体广播电视、地面数字电视和直播卫星三个体系都已经完成了整个体系的研发，在此基础上的下一代广播电视网等也正在建设中，而这需要以我国自主创新的技术为基础。为了适应三网融合过程中不断提升的网络速度要求，光纤制造商已经着手研究更少损耗、更大传输速度的新型光纤。除了国家项目提供创新支撑，各省也各自出台政策、提供补助、开展比赛，鼓励信息技术的不断创新。例如，2015 年由江苏省三网融合工作协调小组主办的第二届三网融合创新产品大赛公布比赛结果，共有 45 个创新成果获奖。

《方案》指出，要最终使得网络承载和技术创新能力进一步提升，自主创新技术研发和产业化取得突破性进展，掌握一批核心技术，产品和业务的创新能力明显增强。要充分发挥有线电视网络的国家信息基础设施作用，促进有线电视三网融合业务创新，全面提升有线电视网络的服务品质和终端用户体验；加快更高速光纤接入、超高速大容量光传输和组网、新一代万维网等关键技术的研发创新；要充分利用现有信息基础设施，创新共建共享合作模式，促进资源节约，推动实现网络资源的高效利用；将三网融合业务应用纳入现代服务业范畴，大力开发信息资源，积极创新内容产品和业务形态。《方案》通过国家投资相关科技项目、着眼关键技术的研发、创新内容产品和业务形态等方式推动整个信息产业的创新发展，以此借力于创新所带来的巨大生产力，促进我国经济快速发展。

14.3.5　保障信息资源产业的发展安全

在信息时代，信息增长迅速，爆炸性的数据增长使得数据管理难度增加。而三网融合又在一定程度上增强了互联网的开放性和复杂性，安全问题不容小觑。规范电信和广电管理，走在三网融合前列的国家，在立法方面都比较完善，有着政令畅通的政策法规。如美国有《通信法》，英国有《通信法》，日本有《广电经营电信业务法》《促进开发通信广电融合技术法》。这些法律文件在三网融合的过渡期起到了很好的规范保障作用。而反观中国的现状，《电信法》已经酝酿了多年，但至今没有颁布实施。不仅仅是《电信法》，包括《信息权法》《国家信息基础设施保护法》《网络安全法》等一系列法律都需要制定或修改。这使得三网的融合进程出现了一些隐患。除了较为完善的法律，一个统一的管理机构同样有很重要的作用，如美国有联邦通信委员会（FCC），英国有英国广播监管局（OFCOM），日本则有总务省作为统一的管理机构。这对于正处在三网融合不断深入关键点的中国来说，有很好的借鉴作用。但中国的三网融合其实又有别于这些西方国家，且由于中国与西方体制不同，文化有差异，中国网络会经常受到来自西方的舆论宣传和网络攻击。根据360 互联网安全中心发布的《中国网站安全报告（2015）》，中国 2015 年平均每月有17.1 万个网站遭遇各类漏洞攻击。所以承受各方压力、保障信息内容的安全成为新的使命和奋斗目标。

《方案》提出，电信、广电行业主管部门要按照公开透明、公平公正的原则，加强对广电、电信企业的监督管理，规范企业经营行为，维护良好行业秩序。电信行业主管部门应按照电信监管有关政策法规要求，加强对经营电信业务企业的网络互联互通、服务质量、普遍服务、设备入网、网络信息安全等的管理。要健全网络信息安全和文化安全保障工作协调机制，建立事前防范、事中阻断、事后追溯的信息安全技术保障体系。要加强技术管理系统建设，完善国家网络信息安全基础设施，提高隐患发现、监测预警和突发事件处置能力。要加强动态管理，强化日常监控，充分发挥国家三网融合安全评估小组的作用，对重大安全问题进行论证并协调解决。《方案》充分认识到电信监管相关政策法规的重要性，强调国家三网融合安全评估小组在维护三网融合安全稳定进程中的重要地位，强调要通过技术手段和协调机制对信息资源产业发展进行监管和保护，全方位、多角度地保障信息资源产业的快速发展。

总体来看，《方案》在扩大广电、电信业务的双向进入，提升网络承载技术创新能力，鼓励融合业务和网络产业快速发展，建立科学有效的监管体制机制，提高安全保障能力等方面对我国三网融合下一步的工作提出了具体要求。从《方案》的影响来看，涉及的具体实施部门相对于2014年又有所增加，而改革所涉及的利益相关方数量多、经济量大。我们应该牢牢盯紧信息化时代主流的风口，加快信息化发展，促进消费升级、产业转型和民生改善，要加快速度从一个信息大国转变为信息强国，提升综合国力，提高人民生活水平，并最终实现中华民族伟大复兴的中国梦。

14.4 《国务院关于印发促进大数据发展行动纲要的通知》解读

如今世界经济的发展方式发生了巨大的变化，已经进入到了知识经济时代，而作为知识经济代表的信息资源产业必将取代生产力中的其他要素，成为社会生产中最活跃、最积极的要素。例如信息资源产业中的动漫产业，美国是全世界公认的动漫产业链最完整、形成最早且最发达的国家，动画产品和衍生品年产值为2 000多亿美元，占其文化产业总值的近三分之一。信息资源产业将改变人们现有的生产方式和生活方式，信息资源产业发展水平的提高将促进国民经济发展水平的提高，使经济增长方式由粗放型向集约型转变，从而促进人们生活水平的提高。

2015年8月31日，《国务院关于印发促进大数据发展行动纲要的通知》发布。《促进大数据发展行动纲要》（以下简称《纲要》）指出，“坚持创新驱动发展，加快大数据部署，深化大数据应用，已成为稳增长、促改革、调结构、惠民生和推动政府治理能力现代化的内在需要和必然选择”，提出“全面推进我国大数据发展和应用，加快建设数据强国”。建设大数据强国，加强对大数据资源的挖掘和应用，有助于了解用户对信息资源产品的需求，提供个性化信息资源服务，逐步提高信息资源产业的产品价值，拓宽市场规模，有利于推动我国信息资源产业的高速发展。而《纲要》作为推动我国大数据领域发展的战略纲要，指出了我国大数据发展的潜力和不足，明确了在未来5到10年推动大数据发展和应用的思路和方法，这不仅对大数据领域提供了有效的指导，也为与大数据息息相关的信息资源产业提供了前进的明灯。

14.4.1 把握信息资源产业发展的黄金时机

早在1984年邓小平同志在为《经济参考报》的题词“开发信息资源，服务四化建设”中就已经明确地提出“信息资源”概念。2004年12月12日中共中央办公厅、国务院办公厅印发的《关于加强信息资源开发利用工作的若干意见》则进一步明确指出，信息资源作为生产要素、无形资产和社会财富，与能源、材料资源同等重要，在经济社会资源结构中具有不可替代的地位，已成为经济全球化背景下国际竞争的一个重点。而 2014 年 2 月 27 日，习近平总书记在中央网络安全和信息化领导小组第一次会议讲话中指出："信息资源日益成为重要生产要素和社会财富，信息掌握的多寡成为国家软实力和竞争力的重要标志"。可见进入 21 世纪以来，国家把经济生产和发展的重点战略之一放在信息资源产业上，明确表明信息资源重要的战略地位，这就为信息资源产业的发展提供了机遇。

同时，运用大数据推动经济发展、完善社会治理、提升政府服务和监管能力正成为趋势。而我国互联网、移动互联网用户规模居全球第一，拥有丰富的信息资源和数据市场优势。在大数据的概念上，信息资源可以有更加广泛的传播途径和更加个性化的内容服务；而通过信息资源，大数据发展可以获取更加丰富的数据内容。二者互相补充，共同发展，形成了一种互惠互利的健康关系，而这种积极的关系有利于二者实现共同进步。

《国民经济和社会发展第十一个五年规划纲要》中明确提出"十一五"期间要"鼓励教育、文化、出版、广播影视等领域的数字内容产业发展，丰富中文数字内容资源，发展动漫产业"的思路，从国家战略的高度将培育信息资源产业作为经济结构调整和经济增长方式转变的重要内容。可见信息资源产业在国家战略层面有着较高的地位，数字内容与大数据领域有着密不可分的关系。在国家大力发展信息资源产业的同时，《促进大数据发展行动纲要》的印发，有助于大数据和信息资源产业二者互相结合、互惠互利，实现共同发展、共同进步的良性局面，为我国实现经济体制改革、经济结构调整，提高群众物质文化和精神文化质量，扩大就业市场等，提供了有效的指导。由此可见，国务院发布《纲要》可谓正当其时。

14.4.2　优化信息资源产业发展的监管环境

《纲要》部署了三大任务，首先提及的就是要加快政府数据开放共享，推动资源整合，提升治理能力。目前，我国信息资源市场监管的法规政策体系还不够成熟，相关的法律法规不够具体，大多只提供了方向性的规定，难以对违规行为进行有效的制裁，再加上信息资源产业市场监管机制职责不够明确，监管程序、执行方式和协作关系尚未协调一致，难以适应信息资源产业的发展需要，行业自律制度也不健全，这多方面问题严重影响了信息资源产业市场的整体发展环境，导致大量新兴的信息资源企业难以生存，缺乏创新动力。而通过政府数据共享，加深政府部门对信息资源的深入认识，有助于政府充分发挥信息资源的自身价值，认清信息资源产业对我国的重要战略意义，从根本上认识到信息资源产业市场的发展规律，从而建立有效的市场管理制度，摒弃“重硬轻软更轻信息资源”的思想倾向，把信息资源产业发展提高到信息化核心内容的高度来认识和部署工作，促进信息资源全面统一发展。

强调政府数据共享，一是有助于充分发挥政府信息对群众生产、生活和经济社会活动的服务作用；二是起到一种引领作用，带动全社会企业机构实现数据共享，提高对大数据的认识。对信息资源产业来说，对群众大数据的深度挖掘，有助于信息资源产业更加“切实际，接地气”，符合百姓的需求，真正创作出老百姓喜欢的信息资源产品。通过结合国家政务信息化工程建设规划，统筹政务数据资源和社会数据资源，布局国家大数据平台、数据中心等基础设施，为信息资源产业创造了物质基础和条件，为今后信息资源产业的软件和技术研究阶段部署了坚实的基础。

14.4.3　优化信息资源产业的创新环境

《纲要》提出的第二项任务是要推动产业创新发展，培育新兴业态，助力经济转型。信息资源产业是一种新兴产业，具有很强大的包容性，深深地打上了互联网时代的开放性烙印。其发展有助于优化产业发展结构，助力传统产业优化升级，带动相关产业的发展，实现国民经济的包容性增长。目前，我国仍以第一、第二产业为主，服务业总量不断下降，在“十一五”期间服务业的比重始终未能达到40%，这导致原本人均资源占有量就远低于世界平均水平的我国，对物质资源的消耗更加厉害。信息资源产业中涉及大量的服务业内容，我国的信息资源产业还处在发展阶段，与世界发达国家相比还有很大的差距，这严重影响了服务业的发展。信息资源产业对优化传统产业结构，升级传统产业技术和知识生产业，降低新兴产业的信息成本，营造一个良好的信息环境能起到至关重要的作用。

信息资源产业在互联网环境下得到了突破性发展，但仍属于起步阶段，还有非常大的发展空间，而《纲要》强调要助力产业创新，助力产业转型，这将会带动信息资源产业的进一步发展。国务院印发的《关于积极推进“互联网＋”行动的指导意见》也提出要充分发挥我国互联网的规模优势和应用优势，推动互联网由消费领域向生产领域拓展，加速提升产业发展水平，增强各行业创新能力，构筑经济社会发展新优势和新动能。这对信息资源产业来说既是机遇也是挑战。紧跟大数据、互联网的发展，有利于提高自身的产业创新以及产业转型。在新的时代环境下，紧跟时代的步伐，开拓自身的业务范围，可不断带动衍生产业发展。同时，挑战也是存在的，信息资源产业的高速发展，需要产业规范、相关的法律法规以及产业人的产业素质等多方面条件同步进步，建立起一个积极、健康的产业环境，这也可为日后信息资源产业繁荣发展奠定一个坚实的基础。

14.4.4　优化信息资源产业发展的人才环境

《纲要》提出的第三项任务是强化信息安全保障，加强专业人才培养，提高管理水平，促进健康发展。信息资源产业是“知识-劳动双密集型产业”，其生产过程既需要大量的技术、研发等知识创新性活动，又涉及大量的数据处理、产品提供等劳动。现如今，我国的信息资源产业尚处在起步阶段，将会有非常大的市场等着产业人去开拓，同时也需要更多的知识型人才进入信息资源领域。相比于传统行业的“劳动密集型”产业，信息资源产业在吸纳知识型人才就业问题上有着不可替代的优势。2015 年全国高校毕业生总数达到 749 万人，比 2014 年再增加 22 万人，创下历史新高，大学生就业面临新的挑战。在解决高校毕业生就业和知识型人才就业问题中，信息资源产业将发挥重要的作用。

另一方面，信息资源产业，例如数字出版、网络电视等领域的产业，在经济大环境不景气的情况下，依旧在快速发展。国内的数字出版产业在 2015 年整体收入规模为 4 403.85 亿元，比 2014 年增长 30%，数字出版产业收入在新闻出版产业收入的占比由 2014 年的 17.1%提升至 20.5%。但值得注意的是，2015 年互联网期刊、电子图书、数字报纸的总收入为 74.45 亿元，比 2014 年增长了 6.66%，在数字出版总收入中所占比例为 1.69%，相较于 2014 年的 2.06%来说是下降的。这说明传统出版单位在数字化转型升级、融合发展方面仍需要加大力度。这就需要信息资源产业能够依赖大数据和互联网平台，促使信息和知识不受空间和时间的影响，快速高效地流动和传播。这对国民获取更多、更全面的信息和知识，实现知识内容的丰富、知识结构的改善，提升生活质量、自身素质以及精神生活等方面有非常大的帮助。

14.4.5　优化信息资源产业发展的应用环境

信息资源产业和大数据领域二者互相促进，共同发展，都在互联网的载体下迎来了黄金发展阶段。但对大部分国民来说，信息资源和大数据还仅仅停留在概念上。如与国外的视频网站相比，国内的视频网站起步较晚，且缺乏有个性的网站定位。早在 2013 年，美国视频网站代表之一的 YouTube 就宣布其每月的用户访问量超过 10 亿，接近全球网民人数的一半，全年营收 56 亿美元。而国内的视频网站却步入寒冬，多家视频网站进行合并，抱团取暖。另调查显示，约 70%的人群更喜欢看游戏型网络直播，这体现出我国的直播氛围还不够完善，知识型内容的发展还不够全面。可见人们对信息资源产业和大数据的发展方向、社会应用等多方面的认识还不够充分，信息资源的意识形态尚未跟上信息资源产业和大数据的发展脚步，这将导致信息资源产业的市场接纳环境非常不友好，阻碍信息资源产业的消费需求和资源发展。

《纲要》提出“围绕服务型政府建设，在公用事业、市政管理、城乡环境、农村生活、健康医疗、减灾救灾、社会救助、养老服务、劳动就业、社会保障、文化教育、交通旅游、质量安全、消费维权、社区服务等领域全面推广大数据应用”。这明确表明了国家的发展态度，就是要从国民生活中的多方位角度发展和推广大数据应用。例如从2015年起，全国338个地级及以上城市共1 436个空气监测点位全部开展空气质量新标准监测，并公布6项指标，实时监测数据和空气质量指数(AQI)，全天候实时获取空气质量信息，并通过环保部官方网站公开发布。大数据应用渐渐改变了国民的生活习惯，潜移默化中提高了国民对大数据的接纳度和对大数据的认识程度，从而优化了市场的应用环境。信息资源产业可以有效紧跟大数据的国家发展布局，从国民生活的点滴融入，逐步渗透进国民的精神文化和物质资源需求，从根本上培养国民信息素质，提高其精神文化需求。这也能为信息资源产业奠定良好的市场基础。

总体来看，《纲要》通过强调重视发挥大数据的引领作用，助力推动信息资源产业，在贯彻党中央、国务院关于推进“互联网+”政策的基础上，积极探索信息资源产业的有效路径和方法，利用大数据和互联网平台，发展信息资源产业及其衍生经济，加快推动传统产业结构的优化升级，为经济发展提供持续动力。《纲要》的发布，在指导我国大数据产业建设步入新阶段，为现阶段大数据发展和应用提供新思路的同时，也从软件、硬件等多个方面助力我国信息资源产业高效、健康地持续性发展，为我国经济的长期健康发展打下坚实基础。

14.5 《国务院办公厅关于促进农村电子商务加快发展的指导意见》解读

20世纪80年代以来，经济全球化已成为不可逆转的历史趋势。随着互联网的普及和计算机信息技术的高速发展，由信息技术、商务技术和信息资源管理技术相结合而诞生的现代生产力——电子商务正处于空前发展的时期。同时，以网络发展为基础，以信息化发展为依托，依靠网络平台发展的信息资源产业，有利于我国的经济结构转型的国家战略，为我国经济的发展注入新的活力。而电子商务和信息资源产业有着不可分割的联系：一方面，信息资源化是将电子商务行业的行为数字化，更注重技术，靠信息资源技术去实现商务的数字化；而电子商务是一种商务活动，技术是它发展的一个必需平台，在平台之上发展商务活动。另一方面，电子商务受平台信息化建设的制约，健康的电子商务需要企业有基础的信息资源化建设。目前，我国的网购人数只占互联网用户的 26%，而美国已经达到 94%，最高的韩国更是高达 99%，可见我国的电子商务相比发达国家来说还有很大的发展前景。

2015 年 11 月 9 日发布的《国务院办公厅关于促进农村电子商务加快发展的指导意见》(以下简称《意见》) 指出，“农村电子商务是转变农业发展方式的重要手段，是精准扶贫的重要载体。通过大众创业、万众创新，发挥市场机制作用，加快农村电子商务发展，把实体店与电商有机结合，使实体经济与互联网产生叠加效应，有利于促消费、扩内需，推动农业升级、农村发展、农民增收”。《意见》作为我国在农业现代化道路和农村信息资源产业发展过程中的一份重要指导意见，阐明了要努力实现互联网技术、信息资源管理方法和传统农业相结合，全面部署指导农村电子商务健康快速发展，到 2020 年，初步建成统一开放、竞争有序、绿色环保的农村电子商务市场体系。《意见》对于扩内需、促消费，推动农业转型升级、农业现代化建设和农民持续增收意义深远。

14.5.1　把握农村信息资源产业的发展浪潮

目前，中国网购人数只有 2 亿人，据估计未来 5 年将会达到 8.6 亿人，消费群体数量将有一个质的飞跃。中国电子商务的成交总额只占总贸易成交额的 0.63%，而欧美等发达国家电子商务成交额占总贸易成交额的平均百分比为 56%，这表明我国的电子商务还有非常巨大的发展空间，在消费群体数量和电子商务所占比例上都还有很大的发展潜力，正需要有效的指导方向。2015 年我国经济发展变缓，居民收入有所下降，实体经济迎来寒冬，但电子商务却迎来了春天。阿里巴巴 2015 年“双十一”活动创造了 912 亿的销售额，比 2014 年“双十一”活动销售额 571 亿高出了近 60%，可见实体经济的下滑将促进消费的转型，促使更多的人进行高性价比的网上购物。

2015 年是我国全面建设小康社会的重要阶段，是传统产业与互联网技术结合的起步阶段，同年 7 月，国务院印发《关于积极推进“互联网+”行动的指导意见》，为我国农业现代化发展指明了发展方向，而《意见》将为解决“三农”问题提供新的动力和手段。据中国互联网络信息中心报告数据显示，全国共有农村网民

1.86 亿人，农村地区互联网普及率仅为 30.1%，不及城市普及率的 50%。而另一组数据显示，上网的农村网民中有 56%参与网络购物，可见农村电子商务和信息资源产业还处在起步阶段，存在着巨大的发展空间。有鉴于此，搭建好农村互联网基础设施是推动农村电商发展、刺激农村消费的必要前提，是推广农村信息资源产业的必要条件。而且中国电子商务的实践，已经到了从城市向农村拓展的发展阶段，县域电子商务的全面引爆，必然推动农村电商的发展。农村也具备了广泛开展电子商务应用的思想、物质等基本条件，因此搭建好农村互联网基础设施、构建农村电商制度，完善农村电商的各方面体系，是如今农业现代化发展迫在眉睫的任务。

14.5.2 布局农村信息资源产业新兴市场

商务部数据显示，2016 年农村网络零售额持续快速增长，增速明显超过城市。据初步统计，上半年农村网络零售额超过 3 100 亿元人民币。其中一季度农村网络零售额 1 480 多亿元，二季度进一步上升到 1 680 多亿元，环比增长 13.48%，高出城市网络零售环比增速 4 个百分点以上。农村网络零售额在全国网络零售额的占比持续提升，上半年已经占到 14.14%。从市场动向来看，伴随着农村电商综合服务站布局的推进，针对农村农户的互联网小额贷款产品也应运而生。例如 2015 年 9 月 15 日，蚂蚁金服旗下的网商银行宣布开始试点“旺农贷”，为农村种养殖者、小微经营者提供无抵押、纯信用的小额贷款服务。同年 9 月 18 日，京东对外发布“京农贷”，包括农资信贷和农产品信贷两大产品线。这不仅有助于电子商务更好地走下乡，也有利于政府、企业搜集乡村和农户信息数据，推动农村信息资源产业与电商相互结合、共同发展，从而提供更加接地气的适合的服务。

《意见》部署了三大任务，首先提及的就是积极培育农村电子商务市场主体。充分发挥现有市场信息资源和第三方平台作用，培育多元化农村电子商务市场主体，鼓励电商、物流、商贸、金融、供销、邮政、快递等各类社会信息资源加强合作，构建农村购物网络平台，实现农村信息资源的对接与整合，促进农村信息资源与农村电子商务相互促进发展。明确了要深入开展电子商务和信息资源进农村综合示范，并优先在革命老区和贫困地区实施。制订出台农村电子商务服务规范和工作指引，优化农村电子商务所带来的大量农村信息资源，加快推进信息进村入户工作，整合农村信息资源。加快推进适应电子商务的农产品分等分级、包装运输标准的制定和应用。把电子商务纳入扶贫开发工作体系，提升贫困户运用电子商务创业增收的能力，鼓励引导电商企业开辟革命老区和贫困地区特色农产品网上销售平台，与合作社、种养大户等建立“直采直供”关系，增加就业和增收渠道。

14.5.3　培养农村信息资源产业本地化人才

2016 年，我国农村网络零售额持续快速增长，其中，实物型的网络零售额超过 2 000 亿元，非实物商品的网络服务零售额超过 1 100 亿元。同时，信息服务型网络零售蓬勃发展。农村在线旅游持续火爆，上半年实现网络零售额 445.35 亿元，居农村服务型网络零售行业第一位，占比达到 38.52%。农村网络零售服务首先是旅游方面的服务，高出全国城市该行业占比 12 个百分点，对农村信息服务型网络支撑作用很强。可见，我国农村信息资源化进程发展迅猛，而这正需要大量的农村信息化知识型人才进行补充，投入到农村信息资源产业的方方面面中去。土生土长的农村知识型人才更加了解农村的思想状况和生活方式，能更加有效地发展适合农村自己的信息资源体系。但我国农村大学生的比例在逐年下降，越是重点大学、名牌大学比例越低，例如近年来考入北大、清华的农村大学生只占 15%左右，浙江大学、南京大学、中国农业大学等均低于 30%。而在上世纪 80 年代，无论是重点大学、名牌大学还是一般高校，农村学生都占大多数，许多大学甚至高达 80%以上。另一方面，大学毕业生去农村工作的人数也少之又少，再加上大部分下乡工作的大学生对农村生活状态等的认识不足，造成大量大学生没有坚持到底，人才流失严重。

这就要求我们要加大力度优化农村信息资源产业的人才环境，确保农村人才培养工作的长期有效性。《意见》中就明确指出要大力培养农村电商人才，实施农村电子商务百万英才计划。这便要求我国优化现有农业信息资源人才队伍结构，加快对专业型、知识型农业信息资源人才培养模式的变革，将农业信息资源化人才培养纳入我国高等教育学科培养体系，构建农业信息资源人才多元化培养战略部署，优化农业信息资源活动的工作流程，建立健全薪酬管理机制，做好农村信息资源人才的培养、发展等长远建设。另外，根据当地农业信息资源实际情况和农业信息资源人才的技能水平，因地制宜通过在职学习、短期培训等方式优化相关人员的知识技能结构，培养符合时代需求的复合型应用人才，从根本上优化农业信息资源人才环境。

14.5.4　提升信息资源产业创新活力

我国的电子商务发展起步比较晚，落后于西方国家。但是发展速度却很快，从马云打造阿里巴巴，到淘宝网，再到天猫商城、京东商城、当当网、亚马逊以及近两年火起来的聚美优品、唯品会等，电商平台迅速崛起。但由于电商数量的增长远高于消费市场的增长，特别是城镇消费群体逐步饱和而农村消费市场发展缓慢，导致电商市场逐渐呈饱和状态。农村和城镇在消费观念、购买习惯、收入水平和电商的接纳度等多方面都存在着不同，在城镇中成功应用的电商模式可能很难在农村得到复制。此外，农村获取农业科技信息资源的主要途径是广播、电视等媒介，其比例占35%，而通过文献资源获取的信息占30%左右。科技信息量大的机构远离农村，而县、乡信息机构提供的农业信息资源种类混杂，科目较少，而且农村文化水平和城镇有着一定的差距，城镇居民的信息资源接收方式不适合农村居民。因此，需要政府和企业提供创新型思维，以农村信息资源为基础，将数据分析和实地调查二者结合，制定一套有效的、符合农村需求的电商模式和信息资源管理系统。这对从根本上解决农村信息资源整合度低、利用率低，以及农村电子商务的发展缓慢等问题而言是有效的途径。

我国地域辽阔，城乡差别明显。全国各地农村的文化背景、风俗习惯、气候差异、消费水平、消费意识等等都不一样。这要求政府和行业从业者保持创新精神，根据全国各地区不同的市场需求来制定商业模式和营销策略，因地制宜地满足各个地区不同的消费需求，用适合各地区的方式方法整合信息资源，发展信息资源产业。如今已经有不少企业结合国外电商行业发展的经验，逐步确立了“区域性网购商城”的企业项目，学习西方国家同城配送（8小时）、同乡镇配送（2小时）战略，改变了我国现有的省与省间的快递配送策略，而以小区域为突破，全面发展。

14.5.5 扩大农村信息资源产业应用规模

1996年，我国第一次全国农村经济信息工作会议明确了农业信息化建设方向，逐步将信息资源和计算机技术应用到农业生产中，并相继建立了一批农林数据库。经过二十多年的发展，农业信息资源化已经成为农业经济发展、农业竞争力提高的重要支撑手段和推进我国农业战略性转变的一个重要枢纽。近几年，国家和社会对“三农”问题尤为关注，面向农业的信息资源内容服务也得到了飞速发展。例如：我国农业部已经初步建成了以中国农业信息网为核心、集20多个专业网为一体的国家农业门户网站，其网站日均点击量达340万人次，在国内政府网站中名列前茅，在国内农业网站中居首位，在全球农业网站中居第二位。但我国的农业信息化应用体系依然不健全，从全国范围看，目前普遍建立农业信息网站的只到省一级农业行政主管部门，还有17%的地级、超过一半的县级农业部门未建立农业信息网站，省、地、县、乡四级网络全线贯通的地区还非常少。另一方面，在信息资源内容方面，我国农业信息资源内容发展还存在许多问题。例如：信息资源规模小且分散，分布不均衡；网站信息重复现象严重，缺乏信息的深层挖掘与开发；信息内容缺乏时效性；信息的表现形式单一等。因此，通过发展农村电子商务，可以归纳、整合农村信息资源，有效带动大量的农村周边应用共同发展，对实现农村信息化应用提供有效途径。

《意见》提出的第二项任务是扩大电子商务在农业农村的应用，在农业生产、加工、流通等环节，加强信息资源管理技术的应用和推广。拓宽农产品、民俗产品、乡村旅游等市场，在促进工业品、农业生产资料下乡的同时，为农产品进城拓展更大空间。加强运用电子商务大数据等信息资源引导农业生产，促进农业发展方式转变。通过构建农村电子商务信息系统，利用网络信息数据，不断提高农产品的各项生产环节的生产效率和农产品质量，拓宽农产品的销售渠道，提高农产品的产品价值，建立健康的农村金融生态体系。

总体来看，《意见》强调通过农村信息资源产业和农村电子商务来带动农业结构化改革，在全面贯彻党的十八大和十八届三中、四中、五中全会精神，国务院关于推进“农业现代化”意见的基础上，按照全面建成小康社会目标和新型工业化、信息化、城镇化、农业现代化同步发展的要求，积极探索有效路径和方法，利用发展农村信息资源产业来加快推动传统农业产业结构的优化升级，优化农业生产中的各项生产环节，改善农村的生活质量和农村信息化水平，丰富农村居民的知识技能结构，为经济发展提供持续动力。相信《意见》的发布，将指导我国农业信息资源化建设步入新阶段，也将为现阶段农村电子商务的发展提供新思路，为我国经济的长期健康发展打下坚实基础。

14.6 《关于加强测绘地理信息科技创新的意见》解读

随着知识经济时代的来临，信息资源将成为人类社会财富的源泉。事物的时空特性为人们认识世界提供了广度和宽度。信息资源科学技术的飞速发展与广泛应用带动了全社会对空间信息的需求，因此空间信息资源必将成为国家或全球信息流中的重要组成部分，并逐渐发展成为当今社会最基本的信息服务内容之一。地理信息技术是在计算机硬软件支持下，以空间数据库为基础，运用系统工程和信息科学的理论，对空间数据进行科学管理和综合分析，为规划、决定、管理和研究提供信息的技术系统，是介于地理科学、空间科学和管理之间的新兴边缘科学内容。而随着计算机和互联网技术的迅速发展，地理信息技术的功能和特点也发生了巨大的变化，尤其是近年来，计算机大容量存储介质、多媒体技术和可视化技术等相继被引进到地理信息技术中，已使地理信息技术发生了新的变化。但地理信息技术还有很多可以发展的空间，例如：在原有三维的基础上加入时间变量而构成四维地理信息系统，丰富原有的信息资源模式，促进地理信息技术更加网络化、智能化和集成化，使人们能深挖它的巨大价值。

2015 年 12 月 22 日，国家测绘地理信息局发布了《关于加强测绘地理信息科技创新的意见》（以下简称《意见》），提出“加强基础测绘、监测地理国情、强化公共服务、壮大地信产业、维护国家安全，建设测绘强国”的测绘地理信息发展战略，点明科技创新是推动测绘地理信息事业发展的核心驱动力。通过推动我国地理信息技术的发展和普及，紧抓计算机和互联网新技术的机遇，重视地理信息技术发展和领域人才的培养，不断探索新的技术领域，努力实现地理信息领域的巨大进步。

14.6.1　新世纪引领产业新阶段

随着计算机和互联网技术突破性的发展，越来越多的产业也步入崭新的领域，其中就包括地理信息产业。如今，国家对地理信息产业高度重视，战略需求持续增加，社会需求日益旺盛，科技水平不断提高，为产业发展提供了新动力、新市场和新支撑。中央政府的重要批示，国民经济和社会发展“十一五”“十二五”规划纲要的明确部署，为地理信息产业发展指明了方向。党的十八大、十八届三中全会关于坚持走中国特色新型工业化、信息化、城镇化和农业现代化道路，大力推进生态文明建设等战略部署，对进一步提升地理信息服务水平、拓展服务领域提出了新的战略需求；社会公众在日常生产生活中对地理信息的应用需求不断增长，为地理信息产业发展开辟了巨大的市场空间；下一代互联网、移动互联网、物联网、云计算等新技术与地理信息技术的不断融合，为地理信息产业的持续发展提供了有力支撑。

《意见》指出，“十二五”以来，我国的地理信息科技工作取得重要成就，科技整体水平初步步入国际先进行列。到 2015 年 5 月，我国 1∶5 万基础地理信息数据库已成功更新，全国范围内的地理信息数据都更新到了 2014 年，数据质量优良，入库数据抽样检查优良率达到 100%，极大地丰富了地理信息资源内容。这次我国的1∶5 万基础地理信息数据库的动态更新，形成了覆盖全国范围的全新地理信息资源数据库，包含 24 000 余幅图，具有 9 大类地理要素、34 个数据层、1.8 亿个要素对象。但我国地理信息产业链低端化明显，存在诸多问题：布局不合理；基础测绘的公共财政投入不足，基础地理数据更新不及时，成果现势性不强；数字城市示范应用不足，公共服务能力不强；地理信息共建共享机制不健全，各部门地理信息标准不一；市县测绘行政管理缺人、少编，装备落后，力量薄弱，管理体制不顺；等等。而这些问题都将成为制约测绘地理信息产业健康快速发展的主要障碍。现阶段正需要加大对地理信息产业的投入，实现大跨步发展。

14.6.2　新技术驱动产业新发展

在计算机通信和互联网技术出现之前，地理信息技术是单机独立运行的，互不干扰，互不联系。20 世纪 80 年代末 90 年代初，计算机通信网络技术的兴起给单机独立运行的地理信息技术带来了很大冲击。在互联网环境下，地理信息产业的技术体系结构发生了许多变化，于是基于主机的地理信息系统、桌面地理信息系统、Web 地理信息系统、分布式地理信息系统、开放式地理信息系统等先后出现，并有相应的模块软件，它们有各自的特点。我国地理信息产业发展主要经历了四个时代：模拟解析时代、2D 时代、3D 时代和 4D 时代，每一个时代都是由新的技术驱动的。近年来，在“数字中国”和“数字城市”技术概念的推波助澜下，我国各个领域几乎都不同程度地在进行地理信息资源相关的技术系统集成与建设。卫星导航技术与服务就是地理信息资源集成应用的一个亮点，一直呈现强劲的增长势头。此外，基于位置的服务（LBS）、与网络相关的集成技术也呈现出明显的增长势头。我国地理信息产业产值快速提升，数据显示，2009 年以来我国地理信息产业产值每年保持约 25%的增速。截至 2014 年底，我国地理信息产业年产值由 2009 年的 931.9 亿元提升到 3 000 亿元，企业数量达 2 万多家，从业人员超过 40 万人。

《意见》提出要加强核心关键技术攻关，加强国产自主高端装备研发。梳理核心关键技术创新链，统筹优势科技力量，开展新型基础测绘、地理国情监测、海洋测绘、智慧城市、应急测绘等方面的重大关键技术攻关，加强水下地下测绘、全球测图与地理信息社会化应用等方面的共性技术研究，加强北斗卫星导航系统应用、资源三号卫星后续星和系列测绘卫星等方面的研究，强化地理信息资源安全保密技术研究，加强测绘地理信息技术与物联网、云计算、大数据等技术的交叉融合研究。通过紧抓当今及未来的先进技术概念，努力发展我国的地理信息资源产业，为我国未来的地理信息事业打好技术基础。

14.6.3　新人才保障产业新活力

在当今这个信息化时代，人才战被誉为全球最稀缺资源的争夺战。这要求我们面向未来科技发展需求，促进科技人才知识更新，指导高校、职业教育及培训机构优化学科建设，科学设置专业，及时更新课程内容，尤其加强数据挖掘、统计分析、科技金融等其他相关学科领域的融合教育，培养新一代高层次复合型科技人才，为测绘地理信息发展提供人才储备与智力支持。进一步加强测绘地理信息科技人才的在职培训、脱产学习、出国进修等继续教育，鼓励单位引导支持职工开展多种形式的理论与技术学习活动，有效促进测绘地理信息科技人员的知识和技术更新。要打造高水平的科技研发团队，强化“项目＋人才”的科技创新人才分类支持，重大科研项目优先交由科技领军人才牵头的创新团队承担，优先保障青年学术和技术带头人出国研修和培训，鼓励年轻科技人员承担重要科研项目。坚持全球视野，加强高精尖科技人才的培养和引进力度，积聚一批具有国际视野、掌握国际前沿的科技领军人才。积极探索建立国际联合研究团队，支持申报国家创新团队。鼓励社会力量设立的科技奖项中加强对创新团队的奖励。

《意见》提出“坚持人才为先原则”。始终将人才作为科技创新的第一资源，营造尊重知识、尊重人才的浓厚氛围。坚持项目、人才、基地相结合，将创新活动同人才培养紧密结合。创新人才培养模式，使优秀科技人员脱颖而出。通过科技合作、互派挂职和客座研究等方式，赋予科技人才更大的技术路线决策权，健全地理信息资源产业党政机关、科研院所、生产单位和企业之间的科技人才流动机制，完善科技创新人才流动机制。激发广大地理信息资源科技工作者的科研热情，为测绘地理信息事业转型发展汇聚新能量，为早日实现测绘地理信息强国目标夯实科技支撑和引领创新的重要基石。

14.6.4 新创新提高产业新力量

随着我国地理信息技术的不断发展和地理信息资源产业人才储备的不断壮大，我国有了一定的技术和人才基础，有能力实现技术领域新的突破，实现创造性的科研发现。如今，地面常规测量设备的使用率在逐步降低，例如英国，地面的地理信息数据中只有10%是通过常规设备采集的。越来越多的国家通过数字卫星和数字航空等创新技术来收集大量的地理信息资源，例如美国、法国、德国、俄罗斯、日本等发达国家已相继掌握测绘卫星研制技术，具备较强的自主获取地理信息数据的能力。而我国通过“数字中国”地理空间框架战略，也在逐步缩短和发达国家在地理信息资源方面的差距，测绘卫星的空间资源分辨率正以每10年一个数量级的速度提高，而这正是国家提出的创新驱动地理信息产业发展的主旋律所带来的创新性成果。

《意见》提出坚持自主创新原则。高度重视原始创新，加大对测绘地理信息基础研究和高技术研发的支持力度，在基础理论、战略性关键技术上取得突破。强化集成创新、引进消化吸收再创新，打破国外对测绘地理信息核心技术与装备的垄断。提出在科技体制机制方面，要加强科技创新资源的统筹协调，改革科技创新管理机制，完善科技创新多元投入机制，健全科技创新评价机制。在科技技术方面，要大力支持科技原始创新，加强核心关键技术攻关，加强国产自主高端装备研发。在科技平台方面，要优化创新平台总体布局，强化产学研用协同创新，促进国际科技交流合作，加强我国地理信息智慧库的建设。要充分发挥企业技术创新的主体作用，扩大企业在科技创新决策咨询中的话语权，鼓励企业研发关键共性技术和装备，从而带动我国地理信息资源产业整体的创新氛围和创新意识的形成。

14.6.5　新应用培养产业新生态

随着我国对地理信息资源产业大力度的资金、设备、人才等多方位投入，我国地理信息技术已有了长足的进步，与发达国家之间的距离也越来越短，但科研成果转化为市场应用却仍处在落后阶段。据媒体报道，2016 年我国科技成果转化率不足 30%，而先进国家这一指标为 60%至 70%，由此可见，我国科研成果的市场化仍处于落后阶段，导致地理信息资源市场仍面临技术落后、科技竞争力不足的不利局面。目前世界上常用的地理信息系统软件已达 400 多种。它们大小不一，风格各异。国外较著名的有 ARC/INFO、GenaMap、MGE 等，国内较著名的有 MapGIS、GeoStar 和 CityStar 等。虽然地理信息资源产业起步晚，但发展迅速，目前已成功地应用到资源管理、自动制图、设施管理、城市和区域的规划、人口和商业管理、交通运输、石油和天然气、教育、军事等九大类别的一百多个领域。对于地理信息资源产业的应用概括起来有两种情况。一是利用地理信息系统来处理用户的数据；二是在地理信息系统的基础上，利用它的开发函数库二次开发出用户专用的地理信息系统软件。在美国等发达国家，地理信息系统的应用遍及环境保护、资源保护、灾害预测、投资评价、城市规划建设、政府管理等众多领域。

《意见》明确提出要促进地理信息科技成果转化。健全促进科技成果转化的有关机制，推进科技成果使用、处置和收益管理改革，提高科研人员成果转化收益比例，加强知识产权保护和技术标准制定。近年来，随我国经济建设的迅速发展，地理信息资源产业应用的进程加速，在城市规划管理、交通运输、测绘、环保、农业、制图等领域发挥了重要的作用，取得了良好的经济效益和社会效益。

这对于获取多样化地理信息、提高大数据的管理效率以及高效分析地理信息资源都有巨大的帮助。因此，我国要加快地理信息技术从实验室走进社会生活的步伐，提高科技成果转化效率，为我国地理信息资源产业及其他应用产业提供有效的引导和帮助。

总体来说，我国的地理信息资源产业相比发达国家仍处于落后地位，但近几年，随着计算机和互联网技术的高速发展，通过国家建立地理信息技术驱动、地理信息人才培养、自主研发创新以及推动科技成果转化等一系列的发展战略，我国地理信息资源产业的发展取得了长足的进步，明显缩短了与发达国家之间的距离，国内出现了一批优秀的民族地理信息企业，地理信息技术科研成果转化率也显著提高，真正做到了发展中华民族自己的地理信息资源产业，为地理信息资源市场以及地理信息资源产业注入新鲜活力和充足的信心，也为我国社会主义现代化建设道路贡献出了自己的一份力量。

14.7 《国家信息化发展战略纲要》解读

随着科学技术和世界经济的发展，信息技术创新日新月异，以数字化、网络化、智能化为特征的信息化浪潮蓬勃兴起，尤其是计算机科学和互联网技术飞速发展，信息技术被广泛运用到人类社会生活中的方方面面。我国目前已经进入新型工业化、信息化、城镇化、农业现代化同步发展的关键时期，信息革命为我国加速完成工业化任务、跨越“中等收入陷阱”、构筑国际竞争新优势提供了历史性机遇，也警示我们面临不进则退、慢进亦退、错失良机的巨大风险。站在新的历史起点，我们完全有能力依托大国优势和制度优势，加快信息化发展，推动我国现代化进程，实现“两个一百年”奋斗目标和中华民族伟大复兴中国梦的伟大战略，努力让中国特色社会主义现代化事业再上新台阶。

2016年7月，中共中央办公厅、国务院办公厅根据新形势对《2006—2020年国家信息化发展战略》的调整和发展，印发了《国家信息化发展战略纲要》（以下简称《纲要》）。《纲要》明确指出了现阶段我国信息化发展的基本形势和当前遇到的一系列突出问题，例如信息资源开发利用不够，信息基础设施普及程度不高，区域和城乡差距比较明显，网络安全面临严峻挑战等问题，重点强调了我国未来10年信息化发展道路的指导思想、战略目标和基本方针，初步确立了以信息化驱动现代化为主线，牢固树立创新、协调、绿色、开放、共享的发展理念，贯彻以人民为中心的发展思想，统筹国内国际两个大局，统筹发展安全两件大事，坚持走中国特色信息化发展道路。这为我国未来 10 年国家信息化发展提供了指导和规范，是国家战略体系的重要组成部分，是信息化领域规划、政策制定的重要依据。

14.7.1　迎接信息资源产业发展新时代

进入新世纪，特别是党的十八大以来，我国信息化取得长足进展。2015 年，我国的电子信息制造业规模达 11.1 万亿元，位居世界第一；网民数量达到 7 亿，位居世界第一；全国网络零售交易额达 3.8 万亿元，固定宽带接入数量达 4.7 亿，覆盖到全国所有城市、乡镇以及 95%的行政村；一批信息技术企业和互联网企业进入世界前列，形成了较为完善的信息资源产业体系。信息技术应用不断深化，“互联网+”异军突起，经济社会信息资源网络化转型步伐加快，网络空间正能量进一步汇聚增强，信息化在现代化建设全局中引领作用日益凸显。但与全面建成小康社会、加快推进社会主义现代化的目标，以及和国外发达国家相比，还有不小的差距，2016 年我国信息社会指数为 0.452 3，比上年增长 4.10%，全球排名提升 3 位，但仍处于转型期（0.3～0.6 之间），国内 19 省份 113 个地级以上城市信息社会指数增速下滑，在全球仍处于中下游水平。由此可见，我国信息资源产业还有很大的发展空间。

《纲要》提出要“最大程度发挥信息化的驱动作用，实施国家大数据战略，推进‘互联网+’行动计划，引导新一代信息技术与经济社会各领域深度融合，推动优势新兴业态向更广范围、更宽领域拓展，全面提升经济、政治、文化、社会、生态文明和国防等领域信息化水平”。这表明了党中央和国务院要大力发展信息化产业、将信息化技术应用到社会经济生活方方面面的决心。坚持走中国特色信息化发展道路，以信息化驱动现代化，建设网络强国，迫在眉睫、刻不容缓。

14.7.2　积累信息资源产业技术基础

当今时代是互联网时代，正处在工业化向信息化过渡的重要时期，信息技术已经渗透到国民经济的各个领域。因此谁能掌握最先进的信息技术，谁就能实现经济的跃进式发展。相比于传统的信息资源产业来说，如今的信息数据量正呈指数级增长。有别于传统信息资源产业的信息收集、整理和传播方法，当代的信息资源产业需要强有力的核心技术驱动发展。相比于美国、日本等发达国家，我国的信息技术还比较落后。1992 年，美国提出具有划时代意义的“信息高速公路”计划，把全球信息和计算机技术推向了一个更高的层次；2000 年，日本制订了一系列“电子日本”（e-Japan）战略，制定了国家信息化发展战略，将信息化技术率先应用到医疗、食品、生活、中小企业金融、教育、就业和行政 7 大领域中；到 2010 年，美国软件业产值达到 2 642 亿美元（42.0%），日本软件业产值也达到 661 亿美元（10.6%），均远高于我国的 97 亿美元（1.55%）。由此可见，我国与发达国家信息资源产业之间差距非常巨大，信息化整体水平在发展中国家中尚处于中等或中等偏上的位置。因此，我们要学习国外发达国家的信息技术和信息发展方式，缩短与其的技术差距，努力向世界信息技术第一梯队迈进。

《纲要》聚焦发展信息资源产业核心技术，提出要构建先进技术体系，制定国家信息领域核心技术设备发展战略纲要，打造国际先进、安全可控的核心技术体系，带动集成电路、基础软件、核心元器件等技术薄弱环节实现根本性突破。《纲要》还着眼于未来，提出积极争取并巩固新一代移动通信、下一代互联网等领域全球领先地位，着力构筑移动互联网、云计算、大数据、物联网等领域比较优势，希望在新一代信息化浪潮中占据有利位置，缩短与世界先进技术之间的差距。

14.7.3 加强信息资源产业人才储备

互联网时代，人才资源是第一资源，只有人才能推动信息技术发展，有了人才基础才能实现信息资源产业创造性的突破，人才竞争才是最重要的竞争。目前，信息资源产业发达国家无一不注重人才的培养，加大对信息化领军人才支持力度，着力培养世界水平的科学家、网络科技领军人才、卓越工程师、高水平创新团队和信息化管理人才。例如，美国从建国到现在不过 200 多年时间，能成为信息资源强国，与美国高度重视对全球人才的培养和引进有关。美国人才立国的战略定位使人才优先发展理念深入人心，从人才教育、海外人才引进、人才市场以及人才与资本结合体系等方面入手，建立起了一套成熟的人才培养和应用体系。据统计资料显示，美国人口约 2.96 亿，高校总数超过 6 400 所，接受高等教育的人数超过 1 740 万。而我国人口超过 13 亿，普通高校总数 1 790 所以上，接受高等教育人数规模于 2004 年首次超过美国。这些数据表明，我国培养人才的教育院校数远低于美国，高等教育普及率也远远比不上美国。

《纲要》为我国完善人才培养、选拔、使用、评价、激励机制，破除壁垒，探索建立技术移民制度，提高我国在全球配置人才资源能力，为信息产业发展提供有力人才支撑等方面提出了一系列指导意见。首先，要壮大专业人才队伍，构建以高等教育、职业教育为主体，继续教育为补充的信息化专业人才培养体系；其次，要完善人才激励机制，建立适应网信特点的人事制度、薪酬制度、人才评价机制，打破人才流动的体制界限；最后，要提升国民信息技能，改善中小学信息化环境，推进信息化基础教育。实施信息扫盲行动计划，发挥博士服务团、大学生村官、大学生志愿服务西部计划、“三支一扶”等项目的作用，为老少边穷地区和弱势群体提供知识和技能培训。

14.7.4　提高信息资源产业创新意识

信息资源产业在技术和人才资源上不断发展的同时，应同步培养我国信息人才的创新意识和创新思维，全面实施创新驱动发展战略，把创新发展作为应对发展环境变化、增强发展动力、把握发展主动权，更好引领经济发展新常态的根本之策，争取主动局面，占据竞争制高点。2015 年美国颁布的第三版《美国国家创新战略》中指出，对于像美国这样的先进经济体，创新是经济增长的源泉，美国必须持续创新，因为美国的工人和企业已经处于技术最前沿，未来经济增长和国家竞争力依赖于创新能力。2015 年，美国的境内研发支出（包括本土研发支出和境外研发输入）达到 1 452 亿美元，非美国企业在美国投放的研发费用达到 525 亿美元；中国的这两组数据分别为 545 亿美元和 442 亿美元。可见，美国之所以在当今世界处在经济、科技和信息资源领先的地位，是因为其政府和企业均重视创新力，大量的资金投入到信息技术的创新研发中，一直保持在世界领先水平的前列，从而带动经济社会的高速发展。而我国要在学习发达国家先进的信息技术的同时，小到信息从业人员，大到中央政府，都树立创新意识，看清创新价值，培养创新精神，才能从一个信息技术追赶者逐渐转变成信息资源产业的领头人。

《纲要》指出，信息技术和产业发展程度决定着信息化发展水平。目前我国正处于从跟跑并跑向并跑领跑转变的关键时期，要发展核心技术，需要抓住自主创新的牛鼻子，自主研发培育形成具有国际竞争力的产业生态，把发展主动权牢牢掌握在自己手里。国家信息技术和经济发展要从强化企业创新主体地位和主导作用做起。企业是国家经济的重要组成部分，特别是中小企业是经济发展的新动力，支持中小型企业创新，加大对科技型创新企业研发支持力度，支持创新型企业在国内上市等措施有助于为信息资源产业注入新鲜活力。此外，要遵循创新规律，完善技术交易和企业孵化机制，构建普惠性创新支持政策体系，完善公共服务平台，提高科技型中小型企业自主创新和可持续发展能力，实施新一代信息技术创新国际交流项目。

14.7.5　保障信息资源产业安全环境

随着信息资源产业高速发展和数据量的爆炸式增长，信息安全问题越来越受到社会的关注。信息泄露、信息谣言、信息窃取、信息诈骗等一系列问题层出不穷，信息资源产业也将走到一个奇点，而安全将决定信息资源产业走过这个奇点之后，到底是向上走到一个新高度，还是向下走到一个坏局面。数据显示，信息盗窃、电信网络诈骗两类犯罪形式占历年网络犯罪总数的90%以上，且所占比例呈逐年上升趋势。如果信息安全不能得到保障，那么将失去用户的信任，造成用户流量减少。例如 OpenSSL 心脏流血漏洞事件发生后，大量用户立刻就解绑手机网银；有的电商存储了用户信用卡的 CVV 码，有的用户就选择抵制这家公司。如果没有足够强大的安全保障，云计算和大数据向未来发展的过程中必将付出惨重的代价。

在信息安全方面，《纲要》提出要树立正确的网络安全观，坚持积极防御、有效应对，增强网络安全防御能力和威慑能力，切实维护国家网络空间主权、安全、发展利益。在国家层面来说，要坚定捍卫我国网络主权，依法管理我国主权范围内的网络活动，坚决防范和打击通过网络分裂国家、煽动叛乱、颠覆政权、破坏统一、窃密泄密等行为，维护网络主权和国家安全。从社会层面来说，要加快构建关键信息基础设施安全保障体系，建立实施网络安全审查制度，对关键信息基础设施中使用的重要信息技术产品和服务开展安全审查，健全信息安全等级保护制度。而对信息领域的从业人员来说，要加强网络安全基础理论研究、关键技术研发和技术手段建设，提升全天候全方位感知网络安全态势能力，做好等级保护、风险评估、漏洞发现等基础性工作，开展信息安全教育，提升网络媒介素养，增强全社会网络信息安全意识和防护技能。网络安全和信息化是一体之两翼、驱动之双轮，必须统一谋划、统一部署、统一推进、统一实施，做到协调一致、齐头并进；应切实防范、控制和化解信息化进程中可能产生的风险，以安全保发展，以发展促安全，努力建久安之势、成长治之业。

总体来看，《纲要》对我国信息资源产业现阶段发展状况进行了详尽的分析，在信息技术、信息人才、信息创新、信息安全等多方面指出了不足和未来的发展方向，提出统筹基础研究、技术创新、产业发展与应用部署，加强产业链中各环节协调互动，打造协同发展的健康产业生态。站在新的历史起点，我们完全有能力依托大国优势和制度优势，紧抓信息化时代的发展机遇，加快信息化发展，努力在践行新发展理念上先行一步，让信息化造福社会、造福人民，为实现中华民族伟大复兴的中国梦奠定坚实基础，推动我国社会主义现代化事业再上新台阶。

14.8 本章小结

本章所解读的7份政策文件分别是《国务院关于大力发展电子商务加快培育经

济新动力的意见》《国务院办公厅关于促进跨境电子商务健康快速发展的指导意见》《三网融合推广方案》《国务院关于印发促进大数据发展行动纲要的通知》《国务院办公厅关于促进农村电子商务加快发展的指导意见》《关于加强测绘地理信息科技创新的意见》《国家信息化发展战略纲要》。通过对 7 份相关政策的解读，揭示了我国信息资源产业在电商、大数据、互联网、地理信息等多领域发展中取得的长足进步，以及在新发展阶段中仍存在的问题，提出需要政策制定者面对新的问题，制定新的有效的政策方针，促进我国信息资源产业在新阶段中取得新的发展。

参考文献

1. 2003 年政府工作报告［EB/OL］．［2015－12－03］．http：//www. gov. cn/test/2016－02/17/content _ 202725. html.

2. 2008—2009 年中国信息产业发展研究年度总报告［EB/OL］．［2015－12－03］. http：//docmbalib. com/view/98fc3e94ef978805a986139b4025f8a8. html.

3. 2014 年中国信息资源产业发展报告［EB/OL］．［2015－04－15］. http：//wenku. baidu. com/link？url＝RSBvCvvjwJ5AFTYbiHJ2KzAx2B75rskI8kq5pU7aP4VU5jhQQkVH6ZnszJpz0eGbaSggt8isT9ZfkBtSG _ QCUVc69cROVkxLnYick-UBBSC.

4. 2015 年中央政府工作报告［EB/OL］．［2015－12－03］．http：//www. guancha. cn/politics/2015 _ 03 _ 17 _ 312511sht.

5. 360doc. 经济转型升级背景下中国咨询业的发展机遇［EB/OL］．［2016－06－25］. http：//www. 360doc. com/content/16/0625/13/26663094 _ 570625276. shtml.

6. 安宇宏．包容性增长［J］．宏观经济管理，2010（10）：66.

7. 蔡宁，刘志勇．企业家成长环境理论及其启示［J］．外国经济与管理，2003，25（10）：2－7.

8. 蔡宁，刘志勇．企业家的成长：产业演化与组织创新［J］．经济管理，2003（14）：16－22.

9. 朝乐门，贾子娟．信息资源产业发展目标体系及其促进策略［J］．情报资料工作，2014（3）：65－66.

10. 陈定江，李有润，沈静珠．工业生态学的系统分析方法与实践［J］．化学工程，2004，32（4）：53－57.

11. 陈定茂．莱茵河流域中积累的化学品的工业代谢与长期风险［J］．产业与环境，1994，16（3）：30－35.

12. 陈军，成金华，付宏．中国汽车产业：SCP 范式的分析［J］．产业经济研究，2004（6）：14－20.

13. 陈林，朱卫平．创新、市场结构与行政进入壁垒——基于中国工业企业数据的熊彼特假说实证检验［J］．经济学：季刊，2011，10（2）：653－674.

14. 陈倩倩，王缉慈．论创意产业及其集群的发展环境——以音乐产业为例［J］．地域研究与开发，2005，24（5）：5－8.

15. 陈跃，邓南圣．面向二十一世纪的环境管理工具——物质与能量流动分析［J］．重庆环境科学，2003，25（3）：1－5.

16. 陈志广，王盛．入壁垒、规模经济与交易费用——兼谈反垄断的启示［J］．人文杂志，2005（2）：54－59.

17. 成莹．中国电子商务产业的 SCP 理论分析［J］．当代经济，2011（7）：116－119.

18. 仇保兴．小企业集群研究［M］．上海：复旦大学出版社，1999.

19. 崔第品．中国电影“大制作”的文化走偏和迷茫［J］．电影文学，2010（15）：15－16.

20. 崔洪铭，赵国俊．信息资源产业链的价值流动研究——兼论信息资源产品的价值束［J］．情报杂志，2013（8）：169－173.

21. 戴魁早．产业集中度与利润率的关系研究——来自钢铁产业的实证检验［J］．当代经济科学，2007，29（6）：67－73.

22. 戴西超，谢守祥，丁玉梅．企业规模、所有制与技术创新——来自江苏省工业企业的调查与实证［J］．软科学，2006，20（6）：114－116.

23. 邓朴安．发展电影产业 拓展电影市场［J］．上海大学学报：社会科学版，2000，7（1）：60－64.

24. 邸树彦．产业群与中小型企业全球化［J］．经济师，2002（9）：55－56.

25. 董宝青．推进国家信息资源与档案信息资源开发利用［J］．中国档案，2005（6）：15－17.

26. 董雪兵，王争．R&D 风险、创新环境与软件最优专利期限研究［J］．经济研究，2007（9）：112－120.

27. 杜强．应用产业群理论 促进地区经济发展［J］．经济师，2002（11）：217－218.

28. 杜跃平．资源型产业集群的动力机制与生命周期研究［M］．北京：中国经济出版社，2010.

29. 樊泳雪．竞争情报实践与方法研究［M］．成都：巴蜀书社，2010.

30. 方维慰．信息产业发展环境的分析与评价［J］．情报杂志，2003，22（8）：61－63.

31. 方友亮，孙斌，张晓阳，等．基于SCP范式的产业竞争情报分析框架构建［J］．图书情报工作，2015（3）：95－102.

32. 冯惠玲，朝乐门．信息资源产业消费结构的演化规律与优化策略研究［J］.情报理论与实践，2014，37（5）：17－22.

33. 冯惠玲，侯卫真．信息资源产业的基本特征与要素研究［J］．图书情报工作，2011，55（5）：11－14.

34. 冯惠玲，杨红艳．信息资源产业内涵及其与相关产业的关系探究［J］．情报资料工作，2011（2）：10－14.

35. 葛伟民．IT产业群的发展前景和竞争力分析［J］．网络与信息，2003，17（1）：10－13.

36. 龚双红．产业集群竞争力影响因素分析［J］．哈尔滨市委党校学报，2007（2）：28－31.

37. 郭焱．企业战略分析、预测、评价模型与案例［M］．天津：天津大学出版社，2012.

38. 国家测绘地理信息局科技与国际合作司．关于加强测绘地理信息科技创新的意见．国测科发〔2015〕4号．2015－12－22.

39. 国家统计局．什么是“贡献率”？它是怎样计算的？［EB/OL］．［2016－08－22］．http：//www.gov.cn/test/2005－06/08/content_4944.htm.

40. 国家自然科学基金重点项目（71133006）课题组．2014中国信息资源产业发展报告［EB/OL］．［2015－04－25］．http：//irir.irm.cn/index2.html.

41. 国务院．国务院关于大力发展电子商务加快培育经济新动力的意见．国发〔2015〕24号．2015－05－07.

42. 国务院．国务院关于印发促进大数据发展行动纲要的通知．国发〔2015〕50号．2015－09－05.

43. 国务院办公厅．国务院办公厅关于促进跨境电子商务健康快速发展的指导意见．国办发〔2015〕46号．2015－06－20.

44. 国务院办公厅．国务院办公厅关于促进农村电子商务加快发展的指导意见．国办发〔2015〕78号．2015－11－09.

45. 国务院办公厅．国务院办公厅关于印发三网融合推广方案的通知．国办发〔2015〕65 号．2015－09－04.

46. 韩德超，张建华．中国生产性服务业发展的影响因素研究［J］．管理科学，2008，21（6）：81－87.

47. 韩婷婷．新媒体与电影的交互发展［J］．当代电影，2014（5）：156－159.

48. 韩秀萍，孙晓玮，张强．浅谈影视后期制作与编辑［J］．电影评介，2015（1）：77－78.

49. 韩芸．信息资源产业及其在我国的发展策略［J］．中国图书馆学报，2006，32（6）：41－44.

50. 贺德方．中外信息内容产业的对比分析［J］．中国软科学，2005（11）：31－38.

51. 赫希曼，曹征海．经济发展战略［M］．北京：经济科学出版社，1992.

52. 侯卫真．信息资源产业特性与政策优化［J］．信息化建设，2010（2）：16－17.

53. 侯卫真．信息资源影响力模型的理论研究——构建 IR 信息资源影响力模型［J］．档案学通讯，2009（3）：14－18.

54. 胡春力．我国产业结构的调整与升级［J］．管理世界，1999（5）：84－92.

55. 胡锦涛．合力应对挑战推动持续发展——在亚太经合组织第十七次领导人非正式会议上的讲话［N］．人民日报，2009－11－15（1）．

56. 胡锦涛．深化交流合作实现包容性增长——在第五届亚太经合组织人力资源开发部长级会议上的致辞［N］．人民日报，2010－09－17（1）．

57. 胡芒谷．我国信息产业发展水平的评价方法和指标体系研究［J］．情报学报，1997（4）：288－293.

58. 黄保强．创新概论［M］．上海：复旦大学出版社，2004.

59. 黄玉玲，刘少和．非国有酒店主导下的中国酒店业市场结构、行为和绩效分析——基于 SCP 修正模型［J］．特区经济，2013（4）：180－182.

60. 贾铁英．对电视剧制作业经济效益审计的思考［J］．中国广播电视学刊，2000（5）：57－58.

61. 姜艾佳，张卫国．包容性发展中产业结构指标体系构建与实证研究—基于重庆的案例分析［J］．人民论坛，2014（29）：219－221.

62. 金占明．战略管理：超竞争环境下的选择［M］．北京：清华大学出版社，2004.

63. 经管之家．中国咨询业成为发展前景看好产业［EB/OL］．［2016－01－23］．http：//bbs. pinggu. org/thread－4191755－1－1. html.

64. 靖继鹏，王欣．信息产业结构与测度方法比较研究［J］．情报科学，1993（1）：7－16.

65. 康珂．产业结构调整机制研究［D］．中共中央党校，2014.

66. 科斯．论生产的制度结构［M］．上海：三联书店上海分店，1994.

67. 孔小文，王春明．外商直接投资对广东产业结构调整的影响分析［J］．经济论坛，2005（17）：65－68.

68. 赖茂生，任浩淼，夏牧．我国现行信息资源管理的政策与法律研究［J］．科技与法律，1997（Z1）：111－151.

69. 赖茂生，闫慧，龙健．海峡两岸信息资源产业比较研究［J］．情报科学，2008，26（7）：647－651.

70. 赖茂生，闫慧，龙健．论信息资源产业及其范畴［J］．情报科学，2008，26（4）：481－484.

71. 黎志成，左相国．产业成长周期与产业成长速度特征分析［J］．科技进步与对策，2003，20（9）：75－77.

72. 李传志，张兵．广东东莞市IT产业特点分析［J］．科技管理研究，2006，26（3）：42－43.

73. 李春涛，宋敏．中国制造业企业的创新活动：所有制和CEO激励的作用［J］．经济研究，2010（5）：135－137.

74. 李春英．SCP视角下我国零售业的市场结构分析［J］．商场现代化，2009（18）：5－6.

75. 李大立，李正良．信息产业特点及湖南信息产业发展研究［J］．湖南经济，2002（3）：11－13.

76. 李维思，史敏，肖雪葵．基于专利分析的产业竞争情报与技术生命周期研究——以太阳能薄膜电池产业为例［J］．企业技术开发：学术版，2011，30（6）：91－93.

77. 李想，余敬．中国连锁超市行业的SCP模式分析［J］．中国软科学，2003（12）：47－54.

78. 李小建，李二玲．产业集聚发生机制的比较研究［J］．中州学刊，2002（4）：5－8.

79. 李小胜．中国R&D资本存量的估计与经济增长［J］．中国统计，2007

(11)：40－41.

80. 李艳，马西平．风险投资作为电影制作筹资渠道的可行性研究［J］．四川理工学院学报：社会科学版，2006，21（3)：64－66.

81. 李忠民，孙耀华．基于 SCP 范式的中国石油产业分析［J］．兰州商学院学报，2011，27（1)：53－58.

82. 廉同辉，袁勤俭．国际标准产业分类体系的农、林、牧、渔业分类演化及启示［J］．自然资源学报，2013，28（10)：1827－1834.

83. 刘传江，李雪．西方产业组织理论的形成与发展［J］．经济评论，2001（6)：104－106.

84. 刘光柱，刘河北．基于 ADF 检验和 CRn 的我国汽车产业政策效应研究［J］．科技和产业，2012，12（2)：18－21.

85. 刘广生，吴启亮．基于 ESCP 范式的中国电信业基础运营市场分析［J］．中国软科学，2011（4)：33－43.

86. 刘恒江，陈继祥．产业集群竞争力研究述评［J］．外国经济与管理，2004，26（10)：2－9.

87. 刘桦，杨婷．工业园区能源、经济、环境协调发展影响因素研究［J］．企业经济，2013（3)：140－143.

88. 刘佳刚，马晨云．区域经济环境对新兴产业发展的影响及优化研究——来自于 428 家上市公司的实证数据［J］．中南大学学报：社会科学版，2015（4)：113－121.

89. 刘佳刚，袁宇心．我国战略性新兴产业发展环境的灰关联分析［J］．经济问题探索，2015（6)：137－143.

90. 刘飒，王强．北京市文化创意产业发展实证研究［J］．经济管理，2009（2)：42－48.

91. 刘中华，周洁如．网络外部性与网络产业竞争行为［J］．管理现代化，2005（5)：52－54.

92. 柳卸林．市场结构与技术创新［J］．数量经济技术经济研究，1994（9)：52－57.

93. 卢福财．产业经济学［M］．上海：复旦大学出版社，2013.

94. 鲁开垠．产业集群核心能力研究［D］．广州：暨南大学，2004.

95. 鲁小伟，毕功兵．基于主成分分析法的区域文化产业效率评价［J］．统计与决策，2014（1)：63－65.

96. 陆国庆．产业创新：超越传统企业创新理论的新范式［J］．哈尔滨市委党校学报，2003（1）：11－14.

97. 陆国庆．中国中小板上市公司产业创新的绩效研究［J］．经济研究，2011（2）：138－148.

98. 罗尔斯．正义论［M］．北京：中国社会科学出版社，1988.

99. 罗斯托．经济成长的阶段［M］．北京：商务印书馆，1962.

100. 马费成，裴雷．我国信息资源政策与法律研究进展评析［J］．图书馆论坛，2007，27（6）：226－230.

101. 马费成，张斌，陈欢．国家信息政策体系研究——领域划分与结构分析［J］．图书馆论坛，2011，31（6）：259－265.

102. 马世骏，王如松．社会-经济-自然复合生态系统［J］．生态学报，1984，27（1）：3－11.

103. 马歇尔．产业经济学［M］．北京：商务印书馆，2015.

104. 梅伟，王有志．发达国家咨询业发展特点及对我国的启示［J］．特区经济，2011（9）：102－104.

105. 苗建军．技术创新与产业群形成［J］．科学技术哲学研究，1997（2）：58－62.

106. 牛丽贤，张寿庭．产业组织理论研究综述［J］．技术经济与管理研究，2010（6）：136－139.

107. 彭灿．企业集群知识系统的运行环境研究［J］．研究与发展管理，2007，19（1）：6－12.

108. 彭立，彭泺．作为文化创意产业的电影电视［J］．当代文坛，2014（4）：100－103.

109. 戚聿东．中国产业集中度与经济绩效关系的实证分析［J］．管理世界，1998（4）：99－106.

110. 钱德勒，张逸人．企业规模经济与范围经济［M］．北京：中国社会科学出版社，1999.

111. 钱明辉，黎炜祎，林法纲．中国信息资源产业经济政策研究［J］．中国科技论坛，2016（7）：36－42.

112. 钱明辉，黎炜祎．我国信息资源产业的构成行业与分类特征研究［J］．图书情报工作，2016（7）：11－18.

113. 钱明辉，李子南，林法纲．信息资源产业政策研究综述［J］．情报资料工作，2012（1）：70－73.

114. 钱明辉，杨建梁．我国信息资源产业发展评价的实证分析［J］．情报资料工作，2015，36（4）：88－93.

115. 钱明辉．2014 中国信息资源产业与政策研究报告［M］．北京：知识产权出版社，2015.

116. 乔珍，李华敏．基于 SCP 范式的中国传媒产业分析［J］．西安财经学院学报，2011，24（1）：10－13.

117. 邱耕田，张荣洁．论包容性发展［J］．学习与探索，2011（1）：53－57.

118. 屈援．基于 SCP 分析的我国中药产业创新能力提升研究［D］．天津：天津大学，2007.

119. 屈子奇，李念芦．在新形势下如何提高中国电影制作水平［J］．现代电影技术，2005（5）：3－6.

120. 任西恍．发达国家咨询业的特点与我国咨询业的发展制约因素［J］．决策咨询，2008（2）：70－74.

121. 荣毅虹，梁战平．基于文献的发现［J］．情报学报，2002，21（4）：386－390.

122. 邵思跃，许凯，吴曼芳．浅析“互联网＋”环境对中国电影产业的影响力［J］．视听，2016（4）.

123. 盛世豪．从产业群视野透视浙江区域特色经济［J］．商业经济与管理，2002（1）：31－35.

124. 石俊国，吴非，侯泽敏．不同类型的技术创新对产业国际竞争优势的影响——基于制造业面板数据的分阶段回归分析［J］．技术经济，2014，33（3）：33－39.

125. 宋维杰．产业群理论——一种值得重视的区域发展理论［J］．财经问题研究，2002（9）：20－22.

126. 搜狐公众平台-电影风向标．面对电影市场低迷现状，影院数字化运营显得尤为重要［EB/OL］．［2016－08－20］．http：//mt. sohu. com/20160820/n465152918. shtml.

127. 苏列英，杨睿娟．信息咨询业的产业特点与发展规律探讨［J］．商业经济研究，2008（22）：88－89.

128. 孙明华．企业竞争力［M］．天津：天津社会科学院出版社，2004.

129. 孙伟，黄鲁成．产业群的类型与生态学特征［J］．科学学与科学技术管理，2002，23（7）：94－96.

130. 孙希有．竞争战略分析方法［M］．北京：中国金融出版社，2003.

131. 孙早，王文．产业所有制结构变化对产业绩效的影响——来自中国工业的经验证据［J］．管理世界，2011（8）：66－78.

132. 孙早，薛小刚．产业环境、企业战略与企业的绩效表现［J］．当代经济科学，2008，30（4）：50－56.

133. 汤智茗，陈昊丽．浅析影院排片的影响因素［J］．商，2016（21）.

134. 唐守廉，韦穆华．我国信息资源产业发展的系统动力学仿真研究［J］．情报科学，2014（4）：16－20.

135. 童昕，王缉慈．东莞PC相关制造业地方产业群的发展演变［J］．地理学报，2001，56（6）：722－729.

136. 屠凤娜，杨智华．基于产业特点的产业集群战略比较研究［J］．工业技术经济，2009，28（7）：64－67.

137. 王冬放．我国中西部地区信息贫困现状与对策［J］．工业经济论坛，2015，2（2）：145－154.

138. 王富强，王萃．关于互联网企业进军电影产业的分析与思考［J］．现代电影技术，2015（6）：9－12.

139. 王缉慈．地方产业群战略［J］．中国工业经济，2002（3）：47－54.

140. 王缉蕊．创新的空间：企业集群与区域发展［M］．北京：北京大学出版社，2001.

141. 王利清．中国不平等的消解有赖于共享式增长［J］．前沿，2009（12）：71－73.

142. 王素芳．我国信息资源开发利用政策法规初探［J］．现代情报，2004，24（3）：45－47.

143. 王妍．推进产业包容性发展的对策建议［J］．经济纵横，2015（6）：10－13.

144. 王岳平．我国产业结构存在的主要问题及“十三五”调整思路［J］．经济研究参考，2014（50）：3－12.

145. 王云昊．我国产业结构调整对城镇化发展水平的实证研究［J］．商，2014（8）：227－227.

146. 魏守华，石碧华．企业群的竞争优势［J］．经济理论与经济管理，2002（5）.

147. 翁春颖．浙江生产性服务业发展影响因素的实证研究［J］．企业经济，2013（4）．

148. 吴保全．发达国家信息咨询业的发展特点及其对我国的启示——以美、英、德三国为例［J］.1周口师范学院学报，2011，28（1）：148－151.

149. 吴金希，李宪振．工业技术研究院推动产业创新的机理分析［J］．学习与探索，2013（3）：108－111.

150. 吴金希，李宪振．韩国科学技术研究院与台湾工业技术研究院推动产业创新机制的比较研究［J］．中国科技论坛，2013，1（10）：130－137.

151. 吴敬琏．国有经济改革仍然任重道远［J］．价格与市场，2011（2）：8－10.

152. 吴青龙，郭丕斌，周喜君．基于SCP范式的山西煤炭产业的产业组织研究［J］．经济问题，2014（11）：79－82.

153. 吴延兵．中国工业产业创新水平及影响因素——面板数据的实证分析［J］．产业经济评论，2006（2）：155－171.

154. 夏纪军，王磊．中国制造业进入壁垒、市场结构与生产率［J］．世界经济文汇，2015（1）：50－64.

155. 晓亮．所有制理论与所有制改革［M］．上海：上海财经大学出版社，2002.

156. 肖岚．全球碳纤维产业的SCP分析［J］．科技与管理，2013，15（2）：24－29.

157. 肖兴志．产业经济学［M］．北京：首都经济贸易大学出版社，2007.

158. 肖英，罗云峰．基于可持续发展的信息资源开发模型研究［J］．情报杂志，2008，27（2）：17－19.

159. 谢小可，唐守廉．我国信息资源产业及其分行业全要素生产率研究［J］．经济经纬，2014，31（1）：96－100.

160. 邢乐斌，徐雁南．我国中西部地区产业R&D环境满意度实证研究——以IT产业为例［J］．科技进步与对策，2015（9）：26－31.

161. 熊彼特．经济发展理论［M］．北京：中国画报出版社，2012.

162. 熊元斌，朱静．旅游产业发展环境构造分析［J］．经济评论，2006（5）：72－77.

163. 徐春华，刘力．省域居民消费、对外开放程度与产业结构升级——基于省际面板数据的空间计量分析［J］．国际经贸探索，2013，29（11）：39－52.

164. 徐枫，李云龙．基于SCP范式的我国光伏产业困境分析及政策建议［J］. 宏观经济研究，2012（6）：11－20.

165. 徐立，赵凯．区域经济环境对陕西省苹果产业竞争力影响的实证研究［J］. 浙江农业学报，2010，22（3）：388－392.

166. 徐立．陕西苹果产业竞争力评价研究［D］．杨凌：西北农林科技大学，2010.

167. 徐升华，毛小兵．产业结构变革的动力：发展信息产业［J］．当代财经，2002（4）：51－54.

168. 宣小红．我国信息资源产业管理的困境及改革策略［J］．江海学刊，2008（2）：215－219.

169. 晏子琳．包容性视角下产业结构与就业结构相关性研究［D］．重庆大学，2014.

170. 杨丹辉．中国旅行社业市场结构与产业绩效的实证分析［J］．首都经济贸易大学学报，2004，6（4）：23－28.

171. 杨帆，赵忠秀，罗枫．基于TFP的信息资源产业增长模型研究［J］．财经问题研究，2015（1）：37－43.

172. 杨建新，王如松．产业生态学的回顾与展望［J］．应用生态学报，1998，9（5）：555－561.

173. 杨艳琳，李丽．市场集中度与市场绩效的悖论——以中国房地产业为例的实证分析［J］．财贸经济，2008（3）：66－71.

174. 佚名．发展有社会主义特色的中国经济咨询业［J］．经济导刊，1992（2）：28－31.

175. 佚名．我国信息产业政策有新调整［J］．航天工业管理，1996（9）.

176. 尹建华，苏敬勤．高新技术产业集群化与协同管理研究［J］．科学学与科学技术管理，2002，23（9）：33－36.

177. 于敏，王小林．中国经济的包容性增长：测量与评价［J］．经济评论，2012（3）：30－38.

178. 元利兴．发达国家咨询业发展的特点及其对我国咨询业的启示［A］．加快服务业发展问题研究，2011.

179. 原毅军．产业结构的变动与优化［M］．大连：大连理工大学出版社，2008.

180. 张安民，李永文，梁留科．基于SCP模型的我国旅行社业的经营测度

［J］．旅游学刊，2007，22（10）：44－49.

181. 张伯仑．垄断竞争理论［M］．北京：华夏出版社，2009.

182. 张成君，肖丕楚．产业壁垒 过度竞争与企业绩效［J］．广东经济管理学院学报，2005，20（3）：11－15.

183. 张卉，朱永亮．基于SCP分析框架的我国体育旅游产业分析［J］．武汉体育学院学报，2010，44（8）：54－60.

184. 张来武．论创新驱动发展［J］．中国软科学，2013（1）：1－5.

185. 张磊．银行业的产业结构，行为与绩效：从产业组织学角度对银行业进行分析［J］．外国经济与管理，2000（3）：2－9.

186. 张立超，房俊民，高士雷．基于产业竞争情报的产业风险预警体系构建研究［J］．情报理论与实践，2011，34（6）：69－73.

187. 张明龙．产业集群与区域发展研究［M］．北京：中国经济出版社，2008.

188. 张鹏．基于拓展SCP框架下的物流产业成长与对策研究［J］．物流技术，2007，26（1）：1－5.

189. 张塞．常用统计指标与术语［M］．北京：中国统计出版社，1996.

190. 张焞．产业结构优化与包容性增长［J］．统计与管理，2013（2）：45－46.

191. 张威．中国装备制造业的产业集聚［J］．中国工业经济，2002（3）：55－63.

192. 张维迎，周黎安，顾全林．高新技术企业的成长及其影响因素：分位回归模型的一个应用［J］．管理世界，2005（10）：94－101.

193. 张元生，朱幼平．我国信息资源业发展的十大问题［J］．中国软科学，1996（6）：6－11.

194. 张云秋，郭柯磊．基于双向词频统计的非相关文献知识发现排序方法研究［J］．情报科学，2009，27（8）：1240－1244.

195. 张泽一，王春才．产业政策强度对产业发展影响的模型分析［J］．技术经济与管理研究，2009（3）：10－13.

196. 张泽一．产业政策对产业竞争力效应的分析［J］．广西社会科学，2009（5）：57－61.

197. 赵海军．基于产权的信息资源分类与信息确权理论建设［J］．图书与情报，2012（4）：89－97.

198. 赵京，钮晓红．我国信息资源产业发展的战略思考［J］．图书馆学研究，2012（15）：44－50.

199. 赵息，李文亮．知识特征与突破性创新的关系研究——基于企业社会资本异质性的调节作用［J］．科学学研究，2016，34（1）：99－106.

200. 赵卓．竞争、规制与网络型基础产业绩效［J］．经济问题，2008（5）：41－44.

201. 郑胜利．复制群居链——台商在祖国大陆投资的“集群”特征分析［J］．特区经济，2002（7）：29－31.

202. 郑英隆．信息产业加速发展与产业结构升级的交互关系研究［J］．经济评论，2001（1）：48－53.

203. 知网百科．所有制结构［EB/OL］.［2016－08－12］．https://vpn.ruc. edu.cn/refbook/，DanaInfo=gongjushu.cnki.net+detail.aspx? recid=r2007010960001268.

204. 中共中央办公厅与国务院办公厅．国家信息化发展战略纲要．2016－07－29.

205. 周异决，张丽敏．高等教育与区域经济发展互动机制研究［J］．国家教育行政学院学报，2011（6）：60－64.

206. 周玉龙，孙久文．产业发展从人口集聚中受益了吗？——基于2005—2011年城市面板数据的经验研究［J］．中国经济问题，2015（2）：74－85.

207. 朱蓓，肖军．国内外产业生态学研究进展述评［J］．安全与环境工程，2015，22（6）：7－10.

208. 朱婕，田丽君．我国信息产业发展环境浅析［J］．图书馆学研究，1996（3）：35－36.

209. 朱雪宁，刘兰华．中韩两国信息资源产业政策比较［J］．行政与法，2010（5）：65－67.

210. 朱雪宁．韩国发展信息资源产业的政策及启示［J］．情报杂志，2009，28（S1）：54－56.

211. 朱雪宁．我国信息资源产业人才短缺问题的对策［J］．情报科学，2009（7）：1106－1109，1120.

212. ADRIAANSE A，BRINGEZU S，HAMMOND A，et al. Resource Flow: The Material Basis of Industrial Economic［M］. World Resource Institute，1997.

213. Ali I，Son H H. Measuring Inclusive Growth［J］. Asian Development Review，2007，24（1）：11.

214. ALI I, ZHUANG J. Inclusive Growth Toward a Prosperous Asia: Policy Implications [J]. Asian Development Bank, 2007.

215. AYRES R U, SIMONIS U E. Industrial Metabolism: Restructuring for Sustainable Development [M]. Elsevier, 1994.

216. AYRES R U. Industrial Metabolism: Theory and Policy. Tokyo: United Nations University, 1994.

217. AYRES R U. Industrial Metabolism: Theory and Policy [A]. In: B. Allenby & D. Richards (Eds.), The Greening of Industrial Ecosystems. Washington, DC: National Academy Press, 1994.

218. AYRES R U. Industrial Metabolism [A]. In Ausubel J H, Slavonic H E. Technology and Environment. Washington, DC: National Academy Press, 1989.

219. BAIN J S. Barriers to New Competition [M]. Harvard University Press, 1956.

220. BAIN J S. Industrial Organization [M]. Harvard University Press, 1959.

221. BAIN J S. Relation of Profit Rate to Industry Concentration: American Manufacturing, 1936-1940 [J]. Quarterly Journal of Economics, 1951, 65 (4): 293-324.

222. BANGSUND D A, LEISTRITZ F L. Petroleum Industry's Economic Contribution to North Dakota in 2009 [R]. In Agribusiness & Applied Economics Report, 2011. No. 639-S: 1-12.

223. BANK W. The Growth Report: Strategies for Sustained Growth and Inclusive Development [J]. World Bank Publications, 2008 (1): 158-161.

224. BANK W. What Is Inclusive Growth [R]. In PRMED Knowledge Brief, Washington DC: Economic Policy and Debt Department, 2009.

225. BEISE M, STAHL H. Public Research and Industrial Innovations in Germany [J]. Research Policy, 1999, 28 (4): 397-422.

226. BESAG J. Efficiency of Pseudolikelihood Estimation for Simple Gaussian Fields [J]. Biometrika, 1977, 64 (3): 616-618.

227. CARMEN M. The Future of Creative Industries: Implications for Research Policy [R]. Foresighting Europe Newsletter, April 2005 (EUR 21471).

228. CHATTERJEE S. Poverty Reduction Strategies Lessons from the Asian and Pacific Region on Inclusive Development [J]. Asian Development Review,

2005，22（1）：1－11.

229. COASE R H. The Institutional Structure of Production ［J］. American Economic Review，2005，2（82）：713－719.

230. CONCEIÇÃO P，GIBSON D V，HEITOR M V，ET AL. Knowledge for Inclusive Development：The Challenge of Globally Integrated Learning and Implications for Science and Technology Policy ［J］. Technological Forecasting & Social Change，2001，66（1）：1－29.

231. DENG H，YEH C H，WILLIS R J. Inter－Company Comparison Using Modified TOPSIS with Objective Weights ［J］. Computers & Operations Research，2000，27（10）：963－973.

232. DESAI P，PUROHIT D，STADJE W，et al. Leveraging the Global Information Revolution for Economic Development：Singapore's Evolving Information Industry Strategy ［J］. Information Systems Research，1998，9（4）：323－341.

233. DUMAIS G，ELLISON G，GLAESER E L. Geographic Concentration as a Dynamic Process ［J］. Review of Economics & Statistics，1997，84（2）：193－204.

234. DURANTON G，OVERMAN H G. Exploring the Detailed Location Patterns of U. K. Manufacturing Industries Using Microgeographic Data ［J］. Journal of Regional Science，2008，48（1）：213－243.

235. DURANTON G，OVERMAN H G. Testing for Localization Using Micro－Geographic Data ［J］. The Review of Economic Studies，2005，72（4）：1077－1106.

236. European Commission. Info 2000（4-year Work Program 1996－1999）［R］. European Commission，1996.

237. FABIENNE A，MICHAEL F，MATTHIAS W. Adaptive Foresight in the Creative Content Industries：Anticipating Value Chain Transformations and Need for Policy Action ［J］. Science&Public Policy，2010，37（1）：19－30.

238. FEDDERKE J，SZALONTAI G. Industry Concentration in South African Manufacturing Industry：Trends and Consequences，1972－96 ［J］. Economic Modelling，2009，26（1）：241－250.

239. FELLER I，AILES C P，ROESSNER J D. Impacts of Research Universities on Technological Innovation in Industry：Evidence from Engineering Research Centers ［J］. Research Policy，2002，31（3）：457－474.

240. FERNÁNDEZ Z，USERO B. Competitive Behavior in the European Mobile Telecommunications Industry：Pioneers vs. Followers [J] . Telecommunications Policy，2009，33 (7)：339 - 347.

241. FREEMAN C，SOETE L. Technical Change and Full Employment [J]. Southern Economic Journal，1989，56 (1) .

242. FREEMAN C，SOETE L. The Economics of Industrial Innovation，3rd Edition [J] . MIT Press Books，1997，1 (2)：215 - 219.

243. FUJITA M. A Monopolistic Competition Model of Spatial Agglomeration：Differentiated Product Approach [J] . Regional Science and Urban Economics，1988，18 (1)：87 - 124.

244. GARCIA J M，ALDO G，STEINMUELLER W E. The Future Evolution of the Creative Content Industries：Three Discussion Papers [R] . Luxembourg：Office for Official Publications of The European Communities (Scientific and Technical Rcscarch Series，EUR 23633 EN)，2008.

245. GONCHARUK A G. Impact of Political Changes on Industrial Efficiency：A Case of Ukraine [J] . Journal of Economic Studies，2007，34 (34)：324 - 340.

246. GORT M，KLEPPER S. Time Paths in the Diffusion of Product Innovations [J] . Economic Journal，1982，92 (367)：630 - 653.

247. HAGGETT P，CLIFF A D，FREY A. Locational Analysis in Human Geography [J] . Geographical Review，1969，68 (2)：363 - 67.

248. HEARN G，CUNNINGHAM S，ORDOÑEZ D. Commercialisation of Knowledge in Universities：The Case of the Creative Industries [J] . Prometheus，2004，22 (2)：189 - 200.

249. HORNYCH C，SCHWARTZ M. Industry Concentration and Regional Innovative Performance：Empirical Evidence for Eastern Germany [J] . Post Communist Economies，2009，21 (4)：513 - 530.

250. HOWELLS M. Industrial Efficiency as an Economic Development Strategy for South Africa [J] . Proceedings Aceee Summer Study on Energy Efficiency in Industry，2005.

251. HUNYA G. RestructuringThrough FDI in Romanian Manufacturing [J]. WIIW Research Reports，2002，26 (4)：387 - 394.

252. HWANG C L，YOON K. Multiple Attribute Decision Making [M].

Springer Berlin Heidelberg, 1981.

253. IANNOTTA G, NOCERA G, SIRONI A. Ownership Structure, Risk and Performance in the European Banking Industry [J] . Journal of Banking & Finance, 2007, 31 (7): 2127 - 2149.

254. IFZAL A, ZHUANG J. Inclusive Growth Toward a Prosperous Asia [R]. ERD Working Paper, 2007.

255. JEFFERSON G, HU A G Z, GUAN X, et al. Ownership, Performance, and Innovation in China's Large - and Medium-Size Industrial Enterprise Sector [J]. China Economic Review, 2003, 14 (1): 89 - 113.

256. JOO Y G, SOHN S Y. Structural Equation Model for Effective CRM of Digital Content Industry [J] . Expert Systems with Applications, 2008, 34 (1): 63 - 71.

257. KARAKAYA F. Barriers to Entry in Industrial Markets [J] . Journal of Business & Industrial Marketing, 2002, 17 (5): 379 - 388.

258. KETELS C H M. Michael Porter's Competitiveness Framework—Recent Learnings and New Research Priorities [J] . Journal of Industry, Competition and Trade, 2006, 6 (2): 115 - 136.

259. KIM K M, PARK D. Impacts of Urban Economic Factors on Private Tutoring Industry [J] . Asia Pacific Education Review, 2012, 13 (2): 273 - 280.

260. KRUGMAN P R. Geography and Trade [M] . MIT press, 1991.

261. KRUGMAN P. Increasing Returns and Economic Geography [J] . Journal of Political Economy, 1991, 99 (3): 483 - 499.

262. KUMAR N. Indian Software Industry Development: International and National Perspective [J] . Economic & Political Weekly, 2001, 36 (45): 4278 - 4290.

263. LEE C Y. A New Perspective On Industry R&D and Market Structure [J]. Journal of Industrial Economics, 2005, 53 (1): 101 - 122.

264. MADHAVAN R, KOKA B R, PRESCOTT J E. Networks in Transition: How Industry Events (Re) Shape Interfirm Relationships [J] . Strategic Management Journal, 1998, 19 (5): 439 - 459.

265. MAH J S. Industrial Policy and Economic Development: Korea's Experience [J] . Journal of Economic Issues, 2007, 41 (1): 77 - 92.

266. MANN H M. Seller Concentration, Barriers to Entry, and Rates of Return in Thirty Industries, 1950 - 1960 [J] . Review of Economics & Statistics, 1966, 48 (3): 296 - 307.

267. MARCON E, PUECH F. A Typology of Distance-Based Measures of Spatial Concentration [J] . Regional Science and Urban Economics, 2012.

268. MARCON E, PUECH F. Measures of the Geographic Concentration of Industries: Improving Distance-Based Methods [J] . Journal of Economic Geography, 2009, 10 (5): 745 - 762.

269. MAUREL F, SÉDILLOT B. A Measure of the Geographic Concentration in French Manufacturing Industries [J] . Regional Science and Urban Economics, 1999, 29 (5): 575 - 604.

270. MORAN P A. Notes on Continuous Stochastic Phenomena [J]. Biometrika, 1950, 37 (1 - 2): 17 - 23.

271. NGUYEN Q C, YE F. Study and Evaluation on Sustainable Industrial Development in the Mekong Delta of Vietnam [J] . Journal of Cleaner Production, 2015, 86: 389 - 402.

272. NING Y, CHEN D J, SHAN-YING H U, et al. Industrial Metabolism of Chlorine in China [J] . Guocheng Gongcheng Xuebao/the Chinese Journal of Process Engineering, 2009, 9 (1): 69 - 73.

273. OECD. Content as a New Growth Industry [J] . OECD Digital Economy Papers, 1998.

274. OLIVEIRA C, ANTUNES C H. A Multiple Objective Model to Deal with Economy-Energy-Environment Interactions [J] . European Journal of Operational Research, 2004, 153 (2): 370 - 385.

275. OXTOBY F E. The Role of Political Factors in the Virgin Islands Watch Industry [J] . Geographical Review, 1970, 60 (4): 463 - 474.

276. PANAGIOTOU G. The Impact of Managerial Cognitions on the Structure-Conduct-Performance (SCP) Paradigm [J] . Management Decision, 2006, 44 (3): 423 - 441.

277. PATEL C K. Industrial Ecology [J] . Proceedings of the National Academy of Sciences of the United States of America, 1992, 89 (3): 798 - 799.

278. PETERS B. Innovation and Firm Performance: An Empirical Investigation

for German firms [M] . Physica-Verlag, 2008.

279. PORTER M E. Competitive Strategy: Techniques for Analyzing Industries and Competitors [J] . Social Science Electronic Publishing, 1980 (2): 86 - 87.

280. PORTER, MICHAEL E. Competition in the Open Economy: [M]. Harvard University Press, 1980.

281. POTTS J, CUNNINGHAM S, HARTLEY J, et al. Social Network Markets: A New Definition of the Creative Industries [J] . Journal of Cultural Economics, 2008 (32): 167 - 185.

282. PRINCE R. Globalizing the Creative Industries Concept: Travelling Policy and Transnational Policy Communities [J] . Journal of Arts Management, Law, and Society, 2010, 40 (2): 119 - 139.

283. RALSTON P M, BLACKHURST J, CANTOR D E, et al. A Structure-Conduct-Performance Perspective of How Strategic Supply Chain Integration Affects Firm Performance [J] . Journal of Supply Chain Management, 2014, 51 (2): 47 - 64.

284. RANAWAT M, TIWARI R. Influence of Government Policies on Industry Development: The Case of India's Automotive Industry [J] . Journal of Neuroendocrinology, 2009, 4 (6): 765 - 771.

285. RATNAYAKE R. Industry Concentration and Competition: New Zealand Experience [J] . International Journal of Industrial Organization, 1999, 17 (7): 1041 - 1057.

286. RAUNIYAR G P. Inclusive Development: Two Papers on Conceptualization, Application, and the ADB Perspective [J] . Working Papers, 2010, 72 (72): 523 - 30.

287. REINSDORF M. Measuring Industry Contributions to Labour Productivity Change: A New Formula in a Chained Fisher Index Framework [J] . International Productivity Monitor, 2015, 28.

288. RICHARD J. Government, Interest Groups and Policy Change [J]. Political Studies, 2000, 48 (5): 1006 - 1025.

289. RIPLEY B D. Modelling Spatial Patterns [J] . Journal of the Royal Statistical Society, 1977, 39 (2): 172 - 212.

290. RIPLEY B D. The Second-Order Analysis of Stationary Point Processes

[J]. Journal of Applied Probability, 1976, 13 (2): 255-266.

291. ROBINSON K C. An Examination of the Influence of Industry Structure on Eight Alternative Measures of New Venture Performance for High Potential Independent New Ventures [J] . Journal of Business Venturing, 1999, 14 (2): 165-187.

292. ROMER P M. Increasing Returns and Long-Run Growth [J] . Journal of Political Economy, 1986, 94 (5): 1002-1037.

293. SAVIOZ P. Technology Intelligence: Concept Design and Implementation in Technology Based Sme's [J] . 2004.

294. SCHERER F M, ROSS D. Industrial Market Structure and Economic Performance [J] . Social Science Electronic Publishing, 1971, 2 (2): 683-687.

295. SCHUMPETER J A. Ten Great Economists: From Marx to Keynes [J] . A Galaxy Book, 1997.

296. SCHUMPETER J A. The Theory of Economic Development, Harvard Economic Studies [J] . General Information, 1934, 355 (1403): 159-192.

297. SIRIKRAI S B, TANG J C S. Industrial Competitiveness Analysis: Using the Analytic Hierarchy Process [J] . Journal of High Technology Management Research, 2006, 17 (1): 71-83.

298. STIGLER G J. The Organization of Industry [J] . Journal of Finance, 1969, 40 (5): 124-128.

299. STIGLER G J. The Pleasures and Pains of Modern Capitalism [M] . In Explorations in Economic Liberalism. Palgrave Macmillan UK, 1996.

300. STONE D. Global Public Policy, Transnational Policy Communities, and Their Networks [J] . Policy Studies Journal, 2008, 36 (1): 19-38.

301. STONE D. Non-Governmental Policy Transfer: The Strategies of Independent Policy Institutes [J] . Governance, 2000, 13 (1): 45-70.

302. TIBBS H. Industrial Ecology: An Environmental Agenda for Industry [J]. Whole Earth Review, 1993, 77 (Winter) .

303. TREMBLAY V J, TREMBLAY C H. Market Structure, Industry Concentration, and Barriers to Entry [M] . In New Perspectives on Industrial Organization. Springer New York, 2012: 177-210.

304. UROSEVIC S, DORDEVIC D, BESIC C. Education of Skilled Workers-

the Concurrence Factor in Textile and Clothing Industry [J] . Technics Technologies Education Management, 2010, 5 (1): 148 - 165.

305. UTTERBACK J M, SUÁREZ F F. Innovation, Competition, and Industry Structure [J] . Research Policy, 1990, 22 (1): 1 - 21.

306. UZZI B. Social Structure and Competition in Interfirm Networks: The Paradox of Embeddedness [J] . Administrative Science Quarterly, 1997, 42 (2): 35 - 67.

307. VENABLES A J. Equilibrium Locations of Vertically Linked Industries [J]. International Economic Review, 1996, 37 (2): 341 - 359.

308. VICKERS J, YARROW G. Privatization: economic analysis [J] . 1988.

309. WANG Z X, WANG Y Y. Evaluation of the Provincial Competitiveness of the Chinese High-Tech Industry Using an Improved TOPSIS Method [J] . Expert Systems with Applications, 2014, 41 (6): 2824 - 2831.

310. WEBER A. Theory of the Location of Industries [M] . University of Chicago Press, 1929.

311. WELCH E. The Relationship Between Ownership Structure and Performance in Listed Australian Companies [J] . Australian Journal of Management, 2003, 28 (3): 287 - 305.

312. WISE M J, LOSCH A, WOGLOM W H, et al. Economic Geography and the Location Problem: Review [J] . Geographical Journal, 1956, 122 (1): 98.

313. World Bank. What is inclusive growth [J] // PRMED Knowledge Brief. Washington DC: Economic Policy and Debt Department, 2009.

314YONG G J, SOHN S Y. Structural Equation Model for Effective CRM of Digital Content Industry [J] . Expert Systems with Applications, 2008, 34 (1): 63 - 71.

后记

信息技术革命势头迅猛，深刻影响着经济发展方式的转变，推动生产力产生了质的飞跃，为社会经济发展带来新机遇。信息资源产业作为一个关联度、感应度和带动性极强的产业，不仅能催生一批新兴产业，而且能通过改造、提升传统产业，拓展自己的发展空间。随着信息技术的改进和电子信息产品的广泛应用，信息资源产业必将成为推动社会生产转型及经济结构调整的重要力量。信息技术不断取得新的进展，经济全球化和信息网络化趋势日益明显，信息技术和应用水平已成为衡量一个国家综合实力与国际竞争力的重要标志。正确把握信息资源产业发展中的问题与困难，提出相应对策，改善信息资源产业发展现状，正确引导其未来发展方向，具有重大的现实价值和政策指导意义。习近平在中央网络安全和信息化领导小组第一次会议上强调要让企业成为信息产业发展主体，凸显出我国政府高层对信息产业的重视。信息产业已经上升到国家战略层面，本书正是在这样的背景下完成的。

本书研究团队的成员主要来自中国人民大学科学研究基金（中央高校基本科研业务费专项资金资助）项目（16XNP001）课题组、国家自然科学基金重点项目（71133006）课题组、中国人民大学信息资源管理学院、中国人民大学智慧城市研究中心、中国人民大学科学研究基金（中央高校基本科研业务费专项资金资助）项目（15XNLQ08）课题组、广西高校人文社会科学重点研究基地基金资助（16YC005）课题组。研究团队在《2015 中国信息资源产业与政策研究报告》与《2014 中国信息资源产业与政策研究报告》相关成果的基础上，以改进后的信息资源产业发展指数为评价工具，结合我国信息资源产业影响要素与典型案例的研究，深入解读了我国近年来主要的信息资源产业相关政策。

本书由钱明辉统撰，具体的撰写分工如下：第 1 章由钱明辉与杨建梁撰写，第

2 章由钱明辉与邓睿濛撰写，第 3 章由钱明辉与杨建梁撰写，第 4 章由钱明辉与关美钦撰写，第 5 章由钱明辉与张颖撰写，第 6 章由钱明辉与王玉玺撰写，第 7 章由钱明辉与李天明撰写，第 8 章由王玉玺撰写，第 9 章由邓睿濛撰写，第 10 章由李天明撰写，第 11 章由关美钦与张颖撰写，第 12 章由尧胜男与李静雅撰写，第 13 章由钱佳婷、雷林斌、曹琛与贾文婷撰写，第 14 章由陈柏睿与陈东言撰写。

本书的顺利出版建立在各方的紧密合作以及良好的数据集之上，邓睿濛、王玉玺、杨建梁等在数据采集过程中为确保数据的准确性进行了多方查证，并对相关数据展开了深入分析，为本书各章节相关内容的研究和写作提供了数据支持。李天明还在本书的校对与修订阶段中对书中的文字、格式方面的纰漏进行了认真细致的修改工作。中国人民大学出版社的李颜老师、胡颖老师在本书的编辑过程中进行了一丝不苟、字斟句酌的审校，并为本书内容与形式的完善提供了大量专业而宝贵的意见。特别感谢他们的辛勤付出以及为本书所做出的贡献。在本书的撰写过程中，除了将信息资源产业与政策相关研究成果进行梳理和分析之外，为了进一步丰富研究内容，还吸收了部分研究成员在相关学术期刊上发表的专题研究内容。历经一年多的细致撰写和认真校对，本书于 2016 年 11 月定稿。付梓之时，向参与本书研究与撰写的每一名成员表达最衷心的感谢，向所有对本书研究提供帮助的专家致以最诚挚的谢意。同时，真诚地希望读者对本书提出补充和修正意见。

著者

2017 年 2 月

图书在版编目（CIP）数据

中国信息资源产业实证研究.2016 / 钱明辉等著.—北京：中国人民大学出版社，2017.10
（中国人民大学研究报告系列）
ISBN 978-7-300-24173-9

Ⅰ.①中… Ⅱ.①钱… Ⅲ.①信息资源-资源产业-产业发展-研究报告-中国-2016 Ⅳ.①G203

中国版本图书馆 CIP 数据核字（2017）第 024178 号

中国人民大学研究报告系列
中国信息资源产业实证研究 2016
钱明辉 等 著
Zhongguo Xinxi Ziyuan Chanye Shizheng Yanjiu

出版发行	中国人民大学出版社		
社　　址	北京中关村大街 31 号	**邮政编码**	100080
电　　话	010－62511242（总编室）		010－62511770（质管部）
	010－82501766（邮购部）		010－62514148（门市部）
	010－62515195（发行公司）		010－62515275（盗版举报）
网　　址	http://www.crup.com.cn http://www.ttrnet.com(人大教研网)		
经　　销	新华书店		
印　　刷	北京宏伟双华印刷有限公司		
规　　格	185 mm×260 mm　16 开本	**版　　次**	2017 年 10 月第 1 版
印　　张	28 插页 1	**印　　次**	2017 年 10 月第 1 次印刷
字　　数	509 000	**定　　价**	99.00 元